Schriftenreihe

Strafrecht

in Forschung und Praxis

Band 89

ISSN 1615-8148

Verlag Dr. Kovač

Wiebke Kaiser

Good Time-Regelungen im Strafvollzug

*Zeitgutschriften im internationalen Vergleich
und Konsequenzen für das deutsche Vollzugsrecht*

Verlag Dr. Kovač

Hamburg
2007

VERLAG DR. KOVAČ

FACHVERLAG FÜR WISSENSCHAFTLICHE LITERATUR

Leverkusenstr. 13 · 22761 Hamburg · Tel. 040 - 39 88 80-0 · Fax 040 - 39 88 80-55

E-Mail info@verlagdrkovac.de · Internet www.verlagdrkovac.de

Bibliografische Information der Deutschen Nationalbibliothek
Die Deutsche Nationalbibliothek verzeichnet diese Publikation
in der Deutschen Nationalbibliografie;
detaillierte bibliografische Daten sind im Internet
über http://dnb.d-nb.de abrufbar.

ISSN: 1615-8148
ISBN: 978-3-8300-2656-3

Zugl.: Dissertation, Universität Leipzig, 2006

© VERLAG DR. KOVAČ in Hamburg 2007

Gedruckt auf holz-, chlor- und säurefreiem Papier Alster Digital. Alster Digital ist
alterungsbeständig und erfüllt die Normen für Archivbeständigkeit ANSI 3948 und ISO 9706.

Vorwort

Die vorliegende Arbeit wurde im Mai 2006 von der Juristenfakultät der Universität Leipzig zur Dissertation angenommen. Rechtsprechung und Literatur sind bis Ende Februar 2006 berücksichtigt.

Im Zuge der seit dem 1.9.2006 in Kraft getretenen Föderalismusreform wird das Strafvollzugsrecht die größte Wandlung seit dem Inkrafttreten des Strafvollzugsgesetzes am 1.1.1977 erfahren; es ist zu erwarten, dass zahlreiche Bundesländer im Rahmen ihrer neu erworbenen Gesetzgebungskompetenz eigene Strafvollzugsgesetze schaffen werden. Ich hoffe, mit dieser Arbeit einen Beitrag zur Erhaltung der bisher geschaffenen Gefangenenrechte und vollzugsrechtlichen Standards, insbesondere im Bereich der Gefangenenarbeit, leisten zu können. Ich würde mir wünschen, dass im Zuge der einzelnen Gesetzgebungsverfahren meine Anregungen und Vorschläge zur Anwendung und Ausgestaltung der Good Time – Regelungen Berücksichtigung finden.

Mein besonderer Dank gilt meinem akademischen Lehrer Herrn Professor Dr. Manfred Seebode für die wissenschaftliche Betreuung der Arbeit, seine zahlreichen und wertvollen Hinweise und Inspirationen. Ihm habe ich durch seine Vorlesungen und Seminare sowie die Arbeit an seinem Lehrstuhl mein besonderes Interesse am Strafrecht und Strafvollzugsrecht zu verdanken. Ebenso danke ich Professor Dr. Hendrik Schneider, Universität Leipzig, und Priv. Doz. Dr. Matthias Krahl, Universität Hannover, für die Erstellung des Zweit- und Drittgutachtens.

Bedanken möchte ich mich auch bei all den Personen, die mich bei der Erstellung der Arbeit mit Rat, Tat und Zuspruch unterstützt haben und deren namentliche Nennung hier den Rahmen sprengen würde.

Hervorgehoben seien insoweit meine Eltern, die durch ihre großе emotionale Unterstützung, ihre Geduld und kritische Auseinandersetzung mit meinen Thesen maßgeblich zur Entstehung der Arbeit beigetragen haben und denen ich diese Arbeit widme.

Bremen, im Dezember 2006 Wiebke Kaiser

Inhalt

Abkürzungsverzeichnis

a.A.	.... andere Ansicht
a.a.O.	.... am angeführten Ort
a.F.	.... alte Fassung
Abs.	.... Absatz
AbschhVG	.... Abschiebungshaftvollzugsgesetz
AK - StVollzG	.... Alternativkommentar zum Strafvollzugsgesetz
Anm.	.... Anmerkung
Art.	.... Artikel
BAG	.... Bundesarbeitsgemeinschaft
Bd.	.... Band
BewHi	.... Bewährungshilfe
BGBl.	.... Bundesgesetzblatt
BGH	.... Bundesgerichtshof
BGHSt	.... Bundesgerichtshof in Strafsachen
BMJ	.... Bundesministerium der Justiz
BR	.... Bundesrat
bspw.	.... beispielsweise
BT	.... Bundestag
BtMG	.... Betäubungsmittelgesetz
BUrlG	.... Bundesurlaubsgesetz
BVerfG	.... Bundesverfassungsgericht
BVerfGE	.... Bundesverfassungsgerichtsentscheidung
C/MD	.... Calliess / Müller-Dietz (Strafvollzugsgesetz)
ca.	.... circa
CJPR	.... Criminal Justice Policy Review
ders.	.... derselbe
DÖV	.... Die Öffentliche Verwaltung
EGStGB	.... Einführungsgesetz zum Strafgesetzbuch
EuGRZ	.... Europäische Grundrechtszeitschrift
Fn.	.... Fußnote
GA	.... Goltdammer's Archiv für Strafrecht
GG	.... Grundgesetz

| GRGA | .... Gustav Radbruch - Gesamtausgabe |
| GS | .... Gedächtnisschrift |

HansOLG	.... Hanseatisches Oberlandesgericht
Hbs.	.... Halbsatz
Hrsg.	.... Herausgeber

IPBPR	.... Internationaler Pakt für bürgerliche und politische Rechte
ILO	.... International Labour Organisation
IRG	.... Internationales Rechtshilfe Gesetz
IStGH	.... Internationaler Strafgerichtshof
IStGHG	.... Gesetz über die Zusammenarbeit mit dem Internationalen Strafgerichtshof
IStGH-Statut	.... Römisches Statut des Internationalen Strafgerichtshofs

JA	.... Juristische Arbeit
Jahrg.	.... Jahrgang
JBeitrO	.... Justizbeitreibungsordnung
JGG	.... Jugendgerichtsgesetz
JR	.... Juristische Rundschau
Jus	.... Juristische Schulung

K/K/S	.... Kaiser / Kerner / Schöch (Lehrbuch zum Strafvollzug, 4.Aufl.)
K/S	.... Kaiser / Schöch (Lehrbuch zum Strafvollzug, 5.Aufl.)
Krimpäd	.... Kriminalpädagogische Praxis

| LG | .... Landgericht |
| LK-StGB | .... Leipziger Kommentar zum Strafgesetzbuch |

m.w.N.	.... mit weiteren Nachweisen
MDR	.... Monatsschrift des deutschen Rechts
Mio.	.... Million/en
MRK	.... Konvention zum Schutze der Menschenrechte und Grundfreiheiten vom 4.11.1950

n.F.	.... neue Fassung
NJW	.... Neue Juristische Wochenschrift
NKrimP	.... Neue Kriminalpolitik
NK-StGB	.... Nomos Kommentar zum Strafgesetzbuch
NStZ	.... Neue Zeitschrift für Strafrecht

| OLG | .... Oberlandesgericht |

p.J.	....	pro Jahr
p.M.	....	pro Monat
p.W.	....	pro Woche
RegE	....	Regierungsentwurf
Rn.	....	Randnummer
RS	....	Revised Statutes – meist in Verbindung mit dem Länderkürzel, z.b. NRS – Nevada Revised Statutes
RSAG	....	Gesetz zur Ausführung des Römischen Statuts des Internationalen Strafgerichtshofs
S.	....	Satz / Seite
SächsPsychKG	....	Sächsisches Gesetz über die Hilfen und die Unterbringung bei psychischen Krankheiten
SGB	....	Sozialgesetzbuch
SK-StGB	....	Systematischer Kommentar zum Strafgesetzbuch
s.o.	....	Siehe oben
s.u.	....	Siehe unten
sog.	....	sogenannte/n
StGB	....	Strafgesetzbuch
StPO	....	Strafprozessordnung
StraFo	....	Strafverteidiger Forum
StrRG	....	Strafrechtsreformgesetz
StV	....	Strafverteidiger
StVollzVergO	....	Strafvollzugsvergütungsordnung
u.a.	....	und andere
Vol.	....	Volume (= Band)
VV	....	Verwaltungsvorschrift
z.B.	....	zum Beispiel
ZfStrVo	....	Zeitschrift für Strafvollzug
ZRP	....	Zeitschrift für Rechtspolitik
ZStW	....	Zeitschrift für die gesamte Strafrechtswissenschaft

Einführung

Unter dem Begriff der „Good Time" – Regelungen werden Zeitgutschriftensysteme im Strafvollzug zusammengefasst, nach welchen sich Gefangene durch bestimmte Leistungen (z.b. Arbeit, Ausbildung, Disziplin) nach einem bestimmten Berechnungsmodus Strafzeitverkürzungen verdienen können, wobei die Vergabe der Kredite leistungs- und/oder verhaltensbezogen und unabhängig von einer Sozialprognose erfolgt. Die Strafzeitverkürzung ist grundsätzlich allein von dem Verhalten des Gefangenen im Vollzug abhängig, kann vom Gefangenen unmittelbar beeinflusst und vorausberechnet werden. Der Gefangene erlangt dadurch eine Sicherheit über den Entlassungszeitpunkt, die andere prognoseabhängige Institute zur Strafzeitreduktion (z.b. Strafrestaussetzung zur Bewährung, Gnade, Amnestien) nicht bieten können.

Good Time – Regelungen existieren in vielen Ländern Europas (z.b. Griechenland, Italien, Frankreich), Amerikas (z.b. USA, Peru, Ecuador, Mexiko), Afrikas (z.b. Südafrika, Ghana, Kenia) und Asiens (z.b. Thailand, Sri Lanka, Philippinen) und können eine lange Tradition und Anwendungspraxis vorweisen, die in dieser Arbeit unter anderem näher beleuchtet werden soll.

Mit dem 5. Gesetz zur Änderung des Strafvollzugsgesetzes[1] und der damit verbundenen Neufassung des §43 Abs.1 – 11 StVollzG existiert seit dem 1.1.2001 auch in Deutschland eine Good Time – Regelung. Strafgefangene können sich durch die Teilnahme an einem Arbeits- und/oder Ausbildungsprogramm eine Haftzeitverkürzung von bis zu 6 Tagen pro Jahr ver-

---

[1] BGBl. 2000, Teil I, Nr.61, S.2043.

dienen bzw. den Zeitrabatt alternativ für einen Hafturlaub oder zur Freistellung von Arbeit oder Schulausbildung nutzen.

Grundsätzlich dienen die Good Time – Regelungen der Motivation der Häftlinge; für diese soll durch die Inaussichtstellung der Strafzeitverkürzung ein Anreiz geschaffen werden, die Leistungen zu erbringen, die den Vollzugszielen des jeweiligen Anwendungslandes förderlich sind.

So werden z.B. die Teilnahme an Arbeits- und Ausbildungsprogrammen, die Mitwirkung an therapeutischen Maßnahmen, gute Disziplin oder besondere Verdienste mit Strafzeitrabatten honoriert.

In Deutschland wird durch die Freistellungsregelung des §43 Abs.6-11 StVollzG die Teilnahme an Arbeits- und Ausbildungsmaßnahmen gefördert, da diese nach dem Willen des Gesetzgebers der Erreichung des Vollzugsziels des §2 Abs.1 StVollzG besonders förderlich sind. Unabhängig davon, ob man das Ziel des §2 S.1 StVollzG in der Re- oder Erstsozialisation bzw. bei nicht (re-)sozialisierungsbedürftigen Häftlingen in der Vermeidung von Haftschäden erblickt[2], der Gefangene soll im Vollzug der Freiheitsstrafe in seinem Willen und den Fähigkeiten bestärkt werden, ein Leben in sozialer Verantwortung ohne Straftaten zu führen[3].

---

[2] Vgl. *Böhm* in Schwind/Böhm: StVollzG, 3.Aufl., §2 Rn.2ff. m.w.N.

[3] Das Gesetz formuliert zwar, der Gefangene solle „fähig werden", künftig ein straffreies Leben zu führen; dieser Wortlaut, der die Unfähigkeit zu einer straffreien Lebensführung impliziert, ist aber nicht treffend: Denn ginge man tatsächlich davon aus, der Gefangene sei bei Begehung der Straftat nicht zumindest in Ansätzen fähig gewesen, sich bewusst für oder gegen das Recht zu entscheiden, so hätte er nach §20 StGB nicht zu einer Freiheitsstrafe verurteilt werden dürfen. Das Programm, Rückfallverhütung zu betreiben, bleibt von der mangelhaften Abstimmung des Gesetzestextes mit der Grundlage des materiellen Strafrechts jedoch unberührt. Vgl. Seebode: Strafvollzug, S.108f.; ders.: Aktuelle Fragen zum Justizvollzug 2000, in Herrfahrdt (Hrsg.): Strafvollzug in Europa, S.52f.; ders.: Vollzugsrechtliche Reformüberlegungen, in Courakis (Hrsg.): Die Strafrechtswissenschaften im 21. Jahrhundert, S.

Die Vermeidung neuer Straftaten während und nach Ende des Strafvollzugs wird man als grundsätzliches Ziel aller Strafvollzugssysteme der verschiedenen Länder, die Good Time praktizieren, bezeichnen dürfen. Um dieses Ziel zu erreichen, wurden die unterschiedlichsten Konzepte entwickelt, wovon eines die Vergabe von Strafzeitrabatten ist.

Mit der Einführung der Good Time – Regelung in Deutschland sollte für die Häftlinge ein dem Vollzugsziel entsprechender Anreiz geschaffen werden, an Arbeits- und Ausbildungsprogrammen teilzunehmen[4]. Schon John Howard betonte, Arbeit und Ausbildung seien Grundvoraussetzung für eine erfolgreiche Eingliederung in die freie Gesellschaft[5]. Auch heute ist man sich darüber einig, dass Arbeit und Ausbildung nicht nur der Schaffung einer Lebensgrundlage dienen, sondern auch zu gesellschaftlicher Anerkennung und sozialen Bindungen beitragen – Faktoren, die für die Kriminalitätsprävention von entscheidender Bedeutung sind[6]. Führt man sich vor Augen, dass in Deutschland die Mehrzahl der zu Freiheitsstrafen Verurteilten vor ihrer Haftzeit nur sporadisch bzw. überhaupt nicht beschäftig war[7], dass durchschnittlich 50 - 60 % der Gefangenen keine abgeschlossene Berufsausbildung und 40% der Häftlinge nicht einmal einen Schulabschluss besitzen[8], so wird der dringende Bedarf nach einer schuli-

---

1011f.; Böhm: Behandlung im Strafvollzug – Rückblick und Ausblick, in Herrfahrdt (Hrsg.): Behandlung von Sexualstraftätern, S.110f.

[4] Vgl. z.B. BT-Drucksachen 14/4452, S.9ff., 14/4898, S.2.

[5] Vgl. *Kerner* in K/K/S: Strafvollzug, 4.Aufl., §14 Rn.21; *Kaiser* in K/S: Strafvollzug, 5.Aufl., §2 Rn.11.

[6] *Hammerschick/Pilgram/Riesenfelder*: Zu den Erwerbsbiografien und Verurteilungskarrieren Strafgefangener..., in Hammerschick/Pilgram (Hrsg.): Arbeitsmarkt, Strafvollzug und Gefangenenarbeit, S.178; *Lechner/Reiter*: Die Aufgaben staatlicher Institutionen..., in Hammerschick/Pilgram (Hrsg.): Arbeitsmarkt, Strafvollzug und Gefangenenarbeit, S.197; vgl. auch die Untersuchung von *Berckhauer/Hasenpusch*: Bildungsmaßnahmen im Strafvollzug..., in Kerner/Kury/Sessar (Hrsg.): Deutsche Forschungen zur Kriminalitätsentstehung und Kriminalitätskontrolle, S.1959ff.

[7] Hammerschick/Pilgram/Riesenfelder a.a.O., S.161ff.

[8] Vgl. *Dünkel*: Empirische Beiträge und Materialien zum Strafvollzug, S.194ff.; ebenso *Kerner* a.a.O., §15 Rn.3ff.

schen und/oder beruflichen Aus- und Weiterbildung im Strafvollzug deutlich.

Dass die Einführung einer Good Time – Regelung als Anreiz für Arbeit und Ausbildung im Vollzug möglich bzw. nötig wurde, hatte verschiedene Ursachen:

Schon lange vor der Neuregelung wurde in Legislative[9], Judikative[10], Lehre[11], Vollzugspraxis[12] und den Medien[13] über die Entlohnung der Gefangenenarbeit (§§ 37ff. StVollzG) diskutiert. So wurde immer wieder betont, das sehr geringe Arbeitsentgelt könne den Gefangenen kaum zu einer bereitwilligen Arbeitsteilnahme motivieren, müsse er doch die Pflichtarbeit bei einem Tagessatz von 10,75 DM / 5,50 € (Eckvergütung im Jahr 2000[14]) als Ausbeutung empfinden[15]. Zudem werde ihm wegen der geringen Höhe die Unterstützung seiner Familie, der Ausgleich bestehender Schulden und die Wiedergutmachung des durch die Straftat entstandenen Schadens so

---

[9] Gesetzesinitiativen zur Erhöhung des Arbeitsentgelts gab es z.B. in den Jahren 1979, 1980, 1988, 1989. Vgl. dazu *C/MD*: StVollzG, 8.Aufl., §43 Rn.2.

[10] BVerfGE 98 169.

[11] Vgl. bspw. *Müller - Dietz*: Zur Problematik des Arbeitsentgelts und der Sozialversicherung für Strafgefangene, in ZRP 1974, S.249ff.; *Cornel/Kögler/Laubenstein/ Manns*: Frühere und jetzige Regelungen der Gefangenenarbeit, in Lüderssen/ Schuhmann/Weiss (Hrsg.): Gewerkschaften und Strafvollzug, 1978, S.41ff.; *Jehle*: Arbeit und Entlohnung von Strafgefangenen, in ZfStrVo 1994, S.259.

[12] Z.B. *BAG für Straffälligenhilfe*: Tarifgerechte Entlohnung für Inhaftierte, in ZfStrVo 1993, S.173ff.

[13] Vgl. FAZ 26.5.2000, Nr.122, S.4: Justizminister: Vorschläge Däubler-Gmelins zur Entlohnung von Gefangenen sind nicht finanzierbar; FAZ 9.12.2000, Nr. 287, S.4: Die Arbeit der Strafgefangenen wird besser entlohnt.

[14] Die Eckvergütung betrug genau 5% des Durchschnittseinkommens aller in der Rentenversicherung Versicherten. Die Eckvergütung kann entsprechend der Schwere, Qualität oder Quantität der verrichteten Arbeitsleistung prozentual gekürzt bzw. angehoben werden; zu den Vergütungsstufen vgl. Däubler/Spaniol in Feest: StVollzG, 4.Aufl., §43 Rn.9ff.

[15] Vgl. *Calliess*: Strafvollzug – Institution im Wandel, S.96; *Pecic*: Ist die Gefangenenarbeit immer noch ein Strafübel?, in Krimpäd, 10.Jahrg., April 1982, Heft 13, S.16; *Seebode*: Strafvollzug, S.89f.

gut wie unmöglich gemacht[16]. Das Verantwortungsbewusstsein gegenüber Dritten, das einen Menschen davon abhält, anderen (durch Straftaten) zu schaden, könne so nicht gefördert werden[17]. Vielmehr trage die zu geringe Entlohnung dazu bei, dass hoch verschuldete Straftäter aus der Haft entlassen werden[18], die trotz zahlreicher Bemühungen im Strafvollzug bezüglich der Vermittlung sozialer, schulischer und beruflicher Fähig- und Fertigkeiten nicht willens bzw. in der Lage sind, ein geregeltes, auf eine Erwerbstätigkeit aufgebautes Leben in Freiheit zu führen und somit die Gesellschaft durch neue Straftaten gefährden[19].

Die Notwendigkeit einer Entgelterhöhung bzw. einer anderweitigen Anreizschaffung war somit bekannt, jedoch standen einer Erhöhung des Arbeitsentgelts verschiedene Faktoren im Wege:

Einerseits leidet die Gefangenenarbeit seit jeher unter einem starken Produktivitätsdefizit, das neben der schlechten strukturellen und materiellen Ausstattung der Anstaltsbetriebe und den der Anstaltsorganisation geschuldeten Arbeitszeitbeschränkungen und –ausfällen, vor allem auf die fehlende Motivation der Haftinsassen zurückzuführen ist[20]. Nicht nur die deprimierenden und deprivierenden Bedingungen innerhalb einer Vollzugsanstalt mit ihren Repressionen und Entmündigungen[21] und dem Ange-

---

[16] *BAG für Straffälligenhilfe*: Tarifgerechte Entlohnung für Inhaftierte, in ZfStrVo 1993, S.176

[17] *C/MD*: StVollzG, 8.Aufl., §73, Rn.3; vgl. auch *Kemter*: Schulden und Schuldenregulierung der Gefangenen in sächsischen Justizvollzugsanstalten, S.28f.

[18] Vgl. *Seebode*: Verbrechensverhütung durch staatliche Hilfe bei der Schuldenregulierung Straffälliger, in ZRP 1983, S.175; *Walter*: Strafvollzug, Rn.455, *Kemter* a.a.O., S.26f.

[19] Vgl. die Untersuchungen von *Hammerschick/Pilgram/Riesenfelder*: Zu den Erwerbsbiographien und Verurteilungskarrieren Strafgefangener, in Hammerschick/Pilgram (Hrsg.): Arbeitsmarkt, Strafvollzug und Gefangenenarbeit, S.178ff.; *C/MD* a.a.O.; *Seebode* a.a.O., S.176f.

[20] *Seidler/Schaffner/Kneip*: Arbeit im Vollzug – neue Wege in der Betriebsführung, in ZfStrVo 1988, S.328; *Neu*: Produktivität der Gefängnisarbeit: eingemauert auf bescheidenem Niveau", in Hammerschick/Pilgram (Hrsg.): Arbeitsmarkt, Strafvollzug und Gefangenenarbeit, S.99ff.

[21] Vgl. *Fiedler*: Wohltat, Behandlungsmaßnahme, Risiko?..., in ZfStrVo 1996, S.327.

bot an oft nur sehr niedrig qualifizierten und stumpfsinnigen Arbeitsmöglichkeiten, die kaum brauchbare Fähigkeiten für ein späteres Berufsleben vermitteln können, sondern auch die gesetzlich auferlegte Arbeitspflicht nach §41 StVollzG in Verbindung mit der geringen Entlohnung spornen kaum zu qualitativ und quantitativ hochwertigen Arbeitsleistungen an[22]. Eine Kostendeckung der Anstaltsbetriebe kann daher nur in den seltensten Fällen erreicht werden.

Überdies bedeutet jede Entgelterhöhung eine zusätzliche Belastung der Staatskassen, und dies in einer Zeit, in der die Gesellschaft, sicherlich auch beeinflusst durch die Medien[23], kaum bereit ist, in den Strafvollzug zu investieren. Das Arbeitsentgelt wird hauptsächlich von den gemäß §§ 139, 151 StVollzG für den Strafvollzug zuständigen Bundesländern finanziert, die wiederum im Rahmen des Gesetzgebungsverfahrens für das zustimmungsbedürftige[24] Strafvollzugsgesetz im Bundesrat (Art. 77 GG) eine erhebliche Einflussmöglichkeit auf die Entwicklung des Gesetzes besitzen und die in der Vergangenheit wiederholt gezeigt hatten, dass sie aufgrund ihrer finanziell angespannten Situation Lohnerhöhungen im Bereich des Strafvollzugs sehr restriktiv gegenüber stehen[25].

Der Hinweis, dass die Verhinderung etwaiger Unterhaltszahlungen oder Schadenersatzleistungen seitens der Häftlinge ebenso die Staatskassen belastet, denn häufig sehen sich die auf Unterhaltszahlungen angewiesenen Familienangehörigen von Strafgefangenen gezwungen, Sozialhilfe in Anspruch zu nehmen[26], verhallte ungehört.

---

[22] Vgl. *Jehle*: Arbeit und Entlohnung von Strafgefangenen, in ZfStrVo 1994, S.263; *Seebode*: Strafvollzug, S.89f.

[23] Vgl. *Geerds*: Zum Zerrbild des Strafvollzugs in den Massenmedien, in Busch/Edel/Müller-Dietz (Hrsg.): Gefängnis und Gesellschaft, Gedächtnisschrift für A. Krebs, S.259ff.; ebenda *Rotthaus*: Die öffentliche Meinung über den Strafvollzug und ihr Einfluss auf die Stimmung in den Vollzugsanstalten, S.248.

[24] Vgl. Art. 84 S.1 GG.

[25] Vgl. *C/MD*: StVollzG, 8.Aufl., §200 Rn.1.

[26] *BAG für Straffälligenhilfe*: Tarifgerechte Entlohnung für Inhaftierte, in ZfStrVo 1993, S.175.

Ihren vorläufigen Höhepunkt fand die Diskussion[27] durch das Urteil des Bundesverfassungsgerichts vom 1.7.1998 (BVerfGE 98 169ff.). Die Richter erklärten nicht nur die Höhe des bisherigen Arbeitsentgelts für Strafgefangene nach §200 StVollzG für verfassungswidrig, sondern schlugen zur Lösung der Entlohnungsproblematik u.a. auch eine Good Time – Regelung vor. Sie betonten die Rolle der Gefangenenarbeit als wichtiges Resozialisierungsmittel und bekräftigten die Meinung Vieler, das Arbeitsentgelt reiche in seiner bis Ende 2000 bestehenden Höhe von 5% des Durchschnittseinkommens aller in der Rentenversicherung Versicherten i.S.d. §18 SGB IV (vgl. §200 StVollzG a.F.) bei weitem nicht aus, um dem Häftling den Wert der Arbeit vor Augen zu führen, den diese zum Aufbau einer Lebensgrundlage und eines straffreien Lebens hat[28].

Der Gesetzgeber war nunmehr gezwungen, die Regelungen zur Gefangenenentlohnung zu reformieren. Aufgrund der fiskalischen Zwänge sah sich der Gesetzgeber jedoch nicht in der Lage, eine umfassende Entgelterhöhung vorzunehmen. Vielmehr wurde durch das 5.Gesetz zur Änderung des Strafvollzugsgesetzes das Arbeitsentgelt lediglich von 5 auf 9% der sozialversicherungsrechtlichen Bezugsgröße erhöht. Forderungen nach einer stärkeren Anhebung des Arbeitslohnes oder der Ausbildungsbeihilfe wurden von den Ländern erfolgreich bekämpft[29].

Bedenkt man, dass von diesem immer noch geringen Arbeitsentgelt kaum eine Anreizwirkung zu erwarten ist, die den Gefangenen den Wert der Arbeit für ein geregeltes, auf eine Beruftätigkeit aufgebautes Leben vermit-

---

[27] Vgl. *Kamann*: Das Urteil des BVerfG..., in StV 1999, S.348; *Ullenbruch*: Neuregelung des Arbeitsentgelts für Strafgefangene..., in ZRP 2000, Heft 5, S.177; *Schüler-Springorum*: Angemessene Anerkennung als Arbeitsentgelt, in Feuerhelm/Schwind/Bock (Hrsg.): FS Alexander Böhm, S.219ff.

[28] Vgl. *Däubler/Spaniol* in Feest: StVollzG, 4.Aufl., §43 Rn.3ff. m.w.N.

[29] Vgl. Gang des Gesetzgebungsverfahrens, dargestellt bei *Radtke*: Die Zukunft der Arbeitsentlohnung von Strafgefangenen, in ZfStrVo 2001, S.8.

teln kann und die finanziellen Probleme bezüglich der Unterstützung von Familie und der Begleichung von Schulden kaum gelöst werden können, so ist die derzeitige Regelung der Entlohnung und Anerkennung von Gefangenenarbeit nicht nur eine unzureichende Delinquenzprophylaxe, sondern sie kontrastiert deutlich mit den ebenfalls finanziell aufwendigen Gesetzgebungsakten der jüngeren Straf- und Strafprozessrechtsentwicklung, die auf repressive Kriminalitätsbekämpfung gerichtet sind[30].

Insoweit wird zu klären sein, ob die zweite Komponente der gesetzlichen Neuregelung, die Einführung der Good Time in §43 Abs.6-11 StVollzG, das durch die geringe Entlohnung weiterhin bestehende Motivationsdefizit der Häftlinge wie beabsichtigt ausgleichen kann.

Durch ein Zeitgutschriftensystem kann und soll den Gefangenen, die vielleicht eher unliebsame und anstrengende Teilnahme an Arbeits- und Ausbildungsprogrammen „versüßt" werden. Einmal im Programm befindlich, soll durch den Anreiz der Zeitgutschrift das Durchhaltevermögen der Häftlinge bestärkt werden, so dass die Programme dem Häftling verdeutlichen können, dass sich ein straffreies Leben auf eine geregelte Erwerbstätigkeit aufbauen lässt. Selbstdisziplin und berufliche Fähigkeiten sollen so besser und effektiver vermittelt und erlernt werden.

Zwar können Strafzeitrabatte eine monetäre Entlohnung nicht ersetzen, dafür ist die finanzielle Ausstattung des Häftlings nach Haftentlassung für eine erfolgreiche Wiedereingliederung in die Gesellschaft zu wichtig, braucht er doch Mittel für Wohnung, Einrichtungsgegenstände, Kleidung, Nahrung, Unterhaltszahlungen, Schuldenausgleich und Schadenwiedergutmachung[31], jedoch kann die Inaussichtstellung einer Strafzeitverkür-

---

[30] Vgl. *Seebode*: Schleierfahndung. Zum Spannungs- und Abhängigkeitsverhältnis von Freiheit und Sicherheit im sich einigenden Europa, in Bemmann/Spinellis (Hrsg.): FS Mangakis, S.659ff.; *Ries* in Löwe-Rosenberg: StPO, 25.Aufl., 1.Bd., Einleitung Abschnitt E, Rn.119ff.

[31] *Seebode*: Verbrechensverhütung durch staatliche Hilfe bei der Schuldenregulierung Straffälliger, in ZRP 1983, S.176f.; *Dünkel/van Zyl Smit*: Arbeit im Strafvollzug –

zung in Ergänzung zur finanziellen Entlohnung einen entscheidenden Beitrag zur Motivation der Haftinsassen leisten[32]. Dies hätte nicht nur positive Auswirkungen auf den Resozialisierungsprozess durch Arbeit, es ist auch auf eine Produktivitätssteigerung und damit eine bessere Kostendeckung der Anstaltsbetriebe zu hoffen.

Neben der Förderung der Teilnahme an Arbeits-, Ausbildungs- und Therapiemaßnahmen werden Good Time – Regelungen in vielen Ländern weiterhin zur Erreichung fiskalischer und organisatorischer Ziele eingesetzt.

So werden zur Erhöhung der Anstaltssicherheit oftmals disziplinhonorierende Good Time – Kredite vergeben[33]. Häufig wird der nachträgliche Entzug von bereits erworbenen Strafzeitrabatten als Disziplinarmaßnahme bei schlechtem Verhalten angedroht, um ein regelkonformes Verhalten des Haftinsassen zu fördern, auch in der Hoffnung, der Häftling werde die Befolgung der Rechtsnormen für ein straffreies Leben in Freiheit erlernen.

Einen Vorteil der Strafzeitverkürzung sieht man ebenfalls in einer Reduktion der Gefängnispopulation durch die kürzere Verweildauer der Insassen[34]; das fast in allen Ländern bestehende Problem der Gefängnisüberfül-

---

Ein internationaler Vergleich, in Albrecht u.a. (Hrsg.): Internationale Perspektiven in Kriminologie und Strafrecht – FS Günther Kaiser, S.1164; *BAG für Straffälligenhilfe*: Tarifgerechte Entlohnung für Inhaftierte, in ZfStrVo, S.178; *Kemter*: Schulden und Schuldenregulierung der Gefangenen in sächsischen Justizvollzugsanstalten, S.28f.

[32] So auch *Ullenbruch*: Neuregelung des Arbeitsentgelts für Strafgefangene..., in ZRP 2000, Heft 5, S.179.

[33] Vgl. *Carlson/Hess/Orthmann*: Corrections, S.104f.; *Jacobs*: Sentencing by Prison Personnel: Good Time, in UCLA Law Review, Volume 30 (12/1982), S.258.

[34] *Champion*: Probation, Parole, and Community Corrections, S.208; *Quinn*: Corrections, S.17.

lung[35] kann so zumindest gemindert werden. Die entstehenden Kosteneinsparungen können den Staatshaushalt entlasten.

Auch sollen die Häftlinge lernen, dass sie für ihr Schicksal selbst verantwortlich sind. Die Insassen haben es im Good Time – System selbst in der Hand, durch ihre aktive Teilnahme an den Behandlungsprogrammen die Dauer ihrer Haftzeit zu beeinflussen. Die Häftlinge können somit die Konsequenzen ihres Handelns besser abschätzen lernen[36]. Dies ist ein Vorteil, den Strafvollzugsregelungen in prognoseabhängigen Bewährungssystemen nicht aufweisen[37]. So ist in Deutschland eine vorzeitige Entlassung nach §§ 57, 57a StGB immer von einer positiven Prognoseentscheidung der Strafvollstreckungskammer, gestützt auf Stellungnahmen der Justizvollzugsanstalt, der Staatsanwaltschaft und gegebenenfalls eines psychiatrischen Gutachters, abhängig. Eine Entscheidung, die für den Häftling meist nur schwer nachvollziehbar ist und im Falle einer Ablehnung zu Frust, Unverständnis und einem Gefühl der Ohnmacht gegenüber dem System führt. Dadurch wird das Verhältnis zum Anstaltspersonal verschlechtert und die Bereitschaft, aktiv den Vollzug mitzugestalten, sinkt – ein Effekt, dem die Good Time – Regelungen entgegenwirken sollen.

Good Time – Regelungen bieten somit eine Vielzahl von Anwendungsmöglichkeiten und Vorteilen.

---

[35] Siehe z.B. für Deutschland: *Huchting/Lehmann* in Fest: AK – StVollzG, 4.Aufl., §146 Rn.2; *Müller – Dietz*: Strafvollzug heute, ZfStrVo 2000, S.232; für Griechenland: *Spinellis, Calliope*: Attacking Prison Overcrowding in Greece, in Albrecht u.a. (Hrsg.): Internationale Perspektiven in Kriminologie und Strafrecht, S.1275f.; *Winchenbach*: Strafvollzug in Griechenland, in ZfStrVo 1997 S.275.; für Frankreich: Aktuelle Informationen, in ZfStrVo 2000, S.175.; für Italien: Aktuelle Informationen, in ZfStrVo 2001, S.113.; für USA: *Parisi/Zillo*: Good Time: The Forgotten Issue, in Crime and Delinquency, April 1983, S.234; *Austin*: Using Early Release to Relieve Prison Crowding, S.1.

[36] *Aschrott*: Strafensystem und Gefängniswesen in England, S.200.

[37] *Champion*: Probation, Parole, and Community Corrections, S.22.

Allerdings werden gegen die Good Time – Regelungen auch kritische Stimmen erhoben.

Teilweise wird bereits die Motivationswirkung der Good Time – Kredite bezweifelt, da eine Strafzeitverkürzung in ferner Zukunft bei weitem nicht so reizvoll sein könne, wie andere, sofort nach Leistungserbringung zu spürende Belohnungen (Arbeitsentgelt, Hafterleichterungen)[38]. Es bestehen Bedenken in Bezug auf die gerechte Vergabe der Strafzeitrabatte, insbesondere dann, wenn die zum Erwerb der Good Time – Rabatte berechtigenden Arbeits- und/oder Ausbildungsplätze in zu geringer Anzahl zur Verfügung stehen[39]. Verstöße gegen den Richtervorbehalt werden gesehen[40], Einwände gegen eine quasi-automatische Haftentlassung erhoben[41]. Bei bestimmten Tätergruppen (z.B. Sexualstraftätern) wird die resozialisierende Wirkung der Good Time – Regelungen mit Blick auf die Delinquenzursachen bestritten, insbesondere dann, wenn Leistungen honoriert werden (z.B. Arbeit), die mit dem eigentlichen Sozialisationsproblem des Haftentlassenen (z.B. Sexualtrieb) keinerlei Verbindung aufweisen[42]. Eng mit diesem Problem verbunden ist die Frage, wie eine vorzeitige Haftentlassung aufgrund eines Zeitgutschriftensystems gegenüber der Gesellschaft, die sich unter Umständen verfrüht durch erneute Straftaten bedroht fühlt, gerechtfertigt werden kann.

---

[38] Vgl. *Weisburd/Chayed* in McShane/Williams (Hrsg.): Encyclopedia of American Prisons, S.222; *Kamann*: Das Urteil des BVerfG vom 1.7.1998…, in StV 1999, S.349.

[39] *Ullenbruch*: Neuregelung des Arbeitsentgelts für Strafgefangene, in ZRP 2000, Heft 5, S.180, Fn. 21; *Däubler/Spaniol* in Feest: StVollzG, 4.Aufl., §43 Rn.8.

[40] *Goodstein/Hepburn*: Determinate Sentencing in Illinois, in CJPR, Vol.1 No.3, 10/1986, S.317; *Jacobs*: Sentencing by Prison Personnel, in UCLA Law Review, Vol.30(2), 12/1982, S.261ff.

[41] Ullenbruch a.a.O.

[42] *Rösch*: Kommentar zum Urteil des BVerfG vom 1.7.1998, in Herrfahrdt (Hrsg.): Neue Steuerungsmodelle im Strafvollzug, S.139.

Die vorliegende Arbeit soll sich mit den angesprochenen Problemen auseinandersetzen und insbesondere untersuchen, ob und inwieweit der deutsche Gesetzgeber die Intentionen und Möglichkeiten, die mit einem Good Time – System verbunden sind, ausgeschöpft hat.

Dafür sollen nicht nur die derzeit existierenden Good Time – Regelungen in anderen Ländern analysiert werden, sondern es ist auch nach der Anwendungspraxis und den dabei auftretenden rechtlichen und praktischen Problemen und deren Lösung zu fragen.

Denn betrachtet man die historische Entwicklung, die rechtliche Ausgestaltung und die praktische Anwendung von Good Time – Systemen in anderen Ländern, so zeigt sich, dass der deutsche Gesetzgeber die mit der Vergabe von Good Time – Krediten verbundenen rechtlichen und praktischen Möglichkeiten bei weitem nicht erkannt hat. Einerseits kann die zu verdienende Zeitgutschrift von 6 Tagen pro Jahr kaum dazu dienen, Häftlinge zur Teilnahme an Arbeit oder Ausbildung zu motivieren, was eigentlich den Hauptzweck einer Good Time – Regelung darstellt, andererseits ist die fehlende Verknüpfung von Arbeits- bzw. Ausbildungsleistung und der Höhe des Kreditumfangs zu bemängeln.

Die vorliegende Arbeit soll deshalb die derzeit existierenden Zeitgutschriftensysteme in den verschiedenen Anwendungsländern untersuchen, deren Vor- und Nachteile vergleichen und gegeneinander abwägen um nach Prüfung der deutschen Regelung auf ihre Zweck- und Verfassungsmäßigkeit für Deutschland einen Gesetzesvorschlag zur Neuregelung des §43 StVollzG zu begründen.

Teil 1:

Good Time – Regelungen

im internationalen Vergleich

Kapitel 1: „Good Time – Regelungen" im Strafvollzug – eine Definition

Unabhängig davon ob man sie als „good time, gain time, earned time, statutory oder meritorious time, good conduct credits, réduction de peine, remission, liberatione antizipata" oder als „rebajas" bezeichnet, eines ist den Regelungen, die hier unter dem Oberbegriff Good Time – Regelungen zusammengefasst werden sollen, gemein – es handelt sich um Zeitgutschriftensysteme in zahlreichen nationalen Strafvollzugsordnungen, nach welchen sich Gefangene durch gute Führung, gute Arbeitsleistungen, besondere Verdienste oder die Teilnahme an Ausbildungs- und Behandlungsprogrammen nach einem bestimmten Berechnungsmodus Strafzeitverkürzungen verdienen können. „Good Time" bedeutet dabei soviel wie „gute" oder (übertragen) „gutgeschriebene" Zeit.

Die Besonderheit der Good Time – Systeme in Abgrenzung zu anderen Instituten der vorzeitigen Entlassung besteht erstens in der pauschalisierten Vergabe einer Strafzeitverkürzung. Aufgrund genau vorgegebener Berechnungsmodi wird anhand erbrachter Leistungen die Strafzeitverkürzung gewährt. Zwar wird diese Leistung individuell beurteilt, innerhalb einer bestimmten Kategorie aber pauschal vergeben. Es entsteht dadurch eine Vorausberechenbarkeit des Entlassungszeitpunkts, die andere Systeme nicht bieten.

Zweitens erfolgt die Vergabe aufgrund bereits erbrachter Leistungen, also aufgrund eines historischen Verhaltens des Häftlings. Die Strafzeitverkürzung ist damit unabhängig von einer einzelfallbezogenen zukunftsorientierten Bewährungsprognose.

Selbst wenn die Vergabe der Good Time – Kredite generell an Verhaltensweisen des Häftlings geknüpft wird, von denen eine positive Wirkung auf die Resozialisierung erwartet werden kann, oder die Vergabe in Art und Umfang von einem bestimmten Haftstatus oder einer bestimmten Haftart abhängig gemacht wird, die wiederum Rückschlüsse auf die Resozialisierungschancen erlaubt, so wird die Strafzeitverkürzung im Einzelfall unabhängig von einer Sozialprognose gewährt.

Es ist daher möglich, dass ein Häftling aufgrund seiner sehr guten Arbeits- oder Ausbildungsleistungen im Rahmen eines Good Time – Systems vorzeitig entlassen wird, obwohl aufgrund einer negativen Sozialprognose eine vorzeitige bedingte Entlassung nicht in Betracht gekommen wäre. Dieser Umstand wird von Kritikern als wesentlicher Nachteil eines Good Time – Systems erachtet. Die Befürworter sehen darin hingegen ein systemimmanentes Charakteristikum, dessen negative Auswirkungen in Einzelfällen durch die generellen Vorteile eines solchen Systems bei weitem aufgewogen werden.

Worin diese Vorteile bestehen, wie negative Auswirkungen vermieden oder zumindest abgeschwächt werden können, soll Gegenstand der Untersuchung in den folgenden Kapiteln sein. Dabei soll zuerst die geschichtliche Entwicklung der Good Time erläutert werden, bevor nach einer Übersicht über die Funktionsweise der Good Time – Systeme deren Vor- und Nachteile anhand der geförderten Verhaltensweisen und der unterschiedlichen Berechnungsmodi gegeneinander abzuwägen sind.

Kapitel 2: Historische Entwicklung der Good Time – Regelungen

Der Gedanke, Häftlinge schon vor der Vollverbüßung ihrer Strafzeit aufgrund guten Verhaltens zu entlassen, entwickelte sich zwischen dem späten 18.Jhd. und dem frühen 19.Jhd.

I.) Die frühen australischen Regelungen

Die ersten Regelungen, die eine Strafzeitverkürzung für gutes Verhalten ermöglichten, wurden um 1790 in den australischen Strafkolonien eingeführt[1].

Australien wurde erstmals 1787 als britische Strafkolonie genutzt, nachdem bereits seit den ersten Gesetzen zur Transportationsstrafe unter Karl II. in den Jahren 1678 und 1682 von England aus Strafgefangene in entlegene Strafkolonien transportiert wurden, um diese dort für die englische Gesellschaft unschädlich zu machen und als billige Arbeitskräfte für die Urbanisierung der Kolonien (insbesondere Nordamerika) einzusetzen[2].
Als Nordamerika in Folge der amerikanischen Unabhängigkeitskriege als Zielort für die Transportation von Sträflingen entfiel und sich die Zustände in den völlig überfüllten Gefängnisschiffen (Hulks), die als Ersatz für feste Gefängnisbauten dienten, immer mehr verschlechterten, wurde Australien als neue Strafkolonie ausgewählt[3]. Von 1787 bis 1857 wurden schätzungs-

---

[1] *Reichel*: Corrections, S.467.
[2] *Aschrott*: Strafensystem und Gefängniswesen in England, S.36ff.
[3] *Scutt*: Imprisonment and its Substitutes in Australia, in Jescheck (Hrsg.): Die Freiheitsstrafe und ihre Surrogate, S.1001; *Aschrott* a.a.O., S.38f.; *Shaw*: Convicts and the Colonies, S.38ff.; *Krohne*: Lehrbuch der Gefängniskunde, S.55ff.

weise 130.000 bis 160.000 britische Kriminelle und unerwünschte Personen nach Australien verbannt[4].

Die „Glücklichen", die die zehnmonatige Seereise überlebten, wurden anfangs in einer der neu errichteten Kolonien (Sydney in New South Wales5, Port Arthur in Van Dieman's Land oder Norfolk Island[6]) angesiedelt und hatten dort unter Aufsicht von Militärbediensteten schwerste Arbeiten zu verrichten, z.B. das Abroden von Wäldern in sog. Clearing Gangs[7]. Häufig wurden Häftlinge auch einem Siedler(Assignee) als billige Arbeitskraft unterstellt; der Siedler musste dem Häftling Unterkunft und Verpflegung gewähren, konnte dafür aber frei über dessen Arbeitskraft verfügen[8]. Nur die Häftlinge, die zum wiederholten Male verurteilt worden waren oder die man für besonders gefährlich hielt[9], wurden in eine der 4 Strafkolonien (Penal Settlements) verbannt, die von strengster Disziplin, harter Arbeit und widrigsten Lebensumständen geprägt waren[10].

Da sich jedoch durch die wachsende Anzahl von Transportationen englischer Gefangener das Sicherheitsgefühl der australischen Siedler zunehmend verschlechterte, ging man in der Folgezeit dazu über, alle Neuankömmlinge zuerst einer Strafkolonie zuzuweisen. Eine Besonderheit der Strafkolonien bestand für die Gefangenen in der Möglichkeit, einen bedingten Straferlass zu verdienen, der nicht nur mit einer Freilassung, sondern auch der Überlassung eines Grundstücks verbunden war, ein soge-

---

[4] *Carlson/Hess/Orthmann*: Corrections in the 21st Century, 1st Ed., S.55.

[5] *Das heutige Sydney war die erste Gefangenensiedlung, die im Jahre 1788 von dem damaligen Gouverneur von New South Wales, Captain Arhur Phillip, gegründet und von ihm nach dem damaligen britischen Innen- und Kolonialminister Lord Thomas Townshend Sydney (1733-1800) benannt wurde; vgl. Brockhaus, Bd. 21, S.438; The new Encyclopedia Britannica, Bd. 28, S.360.*

[6] *Scutt*: Imprisonment and its Substitutes in Australia, in Jescheck (Hrsg.): Die Freiheitsstrafe und ihre Surrogate, S.1001; *Aschrott*: Strafensystem und Gefängniswesen in England, S.40.

[7] *Carlson/Hess/Orthmann*: Corrections in the 21st Century, 1st Ed., S.55; *Aschrott* a.a.O. S.41.

[8] *Aschrott* a.a.O.

[9] *Aschrott* a.a.O.

[10] *Carlson/Hess/Orthmann* a.a.O.

nanntes *Ticket of leave (Urlaubsschein)*[11]. Um das Ticket of leave zu erhalten, musste der Häftling mehrere Stufen durchlaufen, wobei das Erreichen der nächsthöheren Stufe von der guten Führung und den zufriedenstellenden Arbeitsleistungen des Häftlings abhing.

So wurde der Gefangene nach einer Phase strengster Arbeit in der Strafkolonie in eine Clearing Gang der normalen Kolonien überstellt. Hatte sich der Gefangene dort gut geführt, wurde er einem Siedler als Arbeitskraft zugewiesen. Wenn er auch diese Zeit tadellos absolvierte, erfolgte die Freilassung aufgrund des Ticket of leave, der Rest der Strafzeit wurde erlassen. Bedingung war nur, dass der Entlassene den ihm zugewiesenen Distrikt nicht verließ und sich periodisch meldete[12].

Während die ersten Strafrestaussetzungen noch ohne gesetzliche Grundlage auf Initiative des Gouverneurs einer Kolonie erfolgten[13], wurde der Entlassungsvorgang durch Richtlinien von 1811 formalisiert und 1834 gesetzlich geregelt. Die Richtlinien gaben aufgrund einer Berechnungsformel vor, wie viele Jahre ein Häftling arbeiten musste, um vorzeitig entlassen zu werden.

So konnte nach der Richtlinie von 1821 z.B. ein zu 7 Jahren Haft Verurteilter nach Verbüßung von 4 Jahren die Freiheit erlangen; Häftlinge, die zu einer 14jährigen Haftstrafe verurteilt waren, konnten nach 6 Jahren und lebenslänglich Verurteilte nach frühestens 8 Jahren vorzeitig entlassen werden[14].

Mit der gesetzlichen Regelung von 1834 wurden die Gouverneure ermächtigt, ein Ticket of leave auszustellen, das dem Betroffenen ein unabhängiges Leben erlaubte; einzige Bedingung – der Entlassene musste sich in ei-

---

[11] *Reichel*: Corrections, S.467; *Shaw*: Convicts and the Colonies, S.73, 229ff.; *Cromwell/Killinger*: Community-Based Corrections, 3rd Ed., S.196.

[12] *Aschrott*: Strafensystem und Gefängniswesen in England, S.42; *Krohne*: Lehrbuch der Gefängniskunde, S.58ff.

[13] Vgl. *Shaw*: Convicts and the Colonies, S.83f., 191f., 230, 276; *Cromwell/Killinger* a.a.O.

[14] *Reichel* a.a.O.; *Cromwell/Killinger* a.a.O.

ner bestimmten Region Australiens ansiedeln anstatt nach England zurück-
zukehren. Allerdings wurde diese Möglichkeit anfänglich wegen der
schlechten Lebensbedingungen in Australien nur selten wahrgenommen[15].

II.) Alexander Maconochie und das Mark System

Eine Weiterentwicklung dieses Systems der Strafzeitverkürzung ist auf A-
lexander Maconochie (1787-1860) zurückzuführen, der 1840 zum Gouverneur der Strafkolonie auf Norfolk Island ernannt wurde.

Maconochie vertrat die Ansicht, eine grausame und brutale Behandlung
erniedrige nicht nur die ihr ausgesetzte Person, sondern beeinflusse auch
die Gesellschaft negativ, die diese Behandlung zur sozialen Kontrolle wissentlich zulasse. Zudem müsse die Behandlung der Häftlinge so ausgerichtet werden, dass sie die Gefangenen auf ein straffreies Leben in Freiheit
vorbereite[16]. Deshalb verbesserte er nicht nur die Lebensbedingungen in
der Kolonie ganz erheblich – Fesseln und Ketten wurden abgeschafft,
Schulen und Kirchen wurden gebaut, der Gefangene respektvoll behandelt
– er führte außerdem das so genannte *Mark System* ein, ein Punktesystem,
durch das sich die Häftlinge die Entlassung aus der Strafkolonie verdienen
konnten. Für harte Arbeit und gutes Verhalten konnten die Gefangenen
Anerkennungspunkte (*Marks*) sammeln. Bei einem Fehlverhalten wurden

---

[15] *Reichel*: Corrections, S.467.

[16] *"There is no lesson more important in social science, nor more wanting at present
in penal science, nor to which the perfection of both will be found more directly to
tend, than that the common interest is the interest of each and all, not of any section
merely; that when beyond all question individuals are sacrificed, the public also in-
directly suffer.", "What is wanted, then, in our conflict with crime is to give due im-
portance to the object of reforming our criminals and to study every means by which
we can make severity subservient to that end.", "We must make our whole arrangements in arrest of crime prospective, rather than retrospective – preventive
rather than merely remedial.",* aus Maconochie's Essay: Crime and Punishment
(1846), zitiert von *Barry*: Alexander Maconochie, in Mannheim (Hrsg.): Pioneers in
Criminology, 2nd Ed., S.90f.; vgl auch: *Carlson/Hess/Orthmann*: Corrections in the
21st Century, 1st Ed., S.56.

wiederum Punkte entzogen[17]. Dabei durchlief der Gefangene bis zur endgültigen Freiheit 5 verschiedene Stufen[18]:

(1) Strenge Haft unter strikten disziplinarischen Vorschriften und harter Arbeit (Penal Stage),

(2) Gruppenarbeit in selbstgewählten Kleingruppen von höchstens 6 Personen (Sozial Stage),

(3) Beschränkte Bewegung in Freiheit (Individual Stage),

(4) Erhalt des Ticket of leave,

(5) Vollständige Freiheit.

Das Erreichen dieser Stufen und damit verbundener größerer Freiheiten hing von dem Erwerb einer bestimmten Punktzahl ab. Wer genug Punkte gesammelt hatte, bekam ein Ticket of leave, das dazu berechtigte, sich überall niederzulassen, gleich ob in England, Irland oder Australien. Der Betroffene musste der Polizei nur mitteilen, wo er sich ansiedeln wollte, stand aber ansonsten unter keinerlei Überwachung[19]. Wurde er allerdings innerhalb eines bestimmten Zeitraums wieder auffällig, konnte das Ticket of leave widerrufen und der Strafrest musste verbüßt werden[20].

Maconochie's Mark System beruhte auf 5 Prinzipien[21]:

(1) Die gerichtlich verhängte, nach Jahren und Monaten berechnete Freiheitsstrafe wurde in ein zu erfüllendes Arbeitspensum umgerechnet. Bevor dieses Pensum nicht erreicht war, konnte der Gefangene die Freiheit nicht erlangen. Die Dauer der Freiheitsstrafe war somit nicht mehr zeitlich bestimmt, sondern abhängig vom Arbeitspensum[22].

---

[17] *Carlson/Hess/Orthmann*: Corrections in the 21st Century, 1st Ed., S.56; *Barry*: Alexander Maconochie, in Mannheim (Hrsg.): Pioneers in Criminology, 2nd Ed., S.90f.

[18] *Snarr*: Introduction to Corrections, 3rd Ed., S.275f; *Barry* a.a.O., S.93f.

[19] *Reichel*: Corrections, S.468.

[20] *Tewksbury*: Introduction to Corrections, 3rd Ed., S.358.

[21] *Allen/Simonsen*: Corrections in America, 8th Ed., S.39; *Barry* a.a.O., S.91; *Cromwell/Killinger*: Community-Based Corrections, 3rd Ed., S.196.

[22] *Maconochie schlug sogar die gänzliche Abkehr von zeitlich bestimmten Freiheitsstrafen vor: Er forderte, den Straftäter grundsätzlich nur zur Ableistung eines be-*

(2) Der Arbeitsumfang, der zur Entlassung berechtigte, wurde durch eine bestimmte Anzahl sogenannter „marks" (Punkte) ausgedrückt, die sich der Gefangene durch Verbesserung seines Verhaltens, Enthaltsamkeit, gute Arbeitsleistungen oder durch schulische Leistungen (als Lernender oder Lehrender[23]) verdienen konnte. Wer z.B. zu einer 7jährigen Haftstrafe verurteilt worden war, musste 6.000 Punkte sammeln, eine 10jährige Strafe wurde in 7.000 Punkte umgerechnet, und wer zu einer lebenslangen Freiheitsstrafe verurteilt worden war, musste sich 8.000 Punkte verdienen, um die Freiheit zu erlangen[24]. Bci der Bewertung der Arbeit mit Punkten wurden die physischen und psychischen Fähigkeiten der Gefangenen berücksichtigt, so dass z.b. körperlich schwächere Häftlinge andere Arbeiten als körperlich Stärkere verrichteten und entsprechend benotet wurden[25].

(3) Seinen Lebensunterhalt musste sich der Häftling selbst verdienen, selbst Nahrungsmittel wurden als Passiva vom Punktekonto abgezogen. Für Disziplinarverstöße musste eine bestimmte Anzahl von Marks bezahlt werden.

(4) Gefangenen, die gutes Verhalten gezeigt hatten, wurde gestattet, in kleineren, von den Häftlingen selbst zusammengestellten Gruppen von 6 bis 7 Personen ihre Arbeit zu verrichten. Allerdings war die gesamte Gruppe für das Verhalten und die Arbeitsleistung der einzelnen Gruppenmitglieder verantwortlich.

(5) Gefangene, die schon fast die zur Freilassung erforderliche Punktzahl verdient und damit die letzte Stufe des Haftsystems erreicht hatten, erhielten auf Wunsch ein eigenes Stück Land zur Bearbeitung zugewiesen. Es wurden ihnen größere Freiheiten gewährt, ins-

---

stimmten Arbeitspensums (und gerade nicht zu einer zeitlich bestimmten Strafe) zu verurteilen.

[23] Vgl. *Wentzel*: Die Bedeutung, die Anwendung und die Erfolge des Gesetzes vom 11.April 1854, in Archiv für preußisches Strafrecht, Bd. 2, 1854, S.732, Fn.2.

[24] *Reichel*: Corrections, S.470.

[25] Vgl. *Wentzel* a.a.O., S.731.

besondere in Bezug auf die sonst sehr strenge Überwachung. Indem ihnen die Früchte ihrer Arbeit zugestanden wurden, sollte der Respekt vor dem Eigentum und der Leistung Dritter gestärkt werden.

Das Mark System, das durch die Vergabe von Punkten (Krediten) gutes Verhalten belohnte und schlechtes Betragen durch Entzug dieser Punkte bestrafte, kann als Vorläufer der heutigen Good Time – Regelungen bezeichnet werden. Beachtenswert ist, dass dem Gefangenen durch das Erfordernis des Verdienstes des eigenen Lebensunterhalts auch in der Haft besonders deutlich der Wert der eigenen Arbeit vor Augen geführt wurde und ihm damit die Verantwortung nicht nur für die Dauer des Freiheitsentzugs sondern auch für die Haftbedingungen übertragen wurde. So konnten im Regelfall 10 Punkte pro Tag erarbeitet werden (Bonuspunkte wurden für Überstunden oder besonders harte Arbeit gewährt), von denen aber auch der Lebensunterhalt zu bestreiten war: Die billigste Tagesration kostete 3, die etwas bessere 4 und die beste Ration 5 Punkte, so dass der Häftling selbst bestimmen konnte, wie viele Punkte er für die Freilassung, wie viele für die Verpflegung ausgab. Um einen Tag eher entlassen zu werden, waren 10 Punkte erforderlich[26]. Eigenverantwortung, Selbstdisziplin und Selbstvertrauen als wesentliche Voraussetzungen für ein straffreies Leben wurden auf diese Weise besonders gefördert[27].

Zudem wurden durch das Arbeiten in der Gruppe (Social Stage) die Teamfähigkeit und das Verantwortungsbewusstsein gegenüber Dritten gestärkt[28]. Denn die Gefangen durften zwar ihre Gruppe selbst zusammenstellen, mussten dabei aber bedenken, dass alle gesammelten Punkte in eine Gruppenkasse flossen, aus der die Verpflegung Aller oder auch Strafen für Dis-

---

[26] *Barry*: Alexander Maconochie, in Mannheim (Hrsg.): Pioneers in Criminology, 2nd Ed., S.93.

[27] Vgl. *Wentzel*: Die Bedeutung, die Anwendung und die Erfolge des Gesetzes vom 11.April 1854, in Archiv für preußisches Strafrecht, Bd. 2, 1854, S. 732, Fn.2.

[28] *Barry* a.a.O.

ziplinarvergehen Einzelner zu bestreiten waren[29]. Somit waren die Gefangenen nicht nur gehalten, in die Gruppe nur verantwortungsvolle Mitglieder aufzunehmen, sondern sich auch selbst der Gruppe anzupassen und gute Leistungen zu erbringen.

Obwohl das Mark System in Norfolk Island nur für die Dauer von vier Jahren praktiziert wurde, da die Systemveränderungen Maconochie's von den englischen Autoritäten für zu radikal, sein Umgang mit den Gefangenen für zu milde und das System für zu teuer befunden und er deshalb 1844 nach England zurückgerufen wurde, so konnte durchaus eine Verminderung der Rückfallzahlen festgestellt werden[30].

Später kam es in England zu einer Erneuerung des Mark Systems, das durch den Kolonialismus weit über die Grenzen Englands hinaus an Bedeutung gewann[31].

III.) Das englische Progressivsystem

Denn zur selben Zeit entwickelte sich in England das *Progressivsystem*, das ebenfalls der Resozialisierung der Gefangenen durch Inaussichtstellung einer Strafzeitverkürzung diente. Ausgehend von dem Gedanken, im Gefängnis könne die Einstellung und das Verhalten der Häftlinge positiv beeinflusst werden, konnte sich der Häftling im Rahmen eines vierstufigen Vollzugs nicht nur Verbesserungen seiner Haftbedingungen, sondern auch eine Strafzeitverkürzung verdienen[32]. Vollzogen wurde dieses System

---

[29] *Barry*: Alexander Maconochie, in Mannheim (Hrsg.): Pioneers in Criminology, 2nd Ed., S.93f.

[30] *Shaw*: Convicts and the Colonies, S.290ff.; *Barry* a.a.O., S.96f.; *Cromwell/Killinger*: Community-Based Corrections, 3rd Ed., S.197.

[31] Zum Einfluss des Mark Systems in Südafrika vgl. im Anhang S. 369 und *Van Zyl Smit*: South Afrika, in van Syl Smit/Dünkel (Hrsg.): Prison Labour: Salvation or Slavery?, S.212f.

[32] Vgl. *Kaiser* in K/S: Strafvollzug, 5.Aufl., §2 Rn.18.

erstmals in der 1842 bei London errichteten Anstalt Pentonville. Der Gefangene konnte sich hier bei guter Führung während der ersten Stufe (strenge Einzelhaft) und der zweiten (Arbeiten im Gefängnis) die Transportation nach Australien verdienen, was durchaus als Vorteil empfunden wurde, da dort bei weiterer guter Führung und unter der Bedingung der Ansiedlung in der Kolonie eine vorzeitige Entlassung möglich war[33].

Nachdem allerdings 1857 die Deportationen nach Australien aufgegeben wurden, wurde der Stufenstrafvollzug insgesamt in der Anstalt Pentonville vollzogen. Um den Stufenstrafvollzug zeitlich sinnvoll zu gestalten, wurde das Mindestmaß der Freiheitsstrafe auf 5 Jahre angehoben. Auf neun Monate strenger Einzelhaft mit schwerer Arbeit folgte bei guter Führung eine Gemeinschaftshaft mit Arbeit unter strenger Aufsicht. Diese Stufe bestand aus drei Klassen. Wurden diese bei guter Arbeit und Führung durchlaufen, so konnte der Häftling nach Verbüßung von drei Vierteln einer Strafzeit vorläufig entlassen werden[34].

Das Progressivsystem ist insoweit mit dem heutigen Good Time – System vergleichbar, als dass dem Häftling für bestimmte Leistungen eine Haftverbesserung gewährt wurde, sei es in Form einer Strafzeitreduktion (Good Time) oder in Form von Vollzugslockerungen (Progressivsystem mit der Aussicht auf vorzeitige bedingte Entlassung). Wichtig ist in beiden Systemen, dass dem Häftling Eigenverantwortung übertragen wird und dass eine gewisse Vorausberechenbarkeit dazu beiträgt, dass der Häftling es selbst in der Hand hat, wie sich Vollzugsalltag und -dauer gestalten.

---

[33] *Kaiser* in K/S: Strafvollzug, 5.Aufl., §2 Rn.18.
[34] *Kaiser* a.a.O.; *Krohne*: Lehrbuch der Gefängniskunde, S.60ff.

IV.) Sir Walter Crofton und das Irische System

Zu einer Weiterentwicklung des englischen Progressivsystems kam es 1854 in Irland. Dort entstand auf Initiative des Iren Sir Walter Crofton (1853-1914), dem Leiter des Irischen Strafvollzugs, das *Irish System*, das ebenfalls auf einer Form des Stufenstrafvollzugs basierte. Inspiriert von Maconochie[35] schuf Crofton einen vierstufigen Vollzug, bei dem der Häftling sich durch gutes Verhalten und harte Arbeit Hafterleichterungen und schlussendlich die Freiheit verdienen konnte. Die erste Stufe bestand aus 9 Monaten strenger Einzelhaft. Dabei musste der Häftling die ersten 3 Monate in strenger Isolation, ohne Arbeit und karger Kost verbringen. Crofton war überzeugt davon, dass nach diesem Zeitraum selbst der arbeitsunwilligste Häftling sich nach einer Beschäftigung sehnen würde[36]: „The idler will generally have learned to associate industry with pleasure"[37]. Die restlichen 6 Monate dieser ersten Stufe wurden zwar auch in Einzelhaft vollzogen, aber bei voller Kost und Arbeit.

Die zweite Stufe wurde in einer anderen Anstalt, die eine Gemeinschaftshaft der Häftlinge erlaubte, vollstreckt. Dort mussten die Gefangenen wiederum 5 Grade durchlaufen, deren Erreichen von ihrem Verhalten und Ausbildungsfortschritten abhing[38]. Um diese Stufen erfolgreich zu absolvieren, musste der Häftling, ähnlich wie in Maconochie's Mark System, durch Erfüllung ihm gestellter Aufgaben eine bestimmte Anzahl von Punkten sammeln[39]. Mit jedem Erreichen der nächst höheren Stufe war eine Milderung des Strafzwangs durch die Vergabe besonderer Vergünstigungen verbunden.

---

[35] *Barry*: Alexander Maconochie, in Mannheim (Hrsg.): Pioneers in Criminology, 2nd Ed., S.99; *Cromwell/Killinger*: Community-Based Corrections, 3rd Ed., S.198.
[36] *Reichel*: Corrections, S.469.
[37] *Orland*: Prisons and Punishment, in Haas/Alpert (Hrsg.): The Dilemmas of Corrections, S.18f.
[38] *Aschrott*: Strafensystem und Gefängniswesen in England, S.297; *Krohne*: Lehrbuch der Gefängniskunde, S.73f.
[39] *Cromwell/Killinger*: Community-Based Corrections, 3rd Ed., S.198; *Krohne* a.a.O.

Crofton's eigentlicher Verdienst ist aber die Einführung der dritten Stufe, für die der Häftling in eine weitgehend offene Anstalt verlegt wurde, das *Intermediate Prison*. Der Zweck dieser dritten Stufe wurde von Crofton folgendermaßen beschrieben:[40]

„Es soll eine Annährung zwischen der bürgerlichen Gesellschaft und dem Sträflinge vor seiner Entlassung geschaffen werden. Eine solche Annährung ist notwendig, um einen erfolgreichen Rücktritt des Sträflings in die Freiheit sicherzustellen. Die große Schwierigkeit, mit welcher die entlassenen Sträflinge zumeist zu kämpfen haben, besteht in dem Mangel an Arbeit. Infolge der Vorurteile, welche die Gesellschaft gegen die Beschäftigung entlassener Sträflinge hegt, wird es den letzteren vielfach unmöglich gemacht, die guten Vorsätze, mit welchen sie in die Freiheit zurückgetreten sind, zur Ausführung zu bringen; notgedrungen fallen sie wieder dem Verbrechen anheim. Es kommt also darauf an, diese Vorurteile zu beseitigen. Dazu ist zunächst notwendig, dass der Sträfling während des letzten Teiles seiner Strafe durch zweckentsprechenden Unterricht und geeignete Beschäftigung auf das Leben in Freiheit und die ihm dabei bevorstehenden Kämpfe besonders vorbereitet werde. Zu gleicher Zeit muss dem Sträflinge ein größeres Maß von Freiheit gegeben werden, damit er zu zeigen vermag, dass er nicht nur unter dem Zwange einer strengen Hausordnung, wie sie in den eigentlichen Strafanstalten besteht, sich gut zu führen gelernt habe, sondern dass er auch sein gutes Verhalten fortsetzen werde, wenn dieser äußere Zwang von ihm genommen ist. Wenn auf diese Weise der bürgerlichen Gesellschaft der Beweis geliefert wird, dass derjenige Teil der Sträflinge, welchen die Gefängnisverwaltung als vollkommen vertrauenswürdig aus der Strafanstalt in die Zwischenanstalt versetzt, hier das ihm geschenkte Vertrauen rechtfertigt, so wird auch die Gesellschaft ihrerseits das bisher dem entlassenen Sträfling entgegengebrachte Misstrauen aufgeben und ihm bereitwillig Beschäftigung gewähren."

Das erste Intermediate Prison wurde 1856 in Lusk (in der Nähe von Dublin) eröffnet; es bestand lediglich aus Baracken, in denen ca. 100 Häftlinge

---

[40] Auszüge aus einer Denkschrift von 1855 an die Regierung, zitiert von *Aschrott*: Strafensystem und Gefängniswesen in England, S.299f.

untergebracht werden konnten[41],[42]. Zwar blieben die Gefangenen hier Sträflinge unter Arbeitszwang und Disziplin des Strafvollzugs, allerdings durften sie landwirtschaftliche Arbeiten außerhalb der Anstalt verrichten, und ihnen wurden im Allgemeinen größere Freiheiten gewährt[43]. So wurde beispielsweise auf eine besondere Kleiderordnung verzichtet, Kontakte mit der Bevölkerung wurden gefördert und die Teilnahme an Ausbildungsprogrammen war möglich[44].

Die Wächter in den Anstalten (in Lusk waren es sechs für einhundert Gefangene!), waren angewiesen, zwei wichtige Prinzipien zu befolgen: Sie sollten dem Häftling erstens zeigen, dass sie ihm Vertrauen schenken und sollten die Bestätigung dieses Vertrauens seitens des Gefangenen durch die Vergabe von Marks (Punkten) honorieren. Zweitens sollten sie die Bevölkerung davon überzeugen, dass die Häftlinge nach ihrer Freilassung in der Lage sein würden, als gesetzestreue Bürger ihrer Arbeit nachzugehen[45]. Zu diesem Zwecke wurden die Sträflinge z.B. auf Botengänge oder zu Besorgungen geschickt, um so den Kontakt mit der Bevölkerung herzustellen[46].

Als vierte und letzte Stufe folgte die bedingte Entlassung. Diese Freilassung konnte aber im Zeitraum zwischen vorzeitiger Entlassung und dem eigentlich durch Urteil festgesetzten Entlassungszeitpunkt jederzeit widerrufen werden, wenn sich der Häftling ein Vergehen zu Schulden kommen ließ. Außerdem wurde der Häftling während der „Bewährungszeit" durch die Polizei überwacht[47] aber auch durch einen speziellen Polizeibeamten bei der Suche nach Arbeit und der Bewältigung von Alltagsproblemen un-

---

[41] *Reichel*: Corrections, S. 469.

[42] *Während in Lusk vorwiegend landwirtschaftlich orientierte Tätigkeiten angeboten wurden, war die später errichtete Anstalt in Smithfield für industrielle Arbeiten bestimmt; vgl. Aschrott*: Strafensystem und Gefängniswesen in England, S.297.

[43] *Kaiser* in K/S: Strafvollzug, 5.Aufl., §2 Rn.19.

[44] *Champion*: Probation, Parole, and Community Corrections, 2nd Ed., S.199.

[45] *Reichel* a.a.O.; *Krohne*: Lehrbuch der Gefängniskunde, S.74.

[46] *Aschrott* a.a.O., S.301.

[47] *Reichel* a.a.O., S. 469.

terstützt[48]. Der Häftling musste die Polizei monatlich über seine Fortschritte unterrichten[49].

Somit war nicht nur ein Vorläufer des heutigen offenen Vollzugs, sondern auch die vorzeitige Entlassung zur Bewährung unter Aufsicht eines Bewährungshelfers geboren.

Die Erfolge des Systems sprachen für sich. Nur bei 17 von 557 Häftlingen, die nach Einführung der Regelungen in einer Studie beobachtet wurden, musste die vorzeitige Entlassung widerrufen werden[50], was allerdings auch in dem Umstand begründet sein dürfte, dass nur besonders geeignete Gefangene für die Übergangshaft ausgesucht wurden. Ausgewählt wurden nur diejenigen, von denen man glaubte, das Übergangsstadium der Zwischenhaft könne für die Resozialisierung förderlich sein und der Häftling werde die ihm gewährten Vollzugslockerungen nicht missbrauchen. Arbeitsunfähige, die ihren Lebensunterhalt ohnehin nicht auf Arbeit aufbauen konnten, Vermögende, die auf Arbeit nicht angewiesen waren, besonders gefährliche Straftäter (Gewaltverbrecher, Sexualstraftäter), Sträflinge, die trotz einer bereits früheren Durchschreitung des Stufenvollzugs wieder rückfällig geworden waren und zu lebenslanger Haft Verurteilte wurden von der Übergangshaft ausgeschlossen[51]. Trotzdem lagen die Rückfallquoten unter dem allgemeinen Durchschnitt[52].

Für die Entwicklung der Good Time – Regelungen war Crofton aufgrund der Fortführung des Mark Systems in der 2. und 3. Stufe seines Vollzugs ein wichtiger Wegbereiter. Die Ideen von Maconochie und Crofton übten einen starken Einfluss auf die Entwicklung des modernen Gefängniswe-

---

[48] *Tewksbury*: Introduction to Corrections, 3rd Ed., S.358.
[49] *Champion*: Probation, Parole, and Community Corrections, 2nd Ed., S.199.
[50] *Champion* a.a.O.
[51] *Aschrott*: Strafensystem und Gefängniswesen in England, S.300.
[52] *Die Häftlinge, die für die Zwischenhaft nicht geeignet waren, durchliefen den normalen dreistufigen Vollzug, kamen also auch in den Genuss der vorzeitigen bedingten Entlassung, wenn sie in der zweiten Stufe genügend Punkte (Marks) angesammelt hatten.*

sens in den Vereinigten Staaten aus und waren Vorbild für die Entwicklung der dortigen Good Time – Regelungen[53].

V.) Das Mark System in England

Nach Crofton's Vorbild wurde das Mark System 1863 auch in das Englische Progressivsystem integriert und war von da an für lange Zeit wichtiger Bestandteil des englischen Strafvollzugs[54].

Es gab fünf wichtige Grundsätze des Systems:[55]

(1) Jeder Gefangene erhielt eine Karte, auf der täglich der Verdienst einer bestimmten Punktezahl (Marks) notiert wurde.

(2) Durch die Punkte wurde der bei der Arbeit gezeigte Fleiß honoriert: die Höchstpunktzahl von 8 Punkten wurde für fortgesetzte anstrengende Arbeit vergeben; 7 Punkte erhielt der Häftling für „einen geringen Grad an Emsigkeit"; 6 für ein mäßiges Tageswerk[56].

(3) Die Zuteilung der Marken oblag dem Wärter, der den Häftling bei der Arbeit beaufsichtigte, stand aber unter Kontrolle des Gefängnisoberaufsehers.

(4) An arbeitsfreien Tagen (Sonn- und Feiertagen) hing die Vergabe der Marken vom Verhalten des Häftlings ab.

(5) Bei Verstößen gegen die Anstaltsregeln konnten bereits verdiente Punkte wieder entzogen werden (im Höchstfalle 64 Punkte für einen einzelnen Verstoß).

---

[53] *Orland*: Prisons as Punishment, in Haas/Alpert (Hrsg.): The Dilemmas of Corrections, S.19.

[54] *Aschrott*: Strafensystem und Gefängniswesen in England, S.196; *Krohne*: Lehrbuch der Gefängniskunde, S.61f.

[55] *Aschrott* a.a.O.

[56] *Arbeitsunfähige Häftlinge erhielten 6 Marken täglich; Häftlingen, die aufgrund ihres Gesundheitszustands nur leichte Arbeiten verrichten konnten, wurden 7 Marken gewährt; vgl. Aschrott: a.a.O.*

An Punkt 5) zeigt sich bereits die große Ähnlichkeit des Mark Systems zu den späteren Good Time – Regelungen der USA, die neben den Regelungen zur Kreditvergabe überwiegend auch Regelungen zum Kreditentzug bei Fehlverhalten beinhalten.

Verwendet wurden die Punkte zur Verkürzung der Verweildauer in den einzelnen Vollzugsstufen, denn der Aufstieg in die nächst höhere Stufe, verbunden mit dem Erhalt der entsprechenden Vergünstigungen, war erst nach dem Verdienst einer bestimmten Anzahl von Punkten möglich.

Somit konnte der Häftling durch gute Arbeit und regelkonformes Verhalten nicht nur die Härte seiner Haftstrafe mildern, sondern die einzelnen Stufen schneller durchlaufen und so den Termin einer vorzeitigen Entlassung positiv beeinflussen. Auch spielte die Anzahl der verdienten Punkte bei der Berechnung des Arbeitsentgelts eine Rolle[57].

Die Vorzüge des Mark Systems wurden darin gesehen, dass das Verhalten der Gefangenen fortlaufend kontrolliert und beurteilt werden konnte. Dem Häftling wurde aufgrund seiner Punktekarte ständig vor Augen geführt, wie er durch sein eigenes Verhalten seine Lage beeinflusste. Da dem Häftling ständig die Konsequenzen seines Verhaltens bewusst gemacht wurden, konnte er Selbstverantwortung lernen, seine Selbstdisziplin wurde gefördert[58].

---

[57] *Je mehr Marken ein Häftling verdiente, desto höher fiel sein Arbeitslohn aus;* vgl. *Aschrott*: Strafensystem und Gefängniswesen in England, S.199, 255.

[58] *Aschrott* a.a.O., S.200.

VI.) Die ersten amerikanischen Regelungen

Die Entwicklung der Good Time – Regelungen in den Vereinigten Staaten von Amerika verlief ähnlich.

Das erste sogenannte „good time law" entstand 1817 im Bundesstaat New York. Allerdings war dies noch keine Good Time – Regelung im heutigen Sinne, denn die Gefangenen konnten sich in der damals neu errichteten Anstalt Auburn durch gutes Verhalten und fleißige Arbeit zwar eine Strafzeitverkürzung von bis zu 25 % verdienen, dies geschah aber aufgrund einer einzigen, dem Gnadenrecht nahe kommenden Entscheidung[59]. Die Verkürzung der Strafzeit stand im Ermessen der aufsichtsführenden Beamten der Anstalt[60]. Wenn ein Häftling zu einer über fünfjährigen Freiheitsstrafe verurteilt wurde, erlaubte das Gesetz dem Gefängnisdirektor...

"...upon certificate of the principal keeper, or other satisfactory evidence, that such prisoner has behaved well, and has acquired ... the net sum of fifteen dollars, or more, per annum, to abridge the period of confinement and labor ... one fourth part, and to discharge such prisoner accordingly, and to pay to such prisoner the amount ...; but such sums shall be forfeited by any disorderly or disobedient conduct and by any attempt to escape, and shall in no case be allowed on a second or any subsequent conviction." (1817 New York Laws, Chapter 269, section 5)[61]

Die „Good Time" – Regelung sollte das damals übermäßig gebrauchte Gnadenrecht ablösen, dem Anstaltspersonal ein Mittel zur Kontrolle der Anstaltsdisziplin zur Verfügung stellen und der Gefängnisüberfüllung ent-

---

[59] *Champion*: Corrections, S.199.
[60] *Weisburd/Chayed* in MacShane/Williams III (Hrsg.): Encyclopedia of American Prisons, S.220.
[61] *Parisi/Zillo*: Good Time: The Forgotten Issue, in Crime and Delinquency, 4/1983, S.231.

gegenwirken[62].

Die Gefängnisüberfüllung war im 19.Jhd. ein großes Problem, das nur durch die Verkürzung der Haftzeiten gelöst werden konnte. Im Unterschied zum Gnadenrecht, das durch den Gouverneur eines Bundesstaats in einem komplizierten Antrags- und Entscheidungsprozeß ausgeübt wurde, waren die Good Time – Regelungen für den Zweck der Reduktion der Gefangenenzahlen viel flexibler handhabbar und auch direkt vom Anstaltspersonal zu beeinflussen[63].

Zugleich sollte die Motivation der Gefangenen zur Mitwirkung an ihrer Resozialisierung gestärkt werden[64]. Man kam zu der Ansicht, eine Belohnung für gutes Verhalten und freiwillige Mitarbeit könnte den Gefangenen eher und besser zur Kooperation bewegen, als eine Bestrafung für die Verweigerung der Mitarbeit z.B. durch den Entzug von Anstaltsprivilegien, die Verhängung von Einzelhaft oder Körperstrafen. Auch bot eine Strafzeitreduktion einen höheren Anreiz als die bloße Verbesserung der Haftbedingungen, die zwar ebenfalls reizvoll und erstrebenswert war, aber eben keine Freiheit gewährte.

Hinzu kam die Hoffnung, die Gefangenen könnten die in der Haft erlernten Fähig- und Fertigkeiten nach ihrer Haftentlassung im normalen Arbeitsleben umsetzen und so leichter ein von Straftaten freies und unabhängiges Leben führen[65].

---

[62] *Chayed*: Correctional "Good Time" as a Means of Early Release, in Mac-Shane/Williams III (Hrsg.): The Philosophy and Practice of Corrections, S.54; *selbige*: Good Time..., in Criminal Justice and Behavior, Vol.16, No.2, S.184.
[63] *Parisi/Zillo*: Good Time: The Forgotten Issue, in Crime and Delinquency, 4/1983, S.230.
[64] *Parisi/Zillo* a.a.O., S.229.
[65] *Parisi/Zillo* a.a.O., S.230.

VII.) Zebulon Brockway – die Verknüpfung von Good Time und Parole

In den folgenden Jahren verbreiteten sich die Good Time – Regelungen von New York aus, gefolgt von Connecticut (1821) und Tennessee (1836)[66], über das gesamte Gebiet der Vereinigten Staaten; 1876 existierte bereits in 29 Bundesstaaten eine Möglichkeit der Strafzeitreduktion durch gutes Verhalten[67].

Ein Kritikpunkt an den Regelungen ergab sich allerdings schon früh aus dem Umstand, dass die Häftlinge nach ihrer vorzeitigen Entlassung keiner staatlichen Aufsicht oder Kontrolle unterstanden.

Auch wurde im Gegensatz zum irischen Vorbild die Strafzeitverkürzung bald nicht mehr als ein durch gutes Verhalten und bereitwillige Mitarbeit zu verdienender Bonus gehandhabt (Verdienstsystem), sondern wandelte sich im Laufe der Jahre aufgrund bürokratischer Schwierigkeiten in ein internes Anstaltsstrafrecht, bei dem allen Häftlingen der Straferlass automatisch gewährt und nur bei einem Fehlverhalten nachträglich entzogen wurde (Strafsystem). Das System der Good Time wurde sozusagen auf den Kopf gestellt und entwickelte sich von einer zu verdienenden Anerkennung zu einer Strafe für Fehlverhalten[68]. Dies sorgte zwar für Disziplin in der Anstalt, aber der eigentliche Sinn der Regelungen, den Häftling zu motivieren, an seiner Resozialisierung mitzuarbeiten, ging verloren[69].

Daraus ergab sich ein weiteres Problem. Durch die automatische Anrechnung der Good Time zu Beginn des Haftantritts führte jeder nachträgliche

---

[66] *Parisi/Zillo*: Good Time: The Forgotten Issue, in Crime and Delinquency, 4/1983, S.231.

[67] *Chayed*: Correctional "Good Time" as a Means of Early Release, in MacShane/ Williams III (Hrsg.): The Philosophy and Practice of Corrections, S.55.

[68] Parisi/Zillo a.a.O.

[69] *Reichel*: Corrections, S.471.

Entzug der Gutschrift, verbunden mit der Verlängerung der vorausgeplanten Strafzeit, zwangsläufig zu einer Erhöhung der Haftkosten und machte damit den Entzug der Kredite auch für die Anstaltsleitung äußerst unattraktiv. Das Ergebnis war, dass die Kredite nur noch in Fällen schwerster Disziplinarverstöße entzogen wurden und somit der Sinn und Zweck der Regelungen gänzlich verloren ging[70].

Um diese Probleme zu lösen, wurde 1876 in der neu errichteten New Yorker Anstalt Elmira auf Initiative des damaligen Anstaltsleiters Zebulon Brockway (1827-1920), ein System eingeführt, das Elemente der Good Time mit denen der vorzeitigen bedingten Entlassung auf Bewährung (Parole) kombinierte[71]. Nach dem Vorbild von Maconochie und Crofton[72] führte Brockway in Elmira, einer Anstalt für junge Ersttäter (18 bis 30 Jahre), ein Punktesystem ein, durch das sich die Häftlinge eine Strafzeitverkürzung verdienen konnten. Grundlage war die Verurteilung der Täter zur sogenannten Indeterminate Sentence, einer in ihrer genauen Dauer unbestimmten Freiheitsstrafe; festgesetzt wurden nur eine Mindest- und eine Höchststrafe, wobei die Bestimmung des genauen Entlassungstermins der Anstaltsleitung oblag. Die Häftlinge wurden anhand ihres allgemeinen Verhaltens, ihrer Arbeitsweise, ihrer Erfolge bei der obligatorischen Teilnahme an den Ausbildungsprogrammen und ihrer persönlichen Einstellung benotet[73]. Nur wer die vorbestimmten Kriterien erfüllte, konnte vorzeitig entlassen werden. Nach der Entlassung wurde die betroffene Person unter die Aufsicht eines freiwilligen zivilen Bewährungshelfers gestellt[74].

---

[70] *Parisi/Zillo*: Good Time: The Forgotten Issue, in Crime and Delinquency, 4/1983, S.231.

[71] *Champion*: Probation, Parole and Community Corrections, S.199; *Weisburd/Chayet*: Good Time..., in Criminal Justice and Behavior, Vol.16, No.2, S.185.

[72] Vgl. *Barry*: Alexander Maconochie, in Mannheim (Hrsg.): Pioneers in Criminology, 2nd Ed., S.85.

[73] *Tewksbury*: Introduction to Corrections, 3rd Ed., S.361.

[74] *MacCarthy/MacCarthy*: Community-Based Corrections, 3rd Ed., S.270.

Durch die Orientierung am Mark System brachte Brockway wieder die eigentliche Intention der Good Time – Regelungen zur Geltung, den Gefangenen zur Teilnahme an den Behandlungsprogrammen zu motivieren[75].

VIII.) Die Verbreitung der Good Time in den USA

Nach der Entwicklung von Brockway's System wurde nach und nach in allen Staaten der USA ein Zeitgutschriftensystem eingeführt, 1916 ließ sich in jedem Bundesstaat eine Good Time – Regelung nachweisen[76].

Allerdings schritt auch die Entwicklung des Parole Systems, der vorzeitigen bedingten Entlassung unter der Aufsicht eines Bewährungshelfers, voran; in der Folgezeit wurden die Good Time – Regelungen durch die zunehmende Einführung der Parole in den verschiedenen US-Bundesstaaten eingeschränkt, allerdings nie ganz verdrängt[77].

Vielmehr wurde die Good Time dazu genutzt, den Termin der frühestmöglichen vorzeitigen bedingten Entlassung nach vorn zu verlegen, was den Vorteil hat, dass trotz der Strafzeitverkürzung durch Good Time nach der Entlassung eine Bewährungszeit unter Aufsicht eines Bewährungshelfers gewährleistet bleibt. Dadurch wird nicht nur der Übergang in das Leben in Freiheit erleichtert, sondern auch dem Sicherheitsbedürfnis der Bevölkerung Rechnung getragen.

---

[75] *Bis zu Zebulon Brockway lassen sich im Übrigen auch die Wurzeln der heutigen Boot Camp – Programme in den USA zurückverfolgen. Er war es, der erstmals Elemente der militärischen Ausbildung zur Disziplinierung aber auch Beschäftigung seiner Häftlinge anwandte; zur Beschäftigung deshalb, weil aufgrund von Protesten von Unternehmern der freien Wirtschaft gegen die billigen Gefängnisprodukte durch ein Gesetz von 1888 den Haftanstalten untersagt wurde, den Häftlingen eine produktive Arbeit anzubieten.* Vgl. *Courtless*: Corrections and the Criminal Justice System, S.337; *Gescher*: Boot Camp - Programme in den USA, S.3f.

[76] *Roberson*: Introduction to Corrections, S.56.

[77] *Weisburd/Chayet*: Good Time..., in Criminal Justice and Behavior, Vol.16, No.2, S.185; *Oberheim*: Gefängnisüberfüllung, S.330f.

Auch wurde wieder zum ursprünglichen System der Kreditberechnung zurückgekehrt: Der Kredit wurde nicht mehr automatisch gewährt und nur bei Fehlverhalten entzogen, sondern musste mit gutem Verhalten und bereitwilliger Mitarbeit verdient werden[78].

IX.) Good Time in der US-amerikanischen Gegenwart und Zukunft

Nach nicht unerheblichen Schwankungen in der quantitativen Anwendung von Zeitgutschriftensystemen in den vergangenen Jahrzehnten erfahren die Good Time – Regelungen in den letzten Jahren wieder einen Aufschwung[79].

Beleg dafür ist z.B. die Entwicklung in Oklahoma: Dort stieg zwischen 1980 und 1986 der Anteil der vorzeitigen Entlassungen durch Good Time von 47% auf 86 % aller Haftentlassungen; in Florida stieg der Anteil der durch Gain Time bedingten Entlassungen innerhalb von 3 Jahren (1983 – 1986) um 20%[80].

Grund für die Schwankungen ist die seit Ende des 20.Jhd. stark veränderte Sanktionspolitik der Vereinigten Staaten. Hatten die Good Time – Regelungen noch in den 1960er Jahren im Zuge des Glaubens an die Resozialisierbarkeit Straffälliger durch entsprechende Behandlungskonzepte, wozu auch die Good Time zählte, einen Anwendungszuwachs erfahren[81], verbreitete sich Anfang der siebziger Jahre eine Desillusionierung über den Rehabilitationsansatz nach dem Motto „nothing works", der auch zu einer Reduktion der Strafzeitrabatte führte: Diese wurden nur noch restriktiv zur

---

[78] *Oberheim*: Gefängnisüberfüllung, S.330f.
[79] Vgl. *Oberheim* a.a.O.
[80] *Weisburd/Chayet*: Good Time..., in Criminal Justice and Behavior, Vol.16, No.2, S.186.
[81] *Payne/Gainey*: Is good-time appropriate for offenders on electronic monitoring?, in Journal of Criminal Justice 28 (2000), S.499.

Kontrolle der Anstaltspopulation, kaum aber zu rehabilitativen Zwecken angewandt[82].

Zur allgemeinen Desillusionierung kam die Erkenntnis hinzu, dass eine kleine Gruppe von Mehrfachtätern den Großteil aller begangenen Straftaten verübt, verbunden mit der Vorstellung, man bräuchte nur diese Täter herausfiltern und unschädlich machen, um die Kriminalität erheblich zu senken[83,84]. Dem durch die Sensationsberichterstattung der öffentlichen Medien[85] und der daraus folgenden Kriminalitätsfurcht der Bevölkerung[86] entstandenen Druck auf den Gesetzgeber gab dieser nach[87], indem er die Strafrahmen verschärfte[88], das Ermessen der Richterschaft durch Strafrahmenrichtlinien (Sentencing Guidelines) und das der Bewährungsinstanzen (Parole Boards) durch restriktive Gesetze einschränkte[89]. Weiterhin wurde das Spektrum der strafbaren Handlungen erweitert[90] und der Umgang mit Mehrfachtätern verschärft[91]. So wurde in vielen Staaten das sogenannte Indeterminate Sentencing System, bei dem der Richter ein Mindest- und ein Höchstmaß der Strafe bestimmt und dann das Parole Board innerhalb dieser Zeitspanne den Entlassungstermin nach seinem Ermessen festsetzt,

---

[82] *Payne/Gainey*: Is good-time appropriate for offenders on electronic monitoring?, in Journal of Criminal Justice 28 (2000), S.499.

[83] Vgl. *Austin*: Reforming Florida's Unjust, Costly and Ineffective Sentencing Laws, S.3.

[84] *Es wurde zwar schon früh erkannt, dass der Ansatz, für eine effektive Kriminalitätsbekämpfung nur die Mehrfachtäter unschädlich machen zu müssen, falsch ist, da sich anhand der Vergangenheitsanalyse einer Tätervita nicht auf dessen zukünftige Taten schließen lässt und somit der „Gewohnheitsverbrecher" nur schwer zu identifizieren ist, allerdings wurde dies von der Politik, die dringend etwas gegen die Kriminalität unternehmen wollte, überhört;* vgl. *Weitekamp/Herberger*: Amerikanische Strafrechtspolitik auf dem Weg in die Katastrophe, in NKrimP 1995, Heft 2, S. 16f.; *McShane* in McShane/Williams (Hrsg.): Encyclopedia of American Prisons, S.134

[85] *Lauen*: Positive Approaches to Corrections..., S.39ff.

[86] *Lauen* a.a.O., S.35.

[87] *Weitekamp/Herberger* a.a.O.

[88] *McShane* a.a.O.

[89] *Lauen* a.a.O., S.34f.; vgl. auch *Weigend*: Privatgefängnisse, Hausarrest und andere Neuheiten, in BewHi 1989, S.289f.

[90] *McShane* a.a.O.

[91] *Ditton/Wilson*: Truth in Sentencing in State Prisons, S.1f.

zugunsten des Determinate Sentencing Systems verdrängt[92]. In diesem System übt nicht das Parole Board durch die Bestimmung des Entlassungszeitpunkts zwischen Minimum und Maximum Sentence den größten Einfluss auf die Straflänge aus, sondern der Richter, der ähnlich wie in Deutschland, den endgültigen Entlassungstermin festsetzt, der dann nur noch auf Grundlage strenger gesetzlicher Vorgaben durch Parole oder andere Institute der vorzeitigen Entlassung (z.B. Good Time) beeinflusst werden kann[93]. Einige Bundesstaaten schafften die Parole sogar gänzlich ab[94]. Durch die Änderung sollte der Einfluss der Richter auf die Länge der tatsächlich zu verbüßenden Strafzeit zulasten der von strukturellen und fiskalischen Erwägungen bestimmten Verwaltung gestärkt werden[95]. Aus diesem Grunde wurden auch die Möglichkeiten der Strafzeitreduktionen durch Good Time eingeschränkt[96].

Die Richter wurden durch Sentencing Guidelines oder zwingende Mindeststrafen für bestimmte Delikte (Mandatory Sentences)[97] erheblich in ihrer Entscheidungsfreiheit eingeengt, was neben der stetigen Erhöhung der Strafdrohungen zu einer erheblichen Verlängerung der durchschnittlich zu verbüßenden Haftzeiten führte[98]. So wurden in einigen Bundesstaaten (z.B.

---

[92] *Carlson/Hess/Orthmann*: Corrections in the 21st Century, S.252; *Weigend*: Privatgefängnisse, Hausarrest und andere Neuheiten, in BewHi 1989, S.290.

[93] *Ditton/Wilson*: Truth in Sentencing in State Prisons, S.3.

[94] *Carlson/Hess/Orthmann* a.a.O.; *Jacobs*: Sentencing by Prison Personnel…, in UCLA Law Review, Volume 30 (2), 12/1982, S.244ff.

[95] *Auch sollte eine Ungleichbehandlung der Häftlinge durch stark individualisierte Strafzeitreduktionen vermieden werden;* vgl. Ditton/Wilson a.a.O., S.2; *Reichel*: Corrections, S.125.

[96] *Ditton/Wilson* a.a.O., S.1f.; *Champion*: Probation, Parole and Community Corrections, S.207f.; *Payne/Gainey*: Is good-time appropriate for offenders on electronic monitoring?, in Journal of Criminal Justice 28 (2000), S.499; *Ekland-Olson/Kelly*: Justice under Pressure, S.11.

[97] *Weitekamp/Herberger*: Amerikanische Strafrechtspolitik auf dem Weg in die Katastrophe, in NKrimP 1995, Heft 2, S. 18; *Lauen*: Positive Approaches to Corrections…, S.5, 9f.; zu den Auswirkungen der Mandatory Sentences in Florida: *Bales/ Dees*: Mandarory Minimum Sentencing in Florida…, in Crime and Delinquency, Vol. 38 Nr.3, S.309.

[98] Vgl. *Ditton/Wilson* a.a.O., S.4f.; vgl. auch *Walter*: Strafvollzug, 2.Aufl., Rn.104ff.

Colorado) die Strafdrohungen seit 1970 verdoppelt, teilweise sogar verdreifacht, die lebenslange Freiheitsstrafe wird nicht mehr nur für Mord, sondern (im wiederholten Falle) auch für andere Delikte, wie z.b. Raub oder Vergewaltigung zwingend vorgeschrieben[99]. Diese „Truth in Sentencing" – Politik hat in einem erheblichen Maße zu einem Anstieg der Gefangenenzahlen und einer Überlastung der Haftanstalten beigetragen.

Zusätzlich wurde der Umgang mit Mehrfachtätern erheblich verschärft[100]. Die Habitual Offender Laws, wonach ab einer bestimmten Anzahl und Art von Vorstrafen zwingend eine lebenslängliche Freiheitsstrafe ohne die Möglichkeit der Parole vorschrieben ist, wurden seit 1993 durch die sogenannten „Three Strikes and you are out laws" ergänzt, wonach eine lebenslange Freiheitsstrafe ohne Bewährungsmöglichkeit oder eine sehr hohe Mindestverbüßungszeit bereits nach der dritten, teilweise sogar schon nach der zweiten Verurteilung zu einem Verbrechen zwingend vorgeschrieben ist[101]. Die Verurteilung zu lebenslanger Haft[102] ist je nach Bundesstaat abhängig von der Art des Delikts, zumeist müssen Gewaltverbrechen vorliegen, möglich sind aber auch Drogendelikte (Indiana, Louisiana, Kalifornien), eine Flucht aus der Haft (Florida) oder Bestechung (South Carolina)[103], und der Anzahl der Vorverurteilungen, z.B. 2 Strikes in Kalifornien

---

[99] *Lauen*: Positive Approaches to Corrections..., S. 9ff.

[100] *Zu Motiven und Verlauf der Entwicklung der Gewohnheitsverbrechergesetze vgl. Weitekamp/Herberger*: Amerikanische Strafrechtspolitik auf dem Weg in die Katastrophe, in NKrimP 1995, Heft 2, S. 16f.

[101] *Reichel*: Corrections, S.133; *Clark/Austin/Henry*: Three Strikes and You Are Out...., S.9ff.

[102] *Zumeist folgt eine lebenslange Haft ohne Bewährungsmöglichkeit (Georgia, Indiana, Louisiana, Maryland, Montana, New Jersey, North and South Carolina, Tennessee, Virginia, Washington, Wisconsin); eine bedingte Entlassung ist möglich in Mexiko nach einer Mindestverbüßungszeit von 30 Jahren, in Colorado von 40 Jahren, in Kalifornien von 25 Jahren; andere Staaten sehen zeitige Freiheitsstrafen von 40 Jahren in Connecticut oder 25 Jahren in Nevada vor; vgl. Clark/Austin/Henry a.a.O.*

[103] Vgl. *Clark/Austin/Henry* a.a.O., S.7f.

und South Carolina, 4 Strikes in Lousiana und Georgia und 3 Strikes als die Regel in über 20 Staaten [104].

Diese Entwicklungen haben zu einem erheblichen Anstieg der Gefangenenzahlen geführt, so dass die Gefängnisüberfüllung inzwischen eines der größten Probleme des amerikanischen Strafvollzugs darstellt[105].

Zudem wurden die Maßnahmen zur Kriminalitätsprävention, z.B. soziale Programme zur Vermeidung von Armut oder zur Schaffung von Arbeits- und Ausbildungsplätzen für Jugendliche in den unteren sozialen Schichten, immer mehr reduziert. In den letzten Jahren ist in den USA ein verstärkter Rückzug des Staates aus seiner sozialen Verantwortung für unterprivilegierte Schichten zu verzeichnen, was sich insbesondere in der Kürzung, teilweise sogar in der Abschaffung von sozialen Leistungen zeigt[106]. Es ist deshalb zu erwarten, dass die durch Armut motivierte Kriminalität in den nächsten Jahren zunehmen wird[107]. Verbunden mit den oben genannten Programmen zur Verschärfung des Sanktionsrechts ist mit einem weiteren Anstieg der Gefängnispopulation zu rechnen.

Da der Bau neuer Haftanstalten zum Abbau der Gefängnisüberfüllung aber erhebliche Kosten verursacht, bietet sich die vorzeitige Entlassung als „Back Door Solution" an, was unter anderem durch eine Ausweitung der Good – Time – Regelungen versucht wird. Dadurch steht die amerikanische Strafrechtspolitik derzeit vor dem Paradoxon, dass immer mehr Straffällige aufgrund der verschärften Sanktionspolitik zu immer längeren Strafen verurteilt werden, andererseits aber aufgrund der dadurch akut werdenden Gefängnisüberfüllung die Möglichkeiten der vorzeitigen Entlassung

---

[104] Vgl. *Clark/Austin/Henry*: Three Strikes and You Are Out...., S.7.
[105] *Parisi/Zillo*: Good Time: The Forgotten Issue, Crime and Delinquency, 1983, S.234; *Austin*: Using Early Release to Relieve Prison Crowding, S.1; zur Situation anschaulich *Nibbeling*: Die Privatisierung des Haftvollzugs, S.65ff.
[106] Vgl. *Wacquant*: Vom wohltätigen zum strafenden Staat, in NKrimP 1997, S.16ff.
[107] *Wacquant* a.a.O., S.19.

vergrößert werden. Es wird daher von vielen Autoren erwartet, dass in naher Zukunft auch die Good Time – Regelungen wieder vermehrt in Erscheinung treten werden[108].

X.) Die Entwicklung der Remission in Kanada

Nach amerikanischem Vorbild entstand Mitte des 19. Jahrhunderts in Kanada die sogenannte Remission. Diese Strafzeitverkürzungsmöglichkeit, deren Wurzeln bis 1868 zurückverfolgt werden können, bestand unverändert bis 1961 in einem Strafnachlass von 6 Hafttagen pro Monat, die für kooperatives Verhalten, eine positive Einstellung und fleißige Arbeitsleistungen des Häftlings gewährt wurden[109]. Allerdings hatte sich ähnlich wie in den US-amerikanischen Bundesstaaten im Laufe der Jahrzehnte die Praxis der Vergabe der Remission dahingehend gewandelt, dass dem Häftling bereits zu Beginn der Haftzeit die maximal zu gewährenden Kredite gutgeschrieben und nur bei einem Fehlverhalten wieder entzogen werden konnten. Dies führte in den 60iger Jahren des 20.Jhd. zu Kritik: Aus dem Umstand der guten Führung allein könne noch nicht notwendigerweise auf die erfolgreiche Rehabilitation des Häftlings geschlossen werden. Gefordert wurde daher, auch bei der Haftentlassung aufgrund Remission zwingend eine Periode der Bewährungsüberwachung anzuordnen[110].

Folge dieser Kritik war 1961 eine Gesetzesänderung, die eine Differenzierung von *Statutory Remission* und *Earned Remission* einführte. Die Statutory Remission wurde wie bisher jedem Gefangenen bereits bei Haftantritt gewährt und nur bei einem Fehlverhalten durch eine Entscheidung des Gefängnisdirektors entzogen, wobei die Strafzeitreduktion 25% der Gesamt-

---

[108] *Quinn*: Corrections, S.17; *Weisburd/Chayed* in McShane/Williams (Hrsg.): Encyclopedia of American Prisons, S.222; *ders.*: Good Time..., in Criminal Justice and Behavior, Vol.16, No.2, S.184f.
[109] *Goff*: Corrections in Kanada, S.98f.
[110] *Goff* a.a.O., S.102.

haftzeit ausmachte. Die Earned Remission hingegen betrug 3 Tage pro Haftmonat und wurde für gutes Verhalten gewährt; einmal vergeben, konnte sie nach der Neuregelung nicht mehr entzogen werden. Insgesamt war somit eine Strafzeitreduktion von einem Drittel der Gesamthaftzeit durch Remission möglich[111].

Da allerdings immer noch keine Bewährungsüberwachung im Falle der Haftentlassung durch Remission vorgesehen war, konnte in der Folgezeit vermehrt beobachtet werden, dass Häftlinge (über 40%) absichtlich keinen Antrag auf Parole stellten und statt dessen die Remission abwarteten, um so der bei der Parole zwingend angeordneten Bewährungsüberwachung mit entsprechender Widerrufsmöglichkeit im Falle eines Bewährungsversagens zu entgehen. Diese Entwicklung wurde sehr skeptisch beobachtet, da insbesondere die Bewährungsüberwachung als wichtiges Instrument der erfolgreichen Wiedereingliederung angesehen wurde[112]. Aus diesem Grunde wurde mit Gesetz von 1970 auch für die durch Remission bedingte Entlassung zwingend eine Bewährungszeit bis zum Ablauf des regulären Haftzeitendes angeordnet, wenn der Strafnachlass mehr als 60 Tage betrug (Mandatory Supervision)[113].

Im Jahr 1978 wurde dann die Statutory Remission komplett abgeschafft und im Gegenzug die Earned Remission auf zu verdienende 15 Hafttage pro Monat (bis zu 1/3 der Strafe) für gute Führung und Arbeit erweitert. Die Bewährungsüberwachung wurde für alle aufgrund der Remission Entlassenen zwingend angeordnet. Wer sich mit der Überwachung nicht einverstanden erklärte, wurde auch nicht vorzeitig entlassen[114].

---

[111] *Lübbe-Gotschol*: Die Freiheitsstrafe und ihre Surrogate in Kanada, in Jescheck (Hrsg.): Die Freiheitsstrafe und ihre Surrogate...., S.1533f.; *dies.*: Die Freiheitsstrafe im kanadischen Strafrecht, S.151f.

[112] *Goff*: Corrections in Kanada, S.103; *Lübbe-Gotschol* a.a.O., S.152.

[113] *Goff* a.a.O., S.104; *Lübbe-Gotschol*: Die Freiheitsstrafe und ihre Surrogate in Kanada, in Jescheck (Hrsg.): Die Freiheitsstrafe und ihre Surrogate....,, S.1534.

[114] *Goff* a.a.O., S.106.

XI.) Die kontinentaleuropäische Entwicklung der Good Time – Regelungen

Im Zuge der englischen und amerikanischen Entwicklung von Good Time – Modellen wurde auch in Kontinentaleuropa deren Einführung diskutiert.

In **Deutschland** wurden diese Überlegungen vor allem durch August Wentzel forciert, der 1854 die Integration von Maconochie's Mark System in das preußische Strafrecht vorschlug[115]. Insbesondere bei der Zuchthausstrafe, aber auch bei der Gefängnisstrafe, sollte sich der Häftling eine Strafzeitverkürzung durch den Erwerb von Marken entsprechend seiner Arbeitsleistungen verdienen können. Anders als Maconochie, der von vorn herein eine Verurteilung zu einem bestimmten Arbeitspensum forderte, wollte Wentzel nur eine bereits verhängte Freiheitsstrafe in eine Anzahl von Marken umrechnen, die dann der Häftling erwerben musste, um vorzeitig entlassen werden zu können. Wentzel führt dazu aus:

> „Das sogenannte Markensystem beruht auf dem Vorschlage, dass die Arbeit die Dauer der Zeit bestimme. Der Vorschlag geht also dahin, dass a) ein gewisses Arbeitspensum, das durch eine Marke als geleistet nachgewiesen wird, eine gewisse Dauer der Freiheitsstrafe repräsentiert, so dass b) dadurch, dass der Strafgefangene in der kürzeren Zeit das Pensum abarbeitet, er die Dauer seiner Strafe verkürzt; verbunden mit c) der Einrichtung, dass Disziplinarvergehen der Strafgefangenen durch Verlust an den verdienten Marken geahndet werden. Wenn also z.B. eine Marke das Arbeitspensum eines Tages darstellt, so werden maximal 6 x 13 Marken – da die Sonntage ausfallen – eine dreizehnwöchige oder 3monatliche Haft repräsentieren, und der Strafgefangene, der diese 78 Pensa in 12 Wochen abarbeitet und sich keines Disziplinarvergehens schuldig

---

[115] *Wentzel*: Die Bedeutung, die Anwendung und die Erfolge des Gesetzes vom 11.April 1854, in Archiv für preußisches Strafrecht, Bd. 2, 1854, S.730ff.

macht, wird seine Strafzeit durch Tätigkeit, zu der er nicht gezwungen wird, um eine Woche verkürzt haben."[116]

Die Vorteile des Markensystems sah Wentzel vorrangig in der Möglichkeit, den Häftling durch Schaffung eines positiven Anreizes zur Arbeitsleistung zu motivieren, anstatt ihn durch drohende Disziplinarstrafen zu einer solchen zu zwingen. Nur die Einsicht des Häftlings, dass sich Arbeit lohne und Vorteile bringe, könne diesen nach der Haftentlassung dazu bewegen, freiwillig einer Arbeit nachzugehen[117].

Zwar erkannte Wentzel Schwierigkeiten bei der Bestimmung der zu leistenden Arbeitspensen, insbesondere bei Arbeiten, die nicht anhand der gefertigten Werkstückzahlen bewertet werden konnten, meinte jedoch, solche Probleme durch Praxiserfahrungen und Anpassung der jeweiligen Regelungen lösen zu können.

Dem Einwand, schwächere Häftlinge könnten gegenüber körperlich Stärkeren bei dem Markenerwerb benachteiligt werden, wies Wentzel unter Bezugnahme auf Maconochie damit zurück, dass den Häftlingen durchaus auch ihren Fähigkeiten entsprechende Arbeiten zugewiesen werden könnten und somit eine gerechte Bewertung gewährleistet werde[118]. Dass die vom Gericht verhängte Strafdauer durch das Markensystem verkürzt werde, rechtfertige sich damit, dass die Dauer der Strafe nur insoweit reduziert werde, „um wie viel der Strafgefangene äußerlich erkennbar beweist – wenigstens wahrscheinlich macht – dass er die Eigenschaften erlangt, sich darin befestigt hat, bei deren Vorhandensein man es am ehesten wagen kann, ihn wieder in Freiheit zu setzen."[119]

Im Gegensatz zu Wentzels Vorschlag, Straf- und Zuchthausgefangene auch außerhalb von Strafanstalten arbeiten zu lassen (sog. „Lex Wentzel"

---

[116] *Wentzel*: Die Bedeutung, die Anwendung und die Erfolge des Gesetzes vom 11.April 1854, in Archiv für preußisches Strafrecht, Bd. 2, 1854, S.730.

[117] *Wentzel* a.a.O., S.728f., 732.

[118] *Wentzel* a.a.O., S.730f.

[119] *Wentzel* a.a.O., S.732.

vom 11.4.1854), wurde das Markensystem allerdings nicht in das Preußische Strafvollzugsrecht integriert[120].

Anders verhielt sich dies bei der Ableistung von Strafarbeiten bei nicht-freiheitsentziehenden Maßnahmen.

So sah §14 des preußischen Forstdiebstahlsgesetzes vom 15.4.1878 anstelle einer uneinbringlichen Geldstrafe die Verurteilung zu Forst- oder Gemeindearbeiten vor. Der für die genaue Durchführung einer solchen Arbeit zuständige Regierungspräsident, der mit dem Staatsanwalt des zuständigen Oberlandesgerichts zusammenarbeitete, war dazu berechtigt, die zu verrichtende Arbeit in bestimmte Tagewerke einzuteilen, also zu bestimmen, an wie vielen Tagen die Arbeit zu erledigen sei. Wenn der Verurteilte die auferlegte Arbeit schon vor Ablauf der festgelegten Zeit erfüllte, so konnte er eher entlassen werden. Allerdings wurde die Einteilung in Tagewerke teilweise kritisiert, weil die Regelung nur zu Gunsten des Verurteilten wirkte, er aber bei Schlechterfüllung seiner Arbeit trotzdem nach Ablauf der festgelegten Zeit zu entlassen war[121].

In **Spanien** lassen sich die Wurzeln der heutigen Good Time – Regelungen bis 1822 zurückverfolgen; das damalige Strafgesetzbuch sah bereits eine Strafzeitreduktion durch gutes Verhalten vor. Die Gefängnisordnung von 1834 verfügte über eine Vorschrift zur Haftzeitverkürzung durch Arbeit und gutes Verhalten[122]. Aufgrund dieser Regelung schuf Col. Manuel Montesinos, der 1835 zum Leiter der Strafvollzugsanstalt im spanischen Valencia ernannt wurde, die erste Good Time – Regelung Spaniens[123]. Die Anstalt, die über 1.500 Häftlinge beherbergte, wurde unter der Aufsicht von Montesinos nicht nur durch strenge, am militärischen Vorbild

---

[120] *Krebs*: „lex Wentzel" Gesetz betreffend die Beschäftigung der Strafgefangenen außerhalb der Anstalt vom 11.April 1854, in ZfStrVo 1954, S.102f.

[121] Vgl. *v. Liszt*: Strafrechtliche Aufsätze und Vorträge, 1.Bd., S.373.

[122] *Giménez-Salinas* in van Zyl Smit/Dünkel (Hrsg.): Prison Labour: Salvation or Slavery?, S.241ff. (249); *Goff*: Corrections in Canada, S.98.

[123] *Cromwell/Killinger*: Community-Based Corrections, 3rd Ed., S.194.

orientierte Disziplin, sondern auch durch eine umfangreiche Schulbildung der Häftlinge geprägt. Auf bewaffnete Wachen wurde weitestgehend verzichtet, was wohl auch deshalb möglich war, weil die Gefangenen sich durch ihre gute Führung und engagierte Mitarbeit eine Strafzeitverkürzung von bis zu 1/3 verdienen konnten und somit ein starkes Interesse an der Einhaltung der Verhaltsvorschriften besaßen. Montesinos meinte, das höchste Interesse, das ein Strafgefangener besäße, sei die Wiedererlangung seiner Freiheit. Dieses stelle somit einen erheblichen Motivationsfaktor zur Teilnahme an vollzuglichen Maßnahmen dar.

Die Zahl der Reinhaftierungen nach Haftentlassung ließ unter Montesinos System nachweislich nach. Da allerdings die gesetzlichen Vorschriften, die die Strafzeitreduktion ermöglichten, später wieder abgeschafft wurden, musste auch das Experiment von Montesinos trotz seiner Erfolge abgebrochen werden[124].

Zu einer Reanimation der Ideen Montesinos kam es in Spanien 1938 mit der erstmaligen gesetzlichen Regelung der sogenannten *Dedención de penas por el trabajo* (wörtlich: Erlösung von der Strafe durch Arbeit[125]).
Das Institut ermöglichte eine Strafzeitreduktion um ein Drittel, indem für zwei Tage Arbeit oder die Teilnahme an anderen Resozialisierungsmaßnahmen ein Hafttag gutgeschrieben wurde[126]. Die Regelung wurde vom Franco – Regime noch während des spanischen Bürgerkriegs eingeführt und diente vorrangig der Reduktion der Gefangenenzahlen. Denn aufgrund der verhältnismäßig langen Freiheitsstrafen und des Bürgerkrieges sahen sich die Gefängnisverwaltungen einer nicht mehr zu bewältigenden Anstaltsüberlastung gegenüber. Obwohl die Regelung ursprünglich nur für politische Häftlinge angedacht war, wurde das Institut bereits 1 Jahr später

---

[124] *Cromwell/Killinger*: Community-Based Corrections, 3rd Ed., S.194.
[125] Vgl. *Kraschutzki*: Die Gerechtigkeitsmaschine, S.141.
[126] *Giménez-Salinas* in van Zyl Smit/Dünkel (Hrsg.): Prison Labour: Salvation or Slavery?, S.241ff. (249).

durch Ministerialverordnung vom 14.3.1939 auf alle Häftlinge erweitert, die zu einer mindestens sechsmonatigen Freiheitsstrafe verurteilt waren. 1944 erfolgte dann die Kodifikation in Art. 100 Codigio Penal in Verbindung mit Art. 65 – 73 des spanischen StVollzG[127].

Heute wird das Institut nur noch auf Häftlinge angewandt, die vor Inkrafttreten einer Gesetzesänderung im Jahre 1995 verurteilt wurden. Grund für die Abschaffung war die umfassende Reform des Sanktionenrechts, bei der die Strafrahmen erheblich verkürzt wurden. Da die Dedención de penas por el trabajo vorrangig zur Reduktion der extrem hohen Freiheitsstrafen in Spanien diente und somit zur Entlastung der Haftkapazitäten beitrug, verblieb nach der Reform für das Institut kein Anwendungsspielraum mehr[128]. Auch sollte durch die Abschaffung der Strafzeitreduktion der Einfluss des Tatrichters auf die tatsächlich zu verbüßende Haftdauer gestärkt werden[129].

In **Griechenland** wurde das so genannte *Institut der wohltätigen Anrechnung von Arbeitstagen* erstmals 1926 gesetzlich geregelt (Art. 9 des Gesetzesdekretes 11/11.3.1926). Danach wurde jeder Arbeitstag eines Häftlings in einem Agrargefängnis als 2 verbüßte Hafttage gewertet, wodurch rein rechnerisch eine Reduktion der Haft um die Hälfte der Strafzeit möglich war. Bei Häftlingen, die eine zeitige Zuchthausstrafe verbüßten und die innerhalb ihrer Anstalt Hand- oder Industriearbeit verrichteten, wurde ein Tag Arbeit als 1 ½ Tag verbüßter Haftzeit angesehen[130]. Der Unterschied in der Berechnung der Strafzeitreduktion rechtfertigte sich dabei nicht aus der Schwere der zu verrichtenden Arbeiten, sondern aus dem Umstand, dass nur die Häftlinge in Agrargefängnisse verlegt wurden, die vorher im

---

[127] *Borja*: Strafvollzug in Spanien, in ZfStrVo 1988, S.284, *Giménez-Salinas* in van Zyl Smit/Dünkel (Hrsg.): Prison Labour: Salvation or Slavery?, S.241ff. (249).

[128] *Giménez-Salinas* a.a.O., S.248, 250.

[129] *Rösch*: Kommentar zum Urteil des BVerfG vom 1.1.1998, in Herrfahrdt (Hrsg.): Schriftenreihe der Bundesvereinigung der Anstaltsleiter im Strafvollzug e.V., Bd.2, S.138.

[130] *Frangoulis*: Freiheit durch Arbeit, S.120.

Vollzug bereits ein gutes Verhalten und ordentliche Arbeitsleistungen gezeigt hatten. Die Verlegung in das Agrargefängnis war dabei erst nach der Verbüßung von 5/6 einer zeitigen Freiheitsstrafe und nach 20 Jahren der Verbüßung einer lebenslangen Haft möglich[131], wobei aber das Institut der wohltätigen Anrechnung von Arbeitstagen auch für die Berechnung des frühestmöglichen Verlegungszeitpunkts in das Agrargefängnis herangezogen wurde. Somit musste insgesamt etwas mehr als die Hälfte der Haft verbüßt sein, bevor man aufgrund des Instituts vorzeitig entlassen werden konnte.

Die Anrechnung der Zeitgutschrift erfolgte dabei automatisch und eventuelle Disziplinarverstöße spielten keine Rolle[132].

Heute gilt das Institut für alle Gefangenen, wobei sich die Anrechnung der Arbeitstage nach der Art und Schwere der Arbeit richtet (zur genauen Ausgestaltung vgl. S. 473). Seit 1933 erfolgt die Anrechnung jedoch nicht mehr automatisch sondern ist vom Verhalten des Gefangenen abhängig[133]. Die wohltätige Anrechnung der Arbeitstage wird nicht nur dazu herangezogen, die Gesamthaftdauer zu verkürzen, sondern auch um den frühestmöglichen Termin einer vorzeitigen bedingten Entlassung vorzuverlegen.

Eine Besonderheit bestand bis 1997 darin, dass dem Entlassenen eine 5jährige Bewährungszeit auferlegt wurde und die vorzeitige Entlassung widerrufen werden konnte, wenn der Entlassene in dieser Zeit erneut eine vorsätzliche Straftat verübte, wegen der er zu einer Freiheitsstrafe von über 6 Monaten verurteilt wurde[134].

Frankreich verfügt nach englischem Vorbild seit einem Gesetz vom 29.12.1972 über eine Regelung zur Strafzeitreduktion durch gutes Verhalten. Die Einführung der *Réduction de peine* sollte vor allem der Individua-

---

[131] *Frangoulis*: Freiheit durch Arbeit, S.31, 35.
[132] *Frangoulis* a.a.O., S.36.
[133] *Frangoulis* a.a.O., S.37.
[134] Gesetz 2058 von 18/18 April 1952 Abs.3 und 5.

lisierung der Freiheitsstrafen dienen. 1975 wurde das Institut durch die Réduction de peine supplémentaire ergänzt, die für die Teilnahme an Ausbildungsprogrammen gewährt wird[135].

In der ehemaligen **Sowjetunion** konnten sich die Häftlinge durch gute Führung und Arbeitsleistungen die vorzeitige Verlegung in eine Anstalt oder Gefängniskolonie mit gelockertem Vollzug verdienen, z.b. die Verlegung vom normalen Gefängnis in eine Besserungsanstalt[136]. Voraussetzung dafür war die Mindestverbüßung der Hälfte der verhängten Haftzeit[137]. Ebenso möglich war der vorzeitige Erlass einer früher auferlegten Strafe oder eine vorzeitige Haftentlassung[138]. Bis 1997 wurde dieses System in Russland auch beibehalten[139]. Erst mit einer Änderung des Strafgesetzbuchs und des Strafvollzugsgesetzes im Jahre 1996 (in Kraft seit 1.1.1997) ist in Russland nur noch eine bedingte vorzeitige Entlassung möglich, die von einer positiven Sozialprognose des Inhaftierten abhängig gemacht wird[140].

Von 1951 bis 1957 existierte auch in **Polen** eine Good Time – Regelung. Gemäß der nach russischem Vorbild entwickelten Regelung wurden dem Gefangenen für jeden Tag, an dem er seine Arbeitsnorm übererfüllte, zwei Tage seiner zu verbüßenden Haftzeit erlassen[141]. Als problematisch erwies sich die Regelung, weil sie unterschiedslos auf alle Tätergruppen angewendet wurde und gerade bei Wiederholungstätern wenig resozialisierende Wirkung zeigte[142]. Auch waren die Anforderungen an die Erfüllung der Arbeitsnormen je nach Schwere der Arbeit verschieden, so dass es zu einer

---

[135] *Hagedorn*: Die richterliche Individualisierung der Strafe in Frankreich, S.232f.
[136] *Schmid*: Sowjetischer Strafvollzug nach dem Gesetz, S.31f.
[137] *Schmid*: a.a.O., S.11.
[138] *Schmid*: a.a.O., S.32.
[139] *Nikiforov*: Russia, in US Department of Justice / Bureau of Justice Statistics (Hrsg.): The Word Factbook of Criminal Justice Systems 1993.
[140] *Lammich*: Das neue russische Strafvollzugsrecht, in ZfStrVO 1997, S.266, 269f.
[141] *Weigend*: Die Freiheisstrafe und ihre Surrogate in Polen, in Jescheck (Hrsg.): Die Freiheitsstrafe und ihre Surrogate, S.770.
[142] *Wasik, J.*: Zur Geschichte der Strafrestaussetzung in Polen", in Feuerhelm/ Schwind/Bock (Hrsg.): Festschrift für Alexander Böhm, S.488.

als ungerecht empfundenen Ungleichbehandlung der Gefangenen kam. Häftlinge, die aufgrund ihrer physischen und psychischen Verfassung nicht arbeiten konnten und Gefangene, denen aufgrund Arbeitsplatzmangels keine Arbeit zugewiesen werden konnte, waren von der Möglichkeit der Strafzeitverkürzung durch Arbeit ausgeschlossen. Nur arbeitenden Gefangenen, denen trotz redlicher Bemühungen die Erfüllung der Produktionsnormen nicht gelang, konnte im Wege einer Ermessensentscheidung der Gefängnisbehörde eine Strafzeitverkürzung gewährt werden.

Trotz dieser Schwierigkeiten konnte die Regelung von 1951 bezüglich der Rückfallquoten gute Erfolge erzielen; die Rückfallquoten lagen zwischen 5 und 7,5 %, wobei die neu begangenen Delikte als wesentlich leichtere Delikte als die Vorverurteilung zu bezeichnen waren[143]. Trotzdem wurde die Regelung 1957 wegen ungünstiger Auswirkungen auf das Anstaltsklima wieder abgeschafft[144].

Heute finden sich in Europa Good Time – Regelungen in Frankreich, Großbritannien, Italien, Griechenland und in Deutschland.

---

[143] *Wasik, J.*: Zur Geschichte der Strafrestaussetzung in Polen", in Feuerhelm/ Schwind/Bock (Hrsg.): Festschrift für Alexander Böhm, S.489f.
[144] *Jescheck* in Jeschek (Hrsg.): Die Freiheitsstrafe und ihre Surrogate..., S.2150.

Kapitel 3: Good Time – Regelungen heute – Ein Überblick

Good Time – Systeme lassen sich heute in Europa, Asien, Amerika und Afrika finden. Nur beispielhaft sollen hier Griechenland, Italien, Frankreich, Großbritannien, die USA, Südafrika, Peru, Ekuador, Mexiko, Costa Rica, Nicaragua, Panama, Thailand und die Philippinen genannt werden. Bereits diese unvollständige Aufzählung lässt anhand der unterschiedlichen Kulturen, Traditionen und Rechtssysteme der erwähnten Länder die Vielfalt der Regelungen erahnen.

Gemeinsam ist allen Regelungen, dass eine Strafzeitverkürzung aufgrund eines formalisierten Berechnungssystems als Gegenleistung für ein bestimmtes Verhalten des Häftlings gewährt wird.

I.) Das honorierte Verhalten

Good Time wird grundsätzlich gewährt für:
- Disziplin,
- Arbeit,
- Ausbildung,
- Teilnahme an Behandlungsprogrammen und/oder
- besondere Verdienste.

Die meisten Länder bieten Verdienstmöglichkeiten in mehreren Kategorien an.

1.) Disziplin

Insbesondere in den USA weit verbreitet sind Regelungen, die einen Zeitrabatt für gute Führung gewähren und damit das positive Gesamtverhalten des Häftlings, insbesondere sein Verhalten bei sämtlichen im Vollzug angebotenen Behandlungsmaßnahmen (Arbeit, Ausbildung, Therapie) honorieren. Solche Regelungen existieren z.b. in Iowa, Missouri, South Dakota, Utah, Washington, aber auch in Großbritannien (England und Wales, Scotland, Nordirland), Ecuador oder auf den Philippinen.

Die Anforderungen, die insoweit an die Häftlinge gestellt werden, reichen von der schlichten Befolgung der Anstaltsregeln bis zur gewissenhaften Erfüllung aller an den Haftinsassen gestellten Erwartungen.

Nach §24-5-1 South Dakota Codified Laws erhält ein Häftling z.B. für die bloße Befolgung der Anstaltsregeln einen Strafzeitabzug von 4 Monaten pro Haftjahr, ab dem 11. Jahr der Inhaftierung sogar von 6 Monaten.

Colorado fordert hingegen gemäß §17-22.5-201 Colorado Revised Statutes von den Häftlingen nicht nur das Befolgen der Anstaltsregeln sondern auch die gewissenhafte und fleißige Erfüllung aller dem Häftling auferlegten Pflichten, inklusive die Teilnahme an Arbeits-, Ausbildungs- und Behandlungsprogrammen. Die zu erreichenden Kredite ergeben sich aus der Länge der Haftzeit: 2 Monate pro Jahr in den ersten zwei Haftjahren, je 4 Monate im 3. und 4. Jahr der Inhaftierung und ab dem 5. Haftjahr jährliche 5 Monate.

2.) Arbeitsleistung

Demgegenüber stehen Regelungen, wonach die Arbeitsleistung des Gefangenen belohnt wird, wie sie z.B. in Kalifornien, Ohio, Griechenland, Mexiko, Peru, Costa Rica, ehemals in Spanien und nun auch in Deutschland zu finden sind.

So kann sich z.b. ein griechischer Gefangener für einen Tag harter körperlicher Arbeit eine Strafzeitverkürzung von bis zu 2 (1/2[1]) Tagen verdienen, so dass im günstigsten Fall für einen Arbeitstag die Verbüßung zweier Hafttage fingiert wird, mithin also eine Strafzeitreduktion um die Hälfte möglich ist (Präsidialdekret 266 vom 17/29.9.97). 2 Hafttage werden dabei nur bei besonders schweren oder eine besondere Qualifikation erfordernden Tätigkeiten gutgeschrieben; bei weniger anspruchsvollen Tätigkeiten ersetzt ein Arbeitstag nur 1 ¾ oder 1 ½ Hafttage.

Auch in Kalifornien wird gemäß §2931 Abs. b Penal Code die Teilnahme an Arbeits- und Berufsbildungsprogrammen honoriert, indem für eine sechsmonatige Vollbeschäftigung 6 Monate, bei einer Halbtagsbeschäftigung entsprechend nur 3 Monate Haftzeit angerechnet werden.

3.)   Schulungsprogramme

Viele Länder honorieren die Teilnahme an Ausbildungs- und Schulungsprogrammen (z.B. Deutschland, Griechenland, Italien).

So belohnt Italien gemäß Art. 54 Abs.3 des Codice penitenziario e della sorveglianza (Strafvollzugsgesetz) die sechsmonatige Teilnahme an einem Umschulungsprogramm mit einer 45tägigen Zeitgutschrift. In Deutschland sind Arbeit und Ausbildung gleichgestellt, so dass ein Häftling gemäß §43 Abs. 6ff. i.V.m. §37 Abs.1 StVollzG für 2 Monate zusammenhängender Ausbildungsteilnahme einen Hafttag gutgeschrieben bekommen kann.

Selbiges gilt für die Gleichstellung von Arbeit und Ausbildung in Griechenland. Dort wird die Ausbildung sogar mit der höchsten Kreditierungsrate honoriert, also 2 Hafttagen pro Schultag, Art. 46 Abs.2 i.V.m. Art. 35 Abs.8 StVollzG i.V.m. Präsidialdekret 266 vom 17/29.9.97.

---

[1] *Seit einer Gesetzesänderung im Jahre 2000 kann ein Arbeitstag in der Land- oder Viehwirtschaft in den halboffenen Agraranstalten in 2 ½ Hafttage umgerechnet werden; vgl. Winchenbach: Strafvollzug in Griechenland, in ZfStrVo 1997, S.277; Präsidialdekret 342 von 7/29.12.2000.*

4.)   Teilnahme an Therapieprogrammen

Einige Länder vergeben für die Teilnahme an Therapieprogrammen (z.B. Drogentherapie, Anti-Gewalt-Training, Sexualtherapie) Good Time – Kredite, wobei teilweise die bloße Teilnahme, teilweise ein erfolgreicher Abschluss des Programms Voraussetzung für die Kreditvergabe ist.

So kann im US-Bundesstaat New York der Termin der vorzeitigen bedingten Haftentlassung unter anderem durch den erfolgreichen Abschluss eines Suchtbehandlungsprogramms vorverlegt werden, §803 Abs.1 d New York State Consolidated Laws. Tennessee vergibt für die Teilnahme an psychologischen Behandlungsprogrammen sogenannte Program Credits, §41-21-236 Abs.2 Tennessee Code i.V.m. Nr. 505.01 Abs. VI JS Administrative Policies and Procedures. New Jersey gewährt den Insassen therapeutischer Einrichtungen (Diagnostic and Treatment Center) nur dann die Good Time für gutes Verhalten bzw. Arbeitsleistungen, wenn diese bereitwillig an den angebotenen Therapiemaßnahmen teilnehmen, §2 C: 47-8 New Jersey Permanent Statutes.

5.)   Besondere Verdienste

Andere Länder erkennen ausschließlich oder in Kombination mit anderen Kreditierungsarten besondere Dienstleistungen mit einer Zeitgutschrift an. Die zumeist so genannte Meritorious (Good) Time besteht fast immer aus einer einmaligen Gutschrift und soll besonders anerkennenswerte Handlungen und Tätigkeiten würdigen.

Das Spektrum der honorierten Tätigkeiten reicht dabei vom Blutspenden (Alabama[2]), der Rettung von Menschenleben (Florida[3], Idaho[4], Rhode Is-

---

[2] *§14-9-3 Code of Alabama.*
[3] *§944.275 Abs. 3c Florida Statutes.*
[4] *§20-101 D Idaho Statutes.*

land[5], Kalifornien[6]), dem Erhalt von Staatseigentum (Idaho[7], North Dakota[8]), der Mithilfe bei der Wiederergreifung eines entflohenen Häftlings (Florida[9], Idaho[10]) bis zur Anerkennung konstruktiver Vorschläge zur Verbesserung von Schulungsprogrammen oder der Einsparung von finanziellen Mitteln (North Dakota[11], Rhode Island[12]). Teilweise bekommen auch sogenannte „trustees", also Häftlinge, die aufgrund ihres Verhaltens bereits eine besondere Vertrauensstellung beim Anstaltspersonal genießen und mit dementsprechenden Aufgaben betraut werden, eine gesonderte Zeitgutschrift (Arizona[13], New Jersey[14]).

In Idaho können die Häftlinge ausschließlich durch besondere Verdienste eine Zeitgutschrift erlangen: Gemäß §20-101 D Idaho Statutes wird eine Zeitgutschrift von bis zu 15 Tagen pro Haftmonat den Gefangenen gewährt, die eine außerordentlich heldenhafte Tat unter Einsatz des eigenen Lebens vollbracht, das Leben Dritter gerettet, staatliches Eigentum vor Zerstörung bewahrt oder die Flucht eines Mithäftlings vereitelt haben. Insgesamt bewegen sich die Beträge der durch außergewöhnliche Taten zu erzielenden Good Time zwischen der monatlichen Gutschrift von 2 Tagen (North Dakota) bis zur einmaligen Haftverkürzung von 12 Monaten pro Tat (Kalifornien).

---

[5] *§ 42-56-26 State of Rhode Island General Laws.*
[6] *§2935 (kalifornischer) Penal Code.*
[7] *§20-101 D Idaho Statutes.*
[8] *§§ 12-54.1-03, 12-54.1-04 North Dakota Century Code.*
[9] *§944.275 Abs. 3c Florida Statutes.*
[10] *§20-101 D Idaho Statutes.*
[11] *§§ 12-54.1-03, 12-54.1-04 North Dakota Century Code.*
[12] *§ 42-56-26 State of Rhode Island General Laws.*
[13] *§31-144 Arizona Revised Statutes.*
[14] *§30:4-92 New Jersey Permanent Statutes.*

6.) Mischsysteme

Die meisten Länder verwenden ein Mischsystem, in dem sowohl gute Führung, gute Arbeitsleistungen als auch die Teilnahme an Ausbildungs- und
Therapieprogrammen oder besondere Dienstleistungen durch unterschiedliche Kreditierungsarten anerkannt werden. Zumeist wird der Kredit je
nach honoriertem Verhalten gesondert berechnet.

So kann sich z.b. ein Häftling in Nevada gemäß §§209.446-209.4465 Nevada Revised Statutes eine Gutschrift von 10 Tagen pro verbüßten Haftmonat für gute Führung, von weiteren 10 Tagen für ein großes Engagement bei Arbeit oder Studium oder durch die verantwortungsvolle Beteiligung an einem Freigängerprogramm verdienen. Ein gesonderter einmaliger
Kredit von 60 bzw. 90 Tagen wird für den Abschluss einer Berufs- bzw.
Universitätsausbildung gewährt. Da dies zu einer sehr starken Verkürzung
der Haftzeit führen könnte, ist der monatliche Verdienst der Zeitgutschriften jedoch auf 20 Tage limitiert. Von dieser Einschränkung nicht berührt
sind einmalige Zeitgutschriften von bis zu 90 Tagen für außergewöhnliche
Verdienste, sowie Strafzeitreduktionen von bis zu 30 Tagen für den erfolgreichen Abschluss eines Therapie-, Suchtbehandlungs- oder eines Berufsbildungsprogramms.

7.) Emergency Credits

Emergency Credits werden im Falle akuter Überlastung der Haftkapazitäten den Gefangenen gewährt, die kurz vor ihrer Entlassung stehen, und
sind nur mittelbar an ein bestimmtes Verhalten des Häftlings geknüpft[15].
Insbesondere in den USA sind solche Regelungen weit verbreitet[16].

---

[15] *Parisi/Zillo*: Good time: The Forgotten Issue, in Crime and Delinquency, 4/1983,
S.234; *McShane* in McShane/Williams (Hrsg.): Encyclopedia of American Prisons,
S.137; vgl. auch *Oberheim*: Gefängnisüberfüllung, S.28; *Weisburd/Chayet*: Good
Time..., in Criminal Justice and Behavior, Vol.16, No.2, S.183; *Chayet*: Correctional

Gewährt werden die Sonderkredite häufig als Form der Statutory oder Meritorious Good Time, also für gute Führung oder als Belohnung für besondere Dienste[17]. So regelt z.B. §42-26-13.3 der Rhode Island General Laws, dass im Falle einer akuten Gefängnisüberfüllung den Häftlingen, die 30 Tage vor der Entlassung stehen, ein Meritorious Conduct Credit zu gewähren ist. Hilft diese Maßnahme nicht, um die Überfüllung signifikant abzubauen, so werden die eigentlich nur auf das Ende der Haftzeit anzurechnenden, bisher verdienten Zeitgutschriften bei „non–violend offenders" auf die Parole Eligibility angerechnet, um so eine vorzeitige bedingte Entlassung dieser Gefangenengruppe zu ermöglichen.

II.) Berechnungsmodalitäten

1.) <u>Vergabe zu Beginn des Haftantritts / Verdienst nach Leistung</u>

Es lassen sich zwei grundsätzliche Berechnungsmethoden unterscheiden: Die automatische Gutschrift eines pauschalen Zeitrabatts zu Beginn des Haftantritts und deren nachträgliche Reduktion bei auftretendem Fehlverhalten (ab jetzt *Strafsystem*) oder die individualisierte Vergabe von Zeitgutschriften nachdem ein Häftling eine bestimmte Leistung erbracht hat (ab jetzt *Verdienstsystem*)[18].

Das Verdienstsystem ist gegenwärtig am weitesten verbreitet, währenddessen das Strafsystem nur noch in wenigen Ländern ausschließlich zur Anwendung kommt, z.B. in Alaska[19], New Jersey[20], Wisconsin[21],

"Good Time" as a Means of Early Release, in McShane/Williams III (Hrsg.): The Philosophy and Practice of Corrections, S.55f.

[16] Vgl. *Ekland-Olson/Kelly*: Justice under Pressure, S.5f.

[17] *Chayet*: Correctional "Good Time" as a Means of Early Release, in McShane/ Williams III (Hrsg.): The Philosophy and Practice of Corrections, S.56.

[18] *Chayet*: Correctional "Good Time" as a Means of Early Release, in Criminal Justice Abstracts, Vol.26, 9/1994, S.523f.

wendung kommt, z.b. in Alaska[19], New Jersey[20], Wisconsin[21], Wyoming[22] oder in Großbritannien[23].

In Florida[24], Illinois[25], North Dakotha[26] oder West Virginia[27] wird das Strafsystem nur noch zur Würdigung von Fehlverhalten, das Verdienstsystem hingegen zur Honorierung guter Arbeitsleistungen, der Teilnahme an Bildungsmaßnahmen oder besonderer Verdienste eingesetzt.

2.)   Umfang der Kreditierungsraten

Weiterhin lassen sich die Regelungen danach einteilen, ob die Anrechnung der Zeitgutschriften „day by day" erfolgt - für einen unter besonderen Voraussetzung verbüßten Hafttag wird also eine bestimmte Anzahl weiterer Hafttage gutgeschrieben - oder ob ein bestimmter monatlicher oder jährlicher Pauschalbetrag gewährt wird.

Eine Anrechnung "day by day" erfolgt in Griechenland[28], aber auch in Arizona[29] oder Iowa[30], wobei in den letztgenannten Bundesstaaten der USA jeweils pro unter guter Führung verbüßtem Hafttag ein weiterer Tag gutgeschrieben wird. Die deutsche Regelung des §43 StVollzG, wonach für 2 Monate Arbeit / Ausbildung 1 Hafttag erlassen wird, ist dieser Berechnungsmethode zuzuordnen.

---

[19] *§33.20.010 ff. Alaska Statutes.*
[20] *§30:4-140 New Jersey Permanent Statutes.*
[21] *§302.11 Wisconsin Statutes.*
[22] *§7-13-420 Wyoming Statutes.*
[23] *vgl. Darstellung im Anhang, S. 368ff.*
[24] *§944.275 Abs. 3a Florida Statutes.*
[25] *Kapitel 730 /5, §3-6-3. Abs. a (2) ff. Illinois Compiled Statutes.*
[26] *§12-54.1-01 ff. North Dakota Century Code.*
[27] *§28-5-27 West Virginia Code.*
[28] *Art. 46 Abs.2 StVollzG i.V.m. Präsidialdekret 266 vom 17/29.9.97.*
[29] *§ 31-144 Arizona Revised Statutes.*
[30] *§903 A.2 Iowa Code.*

Werden monatliche oder jährliche Pauschalbeträge gewährt, so gibt das Gesetz in den meisten Fällen nur die maximale Anzahl der gutzuschreibenden Tage oder Wochen vor; ob der Betrag dann ausgeschöpft oder unterschritten wird, obliegt dem Ermessen der zur Vergabe der Kredite zuständigen Institution.

So entscheidet in Frankreich gemäß Art. 721 Code Procedure Penale z.B. der Strafvollzugsrichter, ob er einem Häftling für ein Jahr gute Führung eine Strafzeitreduktion von bis zu 3 Monaten gewährt oder ob er nur einen geringeren Betrag gutschreibt.

Nach §197.045 Kentucky Revised Statutes ist ein Verdienst von bis zu 10 Tagen pro verbüßten Haftmonat möglich, wenn der Häftling alle Anstaltsregeln gewissenhaft befolgt. Über die Höhe der Gutschrift entscheidet dann die Strafvollzugsbehörde.

Nur selten bestehen Regelungen, nach denen der zu gewährende Kredit fest vorgeschrieben ist und entweder nur ganz oder gar nicht gewährt werden kann, wie dies z.B. in Italien der Fall ist, Art. 54 Abs.1 Codice penitenziario e della sorveglianza (StVollzG).

3.)   Kalkulation der Good Time – Beträge im Verhältnis zur Haftdauer

Unterschiede zwischen den Regelungssystemen ergeben sich auch aus dem Verhältnis von Haftdauer und dem zu erwerbenden Good Time – Betrag.

In den meisten Ländern, z.B. Frankreich, Griechenland, Italien oder Colorado, ist der zu erwerbende Good Time – Betrag in seinem Umfang konstant, also unabhängig von Haftdauer, Haftstatus oder Fortschritt der Strafverbüßung.

In anderen Ländern hingegen erhöht sich die Kreditierungsrate mit voranschreitender Strafverbüßung, so dass ein Häftling im dritten oder vierten Haftjahr mehr Good Time verdienen kann, als im ersten oder zweiten Jahr. So erhöht sich z.B. in Oregon der Umfang der Zeitgutschrift für eine bereitwillige Teilnahme an Arbeits- oder Ausbildungsprogrammen von einem Tag pro 15 Arbeitstage im ersten, auf einen Tag pro 7 Arbeitstage im zweiten bis fünften Haftjahr, auf insgesamt einen Tag pro 6 Arbeitstage ab dem sechsten Haftjahr (§421.120 Oregon Revised Statutes). In Connecticut kann bis zum 6. Haftjahr eine monatliche Zeitgutschrift von 10 Tagen, ab dem 6. Haftjahr von bis zu 12 Tagen gewährt werden (§18-7a Connecticut General Statutes).

In Alabama hängt der Umfang der zu verdienenden Zeitgutschriften gemäß §14-9-41 Code of Alabama vom Erreichen bestimmter Haftstufen ab, wobei in der niedrigsten Stufe 4 überhaupt keine Kredite, in der höchsten Stufe 1 hingegen 75 Tage pro Haftmonat erworben werden können. Die Zuordnung eines Häftlings zu den Stufen 1 bis 4 ist vom Verhalten des Häftlings abhängig: Stufe 1 bleibt insofern nur besonders vorbildlichen Häftlingen vorbehalten, Stufe 4 umfasst hingegen noch nicht klassifizierte Häftlinge oder Häftlinge mit schweren Disziplinarverstößen. Bevor Stufe 3 erreicht werden kann (Gutschrift von 20 Tagen pro Monat) muss der Häftling dreißig Tage in Stufe 4 verbüßen; vor einem Aufstieg in Stufe 2 (40 Tage pro Monat) muss der Häftling drei Monate die Stufe 3 und vor Erreichen der Stufe 4 sechs Monate die Stufe 3 durchlaufen. Bei einer Zurückstufung aufgrund eines schweren Disziplinarverstoßes muss das System von neuem durchlaufen werden.

In anderen Ländern wiederum erhalten Häftlinge mit längeren Haftstrafen von Anfang an einen höheren Good Time – Betrag zugesprochen als ihre Mithäftlinge, die kürzere Freiheitsstrafen verbüßen. In Rhode Island richtet sich der zu erwerbende Zeitrabatt für gute Führung nach der Anzahl der zu verbüßenden Haftjahre: Ein zu 2 Jahren Haft Verurteilter kann beispielsweise eine monatliche Gutschrift von 2 Tagen; ein zu einem achtjährigen Freiheitsentzug Verurteilter eine Gutschrift von 8 Tagen pro Monat erhalten. Nur bei über zehnjährigen Freiheitsstrafen bleibt der monatliche Verdienst auf 10 Tage pro verbüßten Haftmonat beschränkt (§42-56-24 State of Rhode Island General Laws).

Auf der gleichen Konzeption beruht auch die Regelung New Jerseys: Gemäß §30:4-140 New Jersey Permanent Statutes richtet sich die Höhe des bereits zu Beginn der Haftzeit vergebenen Good Time – Betrags nach der Länge der Haftzeit – je länger die Gesamthaftzeit, desto höher der Good Time – Betrag. So werden beispielsweise von einer einjährigen Freiheitsstrafe 72 Tage, von einer zweijährigen Strafe insgesamt schon 156 Tage, von einer dreijährigen Strafe sogar 252 Tage abgezogen u.s.w.

III.) Entzug der Good Time bei Fehlverhalten

So unterschiedlich die bisher beispielhaft vorgestellten Regelungen im Einzelnen auch sein mögen, gemeinsam ist ihnen nicht nur die Möglichkeit des Erwerbs von Zeitgutschriften für besondere Verhaltensweisen, sondern zumeist auch die Gefahr, diese bei einem entsprechenden Fehlverhalten wieder zu verlieren. Regelmäßig stellt der Entzug der bereits erworbenen Good Time – Kredite eine Disziplinarmaßnahme dar.

1.) Sanktioniertes Verhalten

Der Entzug der bereits gewährten Zeitkredite erfolgt überwiegend als disziplinarische Reaktion auf eine erneute Straftat oder einen Verstoß gegen die Anstaltsregeln (Alabama, Connecticut, Florida und andere, vgl. Tab.2). Welches Ausmaß dieser Disziplinarverstoß haben muss, ist dabei von Land zu Land verschieden:

Während in Italien der Entzug der bisher verdienten Zeitgutschrift (liberatione antizipata) nur dann vorgeschrieben ist, wenn der Häftling im Vollzug eine vorsätzliche Straftat verübt hat (Art.54 Abs.3 Codice penitenziario e della sorveglianza), reicht z.b. in Alabama, Alaska, Arkansas, Connecticut und in den meisten anderen US-amerikanischen Bundesstaaten bereits ein geringer Verstoß gegen die Anstaltsordnung aus. Nur wenige amerikanische Bundessaaten, wie z.b. Michigan oder Oregon, beschränken insoweit den Entzug der Good Time auf die Begehung schwerer Disziplinarverstöße (§800.33 Michigan Compiled Laws / Nr.291-097-0025ff. Oregon Administrative Rules)[31].

In einigen Staaten kann ein Entzug der Strafzeitrabatte ebenfalls dann erfolgen, wenn der Häftling die Teilnahme an Resozialisierungsmaßnahmen verweigert, z.B. nach §944.28 Florida Revised Statutes.

Teilweise wird sogar ein Fehlverhalten vor Gericht, wie z.B. die Erhebung offensichtlich unzulässiger oder unbegründeter und damit schikanöser Klagen oder der Vortrag gefälschter Beweismittel, mit einem Entzug der Good Time geahndet, soweit ein Gericht eine Klage aus diesen Gründen abgewiesen oder sogar den Gefangenen wegen eines dieser Vergehen für schuldig befunden hat (Nevada[32], Kalifornien[33], Delaware[34], Iowa[35], South Carolina[36]).

So können in Kentucky gemäß §197.045 Abs.5 Kentucky Revised Statutes einem Häftling sowohl bereits verdiente Good Time – Kredite wieder ent-

---

[31] *Dazu muss angemerkt werden, dass die wegen schweren Disziplinarverstößen vorenthaltende bzw. entzogene Good Time in Michigan bzw. Oregon im Gegensatz zu den meisten anderen US-amerikanischen Bundesstaaten später nicht mehr gewährt bzw. wiederhergestellt werden kann, woraus sich die restriktive Handhabung des Kreditentzugs erklärt.*

[32] *§209.443 Nevada Revised Statutes.*

[33] *§2932.5 Penal Code.*

[34] *Titel 11 §4382 Abs. e Delaware Code.*

[35] *§903 A3 Abs.1 Iowa Code.*

[36] *§24-27-200 Code of Laws of South Carolina.*

zogen, als auch das Recht, Good Time in Zukunft zu verdienen, für einen bestimmten Zeitraum aberkannt werden, wenn ein Gericht die Zivilklage eines Häftlings als schikanös und offensichtlich unbegründet abgewiesen hat.

Gemäß §944.28 Abs.2a Florida Statutes kann die Vollzugsbehörde einem Häftling sämtliche bisher erworbenen Zeitgutschriften entziehen, wenn ein Gericht festgestellt hat, dass der Häftling eine schikanöse und offensichtlich unbegründete Beschwerde, Klage oder ein sonstiges Rechtsmittel vor Gericht gebracht hat oder von einem Gericht für schuldig befunden wurde, grob fahrlässig bzw. vorsätzlich vor Gericht falsch ausgesagt oder falsche Beweismittel vorgebracht zu haben.

2.) Umfang der zu entziehenden Zeitrabatte

Unterschiede ergeben sich bei dem Umfang der zu entziehenden Kredite. Zumeist ist ein kompletter oder zumindest partieller Entzug der bisher angesammelten Zeitgutschriften möglich, teilweise sogar zwingend vorgeschrieben.

So muss einem Häftling in Delaware, der im Vollzug eine Straftat begangen oder das Anstaltspersonal tätlich angegriffen hat, der bisher verdiente Zeitnachlass komplett entzogen werden, ohne dass eine Möglichkeit der Wiederherstellung[37] besteht; bei Verstößen gegen die Anstaltsregeln kann ein teilweiser oder kompletter Entzug der Good Time erfolgen, später aber wieder rückgängig gemacht werden, Title 11, §4382 Delaware Code.

Nur wenige Länder lassen einen Entzug der Good Time lediglich in beschränktem Umfang zu. So kann in Colorado gemäß §17-22.5-405 CRS ein einmal gewährter Kredit nicht mehr entzogen werden. Insoweit bleibt der für die Vergabe der Kredite zuständigen Institution nur die Möglich-

---

[37] *Zur nachträglichen Wiederherstellung einmal entzogener Kredite siehe unten 4.).*

keit, eine Gutschrift, über deren Vergabe ganz- bzw. halbjährlich einmal entschieden wird, gar nicht erst zu gewähren.

Eine ähnliche Regelung besteht in Vermont: Begeht hier ein Häftling eine Straftat oder verstößt er gegen die Anstaltsregeln, so kann ihm grundsätzlich der monatlich zu gewährende Kredit vorenthalten werden, der für den Monat, in dem der Vorfall sich ereignete, gutgeschrieben worden wäre. Nur wenn innerhalb eines Monats mehrere Disziplinarverstöße begangen wurden, kann pro Tat ein Abzug von bis zu 10 Tagen von bereits erworbenen Krediten erfolgen (§28-812 Vermont Statutes).

In Kalifornien (§2932 Abs. a Penal Code) ist der Entzug der erworbenen Kredite ebenfalls nur in beschränktem Maße möglich: Bei Schwerverbrechen, z.B. Mord, Todschlag oder Geiselnahme ist ein Entzug von höchstens 360 Tagen bereits verdienter Kredite zulässig, bei anderen Verbrechen können höchstens 180 Tage, bei Vergehen 90 Tage und bei Verstößen gegen die Anstaltsregeln lediglich 30 Tage bereits erworbener Zeitgutschriften aberkannt werden. Zeitgutschriften von bis zu einem Jahr, die für heroische Taten vergeben wurden, können nie entzogen werden (§2935 PC).

3.) Verwirkung des Rechts, Good Time auch in Zukunft zu verdienen

Beachtenswert sind Regelungen, wonach das Recht aberkannt werden kann, in Zukunft Good Time – Kredite zu erwerben, wie dies z.B. in Florida der Fall ist, wenn ein Häftling besonders oft oder in besonders hohem Maße gegen die Anstaltsregeln und/oder Strafgesetze verstoßen hat. Die Strafvollzugsbehörde kann in solchen Fällen ein Verbot des Erwerbs der Gain Time – Kredite für die gesamte verbleibende Haftdauer aussprechen (§944.28 Florida Statutes). Ähnliche Regelungen bestehen in Kentucky, §197.045 Kentucky Revised Statutes.

Eine Besonderheit besteht in Connecticut: Wenn ein Häftling bis zum Zeitpunkt der Verübung eines zu sanktionierenden Verhaltens noch keine

Zeitgutschriften erworben hat, so ist er um den Betrag vom Erwerb zukünftiger Kredite ausgeschlossen, der ihm im Falle vorhandener Kredite vom Kreditkonto abgezogen worden wäre; der Häftling kann somit mit seinem Kreditkonto ins Minus geraten, §18-7a Connecticut General Statutes.

4.) Restauration entzogener Kredite

In vielen Regelungssystemen ist eine Wiederherstellung einmal entzogener bzw. vorenthaltender Kredite möglich.

Die meisten Länder ermöglichen die Restauration sogar in vollem Umfang, so dass sich der vormalige Good Time – Entzug letztlich nicht auf die Haftdauer negativ auswirkt[38].

Nur wenige Länder beschränken den Rückerwerb verlorener Zeitgutschriften auf bestimmte Höchstmaße.

So kann im Kalifornien die wegen einer schweren Straftat entzogene Work Time (eine für gute Arbeitsleistungen gewährte Zeitgutschrift) in einem Umfang von 60 bis 90 Tagen nicht wieder hergestellt werden; hatte die sanktionierte Tat den Tod oder eine Schwerbehinderung des Opfers zur Folge, so ist ein Rückerwerb der Zeitgutschrift gänzlich ausgeschlossen, §2932 Abs. a Penal Code.

Auch in Delaware können Kredite, die wegen eines Schwerverbrechens aberkannt wurden, nicht wiederhergestellt werden, Title 11, §4382 Delaware Code. In Iowa wird eine Restauration der Kredite durch das Erfordernis einer selbstlosen Tat zur Ausnahme, §903A.3 Iowa Code.

Besonders streng ist die Regelung von Oregon. Hier können Kredite nur durch die Rettung eines Menschenlebens wiederhergestellt werden; aller-

---

[38] *Goodstein/Hepburn*: Determinate Sentencing in Illinois..., in CJPR, Vol.1, No.3 (10/86), S.314.

dings werden die Zeitgutschriften auch nur bei schweren Disziplinarverstößen entzogen, Nr. 291-097-0025f. Oregon Administrative Rules.

IV.) Zuständigkeit für Vergabe, Entzug und Restauration der Good Time – Kredite

Von Land zu Land verschieden geregelt ist die Frage, welche Institutionen für Vergabe, Entzug und Restauration der Zeitrabatte zuständig sind. In vielen Bundesstaaten der USA ist der Leiter der Strafvollzugsbehörde (Department of Corrections) für die Vergabe der Zeitgutschriften zuständig. In anderen Ländern liegt die Zuständigkeit für die Kreditvergabe bei der Anstaltsleitung, einem speziellen Strafvollzugsrichter oder einer eigens dafür eingerichteten Kommission.

1.)   Richterliche Zuständigkeit

In Frankreich entscheidet der Strafvollzugsrichter (Juge de l'application des peines) einmal jährlich anhand der Personalakte des Häftlings und nach einer Stellungnahme der Strafvollzugskommission (Commisssion de l'application des peines) über die Vergabe der Zeitgutschriften. Der Juge de l'application des peines ist Richter des Tribunal de grande instance und ist für alle Strafvollzugsanstalten innerhalb des Gerichtsbezirks zuständig. Er bestimmt, abgesehen von den ausschließlichen Kompetenzen des Anstaltsleiters und des Leiters der Vollzugsorganisation, für jeden Strafgefangenen die (Haupt-) Modalitäten aller straf(vollzugs)rechtlichen Behandlungs- und Vollstreckungsmaßnahmen (z.B. Unterbringung oder Verlegung in geschlossenen/offenen Vollzug, Genehmigung von Ausgang, Hafturlaub, Strafzeitverkürzung, Strafaussetzung, Strafunterbrechung, bedingter Haftentlassung, elektronischen Hausarrest, überwacht die Erfüllung von Bewährungsauflagen und die Bewährungszeit selbst)[39].

Die Mitglieder der Strafvollzugskommission setzen sich aus dem Juge de l'application des peines (Vorsitzender), einem Staatsanwalt, dem Anstaltsleiter, den Führungskräften der Vollzugsanstalt, einem Vertreter des Wachpersonals und den Sozialarbeitern zusammen[40]. Auch der Entzug der Zeitrabatte wird vom Judge de l'application des peines auf Vorschlag der Commission de l'application des peines vorgenommen (Art. 721 Code procédure pénale). Entscheidungen des Richters sind ausschließlich durch den Oberstaatsanwalt anfechtbar.

In Italien ist das Oberlandesgericht für die Entscheidungen zuständig, die die Liberatione antizipata betreffen (Art. 94 Ausführungsverordnung zum Codice penitenziario e della sorveglianza).

In Iowa entscheidet gemäß §903 A.1 Iowa Code ein von der Strafvollzugsbehörde ernannter Verwaltungsrichter über die Good Time – Reduktion; diese Entscheidung kann vom Anstaltsleiter angefochten und abgeändert werden; dessen Entscheidung unterliegt wiederum der Kontrolle durch die Strafvollzugsbehörde. Jedenfalls darf durch die Abänderungen des Richterspruchs die vom Richter ausgesprochene Sanktion nicht verbösert werden.

2.)   Zuständigkeit der Strafvollzugsbehörde

In Florida ist für die Vergabe der Kredite grundsätzlich das Department of Corrections zuständig. Soll die Gain Time aber wegen schlechter Führung wieder entzogen werden, so entscheidet bei schweren Verstößen das De-

---

[39] *Brodhage/Britz*: Eine Einführung in den französischen Strafvollzug, in ZfStrVo 2001, S.80; *Hagedorn*: Die richterliche Individualisierung der Strafe in Frankreich, S.217f.

[40] *Brodhage/Britz* a.a.O., S.80 und Fn. 34, sowie *Hagedorn* a.a.O., S.219, Fn.183.

partment of Corrections, bei leichteren eine anstaltsinterne Strafkommission. Nur wenn der Anstaltsleiter der Kommissionsentscheidung widerspricht, trifft das Department eine endgültige Entscheidung, §944.28 Florida Statutes.

Eine ähnliche Zuständigkeitsverteilung findet sich in Nevada. Für die Vergabe der Kredite ist hier der Anstaltsleiter zuständig, für den Entzug die Strafvollzugsbehörde, die auf Vorschlag einer anstaltsinternen Kommission entscheidet, §§209.446 ff. Nevada Revised Statutes.

Eine besondere Regelung bietet Ohio: Hier steht die Vergabe der Zeitgutschriften an Insassen der County Prisons zwar im Ermessen des zuständigen Bezirkssheriffs, dieser muss allerdings vor seiner Entscheidung das Einverständnis des erkennenden Gerichtes einholen, §2947.151 Ohio Revised Statutes.

3.)   Kommissionsentscheidungen

In South Dakota entscheidet ein Disziplinarausschuss nach Durchsicht der Personalakte und Anhörung der für den Häftling zuständigen Aufsichtspersonen über Vergabe und Entzug der Zeitgutschriften; nur in besonderen Ausnahmefällen obliegt die Restauration der Kredite dem Department of Corrections (§24-2-12ff. South Dakota General Laws). In Vermont steht die Entscheidung über die Kreditvergabe im Ermessen eines Disziplinarausschusses (§28-812, 28-852 Vermont Statutes).

In Griechenland wird der erstinstanzliche Richter an der Entscheidungsfindung beteiligt, allerdings entscheidet er nicht allein, sondern als Mitglied einer speziellen Kommission, der auch der Anstaltsleiter und ein über die Gefangenenarbeit aufsichtsführender Beamter beiwohnt (Abs. 2 des Gesetzes 2058).

4.) Zuständigkeit der Anstaltsleitung

Eine alleinige Entscheidungskompetenz des Anstaltsleiters besteht gemäß §42-56-24 State of Rhode Island General Laws in Rhode Island und in U-tah, §76-3-404 Utah Code. In West Virginia entscheidet zwar grundsätzlich der Anstaltsleiter, allerdings bedarf er für die Restauration von entzogenen Zeitgutschriften der Genehmigung der Strafvollzugsbehörde, für die Vergabe von Meritorious Credits sogar der Zustimmung des Gouverneurs, §28-5-27 West Virginia Code.

V.) Anrechnung der Strafzeitreduktionen auf die Haftzeit

Angerechnet werden die Zeitgutschriften entweder auf die Gesamthaftdauer und/oder auf den frühestmöglichen Termin einer vorzeitigen bedingten Entlassung (parole eligibility).

1.) Anrechnung auf die Gesamthaftzeit

Eine alleinige Anrechnung der Good Time – Kredite auf die Gesamthaftzeit besteht seit 1977 in Kalifornien gem. §1170a Penal Code, nachdem dort die bedingte vorzeitige Entlassung durch das Good Time – System ersetzt wurde[41]. Selbiges gilt in Kansas, wo im Jahre 1993 die Parole abgeschafft wurde und die Gefangenen allein durch Good Time die Haftzeit um höchstens 15% verkürzen können, §21-4722 Kansas Statutes.
In West Virginia besteht zwar die Möglichkeit einer vorzeigen bedingten Entlassung, jedoch wird die Good Time nur auf den endgültigen Entlassungstermin angerechnet, §28-5-27 West Virginia Code.

---

[41] Vgl. *Parisi/Zillo*: Good time: The Forgotten Issue, in Crime and Delinquency, 4/1983, S.234.

2.) Anrechnung auf die Mindestverbüßungszeit

Nach Art. 54 Abs.3 des italienischen Codice penitenziario e della sorveglianza kann die Strafzeitreduktion für die Teilnahme an Umschulungsprogrammen nur die Wartezeit auf eine Verlegung in den offenen Vollzug o-
der eine Strafrestaussetzung verkürzen. In Südafrika dient die Good Time
ausschließlich der Vorverlegung der Parole Eligibility[42].

3.) Verkürzung der Mindest- und der Höchsthaftdauer

In den meisten Staaten, beispielhaft seien hier Griechenland[43], Colorado[44],
Kentucky[45] oder Nevada[46] genannt, werden hingegen die Strafzeitrabatte
sowohl auf die Mindest- als auch auf die Höchsthaftdauer angerechnet,
wobei in Einzelfällen noch zwischen den Kreditierungsarten differenziert
wird.

4.) Verkürzung der Bewährungszeit durch Good Time

Teilweise kann auch noch nach der vorzeitigen bedingten Entlassung durch
gewissenhafte Erfüllung der Bewährungsauflagen Good Time zur Verkürzung der Bewährungszeit verdient werden, z.B. gem. §209.447 Nevada
Revised Statutes, §17-22.5-405 Colorado Revised Statutes, §14-9-42 Code
of Alabama.

---

[42] Vgl. *van Syl Smit* in van Zyl Smit/Dünkel (Hrsg.): Prison Labour: Salvation or Slavery?, S. 232.
[43] *Winchenbach*: Strafvollzug in Griechenland, in ZfStrVo 1997, S.157.
[44] *§17-22.5-405ff. Colorado Revised Statutes.*
[45] *§439.555 Kentucky Revised Statutes.*
[46] *§§ 209.446 - 209.4465 Nevada Revised Statutes.*

5.) Verkürzung der Wartezeiten auf Hafterleichterungen

Im Übrigen finden sich Regelungssysteme, in denen die Good Time ausschließlich die Wartezeit auf Hafterleichterungen verkürzt.

So dient die Good Time nach §12-29-201 Arkansas Code ausschließlich der Vorverlegung der Transfer Eligibility, also des Zeitpunkts der Verlegung des Häftlings in eine gelockerte Vollzugsform (z.B. Übergang vom geschlossenen in den offenen Vollzug, vom Hochsicherheitsgefängnis in eine normale Anstalt). Die Good Time hat somit auf die Haftzeit allenfalls einen indirekten Einfluss, da in der gelockerten Vollzugsform entweder die endgültige Freilassung früher erreicht werden kann oder die Erreichung der unterschiedlichen Haftstufen für eine Bewährungsentscheidung berücksichtigt wird[47].

Hier lässt sich auch die deutsche Regelung des §43 Abs.6,7 StVollzG einordnen, wonach die für Arbeits- oder Ausbildungsleistungen gewährten Freistellungstage nicht nur auf die Gesamthaftzeit angerechnet werden, sondern auch für intra- oder extramuralen Arbeitsurlaub genutzt werden können.

Einen kleinen Eindruck über die mögliche Gestaltung einer Good Time Regelung gibt Titel 11, §§4381ff Delaware Code:

---

[47] *Champion*: Probation, Parole and Community Corrections, S.208.

91

Delaware Code

Title 11, Chapter 43, Subchapter VIII
§ 4381. Earned good time

(a) All sentences imposed for any offenses other than a life sentence imposed for class A felonies may be reduced by earned good time under the provisions of this section and rules and regulations adopted by the Commissioner of Corrections.

(b) "Good time" may be earned for good behavior while in the custody of the Department of Corrections when the person has not been guilty of any violation of discipline, rules of the Department or any criminal activity and has labored with diligence toward rehabilitation according to the following conditions:

(1) During the first year of any sentence, good time may be awarded at the rate of 2 days per month beginning on the first day of confinement.

(2) After completing 365 days of any sentence, good time may be awarded at the rate of 3 days per month.

(3) No person shall be awarded more than 36 days of good time under this subsection for good behavior in any 1 year consisting of 365 calendar days actually served.

(c) "Good time" may be earned for participation in educational and/or rehabilitation programs as designated by the Commissioner under the following conditions:

(1) Good time may be awarded for satisfactory participation in approved programs at a rate of up to 2 days per calendar month.

(2) No more than 24 days of program good time total as established in this subsection may be awarded in any 1 year consisting of 365 days actually served.

(d) "Good time" may be earned by participation in work programs as authorized by § 6532 of this title at a rate of up to 2.5 days per month with a limit of 30 days earned during any 1 year consisting of 365 days actually served.

(e) No more than a total of 90 days of "good time" may be earned in any 1 year consisting of 365 days actually served. (67 Del. Laws, c. 130, § 5.)

§ 4382. Forfeiture of good time.

(a) Any person subject to the custody of the Department at Level IV or V[48] shall, upon the conviction of any crime during the term of the sentence, forfeit all good time accumulated to the date of the criminal act; this forfeiture is not subject to suspension.

(b) Any person subject to the custody of the Department of Corrections at Level IV or V who is determined to have violated the rules of the Department of Corrections shall under the rules and procedures of the Department forfeit all or part of the good time accrued to the date of such offense. Forfeiture under this subsection may be suspended by the Department for the purposes of encouraging rehabilitation or compliance with discipline.

(c) Any person subject to the custody of the Department who is determined to have physically assaulted any correctional officer or employee of the Department shall, in addition to any criminal or civil penalties which may be imposed, forfeit all good time accumulated to date of the assault; this forfeiture is not subject to suspension.

(d) When good time is actually ordered forfeit, it may not be recovered by the incarcerated person.

(e) Any person subject to the custody of the Department at Level IV or Level V, who is found by a court or a federal court to have filed a factually frivolous claim, malicious claim or legally frivolous claim and sanctioned by the court or federal court pursuant to § 8805(a) or (b) of Title 10, shall be deemed to have failed to earn behavior good time credits within the meaning of § 4381(b) of this title and shall have a portion of his or her good time credits accumulated pursuant to § 4381(b) of this title forfeited to the extent and in accordance with the order issued pursuant to § 8805 of Title 10. (67 Del. Laws, c. 130, § 5; 70 Del. Laws, c. 411, § 3; 70 Del. Laws, c. 581, § 1.).

---

[48] *Level IV und Level V sanction bezeichnet eine Freiheitsstrafe im geschlossenen bzw. offenem Vollzug, inklusive Hausarrest (§4204 / Title 11, Chapter 42 Delaware Code).*

Title 11 / Chapter 65 / Subchapter VI

§ 6532 Work by inmates:

....

(h) The department is authorized to revoke previously earned good time (whether such good time was earned pursuant to this section or other provisions of this title) from inmates who refuse to perform labor as required by the Department pursuant of this section. In addition the Department may impose such other lawful disciplinary measures as it deems appropriate upon inmates refusing to perform labor as required by the Department pursuant to this section.

VI.) Anwendung der Good Time – Kredite auf spezielle Haftarten

Einige Länder gewähren die Good Time – Reduktionen nicht nur im Normalvollzug sondern auch bei Sonderformen des Freiheitsentzugs.

1.) Untersuchungshaft

Zu nennen ist insoweit die Untersuchungshaft, die vor Beginn und während des Hauptverfahrens zur Sicherung des Prozesses bzw. bis zu dessen rechtskräftigem Abschluss durchgeführt wird.

Eine Anrechnung auf die Untersuchungshaft erfolgt regelmäßig, indem der Häftling auch schon während der Untersuchungshaft durch gute Führung oder Arbeitsleistungen Zeitgutschriften erwirbt. Wird dann nach einer Verurteilung zu einer Freiheitsstrafe die Untersuchungshaft auf die Strafhaft angerechnet, so wird gleichzeitig auch noch der bereits erworbene Kredit mit abgezogen. Folglich kann z.B. nach einer 100tägigen Untersuchungshaft, während der 50 Tage Good Time verdient wurden, ein Gesamtbetrag von 150 Tagen von der durch Urteil ausgesprochenen Haftzeit subtrahiert werden. Eine solche Anrechnung der Untersuchungshaft wird den Häftlingen z.b. in Italien[49], Frankreich[50], Connecticut[51] und Iowa[52] ermöglicht.

In West Virginia wird für den Fall, dass sich ein Häftling während der Untersuchungshaft durch freiwillige Arbeitsleistungen einen Good Time – Kredit verdient hat, er aber im Prozess freigesprochen oder lediglich zu einer Geldstrafe verurteilt wird, pro Arbeitstag ein Betrag von $1 berechnet, der dann entweder zur Reduktion der Geldstrafe dient oder ausbezahlt wird, §17-15-7 West Virginia Code.[53]

2.)   Ersatzfreiheitsstrafe

In vielen Ländern kann auch die Ersatzfreiheitsstrafe, die anstelle einer nicht beizutreibenden Geldstrafe tritt, durch den Verdienst von Zeitgutschriften reduziert werden, z.b. in Colorado gemäß §17-26-109 Colorado Revised Statutes oder in Deutschland gem. §§ 43 Abs.1 StGB, 1 StVollzG.

3.)   Gemeinnützige Arbeit

Selbiges gilt teilweise für die Gemeinnützige Arbeit, die entweder zur Tilgung einer nicht beizutreibenden Geldstrafe dient oder als eigenständige

---

[49] *Art. 54 Abs.1 Codice penitenziario e della sorveglianza i.V.m. Art. 94 Abs.2 der Ausführungsverordnung zum Codice penitenziario e della sorveglianza.*

[50] *Art. 721 Code procedure pénale.*

[51] *§18-98 d Connecticut General Statutes.*

[52] *§903 A.2 Abs.3 Iowa Code.*

[53] *Wie in anderen Ländern im Falle eines Freispruchs, der Verurteilung zu einer Geldstrafe oder in Fällen, in denen die ausgeurteilte Strafe der bereits erlittenen Untersuchungshaft entspricht, verfahren wird, konnte nicht ermittelt werden, jedoch dürfte es in der Regel zu einem Verfall der Good Time kommen, was dem Charakter der Maßnahme in diesen Ländern als zu gewährender Bonus/Wohltat, und nicht etwa wie in Deutschland als Gegenleistung für Arbeit, entspräche.*

Sanktion verhängt wurde. So können in Arkansas Personen, die zur Vermeidung einer Haftstrafe in einem City oder Community Jail zur Teilnahme an einem Community Work Project verurteilt wurden, gemäß §§16-93-1001ff. Arkansas Code durch die fleißige Erfüllung ihrer Arbeitsaufgaben eine Strafzeitverkürzung von bis zu 3 Tagen pro Arbeitstag verdienen[54]. Auszuführen sind gemeinnützige Tätigkeiten, wie z.b. die Restauration oder Reinigung von Gebäuden, Straßen, Parkanlagen oder anderen öffentlichen Einrichtungen. Bei einem Fehlverhalten droht die Einweisung in eine normale Haftanstalt.

VII.) Sonderregelungen für spezielle Tätergruppen

In vielen Regelungssystemen gelten Sonderbestimmungen für spezielle Tätergruppen.

1.) Häftlinge mit lebenslanger Freiheitsstrafe

Insbesondere zu lebenslanger Haft Verurteilte sind häufig vom Erwerb der Kredite ausgeschlossen[55] bzw. können erst dann Zeitgutschriften verdienen, wenn die lebenslange Freiheitsstrafe in eine zeitige umgewandelt wurde.

So muss z.B. in Iowa erst der Gouverneur des Staates eine lebenslange Freiheitsstrafe in eine zeitige Strafe umwandeln, damit die bis zu diesem Zeitpunkt angesammelten Zeitgutschriften auf die dann durch Umwandlung entstandene zeitige Strafe angerechnet werden können, §903 A.2 Io-

---

[54] *Abhängig ist die Höhe des zu erwerbenden Kredits vom Richterspruch. Möglich ist eine Verurteilung zu einer Kreditierungsmöglichkeit von 3 bzw. 1 Tag pro Arbeitstag; §§16-93-1002 bzw. 16-93-1101 Arkansas Code.*

[55] *So in Rhode Island, §42-56-24 State of Rhode Island General Laws.*

wa Code. Selbiges gilt in South Dakota gemäß §24-5-1 South Dakota General Laws.

In Deutschland ist gemäß §43 Abs.10 StVollzG die Anrechnung der Freistellungstage auf das Haftende bei zu lebenslanger Haft Verurteilten erst möglich, wenn ein endgültiger Entlassungstermin bestimmt wurde. Bis zu diesem Zeitpunkt erworbene Kredite werden durch eine Ausgleichsentschädigung nach §43 Abs.11 StVollzG im Abstand von 10 Jahren finanziell abgegolten.

2.)   Sonderregeln für Gewalt- und Sexualstraftäter

Für Gewalt- und Sexualstraftäter ist der Erwerb der Kredite häufig ausgeschlossen, eingeschränkt oder zumindest an besondere Voraussetzungen geknüpft.

So können sich Sexualstraftäter in Kentucky zwar Good Time – Kredite verdienen, allerdings werden diese nur zur Reduktion der Strafzeit verwendet, wenn der Betroffene erfolgreich ein Behandlungsprogramm für Sexualstraftäter abgeschlossen hat; Täter, die unter einer krankhaften Triebstörung leiden, sind gänzlich vom Erwerb der Gutschriften ausgeschlossen, §197.045 Kentucky Revised Statutes.

New Jersey knüpft den Verdienst der Good Time – Kredite bei Sexualverbrechern oder Suchtkranken an die Bedingung, dass diese an den angebotenen Therapieprogrammen teilnehmen, Title 2 C: 47-8 New Jersey Code of Criminal Justice. In Kalifornien können Sexualstraftäter und Gewaltverbrecher gemäß §§2933.1, 2933.2 PC Zeitgutschriften nur in Höhe von max. 15 % der normalerweise gesetzlich möglichen Kredite erwerben, Mörder sind gänzlich ausgeschlossen.

In North Dakota können Gewalt- und Sexualverbrecher trotz der Möglichkeit des Good Time – Verdienstes erst nach der realen Verbüßung von 85% der Gesamthaftzeit entlassen werden, §12-54.1-01 North Dakota Century Code; selbiges gilt nach §903 A.2 Iowa Code und §§9.92.151, 9.94 A.150 Revised Code of Washington.

3.) Wiederholungstäter

Wiederholungstäter werden insbesondere in den US-amerikanischen Bundesstaaten oftmals vom Erwerb der Strafzeitreduktionen teilweise oder sogar gänzlich ausgeschlossen (§558.041.1 Missouri Revised Statutes, §2933.3 California Penal Code).

Als Wiederholungstäter (Habitual Offenders) gilt in der Regel, wer zum 3. Mal wegen eines Verbrechens zu einer zeitigen Freiheitsstrafe verurteilt wurde.

In Virginia werden Wiederholungstäter bei ihrer 3.Verurteilung wegen eines Gewaltverbrechens nicht nur zwingend zu einer lebenslangen Haft verteilt, sondern werden auch vom Erwerb der für gute Führung gewährten Good Conduct Allowances ausgeschlossen, §19.2-297.1 Virginia Code.

In Texas werden Wiederholungstäter, die zum mindestens 2. Mal wegen eines Sexualdelikts verurteilt werden und die schon insgesamt wenigstens zweimal wegen eines Verbrechens verurteilt wurden, zwingend zu einer lebenslangen Haft verurteilt, wobei eine vorzeitige bedingte Entlassung ohne die Möglichkeit eines Good Time – Verdienstes frühestens nach 35 Jahren möglich ist, §508.145 c) Texas Government Code[56].

4.) Kurzzeitgefangene

Sonderregelungen bestehen häufig für Kurzzeitgefangene, denen entweder gar nicht oder nur in beschränktem Maße der Erwerb von Krediten gestat-

---

[56] Vgl. dazu *Eisenberg*: The Impact of Tougher Incarceration Policies for Sex Offenders, S.3.

tet wird. North Dakota schreibt insoweit als Vorraussetzung für den Good Time – Verdienst eine Mindesthaftdauer von 6 Monaten vor, §12-54.1-01 North Dakota Century Code; selbiges gilt in Rhode Island, §42-56-24 Rhode Island General Laws.

Andere Bundesstaaten der USA haben für die Insassen der Jails und County Prisons, in denen in der Regel nur Kurzstrafen vollstreckt werden, Sonderbestimmungen erlassen, die im Umfang der Verdienstmöglichkeiten hinter denen der Staate Prisons zurückbleiben, z.B. Colorado[57] und Michigan[58].

Andererseits finden sich auch Staaten, in denen die Möglichkeit des Good Time – Verdienstes ausschließlich Kurzzeitgefangenen gewährt wird (Idaho[59], Ohio[60] und Utah[61]).

5.)   Häftlinge mit Disziplinarstrafen

In vielen Ländern kann einem Häftling auch das Recht zum Erwerb der Good Time – Rabatte abgesprochen werden, wenn er in der Haft bestimmte, sehr schwere Disziplinarverstöße begeht. So verwirken in Spanien die (noch unter die inzwischen abgeschaffte Regelung des Art. 100 Codigo Penal fallenden) Häftlinge (vor 1995 Verurteilte), die ausbrechen, einen Ausbruchsversuch unternehmen oder wiederholt wegen schlechter Führung auffallen, das Recht, Kredite für erbrachte Arbeits- oder Ausbildungsleistungen zu verdienen[62]. In Alabama[63] und Arkansas[64] ist während der Ver-

---

[57] *§§ 17-26-109 ff. Colorado Revised Statutes.*
[58] *§51.282 Michigan Compiled Laws.*
[59] *§20-621 Idaho Statutes.*
[60] *§2947.151 Ohio Revised Code.*
[61] *§76-3-404 Utah Code.*
[62] *Borja*: Strafvollzug in Spanien, in ZfStrVo 1988, S.284.
[63] *§14-9-41 Code of Alabama.*
[64] *§§12-29-201f. Arkansas Code.*

büßung einer Disziplinarstrafe der Erwerb von Zeitgutschriften ausgeschlossen.

6.) Jugendliche Straftäter

Teilweise werden jugendliche Straftäter vom Erwerb der Kredite ausgeschlossen; allerdings bestehen dann andere, spezielle Programme, die auf die Bedürfnisse der jungen Straftäter abgestimmt sind und ebenfalls Möglichkeiten der Strafzeitreduktion bieten. Beispielhaft soll hier §28-5-27 i.V.m. §25-4-1ff. West Virginia Code genannt werden. In Deutschland werden Erwachsene und jugendliche Straftäter bezüglich des Good Time – Erwerbs gleichgestellt, vgl. §176 Abs.1 S.3 StVollzG. Selbiges gilt für Griechenland[65].

Eine Übersicht über Sonderregelungen einzelner Länder für bestimmte Tätergruppen gibt die folgende **Tabelle 1** wieder.

---

[65] *Neubacher/Walter/Pitsela*: Jugendstrafvollzug im deutsch-griechischem Vergleich..., in ZfStrVo 2003, S.17 (18, 20).

Tabelle 1: Sonderregeln für bestimmte Tätergruppen:

Staat	Lebenslange Freiheitsstrafe	Gewalttäter	Sexualtäter	Wiederholungstäter	Kurzzeitgefangene	Gefangene mit Disziplinarstrafen
Costa Rica	----	----	----	----	----	Keine GT in den beiden strengsten Stufen eines neunstufigen Progressivsystems
Frankreich	GT nur eingeschränkt mgl.	----	----	GT nur eingeschränkt mgl.	Mindeststrafe für Krediterwerb 3 Monate	----
Indien	----	----	----	Keine GT	----	----
Italien	Keine GT	----	----	----	----	----
Spanien - nur noch für vor 1995 Verurteilte	----	----	----	----	Mindeststrafe für Krediterwerb 6 Monate	Bei einem Ausbruch/ Ausbruchsversuch oder wiederholter schlechter Führung kein Krediterwerb mehr mgl.
USA:						
Bundesrecht	----	Als gefährlich eingestufte Gefangene werden bei Disziplinarvergehen strenger sanktioniert	----	----	----	----
Alabama	Keine GT	Krediterwerb eingeschränkt	Krediterwerb eingeschränkt	----	----	Während der Verbüßung von Disziplinarstrafen kein Krediterwerb mgl.
Alaska	Keine GT	Bei Mord keine GT	----	----	----	----
Arizona	----	----	----	----	----[1]	----

Staat	Lebens-lange Frei-heitsstrafe	Gewalttäter	Sexualtäter	Wiederho-lungstäter	Kurzzeitge-fangene	Gefangene mit Diszip-linarstrafen
Arkansas	Keine GT	----	----	----	Krediter-werb nur einge-schränkt mgl.	Während der Verbüßung von Diszip-linarstrafen kein Kredit-erwerb mgl.
Colorado	Keine GT	----	----	Keine GT für Gewalt-täter mit 2 Vorverurtei-lungen	Krediter-werb nur einge-schränkt mgl.	----
Delaware	Keine GT	----	----	----	----	----
Florida	Krediter-werb nur einge-schränkt mgl.	----	----	----	Sonderrege-lung vor-handen [2]	----
Georgia	Keine GT	Keine GT	Keine GT	Keine GT	GT über-haupt nur für Kurzzeitgefa ngene (bis 12 Monate) mgl.	Keine GT
Idaho	----	----	----	----	Krediter-werb in grö-ßeren Um-fang als bei Langstrafen mgl.	----
Illinois	Keine GT	Krediter-werb nur einge-schränkt mgl.	Krediter-werb nur einge-schränkt mgl.	Krediter-werb nur einge-schränkt mgl.	Krediter-werb nur einge-schränkt mgl.	----
Indiana	----	----	----	----	----	Während Disziplinar-strafe kein Krediter-werb mgl.

Staat	Lebens-lange Frei-heitsstrafe	Gewalttäter	Sexualtäter	Wiederho-lungstäter	Kurzzeitge-fangene	Gefangene mit Diszip-linarstrafen
Iowa	Krediter-werb erst nach Um-wandlung in zeitige Stra-fe	Krediter-werb nur einge-schränkt mgl. [3] (höchstens 15 % der Haftzeit)	Krediter-werb nur einge-schränkt mgl. [4] (höchstens 15 % der Haftzeit)	----	----	----
Kalifornien	Keine GT	Krediter-werb nur einge-schränkt mgl. [3]/ bei Mord keine Good Time	Krediter-werb nur einge-schränkt mgl. [4]	Keine GT bei 3. Verur-teilung zu Schwer-verbrechen	----	In Hochsi-cherheitsein-richtung keine GT mgl.
Kentucky	Keine GT	----	GT wird nur dann gutge-schrieben, wenn Be-handlungs-programm erfolgreich abgeschlos-sen	----	----	----
Maine	Keine GT	----	----	----	----	----
Michigan	Krediter-werb erst nach Um-wandlung in zeitige Stra-fe	----	----	----	Krediter-werb nur einge-schränkt mgl.	Während der Verbüßung von Diszip-linarstrafen kein Kredit-erwerb mgl.
Minnesota – nur noch für Gefangene mit Delikt vor dem 1.8.1993	Keine GT	----	----	----	----	Während der Verbüßung von Diszip-linarstrafen kein Kredit-erwerb mgl.
Missouri	Keine GT	Keine GT		Keine GT [5]	----	----
New Jersey	----	----	Krediter-werb nur bei Therapie-teilnahme	----	----	----
New York	Keine GT	----	----	----	----	----

Staat	Lebens-lange Frei-heitsstrafe	Gewalttäter	Sexualtäter	Wiederho-lungstäter	Kurzzeitge-fangene	Gefangene mit Diszip-linarstrafen
North Carolina	----	----	----	----	Krediter-werb nur einge-schränkt mgl.	----
North Dakota	----	Krediter-werb nur einge-schränkt mgl. [3]/ 85 % der Haftzeit müssen ver-büßt werden	Krediter-werb nur einge-schränkt mgl. [4]/ 85 % der Haftzeit müssen ver-büßt werden	----	Mindeststra-fe für Kre-diterwerb 6 Monate	----
Ohio	----	----	----	----	Krediter-werb nur für Jail Inmates mgl.	----
Oregon	Keine GT	Keine GT [3]	Keine GT [4]	----	----	----
Rhode Island	Keine GT	----	----	----	Mindeststra-fe für Kre-diterwerb 6 Monate	----
South Carolina	Keine GT	Krediter-werb nur einge-schränkt mgl. [3]	Krediter-werb nur einge-schränkt mgl. [4]	----	Sonderrege-lung vor-handen [2]	----
South Dakota	Keine GT	----	----	----	----	Bei wegen Ausbruchs verhängter Strafe keine GT
Tennessee	----	----	----	----	----	Keine GT in Maximum Security Status oder Isolations-haft auf-grund einer Disziplinar-strafe

Staat	Lebens-lange Frei-heitsstrafe	Gewalttäter	Sexualtäter	Wiederho-lungstäter	Kurzzeitge-fangene	Gefangene mit Diszip-linarstrafen
Texas	Keine GT	Keine GT bei schweren Gewaltdelik-ten	Keine GT bei schweren Sexualdelik-ten	Keine GT bei wieder-holten Sexu-aldelikten	----	Krediter-werb nur einge-schränkt mgl.
Utah	----	----	----	----	Krediter-werb nur für Jail Inmates mgl.	----
Virginia	----	Krediter-werb nur einge-schränkt mgl.	Krediter-werb nur einge-schränkt mgl.	Kein Kredit-erwerb bei wiederhol-tem Gewalt-verbrechen (mind. 3)	Krediter-werb glei-chermaßen mgl., Ein-schränkun-gen nur für Häftlinge, die auf Ü-berstellung in State Pri-son warten	Während Disziplinar-strafe kein Krediter-werb mgl.
Washington	----	Krediter-werb nur einge-schränkt mgl. [3]	Krediter-werb nur einge-schränkt mgl. [4]	----	----	----
West Virgi-nia	Keine GT	----	----	----	Im Gegen-satz zu State Prisoners Kredite nur für gute Ar-beit, nicht für gute Führung	----
Wisconsin	Keine GT	Krediter-werb nur einge-schränkt mgl.	Krediter-werb nur einge-schränkt mgl.	----	Krediter-werb nur einge-schränkt mgl.	----

Staat	Lebens-lange Frei-heitsstrafe	Gewalttäter	Sexualtäter	Wiederho-lungstäter	Kurzzeitge-fangene	Gefangene mit Diszip-linarstrafen
Wyoming	----	----	----	----	Im Gegen-satz zu State Prisoners Kredite nur für Arbeit, nicht für gute Füh-rung / Kredit auch als fi-nanzieller Kredit auf Schulden anrechenbar	----

---- Keine Sonderregelungen vorhanden

GT Good Time

[1] In Arizona ist der Krediterwerb nur für bestimmte Jail Inmates (Trustees) mgl.

[2] Es werden in den Jails im Vergleich zu State Prisoners mehr Kredite für gute Führung, dafür aber weniger für gute Arbeit gewährt

[3] betrifft Violent Offenders – Mord, Todschlag, Kidnapping, Raub

[4] betrifft Violent Offenders – Vergewaltigung

[5] betrifft Violend Offenders, die zum wiederholten Male straffällig geworden sind wegen Gewalt und/oder Sexualdelikten

VIII.) Gesamtumfang der zu erwerbenden Kredite

Nach den bisherigen Ausführungen stellt sich die Frage, wie hoch der durchschnittliche Gesamtumfang der zu erwerbenden Strafzeitreduktionen ist. Diese Frage ist in Anbetracht der vielfältigen Regelungen, die teilweise selbst noch Differenzierungen zwischen bestimmten Tätergruppen vornehmen, nicht leicht zu beantworten. Insgesamt lässt sich feststellen, dass in den meisten Fällen eine Strafzeitverkürzung um 25 – 50 % erreicht werden kann, nur in wenigen Ausnahmefällen liegen die zu erwerbenden Reduktionen außerhalb dieses Bereiches.

Festgestellt werden kann, dass der mini- bzw. maximal zu erreichende Kreditumfang regelmäßig von den üblicherweise verhängen Haftstrafen abhängt. Ist es in den USA z.B. möglich, eine Person zu einer 99jährigen Freiheitsstrafe zu verurteilen, so verwundert es nicht, dass eine Strafzeitreduktion von über 50 % ermöglicht wird.
Länder, die im Vergleich dazu nur verhältnismäßig geringe Strafen verhängen, werden hingegen weitaus geringere Möglichkeiten der Strafzeitreduktion durch Zeitrabatte bieten.

Die großzügigste Regelung bietet Alabama: Häftlinge, die nach dem Durchlauf eines vierstufigen Progressivsystems die höchste Haftstufe, die nur besonders disziplinierten Häftlingen vorbehalten ist, erreicht haben, können für 30 verbüßte Hafttage eine Gutschrift von bis zu 75 Tagen erhalten; für 2 verbüßte Haftmonate in dieser Kategorie können also bis zu 5 Monate der verbleibenden Reststrafe getilgt werden (§14-9-41 Code of Alabama / vgl. ausführliche Darstellung im Anhang). Deutschland ist hingegen das Land mit der geringsten Kreditierungsrate weltweit: Eine gemäß §43 Abs.6ff. StVollzG maximal mögliche Gutschrift von sechs Tagen pro Haftjahr (ein Tag pro zwei Monate) bleibt weit hinter den Reduktionsmöglichkeiten zurück, die andere Länder ihren Strafgefangenen bieten, obwohl Deutschland im europäischen Vergleich eine relativ hohe durchschnittliche Verweildauer im Vollzug aufweist[66].

Tabelle 2, die anhand der einzelnen Länderregelungen zusammengestellt wurde, soll einen Überblick über die derzeit bestehenden Good Time – Regelungen geben. Eine ausführliche Beschreibung der einzelnen Regelungssysteme der verschiedenen Länder findet sich im Anhang.

---

[66] *Walter*: Strafvollzug, 2. Aufl., Rn.114; *Lindenberg*: Elektronisch überwachter Hausarrest auch in Deutschland", in BewHi 1999, S.19f.; *Arloth*: Neue Entwicklungen im Strafvollzug im internationalen Vergleich, in ZfStrVo 2002, S.3.

Staat	Good Time wird gewährt für					Good Time kann entzogen werden			Wiederherstellung der Kredite ist möglich		Anrechnung auf		Kredit wird gewährt		Über die Anrechnung der Kredite entscheidet:	Im Idealfall maximal zu erwerbende Kredite[3]
	Disziplin	Arbeit	Ausbildung	Therapie-Teilnahme	besondere Verdienste[1]	komplett	nur zum Teil	auch für die Zukunft	komplett	nur zum Teil	die Minimum Sentence[2]	die Maximum Sentence	zu Beginn der Haftzeit	muss erst verdient werden		
Costa Rica	X	X				X			////	////	X	X		X	Anstaltsleitung mit Genehmigung der Vollzugsbehörde	Für 2 Tage Arbeit oder gute Führung 1 Tag gutgeschrieben
Frankreich	X	X	X				X		–	–		X		X	Strafvollzugsrichter auf Vorschlag einer Vollzugskommission	3 Monate p.J. für gute Führung / 2 Monate p.J. für Ausbildungserfolge
Griechenland		X	X				X		–	–	X	X		X	Vergabe: Kommission aus Anstaltsleiter, Strafvollzugsrichter und Leiter der Gefangenenarbeit; Entzug: Strafvollzugsrichter	2 ½ Tage pro Arbeits- / oder Ausbildungstag
England & Wales	X					X			–	–	–	–	X		Minister	Bei einem Disziplinarverstoß wird der Zeitpunkt einer vorzeitigen bedingten Haftentlassung hinausgezögert; max. 42 Tage pro Delikt

Staat	Good Time wird gewährt für: Disziplin	Arbeit	Ausbildung	Therapie-Teilnahme	besondere Verdienste[1]	Good Time kann entzogen werden: komplett	nur zum Teil	auch für die Zukunft	Wiederherstellung der Kredite ist möglich: komplett	nur zum Teil	Anrechnung auf: die Minimum Sentence[2]	die Maximum Sentence	Kredit wird gewährt: zu Beginn der Haftzeit	muss erst verdient werden	Über die Anrechnung der Kredite entscheidet:	Im Idealfall maximal zu erwerbende Kredite[3]
Indien	X	X				////	////	////	////	////	////	X		X	Anstaltsleiter	Je nach Bundesstaat unterschiedlich; monatliche Beträge für Arbeit und Disziplin / jährliche Gutschrift von 30 Tagen für gutes Gesamtverhalten
Italien	X		X			X	¦		¦	¦	X			X	Oberlandesgericht	45 Tage pro 6 Monate bzw. 90 Tage p. J.
Kanada	X	X	X			X		¦	X	¦		X		X	Anstaltsleiter	15 Tage pro Monat für Befolgung der Anstaltsregeln
Spanien	X	X	X		X	¦[7]	¦	¦	¦	¦		X		X	Spezieller Aufsichtsbeamter auf Vorschlag der Gefängnisleitung unter Billigung des Strafvollzugsrichters	Für 2 Arbeits- / Ausbildungstage wird 1 Hafttag gutgeschrieben

Land									Behörde	Umfang
Südafrika	X			X				X	Anstaltskommission	6 Monate p.J.
USA [4,5]:	—	—	—	—	—	—	—	—		
Bundesrecht	X		X			X		X	Gewährung: Bundesverwaltung: Abzug und Vorenthaltung von Krediten: Disziplinarbeamter / Disziplinarkommission	Bis 54 Tage pro Haftjahr
Alabama	X	X	X	X		X	X	X	Entzug: Anstaltsleitung; Wiederherstellung: Leiter der Strafvollzugsbehörde	Bis zu 75 Tage p.M. für gutes Verhalten / 30 Tage für eine Blutspende (max. 3 x p.J.)
Alaska	X			X	X	X			Gewährung: erfolgt pauschal; Entzug: Anstaltsleitung; Wiederherstellung: Leiter der Vollzugsbehörde	1/3 der Haftzeit, wenn nicht gegen Anstaltsregen verstoßen wird
Arizona	X[6]		X			X		X	County Sheriff	1 Tag pro Arbeitstag
Arkansas	X	X	X		X	X	X	X	Vollzugsbehörde	30 Tage p.M. für gute Disziplin, Arbeit und die Teilnahme an resozialisierenden Programmen
Colorado		X	X	—[7]		X		X	Vollzugsbehörde	Insgesamt 10 Tage p.M.; maximal 25% der Gesamthaftzeit
Connecticut	X	X	X	X	X	X	X	X	Leiter der Strafvollzugsbehörde	10 bzw.12 Tage p.M. bis zum/bzw. ab dem 6. Haftjahr für gute Führung / 1 Tag für 7 Arbeitstage / 120 Tage für außergewöhnliche Leistungen

Staat	Good Time wird gewährt für					Good Time kann (entzogen werden)			Wiederherstellung der Kredite ist (möglich)		Anrechnung auf		Kredit wird gewährt		Über die Anrechnung der Kredite entscheidet:	Im Idealfall maximal zu erwerbende Kredite[3]
	Disziplin	Arbeit	Ausbildung	Therapie-Teilnahme	besondere Verdienste[1]	komplett	nur zum Teil	auch für die Zukunft	komplett	nur zum Teil	die Minimum Sentence[2]	die Maximum Sentence	muss erst verdient werden	zu Beginn der Haftzeit		
Delaware	X	X	X	X		X			X			X	X		Strafvollzugsbehörde	36 Tage p.J. für gute Führung / 24 Tage p.J. für Ausbildungs- und Behandlungsprogramme / 30 Tage p.J. für Arbeitsleistungen / insgesamt max. 90 Tagen p.J.
Florida	X	X	X	X	X	X		X	X			X	X Arbeit	X gute Führung	Entzug der Kredite: anstaltsinterner Disziplinarausschuss; Wiederherstellung: Strafvollzugsbehörde zuständig	10 Tage p.M. für gute Führung (nur noch für Häftlinge, die wegen einer vor 1994 begangenen Tat inhaftiert sind) / 10 Tage p.M. für gute Arbeitsleistungen und Teilnahme an Behandlungsprogramme an Behandlungsprogrammen (aber höchstens 15% der Haftzeit) / 60 Tage für eine außergewöhnliche Leistung oder Schul- oder Berufsabschluss

Staat										Zuständige Behörde	Regelung
Georgia (nur County Prisoners)	X		X		¦	¦	¦		X	Anstaltsleiter	15 Tage p.M., bei Verurteilung wegen schweren Vergehens nur 4 Tage p.M.
Idaho	X		X		¦	¦	¦	X	X	Leiter der Vollzugsbehörde	15 Tage p.M. für besondere Dienste
Illinois	X Arbeit	X gute Führung	X		X	X	X	X	X	Strafvollzugsbehörde unter Zustimmung des Prisoner Review Board, wenn mehr als 30 Tage Good Time entzogen oder wiederhergestellt werden sollen	30 Tage p.M. für gute Führung / 180 Tage für besondere Verdienste/ bis zu 15 Tage p.M. für die Zeit, in der an Arbeits-, Ausbildungs- oder Behandlungsprogramm teilgenommen wurde, die erfolgreich abgeschlossen wurden.
Indiana	X		X	X	X		X	X	X	Department of Corrections	Honoriert wird Schul- oder Berufsabschluss und erfolgreicher Abschluss von Suchtprogramm; je nach Programmanforderungen 6 Monate bis 2 Jahre pro Programm.
Iowa	X		X	X	X	X	X	X	X	Entzug der Kredite: Verwaltungsrichter; Wiederherstellung: Leiter der Strafvollzugsbehörde (Restauration nur für heroische Taten)	1 Tag pro Hafttag ohne Disziplinarverstöße / 5 Tage p.M. für Teilnahme an Arbeits-, Ausbildungs- und/oder Behandlungsprogrammen

Staat	Good Time wird gewährt für					Good Time kann ... entzogen werden			Wiederherstellung der Kredite ist ... möglich		Anrechnung auf		Kredit wird gewährt		Über die Anrechnung der Kredite entscheidet:	Im Idealfall maximal zu erwerbende Kredite[3]
	Disziplin	Arbeit	Ausbildung	Therapie-Teilnahme	besondere Verdienste[1]	komplett	nur zum Teil	auch für die Zukunft	komplett	nur zum Teil	die Minimum Sentence[2]	die Maximum Sentence	zu Beginn der Haftzeit	muss erst verdient werden		
Kalifornien	X	X	X	X	X	X	X	X	X	X[8]		X		X	Strafvollzugsbehörde	Für 6 Monate Teilnahme an Arbeits-, Ausbildungs- und/oder Behandlungsprogramm 6 Monate Zeitgutschrift / bis zu 12 Monate für eine heroische Tat
Kansas	X	X	X	X			X				X			X	Strafvollzugsbehörde	Bis zu 15% der Gesamthaftzeit
Kentucky	X	X	X		X		X	X				X		X	Strafvollzugsbehörde	10 Tage p.M. für gute Führung / 60 Tage für Schul- oder Berufsabschluss / 5 Tage p.M. für verdienstvolles Verhalten
Maine	X	X		X		X			X			X		X	Anstaltsleiter	5 Tage p.M. für gute Führung, Erfüllung aller Ausgaben und Teilnahme an Resozialisierungsprogrammen

Bundesstaat									Vergabe / Entzug	Regelung
Michigan	X		X		X	X		X	X	Anstaltsleiter auf Empfehlung eines anstaltsinternen Disziplinarkomitees	5 Tage p.M. für das Nichtbegehen von Regelverstößen / 2 Tage p.M. für besonders gute Führung
Minnesota (nur noch für Gefangene mit Straftat vor dem 1.8.1993)	X		X	X X	X	¦		X	X	Anstaltsleiter	1 Tag für 2 Tage ohne Disziplinarverstoß
Missouri	X		X		X	¦		X	X	Anstaltsleiter	2 Monate p.J.
Nevada:			X	X	X	X		X	X	Vergabe der Kredite: Anstaltsleiter; Entzug und Wiederherstellung: Strafvollzugsbehörde	Jeweils 10 Tage p.M. für gutes Verhalten, gute Arbeit oder fleißiges Lernen, insgesamt aber maximal 20 Tage p.M. / zusätzl. bis zu 90 Tage p.M. für Studienabschluss oder heroische Tat; 30 Tage für Berufs- oder Schulabschluss bzw. Abschluss eines Drogenprogramms
New York	X X	X	X	X	X	X		X[10]	X	Vergabe und Entzug: anstaltsinternes Komitee; Wiederherstellung: Strafvollzugsbehörde auf Vorschlag des Komitees	1/3 der Haftzeit für gute Führung einschließlich Erfüllung aller Pflichten und Teilnahme an Behandlungsprogrammen
North Carolina	X X	X	X	////	X	X		X	X	Strafvollzugsbehörde für State Prisons / Sheriff für Jails	40 Tage pro 6 Monate für Programmteilnahme

Staat	Disziplin	Arbeit	Ausbildung	Therapie-Teilnahme	besondere Verdienste [1]	Good Time kann entzogen werden: komplett	nur zum Teil	auch für die Zukunft	Wiederherstellung der Kredite ist möglich: komplett	nur zum Teil	die Minimum Sentence [2]	die Maximum Sentence	Kredit wird gewährt: zu Beginn der Haftzeit	muss erst verdient werden	Über die Anrechnung der Kredite entscheidet:	Im Idealfall maximal zu erwerbende Kredite [3]
New Jersey	X	X				X			X	⋮	X	X	X		Kredit für gute Führung: Vergabe zum Anfang der Haft automatisch; Entzug und Wiederherstellung: Kommission aus Anstaltsleiter und Vollzugsbeamten	Kredit für gute Führung errechnet sich aus Länge der Haftzeit: je länger die Strafe, desto mehr Tage werden von der Gesamthaftzeit abgezogen: bei einjähriger Strafe z.B. 72 Tage, bei zweijähriger Strafe 156, bei dreijähriger Strafe 252 Tage / zusätzlich 1 Tag für 5 produktive Arbeitstage
North Dakota	X	X	X	X	X	X			⋮			X	X gute Führung	X Verdienste	Vergabe der Kredite für besondere Verdienste auf Vorschlag des Anstaltspersonals durch Strafvollzugsbehörde	5 Tage p.M. für gute Führung, inklusive Arbeitsleistung, Ausbildung, Therapieteilnahme / 2 Tage p.M. für außergewöhnliche Verdienste

										Zuständigkeit	Umfang
Ohio[9]	X	X			///	///	///	///	X	Vergabe der Kredite liegt im Ermessen des Bezirkssheriffs; der Richter, der Strafe verhängt hat, muss aber der endgültigen Vergabe zustimmen	Bis zu 5 Tage pro 30 Arbeitstage für gute Arbeitsleistungen
Oregon	X	X	X	X		X	X	X	X	Anstaltsleiter	6 Tage p.M. für gute Führung und Teilnahme an Ausbildungsprogrammen; aber Haftzeitverkürzung um höchstens 20% möglich; tatsächliche Mindesthaftdauer von 6 Monaten muss verbleiben
Rhode Island	X	X	X	X	X	X	X	X	X	Vergabe der Kredite: Strafvollzugsbehörde auf Empfehlung des Anstaltsleiters; Entzug und Restauration: Anstaltsleiter	Gute Führung wird monatlich mit so vielen Tagen honoriert, wie dies der Anzahl der Haftjahre entspricht: bei 5 Haftjahren also 5 Tage p.M.; max. aber 10 Tage p.M. / 2 Tage p.M. für gute Arbeit / bis zu 36 Tage p.J. für außergewöhnliche Verdienste
South Carolina	X	X	X	---	X[11]	---	X	X	X	Vergabe und Entzug der Kredite in State Prisons: Department of Corrections / in Jails der zuständige Bezirkssheriff	Bis 20 Tage p.M. für gute Führung/ bis 1 Tag pro 2 Hafttage für gute Arbeitsleistungen oder Teilnahme an Ausbildungsprogramm
South Dakota	X	X	X	X		X	X	X	X	Disziplinarausschuss	4 Monate p.J.; ab dem 11. Haftjahr 6 Monate p.J.

117

Staat	Good Time wird gewährt für: besondere Verdienste[1]	Therapie-Teilnahme	Ausbildung	Arbeit	Disziplin	Good Time kann entzogen werden: auch für die Zukunft	nur zum Teil	komplett	Wiederherstellung der Kredite ist möglich: nur zum Teil	komplett	Anrechnung auf: die Maximum Sentence	die Minimum Sentence[2]	Kredit wird gewährt: muss erst verdient werden	zu Beginn der Haftzeit	Über die Anrechnung der Kredite entscheidet:	Im Idealfall maximal zu erwerbende Kredite[3]
Tennessee		X	X	X	X			X	–	–	X	X	X		Anstaltsleiter bzw. Leiter eines Behandlungsprogramms, soweit Kredite für die Programmteilnahme vergeben werden	16 Tage p.M., davon 8 Tage für gute Führung und 8 Tage für eine zufrieden stellende Teilnahme an Behandlungsprogrammen
Texas			X	X	X			X	–	–	X	X	X		Department of Corrections	Bis zu 20 Tage pro 30 Tage engagierte Teilnahme an Arbeits- oder Ausbildungsprogramm anhand eines von der Disziplin abhängigen Klassifizierungssystems / zusätzliche 15 Tage für besonders engagierte Mitarbeit
Utah[9]					X	///	///	///	///	///	X		X		Anstaltsleiter	10 Tage p.M.

									Organ	Beschreibung
Vermont	X	X	X	X			X	X	Disziplinarausschuss	5 Tage p.M. für gute Führung / 10 Tage p.M. für Arbeits-, Ausbildungs- oder Behandlungsprogramm / 15 Tage p.M. für Arbeit im Work Camp
Virginia				X	X		X	X	Disziplinarkomitee	Bis zu 30 Tage für gute Gesamtführung, einschließlich Teilnahme an Arbeits-, Ausbildungs- und/oder Behandlungsprogrammen bei Anrechnung auf Gesamthaftzeit; Anrechnung auf die Parole Eligibility erfolgt immer nur zur Hälfte.
Washington	X	X	¦	¦	X	X		X	Anstaltsleitung	Strafzeitreduktion um höchstens 1/3
West Virginia	X gute Führung / X Verdienste	X	X	X	X	X			Entzug: Anstaltsleiter; Wiederherstellung: Anstaltsleiter unter Genehmigung der Strafvollzugsbehörde; Gutschriften für besondere Verdienste nur mit Genehmigung des Gouverneurs	Je Hafttag ein Tag / Gutschrift für besondere Verdienste mgl.
Wisconsin	X	X			X	X		X	Strafvollzugsbehörde	Täter bekommt von Gesamthaftzeit einen vom Gericht festgesetzten bestimmten Betrag abgezogen, der dann bei Disziplinarverstößen verkürzt wird, so dass sich Haftzeit verlängert

119

Wyoming	X		X		X	X	X	Gewährung automatisch, Entzug nur durch das Parole Board	10 Tage p.M. für gute Führung / 15 Tage p.M. als Sonderverdienst für exzellentes Verhalten, der auf Minimum Sentence angerechnet wird

-- Ein Entzug oder die Wiederherstellung von Krediten ist jeweils nicht möglich.

//// Keine Daten verfügbar.

[1] Honoriert werden z.B. außergewöhnliche Leistungen, wie die Rettung eines Menschenlebens, Bewahrung anderer vor Gefährdungen von Leib und Leben, Blutspenden, Unterstützung des Personals bei Ausständen, Flucht von Mithäftlingen etc.

[2] Anrechnung erfolgt auf den frühestmöglichen Termin zur vorzeitigen bedingten Entlassung oder der Verlegung in eine gelockerte Vollzugsform.

[3] Gilt für den „Durchschnittshäftling", für den der Erwerb der Good Time keinen besonderen Beschränkungen unterliegt. Bezüglich der in einigen Ländern bestehenden Sonderregeln für Täter mit Vorstrafen, lebenslangen Haftstrafen, Gewalt- und /oder Sexualtätern wird auf die Darstellungen im Anhang verwiesen.

[4] Es können nur die Bundesstaaten dargestellt werden, deren Gesetzestexte über das Internet verfügbar waren; ein Anspruch auf Vollständigkeit kann somit nicht erhoben werden.

[5] Die Angaben beziehen sich grundsätzlich auf Insassen der State Prisons; bezüglich der Angaben für County/Jail Inmates wird auf die jeweilige Länderdarstellung im Anhang verwiesen. Auch beziehen sich die Angaben auf die jeweils jüngste Regelung.

[6] Gilt nur für sog. Vertrauenshäftlinge in County/City Jails (alle anderen Häftlinge in State Prisons/Jails erhalten für ihre Arbeit nur eine monetäre Entlohnung.

[7] Ein einmal gewährter Kredit kann nicht mehr entzogen werden.

[8] Restauration des Kredites ist nur begrenzt möglich, wenn der Entzug wegen einer besonders schweren Straftat erfolgte.

[9] Kredite werden nur an Jail Inmates vergeben.

[10] Nur noch bis 30.9.2001 wurde den Häftlingen mit einer Indeterminate Sentence ein Strafzeitnachlass für erfolgreiche Programmteilnahmen auf die Minimum Sentence angerechnet. Seit dem nur noch Anrechnung auf Maximum Sentence.

[11] Nur bei Häftlingen, die Indeterminate Sentence verbüßen; angerechnet auf die Minimum Sentence wird nur der Kredit für gute Arbeitsleistungen.

Kapitel 4: Intention der Good Time – Regelungen

I.)   Ansporn und Motivation

Hauptziel der Good Time – Regelungen ist die Motivierung der Häftlinge, bestimmte durch Zeitgutschriften honorierte Verhaltensweisen zu zeigen und entsprechende Leistungen zu erbringen. Ob Arbeitsleistung, die Teilnahme an einem Schulungs- oder Ausbildungsprogramm oder nur das schlichte Befolgen der Anstaltsregeln – stets wird ein als positiv zu wertendes Verhalten des Häftlings durch die Vergabe von Zeitgutschriften anerkannt.

Ziel ist, den Häftling ohne negativen Druck (z.B. durch Strafmaßnahmen) zur Teilnahme an den Aktivitäten zu bewegen, die der Resozialisierung förderlich sind, nach dem Motto: „Belohnen ist besser als Bestrafen"[1]. Die Good Time – Regelungen motivieren den Gefangenen zur Teilnahme an den meist anstrengenden Behandlungsprogrammen und helfen ihm, aus eigener Kraft seine Position zu verbessern[2]. Durch die Verstärkung des erwünschten Verhaltens soll eine direkte Resozialisierung erfolgen, indem die Zeitgutschrift die Betroffenen an die Einhaltung von Normen gewöhnt

---

[1] Vgl. *Parisi/Zillo*: Good Time: The Forgotten Issue, in Crime & Delinquency, Volume 29 (4/1983), S.230.

[2] Vgl. *Meurer*: Freiheit durch Arbeit nach griechischem Strafrecht, in Busch/Edel/ Müller– Dietz (Hrsg.): Gefängnis und Gesellschaft, S.86; *Aschrott*: Strafensystem und Gefängniswesen in England, S.200.

und Möglichkeiten aufzeigt, Probleme auf andere Weise als durch strafbare Handlungen zu lösen[3].

Gegen die Good Time – Regelungen wird vorgebracht, dass sie sich erst später als andere Vergünstigungen auswirken und daher keinen bedeutenden Anreiz darstellen könnten[4]. Denn schließlich könne ein Strafnachlass, der erst zum Ende der Haftzeit spürbar werde, bei weitem keinen so großen Anreiz darstellen, wie Haftprivilegien, die sofort nach oder in unmittelbarem Zusammenhang mit einem positiven Verhalten des Häftlings gewährt würden; zu denken sei z.b. an Geldprämien, Verlängerung von Besuchszeiten, Hofgänge, Zusatzurlaub, Intimkontakte und ähnliches.

Diese Ansicht verkennt aber, dass es sich bei der Strafzeitreduktion nicht um irgendein Privileg handelt, sondern dass dem Häftling immerhin das ihm Wertvollste vorzeitig zurückgegeben wird – seine Freiheit[5].

Wie wichtig der Entlassungszeitpunkt für die Häftlinge ist, zeigt eine Studie, die die Zeitwahrnehmung von Menschen innerhalb und außerhalb von totalen Institutionen untersucht hat[6]. Diese ergab nicht nur, dass Personen innerhalb totaler Institutionen (Armee, Haft) im Gegensatz zu Menschen außerhalb solcher Einrichtungen ein wesentlich langsameres Zeitempfinden haben und in geringerem Umfang und weniger vorausschauend ihre Zukunft planen. Sondern bei Häftlingen wurde darüber hinaus festgestellt, dass mit zunehmender Nähe des Entlassungstermins sich die Zukunftsperspektiven verkürzen, sich also die gesamte Planung auf den Entlassungs-

---

[3] Vgl. *Oberheim*: Gefängnisüberfüllung, S.330.
[4] Vgl. Hinweise bei *Weisburd/Chayet* in McShane/Williams (Hrsg.): Encyclopedia of American Prisons, S.222.
[5] So der Bundestag bei Einführung des §43 Abs. 6-11 StVollzG; vgl. BT-Drucksache 14/4452, S.11.
[6] Vgl. *Köberer*: Iudex non calculat, S.158f.

zeitpunkt konzentriert. Das Erreichen des Entlassungstermins ist Hauptziel der Gefangenen.

Dass die Strafzeitreduktion eine ausreichende, wenn nicht sogar sehr erhebliche Motivation der Häftlinge zur Teilnahme an Behandlungsmaßnahmen darstellen kann, zeigen die in den USA verbreiteten Boot Camp – Programme. Diese seit 1983 bestehenden Behandlungsprogramme für Strafgefangene geben vorrangig jungen, nicht gewalttätigen Ersttätern (in der Regel zwischen 17 und 30 Jahren) die Möglichkeit, durch freiwillige Teilnahme an einem mehrmonatigen Trainingscamp (zumeist 90 – 180 Tage), einer mehrjährigen Haftstrafe zu entgehen[7].

Die Programme werden vorrangig als Alternative zu einer Freiheitsstrafe angeboten, können aber auch zur Verkürzung einer bereits angetretenen Freiheitsstrafe dienen, je nachdem, ob bereits das über die Straftat zu befindende Gericht die Einweisung in ein Boot Camp anordnet oder der Täter erst zu einer Freiheitsstrafe verurteilt und dann vom zuständigen Department of Corrections für die Teilnahme am Programm ausgewählt wird[8]. Geprägt sind die zumeist am militärischen Vorbild orientierten Programme durch strengsten Drill, harte Arbeit sowie die Teilnahme an Drogen- und Ausbildungsprogrammen, wodurch der junge Täter resozialisiert werden soll[9]. Auch wenn inzwischen Programme zu finden sind, bei denen mehr Wert auf die Vermittlung schulischer und beruflicher Fähigkeiten anstatt auf militärischen Drill gelegt wird[10], so sind strenger Gehorsam sowie starke physische und psychische Belastungen immer typisches Merkmal[11]. Kann ein Teilnehmer den Anforderungen des Programms nicht standhal-

---

[7] *Carlson/Hess/Orthmann*: Corrections in the 21st Century, S.262; ausführlich *Gescher*: Boot Camp – Programme in den USA.

[8] *MacKenzie* in McShane/Williams (Hrsg.): Encyclopedia of American Prisons, S.63.

[9] *MacKenzie* a.a.O., S.61ff.

[10] *Carlson/Hess/Orthmann*: Corrections in the 21st Century, S.262f.

ten, droht ihm die vom Richter ursprünglich verhängte (mitunter) langjährige Haftstrafe. Auch wenn die Boot Camps sich von der Good Time dadurch unterscheiden, dass sie eine eigenständige, den Strafvollzug ersetzende Behandlungsmaßnahme darstellen, während die Good Time nur zur Teilnahme an anderen Behandlungsmaßnahmen innerhalb des Strafvollzugs motivieren soll, so ähneln sie sich doch in ihrer Motivationswirkung. Wenn die Teilnehmer an Boot Camp – Programmen sich äußerst strapaziösen Maßnahmen unterziehen, um ihre Haftzeit zu verkürzen und vorzeitig ihre Freiheit zu erlangen[12], so sind von einem Strafnachlass in Form der Good Time für bestimmte Resozialisierungsleistungen im Vollzug (Arbeit, Ausbildung, Gesamtverhalten) nicht weniger motivierende Wirkungen zu erwarten.

Die Gutschrift der Good Time – Kredite kann zudem so erfolgen, dass der Häftling in regelmäßigen Abständen über seinen aktuellen Gutschriftenstand schriftlich informiert wird, so wie dies schon ab 1863 im englischen Mark System durch tägliches Eintragen des aktuellen Kontostands auf einer dem Gefangenen vorliegenden Punktekarte praktiziert wurde[13]. Dadurch werden dem Gefangenen ständig sein Kreditverdienst und die Vorverlegung seines Entlassungszeitpunkts vor Augen geführt[14]; die Reaktion auf ein bestimmtes Verhalten ist dann ebenso zeitnah „spürbar" wie bei anderen Haftprivilegien.

Soweit gegen die Inaussichtstellung eines Straferlasses vorgebracht wird, dieser könne einen Leistungsdruck innerhalb der Anstalt erzeugen, der sich

---

[11] *Carlson/Hess/Orthmann* a.a.O., S.266; *MacKenzie*: Boot Camps – An National Assessment, in Tonry/Hamilton (Hrsg.): Intermediate Sanctions in Overcrowded Times, S.149 (151f.).
[12] Vgl. *Gescher*: Bestandsaufnahme eines paramilitärischen Sanktionskonzepts, in NKrimP 1998, S.18.
[13] *Aschrott*: Strafensystem und Gefängniswesen in England, S.196.
[14] *Aschrott* a.a.O., S.196, 200.

negativ auf den gesamten Vollzug auswirken könne[15], so wird verkannt, dass schon heute ein solcher Leistungsdruck in den deutschen Haftanstalten besteht, der keine negativen Folgen zeitigt: Sowohl das Gefängnispersonal als auch die Gefangenen sind sich darüber im klaren, dass Vollzugslockerungen (§§ 11-14 StVollzG) und die begehrte Strafrestaussetzung zur Bewährung (§§ 57, 57a, 67c StGB) neben einer guten Sozialprognose auch von einem positiven Gesamtverhalten des Häftlings abhängt[16].

Zudem wird ein Gefangener spätestens nach seiner Entlassung mit Problemen und Anforderungen unterschiedlichster Art zurechtkommen müssen und einem stetigen Leistungsdruck ausgesetzt sein. Ein Schonklima innerhalb der Haftanstalt, das den Gefangenen von jeglichem Druck fernhält, würde insoweit auf das Vollzugsziel kontraproduktiv wirken[17]. In der heutigen Leistungsgesellschaft ist es „überlebensnotwendig", mit Stresssituationen und Leistungsdruck umgehen zu können, will man sich im sozialen Umfeld auf legale Weise behaupten. Soll ein Häftling in seinen Fähigkeiten bestärkt werden, ein Leben ohne Straftaten zu führen (Vollzugsziel des §2 S.1 StVollzG[18]), so muss er auch lernen, mit Drucksituationen umzugehen. Es muss unter dem Aspekt der freiwilligen Mitwirkung eines Gefangenen an der Erreichung des Vollzugsziels (§4 Abs.1 StVollzG) nur danach gefragt werden, welche Resozialisierungsmaßnahmen geeignet sind, mittels Inaussichtstellung eines Strafnachlasses als Form eines „positiven Zwangs" gefördert zu werden.

---

[15] *Oberheim*: Gefängnisüberfüllung, S.332.

[16] *Fiedler*: Wohltat, Behandlungsmaßnahme, Risiko? Zur Ideologischen und pragmatischen Einordnung des Urlaubs aus dem Vollzug, in ZfStrVo, 1996, S.327.

[17] *Müller-Dietz*: Die Bedeutung der Arbeit im Rahmen des Behandlungsvollzugs, in ZfStrVo 1973, S.130.

[18] Vgl. *Seebode*: Strafvollzug, S.108f.; *ders.*: Vollzugsrechtliche Reformüberlegungen, in Courakis (Hrsg.): Die Strafrechtswissenschaften im 21. Jahrhundert, S. 1011f.; *Böhm*: Behandlung im Strafvollzug – Rückblick und Ausblick, in Herrfardt (Hrsg.): Behandlung von Sexualstraftätern, S.110f.

II.) Vermittlung von Selbstdisziplin, Selbstbewusstsein und Eigenverantwortung

Eine weitere Zielstellung der Good Time – Regelungen besteht in der Vermittlung von Eigenverantwortung, Selbstdisziplin und Selbstbewusstsein. Da dem Gefangenen für eine bestimmte Leistung ein Strafnachlass bzw. in einigen Ländern die Verlegung in den gelockerten Vollzug gewährt wird, liegt es allein an ihm, ob er diese Chance nutzt oder nicht. Er hat es in der Hand, Haftqualität und Haftdauer zu beeinflussen. Er selbst ist verantwortlich, wenn der Krediterwerb nicht in dem Umfang erfolgt, der bei Erbringung des geforderten Verhaltens möglich wäre[19]. Dies stärkt nicht nur das Verantwortungsbewusstsein für das eigene Schicksal, sondern erfordert auch ein hohes Maß an Selbstdisziplin[20]. Weil der Gefangene die Zeitgutschrift aufgrund seiner eigenen Leistung erhält, wird sein Selbstbewusstsein gestärkt. Die genannten Eigenschaften sind für ein späteres straffreies Leben wichtig, um den Anforderungen der freien Gesellschaft, z.B. in Bezug auf die Schwierigkeiten einer Arbeitssuche oder dem Umgang mit anderen Menschen, die dem Haftentlassenen nur allzu oft mit Ablehnung begegnen, gerecht zu werden und standzuhalten[21].

Die gesamte Einstellung des Häftlings zum Justizsystem kann positiv beeinflusst werden. Viele Gefangene sehen sich dem Haftsystem als Opfer ausgeliefert[22] - eine Einstellung, die eine kritische Auseinandersetzung mit der eigenen Lebensführung und der begangenen Tat erheblich erschwert. Durch die Good Time – Regelung wird der Häftling aus seiner rein passiven Rolle in eine aktive geführt, er kann und muss begreifen, dass seine

---

[19] *Aschrott*: Strafensystem und Gefängniswesen in England, S.200.
[20] *Aschrott* a.a.O.
[21] *Kerner* in K/K/S: Strafvollzug, 4.Aufl., §14 Rn.26.
[22] *Pecic*: „Der Strafvollzug aus der Sicht eines Gefangenen", in Schwind/Blau (Hrsg.): „Strafvollzug in der Praxis", 1. Aufl., S.333ff.

Lebensführung von ihm selbst beeinflussbar ist und in seiner Verantwortung liegt. Eine Erkenntnis, die für ein späteres straffreies Leben von nicht zu unterschätzender Bedeutung ist. Hinzu kommt, dass die Würde des Einzelnen als selbstbestimmtes Individuum in einem durch Restriktionen und Vorschriften geprägten System eine besondere Achtung erfährt[23].

III.) Stetige Gewissheit des Entlassungszeitpunkts

Ein sehr wichtiger und positiver Aspekt der Good Time – Regelungen ist die Vermittlung von Sicherheit. Anders als bei anderen Instituten der vorzeitigen Entlassung weiß der Häftling stets genau, ob und wann er vorzeitig entlassen wird und kann einschätzen, welche Leistungen er noch erbringen muss, um einen bestimmten Entlassungstermin zu erreichen bzw. welche Fortschritte er schon zur Erreichung dieses Ziels gemacht hat[24].

Bei der Strafrestaussetzung zur Bewährung (im englischsprachigen Raum Parole), die das wohl am weitesten verbreitete Institut zur Strafzeitverkürzung ist und in fast allen Ländern, die Good Time – Regelungen besitzen, neben diesen angewandt wird[25], hängt die Entscheidung über die vorzeitige Entlassung von einer für den Häftling nur schwer einschätzbaren und damit ungewissen Prognoseentscheidung ab, vgl. §§ 57, 57a, 67c StGB. Zwar spielen für die Entlassungsentscheidung, ebenso wie bei den Good Time – Systemen, die gute Führung und das Gesamtverhalten des Gefangenen im Vollzug eine Rolle[26], den wesentlichen Ausschlag gibt jedoch eine soziale Prognose, bei der danach gefragt wird, ob der Insasse zu einem zukünfti-

---

[23] *Kraschutzki*: Die Gerechtigkeitsmaschine, S.143.
[24] *Champion*: Probation, Parole, and Community Corrections, S.22.
[25] *Jescheck*: Die Freiheitsstrafe und ihre Surrogate, S.2133.
[26] *Stree* in Sch/Sch: StGB, 26. Aufl., §57 Rn.17.

gen Leben ohne Straftaten befähigt ist[27]: Eine vorzeitige Entlassung muss unter der Berücksichtigung des Sicherheitsinteresses der Allgemeinheit verantwortet werden können, §57 Abs.1 Nr.2 StGB.

Im Unterschied dazu spielt eine solche Prognose bei der Good Time – Vergabe keine Rolle; hier kommt es vielmehr allein auf die Erfüllung der für den Good Time – Erwerb gestellten Aufgaben an (gute Führung, Arbeitsleistung, Teilnahme an Ausbildungs- und Behandlungsprogrammen). Auch wenn in einigen Ländern bei der Vergabe von freien Plätzen in Arbeits-, Ausbildungs- und Behandlungsprogrammen, die einen Erwerb der Zeitkredite ermöglichen,

eine soziale Prognose eine Rolle spielen mag, wird der Straferlass stets nach bestimmten, (mehr oder weniger) genau vorgegebenen Kriterien berechnet. Dadurch erfolgt der Vergabeprozess der Zeitgutschriften transparenter und nachvollziehbarer als bei der prognoseabhängigen Strafrestaussetzung und birgt weniger Möglichkeiten für Ermessensentscheidungen der für die Vergabe der Strafzeitreduktion zuständigen Institution.

Selbst wenn in einigen Ländern für die Vergabeentscheidung ein Ermessensspielraum bezüglich des genauen Umfangs eines zu gewährenden oder zu entziehenden Kredits verbleibt, so verläuft der Entscheidungsprozess doch nach genau bestimmten Kriterien. Er ist für den Häftling besser nachvollziehbar und von Dritten effektiver kontrollierbar. Es entsteht eine Vorhersehbarkeit, die die Strafrestaussetzung zur Bewährung aufgrund ihrer Prognoseabhängigkeit nicht bieten kann.

Dies unterscheidet die Good Time wesentlich von der Strafrestaussetzung zur Bewährung. Die Good Time wird unmittelbar für ein gezeigtes, tat-

---

[27] *Jescheck* a.a.O., S.2136ff.; Tröndle/Fischer: 53. Aufl., §57 Rn.12ff.; zur Methodik und Sicherheit von Kriminalprognosen vgl. *Schneider*: Grundlagen der Kriminalprognose, 1996; *ders.*: Die Kriminalprognose bei der nachträglichen Sicherungsverwahrung, in StV, 2006, S.99ff.

sächliches, historisches Verhalten im Vollzug gewährt und ist nur mittelbar prognoseabhängig. Die Strafrestaussetzung zur Bewährung ist hingegen unmittelbar prognoseabhängig von einer immer ungewissen Einschätzung zukünftigen Verhaltens und wird nur mittelbar von dem Verhalten im Vollzug beeinflusst.

Der Gedanke, die vorzeitige Entlassung bei der Good Time ohne eine Sozialprognose in einem mehr oder weniger automatisierten Prozess vorzunehmen, bereitet vielen Kritikern Unbehagen - ist es doch möglich, dass ein Häftling aufgrund der Good Time vorzeitig entlassen wird (werden muss), dem eine Strafrestaussetzung zur Bewährung wegen einer schlechten Sozialprognose nie gewährt worden wäre[28].

Allerdings sind auch die Prognoseentscheidungen bei der Strafrestaussetzung zur Bewährung nur selten zuverlässig, was bei der nur bedingten Vorhersagbarkeit menschlichen Verhaltens nicht weiter verwundert[29]. Dies zeigen schon die Rückfallquoten von vorzeitig bedingt Entlassenen, die eine jeweilige Fehlprognose dokumentieren[30].

---

[28] Vgl. *Ullenbruch*: Neuregelung des Arbeitsentgelts für Strafgefangene..., in ZRP 2000, S.180

[29] Vgl. dazu *Frisch*: Dogmatische Grundfragen der bedingten Entlassung und der Lockerungen des Vollzugs von Strafen und Maßregeln, in ZStW 102 (1990), S.726ff.; *Endres*: Die Kriminalprognose im Strafvollzug, in ZfStrVo 2000, S.67ff.; ähnlich für den Hafturlaub *Fiedler*: Wohltat, Behandlungsmaßnahme, Risiko? Zur ideologischen und pragmatischen Einordnung des Urlaubs aus dem Vollzug, in ZfStrVo 1996, S.330f.; vgl. auch *Volckart*: Behandlung im Strafvollzug – repressive Maßnahmen mit anderem Namen?, in BewHi 32 (1985), S.27; *ders.*: Die Aussetzung des Strafrests, in ZfStrVo 2000, S.201f.; *Nedopil*: Prognosebegutachtung bei zeitlich begrenzten Freiheitsstrafen, in NStZ 2002, S.344ff.; zu den generellen Schwierigkeiten der Prognoseforschung vgl. *Schneider*: Grundlagen der Kriminalprognose, S. 51ff., *ders.*: Die Kriminalprognose bei der nachträglichen Sicherungsverwahrung, in StV 2006, S.99ff

[30] Vgl. *Walter*: Strafvollzug, 2.Aufl., Rn.338ff., m.w.Nw.

Welches System zur Resozialisierung besser geeignet ist, muss daher von den Möglichkeiten abhängen, den Gefangenen in seinen Fähigkeiten zu bestärken, zukünftig ein Leben ohne Straftaten zu führen, §2 S.1 StVollzG. Insofern bieten die Good Time – Regelungen, wenn ihre Möglichkeiten effektiv ausgenutzt werden, einen wichtigen Vorteil: Sie vermitteln Sicherheit über den Entlassungszeitpunkt und können deshalb eine höhere Motivationswirkung entfalten.

Sie verführen auch nicht zu der vielfach beobachteten Tendenz, den „guten", aber deshalb noch nicht unbedingt lebenstauglichen Gefangenen heranzuziehen, der womöglich wegen §§57, 57 a StGB sich unterwürfig zeigt, ja Besserung heuchelt[31], und sie vermeiden vielfach die sowohl rechtlichen als auch vollzugspraktischen Nachteile einer leicht willkürlich erscheinenden, weil von einzelnen Anstaltsbediensten auch nach subjektiven Einschätzungen und Wertungen abgegebenen Prognose.

Die meisten Menschen, hier nehmen Strafgefangene keine Sonderstellung ein, können mit Situationen ungewissen Ausgangs nur schwer umgehen, empfinden diese als starke psychische Belastung und fühlen sich, hin und her gerissen zwischen Angst und Hoffung, in ihrer Handlungsfähigkeit gehemmt.

Beispielhaft kann hier auf die negativen Erfahrungen verwiesen werden, die mit der Jugendstrafe von unbestimmter Dauer (ehemals §19 JGG) gesammelt wurden und zur Abschaffung dieses Instituts geführt haben: Solange die Betroffenen über den genauen Entlassungstermin im Unklaren waren, erwiesen sich Behandlungsbemühungen als weithin unwirksam, da es kein konkretes Ziel gab, auf das die Betroffenen hinarbeiten konnten[32].

---

[31] Vgl. z.B. *Seebode*: Strafvollzug, S.119f.
[32] Vgl. *Eisenberg*: JGG, 3.Aufl., §19, Rn.17; *Viehmann*: Anmerkung zum Urteil des OLG Hamm vom 11.3.1987, in NStZ 1988, S.45; *Albrecht*: Jugendstrafrecht, 1.Aufl., S.220.

Eng mit diesem Unsicherheitsgefühl verbunden ist die Enttäuschung, die regelmäßig mit der Ablehnung eines Gnadengesuchs oder einer Halb- oder Zweitdrittelreststrafenaussetzung gemäß §§57f. StGB einhergeht. Weil die Chancen auf eine solche Strafrestaussetzung von den Gefangenen häufig nicht realistisch eingeschätzt werden (nur ca. 1/3 der erwachsenen Strafgefangenen werden vorzeitig bedingt entlassen[33]), ist die Enttäuschung über eine Ablehnung sehr groß. Viele Häftlinge, die sich gut geführt haben, können die ablehnende Entscheidung der für die Gewährung der Strafrestaussetzung zuständigen Institution, die neben der guten Führung auch die zu erwartende Legalbewährung prognostizieren muss (vgl. §57 StGB), einfach nicht nachvollziehen[34]. Die daraus resultierende Resignation, eventuell auch Wut, kann das bis dahin vielleicht aufgebaute Vertrauen des Häftlings in das System stark erschüttern, seine Kooperationsbereitschaft einschränken, in eine psychische Krise führen und bereits erzielte Fortschritte zunichte machen[35]. Diese Enttäuschungen können die Good Time – Regelungen durch die stetige Gewissheit des Entlassungszeitpunkts verhindern. Der Gefangene kann abschätzen, welche Leistungen er noch zu erbringen hat, um ein bestimmtes Ziel zu erreichen, dessen Eintritt dann auch mit relativer Sicherheit zu erwarten ist (solange kein zwischenzeitlicher Entzug der verdienten Zeitrabatte erfolgt). Die für Viele nur schwer zu ertragende Ungewissheit über den genauen Entlassungszeitpunkt entfällt.

So konnte in Kanada über mehrere Jahre hinweg beobachtet werden, dass Gefangene die Strafzeitverkürzung durch gute Führung (Remission) der wesentlich großzügigeren Strafrestaussetzung zur Bewährung (Parole) vor-

---

[33] Vgl. *Seebode*: Strafvollzug, S.32; *Laubenthal*: Strafvollzug, 3.Aufl., Rn.653, *Kaiser* in K/S: Strafvollzug, 5.Aufl., §13 Rn.28.

[34] Vgl. dazu *Frisch*: Dogmatische Grundfragen der bedingten Entlassung und der Lockerungen des Vollzugs von Strafen und Maßregeln, in ZStW 102 (190), Heft 4, S.709ff.

[35] *Pecic*: Der Strafvollzug aus der Sicht eines Gefangenen, in Schwind/Blau (Hrsg.): Strafvollzug in der Praxis, 1. Aufl., S.333, 337f.

zogen, was unter anderem auch auf die Intransparenz der Bewährungsentscheidung zurückgeführt wurde[36].

Die fehlende Sozialprognose bei der Entlassung wird somit kompensiert durch die von den Good Time – Regelungen vermittelte Sicherheit und den Ansporn, an Behandlungsprogrammen teilzunehmen. Jeder zu einer zeitigen Freiheitsstrafe Verurteilte muss bei Erreichen des Strafzeitendes entlassen werden, unabhängig davon, ob das Resozialisierungsziel erreicht wurde oder nicht. Selbst dem zu einer lebenslangen Haft Verurteilten muss entsprechend dem grundgesetzlich verbürgten Schutz der Menschenwürde zumindest die Möglichkeit einer Haftentlassung in Aussicht gestellt werden, vgl. §57a StGB[37]. Da es sich bei der Good Time um ein Institut der Strafrestaussetzung handelt, ist davon auszugehen, dass die zeitlichen Möglichkeiten einer positiven Einflussnahme auf den Häftling bereits zu über 50 bis 80% ausgeschöpft sind, sieht man einmal von den sehr großzügigen Regelungen einiger weniger Anwenderländer ab, die durch Good Time die Haftzeit um mehr als die Hälfte verkürzen. Dass innerhalb des verbleibenden Strafrests noch ein entscheidender Einfluss auf den Häftling ausgeübt werden und eine etwa noch bestehende Gefährlichkeit beseitigt werden kann, ist daher eher unwahrscheinlich.

Wenn also ein Rückfallrisiko existiert, so besteht dieses, unabhängig davon, ob der Betroffene regulär oder vorzeitig entlassen wird, so oder so, es verschiebt sich nur zeitlich[38]. Es ist zuzugeben, dass eine Straftat, die durch einen vorzeitig Entlassenen innerhalb seiner regulären, nun verkürzen Haftzeit, begangen wurde, durch Haft vermeidbar gewesen wäre. Der Hinweis, dass eine ähnliche Tat mit einem anderen Opfer bei einer regulä-

---

[36] *Goff*: Corrections in Canada, S.106.
[37] BVerfGE 45, 187.
[38] Vgl. *Frisch*: Dogmatische Grundfragen der bedingten Entlassung und der Lockerungen des Vollzugs von Strafen und Maßregeln, in ZStW 102 (1990), S.736ff.

ren Haftentlassung auch zu erwarten gewesen wäre, kann aus Sicht des Opfers kaum die vorzeitige Entlassung rechtfertigen.

Jedoch beruht das Good Time – Konzept auf dem Gedanken, den Häftling durch die Inaussichtstellung eines Straferlasses zur Teilnahme an resozialisierenden Maßnahmen zu bewegen. Wenn dies gelingt und der Häftling gestärkt in seinen Fähigkeiten, ein Leben ohne Straftaten zu führen, die Haftanstalt verlässt, so kann eine etwas kürzere, aber intensive Behandlungszeit im Vergleich zu einer unmotivierten, ineffektiven oder gar gänzlich ausbleibenden Behandlung im Kauf genommen werden. Wenn die Alternative der Vollverbüßung im Bezug auf das Rückfallrisiko die schlechtere Wahl darstellt, kann die vorzeitige Haftentlassung auch gegenüber der Gesellschaft und ihren einzelnen Mitgliedern verantwortet werden[39].

IV.) Die Vereinbarkeit der Good Time – Regelungen mit dem Mitwirkungsgrundsatz

Good Time – Regelungen sollen den Gefangenen zur Teilnahme an Resozialisierungsmaßnahmen bewegen, sei es zur Arbeit, zur Ausbildung, Therapie oder „guter Führung". Durch das Inaussichtstellen der Strafzeitverkürzung wird somit ein positiver Anreiz zur Teilnahme an Resozialisierungsmaßnahmen geschaffen, jedoch hat dieser positive Anreiz auch eine negative Kehrseite. Wer sich nicht an den durch Good Time honorierten Maßnahmen beteiligt, kann auch keine Strafzeitverkürzung erhalten. Es entsteht ein mittelbarer Zwang zur Mitwirkung und Behandlung.

Man könnte argumentieren, der Gefangene verlöre, zumindest im Verdienstsystem, nichts, was er vorher bereits gehabt hätte. Der Nichterwerb von Good Time – Krediten ist kein Verlust eines bereits erworbenen Status, sondern lediglich der Verzicht auf eine Erwerbsobliegenheit. Trotzdem

---

[39] *Frisch* a.a.O.

kann dieser Verzicht in Anbetracht der Auswirkungen auf die persönliche Freiheit einen Behandlungsdruck hervorrufen, der nicht unproblematisch ist.

§4 StVollzG verbietet grundsätzlich den Zwang zur Behandlung. „Der Gefangene wirkt an der Gestaltung seiner Behandlung und an der Erreichung des Vollzugszieles mit. Seine Bereitschaft hierzu ist zu wecken und zu fördern. (...) Soweit das Gesetz eine besondere Regelung nicht enthält, dürfen ihm nur Beschränkungen auferlegt werden, die zur Aufrechterhaltung der Sicherheit oder zur Abwendung einer schwerwiegenden Störung der Ordnung der Anstalt unerlässlich sind".

Bei der Schaffung des §4 StVollzG hat der Gesetzgeber es absichtlich vermieden, eine Mitwirkungspflicht des Gefangenen an seiner Behandlung in das Gesetz aufzunehmen. Begründet wurde diese Ablehnung mit den negativen Erfahrungen, die in Deutschland mit dem Stufenstrafvollzug gesammelt wurden.

Der Stufenstrafvollzug wurde nach englischem und amerikanischem Vorbild zwischen 1912 und 1933 in verschiedenen deutschen Anstalten erprobt. Bereits 1804 sah ein Generalplan des Preußischen Justizministeriums „zur Einführung einer besseren Ciminal – Gerichts – Verfassung und zur Verbesserung der Gefängnis- und Strafanstalten" neben der Klassifizierung der Häftlinge nach besserungsfähigen und unerziehbaren Straftätern, der Differenzierung von Untersuchungs- und Strafhaft und Vorschriften über die Arbeitserziehung auch Ansätze zu einem Stufenstrafvollzug nach englischem Vorbild vor. Während die Umsetzung dieses Plans an Kompetenzkonflikten zwischen preußischen Innen- und Justizministerium scheiterte[40], wurde Ende des 19.Jhd. die Forderung nach einem Stufenstrafvoll-

---

[40] *Laubenthal*: Strafvollzug, 3.Aufl., Rn.105.

zug in Deutschland von Franz von Liszt neu belebt, der die Besserung der besserungsfähigen Straftäter in einem an die Täterpersönlichkeit angepassten Progressivsystem forderte[41].

Getragen von dem Gedanken, der Strafvollzug müsse vorrangig auf die Besserung und Erziehung des Gefangenen ausgerichtet sein, war es dann Berthold Freudenthal, der sich für die Einführung eines Progressivsystems nach amerikanischen Vorbild einsetzte und dessen Bemühungen es zu verdanken war, dass 1912 in Wittlich an der Mosel die erste deutsche Anstalt mit einem Stufenstrafvollzug für junge Täter eingerichtet wurde[42]. Merkmal des dortigen Vollzugs war vor allen Dingen die individualisierte Behandlung der Inhaftierten durch Einteilung in verschiedene Gruppen, um so eine auf den einzelnen Häftling zugeschnittene Erziehung zu ermöglichen[43]. Da diese Art des Erziehungsvollzugs Erfolge zeigte, wurde das System auch in anderen Haftanstalten Deutschlands eingeführt[44].

Als berühmtestes Beispiel ist der 1922 eingeführte Stufenstrafvollzug in der thüringischen Landesvollzugsanstalt Untermaßfeld unter den Anstaltsleitern Otto und Albert Krebs[45] zu nennen, der sich durch starke pädagogische Elemente auszeichnete. Die Progression verschiedener Haftarten war in dieser Anstalt Grundlage des Erziehungsvollzugs: Auf die am Anfang der Haft stehende strenge Einzelhaft, die zur Besinnung der Inhaftierten beitragen sollte und dem Gefängnispersonal die Gelegenheit bieten sollte,

---

[41] *v. Liszt*: Der Zweckgedanke im Strafrecht, in v. Liszt (Hrsg.): Strafrechtliche Vorträge und Aufsätze, Bd. I, S.171f.; vgl. auch *Laubenthal*: Strafvollzug, 3.Aufl., Rn.115ff.; *Sagaster*: Die thüringische Landesstrafanstalt Untermaßfeld..., S.11.

[42] *Krause*: Geschichte des Strafvollzuges, S.83f.

[43] *Laubenthal* a.a.O., Rn.117f.; *Dörner*: Erziehung durch Strafe, S.122.

[44] *Sagaster* a.a.O., S.124f.

[45] *Otto Krebs war Anstaltsleiter in Untermaßfeld von 1923 bis 1925; Albert Krebs leitete die Anstalt von 1928 bis 1933; vorher war er dort bereits von 1923 bis 1925 als Erzieher tätig; vgl. Sagaster a.a.O., S.31ff.*

den Häftling kennen zu lernen[46], folgte eine Phase der Gemeinschaftshaft mit Einzelunterbringung zur Ruhezeit, in der die Häftlinge eine schulische Ausbildung genossen und arbeiteten[47]. Auf der dritten Stufe wurden die Häftlinge einer Selbstverwaltungsgruppe zugeordnet und konnten ihre Freizeit weitestgehend selbstständig gestalten[48]. Ziel des Vollzugs war es, den Häftling aus seiner passiven Haltung herauszulocken und ihn zu Eigeninitiative, Aktivität und positiver Mitgestaltung einer Gefangenengemeinschaft zu bewegen; die Gewährung von Freiheiten sollte mit der Übernahme von Pflichten verbunden sein, um so die Willensstärke des Häftlings zu steigern[49].

Die Besonderheit in Untermaßfeld bestand vor allem in dem sehr persönlichen Umgang von Gefangenen und Personal[50] und den zahlreichen, in Deutschland bis dahin nur teilweise praktizierten Beschäftigungsmöglichkeiten für die Häftlinge. Neben Arbeit[51] und Ausbildung[52] wurde z.B. auf

---

[46] *Sagaster*: Die thüringische Landesstrafanstalt Untermaßfeld..., S.22, 50ff.

[47] *Laubenthal*: Strafvollzug, 3.Aufl., Rn.117ff.

[48] *Ursprünglich war als dritte Stufe entsprechend dem irischen Vorbild eine weitestgehend offene Zwischenanstalt geplant, in der die auf dem Gnadenwege entlassenen Häftlinge arbeiten und sich selbstständig verwalten sollten. Die finanzielle Lage Thüringens erlaubte jedoch nicht die Errichtung solcher Anstalten. Man ging daher dazu über, die dritte Stufe im normalem Vollzug unter weitgehend zwanglosen Bedingungen und unter größtmöglicher Selbstverwaltung der Gefangenen zu vollziehen;* vgl. *Sagaster* a.a.O., S.27, 58ff.; ausführlich dazu *Krebs*: Die Selbstverwaltung Gefangener in der Strafanstalt, in Müller-Dietz (Hrsg.): Freiheitsentzug – Entwicklung von Praxis und Theorie seit der Aufklärung, S.272ff.

[49] *Krebs*: Der Erziehungsbeamte in der Strafanstalt, in Müller-Dietz (Hrsg.): Freiheitsentzug – Entwicklung von Praxis und Theorie seit der Aufklärung, S. 266ff.; *ders.* ebenda: Volkshochschularbeit im Gefängnis, S.311.; *Sagaster* a.a.O., S.22, 29.

[50] *Sagaster* a.a.O., S.37ff; mit anschaulichen Beispielen: *Krebs*: Strafvollzug am Vorabend des dritten Reiches, in ZfStrVo 1993, S.13ff; *ders.*: Der Erziehungsbeamte in der Strafanstalt, in Müller-Dietz (Hrsg.): Freiheitsentzug – Entwicklung von Praxis und Theorie seit der Aufklärung, S.263f.

[51] Hierzu *Krebs*: Landesstrafanstalt in Untermaßfeld, in Müller-Dietz (Hrsg.): Freiheitsentzug – Entwicklung von Praxis und Theorie seit der Aufklärung, S.292ff.

[52] Vgl. *Krebs*: Volkshochschularbeit im Gefängnis, in Müller-Dietz (Hrsg.): Freiheitsentzug – Entwicklung von Praxis und Theorie seit der Aufklärung, S.300ff.

gemeinsame Sonntagsausflüge unter minimaler Bewachung[53] und auf die sportliche Betätigung[54] der Häftlinge Wert gelegt, es gab einen Chor, Orchester und Theatergruppen[55]. Insbesondere wurde darauf geachtet, dass die Betreuer der Häftlinge über eine gute Ausbildung verfügten und für den Umgang mit Häftlingen eigens geschult wurden[56]. Auch wurden die Häftlinge an Anstaltsentscheidungen beteiligt. So lebten die Häftlinge auf der dritten Stufe in einer Selbstverwaltungsgemeinschaft mit eigens von den Gefangenen gewählten Obmännern, die Streit schlichten und für ihre Gruppe sprechen sollten[57]; sogar ein Anstaltsgericht unter Beteiligung von Häftlingen wurde eingerichtet[58]. Das so geschaffene Vertrauensverhältnis von Gefangenen und Personal konnte zu einem entspannten Anstaltsklima beitragen und optimale Voraussetzungen für eine erfolgreiche Resozialisierung der Häftlinge schaffen, die sich in vergleichsweise niedrigen Rückfallquoten auszeichnete.

Trotz zahlreicher legislativer Bemühungen, den Stufenstrafvollzug in das deutsche Rechtssystem dauerhaft zu integrieren[59], kam es jedoch nie zu einer gesetzlichen Regelung. Der Grund dafür bestand in einem grundle-

---

[53] Vgl. *Krebs*: Strafvollzug am Vorabend des dritten Reiches, in ZfStrVo 1993, S.15; *Sagaster*: Die thüringische Landesstrafanstalt Untermaßfeld..., S.108ff.

[54] *Sagaster* a.a.O., S.71ff.; *Krebs*: Volkshochschularbeit im Gefängnis, in Müller-Dietz (Hrsg.): Freiheitsentzug – Entwicklung von Praxis und Theorie seit der Aufklärung, S.310.

[55] *Sagaster* a.a.O., S.76ff; *Krebs*: Die Selbstverwaltung Gefangener in der Strafanstalt, in Müller-Dietz (Hrsg.): Freiheitsentzug – Entwicklung von Praxis und Theorie seit der Aufklärung, S.284; *ders.* ebenda: Volkshochschularbeit im Gefängnis, S.308f.

[56] *Krebs*: Der Erziehungsbeamte in der Strafanstalt, in Müller-Dietz (Hrsg.): Freiheitsentzug – Entwicklung von Praxis und Theorie seit der Aufklärung, S. 268f.; *ders.* ebenda: Landesstrafanstalt in Untermaßfeld, S.298; *Sagaster* a.a.O., S.32ff.

[57] Vgl. *Krebs*: Die Selbstverwaltung Gefangener in der Strafanstalt, in Müller-Dietz (Hrsg.): Freiheitsentzug – Entwicklung von Praxis und Theorie seit der Aufklärung, S. 272ff.; *Sagaster* a.a.O., S.59ff.

[58] *Sagaster* a.a.O., S.111ff. (114).

[59] vgl. *Sagaster*: Die thüringische Landesstrafanstalt Untermaßfeld..., S.21; *Dörner*: Erziehung durch Strafe, S.125f.; *Laubenthal*: Strafvollzug, 3.Aufl., Rn.119; *Walter*: Strafvollzug, Rn.13.

genden Problem des Stufenstrafvollzugs, das bereits in der Weimarer Zeit deutlich geworden war – die Anpassung der Häftlinge an das Anstaltsleben. Bis auf wenige positive Ausnahmen, wie z.b. Untermaßfeld, erfolgte nämlich die Gewährung von Vergünstigungen vorrangig für das Wohlverhalten und die Anpassung der Gefangenen an das Vollzugsystem[60]. Auch wenn die Heraufstufung der Häftlinge ursprünglich als Belohnung für ihre „innere Wandlung" gedacht war[61], die sich z.b. in der guten Führung und der bereitwilligen Mitarbeit der Gefangenen zeigen sollte, führten die steigenden Gefangenenzahlen, der mit dem Progressivsystem verbundene Verwaltungsaufwand und die oft mangelhafte sachliche und personelle Ausstattung der Anstalten[62] dazu, dass sich das System zunehmend von einem Erziehungs- und Resozialisierungsmittel zu einem reinen Disziplinierungssystem wandelte[63]. Da sich das Personal bei weitem nicht um jeden einzelnen Häftling kümmern konnte, wurden Entscheidungen verstärkt pauschal getroffen, eine Einzelbeurteilung der Leistungen des Häftlings blieb aus. Dies provozierte förmlich die Häftlinge, ihre innere Wandlung nur vorzutäuschen[64].

Auch erkannte man schnell, dass die Häftlinge, die sich gut dem Haftsystem anpassten, nach ihrer Entlassung nicht in der Lage waren, sich den Problemen des alltäglichen Lebens in Freiheit zu stellen, da der geordnete und vorbestimmte Tagesablauf und die Autorität anderer Personen, die in der Haftanstalt allgegenwärtig waren, nun plötzlich fehlten und der Entlassene mit der neu gewonnenen Freiheit, die Selbstständigkeit und Verantwortungsbewusstsein erforderte, nicht umgehen konnte.

---

[60] *Sagaster*: Die thüringische Landesstrafanstalt Untermaßfeld..., S.16.
[61] *Laubenthal* a.a.O., Rn.120; *Sagaster*: a.a.O., S.65.
[62] *Kaiser* in K/S: Strafvollzug, 5.Aufl., §2 Rn.30; *Walter* a.a.O.; *Sagaster* a.a.O., S.16.
[63] *Laubenthal*: Strafvollzug, 3.Aufl., Rn.120; *Kaiser* in K/S: Strafvollzug, 5.Aufl., §2 Rn.30; *Dörner*: Erziehung durch Strafe, S.125f.
[64] *Kaiser* a.a.O.

Die Good Time – Regelungen sind dem Progressivsystem insofern ähnlich, als dass für bestimmte Leistungen und Verhaltensweisen des Häftlings Vorteile, nämlich Strafzeitrabatte, gewährt werden. Je nachdem, welches Verhalten des Häftlings honoriert wird, besteht auch hier die Gefahr des bloßen Vortäuschens von Resozialisierungserfolgen und einer Anpassung an das Haftsystem. Ebenso besteht die Gefahr, dass Verwaltungsabläufe pauschalisiert, Entscheidungen aus verhaltensfremden Erwägungen, z.b. fiskalischen Zwängen, getroffen werden.

Dies heißt aber nicht, dass Good Time – Systeme generell mit dem Mitwirkungsgrundsatz unvereinbar wären. Für die Arbeit im Vollzug gilt z.b. das Verbot des mittelbaren Behandlungszwangs nicht, da nach §§ 41 i.V.m. 4 Abs.2, 1.Halbs. StVollzG eine Arbeits- und damit eine Mitwirkungspflicht besteht. Bei den anderen Verhaltensweisen ist darauf abzustellen, ob sie einerseits geeignet sind, eine Anpassung an das Haftsystem zu bewirken, andererseits eine innere Wandlung überhaupt vorgetäuscht werden kann. Dies soll bei der nun folgenden Prüfung der durch Good Time honorierten Verhaltensweisen in besonderem Maße geprüft werden.

Kapitel 5: Durch Good Time geförderte Maßnahmen und Verhaltensweisen

I.) Teilnahme an Arbeits- und Ausbildungsprogrammen

Viele Länder, die ein Good Time – System verwenden, knüpfen den Erwerb der Zeitrabatte an die Arbeits- und/oder die Ausbildungsleistung der Häftlinge, um damit deren Resozialisierungschancen zu erhöhen. Durch Arbeit und schulische oder berufliche Qualifikation sollen Häftlinge Fähigkeiten und Kenntnisse erlangen, die für die Integration auf dem Arbeitsmarkt von Nutzen sind[1], wozu neben handwerklichen Können und berufsspezifischen Wissen auch Selbstbewusstsein, Eigenverantwortung und Konfliktfähigkeit gehören.

Um Häftlinge zur Teilnahme an Arbeits- oder Ausbildungsprogrammen zu animieren, stehen Vollzugsbehörden verschiedene Alternativen zur Verfügung. Neben der repressiven Anordnung einer Arbeitspflicht unter Disziplinardrohung (§103 StVollzG) kommt vorrangig die Zahlung einer monetären Entlohnung in Betracht. Ob auch die Reduktion der Strafzeit ein geeignetes Motivationsmittel darstellt, ist aus deutscher Sicht insbesondere mit Blick auf §43 Abs.6 bis 11 StVollzG von Interesse.

1.) Good Time – Regelungen zur Förderung von Arbeitsleistungen

Die Inaussichtstellung einer Strafzeitverkürzung rechtfertigt sich nur, wenn die Verkürzung der stationären Einwirkung auf den Häftling durch andere

---

[1] Vgl. *Frangoulis*: Freiheit durch Arbeit, S.106.

resozialisierungsfördernde Maßnahmen ausgeglichen wird. Bevor die positiven und negativen Aspekte der Good Time – Regelungen in Bezug auf die Gefangenenarbeit beleuchtet werden, muss daher zunächst klargestellt werden, welche Rolle die Gefangenenarbeit für die Erreichung des Vollzugsziels des §2 S.1 StVollzG spielt und welche Hindernisse dem Erreichen dieses Ziels entgegen stehen. Denn wenn bereits die Arbeit der Häftlinge, wie dies teilweise behauptet wird[2], nicht dem Vollzugsziel dienen kann, so wäre es widersinnig, diese durch Inaussichtstellung einer Strafzeitverkürzung zu fördern.

a) Die Ziele der Gefangenenarbeit im historischen Kontext

Die menschliche Arbeitsleistung als Mittel oder Teil einer strafrechtlichen Sanktion kann auf eine lange Tradition zurückblicken. Auch wenn die Entstehung der modernen Freiheitsstrafe und die Einführung der Arbeitspflicht von Gefangenen zum Zwecke der Resozialisierung für immer mit der Begründung des Arbeitshauses im Londoner Schloss Bridewell im Jahre 1552 und der Eröffnung des Amsterdamer Zuchthauses im Jahre 1595 verbunden sein wird[3], so hat die Tradition der Arbeit als Sanktionsmittel wesentlich ältere Wurzeln.

Bereits im frühen römischen Prinzipat[4], später in den mittelalterlichen Gesetzgebungen von Friedrich II. in Sizilien und Ludwig IX. in Frankreich war die Zwangsarbeitsstrafe bekannt. Bei der im 4. Jahrhundert statuierten Sanktionsform der Klosterhaft wurden Mönche zur klösterlichen Bußübung in einem Arbeitshaus isoliert[5]. Die Galeerenstrafe als Form der Zwangsarbeit lässt sich seit dem 15. Jahrhundert in Spanien und Italien

---

[2] Vgl. *Schriever*: Praktische Erfahrungen mit dem neuen §43 StVollzG, in ZfStrVo 2002, S.87.

[3] Vgl. *Kaiser* in K/S: Strafvollzug, 5.Aufl., §3 Rn.4,5.

[4] *Kaiser* a.a.O., § 2 Rn.1.

[5] *Laubenthal*: Strafvollzug, 3.Aufl., Rn.88.

nachweisen und spielte bis ins 18. Jahrhundert in Frankreich eine entscheidende Rolle zur Bestrafung von Delinquenten[6].

Während die Frühformen der Gefangenenarbeit noch überwiegend der Bestrafung bzw. der Ausnutzung der billigen Arbeitskraft der Häftlinge dienten, also repressiv – retributive bzw. ökonomische Ziele verfolgten[7], entwickelte sich mit dem ausgehenden 16. Jahrhundert der Gedanke, dass die Arbeit auch zur Resozialisierung der Häftlinge beitragen könnte.

Insbesondere im England des 16. Jahrhunderts setzte sich der Gedanke durch, dem aufkommenden Bettler- und Vagabundentum durch die Vermittlung von Arbeit und Beschäftigung entgegenzuwirken. So wurde 1552 im Londoner Schloss Bridewell das erste historisch belegte Arbeitshaus für Landstreicher, Bettler und kleine Diebe eingerichtet, die dort zu einer regelmäßigen Arbeit erzogen werden sollten[8]. Auch auf dem europäischen Festland stellte sich die Frage, wie man mit Bettlern, Landstreichern und Straffälligen verfahren sollte, die in zunehmendem Maße die bestehende gesellschaftliche Ordnung gefährdeten. Eine Verbannung aus den Städten konnte langfristig nicht mehr als Problemlösung angesehen werden, da dadurch nur das Problem von einer Stadt in die nächste verlagert wurde. Folglich wurde die Einsperrung der Betroffenen in Zuchthäuser als adäquate Alternative zur vorher üblichen Verbannung angesehen. Schon bald kam man infolge dessen in Amsterdam auf die Idee, die so Inhaftierten arbeiten zu lassen – das Amsterdamer Zuchthaus für Männer, das später auch entsprechend der dort vorwiegend zu verrichtenden Holzraspelarbeiten den

---

[6] *Baechtold*: Gefangenenarbeit und Arbeitszwang – ein kriminalpolitisch funktionales Instrument?, in Hammerschick/Pilgram (Hrsg.): Arbeitsmarkt, Strafvollzug und Gefangenenarbeit, S.87f.; *Pecic*: Ist die Gefangenenarbeit immer noch ein Strafübel?, in Krimpäd, 10. Jahrg., 1982, Heft 13, S.14f.

[7] Vgl. *Baechtold* a.a.O.

[8] Vgl. *Kaiser*: in K/S: Strafvollzug, 5.Aufl., §2 Rn.4, *Krohne*: Lehrbuch der Gefängniskunde, S. 14ff.

Namen „Sankt Raspinus" erhielt, wurde im Jahre 1595 eröffnet[9]. Ihm folgte 1597 das Spinnhaus für Frauen[10]. Getragen von dem Gedanken, dass die Ursache allen Elends und der Kriminalität die Armut und Arbeitslosigkeit der Inhaftierten war, sollten die Arbeiten der Gefangenen der Gewöhnung an das Arbeitsleben und der Erlangung von beruflichen Fähig- und Fertigkeiten für eine spätere Berufsausübung in Freiheit dienen[11]. Die Gewöhnung an regelmäßige harte Arbeit sollte dem Alltagsleben nicht nur eine feste Struktur und dem Täter Halt geben, sondern die gesamte Persönlichkeit sollte durch die Vermittlung von Selbstdisziplin und Selbstachtung gefestigt und geläutert werden. Anhand der Arbeitsleistung, mit der der Häftling „Werte" schafft, sollte er realisieren, dass er durch die Leistung selbst „etwas wert" wird, also sich wieder zum „wertvollen" Bürger wandelt mit Anspruch auf Achtung durch die anderen[12].

Die Arbeit der Gefangenen trug zudem wenigstens zum Teil zur Finanzierung der Anstalt bei, auch wenn es sich dabei um kein vorrangiges Ziel handelte[13]. Zudem sollte die Arbeit als Bestrafung dienen und wurde auch als solche verstanden[14].

Die Erfolge von Amsterdam trugen zu einer raschen Verbreitung der neuen Vollzugsform im europäischen Raum bei[15]. Die Worte John Howard's[16]: „Make them diligent, and they will be honest.", die wohl auf einen Aus-

---

[9] *de Jonge*: Strafarbeit – Entstehung und Entwicklung der Arbeitspflicht von Gefangenen in den Niederlanden, in Hammerschick/Pilgram (Hrsg.): Arbeitsmarkt, Strafvollzug und Gefangenenarbeit, S.36f.; *Krohne*: Lehrbuch der Gefängniskunde, S. 14ff.; *von Hippel*: Deutsches Strafrecht, Bd. 1, S.244f., 579ff.

[10] *Kaiser* in K/S: Strafvollzug, 5.Aufl., §2 Rn.5; *von Hippel* a.a.O., 584ff.

[11] *de Jonge* a.a.O., S.35f.; *Krohne* a.a.O., S. 26f., 34f.; *von Hippel* a.a.O., S. 244f.

[12] *Kerner* in K/K/S: Strafvollzug, 4.Aufl., §14 Rn.1.

[13] *von Hippel* a.a.O.; S. 246; *de Jonge* a.a.O., S.37.

[14] *de Jonge* a.a.O., S.38.

[15] vgl. *von Hippel* a.a.O., S.247f., 588ff.

[16] Zur Person: *Krohne* a.a.O., S.32; *von Hippel* a.a.O., S. 336f.

spruch Voltaires von 1764 zurückzuführen sind[17], bringen das Leitmotiv der Vollzugsphilosophie dieser Zeit zum Ausdruck und verdeutlichen den hohen Stellenwert, der der Arbeit als Resozialisierungsmaßnahme beigemessen wurde.

Allerdings verlief die Entwicklung der Gefangenenarbeit nicht ohne Rückschläge. Die Wirren des 30jährigen Krieges und damit auch der Verfall der Vollzugsanstalten trugen insbesondere in Deutschland zu einer Abkehr des Erziehungs- und Besserungsgedankens bei[18]. Später war es der steigende Bedarf an Arbeitskräften im aufstrebenden Merkantilismus des 17. und 18. Jahrhunderts, der das frühere spezialpräventive Ziel der Gefangenenarbeit als Mittel der Resozialisierung zugunsten ökonomischer Erwägungen mehr und mehr zurückdrängte[19]. Die Nachfrage nach billigen Arbeitskräften führte nicht nur zu einer staatlichen Eingliederung der Haftanstalten in staatseigene Fabrikationsprozesse, sondern zu einer Verpachtung der Haftanstalten an Privatpersonen, die die Anstalten allein an Zwecken der Gewinnerzielung ausrichteten[20].

Im von Wirtschaftskrisen geprägten 19. Jahrhundert stellte die staatliche Konkurrenz der Haftanstalten zu Anbietern gleicher oder ähnlicher Produkte auf dem freien Markt ein Problem dar[21], das insbesondere in Zeiten schlechter Arbeitsmarktentwicklungen die Haftanstalten unter dem Druck

---

[17] Vgl. *Kaiser* in K/S: Strafvollzug, 5.Aufl., §2 Rn. 6.; *Kerner* in K/K/S: Strafvollzug, 4.Aufl., §14 Rn.21.

[18] *Kaiser* a.a.O., Rn.8; *von Hippel*: Deutsches Strafrecht, Bd. 1, S. 248f.

[19] Vgl. *Cornel/Kögler/Laubenstein/Manns*: Frühere und jetzige Regelung der Gefangenenarbeit..., in Lüderssen/Schuhmann/Weiss (Hrsg.): Gewerkschaften und Strafvollzug, S.65f.; *Däubler/Spaniol* in Feest: StVollzG, 4.Aufl., vor §37 Rn.12.

[20] *Kaiser* a.a.O., §2 Rn.9; *Kolling*: Ein sehr mächtiger Hebel zur Besserung der Gefangenen, in ZfStrVo 1999, S.224f.

[21] *de Jonge*: Strafarbeit – Entstehung und Entwicklung der Arbeitspflicht von Gefangenen in den Niederlanden, in Hammerschick/Pilgram (Hrsg.): Arbeitsmarkt, Strafvollzug und Gefangenenarbeit, S.43; *Olbrück*: Anspruch und Wirklichkeit des Strafvollzugsgesetzes, S.13f.; *Lohmann*: Arbeit und Arbeitsentlohnung des Strafgefangenen, S.37ff.

der freien Unternehmer zwang, den Gefangenen nur noch solche Arbeiten anzubieten, die zum freien Markt in geringer Konkurrenz standen – zumeist anspruchslose Akkordarbeiten ohne Wert für ein späteres Berufsleben[22] Die Arbeit wurde vorrangig als ein der Strafe immanentes Übel verstanden[23].

Erst Ende des neunzehnten, Anfang des zwanzigsten Jahrhunderts kam es im Zuge des erneuten wirtschaftlichen Aufschwungs, der damit verbundenen Nachfrage nach Arbeitskräften und den Reformbestrebungen namhafter Persönlichkeiten wie z.B. Franz von Liszt wieder zu einer stärkeren Rückbesinnung auf das spezialpräventive Ziel der Gefangenenarbeit als Mittel der Resozialisierung[24]. So sollte nach von Liszt die Arbeit im Vollzug verschiedenen Zwecken dienen, je nachdem, welchen Häftlingen sie auferlegt wurde. Bei unverbesserlichen Gewohnheitsverbrechern sollte die Arbeitspflicht der Bestrafung dienen, aber auch zur Anstaltssicherheit, der Deckung der Vollzugskosten und zur Gesunderhaltung der Häftlinge beitragen[25]. Die Gelegenheitsverbrecher sollten durch die Arbeit im Vollzug vor krimineller Ansteckung bewahrt, in ihrer Arbeitsmoral bestärkt, aber auch durch harte Arbeit im Vollzug vor erneuter Tatbegehung abgeschreckt werden[26]. Nur die besserungsfähigen jungen Straftäter sollten durch Arbeit und Ausbildung erzogen und vor allen an ein geregeltes Ar-

---

[22] *Kolling*: Ein sehr mächtiger Hebel zur Besserung der Gefangenen, in ZfStrVo 1999, S.226ff.; *Olbrück*: Anspruch und Wirklichkeit des Strafvollzugsgesetzes, S.13f.

[23] *Cornel/Kögler/Laubenstein/Manns*: Frühere und jetzige Regelung der Gefangenenarbeit..., in Lüderssen/Schuhmann/Weiss (Hrsg.): Gewerkschaften und Strafvollzug, S.65f.; *Däubler/Spaniol* in Feeest: StVollzG, 4.Aufl., vor §37 Rn.12.

[24] *de Jonge*: Strafarbeit – Entstehung und Entwicklung der Arbeitspflicht von Gefangenen in den Niederlanden, in Hammerschick/Pilgram (Hrsg.): Arbeitsmarkt, Strafvollzug und Gefangenenarbeit, S.44.

[25] *v. Liszt*: Der Zweckgedanke im Strafrecht, in ders.: Strafrechtliche Vorträge und Aufsätze, Bd. I, S.166ff.; *ders.* ebenda: Die strafrechtliche Zurechnungsfähigkeit, Bd. II, S.226; *Chun–Tai*: Zur Kritik des unmittelbaren und mittelbaren Arbeitszwangs, S.98ff.

[26] *v. Liszt*: Der Zweckgedanke im Strafrecht, a.a.O., Bd. I, S.172; *Chun–Tai* a.a.O., S.100f.

beitsleben gewöhnt werden[27]. Die Arbeitspflicht im Vollzug diente somit der Disziplinierung der Häftlinge, als Einnahmequelle zur Deckung der Vollzugskosten und als Abschreckungsmittel. Doch es erfolgte auch eine Rückbesinnung auf die Gefangenenarbeit als Erziehungs- und Besserungsinstrument, verbunden mit der Hoffung der Reintegration der Haftentlassenen in die Gesellschaft[28].

b) Arbeit als Mittel der Resozialisierung aus heutiger Sicht

Auch wenn die Worte John Howards: „Make them diligent, and they will be honest", als Ausdruck der zentralen Rolle der Arbeit als Resozialisierungs- und „Allheilmittel" gegen eine erneute Delinquenz inzwischen widerlegt sind, da anhand heutiger Erkenntnisse über die Entstehung von Kriminalität davon auszugehen ist, dass allein durch Arbeit niemand resozialisiert werden kann, weil die Ursachen für die Kriminalitätsentstehung sehr vielschichtig sind und sich meist nur in schlechter schulischer oder beruflicher Entwicklung widerspiegeln[29], so kann die Arbeit im Gefängnis, soweit sie sinnvoll und am normalen Berufsleben orientiert ist, doch dazu beitragen, bestimmte Fähigkeiten zu entwickeln, die im späteren Leben in Freiheit von Nutzen sein können. Zu diesen Fähigkeiten zählen nicht nur die rein berufsspezifischen Tätigkeitsmerkmale, wie handwerkliche Fertigkeiten, das nötige Wissen oder der Umgang mit technischen Geräten, sondern ganz allgemeine Persönlichkeitsmerkmale, wie z.B. Geduld, Ausdau-

---

[27] Vgl. *Chun–Tai*: Zur Kritik des unmittelbaren und mittelbaren Arbeitszwangs, S.98, 101f.; *v. Liszt*: Der Zweckgedanke im Strafrecht, in ders.: Strafrechtliche Vorträge und Aufsätze, Bd. I, S.171.

[28] *Cornel/Kögler/Laubenstein/Manns*: Frühere und jetzige Regelung der Gefangenenarbeit..., in Lüderssen/Schuhmann/Weiss (Hrsg.): Gewerkschaften und Strafvollzug, S.68.

[29] Vgl. *Müller - Dietz*: Die Bedeutung der Arbeit im Rahmen des Behandlungsvollzugs, in ZfStrVo 1973 S.128f.; *Weinert*: Arbeit und Arbeitsentgelt, in Schwind/Blau (Hrsg.): Strafvollzug in der Praxis", S.285.

er und Versagungstoleranz[30]. Letztere Merkmale sind wichtig, um auf dem freien Arbeitsmarkt dauerhaft bestehen und mit den sich daraus entwickelnden sozialen Kontakten umgehen zu können.

Die Mehrzahl der Häftlinge weist vor der Haftzeit nur eine sehr unstete Erwerbsbiographie auf, die vielfach durch den Abbruch schulischer oder beruflicher Ausbildung, häufigen Wechsel des Arbeitsplatzes und einen sozialen Abstieg geprägt ist[31]. Durchschnittlich 50 bis 60% der Häftlinge im deutschen Erwachsenenvollzug haben keinen Berufsabschluss und 40% keinen Schulabschluss[32]. Eine österreichische Studie von Hammerschick, Pilgram und Riesenfelder[33], die anhand von Sozialversicherungsunterlagen die Erwerbsbiographien von Häftlingen 4 Jahre vor und bis zu 1 ¾ Jahre nach der Haftsituation untersuchte, hat gezeigt, dass die Mehrzahl der untersuchten Häftlinge vor der Haft nur sporadisch über eine Vollbeschäftigung verfügten, mit zunehmender Nähe zur Verurteilung sogar der Anteil der Arbeitslosen anstieg und selbst bei anfangs gut und vollbeschäftigten Personen mit zunehmender Haftnähe ein beruflicher Abstieg nachzuweisen war. Es zeigte sich mit zunehmender Nähe zur Haft ein Bild des stetigen sozialen Abstiegs und großer Arbeitsmarktferne. Nur bei einer Minderheit der später Verurteilten konnte eine durchgängige Vollbeschäftigung vor der Haftsituation dokumentiert werden.

---

[30] *Kerner* in K/K/S: Strafvollzug, 4.Aufl., §14, Rn.26.

[31] *Kerner* a.a.O.; vgl. auch *Calliess*: Strafvollzug, S.82.

[32] Vgl. *Laubenthal*: Strafvollzug, 3.Aufl., Rn.427; *Dünkel*: Empirische Beiträge und Materialien zum Strafvollzug, S.194ff.; *Weinert*: Arbeit und Arbeitsentgelt, in Schwind/Blau (Hrsg.): Strafvollzug in der Praxis", S.285.

[33] Vgl. *Hammerschick/Pilgram/Riesenfelder*: Zu den Erwerbsbiografien und Verurteilungskarrieren Strafgefangener..., in Hammerschick/Pilgram: Arbeitsmarkt, Strafvollzug und Gefangenenarbeit, S.155ff.

Diagramm 1: Beschäftigungszeitanteile der Gefangenen vor und nach der Haft

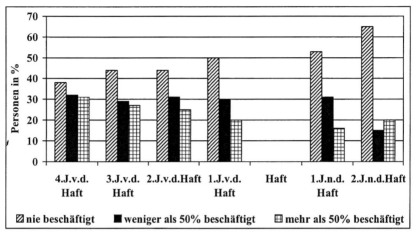

Datenquelle: *Hammerschick/Pilgram/Riesenfelder*: Zu den Erwerbsbiografien und Verurteilungskarrieren Strafgefangener und Strafentlassener, rekonstruiert anhand von Sozialversicherungs- und Strafregisterdaten, in Hammerschick/Pilgram (Hrsg.): Arbeitsmarkt, Strafvollzug und Gefangenenarbeit, S.162.

Dies heißt aber nicht, Arbeitslosigkeit und unstete Erwerbsbiographien seien Ursache für die Straffälligkeit der später Verurteilten. Ein solcher Schluss würde nicht nur ganze soziale Schichten vorverurteilen, sondern ist auch falsch[34]. Die unstete oder unvollkommene Ausbildungs- bzw. Beschäftigungssituation ist vielmehr Ausdruck tiefergreifender Sozialisationsmängel der Straffälligen, wie z.B. soziale Reifungs- und Entwicklungsbedingungen, defizitäre familiäre Verhältnisse, ökonomische Benachteiligungen oder erbliche Dispositionen[35]. Die daraus resultierende Unfähigkeit, sich in bestehende soziale Strukturen zu integrieren, spiegelt sich lediglich in der unstetigen Erwerbsbiographie wider.

Zudem neigt die Justiz bei sozial schwachen Delinquenten nachweislich eher zur Anordnung freiheitsentziehender Maßnahmen als bei beruflich

---

[34] Vgl. *Cremer-Schäfer*: Weshalb Arme so leicht kriminell werden müssen, in NKrimP 1998, Heft 4, S.34f.

[35] *Müller-Dietz*: Die Bedeutung der Arbeit im Rahmen des Behandlungsvollzugs, in ZfStrVo 1973, S.128f.; zum Ganzen Walter: Jugendkriminalität, 3.Aufl., Rn.96ff.

und sozial gut Integrierten, da bei letzteren die Freiheitsstrafe immer auch den (zumeist dauerhaften) Verlust des Arbeitsplatzes bedeutet, so dass hier meist anderen Sanktionsmitteln (Diversionsmaßnahmen, Geldstrafe, Bewährung, Täter – Opfer – Ausgleich) eine größere spezialpräventive Wirkung beigemessen wird als einer Freiheitsstrafe[36]. Dass Strafgefangene mit unsteten Erwerbsbiographien im Vollzug überrepräsentiert sind, ist damit auch ein Ergebnis der Verurteilungspraxis[37].

Es bleibt festzuhalten, dass die Arbeitslosigkeit der später Verurteilten nicht Ursache der Delinquenz ist, aber in ihr zumindest die Unfähigkeit zum Ausdruck kommt, sich in die bestehende Gesellschaft einzufügen und dem sich stetig verändernden Arbeitsmarkt anzupassen.

Haftentlassene haben aufgrund ihrer häufig langwierigen Abstinenz vom Arbeitsmarkt und ihrer niedrigen Qualifikation, die in der Haft selten verbessert werden kann, große Probleme, sich in den Arbeitsmarkt zu integrieren. So ergab die Studie von Hammerschick, Pilgram und Riesenfelder, dass im ersten Jahr nach der Haftentlassung nur 16 % der Entlassenen mehr als die Hälfte des Jahres angemeldet beschäftigt waren, nur ¼ davon waren zu über 90% des Jahres in Lohn. Dem standen 53% der Haftentlassenen gegenüber, die während des kompletten ersten Nachhaftjahrs überhaupt keiner legalen Tätigkeit nachgingen[38]. Noch schlimmer sah die Situation im zweiten Nachhaftjahr aus, in dem ca. ⅔ der Untersuchungspopulation ganzjährig über keinen Beschäftigungsplatz (mehr) verfügte, also auch diejenigen, die im ersten Nachhaftjahr wenigstens teilweise beschäftigt wa-

---

[36] *Pilgram*: Freiheitsstrafe als Fangnetz für Arme, in NKrimP 1998, Heft 4, S.23; *Bierschwalle*: Wohin treibt es den Justizvollzug?, in ZfStrVo 1997, S.74; *Walter*: Jugendkriminalität, 3. Aufl., Rn.96ff., insb. 104 a.

[37] Vgl. auch *Cremer-Schäfer*: Weshalb Arme so leicht kriminell werden müssen, in NKrimP 1998, Heft 4, S.34f.

[38] *Hammerschick/Pilgram/Riesenfelder*: Zu den Erwerbsbiografien und Verurteilungskarrieren Strafgefangener..., in Hammerschick/Pilgram (Hrsg.): Arbeitsmarkt, Strafvollzug und Gefangenenarbeit, S.175.

ren, ihren Arbeitsplatz wieder verloren hatten[39] (vgl. Diagramm 1). Dieses Ergebnis lässt sich nicht nur auf gesellschaftliche Ablehnung „Vorbestrafter"[40], sondern auch auf ein fehlendes Durchhaltevermögen, eine geringe Belastbarkeit, fehlende Konfliktfähigkeit und die Unfähigkeit der Betroffenen zurückführen, mit den Reaktionen der Arbeitsumwelt auf die frühere Haftstrafe umzugehen[41]. Viele Inhaftierte haben zudem im Laufe ihrer kriminellen Karriere typische Einstellungen entwickelt, wie z.B. ein ausgeprägtes Misstrauen gegenüber Dritten, Selbstbezogenheit und eine gesteigerte Empfindsamkeit[42], die einer erfolgreichen sozialen Integration entgegenstehen.

Die Erwerbstätigkeit ist in der heutigen Gesellschaft jedoch nicht nur für den Großteil der Bevölkerung die einzige Möglichkeit, die Kosten des Lebensunterhalts zu bestreiten[43], sondern sie ist Sinnbild und Symbol der sozialen Anerkennung und damit der Wertschätzung des Einzelnen in der Gesellschaft[44] - und dies nicht nur aufgrund der Konsumgüter, die man sich bei entsprechendem beruflichen Stand „leisten kann"[45]. Arbeit schafft Anerkennung, soziale Kontakte, Selbstbewusstsein, Selbstvertrauen, Selbstkontrolle. Arbeitslosigkeit hingegen bedeutet soziale und psychische

---

[39] *Hammerschick/Pilgram/Riesenfelder*: Zu den Erwerbsbiografien und Verurteilungskarrieren Strafgefangener..., in Hammerschick/Pilgram (Hrsg.): Arbeitsmarkt, Strafvollzug und Gefangenenarbeit, S.175.

[40] Vgl. *Kraschutzki*: Tagungsberichte der Strafvollzugskommission, IV.Bd., S.51ff., insb. 64f.

[41] *Lechner/Reiter*: Die Aufgaben staatlicher Institutionen..., in Hammerschick/Pilgram (Hrsg.): Arbeitsmarkt, Strafvollzug und Gefangenenarbeit, S.193.

[42] *Kerner* in K/K/S: Strafvollzug, 4.Aufl., §14 Rn.26.

[43] *Jehle*: Arbeit und Entlohnung von Strafgefangenen, in ZfStrVo, 1994, S.259.

[44] *Bryde*: Artikel 12 Grundgesetz – Freiheit des Berufs und Grundrecht der Arbeit, in NJW 1984, S.2181; *Seidler/Schaffner/Kneip*: Arbeit im Vollzug – Neue Wege der Betriebsführung, in ZfStrVo 1988, S.328.

[45] Vgl. *Müller-Dietz*: Die Bedeutung der Arbeit ..., in ZfStrVo 1973, S.127.

Isolation; die Betroffenen fühlen sich von der Gesellschaft ausgeschlossen, empfinden sich als nutzlos und minderwertig[46].

Die soziale Einbindung in die Gesellschaft stellt einen bedeutenden Faktor der Kriminalitätsprävention dar. Verschiedene Analysen haben gezeigt, dass ein gesetzeskonformes Verhalten auch Resultat der Bindungen eines Individuums an andere Menschen und Institutionen ist und dass mangelnde soziale Integration delinquenzgefährdend wirkt[47]. Insbesondere die Einbindung in die Arbeitswelt und der damit entstehende soziale Bezug zu anderen Personen kann die Anfälligkeit für Delinquenz vermindern[48]. Insofern ist denjenigen[49] zu widersprechen, die meinen, Arbeit sei kein taugliches Resozialisierungsmittel, insbesondere für Täter, die nicht aus finanziellen Motiven bzw. sozialer Not straffällig geworden sind. Denn diese Meinung verkennt den Zusammenhang von sozialem Umfeld und dessen Umgang mit Gewalt und der Verübung von Gewaltdelikten: Wer über starke soziale Bindungen in einem Gewalt ablehnenden Arbeitsumfeld verfügt, wird weniger geneigt sein, entstehende Probleme mit Gewalt zu lösen, zumal diese zum Verlust des Arbeitsplatzes führen können.

Teilweise wird zwar auf den Wandel unserer Gesellschaft von einer Arbeits- und Leistungsgesellschaft in eine Freizeit- und Bildungsgesellschaft hingewiesen und damit eine schwindende Bedeutung der Erwerbstätigkeit für das tägliche Leben festgestellt[50], doch kann nicht ernsthaft bezweifelt werden, dass für den Grossteil der Bevölkerung auch in Zukunft die Arbeit die einzige Möglichkeit sein wird, den Lebensunterhalt in einem angemes-

---

[46] *Chun-Tai*: Zur Kritik des unmittelbaren und mittelbaren Arbeitszwangs, S.87f.; *Rosenthal*: Arbeitslohn im Strafvollzug, in NKrimP 1998, Heft.2, S.12.

[47] Vgl. *Jehle*: Arbeit und Entlohnung von Strafgefangenen, in ZfStrVo, 1994, S.260.

[48] *Dünkel/Van Zyl Smit*: Arbeit im Strafvollzug, in Albrecht u.a. (Hrsg.): FS Günther Kaiser, S.1164f.

[49] Vgl. *Schriever*: Praktische Erfahrungen mit dem neuen §43 StVollzG, in ZfStrVo 2002, S.87.

[50] Vgl. *Calliess*: Strafvollzug, S.92.

senen und befriedigenden Umfang zu bestreiten[51]. Zwar muss Dank der verschiedenen sozialen staatlichen Absicherungen in Deutschland niemand menschenunwürdig leben, doch kann es nicht Ziel des Strafvollzugs sein, künftige Sozialhilfeempfänger aus der Haft zu entlassen[52], auch wenn dies anhand der schwierigen Arbeitsmarktlage, der geringen Nachfrage nach ungelernten Arbeitskräften bzw. der Produktionsverlagerung in das kostengünstigere Ausland[53] und der in der Bevölkerung vorhandenen Vorurteile gegen Haftentlassene[54] in Praxi leider in der Mehrzahl der Fälle bittere Realität ist[55].

Arbeit vermittelt zudem Respekt für das Eigentum und die Person des Gegenübers. Wer selbst erfahren hat, wie schwer und lange man arbeiten muss, um sich einen bestimmten Lebensstandard schaffen und erhalten zu können, der wird vor dem Eigentum und vor der Person dessen, der etwas erwirtschaftet hat, Respekt empfinden und dessen Rechtskreis achten. Denn eines steht fest: In allen Straftaten die ein menschliches Opfer haben – sei es in finanzieller oder körperlicher Hinsicht –, kommt ein Mangel an Respekt gegenüber der Person des Opfers zum Ausdruck.

---

[51] Ebenso *Radtke*: Die Zukunft der Arbeitsentlohnung von Strafgefangenen, in ZfStrVo 2001, S.4.

[52] *Zwar sind die arbeitenden Häftlinge gemäß §§194, 195 StVollzG in die gesetzliche Arbeitslosenversicherung einbezogen* (vgl. *Walter*: Strafvollzug, Rn.461), *jedoch kann auch das über der Sozialhilfe liegende Arbeitslosengeld bzw. die spätere Arbeitslosenhilfe den Haftentlassenen nur über einen bestimmten Zeitraum vor der Sozialhilfebedürftigkeit bewahren. Eine für das Selbstwertgefühl so wichtige gesellschaftlich und sozial anerkannte Arbeit kann dies nicht ersetzen.*

[53] *Jehle* a.a.O., S.259.

[54] *Lechner/Reiter*: Die Aufgaben staatlicher Institutionen im Kontext der beruflichen Reintegration von Haftentlassenen, in Hammerschick/Pilgram (Hrsg.): Arbeitsmarkt, Strafvollzug und Gefangenenarbeit, S.192.

[55] *BAG für Straffälligenhilfe*: Tarifgerechte Entlohnung für Haftentlassene, in ZfStrVo 1993, S.175; *Dünkel/Van Zyl Smit*: Arbeit im Strafvollzug, in Albrecht u.a. (Hrsg.): FS Günther Kaiser, S.1164.

Dass Arbeit im Vollzug taugliches Resozialisierungsmittel ist, wurde auch durch die Studie von Hammerschick, Pilgram und Riesenfelder bewiesen. Denn die Personen, die nach Haftentlassung keine Beschäftigung fanden, wiesen die höchste Wiederverurteilungsrate auf[56]. Eine Studie aus den USA belegt, dass 72 % der Haftentlassenen, die während ihrer Inhaftierung an dem sogenannten Federal Prison Industrial Programm teilgenommen haben, ein Jahr nach ihrer Inhaftierung einen Arbeitsplatz nachweisen konnten. Zudem wiesen die Programmteilnehmer um bis zu 35% bessere Rückfallquoten auf, als im Vollzug unbeschäftigte Häftlinge[57].

Die Arbeit der Gefangenen hat zudem positive Auswirkungen auf den Haftalltag. Sie ist geeignet, den grauen Haftalltag zu beleben, die ansonsten sinnlos vertane Zeit sinnvoll zu nutzen und dem Häftling die Möglichkeit einzuräumen, die beengten Haftträume zu verlassen und mit anderen Gefangenen in Kontakt zu treten[58]. Das durch die Arbeit erworbene Geld kann zum Erwerb von Genussmitteln verwendet werden (Hausgeld gemäß §47 Abs.11 StVollzG) und verhindert somit Geschäftemachereien und die Entstehung von Abhängigkeiten aufgrund finanzieller Notlagen[59].

Weiterhin erhöht die Arbeit im Vollzug die Anstaltssicherheit. Zwar wurde die Regelung der Nr. 80 DVollzO, wonach die Gefangenenarbeit als die Grundlage eines geordneten und wirksamen Vollzugs angesehen wurde[60], mit dieser Zielstellung nicht in das StVollzG übernommen, doch besteht

---

[56] *Hammerschick/Pilgram/Riesenfelder*: Zu den Erwerbsbiografien und Verurteilungskarrieren Strafgefangener..., in Hammerschick/Pilgram (Hrsg.): Arbeitsmarkt, Strafvollzug und Gefangenenarbeit, S.176.
[57] *Mendelsohn*: The Challenge of Prison Crowding, S.2.
[58] *Kerner* in K/K/S: Strafvollzug, 4.Aufl., §14 Rn. 16; *Chun-Tai*: Zur Kritik des unmittelbaren und mittelbaren Arbeitszwangs, S. 106.
[59] *Weinert*: Arbeit und Arbeitsentgelt, in Schwind/Blau (Hrsg.): Strafvollzug in der Praxis, 2.Aufl., S.289.
[60] Vgl. *Cornel/Kögler/Laubenstein/Manns*: Frühere und jetzige Regelung der Gefangenenarbeit..., in Lüderssen/Schuhmann/Weiss (Hrsg.): Gewerkschaften und Strafvollzug, S.42.

heute Einigkeit darüber, dass produktive Tätigkeiten die Energien der Insassen in geordnete Bahnen lenken und somit zur Stabilität und Sicherheit des Vollzugs beitragen können[61]. Ebenfalls fördert eine sinnvolle und den physischen und psychischen Kräften eines Häftlings angemessene Tätigkeit die Gesundheit[62].

Die Arbeit im Vollzug ist somit in vielerlei Hinsicht sinnvoll.

Für die erfolgreiche Resozialisierung ist Arbeit aber nur dann taugliches Mittel, wenn sie den Erfordernissen des Arbeitsmarkts angepasst ist. Verschiedene Untersuchungen belegen, dass gut qualifizierte Haftentlassene nicht nur vor ihrer Haft auf dem Arbeitsmarkt besser präsent waren als unqualifizierte Personen, sondern dass sie auch nach der Haftzeit reelle Chancen haben, sich in den Arbeitsmarkt zu (re)integrieren[63] (vgl. Diagramm 2).

Häftlinge hingegen, die zwar während der Haft kontinuierlich gearbeitet haben, aber nur minderqualifizierte, auf dem Arbeitsmarkt kaum verwertbare Tätigkeiten ausführten, hatten schlechtere Integrationschancen. So wiesen in der Studie von Hammerschick, Pilgram und Riesenfelder gerade die während der Haftzeit kontinuierlich beschäftigten Hausarbeiter nach

---

[61] *Hammerschick*: Arbeit im Strafvollzug – Rechtslage und Realität im europäischen Vergleich, in Hammerschick/Pilgram (Hrsg.): Arbeitsmarkt, Strafvollzug und Gefangenenarbeit, S.75; *Chun – Tai*: Zur Kritik des unmittelbaren und mittelbaren Arbeitszwangs, S.91f.

[62] *Chun-Tai* a.a.O., S.91, 140; so auch schon *v.Liszt*: Die Strafrechtliche Zurechnungsfähigkeit, in ders.: Strafrechtliche Vorträge und Aufsätze, Bd. II, S.226.

[63] *Hammerschick/Pilgram/Riesenfelder*: Zu den Erwerbsbiografien und Verurteilungskarrieren Strafgefangener..., in Hammerschick/Pilgram (Hrsg.): Arbeitsmarkt, Strafvollzug und Gefangenenarbeit, S.178; *Lechner/Reiter*: Die Aufgaben staatlicher Institutionen im Kontext der beruflichen Reintegration von Haftentlassenen, in Hammerschick/Pilgram (Hrsg.): Arbeitsmarkt, Strafvollzug und Gefangenenarbeit, S.197; vgl. auch die Untersuchung von *Berckhauer/Hasenpusch*: Bildungsmaßnahmen im Strafvollzug..., in Kerner/Kury/Sessar (Hrsg.): Deutsche Forschungen zur Kriminalitätsentstehung und Kriminalitätskontrolle, S.1959ff.; *Dünkel/Van Zyl Smit*: Arbeit im Strafvollzug, in Albrecht u.a. (Hrsg.): FS Günther Kaiser, S.1166.

der Haftentlassung erstaunlich hohe Wiederverurteilungsquoten auf[64], was nur darauf zurückgeführt werden kann, dass die erlernten Fähigkeiten auf dem Arbeitsmarkt nicht gefragt und somit einer sozialen Reintegration nicht förderlich waren.

Wenn aber die berufliche Wiedereingliederung durch die Qualifikation des Häftlings positiv beeinflusst wird und die Integration auf dem Arbeitsmarkt wiederum die Rückfälligkeit verhindert, so kann es nur Ziel des Vollzugs sein, die berufliche Aus- und Weiterbildung der Häftlinge positiv zu fördern[65]. Bei Kurzzeitgefangenen, bei denen eine langfristige Berufsausbildung in der Haft nicht möglich ist oder bei den wenigen gut qualifizierten Häftlingen, die einer Berufsausbildung nicht mehr bedürfen, sind die Arbeiten im Vollzug so auszurichten, dass bisher erworbene Fähigkeiten nicht verloren gehen[66].

---

[64] *Hammerschick/Pilgram/Riesenfelder*: Arbeit im Strafvollzug – Rechtslage und Realität im europäischen Vergleich, in Hammerschick/Pilgram (Hrsg.): Arbeitsmarkt, Strafvollzug und Gefangenenarbeit, S.181.

[65] So auch *Hammerschick/Pilgram/Riesenfelder* a.a.O., S.186; *Müller - Dietz*: Bedeutung der Arbeit ..., in ZfStrVo 1973, S.130.

[66] So auch *Jehle*: Arbeit und Entlohnung von Strafgefangenen, in ZfStrVo 1994, S.260.

Diagramm 2: Anteil der mehr als die Hälfte des Jahres beschäftigten Gefangenen vor und nach der Haft, unterschieden nach der Qualifikation

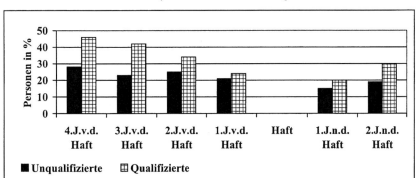

Quelle: *Hammerschick/Pilgram/Riesenfelder*: Zu den Erwerbsbiografien und Verurteilungskarrieren Strafgefangener und Strafentlassener, rekonstruiert anhand von Sozialversicherungs- und Strafregisterdaten, in Hammerschick/Pilgram (Hrsg.): Arbeitsmarkt, Strafvollzug und Gefangenenarbeit, S.162.

c) _Problem des Resozialisierungsmittels Arbeit – die mangelnde Motivation der Haftinsassen_

Nach dem bisher Gesagten sollte man vermuten, die beruflichen Resozialisierungsangebote würden von den Strafvollzugsinsassen dankbar angenommen. In der Tat sind die trotz vielfältiger Bemühungen der Strafvollzugsbehörden noch nicht ausreichend zur Verfügung stehenden Arbeitsplätze innerhalb des Vollzugs unter den Gefangenen aus den oben genannten Gründen begehrt. Um so erstaunlicher ist es, dass trotz allem die Produktivität der Gefangenenarbeit sehr gering ist und vor allem die Qualität der von Häftlingen hergestellten Produkte häufig nicht den Anforderungen des freien Markts entspricht. Denn selbst bei moderner Ausstattung der Anstaltsbetriebe und gut geschultem Anstaltspersonal haben Untersuchungen ergeben, dass eine im Vergleich zur freien Wirtschaft auch nur annährend gleiche Arbeitsproduktivität nicht erreicht werden kann. Teilweise ist der Pro – Kopf – Umsatz in der freien Wirtschaft in einer vergleichbaren

Branche 10-mal so hoch wie der Pro – Kopf – Umsatz innerhalb der Haftanstalt[67].

Die geringe Produktivität hat mehrere Gründe. Neben einer häufig unzulänglichen Ausstattung der Anstaltsbetriebe mit Maschinen und sonstigem Arbeitsgerät sowie ineffektiver Organisation der Arbeitsabläufe und Vermarktungswege, wird vor allem ein Rekrutierungsdefizit der Betriebe verantwortlich gemacht. Denn diese können sich ihre Arbeitskräfte, anders als Arbeitgeber in der freien Wirtschaft, nicht aussuchen[68]. Viele Häftlinge sind nur ungenügend qualifiziert und begrenzt leistungsfähig. Hinzu kommt der der Anstaltsbelegung geschuldete häufige Wechsel der Arbeitskräfte[69]. Dadurch kann auf sehr einfache Arbeiten, die keiner großen Anlernzeit und keines großen Lehraufwands bedürfen, nicht verzichtet werden[70]. Allerdings können Arbeiten, wie das Zusammenbauen von Steckdosen und Kugelschreibern oder das Tütenkleben, zur Arbeitslust der Gefangenen kaum beitragen[71]. Zudem fällt die Arbeitszeit der Gefangenen vielfach mit der Dienstzeit wichtiger Anstaltsbediensteter zusammen, weshalb Besuche beim Anstaltsarzt, dem Anstaltspsychologen oder den sozialen Diensten nur innerhalb der Arbeitszeit wahrgenommen werden können. Selbiges gilt für Gespräche mit Rechtsanwälten oder Vernehmungen durch Ermittlungsbehörden, wodurch die tatsächliche Wochenarbeitszeit nicht unerheblich verringert wird[72].

---

[67] Untersuchung in Baden – Württemberg von 1983; vgl. *Seidler/Schaffner/Kneip*: Arbeit im Vollzug – neue Wege in der Betriebsführung, in ZfStrVo 1988, S.328.

[68] *Neu*: Produktivität der Gefängnisarbeit: eingemauert auf bescheidenem Niveau?, in Hammerschick/Pilgram (Hrsg.): Arbeitsmarkt, Strafvollzug und Gefangenenarbeit, S.99f.

[69] *Neu* a.a.O.

[70] *Weinert*: Arbeit und Arbeitsentgelt, in Schwind/Blau (Hrsg.): Strafvollzug in der Praxis, 2.Aufl., S.286.

[71] Vgl. *Weinert* a.a.O., S.288; *Olbrück*: Anspruch und Wirklichkeit des Strafvollzugsgesetzes, S.19f.; *Seebode*: Strafvollzug, S.90.

[72] *Weinert* a.a.O., S.287.

Das Hauptproblem ist jedoch die geringe Motivation der Häftlinge. Eine Befragung von 48 Werkmeistern der Vollzugsanstalt Mannheim ergab, dass die Mehrzahl der Befragten die Gründe für die geringe Produktivität des von ihnen geleiteten Betriebs in der geringen Qualifikation und Leistungsbereitschaft der Gefangenen sahen. Den Gefangenen fehlten genau die Eigenschaften, die für ein Bestehen auf den freien Arbeitsmarkt von Nöten seien, nämlich Fleiß, Ausdauer, Leistungsfähigkeit, Zuverlässigkeit und Selbstbeherrschung[73]. 96 % der Werkmeister vertraten zudem die Auffassung, dass speziell die Einstellung und Motivation zur Arbeit bei den Häftlingen im Vergleich zu am freien Markt Beschäftigten negativ abweiche. Insbesondere ein fehlendes Verantwortungsbewusstsein und ein mangelndes Leistungsinteresse seien für die schlechte Produktivität verantwortlich. Diese wiederum gründen sich nach Meinung der Befragten einerseits auf die geringe Entlohnung und die Zwangsstruktur des Gefängnisses, andererseits auf die unzureichende Beachtung des Faktors Arbeit bei Vollzugsentscheidungen, wie beispielsweise der Urlaubsgewährung[74]. Auch die Gefangenen selbst sehen in ihrer geringen Entlohnung das Haupthindernis für eine höhere Leistungsbereitschaft[75].

Folglich sind nicht nur die häufig sehr stumpfsinnigen Arbeiten sondern auch die geringe Entlohnung der Gefangenenarbeit bei gleichzeitiger Arbeitspflicht gemäß §41 StVollzG der Arbeitsmotivation abträglich[76]. Viele Gefangene sehen in der oft eintönigen Arbeit mit geringer Entlohnung nicht die Chance, Fähigkeiten und Kenntnisse für das spätere Leben in Freiheit zu erlernen, sondern eher ein Strafübel[77], wenn nicht sogar eine

---

[73] *Seidler/Schaffner/Kneip*: Arbeit im Vollzug – neue Wege in der Betriebsführung, in ZfStrVo 1988, S.328.
[74] *Seidler/Schaffner/Kneip* a.a.O.
[75] *Seidler/Schaffner/Kneip* a.a.O., S.329.
[76] Vgl. *Jehle*: Arbeit und Entlohnung von Strafgefangenen, in ZfStrVo 1994, S.263.
[77] *Seebode*: Strafvollzug, S.89f.; *Chun-Tai*: Zur Kritik des unmittelbaren und mittelbaren Arbeitszwangs, S.145.

Ausbeutung[78]. Gegründet ist diese Unzufriedenheit sicherlich auch auf den Umstand, dass die Vollzugsbehörden zwar nach dem Gesetz (§37 Abs.2 StVollzG) bei der Vergabe der Arbeitsplätze die individuelle Eignung des einzelnen Häftlings beachten sollen, andererseits der Gefangene aber keinen Anspruch auf die Zuweisung einer bestimmten Tätigkeit besitzt[79] und somit häufig mit eher ungeliebten Tätigkeiten vorlieb nehmen muss[80]. In der Tat lassen sich das Zusammenbauen von Steckdosen und Kugelschreibern, das Tütenkleben oder ähnliche Hilfsarbeiten kaum ernsthaft als eine der Resozialisierung förderliche Arbeit vermitteln[81]. Selbst die Tätigkeiten in Unternehmerbetrieben vermitteln oftmals keine zusätzlichen Fähigkeiten oder ein auf dem freien Markt gefordertes Know-how. Dies führt dazu, dass der Gefangene in einer Situation beliebiger Austauschbarkeit verbleibt; seine eigene Arbeitskraft hat für den Arbeitgeber keinen speziellen, nur in dieser Person zu findenden Wert[82]. Zum Selbstbewusstsein der Gefangenen kann dies nicht beitragen[83].

Zwar ist es gesetzlich zulässig, auch langweilige und eintönige Arbeiten zu vergeben, solange diese auch in der freien Wirtschaft angeboten werden (vorrangig Akkordarbeiten)[84] - schließlich kann dem Häftling das zugemutet werden, was auch freien Arbeitnehmern zugemutet wird. Jedoch kann der Fließbandarbeiter in der freien Wirtschaft sich wenigstens durch die Aussicht auf einen angemessenen Arbeitslohn motivieren – ein Anreiz, der

---

[78] Vgl. *Calliess*: Strafvollzug – Institution im Wandel, S.96; *Pecic*: Ist die Gefangenenarbeit immer noch ein Strafübel?, in Krimpäd, 10.Jahrg., 4/1982, Heft 13, S.16.

[79] *Matzke* in Schwind/Böhm: StVollzG, 3.Aufl., §41 Rn.5.

[80] *Däubler/Spaniol* in Feest: StVollzG, 4.Aufl., vor §37 Rn.13.

[81] *Olbrück*: Anspruch und Wirklichkeit des Strafvollzugsgesetzes, S.19f.; *Seebode*: Strafvollzug, S.90f.

[82] *Däubler/Spaniol* in Feest a.a.O., Rn.19.

[83] Ähnlich *Laubenthal*: Strafvollzug, 3.Aufl., Rn.451.

[84] *C/MD*: StVollzG, 8.Aufl., §37 Rn.3; *Däubler/Spaniol* a.a.O., Rn.2; *Matzke* in Schwind/Böhm: StVollzG, 3.Aufl., §37, Rn.12.

dem Häftling versagt bleibt[85]. Bei dem Häftling entsteht, entgegen aller Beteuerungen des Anstaltspersonals, schnell der negative Eindruck, dass sich Arbeit eben gerade nicht lohnt[86]. Dies wirkt sich kontraproduktiv auf das zu vermittelnde Lernziel aus, nämlich die Erkenntnis, dass ein straffreies Leben auf eine Erwerbstätigkeit aufgebaut werden kann.

Einerseits wird dem Häftling gesagt, er solle für das von ihm begangene Unrecht einstehen und auch Verantwortung in finanzieller Hinsicht gegenüber dem Opfer, seiner Familie und den oft zahlreichen Gläubigern übernehmen, andererseits werden ihm die finanziellen Mittel vorenthalten, die eine Begleichung der Schulden möglich machen könnten[87]. Nur allzu oft müssen (aber auch können) die Häftlinge berechtigte, gegen sie gerichtete Forderungen mit dem Hinweis auf die eigene Vermögenslosigkeit zurückweisen. Das Verantwortungsbewusstsein gegenüber anderen erfährt auf diese Weise keine positiven Impulse[88]. Vielmehr sieht sich der Gefangene selbst als Opfer staatlicher Maßnahmen, anstatt seine eigene Verantwortlichkeit zu erkennen[89]. Nur allzu oft erlebt man vor Gericht Angeklagte, die andere für ihr Scheitern verantwortlich machen, ohne zu erkennen, dass sie spätestens seit ihrer Volljährigkeit selbst für ihren Lebensweg verantwortlich sind.

---

[85] Vgl. *Cornel/Kögler/Laubenstein/Manns*: Frühere und jetzige Regelung der Gefangenenarbeit..., in Lüderssen/Schuhmann/Weiss (Hrsg.): Gewerkschaften und Strafvollzug, S.50.

[86] *Laubenthal*: Arbeitsverpflichtung und Arbeitsentlohnung des Strafgefangenen, in Schlüchter (Hrsg.): Kriminalistik und Strafrecht, S.345; *ders.*: Strafvollzug, 3.Aufl., Rn.451; *Däubler/Spaniol* in Feest: StVollzG, 4.Aufl., §43 Rn.5; *Dünkel/Van Zyl Smit*: Arbeit im Strafvollzug, in Albrecht u.a. (Hrsg.): FS Günther Kaiser, S.1163.

[87] *BAG für Straffälligenhilfe*: Tarifgerechte Entlohnung für Inhaftierte, in ZfStrVo 1993, S.176.

[88] Vgl. *Rosenthal*: Arbeitslohn im Strafvollzug, in NKrimP 1998, Heft 2, S.13; *Olbrück*: Anspruch und Wirklichkeit des Strafvollzugsgesetzes, S.62.

[89] *BAG für Straffälligenhilfe* a.a.O.

d) *Auswirkungen der Good Time – Kredite auf die Arbeitsmotivation*

Fraglich ist, wie die Motivationsdefizite abgebaut werden können. Der einfachste, aber auch kostspieligste Weg ist eine Erhöhung des Arbeitsentgelts. Jedoch wird die seit Jahrzehnten konstant geringe Entlohnung der Häftlinge mit dem Argument begründet, die Gefangenenarbeit selbst sei schließlich nur von geringer Produktivität, weshalb eine tarifgerechte oder zumindest eine dem nahekommende Entlohnung der Häftlinge nicht gerechtfertigt sei[90]. Insoweit entsteht jedoch ein argumentativer Zirkelschluss: Die geringe Bezahlung resultiert aus der schlechten Produktivität. Die geringe Produktivität gründet sich vorrangig auf der fehlenden Motivation der Häftlinge. Die geringe Motivation hat ihre Ursache in der schlechten Bezahlung. Die schlechte Bezahlung resultiert wiederum aus der geringen Produktivität, u.s.w.

Soll die Arbeit in der Haft wirklich auf das Leben in Freiheit vorbereiten und dem Gefangenen beweisen, dass man ein Leben in sozialer Verantwortlichkeit auf eine Erwerbstätigkeit aufbauen und daraus eine entsprechende Befriedigung ziehen kann, so wird man nicht umhin kommen, die Arbeit auch angemessen zu entlohnen. 5% bzw. entsprechend der Neuregelung vom 27.12. 2000 (5. Gesetz zur Änderung des Strafvollzugsgesetzes[91]) 9 % der sozialversicherungsrechtlichen Bezugsgröße konnten und können diese Anforderungen nicht erfüllen[92]. Da in Anbetracht der leeren Staatskassen und des weitverbreiteten Unverständnisses der Bevölkerung für eine tarifgerechte Entlohnung der Häftlinge wohl auch in Zukunft kaum eine wesentliche Entgelderhöhung zu erwarten sein wird, war der Vor-

---

[90] So z.B. die Begründung des Gesetzentwurfs der CDU/CSU – Fraktion zum 5. Strafvollzugsänderungsgesetz – BT-Drucksache 14/4070, S.5f.
[91] BGBl. I/2000, Nr.61.
[92] *C/M-D*: §43 StVollzG, 10. Aufl., Rn.5.

schlag des BVerfG, nichtmonetäre Anerkennungen für die Arbeitsleistungen der Häftlinge einzuführen, nur konsequent[93].

Eine nichtmonetäre Anerkennung ist insbesondere eine Zeitgutschrift. Diese bietet anhand der verschiedenen Berechnungssysteme (vgl. Kapitel 3) vielfältige Möglichkeiten, die Arbeitsleistungen eines Häftlings anzuerkennen.

Viele Länder, die aufgrund fehlender finanzieller Mittel die Gefangenen nicht ausreichend entlohnen konnten, haben zur Motivation der Häftlinge Good Time – Regelungen eingeführt. So heißt es in einer Begründung eines griechischen Gesetzentwurfs von 1939 zur Ergänzung der Regelungen über die „wohltätige Anrechnung von Arbeitstagen":

„Bei uns gilt diese Maßnahme in einem sehr verbreiteten Ausmaß, weil es nicht möglich ist, die gehörige Entlohnung der Arbeit der Gefangenen sicherzustellen, und weil sie als Ehrengabe nützlich sein kann, indem sie den Ehrgeiz und die Liebe des Gefangenen für die Arbeit anregt"[94].

Vergleicht man die Vor- und Nachteile einer monetären und einer nichtmonetären Entlohnung, so besteht der Vorzug des monetären Arbeitsentgelts ohne Zweifel in der Angleichung der Vollzugsbedingungen an das Leben in Freiheit. In Bezug auf den Angleichungsgrundsatz (§3 Abs.1 StVollzG) wird eine monetäre Entlohnung den Lebensbedingungen in Freiheit am besten gerecht, da auch auf dem freien Arbeitsmarkt die Arbeit primär durch Geld und nicht etwa durch Sachleistungen oder Urlaub entlohnt wird. Auch kann nur eine monetäre Entlohnung es dem Gefangenen ermöglichen, seine Familie finanziell zu unterstützen, Rücklagen für die Entlassung zu bilden und etwaige Schulden und Schadensersatzforderun-

---

[93] *BVerfGE* 98, 169ff.
[94] Vgl. *Frangoulis*: Freiheit durch Arbeit, S.40, 105.

gen der durch die Straftat Geschädigten zu tilgen[95]. Gerade die finanzielle Ausstattung eines Haftentlassenen spielt für die Integration in die Gesellschaft und die Rückfallvermeidung eine entscheidende Rolle[96], werden Rücklagen doch für die Beschaffung von Wohnung, Kleidung und sonstiger notwendiger Versorgungsgüter und zur Schuldentilgung benötigt[97].

Ein rein finanzielles Entlohnungssystem ist aber sehr kostspielig, zumal die Einkünfte aus der Gefangenenarbeit aufgrund der geringen Produktivität (s.o.) die Ausgaben bei weitem nicht decken können. Demgegenüber ist ein Good Time – System eine sehr kostengünstige Möglichkeit zur Anerkennung von Arbeit. Zwar kann eine nicht monetäre Entlohnung die finanzielle Entlohnung wegen der oben geschilderten Bedeutung des Arbeitlohns für den Gefangenen auf keinen Fall ersetzen, wohl aber sinnvoll ergänzen[98].

So sind von einer Zeitgutschrift positive Impulse für die Arbeitsmotivation der Gefangenen zu erwarten. Versetzt sie doch die Häftlinge in die Position, durch ihre eigene Anstrengung die Haftzeit aktiv zu beeinflussen[99]. Gerade das Leistungsbewusstsein und das Durchhaltevermögen können auf diese Art und Weise gestärkt werden, da der Häftling das Gefühl erhält, nicht nur für den Staat, sondern auch für sich selbst zu arbeiten[100]. Der

---

[95] *Dünkel/van Zyl Smit*: Arbeit im Strafvollzug – Ein internationaler Vergleich, in Albrecht u.a. (Hrsg.): Internationale Perspektiven in Kriminologie und Strafrecht – FS Günther Kaiser, S.1162f.; *Lohmann*: Arbeit und Arbeitsentlohnung des Strafgefangenen, S.143f.

[96] *Dünkel/van Zyl Smit* a.a.O., S.1164, 1171.; *BAG für Straffälligenhilfe*: Tarifgerechte Entlohnung für Inhaftierte, in ZfStrVo 1993, S.178.

[97] Vgl. *BAG für Straffälligenhilfe* a.a.O. S.175f.

[98] So auch *Ullenbruch*: Neuregelung des Arbeitsentgelts für Strafgefangene..., in ZRP 2000, Heft 5, S.179; *Lohmann* a.a.O.

[99] So auch *Meurer*: Freiheit durch Arbeit nach griechischem Strafrecht, in Busch/Edel/ Müller-Dietz (Hrsg.): Gefängnis und Gesellschaft, S.86.

[100] *Aschrott*: Strafensystem und Gefängniswesen in England, S.200.

Wert der Arbeit für ein straffreies Leben kann somit den Häftlingen gut vor Augen geführt werden.

Auch der Staat profitiert davon, wenn die Häftlinge mit einer besseren Motivation arbeiten[101], da viele der in den Gefängnissen hergestellten Produkte von der eigenen Anstalt oder von anderen Gefängnissen verwendet werden; man denke nur an gefängniseigene Reparaturwerkstätten, Bäckereien oder Wäschereien. Außerdem kann durch Aufträge von freien Unternehmen wenigstens ein, wenn auch meist nur geringer, Teil der Vollzugskosten gedeckt werden.

Trotzdem sind Good Time – Regelungen zur Förderung von Arbeit teilweise umstritten, wobei sich die Kritik einerseits auf die Verwendung von Good Time – Regelungen im Allgemeinen (siehe dazu bereits Kapitel 4), teilweise auf die Nutzung von Good Time – Regelungen speziell zur Förderung von Arbeitsleistungen erstreckt.

Zum einen wird die Motivationswirkung einer Zeitgutschrift angezweifelt. Den Häftlingen sei eine finanzielle Entlohnung wegen der Erwerbsmöglichkeit von Genussmitteln während der Haftzeit und damit die Verbesserung der Haftbedingungen wesentlich wichtiger, als eine in ferner Zukunft liegende, nicht greifbare Strafzeitverkürzung[102]. Diese Argumentation unterschätzt aber die Bedeutung der vorzeitigen Entlassung für den Gefangenen[103]. So gehen griechische Vollzugswissenschaftler davon aus, dass das griechische Institut der wohltätigen Anrechnung der Arbeitstage, das immerhin eine 50%ige Haftzeitreduktion ermöglicht, die Hauptmotivationsquelle der Gefangenen für gute Arbeitsleistung darstellt[104].

---

[101] *Frangoulis*: Freiheit durch Arbeit, S.104; *Meurer* a.a.O., S.85.

[102] So offenbar *Kamann*: Das Urteil des BVerfG vom 1.7.1998..., in StV 1999, S.349; *Lohmann*: Arbeit und Arbeitsentlohnung des Strafgefangenen, S.143.

[103] Vgl. auch BT-Drucksache 14/4070, S.9.

[104] Vgl. *Frangoulis*: Freiheit durch Arbeit, S.104 m.w.N.

Zudem darf die Motivationswirkung des finanziellen Arbeitsentgelts nicht überschätzt werden, da die Nutzung des Lohns für den Einkauf gemäß §47 I StVollzG a.F. & n.F. von vornherein beschränkt ist, um finanzielle Abhängigkeiten und Geschäftemachereien zwischen den Häftlingen zu vermeiden[105]. Wenn neben die zum Einkauf nur beschränkt verwendbare finanzielle Entlohnung eine nicht monetäre Anerkennung in Form einer Strafzeitverkürzung tritt, so kann davon ausgegangen werden, dass letztere in Bezug auf die vorgezogene Erlangung der Freiheit einen zusätzlichen Anreiz darstellt.

Auf die Anstaltssicherheit und das Anstaltsklima bezogen hat ein Good Time – System sogar den Vorteil, dass mit den unverkäuflichen Strafzeitrabatten im Gegensatz zu finanziellen Mitteln keine Geschäfte gemacht oder Mithäftlinge erpresst werden können und somit finanzielle Abhängigkeiten vermieden werden.

Gegen die Strafzeitverkürzung als Form der Anerkennung von Arbeitsleistungen wird zum anderen vorgebracht, eine Verkürzung der Haftzeit sei nicht mit dem in Freiheit üblichen Arbeitslohn zu vergleichen und widerspräche damit dem Angleichungsgrundsatz[106]. Dem ist jedoch entgegen zu halten, dass der Angleichungsgrundsatz des §3 Abs.1 StVollzG zwar ein sehr wichtiges Gestaltungsprinzip des Vollzugs und eine Konkretisierung des §2 StVollzG darstellt[107], jedoch schon der Wortlaut der Norm zeigt, dass es sich hierbei nicht um eine absolute Anordnung des Gesetzgebers handelt. Vielmehr sollen die Vollzugsbedingungen dem Leben in Freiheit angenähert werden, um Prisonierungseffekte zu vermeiden und den Wiedereinstieg in die Gesellschaft nach Haftentlassung zu erleichtern. Das

---

[105] Vgl. BT-Drucksachen 14/4452, S.2 und 14/4898, S.1; *Beck*: Plenarprotokoll 24/133 vom 16.11.2000, S.12894.

[106] Vgl. *Däubler/Spaniol* in Feest: StVollzG, 4.Aufl., §43 Rn.7; *Feest*: AK-StVollzG Erg., §43 Rn.2 m.w.Nw.

[107] Vgl. z.B. *C/MD*: StVollzG, 9.Aufl., §3 Rn.1; *Seebode*: Strafvollzug, S.121ff.

heißt aber nicht, dass identische Bedingungen zu schaffen sind. Der Vollzug als eigenständiges, geschlossenes System kann durchaus auf eigene, dem System angepasste Motivationsmethoden zurückgreifen, wenn diese ebenso wie ein finanzielles Arbeitsentgelt geeignet sind, den Häftlingen den Wert der Arbeit für ein straffreies Leben vor Augen zu führen. Zudem sollen die Good Time – Kredite nicht anstelle, sondern neben eine finanzielle Entlohnung treten. Es soll nur ein zusätzlicher Anreiz geschaffen werden. Auch der freie Arbeitsmarkt kennt neben Arbeitslohn zusätzliche Gratifikationen, die z.B. in Zusatzurlaub oder Sachleistungen bestehen können.

Und selbst wenn man davon ausgehen wollte, dass der Angleichungsgrundsatz eine strikte Kompatibilität mit der Arbeitsentlohnung in der freien Gesellschaft fordere, so wäre darauf hinzuweisen, dass auch dort der Freiheit ein geldwerter Vorteil beigemessen wird, wie zahlreiche Entschädigungsansprüche bei der Verletzung von Freiheitsrechten beweisen (vgl. §§ 823, 253 BGB, §§ 1, 2 StrEG, Art. 34 GG i.V.m. §839 BGB)[108].

Mit dem Angleichungsgrundsatz bestehen somit keine Konflikte.

Auch dem Argument, eine die Arbeitsleistungen honorierende Good Time – Regelung könne zu der Vorstellung führen, Arbeit sei nicht Mittel der Resozialisierung, sondern der Strafe, weil der Eindruck entstehe, wer im Vollzug arbeite, sei härter bestraft und deshalb reiche eine kürzere Strafe aus[109], ist zu widersprechen. Einerseits entsteht der Eindruck, Arbeit sei Strafübel, nicht durch die Good Time – Regelung, sondern durch die bestehende gesetzlich angeordnete Arbeitspflicht bei gleichzeitiger geringer Entlohnung. Wird diese „Entlohnung" – gleich welcher Art – verbessert, so wird vielmehr der Eindruck entstehen, dass die Arbeit für den Häftling e-

---

[108] Vgl. dazu *Schäfer*: Nicht-monetäre Entlohnung von Gefangenenarbeit, S.42ff.
[109] So zumindest *Däubler/Spaniol* in Feest: StVollzG, 4.Aufl., §43 Rn.7.

her positive als negative Auswirkungen hat. Andererseits darf nicht vergessen werden, dass die Good Time eine Gegenleistung für erbrachte Leistungen darstellt und keine vom Staat zu gewährende „Wohltat" ist. Es ist Sinn und Zweck des Resozialisierungsmittels „Gefangenenarbeit", dem Häftling vor Augen zu führen, dass man einerseits für sein „Geld" etwas tun muss, andererseits aber auch für die Mühen belohnt wird.

Die untrennbare Verknüpfung von Pflichtarbeit und Freiheitsstrafe durch die in §41 StVollzG normierte Arbeitspflicht kann sogar, zumindest in Bezug auf arbeitshonorierende Good Time – Regelungen, zur Rechtfertigung des Good Time – Systems beitragen. Strafe ist immer auch Schuldausgleich. Aufgrund der Verknüpfung von Arbeit mit der Freiheitsstrafe in Form der Pflichtarbeit, bedeutet Teilnahme an der Arbeit zugleich auch Schuldausgleich. Dieser wiederum rechtfertigt die vorzeitige Entlassung, zumindest dann, wenn die Good Time für eine überdurchschnittliche Mehrarbeit gewährt wird. Denn dann trägt der Gefangene durch seine überobligatorische Arbeit in einem überobligatorischen Maße zum Schuldausgleich bei und kann aufgrund dessen auch eher entlassen werden[110].

Ein Problem der Honorierung von Arbeitsleistungen durch Good Time – Kredite ist jedoch der bereits angesprochene Umstand, dass nicht unbedingt die fehlgeschlagene Erwerbsbiographie Ursache der Straffälligkeit ist, sondern auch tieferliegende Sozialisationsdefizite existieren. Zwar kann die Arbeit im Vollzug die Wiedereingliederungschancen der Mehrzahl der Haftentlassenen und damit auch die Wiederverurteilungsraten positiv beeinflussen, doch gibt es Tätergruppen, bei denen sich durch die Vermittlung beruflicher Fähig- und Fertigkeiten keine Rückfallprävention betreiben lässt. Dies zeigen beispielsweise Erfahrungen aus Polen. Insbesondere hafterfahrene Wiederholungstäter waren zwar während der Haft-

---

[110] Vgl. *Seebode*: Strafvollzug, S.92.

zeit äußert fleißig und wiesen überdurchschnittliche Arbeitsleistungen auf, so dass auch erhebliche Strafzeitreduktionen möglich waren, trotz allem kehrten sie häufig nach ihrer Entlassung sehr schnell in die Haft zurück[111]. Dies lässt darauf schließen, dass trotz der guten Arbeitsleistungen die eigentlichen Ursachen für die Straffälligkeit während des Vollzugs nicht behoben werden konnten. Folglich kann auf begleitende Therapiemaßnahmen, die zur Behebung der Sozialisationsdefizite dienen, nicht verzichtet werden.

Als besonders problematisch erweist sich die Gruppe der Sexual- und Gewaltstraftäter. Diese können sicherlich auch von der Arbeit im Vollzug profitieren, indem wertvolle Fähig- und Fertigkeiten für die Reintegration auf den Arbeitsmarkt erhalten bzw. geschaffen werden. Die Störungen aber, die zur Sexual- oder Gewaltkriminalität geführt haben[112], werden dadurch nicht beseitigt.

Die Bedenken[113] gegen die Gewährung von Strafzeitverkürzungen allein aufgrund von Arbeit bei den häufig sehr angepassten und fleißig arbeitenden Sexualstraftätern ist demnach nicht unberechtigt. Man kann hier allerdings die Regelungen anderer Länder zum Vorbild nehmen, die den Erwerb von Zeitgutschriften bei diesen Tätergruppen entweder ganz oder zumindest teilweise ausschließen bzw. an besondere Voraussetzungen knüpfen. So können z.B. in Kentucky oder New Jersey die Sexualstraftäter zwar Good Time verdienen, erhalten diese Gutschrift aber erst dann auf die Haftzeit angerechnet, wenn sie (erfolgreich[114]) an einem speziellen auf ihr Problem ausgerichteten Therapieprogramm teilgenommen haben. In

---

[111] *Wasik*: Zur Geschichte der Strafrestaussetzung in Polen, in Feuerhelm/Schwind/Bock (Hrsg.): Festschrift für Alexander Böhm, S.488f.

[112] Vgl. *Schneider*: Kriminologie für das 21.Jahrhundert, S.156ff., 403ff.

[113] Vgl. *Rösch*: Kommentar zum Urteil des BVerfG vom 1.1.1998, in Herrfahrdt (Hrsg.): Schriftenreihe der Bundesvereinigung der Anstaltsleiter im Strafvollzug e.V., Bd. 2, S.139.

[114] *In New Jersey reicht die Programmteilnahme aus, in Kentucky wird ein erfolgreicher Programmabschluss gefordert (vgl. Anhang).*

Deutschland könnten z.B. solche Sonderregelungen für sozialtherapeutische Anstalten in Betracht gezogen werden.

Der Hauptkritikpunkt gegen die arbeitshonorierenden Good Time – Regelungen ergibt sich aus dem Mangel an Arbeitsplätzen, der in den meisten Ländern mit Zeitgutschriftensystemen besteht. Es wird als ungerecht empfunden, wenn (unverschuldet) arbeitslose Häftlinge von der Good Time nicht profitieren können, insbesondere dann, wenn Arbeit die einzige Möglichkeit darstellt, eine Strafzeitreduktion zu erwerben[115].

In Deutschland werden seit dem Jahr 1988 keine offiziellen bundesweiten Erhebungen mehr über die Beschäftigung im Strafvollzug erhoben. Bekannt ist jedoch, dass im Jahre 1992 die Beschäftigungsrate der Strafgefangenen noch 75 % betrug, im Jahre 1998 jedoch nur noch 52% aller Strafgefangenen beschäftigt waren[116]. Beispielhaft sei hier auf die Beschäftigungszahlen der Justizvollzugsanstalten des Landes Berlin in den Jahren 2000 bis 2003 verwiesen.

Tabelle 4: Beschäftigungsbilanz der Justizvollzugsanstalten des Landes Berlin von 2000 –2003 (als Beschäftigung gelten alle in §§37 bis 39 StVollzG genannten Tätigkeiten)

	2000	2001	2002	2003
Durchschnittsbelegung	5.167	5.051	5.155	5.286
Durchschnittliche Zahl der beschäftigten Gefangenen pro Monat	2.986	2.922	3.031	3.102
Beschäftigte in Prozent	57,79	57,85	58,80	58,68

Quelle: Justizvollzug in Berlin: Zahlenspiegel 2004, in ZfStrVO 2005, S.109f.

---

[115] Vgl. *Ullenbruch*: Neuregelung des Arbeitsentgelts für Strafgefangene..., in ZRP 2000, Heft 5, S.180, Fn. 21; *Däubler/Spaniol* in Feest: StVollzG, 4.Aufl., §43 Rn. 8; *Dünkel/van Zyl Smit*: Arbeit im Strafvollzug – Ein internationaler Vergleich, in Albrecht u.a. (Hrsg.): FS Günther Kaiser, S.1186; *Lohmann*: Arbeit und Arbeitsentlohnung des Strafgefangenen, S.282; *Feest*: AK-StVollzG Erg. §43 Rn.10.

[116] *Däubler/Spaniol* a.a.O., §37 Rn.25; Vgl. auch die Aufstellung bei *Dünkel/Van Zyl Smit* a.a.O., S.1175; ähnlich *Kaiser* in K/S: Strafvollzug, 5.Aufl., §3 Rn.48.

Diagramm 3: Arten der Beschäftigung im Ø des Jahres 2003 im
Berliner Justizvollzug:

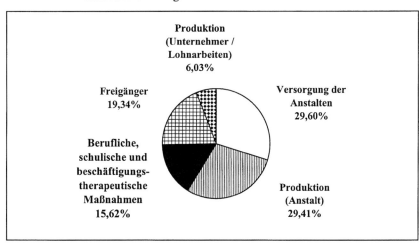

**Produktion
(Unternehmer /
Lohnarbeiten)
6,03%**

**Freigänger
19,34%**

**Versorgung der
Anstalten
29,60%**

**Berufliche,
schulische und
beschäftigungs-
therapeutische
Maßnahmen
15,62%**

**Produktion
(Anstalt)
29,41%**

<u>Quelle:</u> Justizvollzug in Berlin: Zahlenspiegel 2004, in ZfStrVO 2005, S.109f.

Wie Tabelle und Diagramm zu entnehmen sind, stand nur einem Bruchteil
der Inhaftierten ein Arbeitsplatz innerhalb der Anstalt zur Verfügung (denn
immerhin 34,96% der Beschäftigten waren Freigänger oder nahmen an
Schulungs- und Bildungsmaßnahmen teil. 41,32% aller Haftinsassen waren
gänzlich unbeschäftigt.

In Hessen standen im Jahr 2002 für 5.958 Gefangene nur 3.638 Arbeitsplätze zur Verfügung[117]; im März 2004 waren in der JVA Würzburg 60%,
in der JVA Aschaffenburg 70% der Gefangenen arbeitslos[118]. In anderen
Bundesländern sieht die Situation vergleichbar aus, die durchschnittliche
Arbeitslosenquote liegt zwischen 30 und 53%[119].

---

[117] Hessischer Justizvollzug in Zahlen, in Aktuelle Informationen, ZfStrVo 2004,
S.177.
[118] Zur Arbeitslosigkeit hinter Mauern, in Aktuelle Informationen, ZfStrVo 2004,
S.230.
[119] Vgl. die Zahlen bei *Lohmann*: Arbeit und Arbeitsentlohnung des Strafgefangenen,
S.86ff.

Die Arbeitslosigkeit und damit der Ausschluss von der Verdienstmöglichkeit der Strafzeitrabatte wird insbesondere dann als ungerecht empfunden, wenn die Arbeitslosigkeit aufgrund des anstaltsinternen Arbeitsplatzmangels seitens der Häftlinge unverschuldet ist[120]. Eine solche Situation fördert nicht nur den Unmut der Häftlinge und verschlechtert damit das Anstaltsklima, es kann auch kriminelle Strukturen innerhalb der Haftanstalten begünstigen. So wurde beispielsweise in Griechenland beobachtet, dass Gefangene durch Bestechung des für die Arbeitsplatzvergabe zuständigen Anstaltspersonals versuchten, sich die begehrten Arbeitsplätze zu erkaufen[121].

Hinzu kommt die Gefahr der Entstehung eines „Teufelskreises". So konnte in einigen Ländern (z.B. Griechenland) beobachtet werden, dass Strafrichter, wohlwissend um die Möglichkeit der Strafzeitverkürzung durch Arbeit, das Strafmaß so hoch ansetzten, dass unter Abzug des durch Arbeit zu verdienenden Strafzeitrabatts die von ihnen intendierte Mindeststrafe erreicht werden sollte. Dabei wurde aber häufig nicht bedacht, dass wegen der schlechten Arbeitsmarktlage nicht alle Strafgefangen die Möglichkeiten haben würden, auch einen Arbeitsplatz und damit die Strafzeitreduktion zu erhalten[122].

Deshalb sind einige Länder dazu übergegangen, unverschuldet arbeitslosen Häftlingen einen Strafzeitrabatt zu gewähren, solange sie nur ernsthaft den Willen demonstrieren, an einem Arbeitsprogramm teilzunehmen. So wird beispielsweise in Vermont auch den Häftlingen der für eine Programmteilnahme maximal zu erwerbende Good Time – Kredit gewährt, denen wegen fehlender Programmkapazitäten die Teilnahme versagt werden musste, solange nur ein ernsthaftes Bemühen um einen Programmplatz gezeigt wurde

---

[120] *Jacobs*: Sentencing by Prison Personnel..., in UCLA Law Review, Volume 30 (2), 12/1982, S.235.
[121] Vgl. *Frangoulis*: Freiheit durch Arbeit, S.110.
[122] Vgl. *Frangoulis* a.a.O., S.111.

(§28-811 Vermont Statutes). In Kalifornien wird den Häftlingen, die mangels Programmkapazitäten entgegen ihrem Willen statt an einem Ganz- nur an einem Halbtagesprogramm teilnehmen können, ein höherer Kredit als bei Halbtagesprogrammen üblich gewährt (§§ 2931ff. Penal Code). Auch in Costa Rica wurde zumindest in der Vergangenheit die für gute Arbeitsleistungen zu vergebende Strafzeitverkürzung (Beneficio des descuento adicional) von 2 Hafttagen pro einem Arbeitstag automatisch allen Gefangenen gewährt, die einen entsprechenden Arbeitswillen bekundeten; die fehlenden Arbeitsmöglichkeiten sollten sich nicht zum Nachteil der Gefangenen auswirken[123].

Eine solche Lösung ist jedoch bedenklich. Denn einerseits wird sich der kundgetane Arbeitswille nur schwer auf seine Ernsthaftigkeit überprüfen lassen (will man nicht etwa einen Polygrafen zur Erforschung des wahren Willens verwenden, was wiederum Bedenken gegen den Schutz der Menschenwürde und einen erheblichen Verwaltungsaufwand hervorrufen würde[124]).

Wegen der Schwierigkeit der Willenserforschung verzichtete Spanien z.B. daher gänzlich auf eine Demonstration des Arbeitswillens und sprach allen unverschuldet arbeitslosen Häftlingen unabhängig von einer etwaigen Willensbekundung den vollen für Arbeitsleistungen zu vergebenden Strafzeitrabatt zu[125].

---

[123] *Baedeker*: Die Freiheitsstrafe und ihre Surrogate in Costa Rica, in Jescheck (Hrsg.):Die Freiheitsstrafe und ihre Surrogate..., S.1177f.

[124] *Zumindest wenn der Polygraf gegen den Willen eines Betroffenen angewendet wird, verstößt dies gegen Art. 1 Abs.1 GG, da der Betroffene einem nicht kontrollierbaren Zugriff auf sein Wissen ausgesetzt ist. Strittig ist die Anwendung bei Einwilligung des Betroffenen;* vgl. *Müller - Christmann*: Aktuelles Strafprozessrecht, in Jus 1999, S.60f.; *Sachs*: Beweiserhebung mit Hilfe eines „Lügendetektors" (Polygraphen), in Jus 1999, S.394; BGH, NJW 1999, S.657ff.; *C. Enders* in Friauf/Höfling (Hrsg.): Berliner Komm., Art. 1 Rn. 95ff., insb. 98.

[125] *Giménez-Salinas* in van Zyl Smit/Dünkel (Hrsg.): Prison Labour: Salvation or Slavery?, S. 249.

Andererseits ist aber, egal ob eine Demonstration des Arbeitswillens gefordert wird oder nicht, die Vergabe einer Zeitgutschrift ohne die tatsächliche Leistung grundsätzlich problematisch. Denn im Vergleich zu den Gefangenen, die sich die Vergabe der Kredite durch die Teilnahme an einem Arbeitsprogramm hart erarbeiten müssen, erscheint die Gewährung der Zeitgutschrift an den untätigen Häftling als ebenso ungerecht[126].

Selbiges gilt auch, wenn beispielsweise in der griechischen Strafvollzugspraxis solche Arbeitsplätze mit einem Höchstmaß an Krediten (1 Arbeitstag = 2 (1/2) Hafttage) honoriert werden, die eigentlich kraft Gesetzes mit einer geringeren Reduktionsrate (1 Arbeitstag = 1 ½ Hafttage) einzustufen sind[127]. Auf diese Weise kann zwar der Mangel an hochqualifizierten oder besonders körperlich anstrengenden Arbeitsplätzen, die eine hohe Reduktionsrate aufweisen, ausgeglichen werden, jedoch wird die gesetzgeberische Intention, besonders schwierige Arbeiten auch entsprechend höher zu belohnen als leichtere Arbeiten, zunichte gemacht.

Der hart arbeitende Häftling wird sich in solchen Fällen gegenüber seinem ebenso durch Zeitgutschriften bedachten, aber weniger oder gar nicht arbeitenden Mithäftling, benachteiligt fühlen. Dies kann zu einer Demotivierung der arbeitenden Häftlinge und zu dem Eindruck führen, dass Arbeit sich eben doch nicht lohnt. Eine Einstellung, die dem Resozialisierungsziel äußerst abträglich ist.

Selbiges Problem stellt sich bei der Frage, wie mit arbeitsunfähigen Häftlingen zu verfahren ist, die aufgrund von Verletzungen oder Krankheit unverschuldet von der Arbeitsteilnahme und damit auch vom Krediterwerb ausgeschlossen sind. Man kann auch hier die Nichtvergabe der Kredite als ungerecht empfinden[128] und dem Beispiel der Länder (z.B. Spanien[129], Te-

---

[126] *Jacobs*: Sentencing by Prison Personnel..., in UCLA Law Review, Volume 30 (2), 12/1982, S.235.

[127] *Frangoulis*: Freiheit durch Arbeit, S.111.

[128] *Jacobs* a.a.O.; *Wasik*: Zur Geschichte der Strafrestaussetzung in Polen, in Albrecht u.a. (Hrsg.): Internationale Perspektiven in Kriminologie..., S.489.

xas) folgen, die den durch Krankheit arbeitsunfähigen Strafgefangenen den vollen Kreditumfang gewähren. Ebenso kann man dies ablehnen, da eine solche generelle Vergabe der Kredite die arbeitenden Häftlinge demotivieren wird.

Auf der einen Seite steht somit die Erwägung, dass die unverschuldete Arbeitslosigkeit bzw. Arbeitsunfähigkeit dem Häftling nicht zum Nachteil gereichen soll; auf der anderen Seite muss bedacht werden, dass die Strafzeitreduktion Gegenleistung für einen Resozialisierungsbeitrag des Häftlings ist.

Eine mögliche Konfliktlösung kann darin bestehen, nicht nur die Teilnahme an Arbeitsprogrammen, sondern auch die Teilnahme an gleichwertigen Behandlungsprogrammen, z.B. Schulungs- und Ausbildungsmaßnahmen oder sonstigen resozialisierungsfördernden Kursen, zu honorieren. Arbeitsunfähige wären entsprechend Ihrer Fähigkeiten zu beschäftigen und zu entlohnen.

Diese in vielen Ländern praktizierte Lösung hat einerseits den Vorteil, dass das Angebotsspektrum für den Erwerb der Strafzeitrabatte erhöht und somit eine größere Anzahl von Häftlingen erreicht wird. Andererseits muss ein nicht an einem Arbeits-, dafür aber an einem sonstigen Therapieprogramm teilnehmender Häftling nicht befürchten, einen Nachteil beim Erwerb der Strafzeitreduktion zu erleiden.

Allerdings wäre es unrealistisch zu glauben, stets alle Häftlinge beschäftigen und den Krediterwerb flächendeckend ermöglichen zu können. Deshalb muss das Hauptaugenmerk dem Zweck der Good Time – Regelungen gelten.

---

[129] *Giménez-Salinas* in van Zyl Smit/Dünkel (Hrsg.): Prison Labour: Salvation or Slavery?, S. 249.

Der Strafzeitrabatt ist keine „Wohltat" des Staats, sondern wird als Gegenleistung für die Teilnahme an einem Arbeitsprogramm vergeben, von dem die oben dargestellten resozialisierungsfördernden Wirkungen zu erwarten sind.

Nur der resozialisierende Effekt der Arbeit, der einem späteren Rückfall des Betroffenen entgegen wirken soll, rechtfertigt die vorzeitige Haftentlassung. Würde man sich nicht durch die Teilnahme am Resozialisierungsprogramm eine Verminderung der Rückfallgefährdung des Haftentlassenen versprechen, so ließe sich in Anbetracht des Strafvollzugsziels (Befähigung ein „Leben in sozialer Verantwortung ohne erneute Straftaten zu führen" und damit Schutz der Allgemeinheit vor erneuten Straftaten, vgl. §2 Satz 1 und 2 StVollzG) unmöglich die vorzeitige Haftentlassung rechtfertigen.

Wer aber nicht arbeitet und diesbezüglich keinen Resozialisierungsbeitrag erbringt/erbringen kann, dem kann auch grundsätzlich nicht die entsprechende Gegenleistung gewährt werden, mag dies auch dem Gerechtigkeitsempfinden Einiger widersprechen.

Im Übrigen ist zu bedenken, dass nicht die arbeitshonorierende Good Time – Regelung das Problem ist, sondern der Arbeitsplatzmangel, zu dessen Beseitigung der Staat von Verfassung wegen verpflichtet ist (§§148, 149 StVollzG i.V.m. Art. 1, 20 GG, Resozialisierungsgebot) [130]. Einerseits erachtet der Staat die Arbeit als Resozialisierungsmittel so hoch, dass er in §41 StVollzG eine gesetzliche Arbeitspflicht der Häftlinge proklamiert, andererseits bringt er es nicht fertig, genügend Arbeitsplätze zur Verfügung zu stellen, um dieses Resozialisierungsmittel auch gegenüber allen Häftlingen „durchzusetzen".

---

[130] *C/MD*: StVollzG, 9.Aufl., §§148 Rn.1, 149 Rn.1ff.

Es kann somit nur versucht werden, arbeitslosen Häftlingen andere durch Good Time honorierte Programme anzubieten, die einen ähnlich resozialisierenden Charakter wie die Arbeitsteilnahme haben. Arbeitsunfähigen Gefangenen müssen alternative Beschäftigungsmöglichkeiten geboten werden, die deren Fähigkeiten entsprechen. Ansonsten sind unbeschäftigte Häftlinge vom Erwerb der Strafzeitrabatte ersatzlos auszuschließen.

Ergänzend ist anzumerken, dass das diese Probleme nicht allein bei Strafzeitverkürzungssystemen auftreten. Auch in Systemen mit einer rein monetären Entlohnung besteht die Gefahr der Missgunst unbeschäftigter Häftlinge gegenüber beschäftigten und damit vermögenderen Mitinsassen. Schon jetzt besteht in deutschen Haftanstalten bei der finanziellen Ausstattung der Häftlinge ein Zweiklassensystem, das arbeitende und arbeitslose Häftlinge voneinander trennt und zu sozialen Abhängigkeiten, Geschäftemachereien und einem schlechten Anstaltsklima beiträgt[131]. Zwar kann und soll das finanzielle Gefälle zwischen beschäftigten und unbeschäftigten Gefangenen durch eine Einschränkung des Hausgelds (§47 I StVollzG a.F. & n.F.) und die Zahlung von Taschengeld an unverschuldet arbeitslose, bedürftige Häftlinge (§46 StVollzG) gemildert werden, jedoch ist nicht zu verhindern, dass arbeitende Gefangene sich in der Haft mehr Annehmlichkeiten leisten können als unbeschäftigte Mithäftlinge[132]. Dies ist auch so beabsichtigt: Denn wenn das Taschengeld dem Arbeitsentgelt gleichgestellt wäre, ginge jeglicher Anreiz für eine Beschäftigung verloren[133]. Folglich wird lediglich darauf geachtet, das finanzielle Gefälle für die Unbeschäftigten nicht so unerträglich werden zu lassen, dass dies zu schwerwiegenden Störungen des Anstaltsklimas führen könnte. Ansonsten ist es

---

[131] Vgl. Gesetzgebungsverfahren zum 5.Strafvollzugsänderungsgesetz, z.B. BT-Drucksachen 14/4452, S.2 und 14/4898, S.1, *Beck*: Plenarprotokoll 24/133 vom 16.11.2000, S.12894.

[132] *Das Taschengeld beträgt gemäß der VV Nr.2 zu §46 25% der Eckvergütung nach §43 Abs.2 StVollzG*; vgl. *C/M-D*: StVollzG, 8.Aufl. §46 Rn.3.

[133] Vgl. *Schöch* in K/S: Strafvollzug, 5.Aufl., §7 Rn.96; *Böhm*: Strafvollzug, S.137.

selbstverständlich, dass ein arbeitender Häftling aufgrund seiner erbrachten Leistung auch über mehr Geld verfügen kann als ein Unbeschäftigter. Warum die Behandlung von arbeitenden und nicht arbeitenden Gefangenen bei einer nichtmonetären Entlohnung anders gehandhabt werden soll, ist nicht begründbar.

Hinzu kommt, dass eine monetäre Entlohnung den Status eines Gefangenen im Vollzug wesentlich mehr beeinflusst und somit viel eher die Gefahr von Missgunst und Geschäftemachereien birgt, als eine nicht real greifbare Haftzeitverkürzung dies tun kann. Denn mit letzterer kann man nicht handeln, diese erpressen oder entwenden.

Insgesamt ist festzustellen, dass ein Strafzeitverkürzungssystem das Anstaltsklima nicht negativer beeinflusst bzw. nicht ungerechter ist, als ein monetäres System dies sein kann.

Schlussendlich ist darauf hinzuweisen, dass bereits vor der Einführung der Good Time – Regelung in Deutschland die Arbeitsleistung des Häftlings bei Entscheidungen über Vollzugslockerungen oder eine Strafrestaussetzung zur Bewährung beachtet wurde[134]; die Anerkennung der Arbeit durch Vollzugslockerungen ist dem deutschen Rechtssystem somit nicht vollends fremd. So wurden (und werden) in vielen Anstalten bei Entscheidungen über Vollzugslockerungen die Arbeitsleistungen als Indikator für die Zuverlässigkeit des Häftlings und seine Bereitschaft, am Resozialisierungsziel mitzuarbeiten, angesehen. Man erhoffte sich sogar positive Auswirkungen auf die Arbeitsmotivation des Häftlings[135]. Ob diese indirekte Bewertung der Arbeitsleistung nach der neuen Rechtssprechung des BVerfG verfassungsrechtlichen Anforderungen noch standhält, ist jedoch zweifelhaft.

---

[134] *Weinert*: Arbeit und Arbeitsentgelt, in Schwind/Blau (Hrsg.): Strafvollzug in der Praxis, 2.Aufl., S.287; *Däubler/Spaniol* in Feest: StVollzG, 4.Aufl., §43 Rn.7.; *Dünkel/van Zyl Smit*: Arbeit im Strafvollzug – Ein internationaler Vergleich, in Albrecht u.a. (Hrsg.): FS Günther Kaiser, S.1186.; *Schäfer*: Nicht-monetäre Entlohnung von Gefangenenarbeit, S.38.

[135] Vgl. *Weinert* a.a.O., S.287.

Denn das BVerfG verlangt, dass zwischen Lockerung und bewerteter Arbeitsleistung ein formaler Bezug besteht und als Anerkennung der Arbeitsleistung im konkreten Fall bewertet werden kann. Dies ist bei einer nur mittelbaren Berücksichtigung aber gerade nicht der Fall[136].

Ein Good Time – System, bei dem nach einer genau vorgegebenen Berechnungsmethode die Arbeitsleistungen anerkannt werden, genügt hingegen den Anforderungen des BVerfG.

e) *Good Time zur Förderung der arbeitstherapeutischen Beschäftigung*

Die arbeitstherapeutische Beschäftigung gemäß §37 Abs.5 StVollzG spricht Gefangene an, die „zu einer wirtschaftlich ergiebigen Arbeit nicht fähig" sind, deren Leistungsfähigkeit also in psychischer und physischer Hinsicht derart gestört ist, dass sie allgemeinen Arbeitsanforderungen nicht gewachsen sind[137]. Dies spiegelt sich in der Regel in erheblichen Sozialisations- und Leistungsdefiziten im Kommunikations-, Leistungs- und Verhaltensbereich wider, z.B. in der Unfähigkeit zu kontinuierlichem Arbeiten, in Konzentrationsstörungen oder unterdurchschnittlicher Intelligenz[138].

Unterschieden wird die Arbeits- und die Beschäftigungstherapie, wobei die Grenzen nicht immer klar zu ziehen sind[139].

Die Arbeitstherapie dient unmittelbar der Herstellung der Arbeitsfähigkeit der Teilnehmer: Sie sollen zu einem positiven Arbeits- und Leistungsverhalten geführt werden und manuelle Fähigkeiten erwerben. Durch die Gewöhnung an einen geregelten Tagesablauf soll das Durchhaltevermögen der Häftlinge gestärkt, durch zunächst einfache Arbeiten sollen Erfolgser-

---

[136] Vgl. *Däubler/Spaniol*: in Feest: StVollzG, 4.Aufl., §43 Rn.7.

[137] *C/MD*: StVollzG, 8.Aufl., §37 Rn.7.

[138] Vgl. *Schweinhagen*: Arbeitstherapie im geschlossenen Erwachsenenvollzug, in ZfStrVo 1987, S.95.

[139] *Matzke* in Schwind/Böhm: StVollzG, 3.Aufl., §37 Rn. 9.

lebnisse verschafft und Versagungsängste abgebaut werden[140]. Insgesamt sollen das Selbstbewusstsein aufgebaut und gesteigert, die Begabungen der Häftlinge erkannt und die Befähigung zur Selbstreflexion, die soziale Kompetenz und die Gruppen- und Teamfähigkeit gestärkt werden. Zumeist wird versucht, dies durch ein ausgewogenes Verhältnis von kreativitätsfördernden und produktiven Arbeiten zu erreichen, z.B. durch Holzarbeiten (Herstellung von Kinderspielzeug, Kleinmöbeln, Puppenhäusern), Arbeiten mit Glas (Tiffany), Gips und Porzellan[141].

Die Beschäftigungstherapie soll Häftlinge ansprechen, die zu der stärker zielgerichteten Arbeitstherapie nicht in der Lage sind. Hier gilt es, die Häftlinge durch meist sehr leichte und sich wiederholende Tätigkeiten psychisch zu stabilisieren und einen zeitlichen Arbeitsablauf einzuüben, der den allgemeinen Lebensbedingungen außerhalb der Anstalt entspricht[142].

Die Häftlinge, die nur eine arbeitstherapeutische Beschäftigung ausüben können, sind häufig durch negative Lernerfahrungen geprägt und weisen ein sehr schwaches Selbstbewusstsein auf. Hinzu kommt das geringe Ansehen der Arbeitstherapie in der Gefangenensubkultur. Insoweit gilt es, den Teilnehmern Erfolgserlebnisse zu verschaffen, damit sie ihre Selbstachtung auf die in der Arbeitstherapie erworbenen Fähig- und Fertigkeiten stützen können und nicht mehr versucht sind, das Selbst durch das Begehen von Straftaten zu definieren.

Da aber die Teilnahme an einer arbeitstherapeutischen Beschäftigung die Erkenntnis des eigenen Versagens voraussetzt, ist es besonders schwer, Häftlinge für diese Tätigkeiten zu gewinnen. Auch wenn gemäß §41 Abs.1

---

[140] *Schweinhagen*: Arbeitstherapie im geschlossenen Erwachsenenvollzug, in ZfStrVo 1987, S.95; *Matzke* a.a.O.
[141] *Schweinhagen* a.a.O., S.97.
[142] *Matzke*: in Schwind/Böhm: StVollzG, 3.Aufl., §37 Rn. 9.

StVollzG eine Teilnahmepflicht besteht, hängt der Therapieerfolg maßgeblich von der bereitwilligen Mitarbeit der Häftlinge ab. Negativ auf die Motivation wirkt sich allerdings die nur sehr geringe Entlohnung aus. Die arbeitstherapeutische Beschäftigung wird gemäß §3 StVollzVergO nur mit 75% der Vergütungsstufe I entlohnt, welche wiederum nur 75% der Eckvergütung ausmacht[143] und sogar noch niedriger sein kann, vgl. §43 Abs.4 StVollzG n.F. Geschuldet ist diese geringe Bezahlung den geringen Einnahmen aus der arbeitstherapeutischen Beschäftigung, die die sehr hohen Kosten der Therapie bei weitem nicht aufwiegen können.

Doch auch hier könnten die Vorzüge eines Good Time – Systems zum Tragen kommen:

> ➢ Die geringe Bezahlung kann durch Strafzeitrabatte kostengünstig ergänzt werden.

> ➢ Die durch negative Vorerfahrungen geprägten Häftlinge können zusätzlich motiviert werden, am Programm teilzunehmen und durchzuhalten.

> ➢ Durch die Einbeziehung in ein Good Time – System kann den Therapieteilnehmern das Gefühl vermittelt werden, gegenüber anderen Häftlingen gleichwertig zu sein.

Zudem erbringen die an der Arbeitstherapie teilnehmenden Häftlinge einen wichtigen Beitrag zu ihrer Resozialisierung, so dass die Vergabe eines Good Time – Kredites gerechtfertigt ist.

---

[143] Vgl. *Däubler/Spaniol* in Feest: StVollzG, 4.Aufl., §43 Rn.10, 20.

f) *Good Time und Arbeitspflicht*

Arbeit ist ein wichtiger Beitrag zur Resozialisierung. Die Gesellschaft, die sich vor neuen Straftaten schützen will[144], hat daher ein Interesse an der Arbeit der Gefangenen im Strafvollzug. Neben das Resozialisierungsinteresse treten zudem finanzielle Interessen: Gelingt die Integration des Haftentlassenen in den Arbeitsmarkt, werden nicht nur die sozialen Sicherungssysteme entlastet, sondern es wird bei erfolgreicher Rückfallprävention die Gefahr einer kostenintensiven Reinhaftierung vermindert. Die Eigenproduktion der Anstaltsbetriebe kann zudem (wenn auch nur in bescheidenem Umfang) zur Eigenfinanzierung der Anstalten beitragen.

Grundsätzlich sind drei Methoden denkbar, das gesellschaftliche Interesse an der Gefangenenarbeit durchzusetzen: 1.) durch negative bzw. repressive Arbeitsanreize, also durch einen mit Disziplinarmaßnahmen durchsetzbaren Arbeitszwang, 2.) durch positive Anreize in Form von in Aussicht gestellten Vorteilen und 3.) durch eine Kombination von positiven und negativen Anreizen.

Oben wurde bereits festgestellt, dass die Inaussichtstellung von Vorteilen, also eines angemessen Arbeitsentgelts und/oder einer Strafzeitverkürzung, einen erheblichen Motivationsfaktor darstellt und daher sehr positiv zu bewerten ist. Das heißt aber nicht, dass diese positiven Anreize zwingend alle Gefangenen erreichen. Vielmehr bleibt fraglich, ob daneben nicht auch eine mit Disziplinarmaßnahmen durchsetzbare Arbeitspflicht bestehen bleiben muss.

International gesehen ist die Arbeitspflicht im Strafvollzug die Regel[145].

---

[144] *van Schewick*: Verfassungsrechtliche Grenzen der Resozialisierung, in BewHi 32 (1985), S.4.

Die Mehrzahl der Good Time – anwendenden Länder hat in ihr Strafvoll-zugssystem eine Arbeitspflicht implementiert; teilweise wird die Arbeits-verweigerung sogar mit der Vorenthaltung bzw. dem Entzug von Good Time – Krediten sanktioniert. In Tennessee zählt die Weigerung, an einem Arbeits- bzw. Ausbildungsprogramm teilzunehmen, zu den schwersten Disziplinarverstößen und führt zur Vorenthaltung jeglicher Sentence Cre-dits, und zwar sowohl der Kredite für gutes Verhalten als auch der Kredite für Arbeitsleistungen[146]. In Florida können gemäß §944.28 Abs.2 Florida Statutes bei Arbeitsverweigerung die bereits erworbenen Rabatte entzogen werden. In Minnesota führt eine Arbeitsverweigerung gemäß §243.18 Minnesota Statutes dazu, dass während der Dauer der Verweigerung keine Good Time für gutes Verhalten erworben werden kann.

In Deutschland ist die Arbeitspflicht in Art. 12 Abs.3 GG verfassungsmä-ßig verankert und auch hier kann die in §41 StVollzG statuierte Arbeits-pflicht mit disziplinarischen Mitteln erzwungen werden; vgl. §102 Abs.1 i.V.m. §41 Abs.1 StVollzG.

Mehrere internationale Abkommen (Art. 2 Abs.2 lit. c des Übereinkom-mens Nr.29 der ILO; Art. 8 IPBPR; Art.4 Abs.3 lit. a MRK; Nr.71 Abs.2 der Empfehlung Nr. (87) 3 des Ministerkomitees des Europarates vom 12.01.1987 (European Prison Rules)) stehen trotz eines grundsätzlichen Zwangsarbeitsverbotes einer Arbeitspflicht für Strafgefangene nicht entge-gen[147].

Nur wenige der Good Time – anwendenden Länder haben auf eine Ar-beitspflicht im Strafvollzug verzichtet, z.B. Griechenland, Frankreich (seit

---

[145] Vgl. *Kaiser*: Deutscher Strafvollzug in europäischer Perspektive, in Feuer-helm/Schwindt/Bock (Hrsg.): FS Alexander Böhm, S.32.

[146] Vgl. Darstellung im Anhang.

[147] Vgl. *Matzke* in Schwind/Böhm: StVollzG, 3.Aufl., §41 Rn. 3,4; *Däubler/Spaniol* in Feest: StVollzG, 4.Aufl., vor §37 Rn. 37ff.; *de Jonge*: Still „Slaves of the State": Prison Labour and International Law, in van Syl Smit/Dünkel (Hrsg.): Prison La-bour: Salvation or Slavery?, S.320ff.; *Seebode*: Strafvollzug, S.91.

1987), Spanien und Südafrika[148]. Zu Griechenland ist anzumerken, dass die Abschaffung der Arbeitspflicht erst 1999 einfachgesetzlich in Art. 41 Abs.3 griech. StVollzG ihren Niederschlag gefunden hat. Zwar verbot Art. 22 Abs.3 der griechischen Verfassung schon seit langem (1975) jegliche Art der Zwangsarbeit, auch eine solche im Strafvollzug, jedoch war bis 1999 in verfassungswidriger Weise in Art. 55 StVollzG des griech. StVollzG (Gesetz Nr. 125/1967) die Pflicht zur Arbeit statuiert[149]. In Südafrika wurde 1996 mit Einführung einer neuen Verfassung jegliche Form der Zwangsarbeit verboten. Jedoch wird das Zwangsarbeitsverbot in der Praxis nicht umgesetzt, da Lehre und Rechtsprechung aufgrund der traditionell fest verankerten Arbeitspflicht im Strafvollzug[150] von einer impliziten Verfassungseinschränkung ausgehen[151]. Der Verzicht auf eine Arbeitspflicht im Strafvollzug ist damit bei weitem keine Selbstverständlichkeit.

Begründet wurde und wird die Arbeitspflicht vorwiegend mit dem Resozialisierungszweck des Strafvollzugs[152]. Die Arbeitspflicht habe sich in historischer Betrachtung als wirksames Resozialisierungsmittel erwiesen[153]. Sie wird deshalb als so selbstverständlich erachtet, dass bei der Verabschiedung der Internationalen Abkommen zum Zwangsarbeitsverbot nie-

---

[148] *Dünkel/van Zyl Smit*: Arbeit im Strafvollzug – Ein internationaler Vergleich, in Albrecht u.a. (Hrsg.): FS Günther Kaiser, S.1177; *Kaiser*: Deutscher Strafvollzug in europäischer Perspektive, in Feuerhelm/Schwindt/Bock (Hrsg.): FS Alexander Böhm, S.32.

[149] *Bemmann*: Zur Reform des Strafvollzugsgesetzes, in ZfStrVo 1999 S.205; *Spinellis*: Human Rights in Greek Prison, in Bolle (Hrsg.): Droits fondamentaux et détention pénale, S.60.

[150] Vgl. dazu: *Van Zyl Smit*: South Africa, in van Syl Smit/Dünkel (Hrsg.): Prison Labour: Salvation or Slavery?, S.211ff.

[151] *Dünkel/van Zyl Smit*: a.a.O., S.1178; *Van Zyl Smit* a.a.O.S.228ff.

[152] Vgl. *Gerrit Manssen* in Mangoldt/Klein/Stark (Hrsg.): Das Bonner Grundgesetz, 1.Bd., 4.Aufl., Art. 12 GG, Rn.304.; *Rosenthal*: Arbeitslohn im Strafvollzug, in NKrimP 2/1998, S.12.; *Würtenberger*: Freiheit und Zwang im Strafvollzug, in NJW 1969, S.1749f.

[153] *BVerfGE* 74, S.102ff. (119); *Rosenthal* a.a.O.; *Leibholz/Rinck/Hesselberger*: Grundgesetz für die BRD, 1.Bd., 7.Aufl.,Art. 12 GG, Rn.1188.

mals ernsthaft eine Abschaffung der Arbeitspflicht im Strafvollzug diskutiert wurde[154]. Selbiges galt bei Schaffung von Art. 12 Abs.3 GG[155].

Trotzdem wird die Arbeitspflicht seit langem als ein ineffektives und historisch überkommenes Instrument der Unterdrückung der Gefangenen kriti-
siert und ihre Abschaffung gefordert:
Einerseits sei die Arbeitspflicht im Strafvollzug mit der Würde des Men-
schen unvereinbar[156]. Es verbiete sich, im Zuge einer Freiheitsstrafe dem
Verurteilten ein über den bloßen Freiheitsentzug hinausgehendes Übel zu-
zufügen[157]. Art. 12 Abs.3 GG, der die Arbeitspflicht im Strafvollzug in
Deutschland zulässt, sei deshalb sogar als verfassungswidriges
Verfassungsrecht anzusehen[158]. Andererseits könne der Zwang zu
Arbeiten, die einem Haftinsassen persönlich widerstreben, kein positives
Arbeitsethos hervorbringen[159]; eine Resozialisierungsmaßnahme könne nur
Erfolg haben, wenn sie freiwillig erfolge[160].
Der Gesetzgeber habe sich bei der Schaffung des StVollzG widersprüch-
lich verhalten, da er die Arbeit einerseits als Resozialisierungsmaßnahme,
ja sogar als Wohltat darstelle, andererseits ihre Ausübung erzwungen wer-
den könne. So sei es paradox, dass die Arbeitspflicht in Deutschland mit
disziplinarischen Mitteln erzwungen, gleichzeitig aber ein Häftling infolge

---

[154] *de Jonge*: Still „Slaves of the State": Prison Labour and International Law, in van
Zyl Smit/Dünkel (Hrsg.): Prison Labour: Salvation or Slavery?, S.321,324,327,
329f.

[155] Vgl. *BVerfGE* 74, S.102ff. (116ff.); *Köhler*: Zwangsarbeitsverbot und Jugendstrafrecht, in JZ 1988, S.750.

[156] *Bemmann*: Anmerkung zu BVerfG - Urt.v.1.7.1998, in StV 1998, S.604f.; *Chun-
Tai*: Zur Kritik des unmittelbaren und mittelbaren Arbeitszwangs im Strafvollzug,
S. 136ff.

[157] *de Jonge*: Prison Labour and International Law, in van Zyl Smit/Dünkel (Hrsg.):
Prison Labour – Salvation or Slavery, S. 331f.; *Köhler* a.a.O.; *Bemmann*: Zur Reform des Strafvollzugsgesetzes, in ZfStrVO 1999, S.204.

[158] *Bemmann*: Anmerkung zu BVerfG - Urt. v. 1.7.1998, in StV 1998, S.604, 605.

[159] *Chun-Tai* a.a.O., S.159f.

[160] *Bemmann* a.a.O.; *ders.*: Zur Reform des Strafvollzugsgesetzes, in ZfStrVO 1999,
S.204.

eines Disziplinarverstoßes für 4 Wochen von der Arbeit ausgeschlossen werden könne (§103 Abs.1 Nr.7 StVollzG)[161].

Ohnehin sei die Arbeitspflicht überflüssig, da die Gefangenen (trotz des geringen Lohns) freiwillig arbeiten. Schließlich könnten sie durch Arbeit nicht nur den grauen Haftalltag beleben, sondern auch den Arbeitslohn zur Aufbesserung des Taschengelds, zur Bildung von Rücklagen, zur Begleichung von Schulden oder zur Unterstützung ihrer Familie nutzen[162].

Folgt man dem letzten Argument, so müsste man eigentlich aufgrund des hohen Motivationsfaktors der Good Time – Regelungen auf die Beibehaltung einer Arbeitspflicht im Strafvollzug verzichten können. Macht die Good Time also die Arbeitspflicht entbehrlich, da ohnehin alle Gefangenen aufgrund der monetären und nicht monetären Anreize freiwillig arbeiten wollen?

Dies ist zu verneinen. Trotz der gewichtigen Argumente kann neben der Anwendung und Verstärkung positiver Arbeitsanreize nicht auf die Arbeitspflicht verzichtet werden.

Richtig ist, dass die freiwillig arbeitenden Gefangenen nicht des zusätzlichen Zwangs in Form einer mit Sanktionen durchsetzbaren Arbeitspflicht bedürfen.

Wenig Auseinandersetzung hat bisher jedoch die Frage erfahren, wie mit Häftlingen zu verfahren ist, die auf positive Leistungsanreize nicht reagieren und keinen Arbeitswillen bekunden.

Die Ursachen für eine Arbeitsverweigerung können nicht nur (wenn auch selten) in der guten finanziellen Situation eines Häftlings oder den als zu

---

[161] *Chun-Tai*: Zur Kritik des unmittelbaren und mittelbaren Arbeitszwangs im Strafvollzug, S.163ff.

[162] *Chun-Tai* a.a.O., S.106, 160ff.; *Bemmann*: Anmerkung zu BVerfG - Urt.v.1.7.1998, in StV 1998, S.605.

gering erachteten Anreizen (niedriges Arbeitsentgelt, schlechte Arbeit[163]) bestehen, sondern begründen sich auch (und dies häufiger) in einer passiven und lethargischen Einstellung der Häftlinge zum Vollzugssystem: Man will einfach nur „in Ruhe gelassen" werden[164]. Um in solchen Fällen den Arbeitswillen zu wecken, ist meistens eine intensive Überzeugungsarbeit zu leisten, insbesondere durch zeitaufwendige persönliche Gespräche[165]. Trotzdem wird diese Betreuungsarbeit aufgrund der oben geschilderten schlechten Sozialisationserfahrungen der Betroffenen einerseits und der geringen Entlohnung andererseits nicht immer erfolgreich sein.

Zwar haben die meisten Haftanstalten aufgrund des hohen Arbeitsplatzmangels[166] Probleme, zumindest den Arbeitswilligen einen Arbeitsplatz zu verschaffen. Dieses rein praktische Problem kann aber keine Rechtfertigung für die Abschaffung der Arbeitspflicht sein. Vielmehr ist auf die, auch vom Gesetzgeber angestrebte, Vollbeschäftigung abzustellen, die jedem Gefangenen die Möglichkeit gibt, seine beruflichen Fähig- und Fertigkeiten aufrechtzuerhalten oder auszubauen; vgl. §§37 Abs.2, 148 StVollzG[167]. Zudem haben gerade die arbeitsunwilligen Häftlinge die schlechtesten beruflichen Resozialisierungschancen und bedürfen deshalb einer intensiven Förderung.

Der Resozialisierungsgedanke findet seine verfassungsrechtliche Grundlage im Sozialstaatsprinzip des Art. 20 Abs.1 GG, wonach der Staat Vor- und Fürsorge für Gruppen der Gesellschaft zu leisten hat, die aufgrund persönlicher Schwäche oder Schuld, Unfähigkeit oder gesellschaftlicher Benachteiligung in ihrer persönlichen und sozialen Entfaltung gehindert sind,

---

[163] *Chun-Tai*: Zur Kritik des unmittelbaren und mittelbaren Arbeitszwangs im Strafvollzug, S.152f.
[164] Vgl. *C/MD*: §4 StVollzG, 8.Aufl., Rn.4; *Chun-Tai* a.a.O., S.154f.
[165] *Köhler*: Zwangsarbeitsverbot und Jugendstrafrecht, JZ 1988, S.750.
[166] Vgl. dazu *Kaiser*: Deutscher Strafvollzug in europäischer Perspektive, in Feuerhelm/Schwindt/Bock (Hrsg.): FS Alexander Böhm, S.33.
[167] *C/MD*: §148 StVollzG, 8.Aufl., Rn.1ff.

wozu auch Strafgefangene und Haftentlassene zählen[168]. Der Staat ist verpflichtet, den Straffälligen zu helfen, sich in Zukunft unter den Bedingungen einer freien Gesellschaft ohne Rechtsbruch zu behaupten, ihre Chancen wahrzunehmen und deren Risiken zu bestehen[169].

Aus der Pflicht des Staates, für das Wohl des einzelnen Individuums Sorge zu tragen, kann aber nicht ohne weiteres das Recht abgeleitet werden, auf ein Individuum, sei es auch zu dessen Wohl, zwangsweise einzuwirken. Denn der verfassungsrechtliche Resozialisierungsauftrag ist eingebettet in das Wertesystem des Grundgesetzes, das sich aus den Grundrechten der Art. 1 bis 19 GG und den in Art. 20 GG zusammengefassten Ordnungsprinzipien ergibt[170]. Insbesondere sind die Freiheitsrechte des Art. 2 Abs.1 GG in Verbindung mit Art. 1 Abs.1 GG zu beachten[171].

Jedoch betrachtet das Grundgesetz den Menschen nicht als isoliertes, selbstherrliches Individuum. Vielmehr gehen alle Grundrechtsnormen, die Art. 1 Abs.1 GG konkretisieren, von einer Gemeinschaftsgebundenheit und Gemeinschaftsbezogenheit des Einzelnen aus. Die menschliche Freiheit im Sinne des Grundgesetzes ist somit nicht prinzipiell unbeschränkt: Da der Einzelne nur in der Gemeinschaft existieren kann, muss er auch die Regeln beachten, die von der Gemeinschaft für ein geordnetes und friedliches Zusammenleben aufgestellt werden[172].

---

[168] *BVerfGE* 98, 169 (200); *van Schewick*: Verfassungsrechtliche Grenzen der Resozialisierung, in BewHi 32 (1985), S.4; *Würtenberger*: Freiheit und Zwang im Strafvollzug, in NJW 1969, S.1747ff.; *Chun-Tai*: Zur Kritik des unmittelbaren und mittelbaren Arbeitszwangs im Strafvollzug, S.114, 123f.

[169] Vgl. *BVerfGE* 98, 169 (200).

[170] *van Schewick* a.a.O.

[171] *van Schewick* a.a.O.; *Chun-Tai* a.a.O., S.126.

[172] *van Schewick* a.a.O., S.5; *Haberstroh*: Die Mitwirkung des Gefangenen an seiner Behandlung – Sanktionierung und Belohnung, in ZfStrVo 1982, S.260; *Chun-Tai* a.a.O.,S.112f.

Wie bereits festgestellt, hat die Gemeinschaft nicht nur ein Interesse an einem geordneten und sicheren Strafvollzug, sondern auch an der Verhütung erneuter Straftaten durch den Verurteilten. Der Resozialisierungsauftrag des Staates leitet sich daher nicht nur aus der Verantwortung des Staates gegenüber dem Straftäter, sondern auch aus der Schutzverpflichtung gegenüber der Gemeinschaft ab[173]. Der Staat hat aufgrund seiner sozialstaatlichen Schutzfunktion die Mitglieder der Gemeinschaft vor Schäden zu bewahren, die durch andere Gemeinschaftsmitglieder hervorgerufen werden. Er muss versuchen, den Straftäter zu resozialisieren, um einerseits die Gesellschaft vor weiterem Schaden zu bewahren, andererseits um dem Täter zu seiner Reintegration in die Gesellschaft zu verhelfen. Dabei darf er sich auch gebotener, geeigneter und verhältnismäßiger Zwangsmittel bedienen[174]. Die Gemeinschaft ist für den Fall, dass eines ihrer Mitglieder die gemeinschaftlichen Regeln verletzt, berechtigt, diesem gegebenenfalls unter Zwangsanwendung Grenzen aufzuzeigen: Das Recht zu Strafen hat der Verfassungsgeber dem Staat mit Art. 74 Nr.1 GG zuerkannt und somit auch erlaubt, dass auf den Willen und das Verhalten des Straftäters eingewirkt wird[175]. Die Freiheitsstrafe, die Geldstrafe oder sonstige strafrichterlich angeordnete repressive Maßnahmen stellen eine Einwirkung auf den Willen und das Verhalten des Täters durch Zufügung eines Rechtsnachteils, eines Strafübels dar. Die Einwirkungsbefugnis endet nur dort, wo sie in verfassungswidriger Weise die Grundrechte des Gefangenen verletzt, unverhältnismäßig ist und dessen Menschenwürde missachtet. Dies ist beispielsweise bei den Willen ausschließenden Einwirkungen der Fall (z.B.

---

[173] *BVerfGE* 98, 169 (200).
[174] *Walter*: Strafvollzug, 2.Aufl., Rn.293f.
[175] *van Schewick*: Verfassungsrechtliche Grenzen der Resozialisierung, in BewHi 32 (1985), S.5.

Hypnose, willenslähmende Medikamente) bzw. bei Verletzungen der körperlichen Integrität (Folter, Quälerei, Misshandlungen)[176].

Die Arbeitspflicht im Vollzug dient dazu, arbeitsunwillige Haftinsassen unter Androhung von Disziplinarmaßnahmen zur Arbeitsteilnahme und damit zu einer Resozialisierungsmaßnahme zu motivieren. Kann man arbeitsunwillige Häftlinge nicht durch Gespräche oder positive Anreize vom Sinn der Arbeit überzeugen, so bleibt nur noch die Möglichkeit eines mit disziplinarischen Mitteln durchsetzbaren Arbeitszwangs. Denn der Verlust eines bereits vorhandenen Status durch eine Disziplinarmaßnahme wirkt einschneidender als der Verzicht auf einen in Aussicht gestellten Vorteil, auf den man bisher durchaus verzichten konnte.

Wichtig ist nur, dass die Zwangsmaßnahmen selbst nicht die Menschenwürde des Gefangenen verletzen, also keinen entehrenden, die körperliche Integrität gefährdenden oder willensausschließenden Charakter haben. Dass dies bei den Disziplinarmaßnahmen nach §103 StVollzG der Fall wäre, ist nicht anzunehmen[177]. Der Arbeitszwang im Strafvollzug rechtfertigt sich somit aus dem Resozialisierungsauftrag des Staates[178].

Zu widersprechen[179] ist der Kritik, die Arbeitspflicht schränke das Selbstbestimmungsrecht der Gefangenen so stark ein[180], dass eine unzulässige Verletzung der Menschenwürde vorliege, ja sogar Art. 12 Abs.3 GG ver-

---

[176] *Volckart*: Behandlung im Strafvollzug – repressive Maßnahmen mit anderem Namen?, in BewHi 32 (1985), S.24; *Chun-Tai*: Zur Kritik des unmittelbaren und mittelbaren Arbeitszwangs im Strafvollzug, S.117, 126.

[177] Vgl. *C/MD*: §103 StVollzG, 8.Aufl., Rn.1ff.

[178] Zuletzt *BVerfGE* 98, 169 (206, 207).

[179] Ebenso *Radtke*: Die Zukunft der Arbeitsentlohnung von Strafgefangenen, in ZfStrVo 2001, S.6.

[180] *Köhler*: Zwangsarbeitsverbot und Jugendstrafrecht, in JZ 1988, S.750; *Bemmann*: Anmerkung zu BVerfG Urt. v.1.7.98 in StV 1998, S.605, *Cornel/Kögler/Laubenstein/Manns*: Frühere und jetzige Regelung der Gefangenenarbeit, in Lüderssen/ Schuhmann/Weiss (Hrsg.): Gewerkschaften und Strafvollzug, S.70f.

fassungswidrig sei[181]. Zwar wird z.b. in Griechenland das 1975 nach Beendigung der siebenjährigen Diktatur durch Georgios Papadopoulos in die Verfassung eingeführte Zwangsarbeitsverbot mit dem Schutz der Menschenrechte und persönlichen Freiheiten des Einzelnen begründet[182]. So sollten keinem Gefangenen Maßnahmen zur Resozialisierung aufgedrängt werden dürfen, da das Einverständnis der Betroffenen Voraussetzung für jede erfolgreiche Resozialisierungsmaßnahme sei[183]. Dass die griechische Verfassung insoweit dem Einzelnen größere Freiheitsrechte einräumt, heißt aber noch nicht, dass die in Deutschland proklamierte Arbeitspflicht gegen die Menschenwürde verstieße. Nicht jede Einschränkung des Selbstbestimmungsrechts verstößt gegen die Würde des Menschen[184], man denke nur an die Schul- oder Wehrpflicht, die Steuerzahlungspflicht oder auch die Freiheitsstrafe. Eine Verletzung der Menschenwürde ist nur dann gegeben, wenn eine Person zum bloßen Objekt des Staates degradiert und seine Eigenständigkeit als Individuum missachtet wird. Dies ist bei der Arbeitspflicht aber nicht der Fall. Zwar wird die Wahlfreiheit des Gefangenen eingeschränkt – „entweder arbeiten oder Disziplinarmaßnahme" –, jedoch sind die Disziplinarmaßnahmen nicht von solchem Charakter, dass man sie unter keinen Umständen in Kauf nehmen könnte. Auch der Zweck der Arbeitspflicht folgt aus einen verfassungsmäßig anerkannten Motiv, dem Resozialisierungsauftrag des Staates. Anders wäre es z.B., wenn die Arbeitspflicht, wie in der Vergangenheit oft geschehen[185], allein aus fiskalischen oder repressiv – retributiven Gründen bestünde, denn dann würde der Gefangene in der Tat zu einem Objekt des Staates gemacht werden, das allein

---

[181] *Bemmann*: Anmerkung zu BVerfG Urt. v.1.7.98 in StV 1998, S.605.

[182] *Spinellis, C.*: Human Rights in Greek Prison, in Bolle (Hrsg.): Droits fondamentaux et détention pénale, S.60.

[183] *Bemmann*: Zur Reform des Strafvollzugsgesetzes, in ZfStrVo 1999 S.206.

[184] So aber *Chun-Tai*: Zur Kritik des unmittelbaren und mittelbaren Arbeitszwangs im Strafvollzug, S.95.

[185] Vgl. *Cornel/Kögler/Laubenstein/Manns*: Frühere und jetzige Regelung der Gefangenenarbeit, in Lüderssen/Schuhmann/Weiss (Hrsg.): Gewerkschaften und Strafvollzug, S.51f.

als auszubeutende Arbeitskraft bzw. als Abschreckung für Dritte dienen müsste[186]. Dieser finanzielle Zweck ist nach der heutigen Gesetzeslage aber gerade keine Rechtfertigungsgrundlage für die Arbeitspflicht, sondern allenfalls ein mit ihr verbundener Nebeneffekt.

Art. 12 Abs.3 GG stellt auch kein verfassungswidriges Verfassungsrecht dar. Bei originären Verfassungsnormen, die bereits mit der Schaffung des Grundgesetzes in dieses aufgenommen wurden, ist ein Verstoß gegen die Menschenwürde und damit ein „verfassungswidriges Verfassungsrecht" begriffslogisch nicht denkbar. Denn der Verfassungsgeber hat eine einheitliche Verfassung geschaffen, quasi wie aus einem „Guss"; enthaltene Ausnahmeregelungen sind gewollt, ein Rangverhältnis der Verfassungsnormen ist, außer bei lex specialis – Regelungen, nicht denkbar[187]. Verfassungswidriges Verfassungsrecht kann allenfalls durch eine den bestehenden Verfassungsnormen zuwiderlaufende Verfassungsänderung entstehen[188], was aber bei Art. 12 Abs.3 GG nicht der Fall ist. Der Verfassungsgeber sah in der Arbeitspflicht im Strafvollzug eine Ausnahme zu Art. 12 Abs.1 GG, der Art. 1 Abs.1 GG für den Bereich der Arbeitstätigkeit und Berufsausübung konkretisiert. Die in Art. 12 Abs.3 GG zugelassene Arbeitspflicht kann daher nicht gegen Art. 1 Abs.1 GG verstoßen; ein Verstoß gegen die Menschenwürde kommt allenfalls aufgrund der Ausgestaltung der Pflichtarbeit in Betracht. Bei dieser muss selbstverständlich die Würde des Menschen geachtet werden: der Häftling darf nicht gedemütigt, in seiner Ehre

---

[186] *Baechtold*: Gefangenenarbeit und Arbeitszwang – ein kriminalpolitisch funktionales Instrument?, in Hammerschick/Pilgram (Hrsg.): Arbeitsmarkt, Strafvollzug und Gefangenenarbeit, S.89; *Chun-Tai*: Zur Kritik des unmittelbaren und mittelbaren Arbeitszwangs im Strafvollzug, S.89ff.

[187] *BVerfGE* 3, S.225ff. (231f.); *Maurer*: Staatsrecht, §22 Rn.25 (S.773); *von Münch*: Staatsrecht, Bd. 1, 5.Aufl., Rn.99ff.; *Herzog*: Hierarchie der Verfassungsnormen und ihre Funktion beim Schutz der Grundrechte, in EuGRZ 1990, S.485f.; vgl. auch *Bachof*: Verfassungswidrige Verfassungsnormen?, S.36ff.; ausführlich dazu *Müller*: „Die Einheit der Verfassung"S.125ff.(132ff.).

[188] *Maurer* a.a.O., Rn. 26 (S.774); *von Münch* a.a.O.; *Herzog* a.a.O.; *Leisner*: Verfassungswidriges Verfassungsrecht, in DÖV 1992, S.436f.; *Bachof* a.a.O., S.8,35f.

verletzt werden, die Arbeit darf die körperliche und geistige Gesundheit des Gefangenen nicht gefährden, die Arbeitspflicht darf nicht mit den Willen ausschließenden Mitteln durchgesetzt werden. Die Arbeit darf nicht allein der Gewinnerzielung des Staates dienen[189], sie ist vielmehr sinnvoll zu gestalten und angemessen zu entlohnen[190].

Denkbar wäre allenfalls der Verstoß einer originären Verfassungsnorm gegen überpositive Grundsätze der materiellen Gerechtigkeit, insbesondere der Menschenrechte: Eine solche Möglichkeit wurde vom BVerfG zumindest eingeräumt, jedoch für äußerst unwahrscheinlich gehalten[191], da das Grundgesetz ohnehin die Menschenrechte mit seinem umfangreichen Grundrechtskatalog schützt und der Verfassungsgeber bei er Schaffung des Grundsgesetzes in Hinblick auf das vorangegangene Unrecht durch die Nazidiktatur besonders bemüht war, der Gerechtigkeit und den Menschenrechten zu dienen: Es müsste sich daher um einen extremen Ausnahmefall handeln, der in besonders eklatanter Weise gegen die materielle Gerechtigkeit verstieße[192]. Ein solcher Verstoß gegen überpositives Recht ist vorliegend nicht ersichtlich; dagegen spricht schon der Umstand, dass sogar internationale Abkommen die Arbeitspflicht im Strafvollzug zulassen.

Allerdings zwingt die verfassungsrechtliche Zulässigkeit der Arbeitspflicht den Gesetzgeber nicht, von dieser Ermächtigung Gebrauch zu machen[193].

---

[189] *BVerfGE* 74, S.102ff. (120f.); *van Schewick*: Verfassungsrechtliche Grenzen der Resozialisierung, in BewHi 32 (1985), S.6.

[190] *BVerfGE* 98, S.169ff.

[191] Vgl. *Stern*: Das Staatsrecht der BRD, Bd. 1, 2.Aufl., 4 II 2 (S.116).; kritisch dazu *Hasso Hofmann* in Isensee/Kirchhof (Hrsg.): Handbuch des Staatsrechts der BRD, Bd. 1, §7 Rn.4 (S.262).

[192] *BVerfGE* 3, S.225ff. (232f.); *Herzog*: Hierarchie der Verfassungsnormen und ihre Funktion beim Schutz der Grundrechte, in EuGRZ 1990, S.483.; *Bachof*: Verfassungswidrige Verfassungsnormen?, S.27ff., 42f.

[193] *Köhler*: Zur Kritik an der Zwangsarbeitsstrafe, in GA 1987, S.149.

Dagegen könnte, wie häufig eingewandt wird, der Umstand sprechen, dass erzwungene Resozialisierungsmaßnahmen weniger erfolgreich seien, als freiwillige Maßnahmen[194]. Unter psychologischen Gesichtspunkten hat das Argument sicherlich seine Berechtigung. Allerdings darf es auch nicht überstrapaziert werden. Denn die Resozialisierung selbst erfolgt bereits unter der Bedingung der Unfreiheit und Unfreiwilligkeit[195]. Wer einerseits behauptet, einziges Ziel des Strafvollzuges sei die Resozialisierung und andererseits zugleich auf einer vollkommenen Freiwilligkeit von Resozialisierungsmaßnahmen besteht[196], dürfte konsequenter Weise auch keinen Freiheitsentzug zur Resozialisierung anordnen, denn welcher Gefangene befindet sich freiwillig im Vollzug?

Kein Individuum ist frei von inneren und äußeren (wenn auch nicht unbedingt „rechtlichen") Zwängen – es gibt immer nur eine relative Entscheidungsfreiheit[197]. Die meisten Menschen arbeiten, weil sie dies zur Erhaltung ihres Lebensunterhaltes „müssen"[198] und nur auf diese Weise die gewünschte gesellschaftliche Anerkennung erfahren. Zwar werden die Grundbedürfnisse nach Nahrung und Unterkunft für den freien Bürger (zumindest in den am Sozialstaatsprinzip orientierten Staaten) durch die sozialen Sicherungssysteme befriedigt, wer aber weitergehende Bedürfnisse hat, kann diese nur mit Geld, d.h. in dem meisten Fällen mit Erwerbsarbeit, befriedigen. Dies ist im Vollzug nicht anders. Wer über die Grundversorgung der Vollzugsanstalt hinausgehende Bedürfnisse befriedigen will, benötigt finanzielle Mittel. Selbst bei Abschaffung der Arbeitspflicht be-

---

[194] So *Bemmann*: Zur Reform des Strafvollzugsgesetzes, in ZfStrVo 1999, S.204; *ders.*: Anmerkung zu BVerfG - Urt.v.1.7.1998, in StV 1998, S.605.

[195] *Walter*: Strafvollzug, 2.Aufl., Rn.290; *Lüderssen*: Krise des Resozialisierungsgedankens im Strafrecht?, in JA 1991, S.226.; *Egg*: Straftäterbehandlung unter Bedingungen äußeren Zwangs, in Feuerhelm/Schwind/Bock (Hrsg.): FS Alexander Böhm, S.397ff.

[196] Vgl. *Bemmann*: Anmerkung zu BVerfG - Urt.v.1.7.1998, in StV 1998, S.604f.

[197] *Walter* a.a.O., Rn.291; *Köhler* a.a.O., S.150f.; *Lüderssen* a.a.O.

[198] Vgl. dazu *Köhler*: Zur Kritik an der Zwangsarbeitsstrafe, in GA 1987, S.150f.

stünde, und dies absolut konform zur freien Gesellschaft, immer noch ein mittelbarer Arbeitszwang.

Dieser ökonomisch begründete mittelbare Arbeitszwang wird sogar bewusst von den Good Time – anwendenden Ländern genutzt, die auf eine Arbeitspflicht im Strafvollzug verzichtet haben (Griechenland, Spanien, Frankreich): Sie gewähren den (freiwillig) nicht arbeitenden Häftlingen nur ein geringes Taschengeld. Selbst die Gewährung von Good Time – Krediten wird von einer Arbeitsleistung abhängig gemacht[199]. Wenn z.B. in Griechenland durch arbeitshonorierende Good Time eine Haftzeitreduktion von bis zu 50% möglich ist, entsteht ein nicht unerheblicher mittelbarer Arbeitszwang. Selbiges gilt für Spanien und Frankreich: die Teilnahme an Arbeitsprogrammen im Vollzug war und ist (un)mittelbare Voraussetzung für die Vergabe der Strafzeitrabatte[200]. Somit versuchen auch die Länder, die keine mit Disziplinarmaßnahmen durchsetzbare Arbeitspflicht im Strafvollzug statuiert haben, die Gefangenen zur Resozialisierungsmaßnahme Arbeit „zu bewegen". Ob das Vorenthalten der Strafzeitreduktionen oder die Zahlung eines nur geringen Taschengelds dabei eine geringere „Strafe" darstellt, als die beispielsweise in §103 StVollzG genannten Disziplinarmaßnahmen, bleibt offen.

Die Behauptung, die Arbeitspflicht wirke kontraproduktiv, weil mit dem Wegfall des Arbeitszwangs nach der Haftentlassung auch der Tätigkeitsantrieb entfalle[201], ist nur dann richtig, wenn auf den Häftling ausschließlich ein negativer Zwang ausgeübt wird, nicht jedoch, wenn kumulativ positive Arbeitsanreize geschaffen werden. Das Hauptziel der Arbeitspflicht besteht darin (gegebenenfalls unter Einsatz von Disziplinarmaßnahmen als ultima

---

[199] *Dünkel/van Zyl Smit*: Arbeit im Strafvollzug – Ein internationaler Vergleich, in Albrecht u.a. (Hrsg.): FS Günther Kaiser, S.1177.

[200] *Dünkel/van Zyl Smit* a.a.O.

[201] *Köhler*: Zwangsarbeitsverbot und Jugendstrafrecht, in JZ 1988, S.750.

ratio[202]), den Häftling überhaupt erst einmal zur Arbeit zu bewegen, damit er dann unter Einfluss auch positiver Anreize (sinnvolle, erfüllende Beschäftigung, angemessene Entlohnung, Good Time) eine bejahende Einstellung zur Arbeit entwickeln kann. Wenn Häftlinge trotz allem während des Vollzugs kein positives Arbeitsethos entwickeln, so liegt dies sicher nicht an der Arbeitspflicht, sondern vor allem an der Ausgestaltung der Tätigkeiten oder dem Entlohnungssystem. Im Übrigen bleiben auch nach der Haftentlassung die mittelbaren Arbeitszwänge bestehen.

Die Arbeitspflicht dient zudem der inneren Sicherheit der Anstalt und sorgt für ein resozialisierungsfreundliches Anstaltsklima. Zu beachten ist nämlich die anstaltsinterne Subkultur: Fällt die Arbeitspflicht weg, läuft derjenige, der trotzdem arbeiten will, Gefahr, sich gegenüber Arbeitsunwilligen zum Außenseiter zu stempeln. Die Subkultur unter Haftinsassen ist vielfältig und für Außenstehende oft nur schwer nachvollziehbar[203]. Die Gefahr, dass arbeitswillige Gefangene von arbeitsunwilligen negativ beeinflusst werden, ist nicht von der Hand zu weisen. Nur wenn für alle die gleichen Bedingungen gelten, also eine Arbeitspflicht besteht, lassen sich solche negativen Beeinflussungen vermeiden.

Teilweise wird gegen die Arbeitspflicht angeführt, dem zu einer Freiheitsstrafe Verurteilten dürfe kein über den bloßen Freiheitsentzug hinausgehendes Übel auferlegt werden, was bei einer Verpflichtung zur Arbeit aber der Fall sei[204]. Dies wird aus §2 StVollzG gefolgert. Danach soll der Gefangene im Vollzug der Freiheitsstrafe in seinem Willen und seinen Fähigkeiten bestärkt werden, künftig in sozialer Verantwortung ein Leben ohne

---

[202] *Britz*: Leistungsgerechtes Arbeitsentgelt für Strafgefangene?, in ZfStrVo 1099, S.201.

[203] Vgl. *Eisenberg*: JGG, 8.Aufl., §91, Rn.16ff. m.w.N.; anschaulich auch *Wattenberg*: Einflussnahme „Knast", in ZfStrVo 1990, S.37ff.

[204] *Köhler*: Zwangsarbeitsverbot und Jugendstrafrecht, in JZ 1988, S.750; *Bemmann*: Anmerkung zu BVerfG - Urt.v.1.7.1998, in StV 1998, S.605.

Straftaten zu führen. Das Vollzugsziel gibt die Zielstellung und Aufgabe des Freiheitsentzugs vor, begrenzt aber auch gleichzeitig die mit dem Entzug der Freiheit verbundenen Repressionen: In der Art des Strafvollzugs soll keine über die Freiheitsentziehung hinausgehende Übelszufügung liegen[205].

Ob aber die Arbeitspflicht wirklich eine „über die bloße Freiheitsentziehung hinausgehende" Übelzufügung ist, ist fraglich. Denn einerseits ist die Arbeitspflicht gesetzlich zwingend (§41 StVollzG) mit dem richterlichen Ausspruch einer Freiheitsstrafe verbunden (und dies unabhängig vom Behandlungsbedarf des Einzelnen), so dass die Arbeitspflicht kein „über" die Freiheitsentziehung „hinausgehendes", sondern ein „mit" dieser „verbundenes" Strafübel ist[206].

Zweitens wird der Grundsatz, dass dem Gefangenen kein über den Freiheitsentzug hinausgehendes Übel auferlegt werden darf, vor allen Dingen aus Nr. 64 der Europäischen Prison Rules abgeleitet:

„Imprisonment is by the deprivation of liberty a punishment in itself. The conditions of imprisonment and the prison regimes shall not, therefore, except as incidental to justifiable segregation or the maintenance of discipline, aggravate the suffering inherent in this."

Die Prison Rules bestimmen aber in Nr. 71.2 auch, dass Strafgefangene zu Arbeiten verpflichtet werden können, solange diese ihren physischen und psychischen Fähigkeiten entsprechen. Die Europäischen Strafvollzugsgrundsätze selbst gehen somit davon aus, dass die Arbeitspflicht kein über die Freiheitsstrafe hinausgehendes Übel darstellt. Nr.64 der European Prison Rules kann daher nur so verstanden werden, dass die dem Gefangenen zugewiesenen Arbeiten, um kein über den Freiheitsentzug hinausgehendes

---

[205] *C/MD*: StVollzG, 8.Aufl., §2 Rn.1; *Däubler/Spaniol* in Feest: StVollzG, 4.Aufl., §43 Rn.1.
[206] Vgl. *Seebode*: Strafvollzug, S.88ff.

Übel darzustellen, an den auf dem freien Arbeitsmarkt angebotenen Tätigkeiten orientiert sein und leistungsgerecht entlohnt werden müssen[207].

Betrachtet man einige Ausführungen von Gegnern der Arbeitspflicht im Strafvollzug, so entsteht leicht der Eindruck, die Arbeitspflicht sei ausnahmslos eine unerträgliche, peinigende Übelzufügung, eine staatliche Ausbeutung der Arbeitskraft des einzelnen Häftlings[208]. Unzweifelhaft gibt es Länder, die Häftlinge zu Arbeiten unter menschenunwürdigen und grausamen Bedingungen zwingen, man denke z.B. an die seit einigen Jahren in einigen US- amerikanischen Bundesstaaten wieder eingeführten Chain Gangs, die allein der Abschreckung Dritter und der Bestrafung und Demütigung der Häftlinge dienen[209]. Solche Praktiken sind abzulehnen und fördern in keiner Weise die Resozialisierung. Allerdings sind solche negativen Beispiele nicht die Regel und entsprechen auch nicht international anerkannten Standards. Eine an der Resozialisierung orientierte sinnvolle Tätigkeit, die auch im weiteren Berufsleben umgesetzt werden kann, die keinen strafenden Charakter besitzt, die die Menschenwürde achtet und adäquat entlohnt wird, kann nicht als generell zu verurteilende Übelszufügung angesehen werden[210]. In der Diskussion sollte vielmehr bedacht werden, dass Arbeit das Leben bereichern kann und von der Mehrzahl der Bevölkerung sogar als Grundbedürfnis betrachtet wird[211]. Das auch der Gesetzgeber dies so sieht, zeigt sich in §103 Abs.1 Nr. 7 StVollzG. Das zeitlich befristete Verbot, einer zugewiesenen Arbeit nachzugehen, als disziplinari-

---

[207] Vgl. *Olbrück*: Anspruch und Wirklichkeit des Strafvollzugsgesetzes, S.31.

[208] Vgl. *de Jonge*: Prison Labour and International Law, in van Zyl Smit/Dünkel (Hrsg.): Prison Labour – Salvation or Slavery, S. 331; *Chun-Tai*: Zur Kritik des unmittelbaren und mittelbaren Arbeitszwangs im Strafvollzug, S.137f.

[209] *de Jonge* a.a.O., S. 315ff.

[210] Vgl. *Rosenthal*: Arbeitslohn im Strafvollzug, in NKrimP 2/1998, S.12; *Radtke*: Die Zukunft der Arbeitsentlohnung von Strafgefangenen, in ZfStrVo 2001, S.6; *Britz*: Leistungsgerechtes Arbeitsentgelt für Strafgefangene?, in ZfStrVo 1099, S.201.

[211] *Rosenthal* a.a.O.; *Seidler/Schaffner/Kneip*: Arbeit im Vollzug – neue Wege in der Betriebsführung, in ZfStrVo 1988, S.328; *Olbrück*: Anspruch und Wirklichkeit des Strafvollzugsgesetzes, S.17.

sche Maßnahme ist Ausdruck des Wertes Arbeit für die menschliche Existenz[212].

Ausschlaggebend für eine Übelzufügung ist daher nicht die Pflicht zur Arbeit, sondern vor allem deren Ausgestaltung und Entlohnung. Positive Beispiele sind insofern Italien und Österreich; denn 1975 wurde in Italien und 1993 in Österreich die Gefangenenentlohnung den für die entsprechende Tätigkeit in Freiheit gewährten Arbeitsentgelten weitgehend angeglichen[213, 214]. Wenn Länder aufgrund ihrer Finanzknappheit eine tarifgerechte Entlohnung nicht ermöglichen können, so kann die kumulative Gewährung von Good Time – Krediten ein wichtiger Schritt zur angemessenen Arbeitsentlohnung und damit zur Schaffung menschenwürdiger Behandlung darstellen.

Das gegenteilige Argument von Baechtold, die Arbeitspflicht sei abzuschaffen, weil sie dem Haftinsassen den falschen Eindruck vermittele, Arbeit sei ein vom Staat gewährtes, selbstverständliches Gut[215], ist abzulehnen. Es ist zwar richtig, dass Arbeit in der heutigen Zeit Mangelware ist, um die ein harter Konkurrenzkampf auf dem Arbeitsmarkt besteht - dass deshalb aber die Arbeitspflicht im Vollzug abgeschafft werden müsse, da-

---

[212] *Radtke*: Die Zukunft der Arbeitsentlohnung von Strafgefangenen, in ZfStrVo 2001, S.6.

[213] *Dünkel/van Zyl Smit*: Arbeit im Strafvollzug – Ein internationaler Vergleich, in Albrecht u.a. (Hrsg.): FS Günther Kaiser, S.1182.

[214] *Zwar wurden zeitgleich die Haftkostenbeiträge erhöht, so dass die Erhöhung weitgehend aufgezehrt wurde. Trotzdem ist darin ein wichtiger Schritt zur Angleichung des Vollzugs an die freie Gesellschaft zu sehen, denn auch in Freiheit müssen Unterkunft und Verpflegung selbst finanziert werden.*

[215] *Baechtold*: Gefangenenarbeit und Arbeitszwang – ein kriminalpolitisch funktionales Instrument?, in Hammerschick/Pilgram (Hrsg.): Arbeitsmarkt, Strafvollzug und Gefangenenarbeit, S.92; so auch *Lohmann*: Arbeit und Arbeitsentlohnung des Strafgefangenen, S.61.

mit auch der Häftling im Vollzug lernt, sich um eine Arbeit zu bemühen[216], ist keine logische Konsequenz aus dieser Erkenntnis. Erstens wurde schon festgestellt, dass die meisten Gefangenen aufgrund ihrer schulischen und beruflichen Ausbildung bzw. ihrer negativen Beschäftigungserfahrungen auf dem freien Arbeitsmarkt kaum konkurrenzfähig sind und geradezu der staatlichen Förderung bedürfen um später überhaupt den Anforderungen des Arbeitsmarkts gewachsen zu sein. Zweitens herrscht in den Strafanstalten der meisten Länder ein Mangel an Arbeitsplätzen[217], so dass faktisch ein Konkurrenzkampf besteht. Und selbst bei der anzustrebenden Vollbeschäftigung im Vollzug bestünde immer noch ein Konkurrenzkampf um die bestbezahltesten bzw. angenehmeren Arbeiten. Und drittens dient die Arbeitspflicht nicht dazu, für diejenigen Häftlinge, die ohnehin arbeiten und sich um Arbeitsplätze bemühen wollen, einen Arbeitsanreiz zu schaffen, sondern gerade die Arbeitsunwilligen sollen motiviert werden. Wer nicht arbeiten will, den interessiert auch kein Konkurrenzkampf. Das Argument von Baechtold geht daher fehl; es könnte allenfalls zur Ablehnung eines Rechts auf Arbeit für Strafgefangene dienen.

Zusammenfassend ist festzustellen, dass die arbeitshonorierenden Good Time – Regelungen neben einer monetären Entlohnung ein wichtiges Instrument zur Motivation von Gefangenen zur Resozialisierungsmaßnahme Arbeit, die dessen ungeachtet in Deutschland auch Teil des Strafübels ist, darstellen, allerdings auf die Arbeitspflicht im Strafvollzug nicht verzichtet werden kann.

---

[216] So aber *Baechtold* Gefangenenarbeit und Arbeitszwang – ein kriminalpolitisch funktionales Instrument?, in Hammerschick/Pilgram (Hrsg.): Arbeitsmarkt, Strafvollzug und Gefangenenarbeit, S.92.

[217] Vgl. *Dünkel/van Zyl Smit*: Arbeit im Strafvollzug – Ein internationaler Vergleich, in Albrecht u.a. (Hrsg.): FS Günther Kaiser, S.1179f.

2.) Good Time – Regelungen zur Förderung von Schulungs- und Ausbildungsprogrammen

Viele Länder, z.B. Italien, Nevada oder Frankreich, vergeben Zeitgutschriften nicht nur für Arbeitsleistungen und/oder gute Führung, sondern auch für die Teilnahme an schulischen bzw. beruflichen Bildungsmaßnahmen, um dadurch die Lernmotivation der Vollzugsinsassen zu steigern.

a) Ausbildung als Mittel der Resozialisierung

Ebenso wie Deutschland beklagen die meisten Länder[218] ein überdurchschnittliches Bildungsdefizit der Haftinsassen im Vergleich zur Normalbevölkerung. In der Bundesrepublik haben ca. 50-60% der Gefangenen keinen Berufsabschluss, 40% der Inhaftierten können nicht einmal einen Hauptschulabschluss vorweisen[219]. Im Jugendstrafvollzug besitzen 97% der Insassen keinen Berufsabschluss[220]. Zwei Drittel haben keinen Hauptschulabschluss, 40% eine extrem ungenügende Schulbildung[221].

Will man die Wiedereingliederung der Haftentlassenen in die Gesellschaft erleichtern, so müssen die Defizite der Häftlinge im Bildungsbereich unbedingt beseitigt werden. Ein Berufs-, erst recht ein Schulabschluss, sind in der heutigen Zeit die Minimalvoraussetzung für den Erwerb eines Arbeits-

---

[218] Für die USA vgl. *Carlson/Hess/Orthmann*: Corrections in the 21st Century, S.226f.

[219] Vgl. *Kerner* in K/K/S: Strafvollzug, 4.Auf., §15 Rn.3ff.; *Dünkel*: Empirische Beiträge und Materialien zum Strafvollzug, S.194ff.; *Matzke* in Schwind/Böhm: StVollzG, 3.Aufl., §37, Rn. 16.

[220] *Matzke* a.a.O.

[221] *Berckhauer/Hasenpusch*: Bildungsmaßnahmen im Strafvollzug..., in Kerner/Kury/Sessar (Hrsg.): Deutsche Forschungen zur Kriminalitätsentstehung und Kriminalitätskontrolle, S.1956; *Quensel*: Zur Arbeits- und Ausbildungssituation der Strafgefangenen und Entlassenen: Störung, Behandlung, Erwartung, in Lüderssen/Schuhmann/Weiss (Hrsg.): Gewerkschaften und Strafvollzug, S.95.

platzes und damit der erfolgreichen Reintegration in Gesellschaft und Arbeitsmarkt.

Dass die berufliche Qualifikation sich positiv auf die Resozialisierungschancen auswirkt, wurde bereits festgestellt. Die resozialisierende Wirkung von Bildungsmaßnahmen im Vollzug konnten allerdings noch nicht unzweifelhaft empirisch belegt werden, da die Einflussfaktoren für einen erfolgreichen Resozialisierungsprozess zu komplex sind, als dass sich einzelne Faktoren problemlos für eine Betrachtung isolieren ließen; unzweifelhaft wird eine Bildungsmaßnahme dem erfolgreichen Wiedereinstieg in die Gesellschaft aber nicht hinderlich sein[222].

So zeigte eine Studie, die in den Jugendstrafvollzugsanstalten des Landes Nordrhein-Westfalen durchgeführt wurde und die die Rückkehrquoten von Jugendlichen untersuchte, die im Vollzug an Berufsfördermaßnahmen teilnahmen, dass nicht nur Bildungsmaßnahmen im Vollzug, sondern auch die schnellstmögliche berufliche Integration des Haftentlassenen positive Wirkungen auf die Rückfallvermeidung hatten[223]. Von den Jugendlichen, die im Vollzug an einer Berufsförderungsmaßnahme teilnahmen, kehrten 53% innerhalb eines 4 Jahreszeitraums nach Haftentlassung in die Haft zurück (sei es durch eine erneute Verurteilung oder einen Bewährungswiderruf). Diejenigen, die zwar an einer Fördermaßnahme teilnahmen, aber diese nicht erfolgreich abschlossen, wiesen eine Rückkehrquote von 74% auf; diejenigen hingegen, die eine Fördermaßnahme auch erfolgreich beendeten, wiesen nur eine Rückkehrquote von 36% auf.

Setzt man zur beruflichen Ausbildungsförderung in der Haft noch den Faktor Arbeit nach Haftentlassung in Relation, so ergab sich Folgendes: Jugendliche, die eine Fördermaßnahme erfolglos beendeten, aber trotzdem

---

[222] *Cornel*: Zur Situation, Funktion und Perspektive des Schulunterrichts im Justizvollzug heute, in ZfStrVo 1994, S.344; *Berckhauer/Hasenpusch* a.a.O., S.1952.

[223] *Beck/Wirth*: Ausbildungs- und Beschäftigungsangebote für Strafentlassene in Nordrhein-Westfalen, in BewHi 1999, Heft 2, S.159f.

eine Arbeit nach Haftentlassung fanden, kehrten in 65% der Fälle in die Haft zurück. Die beste Rückkehrrate von 33% hatten die Entlassenen, die sowohl eine Fördermaßnahme abgeschlossen als auch nach Haftbeendigung eine Arbeit gefunden hatten. Erstaunlich war aber die hohe Rückkehrquote von 80 % bei den Jugendlichen, die zwar eine Fördermaßnahme erfolgreich beendeten, aber nach Haftentlassung trotzdem arbeitslos blieben. Übertroffen wurde dies nur noch durch die Rückkehrquote der Jugendlichen, die weder an einer Fördermaßnahme teilnehmen konnten, noch nach Haftentlassung eine Arbeit fanden – 90%.

Ähnliche Ergebnisse ergaben sich bereits bei früheren Studien[224].

Die erfolgreiche Resozialisierung hängt somit entscheidend von der beruflichen Integration nach Haftentlassung ab. Leider geht aus den Zahlen nicht hervor, wie viele Jugendliche und Heranwachsende nach der Haftentlassung einen Arbeitsplatz fanden und ob sie vorher an einer Bildungsmaßnahme teilgenommen hatten. Es lässt sich also nicht feststellen, wie groß der Einfluss der Ausbildungsmaßnahme auf die Chancen zur beruflichen Integration war. Man wird aber davon ausgehen können, dass ein Schul- oder Berufsabschluss die Chancen auf einen späteren Arbeitsplatz erheblich vergrößert[225]. Zumal die Nachfrage nach ungelernten Hilfskräften auf dem Arbeitsmarkt stetig abnimmt, sei es, weil die zunehmende Technisierung viele Hilfstätigkeiten ersetzt bzw. qualifizierte Kräfte zur Bedienung und Wartung der Geräte und Maschinen erfordert oder weil

---

[224] Vgl. z.B. *Berckhauer/Hasenpusch*: Bildungsmaßnahmen im Strafvollzug..., in Kerner/Kury/Sessar (Hrsg.): Deutsche Forschungen zur Kriminalitätsentstehung und Kriminalitätskontrolle, S.1957ff.; *Dünkel/Van Zyl Smit*: Arbeit im Strafvollzug, in Albrecht u.a. (Hrsg.): FS Günther Kaiser, S.1168f.

[225] *Beck/Wirth*: Ausbildungs- und Beschäftigungsangebote für Strafentlassene in Nordrhein-Westfalen, in BewHi 1999, Heft 2, S.161.; *Müller - Dietz*: Bildungsarbeit im Strafvollzug – grenzübergreifend, in BAG der Lehrer (Hrsg.): Justizvollzug & Pädagogik, S.75f.

immer mehr Firmen für die Verrichtung von Hilfsarbeiten in das kosten-günstigere Ausland abwandern[226].

Eine Ausbildung vermittelt den Inhaftierten eine neue Lebensperspektive, was für die Resozialisierung sehr wichtig ist[227]. Durch sinnvolle Beschäftigung trägt die Ausbildung, ebenso wie die Arbeit, zur Sicherheit im Vollzug bei[228].

Zudem hat jeder Gefangene unabhängig von seiner Inhaftierung als Staatsbürger das Recht auf Bildungszugang entsprechend dem Sozialstaatsgebot (Art. 20 GG)[229]. Daher ist es nur konsequent, dass die §§37 Abs.3 und 38 StVollzG die schulische oder berufliche Ausbildung der Arbeit der Gefangenen gleichstellen und den an Bildungsmaßnahmen teilnehmenden Häftlingen anstatt eines Arbeitsentgelts gemäß §44 StVollzG eine Ausbildungsbeihilfe gewährt wird, so dass zumindest aus finanziellen Gründen keine nennenswerten Nachteile gegenüber einer Arbeitsteilnahme bestehen[230]. Zumindest aus finanziellen Gründen soll sich kein Häftling zuguns-

---

[226] *Jehle*: Arbeit und Entlohnung von Strafgefangenen, in ZfStrVo 1994, S.259; *Lechner/Reiter*: Die Aufgaben staatlicher Institutionen im Kontext der beruflichen Reintegration von Haftentlassenen, in Hammerschick/Pilgram: Arbeitsmarkt, Strafvollzug und Gefangenenarbeit, S.192; *Bierschwalle*: Wohin treibt es den Justizvollzug?, in ZfStrVo 1997, S.75.

[227] Vgl. *Clever/Ommerborn*: Fernstudium in deutschen Haftanstalten, in ZfStrVo 1996, S.85.

[228] *Bierschwalle* a.a.O., S.71.

[229] *Cornel*: Zur Situation, Funktion und Perspektive des Schulunterrichts im Justizvollzug heute, in ZfStrVo 1994, S.344; *Eberle/Kloss/Nollau*: Weiterbildung und Justizvollzug, S.55; *Clever/Ommerborn* a.a.O., S.81.

[230] *Die Ausbildungsbeihilfe entspricht gemäß §4 Abs.1 StVollzVergO grundsätzlich 100 % des Grundlohnes nach §43 Abs.3 (Vergütungsstufe III), kann aber bei einem entsprechenden Ausbildungsstand des Häftlings nach der Hälfte der Gesamtdauer der Bildungsmaßnahme auf 112 % angehoben werden. Allerdings kann die Beihilfe auch auf 88% der Eckvergütung gesenkt werden, wenn dies durch die Kürze oder das Ziel der Bildungsmaßnahme gerechtfertigt ist. Ebenso wie beim Arbeitsentgelt sind auch Leistungszulagen möglich; vgl. C/MD: StVollzG, 8.Aufl., §44 Rn.2.*

ten einer bezahlten Arbeitsstelle gegen eine Bildungsmaßnahme entscheiden[231].

Während der Haftzeit sind daher entsprechend des Wiedereingliederungs-, des Angleichungs- und des Gegenwirkungsgrundsatzes (§§ 2,3 StVollzG) die Entstehung bzw. Verstärkung von Bildungsdefiziten zu vermeiden und Bildungsmaßnahmen zu fördern.

Dabei ist neben der Vermittlung von schulischem Wissen und berufsorientierten Kenntnissen und Fertigkeiten besonderer Wert auf die Vermittlung sozialer Kompetenzen (z.B. Kommunikationstraining, Förderung kreativer Fähigkeiten) zu legen[232]. Soziale Qualifikationen wie Pünktlichkeit, Sorgfalt, Bildungsbereitschaft, Loyalität, Einsatz- und Anpassungsbereitschaft, Kollegialität und Hilfsbereitschaft sind für eine erfolgreiche Wiedereingliederung ebenso wichtig, wie ein Schul- oder Berufsabschluss[233]. Fragen der Lebens- und Konfliktbewältigung müssen im Unterricht oder begleitenden Kursen angesprochen werden[234]; Fähigkeiten der Selbstbestimmung, selbständiges Arbeiten, Kooperationsvermögen, Dialog- und Kritikfähigkeit sind zu fördern[235].

---

[231] *C/MD*: StVollzG, 8.Aufl., §44 Rn.2.

[232] *Cornel*: Zur Situation, Funktion und Perspektive des Schulunterrichts im Justizvollzug heute, in ZfStrVo 1994, S.345; *Pendon*: Lernziele im Vollzug, in ZfStrVo 1994, S.205; *Eberle/Kloss/Nollau*: Weiterbildung und Justizvollzug, S.46; *Lechner/Reiter*: Die Aufgaben staatlicher Institutionen..., in Hammerschick/Pilgram (Hrsg.): Arbeitsmarkt, Strafvollzug und Gefangenenarbeit, S.198.

[233] *Müller - Dietz*: Bildungsarbeit im Strafvollzug - grenzübergreifend, in BAG der Lehrer (Hrsg.): Justizvollzug & Pädagogik, S.78; vgl. auch Zusammenstellung der Lernziele bei *Bierschwalle/Detmer/Pendon/Weidenhiller*: Lehrerinnen und Lehrer im Justizvollzug, in BAG der Lehrer (Hrsg.): Justizvollzug & Pädagogik, S.150ff.

[234] *Cornel* a.a.O.

[235] *Pendon* a.a.O., S.204f.

b) *Problem des Resozialisierungsmittels Ausbildung – mangelnde*
Lernmotivation der Haftinsassen

Viele Häftlinge sind jedoch für eine langfristige und anstrengende schulische Ausbildung nur schwer zu motivieren. In Deutschland nehmen nur ca. 2-5% der Haftinsassen im Erwachsenenvollzug an schulischen oder beruflichen Bildungsmaßnahmen teil, nur stellenweise können, wie z.b. in Hamburg, Beteiligungen zwischen 5-8% vermeldet werden[236]. Die Motivation der Häftlinge ist aber ein entscheidender Faktor zur Verwirklichung einer erfolgreichen Bildungsarbeit, schließlich ist Lernen ein zielgerichtetes aktives Tun und erfordert somit zwangsweise die Bereitschaft der Lernenden zur Mitarbeit[237].

Die geringe Motivation der Haftinsassen hat verschiedene Ursachen. Von Bedeutung ist hier nicht nur der Umstand, dass die meisten Häftlinge in der Vergangenheit äußerst negative schulische Lernerfahrungen gesammelt haben[238], deswegen wenig Selbstvertrauen besitzen und schon deshalb kaum zu einer erneuten vermeintlichen „Lernenttäuschung" bereit sind[239]. Überdies fehlen Häftlingen oftmals die Einsatzbereitschaft und das erforderliche Durchhaltevermögen[240]. Viele Häftlinge sind einfach nur „müde"; ein auf Passivität und Entmündigung ausgerichteter Vollzug bestärkt die Häftlinge in einer Haltung, die vor allem auf Anpassung und Passivität ge-

---

[236] *Cornel*: Zur Situation, Funktion und Perspektive des Schulunterrichts im Justizvollzug heute, in ZfStrVo 1994, S.344.

[237] *Eberle*: Didaktische Grundprobleme der Bildungsarbeit im Justizvollzug, in BAG der Lehrer im Justizvollzug (Hrsg.): Justizvollzug & Pädagogik, S.36; *Lechner/Reiter*: Die Aufgaben staatlicher Institutionen..., in Hammerschick/Pilgram (Hrsg.): Arbeitsmarkt, Strafvollzug und Gefangenenarbeit, S.198.

[238] *Matzke* in Schwind/Böhm: StVollzG, 3.Aufl., §38, Rn.4; *Lechner/Reiter* a.a.O.

[239] *Eberle/Kloss/Nollau*: Weiterbildung und Justizvollzug, S.21; *Olbrück*: Anspruch und Wirklichkeit des Strafvollzugsgesetzes, S.56f.

[240] *Schöch* in K/S: Strafvollzug, 5.Aufl., §7 Rn.139; *Kaiser*: Deutscher Strafvollzug in europäischer Perspektive, in Feuerhelm/Schwindt/Bock(Hrsg.): FS Alexander Böhm, S.34.

gründet ist, Anstrengungen oder Herausforderungen werden gemieden, man will einfach nur in Ruhe gelassen werden[241]. Andererseits wird häufig das eigene Leistungsvermögen falsch eingeschätzt, was dann wiederum zu enttäuschten Erwartungen und weiteren Frustrationen führt und sich darin widerspiegelt, dass ca. ein Drittel aller begonnenen Ausbildungsmaßnahmen im Vollzug vorzeitig beendet werden[242].

Als Problem erweist sich nicht selten das Ansehen einer Bildungsmaßnahme in der insasseneigenen Subkultur. So wird oftmals die Teilnahme an bestimmten Kursen, z.B. für Analphabeten oder für anonyme Alkoholiker, von Mitinsassen als Schwäche ausgelegt; die Teilnehmer werden schikaniert[243].

Ausländer kommen schon häufig wegen ihrer Verständigungsschwierigkeiten nicht für bestimmte Bildungsmaßnahmen in Frage[244]. Suchtkranke, deren gesamte Lebensführung auf die kurzfristige Bedürfnisbefriedigung ausgerichtet ist, lassen sich nur schwer für langfristige Bildungsziele begeistern[245].

Zu den persönlichen Problemen der Haftinsassen kommen vollzugstechnische hinzu. So treffen aufgrund der Insassenstruktur in anstaltsinternen Schulungsmaßnahmen regelmäßig Personen unterschiedlichen Alters, un-

---

[241] *Eberle/Kloss/Nollau*: Weiterbildung und Justizvollzug, S.21; *Eberle*: Didaktische Grundprobleme der Bildungsarbeit im Justizvollzug, in BAG der Lehrer im Justizvollzug (Hrsg.): Justizvollzug & Pädagogik, S.37.

[242] *Schöch*: in K/S: Strafvollzug, 5.Aufl., §7 Rn.139.

[243] *Eberle/Kloss/Nollau* a.a.O., S.23.

[244] *Auf das Problem, inwieweit sich Bildungsmaßnahmen für Ausländer, die nach ihrer Haftzeit ohnehin in ihr Heimatland abgeschoben werden, überhaupt lohnen, soll hier nicht eingegangen werden*; vgl. dazu aber z.B.: *Braukmann/Jacobsen/Möller/ Möller/Pfläging/Winter*: Die Krise des Unterrichts – eine Chance für die Pädagogik, in ZfStrVo 1993, S.274f.; *Bierschwalle*: Wohin treibt es den Justizvollzug?, in ZfStrVo 1997, S.69; *Seebode*: Behandlungsvollzug für Ausländer, in KrimPäd, 1997, H. 37, S.52f.

[245] *Braukmann/Jacobsen/Möller/Möller/Pfläging/Winter* a.a.O.; *Bierschwalle/Detmer/ Pendon/Weidenhiller*: Lehrerinnen und Lehrer im Justizvollzug, in BAG der Lehrer (Hrsg.): Justizvollzug & Pädagogik, S.156.

gleicher Herkunft und mit unterschiedlichem Bildungsstand und Leistungsniveau aufeinander, wodurch eine sinnvolle pädagogische Arbeit erschwert wird[246]. Zusätzlich verfügen viele Vollzugseinrichtungen nur über unzureichende Unterrichtsräume und Lehrmaterialien (teilweise wird mit Kinderschulbüchern gearbeitet![247]) oder es mangelt an speziell für den Unterricht im Erwachsenenvollzug qualifiziertem Lehrpersonal[248]. Oftmals ist das Ausbildungsangebot innerhalb einer Anstalt aus organisatorischen und fiskalischen Gründen auf nur wenige Berufszweige beschränkt.

Verständlicherweise kann von keiner Anstalt verlangt werden, sämtliche denkbaren Bildungszweige anzubieten. Eine Lösung besteht hier zwar darin, den Häftling in eine andere Anstalt mit entsprechenden Lehrangebot zu verlegen; dies wiederum erweist sich aber häufig aus organisatorischen, bei länderübergreifenden Verlegungen auch aus fiskalischen Gründen oder wegen der aufgrund der Entfernung zum Heimatort abnehmenden Angehörigenkontakte als problematisch[249].

Die im Idealfall durchzuführende Unterbringung einer Unterrichtsklasse oder eines Kurses in einer Wohngruppe ist nur in den seltensten Fällen möglich[250].

Viele Gefangene, die in mehrfach belegten Haträumen untergebracht sind, finden nur wenig Ruhe, um ihren Studien ungestört und konzentriert nachgehen zu können[251]. Ferner eignen sich einige langfristige Ausbildungs-

---

[246] *Bierschwalle/Detmer/Pendon/Weidenhiller*: Lehrerinnen und Lehrer im Justizvollzug, in BAG der Lehrer (Hrsg.): Justizvollzug & Pädagogik, S.144; *Matzke* in Schwind/Böhm: StVollzG, 3.Aufl., §37, Rn. 16.

[247] *Cornel*: Zur Situation, Funktion und Perspektive des Schulunterrichts im Justizvollzug heute, in ZfStrVo 1994, S.345.

[248] *Matzke* a.a.O., §38, Rn.4; *Cornel* a.a.O., S.344.

[249] *Däubler/Spaniol* in Feest: StVollzG, 4.Aufl., §37 Rn. 12.

[250] *Matzke* a.a.O.

[251] *Clever/Ommerborn*: Fernstudium in deutschen Haftanstalten, in ZfStrVo 1996, S.82.

maßnahmen von vornherein nicht für Häftlinge, die nur relativ kurz inhaftiert sind oder häufig verlegt werden[252].

In vielen Ländern wird die Teilnahme an Ausbildungsprogrammen im Vergleich zu Arbeitsmaßnahmen schlechter oder überhaupt nicht finanziell entlohnt, wodurch die Motivation der Häftlinge zusätzlich stark beeinträchtigt wird. Zwar werden in Deutschland gemäß §44 Abs.1 und 2 StVollzG die Ausbildungsmaßnahmen, die anstatt einer Arbeit oder sonstigen Beschäftigung ausgeübt werden, in finanzieller Hinsicht der Teilnahme an einer Arbeitsmaßnahme durch Zahlung einer gleichwertigen Ausbildungsbeihilfe (und der Freistellungstage nach §43 Abs.6ff. StVollzG) gleichgestellt; dies gilt aber eben *nur* für die anstelle der Arbeit durchgeführten Bildungsmaßnahmen[253]. Erfasst sind insoweit zumeist nur die abschlussorientierten Schul- oder Berufsausbildungsmaßnahmen, die während der normalen Arbeitszeit durchgeführt werden[254]. In der Freizeit durchgeführte Bildungsangebote (z.B. nicht abschlussorientierte Kurse, Gruppenarbeit[255]), werden von §44 StVollzG hingegen nicht erfasst. Zu diesen Kursen zählt z.B. das soziale Training, Antigewaltkurse etc.[256]. Diese Bildungsmaßnahmen sind aber für den Resozialisierungsprozess der Häftlinge ebenso von entscheidender Bedeutung. Werden diese Kurse schon in finanzieller Hinsicht nicht gewürdigt, so wirkt der Umstand, dass die Kurse zumeist in den Abendstunden oder an Wochenenden durchgeführt werden müssen, um auch arbeitende Gefangene mit einbeziehen zu können, zusätzlich demotivierend[257]. Für den vom Arbeitstag erschöpften Gefangenen

---

[252] *Cornel*: Zur Situation, Funktion und Perspektive des Schulunterrichts im Justizvollzug heute, in ZfStrVo 1994, S.344.

[253] Vgl. *C/MD*: StVollzG, 8.Aufl., §44 Rn.1.

[254] *Eberle/Kloss/Nollau*: Weiterbildung und Justizvollzug, S.23.

[255] Vgl. Zusammenstellung bei *Bierschwalle/Detmer/Pendon/Weidenhiller*: Lehrerinnen und Lehrer im Justizvollzug, in BAG der Lehrer (Hrsg.): Justizvollzug & Pädagogik, S.152ff.

[256] *Cornel* a.a.O., S.346.

[257] *Pendon*: Lernziele im Vollzug, in ZfStrVo 1994, S.205.

stellt die anstrengende Teilnahme an einer Bildungsmaßnahme, die zum Großteil die unangenehme Auseinandersetzung mit sich selbst und den eigenen Problemen erfordert, keine attraktive Alternative zur Erholung mit passiver Konsumorientierung (z.B. Fernsehen, Play – Station, Skat) dar[258].

All diese Umstände führen dazu, dass sich nur wenige Häftlinge überhaupt zur Teilnahme an Bildungsmaßnahmen bereit erklären.

c) Auswirkungen der Good Time – Regelungen auf die Lernmotivation

Die Erfahrungen aus amerikanischen Boot Camps zeigen, dass sich mit einer entsprechenden Motivation der Häftlinge sehr gute Lernerfolge erzielen lassen und dies sogar in verhältnismäßig kurzer Zeit. So konnte anhand einer einjährigen Studie (April 1993 bis April 1994) im New Yorker Shock Incarceration Program[259] nachgewiesen werden, dass schon eine wöchentliche Teilnahme an 12 Unterrichtsstunden über einen sechsmonatigen Zeitraum ausreichte, dass 84% der Boot Camp – Absolventen ihre Mathematikkenntnisse um mindestens ein Klassenniveau verbessern konnten. 41% steigerten ihre Kenntnisse um mehr als 2 Klassen und 15,8% sogar um mehr als 4 Klassenstufen. Auch Lese- und Schreibfähigkeiten konnten nachweisbar verbessert werden. Zudem konnten im Jahr 1994 68,4% der Absolventen ihr sogenanntes General Equivalency Diploma, das einen dem Highschool – Abschluss entsprechenden Leistungsstandard bescheinigt, abschließen. Zum Vergleich herangezogene Strafvollzugsanstalten mit minimalen Sicherheitsanforderungen konnten nur Erfolge zwischen 51 und 59% erzielen. Ähnlich positive Erfolge konnten bei vergleichbaren Untersuchungen in Virginia und Arkansas festgestellt werden[260].

---

[258] *Eberle/Kloss/Nollau*: Weiterbildung und Justizvollzug, S.23.
[259] *Gescher*: Boot Camp – Programme in den USA, S.236f.
[260] *Gescher* a.a.O., S. 236f.

Dazu muss angemerkt werden, dass es sich bei den untersuchten Boot Camp – Programmen um Einrichtungen für erwachsene Straftäter handelte. Die gesteigerten Lernerfolge können also nicht ausschließlich auf das durchschnittlich jüngere Alter und damit die bessere Lernfähigkeit der Boot Camp – Insassen zurückgeführt werden.

Warum die Boot Camps in relativ kurzer Zeit so gute Ergebnisse erzielen konnten, konnte bisher noch nicht abschließend geklärt werden. Es wird vermutet, dass die kleineren Klassen und alternative Lehrmethoden im Vergleich zum Normalvollzug positive Auswirkungen haben. Ebenso könnte es eine Rolle spielen, dass die schulische Ausbildung eine willkommene Abwechslung zum ansonsten sehr harten Anstaltsalltag mit schwerer Arbeit und strengen militärischen Drill darstellt und deshalb positiv angenommen wird[261]. Andererseits liegen die Unterrichtsstunden häufig in den späten Nachmittags- oder Abendstunden[262], so dass es um so erstaunlicher ist, dass die Häftlinge nach einem äußerst harten Tag offensichtlich noch aufnahmefähig sind.

Der Schlüssel zum Erfolg muss somit die Motivation der Boot Camp – Teilnehmer sein. Und eines haben Boot Camp – Programme und Good Time – Regelungen gemeinsam: Sie stellen bei einer erfolgreichen Teilnahme eine teilweise ganz erhebliche Strafzeitreduktion in Aussicht.

Schule und Ausbildung sind harte Arbeit. Der Lernende muss in der Gegenwart um künftiger Vorteile Willen Verzicht üben, Bemühungen, Anstrengungen und Zeit investieren und kann sich dabei nicht einmal sicher sein, ob in Zukunft die Bemühungen auch wirklich Erfolge bringen wer-

---

[261] *Gescher*: Boot Camp – Programme in den USA, S.241.
[262] *Gescher* a.a.O.; S.54f.

den[263]. Häufig wird die Abwägung der Vor- und Nachteile einer Bildungsmaßnahme zugunsten einer bequemen Gegenwart ausfallen, verbunden mit der Hoffnung, dass die Zukunft schon irgendwie funktionieren werde[264].

Hier können aber die Good Time – Regelungen ansetzen, denn sie geben dem Betroffenen einen mit Sicherheit in Zukunft eintretenden Vorteil: Seine vorzeitige Entlassung. Selbst wenn die Bildungsmaßnahme vielleicht den Erfolg nicht in dem erwünschten oder erhofften Umfang bringt; die Strafzeitverkürzung ist sicher. Diese Überlegung kann so manchen Gefangenen dazu bewegen, die anstrengende Bildungsmaßnahme zu wagen bzw. bei auftretenden Schwierigkeiten durchzuhalten.

Einem teilweise befürchtetem Missbrauch der Bildungsmaßnahme als bloße „Strafzeitverkürzungsbeschaffungsmaßnahme" ließe sich dadurch vorbeugen, dass Gefangene, die über einen längeren Zeitraum hinweg das Klassenziel nicht erreichen und auch keine entsprechenden Bemühungen zeigen, von der Bildungsmaßnahme ausgeschlossen werden.

Im Falle der Honorierung von Arbeitsleistungen sprechen zudem Gerechtigkeitserwägungen dafür, ebenfalls die Teilnahme an Schulungsmaßnahmen durch eine Strafzeitreduktion zu fördern. Denn würde nur die Arbeitsleistung, nicht aber die Bildungsmaßnahme durch eine Strafzeitreduktion anerkannt, so bestünde die Gefahr, dass Häftlinge wegen der Aussicht auf die frühere Entlassung eher die Arbeits- als die geistig anstrengendere Bildungsmaßnahme wählen[265]. Deshalb wurde z.B. in Griechenland das Insti-

---

[263] *Busch*: Erziehung als Strafe, in BAG der Lehrer im Justizvollzug (Hrsg.): Justizvollzug & Pädagogik, S. 53.
[264] *Busch* a.a.O.
[265] *C/MD*: StVollzG, 8.Aufl., §44 Rn.2.

tut der wohltätigen Anrechnung von Arbeitstagen nachträglich auf schulische und berufliche Bildungsmaßnahmen ausgedehnt[266].

Das einzige Problem der Honorierung von Bildungsmaßnahmen durch Strafzeitrabatte besteht darin, dass die zumeist ohnehin für eine vollständige Ausbildung nur knapp bemessene Haftdauer durch die Good Time – Regelung noch stärker reduziert wird. So kann eine Strafzeitverkürzung dazu führen, dass eine Bildungsmaßnahme nicht mehr zum Abschluss gebracht werden kann. Für dieses Problem bieten sich jedoch verschiedene Lösungsmöglichkeiten.

Einerseits könnte man daran denken, ebenso wie dies in Einzelfällen bezüglich der Strafrestaussetzung zur Bewährung praktiziert wird[267], von Häftlingen, die an einer Bildungsmaßnahme teilnehmen wollen, den Verzicht auf die Strafzeitverkürzung zu verlangen. Begründet wird diese Praxis mit den hohen Kosten und dem vermehrten Personalaufwand für eine Bildungsmaßnahme[268]. Jedoch verlangt diese Vorgehensweise von dem Bildungswilligen ein so hohes Maß an Eigenverantwortung und „Freiheitsverzicht", dass viele Häftlinge von der Teilnahme an einer Bildungsmaßnahme absehen.

Vorzugswürdiger sind folglich Modelle, die die Lösung in der Ausgestaltung der Bildungsmaßnahme suchen. So wird z.B. bei dem Berliner Modell den Haftentlassenen das Angebot gemacht, die angebrochene Ausbildung als „Besucher" in der Haftanstalt abzuschließen[269]. Möglich sind auch sogenannte „modulare Ausbildungsangebote", die eine Qualifikation in mehrere kurze, in sich geschlossene Intensivkurse zerlegen und jeweils separa-

---

[266] *Vgl. die Darstellung der griechischen Regelung im Anhang.*
[267] Vgl. *Matzke* in Schwind/Böhm: StVollzG, 3.Aufl., §41, Rn.14.
[268] *Matzke* a.a.O.
[269] *Matzke* a.a.O.

te, zertifizierte Abschlüsse erlauben, die dann zum Nachweis guter Leistungen in einzelnen Bildungsabschnitten dienen können[270].

Weiterhin kann aufgrund der Vorausberechenbarkeit der Good Time – Kredite der Beginn einer Bildungsmaßnahme so eingerichtet werden, dass eine zeitliche Kollision mit dem vorzeitigen Entlassungstermin vermieden wird.

Folglich handelt es sich bei der drohenden Verkürzung einer Ausbildungsmaßnahme durch Good Time – Kredite um ein rein organisatorisches Problem, das die Eignung des Systems zur Förderung von Bildungsmaßnahmen nicht in Frage zu stellen vermag.

d) Good Time, Ausbildung und der Mitwirkungsgrundsatz des §4 StVollzG

Geklärt werden muss jedoch, ob die ausbildungshonorierenden Good Time – Regelungen mit dem Mitwirkungsgrundsatz und dem Verbot des (un)mittelbaren Behandlungszwangs des §4 StVollzG zu vereinbaren sind. Denn anders als bei der Arbeit besteht für die Ausbildung gerade keine gesetzlich normierte Mitwirkungspflicht.

Schule und Ausbildung stellen einen wichtigen Beitrag zur Resozialisierung dar. Deshalb werden sie in den meisten Good Time – anwenden Ländern, auch in Deutschland, der Arbeit im Vollzug nicht nur in Bezug auf die Entlohnung, sondern auch bezüglich der Good Time – Vergabe gleichgestellt.

Dies stellt grundsätzlich einen Widerspruch zu der Annahme dar, Bildungsleistungen (oder Arbeit in Ländern ohne Arbeitspflicht), dürfe nicht erzwungen werden. Denn durch die Inaussichtstellung der Strafzeitrabatte

---

[270] Vgl. *Bierschwalle/Detmer/Pendon/Weidenhiller*: Lehrerinnen und Lehrer im Justizvollzug, in BAG der Lehrer (Hrsg.): Justizvollzug & Pädagogik, S.149.

wird ein nicht unerheblicher mittelbarer Druck auf die Häftlinge ausgeübt, an Schule, Ausbildung und, in den Ländern ohne Arbeitspflicht, an Arbeitsprogrammen teilzunehmen. Wenn man eine Strafzeitverkürzung von bis zu 50% in Aussicht stellt, wie z.B. in Griechenland, bleibt von einer Wahlfreiheit in Anbetracht der Alternative einer bis zu doppelt so langen Haftzeit nicht mehr viel übrig.

Fraglich ist, wie man einen mittelbaren Mitwirkungszwang rechtfertigen kann, wenn man den unmittelbaren ablehnt. Häufig wird das Argument vertreten, dass im Gefängnis im Zuge des Angleichungsgrundsatzes der sozialadäquate Zwang angewendet werden darf, der auch in der freien Gesellschaft üblich ist, insbesondere darf durch die Inaussichtstellung eines Arbeits- oder Ausbildungsentgelts die Mitwirkungsbereitschaft gefördert werden[271]. Bezüglich der Good Time – Regelungen ginge ein solcher Ansatz jedoch fehl, denn anders als bei der Zahlung von Arbeitslohn oder Ausbildungsbeihilfe, die auch auf dem freien Markt nur dem Arbeitenden oder Auszubildenden bei entsprechender Leistung gewährt werden, findet die Vergabe von Strafzeitkrediten für eine Arbeitsleistung in der freien Gesellschaft kein Pendant; insbesondere der Erholungsurlaub wird nicht leistungsgerecht gewährt, sondern stellt ein gesetzlich vorgeschriebenes Recht des Arbeitnehmers dar, vgl. §§ 1,3 BUrlG.

Zur Lösung gelangt man nur, wenn man sich den Sinn des Verbots mittelbaren Zwangs zur Teilnahme an Resozialisierungs- und Behandlungsmaßnahmen vor Augen führt: Man geht grundsätzlich davon aus, dass eine durch Inaussichtstellung von Belohnungen mittelbar erzwungene Mitarbeit eine bloße (oft auch nur geheuchelte) Anpassung der Häftlinge an das

---

[271] Vgl. *Köhler*: Zur Kritik an der Zwangsarbeitsstrafe, in GA 1987, S.158; *Chun-Tai*: Zur Kritik des unmittelbaren und mittelbaren Arbeitszwangs im Strafvollzug, S.182f.

Haftsystem provoziert[272]. Auch würden Resozialisierungsmaßnahmen nur dann Sinn machen, wenn die Teilnahme freiwillig erfolgte (s.o.). In der Tat wird ein Schulunterricht oder eine Ausbildungsmaßnahme, die ein Schüler gänzlich ohne Mitarbeit nur passiv über sich ergehen lässt, wenig Erfolg bringen, denn gerade Lernleistungen kann nur der Schüler/Auszubildende selbst erbringen[273].

Allerdings kann ja die Good Time – Vergabe an den Bildungserfolg selbst angeknüpft werden[274]: Viele US – amerikanische Staaten gewähren die Good Time – Kredite nicht für die Teilnahme an sich, sondern für den erfolgreichen Abschluss eines Schulungs- oder Ausbildungsprogramms, wobei natürlich die Anforderungen, ähnlich wie in der Schulerziehung, nicht so hoch gesteckt sein dürfen, dass das erfolgreiche Bestehen in unerreichbare Ferne rückt.

Würde eine Good Time – Regelung an den Erfolg der Arbeits- oder Bildungsmaßnahme geknüpft, so erübrigte sich der Einwand, der mittelbare Mitarbeitszwang beförderte bei Ausbildungsmaßnahmen eine Anpassung an das Haftsystem[275], denn anders als bei psychologischen Interventionen, bei denen der Therapeut den Therapieerfolg häufig allein an den (u.U. geheuchelten) Äußerungen des Häftlings erkennen kann[276], bedarf es für einen Bildungserfolg echter Mitarbeit und Eigenleistung[277]. Der Wille zur Mitarbeit lässt sich schwer heucheln, wenn regelmäßig die Arbeits- oder

---

[272] *Walter*: Strafvollzug, 2.Aufl., Rn.295; *Chun-Tai*: Zur Kritik des unmittelbaren und mittelbaren Arbeitszwangs im Strafvollzug, S.180f.; *C/MD*: StVollzG, 9.Aufl., §4 Rn.4.

[273] *Bierschwalle/Detmer/Pendon/Weidenhiller*: Lehrerinnen und Lehrer im Justizvollzug, in BAG der Lehrer (Hrsg.): Justizvollzug & Pädagogik, S.136.

[274] *Jacobs*: Sentencing by Prison Personnel..., in UCLA Law Review, Volume 30 (2), 12/1982, S.265.

[275] So nämlich *Chun-Tai* a.a.O., S.180f.

[276] *Volckart*: Behandlung im Strafvollzug – repressive Maßnahmen mit anderem Namen?, in BewHi 32 (1985), S.31f.

[277] *Bierschwalle/Detmer/Pendon/Weidenhiller* a.a.O.

Bildungsleistung durch entsprechende Kontrollen überprüft wird. Außerdem hat ein Schul- oder Berufsabschluss auch dann seinen Wert, wenn er nicht völlig frei von Druck erreicht wurde[278]; dies zeigt schon der Vergleich mit der für jeden jungen Bürger bestehenden Schulpflicht. Folglich ist nichts dagegen einzuwenden, Schul- oder Berufsabschlüsse durch die Inaussichtstellung von Vergünstigungen zu fördern[279].

Die Frage, ob auch begünstigende Behandlungsmaßnahmen (z.B. Hafturlaub, Vollzugslockerungen) als Mittel des mittelbaren Zwangs eingesetzt werden dürfen, was deshalb zweifelhaft ist, weil jeder Strafgefangene ein Recht auf Resozialisierung besitzt und ihm deshalb resozialisierende Maßnahmen nicht ohne weiteres vorenthalten werden dürfen[280], stellt sich bei den Good Time – Regelungen nicht, da die Strafzeitverkürzung selbst keine Behandlungsmaßnahme darstellt.

Festzuhalten bleibt, dass es sehr wichtig ist, die Good Time – Kredite an tatsächliche Leistungen anzuknüpfen, denn auch nur dann kann ein zukünftiger Resozialisierungserfolg erwartet werden, der die Verkürzung der Haftzeit rechtfertigt. Die deutsche Regelung, die lediglich an die bloße Programmteilnahme anknüpft, ist insoweit sehr bedenklich.

---

[278] *Volckart*: Behandlung im Strafvollzug – repressive Maßnahmen mit anderem Namen?, in BewHi 32 (1985), S.31f.

[279] *Volckart* a.a.O.

[280] Vgl. dazu *Chun-Tai*: Zur Kritik des unmittelbaren und mittelbaren Arbeitszwangs im Strafvollzug, S.173ff. (181); *Haberstroh*: Die Mitwirkung des Gefangenen an seiner Behandlung – Sanktionierung und Belohnung, in ZfStrVo 1983, S.261ff.

II.) Teilnahme an Therapie- und sonstigen Behandlungsprogrammen

Neben der Motivation zur Teilnahme an Arbeits- und Ausbildungsprogrammen werden die Good Time - Regelungen auch häufig zur Förderung therapeutischer Maßnahmen verwandt. Oftmals wird die Teilnahme an einer Gewalt-, Sexual- oder Suchttherapie durch Good Time – Reduktionen honoriert bzw. zur Voraussetzung des allgemeinen Erwerbs von Strafzeitreduktionen gemacht, um dadurch den Häftling zur Teilnahme an therapeutischen Maßnahmen zu bewegen.

Durch die Honorierung der Therapieteilnahme durch Good Time soll der psychologischen Erkenntnis, dass der Erfolg therapeutischer Maßnahmen maßgeblich von der Motivation der Therapieteilnahme abhängt[281], Rechnung getragen werden.
So kann insbesondere bei Suchterkrankten die Inaussichtstellung einer Strafzeitreduktion erheblich die Willensstärke und das Durchhaltevermögen der Betroffenen steigern, zumal solche Kurse innerhalb der anstaltsinternen Subkultur zumeist negativ besetzt sind; Teilnehmer an Sitzungen der „anonymen" Alkoholiker werden z.B. häufig von Mitinsassen diskriminiert[282]. Zudem kann die Inaussichtstellung von Strafzeitverkürzungen bei Suchterkrankten, die allein aufgrund von Beschaffungskriminalität verurteilt wurden, sehr sinnvoll sein, da nach erfolgreicher Therapie das Rückfallrisiko stark vermindert ist; vgl. §§ 35,36 BtMG.

Allerdings ist die Förderung therapeutischer Maßnahmen durch Good Time – Kredite nicht unproblematisch.

---

[281] *Egg*: Straftäterbehandlung unter Bedingungen äußeren Zwangs, in Feuerhelm/ Schwind/Bock (Hrsg.): FS Alexander Böhm, S.397f.
[282] *Eberle/Kloss/Nollau*: Weiterbildung und Justizvollzug, S.23.

Vornehmlich wird bei den therapiehonorierenden Good Time – Regelungen die Frage gestellt, ob die Ausübung eines mittelbaren Behandlungszwangs überhaupt zur Förderung des Therapieerfolgs geeignet und auch zulässig ist, vgl. §4 StVollzG. Unzweifelhaft stellt die Inaussichtstellung einer Strafzeitverkürzung einen Vorteil dar, der geeignet ist, einen mittelbaren Behandlungszwang zu begründen: Nur wer an der Therapie teilnimmt, erhält die Strafzeitverkürzung.

Wie sich dies aber mit der Erkenntnis verträgt, Therapie könne nur dann erfolgreich sein, wenn sie freiwillig erfolge, ist fraglich.

Therapeutische Maßnahmen sind häufig nur aufgrund der freiwilligen Mitarbeit des Probanden erfolgversprechend. Viele therapeutische Ansätze (z.B. die klassische Verhaltenstherapie, das soziale Training, die freie Assoziation[283]) sind maßgeblich von der Mitarbeit des Probanden abhängig und können ohne diese überhaupt nicht funktionieren[284]. Überdies verbietet Art.1 Abs.1 i.V.m. Art. 2 Abs.1 GG im Strafvollzug die psychologische Einflussnahme durch Zwangsmaßnahmen.

Dies schlägt sich auch in der Entscheidung des Gesetzgebers nieder, in §4 StVollzG gerade keine Mitwirkungspflicht, sondern nur eine Förderung der Mitarbeitsbereitschaft des Strafgefangenen zu proklamieren: niemand kann und darf gezwungen werden, sich selbst zu ändern; der Grundsatz der Menschenwürde gebietet es, auch die Entscheidung eines Straftäters, der sich gegen eine Therapie entscheidet, zu respektieren. Die Androhung von Disziplinarmaßnahmen im Falle einer Therapieverweigerung ist in Deutschland daher unzulässig. Niemandem soll ein Nachteil aus einer The-

---

[283] Einen Überblick über die therapeutischen Maßnahmen gibt *Kury*: Zum Stand der Behandlungsforschung, in Feuerhelm/Schwind/Bock (Hrsg.): FS Alexander Böhm, S.251ff.
[284] *Egg*: Straftäterbehandlung unter Bedingungen äußeren Zwangs, in Feuerhelm/Schwind/Bock (Hrsg.): FS Alexander Böhm, S.398ff.

rapieverweigerung entstehen, dem Gefangenen muss eine annehmbare Handlungsalternative bleiben[285].

Dass die therapeutische Maßnahme ohne die freiwillige Mitarbeit des Probanden nicht erfolgreich sein kann, bedeutet aber noch nicht, dass die Rahmenbedingungen, die zu einer Therapieteilnahme führen, frei von Zwängen sein müssten[286]. Viele Therapeuten können überhaupt erst deshalb erfolgreich auf Behandlungsbedürftige einwirken, weil diese getrieben von äußeren Zwängen, wie z.b. der massiven Einwirkung von Familienangehörigen oder des sozialen Umfelds (drohender Arbeitsplatzverlust), den Weg in eine Praxis finden[287]. Der Erfolg der therapeutischen Maßnahme muss dadurch nicht negativ beeinflusst werden, denn letztendlich beruht die Mitarbeit des Probanden immer noch auf seiner eigenen Entscheidung zwischen einer Änderung seines Lebens mit Hilfe der Therapie oder der Inkaufnahme der durch den äußeren Zwang vermittelten negativen Konsequenzen. Dieser Leidensdruck wird von vielen Therapeuten sogar begrüßt, da er die Voraussetzung für die Mitarbeitsbereitschaft an unter Umständen unangenehmen therapeutischen Maßnahmen darstellt[288].

Im Strafvollzug und bei den Maßregeln der Besserung und Sicherung ist dies nicht anders: Unter dem behandlungserschwerenden Klima einer Strafvollzugs- oder Maßregelanstalt mit all ihren Reglementierungen und Zwängen[289] haben es Therapeuten häufig schwer, Gefangene zur Teilnahme an einer Therapie zu bewegen, insbesondere auch deshalb, weil die Straftäter bei sich selbst überhaupt kein Problem sehen, ihre Behandlungs-

---

[285] *Jung*: Behandlung als Rechtsbegriff, in ZfStrVo 1987, S.40.
[286] *Kury*: Zum Stand der Behandlungsforschung, in Feuerhelm/Schwind/Bock (Hrsg.): FS Alexander Böhm, S. 270.; ebenda *Egg*: Straftäterbehandlung unter Bedingungen äußeren Zwangs, S.398f.
[287] *Egg* a.a.O.
[288] *Egg* a.a.O.S.398.
[289] *Kury* a.a.O.S.259, 267.

bedürftigkeit also nicht erkennen bzw. die mit einer Therapie verbundenen Unannehmlichkeiten scheuen[290]. Hinzu kommt die allgemeine Verweigerungshaltung gegenüber dem Vollzugssystem.

In dieser Hinsicht halten viele Therapeuten im Strafvollzug die Erzeugung eines positiven Leidensdrucks, z.b. durch die Inaussichtstellung der Strafrestaussetzung zur Bewährung im Falle der Therapieteilnahme durchaus für vielversprechend[291]. Nicht umsonst wird oftmals gemäß §67 Abs.2 StGB bei einer neben der Freiheitsstrafe angeordneten Maßregel der Besserung und Sicherung, entgegen dem Grundsatz des §67 Abs.1 StGB, ein Teil der Strafe

vor der Maßregel vollstreckt, um dadurch bei therapieunwilligen Straftätern einen negativen Leidensdruck zu erzeugen und die Behandlungswilligkeit des Betroffenen zu fördern[292]. §§ 11 Abs.3, 15 Abs.3 JGG erlauben die Verhängung eines Ungehorsamsarrestes, wenn der Verurteilte nicht die Auflage erfüllt, einen sozialen Trainingskurs zu absolvieren.

Dass therapeutische Maßnahmen auch unter äußeren Zwängen erfolgverrechend sind, zeigt sich z.b. daran, dass Personen, die aufgrund einer richterlichen Weisung an Therapieprogrammen teilnehmen, zumeist ein besseres Durchhaltevermögen besitzen und eher ein Programm erfolgreich abschließen, als freiwillige Programmteilnehmer[293].

---

[290] Vgl. *Hinrichs*: Behandlungsmöglichkeiten für Sexualstraftäter, in NKrimP 2002, Heft 3, S.110f.; *Kury*: Zum Stand der Behandlungsforschung, in Feuerhelm/ Schwind/Bock (Hrsg.): FS Alexander Böhm, S.269; *Thalmann*: Behandeln oder Betreuen? Plädoyer für eine vernachlässigte Form der Kriminalprävention, in ZfStrVo 2000, S.6; *Schneider*: Kriminologie für das 21.Jahrhundert, S.427ff.

[291] *Nedopil*: Prognosebegutachtung bei zeitlich begrenzten Freiheitsstrafen, in NStZ 2002, S.345f.; *Schneider* a.a.O., S. 429.

[292] *Tröndle/Fischer*: StGB, 50.Aufl., §67 Rn.9.

[293] *Egg*: Straftäterbehandlung unter Bedingungen äußeren Zwangs, in Feuerhelm/ Schwind/Bock (Hrsg.): FS Alexander Böhm, S.401.

Ein gewisser Motivationsdruck zur Aufnahme einer Therapie ist somit durchaus erwünscht und nicht von vornherein schädlich. Es sollte daher eher über die Art und den Umfang des angewendeten Zwangs, nicht jedoch um das „ob überhaupt" diskutiert werden[294].

Insoweit ist die Kritik, die Teilnahme an einer therapeutischen Maßnahme, die durch Good Time motiviert werde, erfolge aus den falschen Gründen, nämlich nicht aus dem Willen zur Selbständerung sondern allein wegen der in Aussicht gestellten Strafzeitreduktion[295], zurückzuweisen. Denn eine durch Good Time – Kredite motivierte Teilnahme an Behandlungsprogrammen ist immer noch besser, als gar keine Teilnahme[296]. Es ist zumindest zu hoffen, dass durch die Teilnahme am Programm auch das Interesse an den dort vermittelten Inhalten geweckt wird und das Programm somit die bezweckten Behandlungserfolge hervorbringen kann. Und eines ist festzustellen: Mehrere Studien in Deutschland und der USA haben bewiesen, dass im Vollzug behandelte Straftäter durchschnittlich bis zu 10% bessere Rückfallquoten aufweisen, als unbehandelte Kontrollgruppen[297].

Wenn angeführt wird, eine Therapie beinhalte auch Rückschläge, die durch eine zwangsweise Verweigerung der Zeitgutschrift zu „kaum behebbaren Konsequenzen" führen könnte[298], womit wohl eine dauerhafte Verweigerungshaltung des Häftlings gemeint ist, so werden die verschiedenen Gestaltungsmöglichkeiten der Good Time – Regelungen übersehen. Denn

---

[294] *Egg*: Straftäterbehandlung unter Bedingungen äußeren Zwangs, in Feuerhelm/ Schwind/Bock (Hrsg.): FS Alexander Böhm, S.401.

[295] *Weisburd/Chayet* in McShane/Williams III (Hrsg.): Encyclopedia of American Prisons, S.222; *Jacobs*: Sentencing by Prison Personnel..., in UCLA Law Review, Volume 30 (2), 12/1982, S.265, *Oberheim*: Gefängnisüberfüllung, S.332.

[296] *Goodstein/Hepburn*: Determinate Sentencing in Illinois..., in CJPR Vol.1, No.3 (10/1986), S.319.

[297] *Kury*: Zum Stand der Behandlungsforschung, in Feuerhelm/Schwind/Bock (Hrsg.): FS Alexander Böhm, S.262ff.

[298] *Oberheim* a.a.O.

wenn der Kredit erst nach dem erfolgreichen Abschluss des Behandlungsprogramms gewährt wird, so wird auch dem typischen Therapieverlauf,
einschließlich der zu erwartenden Fortschritte und Rückschläge, hinreichend Rechnung getragen.

Allerdings stellt sich bei der Honorierung von therapeutischen Maßnahmen
durch Zeitgutschriften das Problem, dass bei psychologischen Interventionen der Gefangene in Anbetracht der in Aussicht gestellten Vergünstigung
eine Mitarbeitsbereitschaft und auch eine Änderung des Verhaltens
und/oder der Einstellung nur vortäuschen könnte.

Aus psychologischer Sicht ist es vollkommen normal, dass Häftlinge jede
Möglichkeit nutzen wollen, den unerfreulichen Ausnahmezustand der Haft
mit seinen deprimierenden und deprivierenden Bedingungen so schnell als
möglich zu beenden[299]. Insoweit sollte der Wille zur Teilnahme an einem
durch Good Time geförderten Behandlungsprogramm nicht von vornherein
als nur vorgetäuschte Behandlungswilligkeit fehlgedeutet, sondern als
normale Verhaltensreaktion auf die Haftsituation verstanden werden.
Wenn auf diese Weise die Teilnahme an einem Behandlungsprogramm erreicht werden kann, dem ein Häftling sonst ferngeblieben wäre, so kann
gegen die Motivationswirkung der Good Time grundsätzlich nichts einge-
wendet werden. Jedoch ist anders als bei den oben diskutierten Arbeits-
und Ausbildungsmaßnahmen, die eine echte, nach außen erkenn- und ü-
berprüfbare Arbeits-/Lernleistung erfordern, im therapeutischen Bereich
eine Kontrolle des Therapieerfolgs nur eingeschränkt möglich, da dieser

---

[299] Vgl. *Fiedler*: Wohltat, Behandlungsmaßnahme, Risiko? Zur Ideologischen und
pragmatischen Einordnung des Urlaubs aus dem Vollzug, in ZfStrVo 1996, S.329;
ähnlich *Grunau*: Kritische Überlegungen zum Strafvollzugsgesetz, in JR 1977,
S.55.

oftmals allein anhand des (u.U. vorgetäuschten) äußeren Verhaltens des Gefangenen eingeschätzt werden kann[300].

Bei vielen Insassen der Sozialtherapie gehört der Hang zum Lügen und der verzerrten Darstellung von Lebensumständen und innerer Einstellung sogar zum Persönlichkeitsprofil[301].

Insofern liegen bei therapeutischen Maßnahmen gerade die Merkmale vor, die zum Verbot eines unmittelbaren bzw. mittelbaren Behandlungszwangs in §4 StVollzG geführt haben[302]. Der Ansatz einiger Länder, die Strafzeitverkürzung nur bei dem erfolgreichen Abschluss eines Behandlungsprogramms zu gewähren, z.B. Kentucky, ist daher durchaus risikobehaftet, da ein Therapieerfolg häufig nicht sicher festgestellt werden kann und Prognosen darüber, ob der Täter sich auch in Freiheit bewähren wird, mangels bewährungstauglichen Situationen in der Haft nur schwer zu treffen sind.

Bedenkt man außerdem, dass in Deutschland die Sozialtherapie seit der Gesetzesänderung von 1998[303] vorrangig Gewalt- und Sexualstraftätern vorbehalten bleibt und für die Anordnung einer Maßregel der Besserung und Sicherung gemäß §62 StGB die Gefährlichkeit des Straftäters Vorraussetzung ist und damit die Klientel der Therapieprogramme als besonders schwierig gilt, so kann eine vorzeitige, quasi automatische Haftentlassung durch Good Time im Einzelfall fatale Folgen haben.

Auch Psychologen sind sich darüber einig, dass es besonders schwer behandelbare Tätergruppen gibt, zu denen zumindest die antisozialen Persönlichkeitsstörungen bzw. Psychopaten gehören, bei denen sich ein dauerhaf-

---

[300] *Thalmann*: Behandeln oder Betreuen? Plädoyer für eine vernachlässigte Form der Kriminalprävention, in ZfStrVo 2000, S.6.

[301] *Thalmann* a.a.O., S.5f.

[302] Vgl. *C/MD*: StVollzG, 9.Aufl., §4 Rn.4.

[303] Gesetz zur Bekämpfung von Sexualdelikten und anderen gefährlichen Straftaten vom 26.1.1998.

ter Behandlungserfolg nur schwer erreichen lässt[304]. Neueste medizinische Forschungen ergeben sogar, dass bei diesen stark gestörten Tätern biologisch erkennbare Abnormalitäten der Hirnaktivität vorliegen, die offensichtlich Ursache der psychologischen Störung sind, aber mit den heutigen medizinischen Mitteln noch nicht behoben werden können[305]. Nicht umsonst schließen einige Länder insbesondere Gewalt- und/oder Sexualstraftäter generell vom Erwerb von Strafzeitreduktionen aus bzw. beschränken die Kreditierungsmöglichkeiten ganz erheblich, vgl. Tabelle 1 in Kapitel 3. Allerdings stellt diese besonders gefährliche Tätergruppe nicht die Mehrzahl der Strafgefangenen bzw. Insassen des Maßregelvollzugs, sondern ist eher die Ausnahme.

Zudem muss der Täter auch ohne Strafzeitreduktion spätestens zu seinem regulären Entlassungstermin freigelassen werden und dies auch dann, wenn keine ernsthafte Therapieteilnahme erfolgt ist. Insofern wird man grundsätzlich davon ausgehen können, dass eine Good Time – motivierte Therapieteilnahme langfristig die bessere Rückfallverhütung darstellt, als keine oder nur eine unmotivierte Therapie, aber dafür eine etwas längere Sicherheit für die Bevölkerung.

Insgesamt lässt sich feststellen, dass es sich bei der Honorierung von therapeutischen Behandlungsmaßnahmen durch Strafzeitverkürzungen um einen äußerst sensiblen Bereich handelt, der vielerlei Probleme aufwirft und deshalb eher restriktiv zu handhaben ist. Deshalb sollte zumindest bei Tätern, die einer Psychotherapie bedürfen, die Entscheidung über eine vorzeitige Entlassung eher einer fundierten Einschätzung eines Fachmanns, als einem quasi automatischen Kreditierungssystem überlassen werden.

---

[304] *Thalmann*: Behandeln oder Betreuen? Plädoyer für eine vernachlässigte Form der Kriminalprävention, in ZfStrVo 2000, S.4.
[305] *Weber/Albers/Engeln/Sandies*: Die Hirne des Bösen, in Focus 2002, Heft 19, S.34ff. unter Bezugnahme auf Studien des Neuropsychologen Adrian Raine von der University of Southern California.

Dies schließt allerdings nicht von vornherein die Möglichkeit aus, solche Programme, die allgemein auf die Stärkung der sozialen Fähigkeiten der Haftinsassen gerichtet sind, durch Good Time zu honorieren (z.b. Anti-Gewalt- Training, Vermittlung von Konfliktlösungsstrategien, Drogentherapie).

III.) Disziplinierung der Häftlinge

Eines der aus deutscher Sicht wohl am problematischesten zu bezeichnenden Ziele der Good Time – Regelungen ist die Disziplinierung der Häftlinge.

Unstrittig ist, dass jede Haftanstalt, soll sie denn die ihr gestellten Aufgaben erfüllen – Verwirklichung der Strafe, Resozialisierung der Häftlinge, Sicherung der Allgemeinheit vor gefährlichen Tätern, Schutz der Häftlinge und des Personals vor Übergriffen von anderen Gefangenen – ein gewisses Maß an Disziplin benötigt[306]. Erst ein geregeltes Miteinander aller am Vollzug beteiligten Personen kann ein Anstaltsklima schaffen, das neben der reinen Sicherung der Anstalt nach außen auch ein auf Resozialisierung ausgerichtetes Maßnahmenangebot ermöglicht[307]. Insbesondere die Beschäftigung der Häftlinge in Arbeits-, Schulungs- oder Ausbildungsprogrammen setzt voraus, dass die Gefangenen in Gruppen zusammengebracht, ihnen teilweise auch gefährliche Werkzeuge anvertraut werden können und nicht jeder einzelne Häftling unter ständiger Beobachtung stehen muss. Dies erfordert sowohl von Gefangenen als auch vom Personal ein hohes Maß an Disziplin, Selbstbeherrschung und Verantwortungsbewusstsein, ermöglicht aber auch einen entspannteren Umgang aller Betei-

---

[306] *Walter* in Feest: AK – StVollzG, vor §102 Rn.7; *Müller - Dietz*: Die Bedeutung der Arbeit im Rahmen des Behandlungsvollzugs, in ZfStrVo 1973, S.126.
[307] *Schöch* in K/S: Strafvollzug, 5.Aufl., §8 Rn.1.

ligten und trägt somit zu einer positiven Anstaltsatmosphäre bei. Nicht umsonst betont §81 Abs. 1 StVollzG, dass das Verantwortungsbewusstsein des Gefangenen für ein geordnetes Zusammenleben in der Anstalt zu wecken und zu fördern ist. Insoweit ist die Aufrechterhaltung von Sicherheit und Ordnung, auch wenn dies unter Umständen durch Disziplinarmaßnahmen erreicht werden muss, ein Mittel zur Resozialisierung der Häftlinge[308].

Wie „sicher" ein Gefängnis sein muss und mit welchen Mitteln diese Sicherheit erreicht werden kann, hängt zwar von verschiedenen Faktoren, z.B. von der Insassenstruktur, den baulichen Gegebenheiten und der Anzahl der Vollzugsbediensteten ab, jedoch wird in Deutschland seit Einführung des Strafvollzugsgesetzes davon ausgegangen, dass die Disziplinierung der Häftlinge sich dem Vollzugsziel des §2 Satz 1 StVollzG unterzuordnen hat. Im Gegensatz zu früher spielt das Begriffspaar: „Sicherheit und Ordnung" somit nicht mehr die dominierende Rolle im Recht des Strafvollzugs im Sinne einer repressiven Interpretation, sondern „Sicherheit und Ordnung" sind Behandlungsfelder, die den Häftling dazu befähigen sollen, sich in gesellschaftliche Strukturen, Regeln und Anforderungen einzufügen und sich dabei auf legalen Wege als selbständige, eigenverantwortlich handelnde Persönlichkeit zu behaupten[309]. Die Selbstständigkeit, Eigenverantwortlichkeit und der Respekt vor anderen Personen und deren Gütern kann aber nur gestärkt werden, wenn der Vollzugsapparat selbst dem Gefangenen mit Respekt und Verantwortungsbewusstsein begegnet. Repressive Maßnahmen zur Durchsetzung der anstaltsinternen Sicherheit und Ordnung sind daher nach Möglichkeit zu vermeiden. Sicherungs-, Zwangs- und Disziplinarmaßnahmen kommen nur als Ultima Ratio in Betracht[310].

---

[308] *Walter* a.a.O.; *C/MD*: StVollzG, 8.Aufl., §102 Rn.1.
[309] *Laubenthal*: Strafvollzug, 3.Aufl., Rn.691ff.
[310] *Laubenthal* a.a.O., Rn.693.

Zu prüfen ist, ob Good Time – Regelungen gemäß dieser gesetzlichen Vorgaben zur Durchsetzung von Sicherheit und Ordnung innerhalb der Haftanstalten geeignet sind.

1.) Ziel der disziplinhonorierenden Good Time – Regelungen

In den US-amerikanischen Bundesstaaten ist eines der erklärten Hauptziele der Good Time – Regelungen die Disziplinierung der Häftlinge[311]. Entweder durch die generelle Vergabe von Zeitgutschriften für das Befolgen der Anstaltsregeln oder durch den Entzug bereits verdienter Zeitgutschriften bei Verstößen gegen die Anstaltsordnung oder Strafgesetze sollen die Häftlinge zu einer guten Führung bewegt werden. Man erhofft sich, dass die Häftlinge die im Vollzug erlernten regelkonformen Verhaltensweisen auch nach der Rückkehr in die freie Gesellschaft beibehalten und festigen können[312]. Das Zeitgutschriftensystem soll die Gefangenen an die Einhaltung von Normen gewöhnen[313]. Es sollen Ruhe und Ordnung in der Anstalt aufrecht erhalten werden, um so das Anstaltspersonal zu entlasten[314], da disziplinierte Häftlinge weniger kontrolliert werden müssen und das Risiko von Übergriffen der Häftlinge auf das Personal und Mithäftlinge reduziert werden kann. Zudem verbleibt mehr Zeit für Therapie- und Behandlungsmaßnahmen, wenn nicht vorrangig die Zeit auf reine Kontroll- und sicherheitsrelevante Aufgaben gerichtet werden muss. Außerdem sollen andere Disziplinarmaßnahmen, u.U. physische Gewaltanwendung, ganz oder zumindest teilweise durch das Zeitgutschriftensystem ersetzt und somit das

---

[311] Vgl. *Carlson/Hess/Orthmann*: Corrections, S.104f.; *Jacobs*: Sentencing by Prison Personnel: Good Time, in UCLA Law Review, Volume 30 (12/1982), S.258.

[312] *Weisburd/Chayet*: Good Time – An Agenda for Research, in Criminal Justice and Behavior, Vol.16 No.2, 06/1989, S.187.

[313] Vgl. *Oberheim*: Gefängnisüberfüllung, S.330.

[314] *Champion*: Probation, Parole, and Community Corrections, S. 208.

Gewaltpotential innerhalb der Anstalt verringert werden[315]. Es soll insgesamt ein resozialisierungsfreundliches Klima geschaffen werden[316].

2.) Kritik

Ob allerdings die verhaltenshonorierenden Good Time – Regelungen tatsächlich einen solch positiven Einfluss auf das Anstaltsklima besitzen, ist nicht unstrittig. Zu unterscheiden ist insoweit zwischen der Vergabe von Good Time für gutes Verhalten und dem Entzug der Good Time für Fehlverhalten:

a) *Vergabe der Good Time für gute Führung*

Zuerst sollen die Regelungen untersucht werden, die einen Strafzeitrabatt direkt für gutes Verhalten gewähren, bei denen also z.B. für ein Jahr ohne nennenswerte Disziplinarverstöße ein Teil der Strafzeit (in Frankreich 3 Monate[317]) erlassen wird. So können sich nach US- amerikanischem Bundesrecht die Insassen der Bundesgefängnisse 54 Hafttage pro Jahr für gute Führung verdienen, Titel 28 §523.10, 533.20 Code of Federal Regulations. In Alaska kann gemäß §§ 33.20.010ff. Alaska Statutes die Haftzeit durch gute Führung um ein Drittel reduziert werden. Viele andere US-amerikanische Bundesstaaten verfahren nach ähnlichen Prinzipien.

Trotzdem gibt es in den USA keinerlei gesicherte Erkenntnisse über die Wirkung der verhaltenshonorierenden Good Time – Regelungen auf die Disziplin der Häftlinge[318], was vor allem darin begründet ist, dass zu die-

---

[315] *Goff*: Corrections in Canada, S.107.
[316] Siehe du diesem Ziel z.B. *AE-StVollzG*, Vorbemerkung zum 5. Ausschnitt, S.183f.
[317] *Art. 721 Code Procédure Penalé.*
[318] Vgl. *Weisburd/Chayet*: Good Time, in McShane/Williams III (Hrsg.): Encyclopedia of American Prisons, S.222.

sem Thema bisher kaum Untersuchungen vorliegen. Eine Studie von Emshoff und Davidson, welche die Wirkungen einer Gesetzesänderung in Michigan untersuchte, bei der die Anrechnung der Good Time – Rabatte auf die Minimum Sentence für bestimmte Tätergruppen abgeschafft wurde, konnte keine signifikanten Unterschiede im Verhalten der durch die Gesetzesänderung betroffenen und nicht betroffenen Häftlinge nachweisen[319]. Die Autoren selbst führen dieses Ergebnis auf verschiedene Einflussfaktoren zurück, die das Verhalten der Häftlinge und die Ergebnisse zusätzlich beeinflusst haben, z.B. die Nähe zu einer vorzeitigen Entlassung, die Anzeigebereitschaft des Vollzugspersonals, das Entdeckungsrisiko und der Umstand, dass viele Taten gar nicht dem Vollzugspersonal bekannt werden. Zudem wurde die Anrechnung der Zeitgutschriften nur für die Minimum, nicht aber auch für die Maximum Sentence abgeschafft, so dass immer noch ein Anreiz zum Verdienst der Zeitgutschriften bestand[320]. Es konnte somit kein zweifelsfreier Rückschluss der Untersuchungsergebnisse auf den Einflussfaktor „Good Time" gezogen werden.

Andererseits können in der Geschichte durchaus Belege für die Wirksamkeit der verhaltenshonorierenden Good Time – Regelungen gefunden werden. So konnte in Spanien nach Einführung der Good Time – Regelung im Jahre 1938 beobachtet werden, dass Fluchtversuche merklich zurückgingen, denn die Kredite wurden zwar für gute Arbeit, Ausbildung und besondere Verdienste vergeben, konnten aber im Falle eines Fluchtversuchs auch nachträglich wieder entzogen werden[321].

---

[319] *Emshoff/Davidson*: The Effect of "Good Time" Credit on Inmate Behavior, in Criminal Justice and Behavior, Volume 14 (3), 1987, S.335ff.
[320] Vgl. *Emshoff/Davidson* a.a.O., S.342ff.
[321] *Kraschutzki*: Die Gerechtigkeitsmaschine, S.143.

Zudem ist anzunehmen, dass eine Belohnung für gutes Verhalten immer noch wirkungsvoller ist, als eine Bestrafung von schlechtem Betragen[322]. Da Disziplinarmaßnahmen als Sanktion auf ein Fehlverhalten zumeist auch Grundrechtsrelevanz besitzen und hierbei ohnehin immer das mildere und damit weniger repressive Mittel zu wählen ist[323], haben die verhaltenshonoricrenden Maßnahmen gegenüber Strafmaßnahmen einen erheblichen Vorteil. Selbst wenn man davon ausgeht, dass auch die Nichtgewährung eines Bonus gleichzeitig eine Übelzufügung darstellt, so ist diese Versagung der Verbesserung des bisherigen Status immer noch ein milderes Mittel als ein Verlust des bisher bereits erworbenen Status.

Jedoch ist ein übermäßig disziplinierter Häftling nicht unbedingt Ziel der Vollzugsarbeit. Zwar tragen disziplinhonorierende Good Time – Kredite durch die Schaffung eines resozialisierungsfreundlichen Anstaltsklimas und der Vermittlung normtreuer Verhaltensweisen zur Resozialisierung bei, jedoch besteht die Gefahr, dass sich die Gefangenen dadurch allein dem Vollzugssystem anpassen. Weiterhin besteht die Gefahr, dass die Good Time allein als bequemes Disziplinierungsmittel eingesetzt wird[324], anstatt die Auseinandersetzung zwischen und mit den Häftlingen zur Einübung sozialadäquater Problemlösungsstrategien zuzulassen. Denn die gute Führung eines Häftlings in der Anstalt ist nicht unbedingt Garant für ein sozialadäquates Verhalten außerhalb des Vollzugs[325].

Es darf nicht Ziel des Vollzugs sein, einen perfekt an das Haftsystem und seine Verhaltensregeln angepassten Haftinsassen zu entlassen. Denn eine

---

[322] Vgl. *Oberheim*: Gefängnisüberfüllung, S.331.

[323] *Laubenthal*: Strafvollzug, 3.Aufl., Rn. 727; *C/MD*: StVollzG, 8.Aufl., § 81 Rn.1, §102 Rn.1.

[324] Vgl. *Meurer*: Freiheit durch Arbeit nach griechischem Strafrecht, in Busch/Edel/ Müller – Dietz: Gefängnis und Gesellschaft, S.86; *Quinn*: Corrections, S.17.

[325] *Jacobs*: Sentencing by Prison Personnel..., in UCLA Law Review, Volume 30 (2), 12/1982, S.264.

solche Anpassung des Häftlings an das Haftsystem kann nicht auf das Leben in Freiheit vorbereiten[326]. Ein „guter Gefangener", der den Vollzugsablauf nicht behindert, Weisungen unkritisch entgegennimmt, dem Personal keine Schwierigkeiten bereitet, ihm nicht nur gehorsam, sondern sogar devot begegnet, sich ständig fügt und keine eigene Initiative erkennen lässt [327], wird nach der Haftentlassung kaum in der Lage sein, sich selbständig den vielfältigen Anforderungen des Lebens zu stellen, Entscheidungen zu treffen, für seine Rechte einzutreten und sich gegenüber anderen auf legale Weise zu behaupten[328]. Ein sogenannter Verhaltenstransfer, also ein lerntheoretisch begründbarer Generalisierungseffekt des an die institutionellen Regeln angepassten Verhaltens auf das gesamte Sozialverhalten[329], ist somit nur bedingt wünschenswert. Gustav Radbruch hat dies mit folgenden Worten ausgedrückt:

"Wer jahrelang nur zu Wollen braucht, was die Strafanstaltsordnung oder der Befehl des Strafanstaltsbeamten für ihn will, muss das Wollen verlernen, wer wie ein unmündiges Kind behandelt wird, zum Kinde werden."[330]

Auch die Erfahrungen aus den US-amerikanischen Boot Camps bestätigen den negativen Zusammenhang von unnatürlich überhöhter Disziplin und Rückfälligkeit. Gerade die Boot Camp – Programme, die vorrangig auf militärischen Drill ausgerichtet sind, weisen im Vergleich zu Programmen, die neben Disziplin auch auf Aus- und Weiterbildung und andere Behandlungselemente setzen, wesentlich höhere Rückfallquoten auf[331]. Insoweit bewirkt die Honorierung der guten Führung entgegen §3 Abs.3 StVollzG eine Anpassung an das Haftsystem (Prisonisierungseffekt), an-

---

[326] *C/MD*: StVollzG, 8.Aufl., §3 Rn. 5; *Oberheim*: Gefängnisüberfüllung, S.331.

[327] *Seebode*: Strafvollzug, S.120.

[328] *McCarthy/McCarthy*: Community – Based Corrections, S.210.

[329] Vgl. *Fiedler*: Wohltat, Behandlungsmaßnahme, Risiko?..., in ZfStrVo 1996, S.327.

[330] *Radbruch*: Die Psychologie der Gefangenschaft, GRGA, Bd. 10, 1993, S.39.

[331] *Gescher*: Bestandsaufnahme eines paramilitärischen Sanktionskonzepts, in NKrimP, 1998, Heft 3, S.19.

statt die Angleichung an das Leben in Freiheit zu erreichen; eine den Resozialisierungsziel gänzlich abträgliche Entwicklung[332].

Das andere Extrem wiederum sind die Häftlinge, die ihre Anpassung an das Haftsystem nur äußerlich behaupten, in Wirklichkeit aber das Anstaltspersonal so geschickt täuschen bzw. ihre Machtstellung in der anstaltsinternen Subkultur so ausüben, dass die von ihnen begangenen Regelverstöße überhaupt nicht zur Kenntnis des Vollzugspersonals gelangen[333], z.B. wenn misshandelte Häftlinge sich aus Angst vor erneuten Repressalien nicht an das Vollzugspersonal wenden[334]. Die insoweit nur geheuchelte Anpassung an die Sicherheits- und Ordnungsregeln vermag genauso wenig zur Resozialisierung des Häftlings beitragen wie dies die totale Unterordnung unter das System erreichen könnte.

Andere Häftlinge hingegen verstoßen gegen die Anstaltsregeln, um so ihrer Ohnmacht gegenüber der gesamten Haftsituation Luft zu machen, um Stress abzubauen oder um sich gegenüber anderen Häftlingen zu behaupten[335]. Daraus kann aber nicht zwingend der Schluss gezogen werden, dass diese Häftlinge zu einem späteren straffreien Leben nicht befähigt wären.

Insgesamt kann festgestellt werden, dass allein die Disziplin eines Häftlings noch nichts über seine Befähigung zu einer gesetzeskonformen Lebensführung aussagt. Folglich macht es keinen Sinn, ausschließlich die gute Führung des Häftlings durch Zeitgutschriften zu honorieren, vielmehr birgt dies die Gefahr der Anpassung an das Haftsystem bzw. beschwört geradezu ein heuchlerisches Verhalten der Häftlinge herauf. Aus diesem

---

[332] *Seebode*: Strafvollzug, S.120.

[333] *Jacobs*: Sentencing by Prison Personnel, in UCLA Law Review, Vol. 30, 12/1982, S.264; vgl. *Sagaster*: Die thüringische Landesstrafanstalt Untermaßfeld, S.16.

[334] Anschaulich insoweit *Wattenberg*: Einflussnahme „Knast", in ZfStrVo 1990, S.37ff.

[335] *Jacobs* a.a.O.

Grunde wurde in Deutschland auch das Progressivsystem nach dem zweiten Weltkrieg nicht in das Strafvollzugssystem integriert, da die Erfahrungen, die während der Weimarer Zeit in Deutschland mit dieser Art der Förderung guten Verhaltens gewonnen wurden, überwiegend deutlich machten, dass durch die Honorierung guter Führung nur eine Anpassung an das Haftsystem, nicht aber eine wirkliche innere Wandlung des Häftlings erreicht werden kann[336].

Auch in den USA besteht seit einigen Jahren der Trend, verhaltenshonorierende Regelungen zugunsten solcher Systeme einzuschränken, in denen Arbeitsleistungen oder die Teilnahme an Ausbildungs- und/oder sonstigen Behandlungsprogrammen gewürdigt werden. Dies ist z.B. deutlich an den Gesetzesänderungen in Colorado, Florida und Maine nachzuvollziehen, wonach in den letzten Jahrzehnten die verhaltenshonorierenden Strafzeitrabatte zunehmend durch solche Regelungen ersetzt wurden, die Arbeit und Ausbildung honorieren.

Hinzu kommt das praktische Problem, die „gute Führung" eines Häftlings zu definieren. Will man nicht strikt auf objektive Kriterien abstellen, wie z.B. das Begehen von Disziplinarverstößen – wodurch die Häftlinge bevorzugt werden, die geschickt genug sind, ihre Vergehen vor dem Vollzugspersonal zu verbergen –, so kommt man nicht umhin, eine schwierige subjektive Gesamtbeurteilung jedes einzelnen Häftlings vorzunehmen. Dies bedürfte nicht nur eines immensen Verwaltungsaufwands, sondern öffnete auch willkürlichen Entscheidungen Tür und Tor. Wie schwierig die Definition des Begriffs: „gute Führung" ist, zeigt sich am Beispiel von Frankreich; da es keine objektiven Kriterien zur Feststellung der „guten Führung" gibt, ist man teilweise dazu übergegangen, die für gutes Verhalten zu vergebende Réduction de peine in 90% aller Fälle zu gewähren.

---

[336] Vgl. Ausführungen im Kapitel 4, S.133ff.

Durch eine solche pauschale Vergabe wird aber der von einer Good Time – Regelung intendierte Motivationseffekt zu Nichte gemacht[337].

b) *Entzug der Good Time bei Fehlverhalten*

Nach alter Tradition ist es heute insbesondere in den USA üblich, bereits erworbene Good Time – Kredite im Zuge eines Disziplinarverfahrens einem Häftling wieder abzuerkennen, nur wenige Bundesstaaten sehen den Good Time – Entzug nicht als Disziplinarmaßnahme vor[338].

Einerseits soll damit ein dauerhaft gutes Verhalten der Häftlinge gefördert werden. Es genügt gerade nicht, sich nur zeitweise um den Erwerb zu bemühen, sondern es ist eine permanente Verhaltensänderung nötig, um die angesparten Kredite zu behalten. Andererseits kann (und soll[339]) durch den drohenden Entzug der Good Time ein ganz erheblicher Druck auf die Gefangenen ausgeübt werden, sich den Anstaltsregeln und den Anweisungen des Personals zu unterwerfen. Auch ist der Gedanke, sich auf diese Weise eine „Hintertür" für den Fall der offensichtlichen Nichtdisziplinierbarkeit eines Häftlings, der Good Time z.B. durch Arbeit oder Ausbildung erworben hat, offen zu halten, um eine vorzeitige Entlassung zu verhindern, nicht von der Hand zu weisen.

Ob der Entzug von Good Time eine sinnvolle Disziplinarmaßnahme ist, ist strittig.

Sicherlich kann der drohende Good Time – Entzug Häftlinge dazu anhalten, die Anstaltsregeln zu befolgen. Jedoch könnten Ordnung und Sicher-

---

[337] *Hagedorn*: Die richterliche Individualisierung der Strafe in Frankreich, S.234.
[338] Vgl. Tabelle 2, Kapitel 3, S.109ff.
[339] *Jacobs*: Sentencing by Prison Personnel..., in UCLA Law Review, Volume 30 (2), 12/1982, S.234.

heit innerhalb der Haftanstalten genauso gut durch andere Disziplinarmaßnahmen, z.b.: Verwarnung, Entzug von Vergünstigungen oder einem Arrest, erreicht werden. Diese haben gegenüber der Good Time sogar den
Vorteil, dass sie relativ schnell nach dem Disziplinarverstoß auf den Häftling einwirken und nicht erst beim nahenden Haftzeitende fühlbar werden[340]. Zwar ließe sich auch hier erwidern, dass diesem Problem mit einer
stetigen und sofortigen Mitteilung des Kontostandes begegnet werden
könnte, jedoch hat eine Strafe eigentlich nur einen Sinn, wenn sie der Tat
schnellstmöglich nachfolgt. Begeht z.B. ein Haftinsasse im ersten Haftjahr
einen Disziplinarverstoß und soll dann im 6. Haftjahr wegen seiner inzwischen guten Führung und der hervorragenden Ausbildungsfortschritte vorzeitig entlassen werden, so könnte es sogar „kleinlich" wirken, noch auf
dem Vollzug der Disziplinarstrafe, die im ersten Haftjahr verhängt wurde,
zu bestehen. Nicht umsonst sehen viele US-Bundesstaaten auch eine Restauration bereits verlorener Zeitrabatte nach einer Phase guten Verhaltens
vor.

Teilweise wird gegen den Good Time – Entzug als Disziplinarmaßnahme
vorgebracht, das Anstaltspersonal beeinflusse mit seiner Entscheidung über
die Disziplinarmaßnahme die Haftzeit, spräche eine Freiheitsstrafe geringen Umfangs aus, ohne dass vorher ein gerichtliches, teilweise nicht einmal ein ordentliches Verwaltungsverfahren, stattgefunden habe[341] und widerspräche somit dem Prinzip der Gewaltenteilung. In der Tat bedeutet ein
nachträglicher Entzug eines bereits gewährten Good Time – Kredits eine
Verlängerung der aktuell zu verbüßenden Haftzeit. Allerdings ist die Verlängerung nicht über die ursprünglich verhängte Haftdauer hinaus möglich,
es kann ja nur das entzogen werden, was vorher verdient wurde. Selbst die

---

[340] *Weisburd/Chayet*: Good Time, in McShane/Williams III (Hrsg.): Encyclopedia of
American Prisons, S.222; *Emshoff/Davidson*: The Effect of "Good Time" Credit on
Inmate Behavior, in Criminal Justice and Behavior, Volume 14 (3), 1987, S.348.

[341] *Jacobs*: Sentencing by Prison Personnel..., in UCLA Law Review, Vol. 30 (2),
12/1982, S.258ff.

Länder, die als Disziplinarmaßnahme das Recht aberkennen, Good Time in Zukunft zu verdienen (z.b. Connecticut[342], Florida[343], Kalifornien[344], Kentucky[345]), können die Haftzeit nicht über das vom Richter verhängte Strafmaß hinaus verlängern. Ein Konflikt mit dem Gewaltenzeitungsprinzip entsteht somit allenfalls bei der Vergabe von Good Time – Krediten[346], nicht aber bei deren nachträglichem Entzug. Zudem ließe sich der Einwand durch Beteiligung eines Richters an der Entscheidungsfindung entkräften.

Trotzdem finden Kritiker es unangemessen, wenn ein Verhalten, das gegen kein Strafgesetz, sondern nur gegen die Anstaltsregeln verstößt, mit einer Verlängerung der bereits „verkürzten Strafzeit" sanktioniert, quasi eine „kurze" Freiheitsstrafe ausgesprochen wird, obwohl das Verhalten nach dem allgemeinen Sanktionenrecht niemals zu einer Freiheitsstrafe geführt hätte[347]. Dem ist jedoch entgegen zu halten, dass auch der Good Time – Erwerb kein Pendant im normalen Leben findet. Ohnehin wird bei schlechten Verhalten nur das entzogen, was zuvor aufgrund eines positiven Verhaltens erworben wurde. Zudem ist der Strafvollzug ein gesondertes System, das seine eigenen Strafen kennt – so könnte kein Gericht einem freien Bürger das Fernsehen verbieten oder eine legale Freizeitbeschäftigung untersagen, vgl. aber §103 Abs.1 Nr.3,4 StVollzG.

Weiterhin wird die fehlende Konkordanz von dem zum Good Time – Verdienst und dem zum Good Time – Entzug führenden Verhalten kritisiert, insbesondere dann, wenn völlig unterschiedliche Verhaltensweisen zueinander in Relation gesetzt werden, z.B. wenn ein für gute Arbeits- oder

---

[342] *§18-7a Connecticut General Statutes.*
[343] *§944.28 Abs.2 Florida Statutes.*
[344] *§2932 Penal Code.*
[345] *§197.045 Kentucky Revised Statutes.*
[346] *Vgl. dazu unten Kapitel 8, S. 382ff.*
[347] *Jacobs:* Sentencing by Prison Personnel..., in UCLA Law Review, Volume 30 (2), 12/1982, S.258ff.

Ausbildungsleistungen gewährter Strafzeitkredit aufgrund eines Disziplinarverstoßes entzogen wird[348]. Deswegen ist beispielsweise nach §1253 Abs.6 Maine Criminal Code der Good Time – Entzug bei schlechter Führung nur bezüglich der Kredite möglich, die auch wegen guter Führung erworben wurden; Kredite für die Teilnahme an Arbeits-, Ausbildungs- und Behandlungsprogrammen können nicht entzogen werden. Ob eine solche Regelung sinnvoll ist, liegt letztlich im Auge des Betrachters. Verfassungsrechtlich notwendig ist sie sicherlich nicht. Denn auch das normale Sanktionenrecht kennt keine strenge Befolgung des Talionsprinzips[349] im Sinne von „Auge um Auge, Zahn um Zahn". So wird eine Körperverletzung nicht mit Schmerzen, sondern mit einer Geld- oder Freiheitsstrafe sanktioniert. Dies folgt schon aus dem Schutz der Menschenrechte. Es kann auch von einer Disziplinarmaßnahme nicht verlangt werden, dass sie ein Spiegelbild zur begangenen Tat darstellt.

Zu fragen bleibt, ob nicht auch der Good Time – Entzug als Disziplinarmaßnahme eine ebensolche Anpassung an das Haftsystem provoziert wie dies bei den verhaltenshonorierenden Good Time – Regelungen der Fall ist. Dafür spricht, dass in beiden Fällen das Disziplinarverhalten des Gefangenen beurteilt wird. Dagegen spricht jedoch, dass ein qualitativer Unterschied besteht, ob man dauerhaft sich angepasst verhalten muss, um Good Time zu erwerben, oder ob bereits erworbene Good Time – Kredite bei einem Fehlverhalten nachträglich entzogen werden. Letzteres setzt nämlich regelmäßig ein förmliches Disziplinarverfahren voraus, so dass der Beurteilungsmaßstab strenger und klarer definiert ist als bei der Begutachtung der dauerhaften „guten Führung". Die Aufrechterhaltung der Anstaltssicherheit verlangt ohnehin die Sanktionierung von Disziplinarvergehen; insoweit bewirkt der Entzug einer erworbenen Zeitgutschrift sicher-

---

[348] *Jacobs*: Sentencing by Prison Personnel..., in UCLA Law Review, Volume 30 (2), 12/1982, S.258ff.
[349] Siehe dazu z.B. *Ebert*: Strafrecht AT, 3.Aufl., S. 230ff. m.w.N.w.

lich keine größere Anpassung an das Haftsystem, als dies die anderen möglichen Disziplinarmaßnahmen tun.

Kritikwürdig ist der Entzug der Good Time nur dann, wenn er z.B. wie in Florida (§944.28 Florida Revised Statutes) wegen der Verweigerung von therapeutischen Maßnahmen erfolgt. Denn dies führt zu der Entstehung eines nicht unbedenklichen mittelbaren Therapiezwangs, was nach deutschem Vollzugsrecht als unzulässig zu erachten wäre[350] (s.o.).

Gänzlich abzulehnen ist die in den USA häufig vorzufindende Möglichkeit, Good Time bei einem „Fehlverhalten" vor Gericht zu entziehen. So wird in verschiedenen US-amerikanischen Bundesstaaten das Einreichen offensichtlich unzulässiger oder unbegründeter („schikanöser") Klagen oder das Vorbringen falscher Beweise mit einem Entzug der Good Time geahndet, soweit ein Gericht eine Klage aus diesen Gründen abgewiesen oder den Gefangenen wegen eines dieser Vergehen für schuldig befunden hat (Florida[351], Nevada[352], Kalifornien[353], Kentucky[354], Delaware[355], Iowa[356], South Carolina[357]). Diese Vorschriften sind aus deutscher Sicht mit Blick auf Art. 19 Abs. 4 GG sehr bedenklich, da dadurch die Rechtsschutzmöglichkeiten der Häftlinge nicht unerheblich eingeschränkt werden. Es ist leicht vorstellbar, dass sich ein in Rechtsfragen zumeist unsicherer Häftling von der Erhebung eines tatsächlich zulässigen und begründeten Rechtsmittels abhalten lässt, weil er den Verlust bisher erworbener Kredite befürchtet. Zudem ist es problematisch, wenn die laufende Freiheitsstrafe durch ein „Fehlverhalten" in einem gerichtlichen Verfahren, das u.U. überhaupt

---

[350] Vgl. *C/MD*: StVollzG, 9.Aufl., §4 Rn.4 m.w.N.
[351] *§944.28 Abs.2a Florida Statutes.*
[352] *§209.443 Nevada Revised Statutes.*
[353] *§2932.5 Penal Code.*
[354] *§197.045 Abs.5 Kentucky Revised Statutes.*
[355] *Titel 11 §4382 Abs. e Delaware Code.*
[356] *§903 A3 Abs.1 Iowa Code.*
[357] *§24-27-200 Code of Laws of South Carolina.*

nichts mit den zur Freiheitsstrafe führenden Straftaten zu tun hat, beeinflusst wird.

c) *Restauration einmal entzogener Kredite*

Wie bereits erwähnt, eröffnen viele Länder den Gefangenen die Möglichkeit der Restauration der einmal entzogenen Good Time – Kredite bzw. die nachträgliche Gewährung von vorenthaltenen Krediten nach einer bestimmten Phase des Wohlverhaltens.

Positiv ist an solchen Regelungen, dass den Gefangenen nicht nur die Chance gegeben wird, eigene Fehler nachträglich zu korrigieren, sondern dass auch eine aus dem Entzug der Good Time resultierende dauerhafte Resignation und Verweigerungshaltung des Häftlings vermieden werden kann. Es soll nicht das Gefühl entstehen, es sei sowieso alles zu spät.

Trotzdem sind diese Regelungen nicht unproblematisch. Werden sie nämlich zu pauschal angewandt, so laufen sie Gefahr, den Sinn und Zweck der Good Time zu zerstören. Untersuchungen in Illinois haben z.B. ergeben, dass fast allen Häftlingen, denen im Zeitraum von 1978 bis 1984 wegen schlechter Führung der Strafzeitrabatt entzogen wurde, zu einem späteren Zeitpunkt zumindest ein Teil der Kredite wieder zurück übertragen wurde, so dass der Entzug der Good Time für die Gesamthaftzeit kaum eine Rolle spielte[358]. Dieses Ergebnis mag zwar für die Gefangenen positiv sein, jedoch geht der general- und spezialpräventive Zweck des Good Time – Entzugs als Disziplinarmaßnahme verloren, wenn ohnehin mit einer Restauration der Kredite zu rechnen ist.

Zudem besteht die Gefahr, dass die Restauration der Kredite letztendlich aus rein fiskalischen Erwägungen heraus erfolgt, da durch die Haftzeitre-

---

[358] *Goodstein/Hepburn*: Determinate Sentencing in Illinois..., in CJPR, Vol.1, No.3 (10/86), S.314.

duktion trotz zwischenzeitlichem Entzug Haftkosten und Haftraum gespart werden können[359]. Insbesondere die USA haben in den letzen Jahrzehnten mit ständig steigenden Gefangenenzahlen und einem übermäßigen Belegungsdruck zu kämpfen; im Dezember 2001 befanden sich 2.100.146 Menschen in Haft, die Mehrzahl der Haftanstalten ist überbelegt[360]. Da jeder Entzug der Good Time – Kredite unweigerlich eine Verlängerung der aktuell zu verbüßenden Strafzeit mit sich bringt, sind viele unter Belegungs- und Kostendruck stehende Vollzugsbehörden bestrebt, einen möglichst großen Umfang an Strafzeitreduktionen zu gewähren, was sich in der teilweise großzügigen Restauration entzogener Kredite widerspiegelt[361]. Der Abbau der Gefängnisüberfüllung und die Einsparung von Haftkosten sind zwar legitimes Nebenziel der Good Time – Regelungen, jedoch macht es einen Unterschied, ob das Ziel durch die Teilnahme der Häftlinge an resozialisierungsfördernden Maßnahmen oder durch gute Führung erreicht wird. Denn letztlich ist die Verknüpfung von Kreditrestauration und guter Führung ebenso problematisch wie die Verknüpfung von Good Time – Erwerb und guter Führung; beides provoziert eine Anpassung an das Haftsystem.

Sinnvoll wäre hingegen eine Regelung, bei der die Restauration der Kredite nicht aufgrund von guter Führung sondern aufgrund von überobligatorischen Arbeits- oder Ausbildungsleistungen erfolgen würde. Würde z.B. ein Häftling, der Good Time wegen Arbeitsverweigerung verloren hat, sich später redlich um eine Mehrarbeit bemühen, so macht es durchaus Sinn, dies durch eine Restauration der verlorengegangenen Kredite zu honorieren. Auf diese Weise könnten die positiven Effekte der Restauration von

---

[359] *Champion*: Probation, Parole, and Community Corrections, S.208; *Quinn*: Corrections, S.17; *Meurer*: Freiheit durch Arbeit nach griechischem Strafrecht, in Busch/Edel/Müller – Dietz (Hrsg.): Gefängnis und Gesellschaft, S.85f.

[360] *Beck/Harrison*: Prisoners in 2001, S.2, 9.

[361] *Jacobs*: Sentencing by Prison Personnel..., in UCLA Law Review, Vol. 30 (2), 12/1982, S.257.

Krediten mit den Resozialisierungszielen der Good Time – Gewährung verknüpft werden.

Insgesamt betrachtet muss davon ausgegangen werden, dass Good Time – Regelungen zur Disziplinierung der Häftlinge nur in beschränktem Maße mit dem Resozialisierungsziel des §2 S.1 StVollzG vereinbar sind, ja sogar kontraproduktiv wirken können. Insbesondere besteht die Gefahr, dass durch die Vergabe-, Entzugs- und Restaurationspraxis der Vollzugsbehörden lediglich eine Anpassung des Häftlings an das Vollzugssystem provoziert wird, nicht aber eine effektive Vorbereitung auf das Leben in Freiheit erreicht werden kann.

Eine Strafzeitverkürzung, die allein aufgrund der guten Führung erfolgt, lässt sich somit nur schwer rechtfertigen.

IV.) Meritorious Good Time für besondere Verdienste

Ob es sinnvoll ist, besondere Verdienste mit Good Time – Krediten zu honorieren, hängt sicherlich von der Art der zu erbringenden Leistung ab. Soweit der erbrachte „Verdienst" auch Ausdruck der „Besserung" des Häftlings ist, also ihm auch zukünftig hilft, ein Leben in sozialer Verantwortung ohne Straftaten zu führen, ist gegen die Anerkennung der Leistung mit einem Strafzeitkredit sicherlich nichts einzuwenden. Steht die erbrachte Leistung hingegen in keinem Zusammenhang zu den Resozialisierungschancen des Häftlings, so ist die vorzeitige Entlassung des Häftlings ungerechtfertigt.

So ist das in einigen US-Bundesstaaten honorierte Blutspenden zwar ein wichtiger Beitrag zur Rettung von Menschenleben, der sicherlich auch einigen Häftlingen das Gefühl geben kann, jemanden geholfen zu haben und „wichtig" zu sein; ob dies jedoch eine vorzeitige Entlassung rechtfertigt, ist fraglich, zumal leicht der Eindruck entsteht, der Gefangene habe seine Freiheit mit seinem Blut erkauft.

Auch die Vergabe von Strafzeitreduktionen für die Rettung von Menschenleben, die Verhinderung einer Flucht oder für die Unterstützung des Anstaltspersonals in Krisensituationen ist sicherlich ein sinnvolles Mittel zur Aufrechterhaltung der Anstaltssicherheit, ob dadurch aber später ein Rückfall verhindert werden kann, ist zweifelhaft. Zumal in solchen Ausnahmesituationen wohl eher andere Motive als die Aussicht auf eine Strafzeitverkürzung das Handeln leiten werden.

Kapitel 6: Weitere Ziele der Good Time – Systeme

I.) Instrument zum Abbau der Gefängnisüberfüllung

Da Good Time – Regelungen eine Haftzeitreduktion bewirken, eignen sie sich durch die geringere Verweildauer der Haftinsassen in der Anstalt grundsätzlich zur Entlastung der Haftkapazitäten[1].

1.) Gefängnisüberfüllung als Problem in Deutschland

Am Stichtag 31.3.2004 kamen in Deutschland auf 79.204 Haftplätze in 204 Haftanstalten 81.166 Gefangene, was einer Haftauslastung von 102,48% entspricht, die in einigen Bundesländern aber weitaus höher lag, z.B. Thüringen mit 120,04%[2].

Auch wenn Streit darüber besteht, wann eine Haftanstalt überbelegt ist[3], so wird man eine Überbelegung jedenfalls dann annehmen können, wenn die Belegungsfähigkeit einer Anstalt überschritten wurde, wenn also die Haft-

---

[1] Vgl. *Champion*: Probation, Parole, and Community Corrections, S.208; *Quinn*: Corrections, S.17, *Oberheim*: Gefängnisüberfüllung, S.330.

[2] *Statistisches Bundesamt*: Bestand der Gefangenen und Verwarten in den deutschen Justizvollzugsanstalten, Stichtag 31. März 2004, rechtspflegestatistik@destatis.de.

[3] Vgl. *Kreuzer*: Gefängnisüberfüllung – eine kriminalpolitische Herausforderung, in Schwind/Berz/Geilen (Hrsg.): FS Blau, S.460f.; *Seebode*: Anmerkung zu LG Frankfurt, Verf. des Vors. v. 18.9.1998, in StV 1999, S.325ff.

platzkapazitäten, für die eine Anstalt strukturell eingerichtet wurde, nicht mehr ausreichen, um alle Gefangenen der planmäßigen Auslastung und den Vorgaben von §§145,146 StVollzG entsprechend unterzubringen[4]. Die meisten Autoren fordern sogar, die Belegungsfähigkeit einer Anstalt 10% unterhalb der nach §145 StVollzG verfügbaren Haftplatzzahl festzusetzen, um so eine Haftraumreserve für den Fall eines plötzlichen Mehrbedarfs bzw. für nötige Renovierungsarbeiten zur Verfügung zu haben[5]. Eine Überbelegung ist demnach schon bei einer Kapazitätsauslastung von über 90% anzunehmen[6]. Geht man von diesem Wert aus, so sind seit 1996 die deutschen Anstalten im Bundesdurchschnitt überfüllt; vgl. Tabelle 5. Dies zeigt sich nicht nur in der Mehrfachbelegung von Hafträumen, die ursprünglich nur für eine geringere Anzahl von Person gedacht waren[7], sondern auch in der Nutzung von solchen Räumlichkeiten als Haftraum, die ursprünglich nicht zu Wohnzwecken errichtet wurden, z.B. Freizeit- und Aufenthaltsräume[8].

Vergleicht man die durchschnittliche Auslastung der deutschen Haftanstalten in den Jahren 1993 bis 2002, so fällt auf, dass bei nur leicht steigender Belegungsfähigkeit der Anstalten, die Gefangenenzahlen überproportional

---

[4] *Laubenthal*: Strafvollzug, 3.Aufl., Rn.376f.; *Kreuzer*: Gefängnisüberfüllung – eine kriminalpolitische Herausforderung, in Schwind/Berz/Geilen (Hrsg.): FS Blau, S.465.

[5] *Schwind* in Schwind/Böhm: StVollzG, §146 Rn.3f.; *Böhm* in Schwind/Böhm: StVollzG, §18 Rn.2; *Huchting/Lehmann* in Fest: AK – StVollzG, 4.Aufl., §146 Rn.5; *Kreuzer*: Gefängnisüberfüllung – eine kriminalpolitische Herausforderung, in Schwind/Berz/Geilen (Hrsg.): FS Blau, S.465.

[6] *Seebode*: Anmerkung zu LG Frankfurt, Verf. des Vors. v. 18.9.1998, in StV 1999, S.326, Fn.19 m.w.Nw.

[7] *Walter*: Strafvollzug, Rn.107.

[8] *Oberheim*: Gefängnisüberfüllung, S.143.

angestiegen sind, auch wenn in den letzen Jahren eine leichte Entspannung zu verzeichnen ist. Zwar wurden im Bundesdurchschnitt die Haftplatzkapazitäten bis 2002 noch nicht überschritten, betrachtet man allerdings die Haftauslastung einzelner Bundesländer, so zeigt sich schnell, dass einige Länder und insbesondere der geschlossene Vollzug (in praxi der Regelvollzug) mit einer erheblichen Überbelegung zu kämpfen haben, vgl. Tabbelle 5.

Der Anteil der Häftlinge, die in Gemeinschaftszellen leben, ist im Verhältnis zu einzeln untergebrachten Gefangenen stetig gewachsen. Während 1993 im Bundesdurchschnitt nur 45,1% der Häftlinge in Gemeinschaftszellen lebten, stieg deren Anzahl 1996 auf 46,5% und 1998 sogar auf 51,4%. Zwar sank 2002 der Anteil der in Gemeinschaftshaft untergebrachten Häftlinge wieder auf 46,79%, jedoch darf dieser Erfolg nicht darüber hinwegtäuschen, dass stets mehr Häftlinge gemeinschaftlich untergebracht waren als dafür eigens eingerichtete Haftplätze zur Verfügung standen, so dass Zellen, die für Einzelunterbringung konzipiert wurden, mehrfach belegt waren; vgl. Tabelle 5 und Diagramm 4.

Tabelle 5: Auslastung der deutschen Vollzugsanstalten von 1993 bis 2002 Stichtag jeweils der 1.12. des Jahres (einschließlich U-Haft)

Jahr	Anstalten	Belegungsfähigkeit			tatsächliche Belegung					
		gesamt	Einzelunterbringung	Gemeinsame Unterbr.	gesamt		Einzelunterbringung		Gemeinsame Unterbringung	
		Anzahl	Anzahl	Anzahl	Anzahl	in %[a]	Anzahl	in %[a]	Anzahl	in %[a]
1993	225	69.908	42.757	27.151	59.833	**86**	32.822	**77**	27.011	**99**
1994	219	70.766	43.149	27.617	60.289	**85**	32.912	**76**	27.377	**99**
1995	221	70.838	43.631	27.207	61.108	**86**	33.140	**76**	27.968	**103**
1996	219	71.343	44.029	27.314	64.680	**91**	34.599	**79**	30.081	**110**
1997	218	72.378	44.721	27.657	68.029	**94**	34.263	**77**	33.766	**122**
1998[b]	217	73.980	44.594	28.557	69.917	**95**	33.674	**76**	35.669	**125**
1999[b]	218	75.507	45.296	29.345	69.214	**92**	33.963	**75**	34.727	**118**
2000[b]	222	76.646	46.339	29.441	70.252	**92**	34.789	**75**	35.062	**119**
2001[b]	222	77.795	47.564	29.405	70.203	**90**	36.078	**76**	33.513	**114**
2002[b]	209	78.466	48.781	28.859	70.977	**90**	37.180	**76**	33.210	**115**
davon in: (2002)										
Baden-Württemberg	20	8.029	4.446	3.583	7.729	**96**	3.024	**68**	4.705	**131**
Bayern	36	11.522	7.620	3.902	11.182	**97**	7.124	**93**	4.058	**104**
Berlin	10	5.022	4.003	1.019	4.944	**98**	3.313	**83**	1.631	**160**
Brandenburg	7	2.534	1.233	1.301	2.165	**85**	969	**79**	1.196	**92**
Bremen[b]	1	826			587	**71**				
Hamburg	11	3.128	2.191	937	2.673	**85**	1.778	**81**	895	**96**
Hessen	17	5.674	3.838	1.838	5.505	**97**	2.895	**75**	2.610	**142**
Mecklenburg-Vorpommern	6	1.624	902	722	1.443	**89**	3.290	**77**	2.617	**114**
Niedersachsen	19	6.560	4.265	2.295	5.907	**90**	3.290	**77**	2.617	**114**
Nordrhein-Westfalen	37	18.360	11.719	6.641	14.787	**81**	8.266	**71**	6.521	**98**
Rheinland-Pfalz	10	3.835	2.888	947	3.440	**90**	1.968	**68**	1.472	**155**
Saarland	3	848	707	141	776	**92**	517	**73**	259	**184**
Sachsen	10	4.382	1.912	2.470	4.011	**92**	1.259	**66**	2.752	**111**
Sachsen-Anhalt	9	2.787	1.241	1.546	2.573	**92**	812	**65**	1.761	**114**
Schleswig-Holstein	6	1.580	1.206	374	1.401	**89**	786	**65**	615	**164**
Thüringen	7	1.753	610	1.143	1.854	**106**	489	**80**	1.365	**119**

[a] Belegung jeweils in % der Belegungsfähigkeit
[b] Angaben über Einzel- bzw. gemeinsame Unterbringung aus Bremen lagen nicht vor. Diesbezügliche Angaben für Deutschland sind daher ohne Bremen

Quelle: Statistisches Bundesamt, Fachserie 10, Reihe 4.2, 2002, S.8.

Diagramm 4: Auslastung der deutschen Haftanstalten in den Jahren 1993 bis 2002 - Stichtag jeweils der 31.12. (einschließlich U-Haft / Angaben von 1998 - 2002 ohne Bremen)

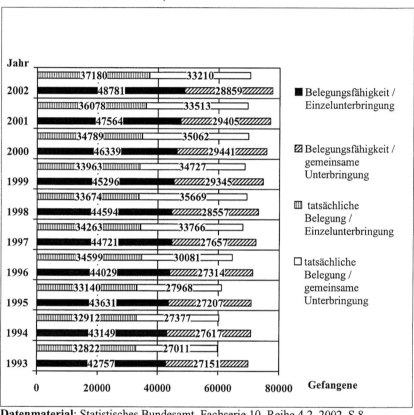

Datenmaterial: Statistisches Bundesamt, Fachserie 10, Reihe 4.2, 2002, S.8.

Eine Entspannung der Lage ist nicht zu erwarten. Im Jahr 2004 wird aus Bayern berichtet, dass selbst neu eröffnete Haftanstalten bereits überbelegt sind und für insgesamt 12.300 Personen nur 11.500 Haftplätze zur Verfü-

gung standen[9]. In Nordrhein-Westfahlen fehlten allein durch Renovie-
rungs- und Umbaumaßnahmen im Jahr 2004 500-600 Haftplätze[10].

2.) Das Problem der Gefängnisüberfüllung in anderen Ländern

Auch andere europäische Länder haben mit steigenden Gefangenenzahlen
und zunehmender Überlastung ihrer Haftkapazitäten zu kämpfen.

In **Frankreich** waren im Jahr 2000 in den 185 Gefängnissen des Landes
über 57.000 Häftlinge untergebracht, obwohl regulär nur 50.014 Haftplätze
zur Verfügung standen und somit 70% der Häftlinge in Gemeinschaftszellen leben mussten[11]. Dabei wurden 102 Haftanstalten vor 1912 errichtet, 8
stammten aus einer Zeit vor 1793 und sogar 2 aus dem 16. Jahrhundert[12].
Die Anforderungen an einen modernen Vollzug konnten damit bei weitem
nicht erfüllt werden. Von 1975 bis 1995 hat sich die Zahl der Gefangenen
in Frankreich verdoppelt.

Auch **Italien** hat mit einer starken Überbelegung zu kämpfen: In den 270
Strafanstalten standen im Jahr 2001 für die 53.343 Gefangenen nur 41.651
Haftplätze zur Verfügung, was vor allem auf die hohe Zahl der Untersuchungsgefangenen und die schleppende gerichtliche Verfahrensabwicklung
zurückzuführen ist[13].

---

[9] Zur (Über-)Belegung im Bayrischen Justizvollzug, in Aktuelle Informationen,
ZfStrVO 2004, S.170.
[10] Knappe Haftplätze, in Aktuelle Informationen, ZfStrVo 2004, S.233.
[11] Aktuelle Informationen, in ZfStrVo 2000, S.175.
[12] Aktuelle Informationen, in ZfStrVo 2001, S.113.
[13] Aktuelle Informationen, in ZfStrVo 2001, S.113.

In **Griechenland** ist die Situation ebenso kritisch. Zwar hat Griechenland eine recht niedrige Gefangenenziffer (auf ca. 10 bis 11 Mio. Einwohner kamen im Jahr 1997 landesweit nur 6.075 Gefangene = 62,2 Gefangene pro 100.000 Einwohner[14]), jedoch sind die 28 griechischen Haftanstalten teilweise bis zu 100% überbelegt. Die Gemeinschaftsunterbringung in Schlafsälen ist ebenso die Regel, wie die Doppel- und Mehrfachbelegung von Einzelhafträumen. Eine Trennung von Untersuchungs- und Strafgefangenen ist vielerorts nicht möglich[15].

England und Wales haben seit Jahrzehnten mit der Anstaltsüberlastung zu kämpfen. Trotz einer stetigen regen Bautätigkeit im letzten Jahrhundert, allein in den 90er Jahren des 20. Jhd. wurden mehr als 21 neue Gefängnisse gebaut, sind derzeit mehr als 5000 Einzelzellen doppelt belegt. Seit 1970 hat sich die Gefängnispopulation von 35.000 auf ca. 66.000 Gefangene (November 1999) fast verdoppelt[16].

Selbiges gilt für die **USA**. Viele amerikanische Autoren bezeichnen die Überlastung der Haftkapazitäten als das schwerwiegendste und dringlichste Problem der amerikanischen Strafvollzugspolitik[17]. Seit Jahren steigen die Inhaftierungsraten in den USA konstant an, haben die Verwaltungen mit überfüllten Haftanstalten zu kämpfen[18]. So wurde es als Erfolg gewer-

---

[14] *Spinellis*: Attacking Prison Overcrowding in Greece, in Albrecht u.a. (Hrsg.): Internationale Perspektiven in Kriminologie und Strafrecht, S.1275.
[15] Vgl. *Winchenbach*: Strafvollzug in Griechenland, in ZfStrVo 1997 S.275.
[16] *Kaiser* in K/S: Strafvollzug, 5.Aufl., §3 Rn.56; vgl. auch: Zur Inhaftierungsrate in England und Wales, in Aktuelle Informationen, ZfStrVo 2004, S.170.
[17] *Parisi/Zillo*: Good Time: The Forgotten Issue, in Crime and Delinquency, April 1983, S.234; *Austin*: Using Early Release to Relieve Prison Crowding, S.1.
[18] *Nibbeling*: Die Privatisierung des Haftvollzuges, S. 65ff.

tet, dass im Jahr 2001 die Gefängnispopulation in den Bundes- und Staats-gefängnissen nur um 1,1% im Vergleich zum Vorjahr auf 1.406.031 Ge-fangene zum Jahresende stieg, während im Jahr 2000 die Steigerungsrate noch 1,3% (1.381.892 Gefangene) und 1999 noch 3,4% (1.366.721 Haftin-sassen) betrug[19]. Dafür betrug die Steigerungsrate im Jahr 2002 wiederum 2,6%; insgesamt waren am Jahresende 2002 1.440,655 Personen in den Bundes- und Staatsgefängnissen inhaftiert[20]. Dies entspricht für das Jahr 2002 einer Inhaftierungsrate von 472 *verurteilten* Straftätern auf 100.000 US-Bürger; 1990 betrug diese Rate noch 292. Die Inhaftierungsrate für sämtliche Haftinsassen in Bundes- und Staatsgefängnissen oder den loka-len Jails (umfasst auch noch nicht Verurteilte), betrug hingegen zum Jah-resende 2002 701 Häftlinge auf 100.000 US-Bürger (2.033.331 Gefange-ne); im Vergleich dazu betrug 1990 die Inhaftierungsrate noch 458, was einer Anzahl von 1.148.702 inhaftierten Personen entspricht[21].

Aus Tabelle 6 lassen sich die Zahl der Haftinsassen und die Inhaftierungs-raten der USA für die Jahre 1990 bis 2002 in staatlichen Haftanstalten ent-nehmen.

---

[19] *Beck*: Prisoners in 1999, S.1; *Beck/Harrison*: Prisoners in 2000, 2001, S.1.
[20] *Harrison/Beck*: Prisoners in 2002, S.1.
[21] *Beck* a.a.O., S.2; *Harrison/Beck*: Prisoners in 2002, S.1 f.

Tabelle 6: Anzahl der Personen, die zwischen 1990 und 2002 in amerikanischen Bundes-, Staats- oder Bezirksgefängnissen inhaftiert waren:

Jahr	Gesamtanzahl der Haftinsassen	Gefangene in Haft am 31. Dezember		Insassen in lokalen Jails [a]	Inhaftierungsrate [b]
		in Bundeshaftanstalten	in Haftanstalten der einzelnen Bundesstaaten		
1990	1.148.702	58.838	684.544	405.320	458
1995	1.585.586	89.538	989.004	507.004	601
1996	1.646.020	95.008	1.032.440	518.492	618
1997	1.743.643	101.755	1.074.809	567.079	648
1998	1.816.931	110.793	1.113.676	592.462	669
1999 [c]	1.893.115 (1.869.169)	125.682	1.161.490 (1.137.544)	605.943	691
2000 [c]	1.937.482 (1.925.196)	133.921	1.176.269	621.149	684
2001 [c]	1.961.247 (1.954.732)	143.337	1.180.155	631.240	685
2002 [c]	2.033.331 (2.026.733)	151.618	1.209.640	665.475	701
Prozentualer Wandel zwischen					
1998-1999	2,9%	13,4%	2,1%	2,3%	
1999-2000	2,1%	6,6%	1,5%	2,5%	
2000-2001	1,3%	7,0%	0,4%	1,6%	
2001-2002	3,7%	5,8%	2,5%	5,4%	

Anmerkungen: Die Zahlen für die Jails von 1994-1999 enthalten nicht die Gefangenen, die außerhalb der Jails überwacht werden

[a] Inklusive der Häftlinge, die wegen Gefängnisüberfüllung von staatlichen Haftanstalten in Jails verlegt wurden

[b] Anteil der Gefängnis- und Jail - Insassen auf 100.000 U.S. Bürger zum Jahresende

[c] 1999 haben 15 Bundesstaaten ihre Zählkriterien verändert, um auch Häftlinge zu erfassen, die in privat betriebenen Haftanstalten inhaftiert sind. Für Vergleiche mit den Vorjahren sind die Zahlen in den Klammern heranzuziehen.

Quelle: *Beck*: Prisoners in 1999, S.2.; *Beck/Harrison*: Prisoners in 2000 / 2002, S.2.

Tabelle 7: Haftauslastung der Gefängnisse in den einzelnen US-Bundesstaaten Ende 2002:

Bundesstaat	Kapazitätsart			Tatsächliche Haftauslastung in Bezug auf	
	Rated	Operational	Design	größtmögliche Haftkapazität [a]	kleinstmögliche Haftkapazität [a]
Bundesstaatlich	103.897	...	...	**133%**	**133%**
Alabama	...	...	12.459	**201%**	**201%**
Alaska	3.098	3.206	...	**93%**	**97%**
Arizona	26.228	29.406	25.346	**100%**	**116%**
Arkansas [b]	11.972	12.189	11.299	**95%**	**103%**
Colorado	...	13.925	12.593	**116%**	**129%**
Connecticut	...	...	...	**...**	**...**
Delaware	...	4.206	3.192	**164%**	**216%**
Florida	...	78.805	58.396	**95%**	**129%**
Georgia	...	47.706	...	**99%**	**99%**
Hawaii	...	3.487	2.451	**107%**	**152%**
Idaho	5.871	5.5544	4.564	**71%**	**92%**
Illinois	31.351	31.351	27.256	**136%**	**157%**
Indiana	15.859	21.039	...	**93%**	**123%**
Iowa	6.772	6.772	6.772	**124%**	**124%**
Kalifornien	...	155.087	80.587	**103%**	**198%**
Kansas	9.114	...	...	**98%**	**98%**
Kentucky	...	12.162	...	**87%**	**87%**
Louisiana	19.688	20.010	...	**98%**	**100%**
Maine	1.779	1.779	1.779	**104%**	**104%**
Maryland	...	24.263	...	**99%**	**99%**
Massachusetts	...	...	7.721	**128%**	**128%**
Michigan	...	51.429	...	**97%**	**97%**
Minnesota	7.064	7.064	7.064	**97%**	**97%**
Mississippi [b]	...	21.011	...	**73%**	**73%**
Missouri	...	30.580	...	**97%**	**97%**
Montana	...	2.460	...	**78%**	**78%**
Nebraska	...	3.924	3.139	**103%**	**129%**
Nevada [b]	10.532	...	8.315	**96%**	**121%**
New Hampshire	2.419	2.238	2.213	**102%**	**112%**
New Jersey	...	...	17.122	**138%**	**138%**
New Mexico [b]	6.245	6.239	5.985	**94%**	**98%**
New York	61.265	63.531	54.210	**105%**	**123%**
North Carolina	...	28.284	...	**117%**	**117%**
North Dakota	1.005	952	1.005	**109%**	**115%**
Ohio	36.270	...	...	**120%**	**120%**
Oklahoma [b]	...	23.566	...	**93%**	**93%**
Oregon	...	11.556	11.556	**101%**	**101%**

Bundesstaat	Kapazitätsart			Tatsächliche Haftauslastung in Bezug auf	
	Rated	Operational	Design	größtmögliche Haftkapazität [a]	kleinstmögliche Haftkapazität [a]
Bundesstaatlich	103.897	...	...	133%	133%
Alabama	...	...	12.459	201%	201%
Alaska	3.098	3.206	...	93%	97%
Arizona	26.228	29.406	25.346	100%	116%
Arkansas [b]	11.972	12.189	11.299	95%	103%
Colorado	...	13.925	12.593	116%	129%
Connecticut	...	...	...	...	...
Delaware	...	4.206	3.192	164%	216%
Florida	...	78.805	58.396	95%	129%
Pennsylvania	34.583	34.583	27.256	136%	157%
Rhode Island	3.907	3.907	4.061	86%	89%
South Carolina	...	22.600	22.955	100%	101%
South Dakota	...	2.827	...	102%	102%
Tennessee [b]	19.138	18.691	...	96%	98%
Texas [b, c]	159.667	154.999	159.667	85%	88%
Utah	...	4.196	4.419	97%	102%
Vermont	1.286	1.286	1.226	106%	111%
Virginia	30.925	...	...	101%	112%
Washington	9.898	12.793	12.793	127%	164%
West Virginia	...	3.539	3.189	101%	112%
Wisconsin	...	15.559	...	117%	117%
Wyoming	1.111	1.051	1.141	98%	106%

... Daten nicht verfügbar
[a] nur Insassen staatlicher Gefängnisse wurden gezählt; nicht beachtet wurden Insassen der Jails oder privater Haftanstalten
[b] Häftlinge in privaten Haftanstalten und damit verbundener Einrichtungen wurden beachtet
[c] Bezirksgefängnisse wurden nicht beachtet

Quelle: *Harrison/Beck*: Prisoners in 2002, S.7.

Tabelle 7 gibt die Auslastung der Haftkapazitäten in den einzelnen US-Bundesstaaten zum Jahresende 2002 wieder. Da jeder Bundesstaat eigene Kriterien zur Feststellung der Haftauslastung besitzt, wurde nach 3 Berechnungsmethoden unterschieden: Die „rated capacity" gibt die Anzahl der Betten bzw. Haftplätze wieder, die von den Vollzugsbehörden des jeweiligen Bundesstaats für die Anstalten vorgesehen sind. Die „operational *capacity"* betrifft die Anzahl der Häftlinge, die aufgrund der baulichen Einrichtung und anstaltsinternen Programme regulär untergebracht werden können. Die *„design capacity"* spiegelt die von den Architekten und Bauplanern für die Anstalten ursprünglich vorgesehene Auslastung wider. Die beiden letzten Spalten der Tabelle geben die tatsächliche Haftauslastung in Prozent in Bezug auf die jeweils höchste und niedrigste Haftkapazität wieder.

Inagesamt haben im Jahr 2002 26 Staaten mit einer Gefängnispopulation von um oder über 100% ihrer größtmöglichen Kapazität gearbeitet. Dies ist insbesondere deshalb erschreckend, weil einige Staaten (z.B. Delaware, Illinois, Colorado, Kalifornien, Pennsylvania) darunter sind, bei denen nicht nur die design capacity bereits durch operative Maßnahmen innerhalb der Anstalt (operated capacity) erheblich erweitert wurde, sondern weil auch deren tatsächliche Gefängnisbelegung die Kapazitätsgrenzen um teilweise bis zu 30% überschritten hat (z.B. Delaware, Illinois, Pennsylvania). Da eine Steigerung der ursprünglich beim Bau einer Anstalt geplanten Haftkapazität nur durch eine Mehrfachbelegung von Einzelzellen oder die bauliche Trennung von Einzel- in Doppelzellen denkbar ist und somit der Haftraum für den einzelnen Häftling stark reduziert wird, ist dies mit Blick auf die negativen Auswirkungen einer solchen Überbelegung auf das Anstaltsklima und die Psyche der Haftinsassen äußerst bedenklich (s.u.). Zudem erfassen die Daten nicht jene Häftlinge, die aufgrund der Überlastung der State Prisons in lokale Jails bzw. sogar in andere Bundesstaaten verlegt wurden, was in vielen Bundesstaaten eine durchaus gängige Praxis darstellt[22].

3.) Gründe für die Gefängnisüberfüllung

Die Gründe für die Überlastung der Haftanstalten sind vielfältig und von Land zu Land unterschiedlich.

In den **USA** ist die Entwicklung vor allen Dingen auf eine veränderte Sanktionspolitik zurückzuführen, die sich in einer extremen Ausweitung der strafbaren Handlungen, einer stetigen Erhöhung der Strafmaße und einem äußerst strengen Umgang mit Mehrfachtätern auszeichnet, und dies, obwohl die Kriminalitätsraten seit Jahren konstant, teilweise sogar rückläufig, sind[23].

In **Griechenland** ist die Überbelegung einerseits auf die zumeist veralteten Haftanstalten und fehlende finanzielle Mittel zur Erneuerung dieser zurückzuführen, andererseits wird das Land seit dem Zusammenbruch des Ostblocks zunehmend mit ausländischen Straftätern überschwemmt, was sich auch in einem hohen Anteil ausländischer Häftlinge widerspiegelt. Während 1983 der Anteil ausländischer Gefangener an der Gefängnispopulation nur ca. 10% ausmachte, betrug er 10 Jahre später (1993) bereits 23,12%, 1996 29,17% und 1997 sogar schon 39,3%[24]. Die hohe Zahl der

---

[22] *Stojkovic/Lovell*: Corrections, S.116; *Ekland-Olson/Kelly*: Justice under Pressure, S.3.

[23] *Weitekamp/Herberger*: Amerikanische Strafrechtspolitik auf dem Weg in die Katastrophe, in NKrimP 1995, Heft 2, S. 16.

[24] *Calliope Spinellis*: Attacking Prison Overcrowding in Greece, in Albrecht u.a. (Hrsg.): Internationale Perspektiven in Kriminologie und Strafrecht, S.1277f.

Untersuchungsgefangenen (1997 30,8%) belastet die Haftkapazitäten zusätzlich[25].

In **Deutschland** ist der Anstieg der Gefängnispopulation auf verschiedene Ursachen zurückzuführen. Erstaunlicherweise sind nicht etwa steigende Kriminalitätszahlen für den Anstieg verantwortlich, sondern legislative Maßnahmen und justizielle Entscheidungen. So wurden durch verschiedene Gesetzesänderungen die Strafmaße, z.b. bei Sexualdelikten[26], erhöht[27] bzw. vorher nicht strafbare Handlungen kriminalisiert[28]. Aufgrund des öffentlichen Drucks, der durch die vermehrte Berichterstattung in den Medien ausgeübt wird, sehen sich Gerichte veranlasst, längere Strafen zu verhängen[29]. Hinzukommt die häufige Anordnung und die lange Dauer der Untersuchungshaft (ø 3-4 Monate)[30]. Dies zeigt sich insbesondere daran, dass nur etwa die Hälfte der Untersuchungsgefangenen später tatsächlich zu einer Freiheitsstrafe verurteilt wird[31]; die Untersuchungshaft also häufig entgegen dem Verhältnismäßigkeitsgebot der §§ 112 Abs.1, S.2 StPO, 72

---

[25] *Calliope Spinellis*: Attacking Prison Overcrowding in Greece, in Albrecht u.a. (Hrsg.): Internationale Perspektiven in Kriminologie und Strafrecht, S.1277f.

[26] *Vgl. §§176 a.F. / 176, 176a, 176 b n.F.; §§ 177 III, 178 III a.F. / 178 n.F. StGB; weitere Strafrahmenerhöhungen erfuhren durch das 6.StrRG von 1998 z.B. der Wohnungseinbruchsdiebstahl (§244III n.F. /243 I Nr.3 a.F. StGB) und die Körperverletzungsdelikte (§§223a a.F. / 224 n.F., §§223b a.F. / 225 n.F. StGB, §§ 224 a.F./ 226 n.F., Streichung von §233 StGB).*

[27] *Müller–Dietz*: Strafvollzug heute, in ZfStrVo 2000, S.232; *Walter*: Strafvollzug, Rn.113.

[28] *Vgl. z.B. Änderungen der §§223 Abs.2 (versuchte KV), 239 II (versuchte Freiheitsberaubung), 177,178 (ehelicher Beischlaf), 273 n.F. StGB (Verändern von amtlichen Ausweisen) durch das 6.StrRG von 1998.*

[29] *Huchting/Lehmann* in Feest: AK – StVollzG, 4.Aufl., vor §139 Rn.2.

[30] *Huchting/Lehmann* a.a.O.; *Seebode*: Strafvollzug, S.33f.

[31] *Kreuzer*: Gefängnisüberfüllung – eine kriminalpolitische Herausforderung, in Schwind/Berz/Geilen (Hrsg.): FS Blau, S.471.

Abs.1 JGG angeordnet wurde. Teilweise hat die U – Haft inzwischen die Funktion der grundsätzlich wegen ihrer Resozialisierungsfeindlichkeit verbotenen kurzen Freiheitsstrafe übernommen[32].

Für den Anstieg der Gefangenenzahlen lässt sich ebenfalls die restriktive Handhabung der Institute der vorzeitigen Haftentlassung und die geringe Ausnutzung von Haftalternativen verantwortlich machen[33]. Auch blockieren häufig Suchtkranke in großer Zahl die Haft räume im geschlossenen Vollzug, obwohl für ihre Behandlung entsprechende Therapieeinrichtungen weitaus sinnvoller wären[34]. Hinzu kommt die steigende Anzahl von Ersatzfreiheitsstrafen aufgrund der Verschlechterung der sozialen Verhältnisse, insbesondere der steigenden Arbeitslosigkeit[35].

4.)   Negative Folgen der Gefängnisüberfüllung

Der Strafvollzug stellt für jeden Haftinsassen, und dies schon unter normaler Kapazitätsauslastung einer Strafanstalt, immer eine physische und psychische Belastung dar[36]. Nicht nur die Bewegungsfreiheit des Inhaftierten wird in eklatanter Weise eingeschränkt, hinzu kommt der Zwang, sich in ein dem normalen Leben fremdes Ordnungs- und Gehorsamsgefüge aus Anstaltsregeln und ungeschriebenen Regeln der Gefangenensubkultur eingliedern zu müssen. Die Trennung, teilweise sogar der Verlust von Familie, Freunden, der gewohnten Umgebung, der Verlust des bestehenden Ar-

---

[32] Vgl. §47 StGB; *Kreuzer*: Gefängnisüberfüllung – eine kriminalpolitische Herausforderung, in Schwind/Berz/Geilen (Hrsg.): FS Blau, S.471; *Seebode*: Strafvollzug, S.33ff.

[33] *Kreuzer* a.a.O., S.472.

[34] *Huchting/Lehmann* in Feest: AK – StVollzG, 4.Aufl., vor §139 Rn.2.

[35] *Huchting/Lehmann* a.a.O.; *Kreuzer* a.a.O.

beitsplatzes, die Sorge um die Angehörigen und diverse Zukunftsängste wirken auf den Häftling ebenso belastend wie die oft problematischen Kontakte zu anderen Gefangenen, der Umgang mit dem Haftalltag, die mangelnde Intimsphäre. In einer überfüllten Anstalt potenzieren sich diese Probleme erheblich.

Werden Einzelzellen mehrfach belegt, führt dies mangels Privat- und Intimsphäre zu Konflikten zwischen den Zellengenossen[37]. Dies löst bei den Gefangenen negative Stresssymptome aus[38]. Insbesondere die ständige Nähe anderer Personen bewirkt auf Dauer ein Unwohlgefühl, dass zu verschiedensten körperlichen Abwehrreaktionen führen kann[39], z.B. erhöhtem Blutdruck, Herzrhythmusstörungen, Allergien, Magenprobleme[40] und Störungen der Psyche (gesteigert aggressives Verhalten, Depressionen, Lethargie oder der Herausbildung von Phobien)[41]. Infektionskrankheiten breiten sich wesentlich leichter und schneller aus[42]. So konnte in den stark überbelegten französischen Haftanstalten beobachtet werden, dass aufgrund mangelnder Hygiene (bis zu 4 Häftlinge teilen sich teilweise eine Zelle von 10m^2 Bodenfläche) verstärkt Hautkrankheiten und psychische Probleme

---

[36] *Laubenthal*: Strafvollzug, 3.Aufl., Rn.228ff.
[37] *Beckers/Beckers/Plumeyer*: Überbelegung in niedersächsischen Strafvollzugsanstalten…, in Krimpäd 12 (1984), Heft 18, S.13.
[38] *Oberheim*: Gefängnisüberfüllung, S.148f.; *McShane* in McShane/Williams (Hrsg.): Encyclopedia of American Prisons, S.135.
[39] *McShane* a.a.O., S.136.
[40] *Oberheim* a.a.O., S.160ff.; *McShane* a.a.O., S.135.
[41] *Oberheim* a.a.O., S.154f.
[42] *McShane* a.a.O.

auftraten; 1999 klagten 40% der Haftinsassen über Schwindel, Paranoia und Verdauungskrankheiten[43].

Zudem ist ein Anstieg der Gewaltbereitschaft unter den Häftlingen als Mittel der Stressbewältigung zu verzeichnen. In mehreren amerikanischen und englischen Studien konnte nachgewiesen werden, dass zwischen der Überbelegung einer Haftanstalt und dem Auftreten von Gewaltdelikten unter Häftlingen und gegenüber dem Anstaltspersonal ein signifikanter Zusammenhang besteht[44]. Es konnte belegt werden, dass weniger die Größe einer Haftanstalt, als denn der Grad der Kapazitätsüberlastung die Gewaltbereitschaft unter den Häftlingen erhöht[45].

Werden Räumlichkeiten zur Unterbringung von Häftlingen genutzt, die eigentlich nicht zu Wohnzwecken errichtet wurden, fehlen zumeist entsprechende sanitäre Einrichtungen, so dass die Zellen auch Nachts nicht abgeschlossen

werden können. Die zweckentfremdet genutzten Räume stehen entgegen der Sollvorschrift des §145 S.2 StVollzG nicht mehr für ihren eigentlichen Bestimmungszweck, z.B. Sport oder Fernsehen, zur Verfügung, so dass das Freizeitangebot erheblich eingeschränkt werden muss.

---

[43] Aktuelle Informationen, in ZfStrVo 2000, S.175.

[44] *Farrington/Nuttall*: Prison Size, Overcrowding, Prison Violence, and Recidivism, in Journal of Criminal Justice, Vol. 8, 1980, S.230; *Carlson/Hess/Orthmann*: Corrections, S.262; ebenso *Forst/Brandy*: The Effects of Determinate Sentencing on Inmate Misconduct in Prison, in Prison Journal, Volume LXIII (1), 1983, S.109f.; *Oberheim* a.a.O., S.151ff.

[45] *Farrington/Nuttall* a.a.O., S.223, 226.

Häufig wird die Zusammenlegung von Personen notwendig, deren gemeinsame Unterbringung schon aufgrund der verschiedenen kulturellen und sozialen Hintergründe ein erhöhtes Konfliktpotential mit sich bringt. Derzeit sind in deutschen Haftanstalten weit über 100 verschiedene Nationen vertreten; nichtdeutsche Gefangene machten 1999 fast 30% aller Insassen aus[46]. Oftmals müssen ausländische Gefangene unterschiedlicher Herkunft zusammengelegt werden, die nicht nur sprachliche Barrieren trennen, sondern deren Kulturen schon Jahrhunderte lang verfeindet sind[47].

Durch die Überbelegung verschlechtert sich das numerische Verhältnis von Angestellten und Haftinsassen. Vollzugsentscheidungen werden nicht mehr am Einzelfall orientiert, sondern eher pauschal getroffen[48]. Die sozialen Dienste können für den einzelnen Haftinsassen nur noch eingeschränkt Zeit aufwenden, Beratungs- und Therapieangebote müssen gekürzt werden[49]. Für die für die Resozialisierung so wichtigen therapeutischen Maßnahmen bleibt wesentlich weniger Zeit. Wegen des herrschenden Raummangels und der hohen Gefangenenzahlen müssen Besuchsmöglichkeiten sowie sportliche und kulturelle Veranstaltungen eingeschränkt werden. Der Vollzugsplan kann nicht mehr optimal umgesetzt werden, da nicht mehr zu fragen ist, welcher Haftplatz für einen Häftling am besten geeignet ist, sondern nur noch, ob überhaupt für ihn eine Unterbringungsmöglichkeit besteht[50]. Im Allgemeinen geht die Tendenz weg vom Behandlungs- und

---

[46] *Müller–Dietz*: Strafvollzug heute, in ZfStrVo 2000 S.232.
[47] *Neufeld*: Die Überfüllung der Gefängnisse und ihre negativen Folgen, in StraFo 2000, S.76.
[48] *Oberheim*: Gefängnisüberfüllung, S.143.
[49] *Oberheim* a.a.O., S.142f., 168f., 175f; *Neufeld* a.a.O., S.75.
[50] *Oberheim* a.a.O., S.144.

Resozialisierungsvollzug hin zum bloßen Verwahrvollzug[51], da mangels Personal und Betreuungsmöglichkeiten und aufgrund der hohen Häftlingszahlen die Belange der Sicherheit über die der Behandlung gestellt werden müssen.

Zusätzlich befördert die Überbelegung die Intensivierung der anstaltsinternen Subkultur und die verstärkte Herausbildung krimineller Strukturen. Dies ist nicht nur auf die gesteigerten Kontaktmöglichkeiten unter den Häftlingen zurückzuführen, welche die Verbreitung und Durchsetzung gefangeneninterner Regelungen und die Durchführung illegaler Geschäfte erleichtern, sondern auch auf die geringeren Überwachungsmöglichkeiten durch das Personal[52].

Für das Personal bergen das gesteigerte Aggressionspotential und die vergrößerte Gefangenenzahl bei konstanter Personalausstattung eine erhöhte Gefahr von Übergriffen. Auch kann die Einhaltung der anstaltsinternen Disziplinar- und Ordnungsregeln wesentlich schlechter kontrolliert und durchgesetzt werden. Dies begünstigt wiederum die Ausbildung krimineller Strukturen unter den Haftinsassen; organisatorische und sicherheitsrelevante Aufgaben verdrängen den sozialen Kontakt von Personal und Haftinsassen[53]. Das Tätigkeitsfeld des allgemeinen Vollzugsdienstes wandelt sich vom Betreuer der Häftlinge hin zum bloßen Überwacher. Das Perso-

---

[51] *Böhm*: Behandlung im Strafvollzug..., in Herrfahrdt (Hrsg.): Behandlung von Sexualstraftätern, S.110ff.; *Seebode*: Aktuelle Fragen zum Justizvollzug 2000..., in Herrfahrdt (Hrsg.): Strafvollzug in Europa, S.47ff.

[52] *Oberheim*: Gefängnisüberfüllung, S.158f.; *Rotthaus*: Menschenwürde und Strafvollzug, in MDR 1968, S.103.

[53] *Rotthaus* a.a.O., S.102.

nal ist überstrapaziert, die Erfüllung aller Dienstaufgaben auch durch das wegen Überfüllung gereizte Anstaltsklima erschwert.

Mit steigenden Gefangenenzahlen wächst das Problem der Arbeitslosigkeit unter den Häftlingen, da die Anzahl der zur Verfügung stehenden Arbeitsplätze nicht den steigenden Gefangenenzahlen angeglichen werden kann[54].

Auch konnte nachgewiesen werden, dass das Vollzugspersonal in überfüllten Anstalten wesentlich weniger bereit ist, einzelnen Haftinsassen Vollzugslockerungen zu gewähren, geschweige denn eine bedingte vorzeitige Entlassung zu befürworten[55]. Für dieses Phänomen lässt sich das gesteigerte Aggressionspotential der Häftlinge und die daraus resultierenden Verstöße gegen die Anstaltsregeln, sowie die Ausbildung der dem Personal feindselig gesonnenen Subkultur der Gefangenen verantwortlich machen. Zudem bedürfen Vollzugslockerungen einer zeitintensiven Vorbereitung und Überwachung und sind damit in überlasteten Anstalten kaum in die normalen Abläufe zu integrieren. Resultat sind längere Haftzeiten, die die Kapazitäten der Anstalt zusätzlich belasten.

Der Vollzug in überlasteten Haftanstalten behindert somit umfänglich die Erreichung des Vollzugsziels[56]. In einer englischen Studie konnte nachgewiesen werden, dass Häftlinge, die aus überlasteten Anstalten entlassen wurden, höhere Rückfallquoten aufwiesen als jene, die ihre Strafe in weni-

---

[54] *Neufeld* Die Überfüllung der Gefängnisse und ihre negativen Folgen, in StraFo 2000, S.75.
[55] *Oberheim*: Gefängnisüberfüllung, S.143; *Huchting/Lehmann* in Feest: AK – StVollzG, 4.Aufl., §146 Rn.4.
[56] So auch *Oberheim* a.a.O., S.182; *Kreuzer*: Gefängnisüberfüllung – eine kriminalpolitische Herausforderung, in Schwind/Berz/Geilen (Hrsg.): FS Blau, S.464.

ger überlasteten Haftanstalten verbüßt hatten[57]. Damit ergibt sich aus der Überfüllung der Haftanstalten ein erhöhtes Sicherheitsrisiko für die Allgemeinheit.

5.) Rechtliche Betrachtung der derzeitigen Haftsituation in Deutschland

Wie bereits festgestellt wurde, arbeiten derzeit in Deutschland viele Strafvollzugsanstalten über ihren gesetzlich normierten Kapazitätsgrenzen. Diese ergeben sich vorrangig aus §§18, 145 und 146 StVollzG. Nach §18 I S.2 StVollzG müssen Gefangene im geschlossenen Vollzug während der Ruhezeiten allein in ihren Haftträumen untergebracht werden. Diesem Grundsatz entsprechend muss die Aufsichtsbehörde nach §145 StVollzG die Belegungsfähigkeit einer Anstalt festsetzen, wobei ausreichend Räume für die Arbeit-, Aus- und Weiterbildung sowie für Freizeitgestaltung und therapeutische Maßnahmen verbleiben müssen. Die so festgesetzten Auslastungsgrenzen dürfen nach §146 I StVollzG nicht überschritten werden. Folglich wäre sowohl eine Mehrfachbelegung von Haftträumen, erst recht eine Doppelbelegung von Einzelzellen, als auch die Umwidmung von nicht zu Wohnzwecken geeigneten Räumen für die Freizeitgestaltung in Schlafräume nach §§18 I S.1, 145 StVollzG unzulässig. Allerdings erfahren diese gesetzlichen Grundsätze, die einerseits die Privat- und Intimsphäre des einzelnen Häftlings und somit seine Menschenwürde (Art. 1 Abs.1 GG) schützen sollen[58], andererseits einem dem Vollzugsziel der §§2 S.1, 3

---

[57] *Farrington/Nuttall*: Prison Size, Overcrowding, Prison Violence, and Recidivism, in Journal of Criminal Justice, Vol. 8, 1980, S.229; *Huchting/Lehmann* in Feest: AK – StVollzG, 4.Aufl., §146 Rn.4; a.A. *Walter*: Strafvollzug, Rn.105.

[58] *C/MD*: §18 StVollzG, Rn.1; *Kellermann* in Feest: AK – StVollzG, 4.Aufl., §18 Rn.1.

Abs.3 StVollzG entsprechenden Behandlungsvollzug gewährleisten und den oben beschriebenen negativen Folgen einer Überbelegung entsprechend

§3 Abs.2 StVollzG entgegenwirken sollen[59], schon von Gesetzes wegen zahlreiche Ausnahmen.

Den geringsten Einfluss hat hier der eher selten zur Anwendung kommende §18 Abs.1, S.2 StVollzG wonach eine gemeinsame Unterbringung dann ausnahmsweise zulässig ist, wenn ein Gefangener in Folge von Krankheit oder körperlichen Behinderungen hilfsbedürftig ist oder eine Gefahr für Leben oder Gesundheit eines der Gefangenen besteht, z.B. ein drohender Suizid oder eine Selbstschädigung verhindert werden soll[60]. Ausnahmen größeren Umfangs erlaubt allerdings bereits §18 Abs. 2, S.2 StVollzG, wonach im geschlossenen Vollzug eine gemeinschaftliche Unterbringung zur Ruhezeit ausnahmsweise und aus zwingenden Gründen zulässig ist. Diese Regelung dient jedoch ausschließlich zur Behebung einer vorübergehenden Notlage, kann aber eine chronische Überbelegung, wie sie derzeit in Deutschland zu finden ist, nicht rechtfertigen[61].

Problematisch ist hingegen die Übergangsvorschrift des §201 Nr.3 StVollzG, der es Anstalten, die vor dem 1.1. 1977 errichtet wurden, erlaubt, im geschlossenen Vollzug Hafträume entgegen §18 StVollzG mehrfach zu belegen, soweit die räumlichen Verhältnisse der Vollzugseinrichtung dies erfordern. Verboten ist nur eine Belegung eines Haftraums mit

---

[59] *Schwind* in Schwind/Böhm: §146 StVollzG, Rn.1; *Huchting/Lehmann* in Feest: AK–StVollzG, 4.Aufl., §146 Rn.4; *Kellermann* in Feest: AK – StVollzG, §18, Rn. 3.
[60] *C/MD* a.a.O.; *Kellermann* a.a.O., Rn. 5.
[61] *C/MD* a.a.O., Rn.3; *OLG Celle*, ZfStrVo 1999, S.58.

mehr als 8 Personen. Dies führt dazu, dass §18 StVollzG für einen Großteil der derzeit in Betrieb befindlichen deutschen Haftanstalten nicht zur Anwendung kommt[62].

Anzumerken bleibt, dass §146 Abs.2 StVollzG, wonach vorrübergehende Ausnahmen vom Verbot der Überbelegung zulässig sind, keine Ausnahmeregelung zu §18 StVollzG (Verbot der Mehrfachbelegung von Crafträumen) darstellen kann, denn §146 Abs.1 StVollzG bezieht sich auf die nach §145 StVollzG zulässige Belegung von Hafträumen, was wiederum die Einhaltung der von §18 StVollzG aufgestellten Grundsätze erfordert. §§145, 146 setzen somit die Beachtung der von §18 StVollzG normierten Rechte des Gefangenen voraus, können diese aber nicht beschränken[63]. Nur wenn §18 StVollzG wegen §201 Nr.3 StVollzG nicht zur Anwendung kommt, kann gemäß §146 Abs.2 die nach §145 festgesetzte Belegungsfähigkeit der Anstalt ausnahmsweise und nur vorübergehend überschritten werden, indem z.B. ein Haftraum, der in Belegungsplan mit 3 Haftplätzen ausgewiesen ist, ausnahmsweise mit 4 Personen belegt wird. Doch auch hier wird nur eine Überbelegung von einer Woche für noch zulässig erachtet. Darüber hinausgehende Zeiträume sind hingegen nicht statthaft[64], da sonst der Sinn und Zweck der Vorschrift (Schutz der Menschenwürde des Gefangenen und Ermöglichung des Behandlungsvollzugs) zu sehr ausgehöhlt werden würde. Verwaltungsvorschriften, die entweder überhaupt

---

[62] *Ullenbruch*: Anm. zu OLG Celle, in NStZ 1999, S.430.

[63] *OLG Celle*, ZfStrVo 1999, S.58; *Ullenbruch* a.a.O.

[64] *Schwind* in Schwind/Böhm: 3.Aufl., §146 StVollzG, Rn.8; *Huchting/Lehmann* in Fest: AK – StVollzG, §146 Rn.7.

keine zeitliche Grenze für eine Überbelegung vorsehen oder diese bei 3, 6 oder sogar 12 Monaten ansetzen[65], sind daher rechtswidrig[66].

Die häufig praktizierte Umwidmung von Freizeiträumen in Hafträume kann nicht durch §146 gerechtfertigt werden; §146 Abs.1 StVollzG spricht eindeutig nur von Hafträumen[67].

Nach den bisherigen Ausführungen ließe sich die derzeitige chronische Überbelegung der deutschen Vollzugseinrichtungen nur über die Ausnahmeregelung des §201 Nr.3 StVollzG rechtfertigen und wäre somit allein in den vor dem 1.1. 1977 errichteten Anstalten statthaft. Fraglich ist jedoch, ob §201 Nr.3 StVollzG als verfassungsgemäß angesehen werden kann. Spätestens seit der Entscheidung des OLG Celle vom 5.11.1998[68] steht fest, dass die Einzelunterbringung bei Nacht nicht nur dazu dient, einen geregelten Behandlungsvollzug zu ermöglichen, sondern vor allem die Privat- und Intimsphäre der Häftlinge schützen und ihre Menschenwürde (Art. 1 Abs.1, 2 Abs.1 GG) erhalten soll. Diese mit höchstem Verfassungsrang ausgestatteten Grundrechte stehen jedem Häftling zu und können nicht allein dadurch geschützt werden, dass mehrfach belegte Hafträume mit nicht einsehbaren Sanitäranlagen ausgestattet werden, wie dies bereits 1967 vom OLG Hamm gefordert wurde[69]. Ihre Gewährleistung macht vielmehr eine generelle Einzelunterbringung bei Nacht erforderlich. Denn allein die Tat-

---

[65] Vgl. Beispiele bei *Schwind* in Schwind/Böhm: 3.Aufl., §146 StVollzG, Rn.8.
[66] *Huchting/Lehmann* a.a.O., Rn.8; *Laubenthal*: Strafvollzug, 3.Aufl., Rn. 374ff., insb. 377.
[67] *Huchting/Lehmann* a.a.O., Rn.7.
[68] *OLG Celle*, ZfStrVo 1999, S.57f.
[69] *OLG Hamm*, Beschluss vom 23.6.1967, NJW 1967, S.2024ff.

sache, dass mehrere Personen sich einen Haftraum teilen müssen, sich in die Benutzung der mangels Stellplatz nur spärlich vorhandenen Einrichtungsgegenstände, z.B. Tisch, Stuhl, Schrank, hineinteilen müssen, keine Möglichkeit haben, unbeobachtet und unkommentiert ihren Beschäftigungswünschen, und sei es nur das Lesen eines Buches zum Zwecke der Unterhaltung oder gar Weiterbildung, nachzugehen oder lästigen Gesprächen auszuweichen, verletzt ihre Privat- und Intimsphäre[70]. Außerdem ist die ständige Nähe anderer Häftlinge und die damit verbundene, teils auch negative Beeinflussung den Besserungsabsichten einzelner Häftlinge nicht förderlich[71]. Eine Auseinandersetzung mit der Tat und dem eigenen Werdegang ist unter solchen Bedingungen nur schwer möglich[72].

Das Bundesverfassungsgericht erkennt in einer Entscheidung über das Anklopfen der Vollzugsbediensten vor Eintritt in die Zelle an, „dass der gesonderte Haftraum für den Gefangenen regelmäßig die einzige verbleibende Möglichkeit bietet, sich eine gewisse Privatsphäre zu schaffen und ungestört zu sein" und somit ein Betreten des Haftraums ohne jegliche Vorankündigung (Notsituationen ausgenommen) ermessensfehlerhaft sei[73]. Auch der BGH hat zum Schutze der Privat- und Intimsphäre des einzelnen Häftlings das Zuhängen des Sichtspions in der Tür erlaubt, um ihn so vor unbemerkten aber doch verhältnismäßig kurzen Blicken anderer Mithäftlinge (oder Besucher) zu schützen[74]. Wenn aber die höchsten Gerichte die verhältnismäßig kurzzeitigen Eingriffe in die Privatsphäre durch Sichtspi-

---

[70] *Schmidt*: Anmerkung zu OLG Hamm, in NJW 1967, S. 2024.
[71] *Rotthaus*: Menschenwürde und Strafvollzug, in MDR 1968, S.103.
[72] *Rotthaus* a.a.O., S.102.
[73] *BVerfG*, ZfStrVo 1997 S. 111(113).

on oder unangekündigtes Betreten von Hafträumen wegen Verletzung des Persönlichkeitsrechts der Häftlinge für verfassungswidrig halten, so muss dies erst recht für die ständige Beobachtung der Häftlinge durch ihre Zellengenossen gelten[75].

Das BVerfGE hat in zwei Entscheidungen aus dem Jahre 2002 inzwischen anklingen lassen, dass zumindest die Doppelbelegung einer 7,5 bzw. 8,0 m^2 großen Einzelzelle ohne jegliche räumliche Abtrennung der Sanitäranlagen gegen die gesetzlich nicht einschränkbare Menschenwürde verstoße und daher auch nicht durch einfachgesetzliche Regelungen, wie beispielsweise §18 Abs.2 S.2 GG, gerechtfertigt werden könne[76].

Nach alledem ist die Einzelbelegung von Hafträumen bei Nacht die dem verfassungsrechtlich verankerten Resozialisierungsgebot am besten gerecht werdende Unterbringungsmöglichkeit[77].

Was den Grundrechtsschutz der Gefangenen betrifft, kann vernünftigerweise keine Grenze zwischen vor und nach 1977 errichteten Haftanstalten gezogen werden, denn die Geltung der Grundrechte kann nicht von dem Glück oder Pech des einzelnen Häftlings abhängen, in welche Anstalt er eingewiesen wird. Dass die Übergangsregelung des §201 Nr.3 StVollzG bei dem Inkrafttreten des Strafvollzugsgesetzes am 1.1.1977 (wenn auch damals schon verfassungsrechtlich nicht unbedenklich) aus praktischen

---

[74] Beschluss des BGH vom 8.5.1991, in JR 1992, S.173 (BGHSt 37, S.380).

[75] Vgl. *Ullenbruch*: Anm. zu OLG Celle, in NStZ 1999, S.430; *Böhm*: Anm. zu BGHSt. 37, 380, in JR 1992, S.176, Fn.15: *Das OLG Celle hat in einer Entscheidung von 1986 die Justizvollzugsbehörden auf die befristete Haltbarkeit der „Übergangsbestimmung" des §201 Nr.3 StVollzG hingewiesen.*

[76] *BVerfG* (3. Kammer des Zweiten Senats) Beschl. v. 27.2.2002 und v. 13.3.2002 in NJW 2002, S.2699.

[77] So auch *Ullenbruch* a.a.O.

Erwägungen notwendig war, weil nicht schlagartig der Großteil der deutschen Anstalten hätte umgebaut werden können, ist verständlich. Inzwischen ist diese „Übergangsbestimmung" aber fast 30 Jahre alt und verdient schon seit langem ihre eigene Bezeichnung nicht mehr. Folglich ist die schnellstmögliche Abschaffung dieser verfassungswidrigen Norm ins Auge zu fassen[78], auch wenn dies die Vollzugspraxis vor erhebliche Schwierigkeiten stellen wird.

Doch auch in nach dem 1.1.1977 neu errichteten Haftanstalten werden Gefangene in Gemeinschaftszellen untergebracht, wofür es nach den bisherigen Ausführungen keine gesetzliche Rechtfertigung gibt. Die Praxis behilft sich insoweit häufig mit einer vom Häftling abzugebenden Einverständniserklärung. Es gibt Häftlinge, die sich aufgrund der sozialen Kontakte einen Zellenkameraden wünschen[79], auch wenn dies zumeist nur dann der Fall ist, wenn ein genügend großer Haftraum zur Verfügung steht[80]. Diese Praxis ist aber schon deshalb problematisch, weil die Möglichkeit des Grundrechtsverzichts – insbesondere des Verzichts auf die Menschenwürdegarantie, nicht unstrittig ist[81]. Doch selbst wenn man einen solchen Verzicht für zulässig erachtet, so kollidiert die freiwillige Gemeinschaftsunterbrin-

---

[78] So auch *Ullenbruch*: Anm. zu OLG Celle, in NStZ 1999, S.430f.; *Kellermann* in Feest: AK zum StVollzG, §18 Rn.4.

[79] *Motiv für eine freiwillige Mehrfachbelegung kann auch die „Androhung" sein, dass ansonsten Häftlinge in die Gemeinschafträume verlegt werden müssten und somit für alle Häftlinge die gemeinsame Freizeitgestaltung, z.B. Fernsehen, in diesen Räumen entfällt*; vgl. *Beckers/Beckers/Plumeyer*: Überbelegung in niedersächsischen Strafvollzugsanstalten...,in Krimpäd 12 (1984), Heft 18, S.15; vgl. auch *Böhm* in Schwind/Böhm: StVollzG, §18 Rn. 19; *Rotthaus*: Menschenwürde und Strafvollzug, in MDR 1968, S.102.

[80] *Oberheim*: Gefängnisüberfüllung, S.157.

gung aufgrund der oben beschriebenen negativen Folgen der Überbelegung mit dem Resozialisierungsgebot. Die §§ 18, 145, 146 StVollzG stellen insoweit abschließende Regelungen dar[82].

Die derzeitige Praxis erscheint im höchsten Maße bedenklich.

6.)   Effekt der Good Time auf die Höhe der Anstaltspopulation

Fraglich ist nun, wie man das Problem der Gefängnisüberfüllung beseitigen oder zumindest reduzieren kann. Genannt werden hier immer wieder verschiedene Strategien[83], wie den äußerst kostspieligen Bau neuer oder den Umbau bereits bestehender Haftanstalten, die Nutzung alternativer Sanktionsformen, die Reduktion der Ersatzfreiheitsstrafen, eine restriktivere Anordnung von Untersuchungshaft, electronic monitoring und schlussendlich die Verkürzung der Haftzeiten. Letzteres lässt sich entweder durch eine Änderung der Sanktionspraxis erreichen, indem in weniger Fällen und kürzere Freiheitsstrafen angeordnet werden (Front Door Solutions) oder die Möglichkeiten der vorzeitigen Haftentlassung ausgeweitet werden (Back Door Solutions). Als Back Door Solution kommen die Good Time – Regelungen in Frage.

Als unmittelbarste Folge resultiert aus der Anwendung von Good Time – Regelungen eine Verkürzung der Haftzeiten der einzelnen Häftlinge, so

---

[81] *Rotthaus*: Menschenwürde und Strafvollzug, in MDR 1968, S.103; *Seebode*: Anmerkung zu OLG Jena, Beschluss vom 13.9.1994, in JZ 1996, S.160.

[82] Ebenso *C/MD*: StVollzG, 8.Aufl., §18 Rn.2; *Schwind* in Schwind/Böhm: StVollzG, §145 Rn.4; *Böhm* in Schwind/Böhm: StVollzG, §18 Rn. 3.

[83] Vgl. nur *Huchting/Lehmann* in Feest: AK – zum StVollzG, vor §139, Rn.4; *Walter*: Strafvollzug, Rn.107ff.

dass während eines bestimmten Zeitraums mehr Häftlinge eine Anstalt durchlaufen können. Insbesondere die Haftdauer wirkt sich auf den Umfang der Gefängnispopulation aus. Die verhältnismäßig hohe Gefangenenrate der Bundesrepublik Deutschland im Vergleich zu anderen europäischen Staaten lässt sich vor allen Dingen auf die vergleichsweise langen Haftzeiten zurückführen[84].

Die folgende Tabelle 8 zeigt die Gefangenenraten und die Belegung der Gefängnisse in den europäischen Ländern zum Stichtag des 1.9.2004:

Tabelle 8: Situation der europäischen Gefängnisse am 1.9.2004

	Country population (in Thousands)	Total number of prisoners (including pretrial detainees)	Prison population rate per 100.000 inhabitants	Capacity of penal institutions	Prison density per 100 places
Armenia	3.212,2	2.727	84,9	6.090	44,8
Azerbaijan	8.265,7	18.259	220,9	24.520	74,5
BH: Federation BH	2.600,0	1.247	48,0	1.430	87,2
Rep. Srpska	1.400,0	977	69,8	1.020	95,8
Bulgaria	7.801,3	10.935	140,2	8.904	122,8
Croatia	4.442,2	2.846	64,1	3.117	91,3
Cyprus	818,2	546	(66,7)	340	160,6
Denmark	5.397,6	3.762	69,7	3.935	95,6
Estonia	1.351,0	4.565	337,9	4.800	95,1
Finland	5.219,7	3.446	66,0	3.479	99,1
France	62.177,0	56.271	90,5	49.595	113,5
Germany	82.531,7	79.676	96,5	79.204	100,6
Hungary	10.116,7	16.410	162,2	11.322	144,9
Iceland	290,6	115	39,6	137	83,9
Italy	57.888,2	56.090	96,9	42.656	131,5
Latvia	2.319,2	7.731	333,3	9.096	85,0
Liechtenstein	34,3	(7)	(20,4)	22	(31,8)
Lithuania	3.445,9	7.827	227,1	9.718	80,5
Luxembourg	451,6	548	121,3	683	80,2

---

[84] *Walter*: Strafvollzug, Rn.114; *Lindenberg*: Elektronisch überwachter Hausarrest auch in Deutschland, in BewHi 1999, S.19f.; *Arloth*: Neue Entwicklungen im Strafvollzug im internationalen Vergleich, in ZfStrVo 2002, S.3; *Kaiser* in K/S: Strafvollzug, 5.Aufl., §3 Rn.11f.

	Country population (in Thousands)	Total number of prisoners (including pretrial detainees)	Prison population rate per 100.000 inhabitants	Capacity of penal institutions	Prison density per 100 places
Armenia	3.212,2	2.727	84,9	6.090	44,8
Azerbaijan	8.265,7	18.259	220,9	24.520	74,5
BH: Federation BH	2.600,0	1.247	48,0	1.430	87,2
Rep. Srpska	1.400,0	977	69,8	1.020	95,8
Bulgaria	7.801,3	10.935	140,2	8.904	122,8
Croatia	4.442,2	2.846	64,1	3.117	91,3
Cyprus	818,2	546	(66,7)	340	160,6
Denmark	5.397,6	3.762	69,7	3.935	95,6
Moldova	3.607,4	10.383	287,8	12.490	83,1
Netherlands	16.258,0	20.075	123,5	21.684	92,6
Norway	4.577,5	2.975	65,0	3.118	95,4
Poland	38.190,6	79.344	207,8	69.573	114,0
Romania	21.711,3	40.085	184,6	38.539	104,0
San Marino	28,8	(0)	(0)	15	(0)
Slovak Republic	5.380,1	9.504	176,7	9.601	99,0
Slovenia	1.996,4	1.126	56,4	1.103	102,1
Spain: Catalonia	6.600,0	7.922	120,0	6.922	114,4
Rest of Spain	35.597,9	51.302	144,1	38.811	132,2
Total	42.197,9	59.224	140,3	45.733	129,5
Sweden	8.975,7	7.332	81,7	7.099	103,3
Switzerland	7.364,1	6.021	81,8	6.584	91,4
"The former Yugoslav Rep. of Macedonia"	2.029,9	1.747	86,1	2.225	78,5
Turkey	71.254,0	71.148	99,9	68.622	103,7
Ukraine	47.622,4	193.489	406,3	158.600	122,0
UK: England and Wales	53.046,3	74.488	140,4	77.927	95,6
Northern Ireland	1.710,3	1.295	75,7	1.489	87,0
Scotland	5.078,4	6.885	135,6	6.376	108,0

Quelle: *Aebi*: Council of Europe: Space I (Council of Europe annual penal Statistics), Survey 2004, S.16

Vergleicht man daneben die durchschnittliche Haftdauer wird deutlich, dass in den Ländern mit hohen Gefangenenraten ein hoher Prozentsatz der Inhaftierten vergleichsweise lange Freiheitsstrafen verbüßt, siehe Tabelle°9:

Tabelle 9: Überblick über die Länge der Haftstrafen der rechtskräftig verurteilten Gefangenen in Prozent zum Stichtag 1.0.2004

	< 1 month	1-3 month	3-6 month	6-12 month	1-3 years	3-5 years	5-10 years	10-20 years	> 20 years	Life imprisonment	Unknown or not available
Armenia	...	...	...	2,1	21,9	27,1	29,5	16,5	...	3,0	0
Azerbaijan	...	...	0,4	0,6	14,9	32,6	35,6	14,7	0,0	1,3	0
BH:											
Federation BH	1,6	1,7	5,5	11,6	24,0	14,6	21,2	16,4	3,4	***	0
Rep. Srpska	0,7	2,0	4,3	10,5	24,9	14,6	19,2	20,8	2,7	***	0
Bulgaria	...	4,6	8,5	17,8	33,7	12,2	9,0	12,7	0,5	1,0	0
Croatia	0,4	1,8	3,8	9,3	30,5	15,8	21,4	13,8	3,1	***	0
Cyprus	...	...	...	...	...	...	...	1,3	...	3,8	94,9
Denmark	1,3	10,0	9,2	14,9	29,0	12,3	12,4	6,4	***	0,6	3,9
Estonia	12,3				28,8	20,1	26,2	11,9	0,7	0,9	0
Finland	...	8,9	12,3	16,6	(22,4)	(19,6)	(13,2)	(5,1)			2,1
France	11,9			13,8	24,4	12,2	14,3	18,3	3,6	1,5	0
Germany	1,3	7,9	12,5	20,9	19,8	24,8	8,3	1,7	***	2,8	0
Hungary	0,2	0,7	2,0	13,7	33,6	19,3	21,1	7,6	1,8	0,1	0
Iceland	2,8	1,9	14,2	16,0	38,7	7,5	9,4	8,5	0,9	0,0	0
Italy	0,2	0,7	2,2	5,7	21,4	22,8	23,4	14,0	6,4	3,4	0
Latvia	0,0	***	0,6	3,3	27,7	23,7	34,4	9,5	0,0	0,5	0
Lithuania	0,3	1,2	3,1	5,8	31,3	22,7	23,8	10,6	0,2	1,2	0
Luxembourg	0,0	0,0	4,4	8,8	28,5	14,5	16,2	15,4	6,1	6,1	0
Moldova	***	***	***	0,3	8,2	19,8	45,8	17,5	7,5	0,8	0
Netherlands	7,3	10,4	10,4	12,3	25,8	14,3	11,4	4,7	0,3	0,2	0
Norway	4,4	14,1	7,1	14,6	30,4	12,4	9,9	6,3	0,8	***	0
Romania	0,0	0,7	0,5	2,4	20,2	30,2	27,7	15,5	2,3	0,3	0
Slovak Republic	6,4			17,3	37,2	14,9	15,6	8,3	***	0,3	0
Slovenia	0,0	1,2	5,6	13,3	32,2	17,2	20,5	9,2	0,8	***	0
Spain:											
Catalonia	***	***	***	4,3	16,7	15,4	38,6	18,4	6,5	***	0,1
Rest of Spain	***	***	***	36,2		(40,3)	(17,1)	(5,1)	1,4	***	0
Sweden	0,3	4,9	7,4	15,0	33,6	15,6	15,7	5,2	0,1	2,2	0
"The former Yugoslav Rep. of Macedonia"	1,7	1,2	5,5	13,8	33,5	20,6	13,4	9,7	***	0,6	0
Turkey	3,8	2,9	3,3	5,1	20,5	11,6	15,4	23,7	8,6	5,1	0
Ukraine	***	***	***	1,2	21,1	36,0	32,3	8,2	0,5	0,7	0
UK:											
England and Wales	0,3	1,5	5,2	6,2	21,1	25,7	23,4	7,0	0,4	9,2	0
Northern Ireland	0,4	0,7	5,1	11,3	24,6	15,2	16,6	9,5	0,1	16,5	0
Scotland	1,3	1,5	5,1	9,3	19,8	15,7	22,6	4,3	0,1	11,2	6,1

Quelle: *Aebi*: Council of Europe: Space I (Council of Europe annual penal Statistics), Survey 2004, S.40.

Verkürzt man also die Haftzeiten, kann man zum Teil auch der Überbelegung entgegenwirken.

Einige amerikanische Autoren bezeichnen den Abbau der Gefängnisüberfüllung als eines der wichtigsten Ziele der Good Time – Regelungen[85]. So konnte in Florida die Gefängnispopulation erfolgreich durch die Vergabe von „extra good time" – Krediten reduziert werden, die durchschnittlichen Haftlängen verkürzten sich von zwei auf knapp ein Jahr. Umgegehrt führte in Michigan eine zeitweilige Abschaffung der Good Time im Jahre 1979 im Zuge der damaligen Truth in Sentencing – Politik zu einem so erheblichen Anstieg der Gefängnispopulation, dass es im Mai 1981 wegen der unerträglichen Haftbedingungen zu mehreren Gefängnisunruhen kam; Folge war die Ermächtigung des Gouverneurs zur Vergabe von Emergency Credits, um der Lage wieder Herr zu werden[86]. In Texas führte die Abschaffung der Parole und Good Time – Regelungen innerhalb eines sechsjährigen Zeitraums zu einem so eklatanten Anstieg der Gefängnispopulation, dass die Schaffung von 184.000 neuen Haftplätzen nötig wurde[87].

Auch Griechenland nutzt seit vielen Jahren das Institut der wohltätigen Anrechnung von Arbeits- und Ausbildungstagen zur Reduktion der Gefangenzahlen[88].

---

[85] *Champion*: Probation, Parole, and Community Corrections, S.208; *Quinn*: Corrections, S.17, Vgl. aber auch *Oberheim*: Gefängnisüberfüllung, S.330.

[86] *Ekland-Olson/Kelly*: Justice under Pressure, S.11.

[87] *Weisburd/Chayet* in McShane/Williams (Hrsg.): Encyclopedia of American Prisons, S.222.

[88] *Frangoulis*: Freiheit durch Arbeit, S.104; *Spinellis*: Attacking Prison Overcrowding in Greece, in Albrecht u.a. (Hrsg.): Internationale Perspektiven in Kriminologie und Strafrecht, S.1285f.

Der Erfolg einer Good Time – Regelung als Instrument zum Abbau der Gefängnisüberfüllung ist jedoch von zwei wesentlichen Faktoren abhängig.

Erstens muss die Good Time – Regelung von den Strafverfolgungsinstanzen und der Bevölkerung als Instrument zum Abbau der Gefängnisüberfüllung akzeptiert werden. So schafften es die Vollzugsbehörden in Illinois zwar im Zeitraum von 1981 bis 1983 durch einen extensiven Gebrauch der bestehenden Good Time – Regelungen[89], die Anzahl der Häftlinge zwischen 13.000 und 13.5000 konstant zu halten, obwohl die Gerichte mehr Personen zu (längeren) Freiheitsstrafen verurteilten[90], die daraus resultierende starke Verkürzung der Haftzeiten löste in Justiz und Bevölkerung allerdings so große Proteste aus, dass das Bundesgericht von Illinois 1983 eine Beschränkung der Good Time – Regelungen anordnete[91]. Infolge dessen stieg die Gefängnispopulation von 13.331 Haftinsassen im Jahr 1983 auf 15.839 Häftlinge im Folgejahr und sogar auf 18.279 im Jahr 1985; der einzige Ausweg aus dieser Situation wurde im Bau neuer Haftanstalten gesehen, der $58 Mio. kostete[92].

---

[89] *Der Meritorious Good Time Credit in Höhe von 90 Tagen für eine außergewöhnliche Tat wurde so oft wie möglich und dies auch für relativ unbedeutende Handlungen, vergeben*; vgl. *Goodstein/Hepburn*: Determinate Sentencing in Illinois..., in CJPR, Vol.1, No.3 (10/1986), S.317; *Austin*: Using Early Release to Relieve Prison Crowding, S.30.

[90] *Goodstein/Hepburn* a.a.O.

[91] *Der Meritorious Good Time Credit in Höhe von 90 Tagen durfte nur noch einmalig für eine wirklich aufopfernde Handlung vergeben werden*; vgl. *Goodstein/Hepburn* a.a.O.; *Austin* a.a.O., S.46.

[92] *Goodstein/Hepburn* a.a.O.

Nicht umsonst weist §1252-B des Maine Criminal Code die Richterschaft an, in ihren zukünftigen Urteilen auf die Dezimierung der Kreditierungsmöglichkeiten für die Häftlinge infolge einer Gesetzesänderung Rücksicht zu nehmen. Diese Gesetzesänderung wurde nur deshalb nötig, weil zwischen Richterschaft und Strafvollzugsbehörden offensichtlich ein Wettlauf um die Festsetzung der tatsächlich zu verbüßenden Strafdauer entstanden war und so das Ermessen der Behörden eingeschränkt werden musste.

Strafzeitrabatte bergen die Gefahr der Entstehung eines Teufelskreises in sich: Richter, die um die Möglichkeit der Verkürzung der Strafe durch Good Time – Regelungen wissen, könnten versucht sein, die Strafe in einem solchen Umfang zu verhängen, dass trotz Abzugs der Strafzeitrabatte die von ihnen intendierte Mindesthaftzeit ermöglicht wird[93]. Dabei wird jedoch häufig zu wenig bedacht, dass der tatsächliche spätere Erwerb der Zeitgutschriften durchaus nicht für jeden Häftling möglich ist, insbesondere dann, wenn der Zeitrabatt nur für die Teilnahme an bereits hoffnungslos überfüllten Resozialisierungsprogrammen gewährt wird. Durch die Anwendung von Good Time – Regelungen kann es somit sogar zu einer Verlängerung der Haftzeiten kommen. Beobachtet wurden solche Tendenzen beispielsweise in Polen[94] und in Griechenland[95].

Es ist deshalb notwendig, dass die Good Time – Regelungen von allen am Sanktionsprozess beteiligten Institutionen akzeptiert werden. Dies lässt

---

[93] *Kreuzer*: Gefängnisüberfüllung – Eine kriminalpolitische Herausforderung, in Schwind/Berz/Geilen (Hrsg.): Festschrift für Günter Blau, S.482.
[94] *Wasik*: Zur Geschichte der Strafrestaussetzung in Polen, in Feuerhelm/Schwind/Bock (Hrsg.): Festschrift für Alexander Böhm, S.489.

sich einerseits durch Aufklärungsarbeit in der Aus- und Fortbildung erreichen[96], andererseits durch Beteiligung der Judikative am Vergabeprozess
(Kommissionsentscheidungen).

Zweitens ist der Erfolg der Good Time als Instrument zum Abbau der Gefängnisüberfüllung von der Erreichung des Resozialisierungsziels bei dem
einzelnen Gefangenen abhängig[97]. Es nützt niemandem, Häftlinge vorzeitig
zu entlassen und dadurch kurzzeitig die Haftkapazitäten zu entlasten, wenn
die Haftentlassenen schon nach kurzer Zeit wegen neuer Straftaten reinhaftiert werden.

Ob eine Good Time – Regelung erfolgreich die Haftkapazitäten entlasten
kann, hängt somit maßgeblich von dem durch Good Time – honorierten
Verhalten ab und dessen Auswirkungen auf die Resozialisierungschancen.
Der Abbau der Gefängnisüberfüllung kann somit niemals Hauptzweck eines Good Time – Systems sein, sondern nur zu begrüßender Nebeneffekt.

Aus diesem Grunde ist auch die in den USA häufig praktizierte Vergabe
von Emergency Credits abzulehnen. Zwar mögen die Emergency Credits
ein geeignetes Instrumentarium zur schnellen Entlastung akuter Überfül-
lungssituationen darstellen, doch fehlt der den Good Time – Regelungen
normalerweise innewohnende Motivationseffekt. Selbst wenn der Emergency Credit an den Verdienst von bestimmten Kreditierungsarten angeknüpft und z.B. eine makellose Gefangenenakte oder das Fehlen bestimm-

---

[95] *Frangoulis*: Freiheit durch Arbeit, S.111.
[96] vgl. *Kreuzer*: Gefängnisüberfüllung – Eine kriminalpolitische Herausforderung, in
Schwind/Berz/Geilen (Hrsg.): Festschrift für Günter Blau, S.483 (bzgl. der vorzeitigen bedingten Entlassung).

ter Vorverurteilungen zur Voraussetzung hat[98], so erfolgt die vorzeitige Entlassung allein wegen der überstrapazierten Haftkapazitäten, kann vom Häftling nicht vorhergesehen werden und daher auch nicht zu positiven Verhaltensweisen anspornen. Bei einer Untersuchung in Texas, die zwischen 1984 und 1987 durchgeführt wurde, stellte sich heraus, dass Häftlinge, die zur Entlastung der Haftkapazitäten Emergency Credits erhalten und aufgrund dessen vorzeitig entlassen wurden, sogar höhere Rückfallquoten aufwiesen, als im selben Zeitraum auf Parole entlassene Häftlinge, wobei auch die Parole Eligibility durch Good Time – Kredite beeinflussbar war (und auch heute noch ist)[99]. Zwar ließ sich diese Differenz mit der Zusammensetzung der Tätergruppen erklären, denn vom Erwerb der Emergency Credits waren sämtliche Gewalt- und Sexualstraftäter ausgeschlossen[100]; die Gruppe, die Emergency Credits erhielt, bestand im Gegensatz dazu vorrangig aus Tätern, die Eigentums- und Drogendelikte verübt hatten[101] (und diese neigen eher zu Rückfällen als Gewalttäter[102]), trotzdem zeigt dieses Beispiel, dass die kurzfristige Entlastung der Haftkapazitäten durch Emergency Credits langfristig nicht zur Entspannung der Haftkapazitäten beitragen kann, wenn nicht auch die Kriminalitätsursachen behoben werden und eine Reinhaftierung vermieden werden kann.

---

[97] *Austin*: Using Early Release to Relieve Prison Crowding, Introduction.

[98] *Weisburd/Chayet*: Good Time..., in Criminal Justice and Behavior, Vol.16, No.2, S.186.

[99] *Ekland-Olson/Kelly*: Justice under Pressure, S.92ff.

[100] *Ekland-Olson/Kelly* a.a.O., S.89f.

[101] *Ekland-Olson/Kelly* a.a.O., S.97.

[102] *Ekland-Olson/Kelly* a.a.O., S.98f.

Es gibt sogar Stimmen, die die Auswirkungen der Good Time als Instrument zum Abbau der Gefängnisüberfüllung im Verhältnis zu anderen denkbaren Maßnahmen, z.B. der Verringerung der Strafmaße im materiellen Bereich oder die Nutzung alternativer Strafen, als relativ gering einschätzen[103]. So soll sich nach theoretischen Studien in den USA eine Strafrechtsreform, bei der die Strafmaße generell reduziert werden, weitaus effektiver auf die Auslastung der Haftanstalten auswirken als eine Reduktion der Strafzeit durch Good Time dies könnte[104]. Allerdings kann dieses Ergebnis nicht verallgemeinert werden, da es immer auf das Ausmaß der zu gewährenden Strafzeitreduktionen und auf die Anforderungen an deren Erwerb ankommt. Es liegt auf der Hand, dass Regelungssysteme, in denen durch Good Time – Reduktionen die Strafzeit um die Hälfte verkürzt werden kann, wie dies z.B. in Griechenland der Fall ist, mehr Auswirkungen auf die Anstaltspopulation ausüben, als Regelungen, die die Haftzeit nur um 20% verkürzen. Zudem haben generelle Verkürzungen der Strafrahmen und Haftzeiten keinerlei Motivationseffekte auf die Gefangenen.

Festzuhalten bleibt, dass Good Time als Instrument zum Abbau der Gefängnisüberfüllung nur zu begrüßen ist, wenn das an den Good Time – Erwerb geknüpfte Verhalten auch die Resozialisierungschancen erhöht. In diesem Fällen wirkt sich die Good Time auch indirekt positiv auf die Überfüllungssituation aus, da durch die bereits beschriebene Motivationswir-

---

[103] *Weisburd/Chayet* in McShane/Williams (Hrsg.): Encyclopedia of American Prisons, S.222.
[104] *Skovron/Scott/Cullen*: Prison Crowding: Public Attitudes toward Strategies of Population Control, in Journal of Research in Crime and Delinquency 1988, S.164.

kung sich das Anstaltsklima erheblich verbessert [105] und der Ungang von Personal und Gefangenen entspannt wird. Dadurch können in einem ganz erheblichen Umfang die negativen Folgen der Gefängnisüberfüllung vermieden werden.

II.) Kosteneinsparungen

Wegen der ständig steigenden Inhaftierungsraten wird der Strafvollzug immer kostenintensiver: Eine größere Anzahl von Gefangenen muss mit Nahrungsmitteln und Kleidung versorgt werden, es wird mehr Personal zur Überwachung und Betreuung der Häftlinge benötigt, es muss mehr Haftraum geschaffen werden, was unter Umständen nur durch den Bau neuer Anstalten möglich ist. Hinzukommen ständig steigende Personalkosten.

Eine Senkung der Gefangenenzahlen durch die durch Good Time vermittelte kürzere Verweildauer der Gefangenen in den Haftanstalten trägt somit zu Kosteneinsparungen bei[106]. Vergleichsweise konnten im Jahr 2003 in Sachsen durch die Vermeidung von Ersatzfreiheitsstrafen im Rahmen des Programms „Schwitzen statt sitzen", im Zuge dessen Geldstrafen durch gemeinnützige Arbeit gem. Art. 293 EGStGB getilgt werden, 9.747.202 EUR (= 141.551 Hafttage) eingespart werden[107].

---

[105] *Bales/Dees*: Mandatory Minimum Sentencing in Florida..., in Crime and Delinquency, Vol. 38 Nr.3, S.325.

[106] *Meurer*: Freiheit durch Arbeit nach griechischem Strafrecht, in Busch/Edel/Müller–Dietz (Hrsg.): Gefängnis und Gesellschaft, S.86.

Aber auch hier gilt: Vollzugskosten können nur gespart werden, wenn das Good Time – System langfristig zur Rückfallvermeidung beiträgt und die durch Good Time – honorierten Verhaltensweisen dazu beitragen, dass die Entlassenen keine bzw. weniger Straftaten verüben, die zu einer Reinhaftierung führen.

Eine unmittelbare Kosteneinsparung kann jedenfalls erzielt werden, wenn aufgrund der in Aussicht gestellten Zeitgutschrift die Gefangenen motiviert werden, besser zu arbeiten und somit die Produktivität der Anstaltsbetriebe steigt. Die Gefangenenarbeit kann zwar nur bedingt zur Finanzierung der Anstaltskosten beitragen, aber die Kosten immerhin etwas senken. In den letzten Jahren hat, sicherlich auch bedingt durch die schlechte Motivation der Gefangenen, der Beitrag der Anstaltsbetriebe zur Eigenfinanzierung der Anstalten erheblich abgenommen. Die alten Bundesländer hatten in den Jahren 1989 – 1991 Ausgaben für den Justizvollzug in Höhe von 2,2 Mrd. DM zu verzeichnen. Dem standen lediglich Einnahmen in Höhe von 324 Mio. DM gegenüber, die zu 80% von den Arbeitsverwaltungen der Anstalten erwirtschaftet wurden[108]. Während 1970 noch 25% der Vollzugsausgaben durch Eigenfinanzierung ausgeglichen werden konnten, betrug der Anteil der Eigenfinanzierung seit den 80er Jahren nur noch 15% mit fallender Tendenz[109]. Das erklärt sich nicht nur aus steigenden Kosten für das Vollzugspersonal und dessen Aufstockung aufgrund der Gefängnisüberfüllung, sondern zum Großteil aus mangelhafter Produktivität der

---

[107] Zum Programm „Schwitzen statt sitzen" in Sachsen, in Aktuelle Informationen, ZfStrVo 2004, S.230.
[108] *Walter*: Strafvollzug, 2.Aufl., S.137.
[109] *Walter* a.a.O.; *Kaiser* in K/S: Strafvollzug, 5.Aufl., §4 Rn.30f.

Anstaltsbetriebe. Sie könnte mit einer Inaussichtstellung von Strafzeitverkürzungen gesteigert werden.

III.) Korrektur zu hoher Strafen

Schlussendlich werden Good Time – Regelungen in einigen Ländern ganz bewusst zur Verkürzung der Freiheitsstrafen eingesetzt, um so die Haftdauer zu individualisieren[110]. In einem behandlungsorientierten Vollzug wird davon ausgegangen, dass das Vollzugspersonal besser als der die Strafe verhängende Richter den Behandlungsbedarf des einzelnen Straftäters einschätzen und somit die Straflänge entsprechend den Fortschritten des Häftlings bestimmen kann[111]. Viele US-amerikanische Bundesstaaten ordnen kraft Gesetzes im Vergleich zu europäischen Maßstäben extrem lange Freiheitsstrafen an. Trotzdem verbüßen die Häftlinge aufgrund der Institute der vorzeitigen Haftentlassung im Durchschnitt keine wesentlich längeren Strafen als in Europa (ausgenommen sind insoweit die „habitual offender laws" und die „three strikes and you are out" – Regelungen).

Auch in Spanien wurde die Redención de penas por el trabajo, die für Arbeit, Ausbildung und besondere Verdienste gewährt wurde, für Täter, die wegen einer nach 1995 begangenen Straftat verurteilt wurden, nur deshalb abgeschafft, weil im Zuge einer umfassenden Strafrechtsreform die gesetz-

---

[110] *Jacobs*: Sentencing by Prison Personnel..., in UCLA Law Review, Volume 30 (2), 12/1982, S.261ff.; *Rösch*: Kommentar zum Urteil des BVerfG vom 1.7.1998, in Herrfarth (Hrsg.): Schriftenreihe der Bundesvereinigung der Anstaltsleiter im Strafvollzug, Bd. 2, S.138f.
[111] *Jacobs* a.a.O.

lichen Strafrahmen so sehr verkürzt wurden, dass für die Anwendung der Redención de penas por el trabajo kein Bedarf mehr gesehen wurde[112].

Das Problem bei dieser Zielsetzung besteht allerdings darin, dass der Öffentlichkeit einerseits durch die Androhung und Verhängung sehr langer Freiheitsstrafen Härte im Umgang mit Straftätern demonstriert wird, andererseits aber die Täter im Verhältnis zur verhängten Strafe extrem früh entlassen werden. Dies macht das System nicht nur unglaubwürdig, sondern vermindert auch den Abschreckungscharakter der Freiheitsstrafandrohung[113]. Eine optimale Good Time – Regelung ist daher eine solche, die im Verhältnis zur ausgesprochenen Haftdauer nur eine Verkürzung um ein solches Maß erlaubt, dass der ursprüngliche und grundsätzlich am gerechten Schuldausgleich orientierte Strafausspruch nicht diskreditiert wird, andererseits der Betrag aber in seinem Umfang auch so spürbar ist, dass von ihm motivierende Effekte ausgehen. Zwar wird es auch immer darauf ankommen, welche anderen Institute der vorzeitigen Entlassung neben der Good Time bestehen, jedoch wird man wohl davon ausgehen können, dass die Good Time – Reduktion sich zwischen 15 und 35% der Gesamthaftdauer bewegen sollte. In Systemen ohne andere Institute der vorzeitigen Entlassung kann auch eine Verkürzung um 50% der Gesamthaftdauer sinnvoll sein.

Die deutsche Regelung bleibt dahinter weit zurück.

---

[112] *Giménez-Salinas* in van Zyl Smit/Dünkel (Hrsg.): Prison Labour: Salvation or Slavery?, S.248, 250.

[113] *Jacobs*: Sentencing by Prison Personnel..., in UCLA Law Review, Volume 30 (2), 12/1982, S.261ff.

Kapitel 7: Der Vergabeprozess

Nachdem die durch Good Time honorierten Verhaltensweisen beleuchtet wurden, soll nun noch der Vergabeprozess genauer untersucht werden.

I.) Optimaler Berechnungsmodus

1.) Strafsystem contra Verdienstsystem

Wird eine Zeitgutschrift ohne weiteres und unterschiedslos jedem Häftling gewährt und nur bei Verstößen gegen die Anstaltsregeln entzogen (Strafsystem), wie dies z.B. nach §33.20.010 ff. Alaska Statutes, §30:4-140 New Jersey Permanent Statutes oder §302.11 Wisconsin Statutes der Fall ist, so entsteht ein internes Anstaltsstrafrecht[1]. Dieses ist zwar geeignet, Sicherheit und Ordnung innerhalb der Anstalt zu bewahren, jedoch werden die Good Time – Kredite in ein repressives Ordnungsinstrument gewandelt, das ungeeignet ist, einen positiven Anreiz zu geben[2].

Auch beeinflusst ein solches System die für die Vergabe bzw. den Entzug von Strafzeitkrediten zuständigen Institutionen negativ. Denn wenn eine automatisch gewährte Strafzeitverkürzung nur nachträglich entzogen werden kann, so bedeutet jeder Entzug zugleich eine Verlängerung der Haftzeit und damit eine Erhöhung der Haftkosten, die so nicht im Etat einge-

---

[1] *Jacobs*: Sentencing by Prison Personnel…, in UCLA Law Review, Volume 30 (2), 12/1982, S.256.
[2] *Parisi/Zillo*: Good Time: The Forgotten Issue, in Crime and Delinquency, Vol. 29, 4/1983, S.232.

plant war. So konnte in den USA beobachtet werden, dass ein nachträglicher Entzug der Good Time in Zeiten finanzieller Engpässe äußerst restriktiv gehandhabt wurde[3]. Dies steht im Widerspruch zur Intention der Good Time – Regelungen.

Die Mehrzahl der Staaten hat sich deswegen für das Verdienstsystem entschieden (vgl. Kapitel 3, Tabelle 2, S.109ff.). Einige Staaten, die zuvor das Strafsystem verwendeten, haben inzwischen auf das Verdienstsystem umgestellt, so z.B. Kanada (vgl. S. 487) und Florida (vgl. S. 499ff.).

Der Vorteil des Verdienstsystems besteht in dem Verständnis der Zeitkredite als Privileg, das ein Strafgefangener sich erarbeiten muss. Auch wenn ein solches System eine individuelle Beurteilung eines jeden Häftlings und damit einen höheren Verwaltungsaufwand erfordert, so kann es die Motivation der Häftlinge wesentlich eher steigern als dies die pauschale Gutschrift zu Beginn des Haftantritts vermag. Vor allen Dingen wird den Häftlingen vor Augen geführt, dass nur aufgrund eigener Anstrengungen und Bemühungen auch ein Erfolg erwartet werden kann, wodurch Eigenverantwortung und Selbstbewusstsein gestärkt werden.

Zwar besteht auch in solchen Regelungssystemen die Gefahr, zur Reduktion des Verwaltungsaufwands die Zeitgutschriften pauschaliert zu vergeben und nur noch über den nachträglichen Entzug der Good Time individuell zu entscheiden[4], jedoch kann dieses Risiko durch transparente und klare Berechnungsmodi, eine gute Schulung des Personals und entsprechende Kontrollen minimiert werden.

---

[3] *Parisi/Zillo*: Sentencing by Prison Personnel..., in UCLA Law Review, Volume 30 (2), 12/1982, S.256.
[4] *Jacobs* a.a.O., S.225.

Wesentlich ist, dass die Zeitgutschrift als „Gegenleistung" für erbrachte Leistungen und als Privileg betrachtet und damit eine echte Anreizsituation geschaffen wird, weshalb dem Verdienstsystem der Vorzug zu geben ist.

2.) Kontinuierliche Kreditvergabe contra progressive Entwicklung

Die meisten Länder vergeben Good Time – Kredite in gleichmäßigen Raten. In Oregon[5], Connecticut[6] und Alabama[7] steigt hingegen der zu verdienende Kredit mit zunehmender Haftdauer progressiv an.

Andere Länder haben sich dafür entschieden, Langzeitinhaftierten von Anfang an höhere Kredite zu gewähren, als Kurzzeitgefangenen, so z.B. New Jersey[8] und Rhode Island[9].

Mit der kontinuierlichen Erhöhung der Strafzeitkredite bei längerer Haftdauer bezwecken diese Länder regelmäßig, die Good Time auch für Langzeithäftlinge attraktiv zu gestalten. Dies ist insofern einleuchtend, als z.B. eine Strafzeitverkürzung von 1 Monat pro Jahr für einen zu 2 Jahren Haft Verurteilten einen rational greifbareren Vorteil darstellt als z.B. für einen zu 20 Jahren Haft Verurteilten.

Der progressive Anstieg der Kredite führt jedoch dazu, dass zwei Mithäftlinge mit unterschiedlicher Strafdauer für die selbe Leistung ungleiche Good Time – Beträge erhalten und somit ihre Strafe unterschiedlich schnell verbüßen[10].

---

[5] *§421.120 Oregon Revised Statutes.*
[6] *§18-7a Connecticut General Statutes.*
[7] *§14-9-41 Code of Alabama.*
[8] *§30:4-140 New Jersey Permanent Statutes.*
[9] *§42-56-24 State of Rhode Island General Laws.*
[10] *Jacobs*: Sentencing by Prison Personnel..., in UCLA Law Review, Volume 30 (2), 12/1982, S.230.

Geht man davon aus, dass die Good Time eine Anerkennung für einen vom Gefangenen erbrachten Resozialisierungsbeitrag darstellen soll, so ist die Ungleichbehandlung von Kurz- und Langzeitgefangenen unter Gleichbehandlungsgesichtspunkten nicht zu rechtfertigen, denn die Arbeits- oder Ausbildungsleistung eines Kurzzeitgefangenen stellt keinen geringeren Resozialisierungsbeitrag als die eines Langzeitgefangenen dar. Zudem ist die Haftdauer Ausdruck der Tatschuld des Strafgefangenen. Warum ein Langzeitgefangener, der eine höhere Tatschuld als ein Kurzzeitgefangener verwirklicht hat, in Bezug auf den Good Time – Erwerb bevorzugt werden soll, ist weder aus general- noch aus spezialpräventiven Gründen zu rechtfertigen.

II.) Die Entscheidungsinstanz über Vergabe, Entzug und Restauration der Good Time – Kredite

Grundsätzlich lassen sich 4 verschiedene Arten institutioneller Zuständigkeit über Vergabe, den Entzug und die Wiederherstellung von Good Time – Krediten unterscheiden: die Zuständigkeit des Anstaltsleiters, der Strafvollzugsbehörde, des Gerichts oder von Kommissionen, die sich aus Angehörigen der genannten Institutionen zusammensetzen.

Welche Institution sich am besten eignet, um über die Vergabe, den Entzug und die Restauration der Zeitgutschriften zu entscheiden, ist nicht leicht zu beantworten.

Die Zuständigkeit des Anstaltsleiters hat den Vorteil, dass die Strafvollzugsbeamten, auf deren Rat der Anstaltsleiter seine Entscheidung regelmäßig stützen wird, den Häftling durch ihren stetigen Kontakt am besten kennen und somit dessen Verhalten und Entwicklungsschritte optimal beurteilen können.

Allerdings besteht durch die große Nähe der Vollzugsbeamten zum Häftling die Gefahr einer sehr subjektiven und mitunter auch willkürlichen Beurteilung. Es kann sogar zu Abhängigkeiten kommen, wenn es Häftlingen gelingt, einzelne Vollzugsbedienstete zu bestechen. So wird aus einzelnen Ländern (z.B.

Ecuador[11], Griechenland[12]) berichtet, dass Häftlinge teilweise begehrte Arbeits- und Ausbildungsplätze erkauften.

Zudem ist eine unterschiedliche Anwendungspraxis in den verschiedenen Haftanstalten kaum zu vermeiden und gefährdet damit die Strafgerechtigkeit[13], da die Länge der real zu verbüßenden Haftzeit womöglich allein von dem Umstand abhängt, in welcher Haftanstalt der Gefangene seine Strafzeit verbüßt und wie dort mit der Good Time – Vergabe umgegangen wird.

Die Zuständigkeit der Aufsichtsbehörden oder gar der Gerichte kann im Unterschied dazu eine gewisse Gleichheit der Rechtsanwendung in den einzelnen Anstalten innerhalb eines Zuständigkeitsgebiets gewährleisten, hat aber wiederum den Nachteil, dass eine wirkliche Einzelfallbeurteilung mangels persönlicher Kenntnis des Gefangenen kaum möglich sein wird. So wird in Frankreich kritisiert, dass die für die Vergabe der Réduction de l'application des peine zuständigen Strafvollzugsrichter extrem überlastet sind und unmöglich jeden einzelnen Gefangenen individuell beurteilen können[14].

---

[11] *Raub*: Die Freiheitsstrafe und ihre Surrogate in Ecuador, in Jescheck (Hrsg.): Die Freiheitsstrafe und ihre Surrogate..., S.1256f.

[12] *Frangoulis*: Freiheit durch Arbeit, S.109.

[13] *Goodstein/Hepburn*: Determinate Sentencing in Illinois..., in CJPR, Vol.1, No. 3, 10/1986, S.314.

[14] Vgl. *Hagedorn*: Die richterliche Individualisierung der Strafe in Frankreich, S.234, 240f.

Entscheiden Vollzugsbehörden, sei es nun der Anstaltsleiter oder die Aufsichtsbehörde, so erlangt eine Institution, die eigentlich nur zur Vollstreckung einer richterlich angeordneten Strafe berufen ist, einen sehr großen Einfluss auf die Länge der Haftstrafe.

Dadurch entsteht häufig die Gefahr, dass sicherheitsrelevante oder fiskalische Erwägungen, wie z.b. die Durchsetzung einer strengen Anstaltsdisziplin zur Arbeitsentlastung des Vollzugspersonals, Personal- und Geldknappheit oder ein übermäßiger Belegungsdruck[15], die Entscheidungsfindung beeinflussen. Zwar kann darin auch ein Vorteil gesehen werden, weil eben mit der leichten Steuerbarkeit der Good Time – Vergabe ein flexibel handhabbares Institut zur Beeinflussung der Haftkapazitäten existiert[16].

Andererseits kann es dadurch in Regelungssystemen, in denen den Vollstreckungsbehörden ein weiter Ermessensspielraum bei der Good Time – Vergabe, dem Entzug und der Restauration eingeräumt ist, leicht zu einer Untergrabung des richterlichen Strafurteils kommen. Neben der Gefährdung der Strafgerechtigkeit fühlen sich Richter in solchen Systemen häufig in ihrer Urteilsmacht beschnitten[17]. Gerade dann, wenn die Höhe der Good Time – Kredite durch leicht zu ändernde Verwaltungsvorschriften bestimmt wird, besteht die Gefahr, dass für das Gericht die letztendlich zu verbüßende Strafzeit des Häftlings unkalkulierbar wird[18].

Dies hat in einigen Ländern teilweise zu einem regelrechten Wettstreit zwischen Justiz und Exekutive um die Findung eines angemessenen Strafmaßes geführt: Denn vor allen Dingen die unter finanziellen Zwängen stehende Verwaltung ist häufig versucht, durch eine extensive Handhabe der

---

[15] *Jacobs*: Sentencing by Prison Personnel..., in UCLA Law Review, Volume 30 (2), 17/1982, S.238.

[16] Vgl. *Weisburd/Chayet*: Good Time, in Criminal Justice and Behavior, Vol. 16 (2), 6/1989, S.187; *Parisi/Zillo*: Good Time: The Forgotten Issue, in Crime and Delinquency, Vol. 29, 4/1983, S.230.

[17] *Goodstein/Hepburn*: Determinate Sentencing in Illinois..., in CJPR, Vol.1, No. 3, 10/1986, S.317.

Good Time – Regelungen die Haftzeiten der Gefangenen zu verkürzen, um somit ihre Haftkapazitäten zu vergrößern und Kosten einzusparen[19]. Häufig reagiert dann ihrerseits die Richterschaft mit einer Erhöhung der Strafmaße. Es wurde bereits geschildert, dass in Maine dieser Kreislauf dazu führte, dass das gesetzliche Ermessen der Vollzugsbehörden eingeschränkt und der Umfang der Strafzeitrabatte von Gesetzes wegen reduziert werden musste (vgl. S. 278). Auch in Illinois konnte die extensive Nutzung der Meritorious Good Time, die grundsätzlich nur für besondere Verdienste vergeben werden sollte, aber von der Verwaltung zur Reduktion der Gefangenenzahlen willkürlich für fast jedes Wohlverhalten der Häftlinge gewährt wurde, erst durch eine Entscheidung des Illinois Supreme Court eingeschränkt werden, der das Höchstmaß des Meritorious Good Time Credits auf einmalige 90 Tage für ein heroisches Verhalten festsetzte[20].

Die beste Lösung ist daher insgesamt betrachtet in Kommissionsentscheidungen zu sehen, an denen sowohl Vollzugspersonal, Aufsichtsbehörden und unter Umständen Staatsanwaltschaft oder Richterschaft beteiligt sind. Zwar erfordert dies einen hohen Verwaltungsaufwand, sichert jedoch die Interessenwahrung aller am Strafverfahren beteiligten Instanzen. In Kombination mit klaren gesetzlichen Vorgaben, die das Ermessen der Entscheidungsträger auf ein angemessenes Maß beschränken, sollte auf diese Weise eine für alle Beteiligten gerechte und befriedigende Good Time – Vergabe möglich sein.

Zumindest aber sollten Entscheidungen der Vollzugsanstalten der Aufsicht und Kontrolle von Oberbehörden unterstellt und deren Entscheidungen gerichtlich nachprüfbar sein.

---

[18] *Goodstein/Hepburn* a.a.O., S.314.
[19] *Goodstein/Hepburn*: Determinate Sentencing in Illinois..., in CJPR, Vol.1, No. 3, 10/1986, S. 314.

III.) Rechtsschutz der Häftlinge

Der Rechtsschutz der Häftlinge bei Vergabe und Aberkennung der Good Time – Kredite ist in den Good Time – anwendenden Ländern sehr unterschiedlich ausgeprägt. Teilweise existieren stark ausdifferenzierte Regelungen zum Schutz des Häftlings vor willkürlichen Entscheidungen, teilweise wird dem Häftling aber auch, abgesehen von einer Disziplinaranhörung, überhaupt keine Einflussmöglichkeit auf den Entscheidungsprozess der zuständigen Institutionen eingeräumt. Oftmals stehen Anfechtungsrechte nicht dem Gefangenen selbst, sondern nur Dritten zu.

In Frankreich ist z.B. die Entscheidung des Strafvollzugsrichters nur durch den Oberstaatsanwalt angreifbar, in Florida kann nur der Anstaltsleiter der Entscheidung der Disziplinarkommission widersprechen.

Viele US-amerikanische Staaten verwehren den Häftlingen sogar gänzlich einen Rechtsschutz gegen Vergabeentscheidungen. So zeigte eine 1982 durchgeführte Untersuchung von 8 Staaten (Alaska, Kalifornien, Colorado, Illinois, Indiana, Maine, New Mexiko und North Carolina), in denen die Parole abgeschafft wurde und somit die Vergabe von Good Time – Krediten die einzige Möglichkeit zur Haftzeitverkürzung darstellte, dass nur 3 dieser Länder (Kalifornien, Illinois und Indiana) gegen die Entscheidung der für den Entzug der Good Time zuständigen Institution eine Rechtsschutzmöglichkeit einräumten, wobei in Illinois eine automatische Kontrolle der Entscheidungen durch die Aufsichtsbehörden stattfand. Nach einem Bericht von Jacobs aus dem Jahre 1982 konnte nur in Indiana und Kalifornien der Häftling die Entscheidung über den Entzug von Zeitgutschrif-

---

[20] *Goodstein/Hepburn* a.a.O., S.316f.; *Austin*: Using Early Release to Relive Prison Crowding, S.29ff., 60.

ten gegenüber dem Leiter der Strafvollzugsbehörde anfechten[21]. Die heutigen amerikanischen Gesetze zeigen, dass sich an dieser Situation kaum etwas geändert hat (vgl. Darstellung im Anhang).

Wenigstens wird in vielen Staaten (insbesondere in den USA[22]) vor dem Entzug der Good Time eine Anhörung des Häftlings verlangt. In Kalifornien muss diese Anhörung dem Häftling mindestens 15 Tage vor dem Anhörungstermin schriftlich und unter genauer Bezeichnung des in Frage stehenden Verhaltens angekündigt werden; gemäß §2932 Penal Code darf sich der Betroffene einen Anstaltsangestellten zum Assistenten wählen, der ihm nicht nur während der Anhörung selbst zur Seite stehen, sondern auch im Vorfeld bei der Auffindung von Entlastungsbeweisen behilflich sein soll. Der Gefangene darf Zeugen benennen und alle Zeugen selbst befragen. Gegen die Entscheidung der Anstalt kann der Häftling in Widerspruch gehen; über diesen entscheidet dann das Board of Prison Terms[23] als Aufsichtsbehörde.

Bezüglich des Rechts der Zeugenbefragung und der Anfechtbarkeit der Entscheidung geht Kalifornien im Übrigen über das vom U.S. Supreme Court geforderte Mindestmaß der Einhaltung von Prozessgrundsätzen in Disziplinarverfahren weit hinaus: Denn in seiner Entscheidung von 1974 (U.S. Supreme Court, Wolff v. McDonnel, 418 U.S. 539 (1974)[24]) hatte das Gericht lediglich gefordert, dass einem Häftling mindestens 24 Stunden vor der Entscheidung über die Vorenthaltung oder den Entzug der Good Time – Kredite das vorgeworfene Verhalten und der Termin einer Anhörung schriftlich mitzuteilen sind, dass der Häftling zu seiner Entlas-

---

[21] *Jacobs*: Sentencing by Prison Personnel..., in UCLA Law Review, Volume 30 (2), 12/1982, S.246f.

[22] Vgl. die Darstellungen im Anhang über Florida und Idaho.

[23] *Eine vom Gericht unabhängige Verwaltungsbehörde, die für die Entscheidung über die bedingte vorzeitige Entlassung und die Bewährungsüberwachung zuständig ist.*

[24] Die Entscheidung kann unter *http://caselaw.findlaw.com* abgerufen werden.

tung schriftliche Beweismittel vorbringen und Zeugen benennen dürfe und dass die Verhängung einer Disziplinarmaßnahme (Vorenthaltung bzw. Entzug des Kredits) schriftlich zu begründen und die zur Urteilsfindung maßgeblichen Beweismittel zu benennen seien. Das Recht zur Zeugenbefragung und zur Durchführung eines Kreuzverhörs sowie das Recht auf einen Anwalt stünden einem Häftling im Disziplinarverfahren hingegen nicht zu. Es solle ihm lediglich erlaubt werden, zu seiner Unterstützung der Verfahrensvorbereitung und Durchführung (insb. Auffinden von Beweismitteln) einen Mithäftling oder Vollzugsbediensteten als Beistand zu wählen[25].

In seiner Begründung ging das Gericht davon aus, dass Strafgefangenen grundsätzlich die verfassungsmäßigen Rechte zustünden, wozu neben der Religionsfreiheit und dem Diskriminierungsverbot das Recht auf rechtliches Gehör und die Rechtsstaatsgarantie zählten. Diese Rechte könnten aber aufgrund vollzuglicher Belange eingeschränkt werden. Wenn ein Staat den Gefangenen die Möglichkeit zum Good Time – Verdienst einräume und ihnen somit eine Rechtsposition verschaffe, so dürfe diese auch nur in einem rechtsstaatlichen Verfahren wieder eingeschränkt werden. Jedes staatliche Verfahren, das in die Rechte einer Person eingreife, müsse dabei die Einhaltung minimaler Verfahrensgrundsätze gewährleisten, jedoch könnten diese entsprechend der Eingriffsintensität des staatlichen Verhaltens variieren: So sei z.B. ein Widerruf der Straf(rest)aussetzung zur Bewährung nicht mit einer Entscheidung über die Vorenthaltung bzw. den Entzug der Good Time zu vergleichen, da ersteres unmittelbar die Freiheit des Betroffenen beeinträchtige (er wird (wieder) inhaftiert), letzteres hingegen erst die Freilassung in der Zukunft beeinflusse - und dies nicht einmal zwingend (es könne nämlich zu einer Restauration der entzogenen Kredite kommen). Folglich seien bei dem Widerruf einer

---

[25] Vgl. *Selke*: Prison in Crisis, S.32ff.

Straf(rest)aussetzung strengere Verfahrensvorschriften zu fordern, als bei dem (bloßen) Entzug von Good Time – Krediten[26].

Eine schriftliche Begründung der Disziplinarmaßnahme unter Nennung der zur Entscheidungsfindung beitragenden Beweise[27] solle dem Häftling helfen, die Entscheidung nachzuvollziehen und sein zukünftiges Verhalten darauf auszurichten. Selbst wenn die Entscheidung nicht anfechtbar sei – woran das Gericht keinen Anstoß nimmt – könne sie für andere Vollzugsentscheidungen (z.B. die Verlegung in eine andere Anstalt oder Strafrestaussetzung zur Bewährung) von Bedeutung sein: Eine schriftliche Begründung schütze den Gefangenen insoweit vor Missverständnissen und willkürlicher Behandlung.

Zu seiner Verteidigung müsse dem Häftling grundsätzlich das Recht eingeräumt werden, Zeugen zu benennen und Urkundenbeweise zu führen, soweit dadurch nicht die Anstaltssicherheit gefährdet werde. So könne z.B. in bestimmte vollzugsinterne Vorgänge und Unterlagen die Einsicht verweigert werden[28].

Ein Recht des Häftlings auf Zeugenbefragung oder ein Kreuzverhör sei verfassungsrechtlich nicht geboten[29]. Dies würde nicht nur den Prozess unnötig verkomplizieren, verlängern und verteuern, sondern auch vollzugsinterne Belange gefährden: Insbesondere müsste die Identität der Mithäftlinge oder Vollzugsbediensten nicht offenbart werden, die den Disziplinarverstoß gemeldet haben – eine Bedrohung dieser Personen durch Mithäftlinge sei nicht ausgeschlossen. Auch sei es denkbar, dass Häftlinge zwar bereit seien, Disziplinarverstöße ihrer Mitinsassen dem Vollzugspersonal zu melden, nicht aber, diese Aussage in einem offiziellen Verfahren zu

---

[26] U.S. Supreme Court, Wolff v.McDonnel, 418 U.S. 539 (1974), Abschnitte III und IV.

[27] *Beweise müssen nur dann nicht benannt werden, wenn durch die Offenbarung dieser vollzugliche Belange gefährdet werden, z.B. die Identität eines Informanten (Mithäftling) bekannt und dieser dadurch gefährdet werden würde. Es muss dann nur auf Auslassung der Beweisnennung hingewiesen werden.*

[28] U.S. Supreme Court, Wolff v.McDonnel, 418 U.S. 539 (1974), Abschnitt V.

wiederholen. Eine Gefährdung einzelner Personen und der inneren Sicherheit sei wegen der angespannten Situation in den Haftanstalten nicht auszuschließen[30].

Das Recht auf einen Anwalt könne den Häftlingen nicht zugestanden werden: Ein solches würde nicht nur den Prozess verkomplizieren und verteuern, da dem Verteidiger auch ein Anklagevertreter gegenüber gestellt werden müsste, sondern es würde auch die Kluft zwischen Vollzugsbehörde und Häftling verstärken. Die Anstalt wäre nicht der strenge Begleiter/Helfer des Häftlings auf dem Weg zur Erreichung der Vollzugsziele, sondern dessen Gegner. Dies würde die Tauglichkeit des Verfahrens als Resozialisierungsmittel gefährden. Bei komplizierten Verfahren solle dem Häftling aber das Recht zustehen, einen Mithäftling oder Vollzugsbediensteten zur Hilfe bei der Vorbereitung und Durchführung des Verfahrens heranzuziehen[31,32].

Aufgrund dieser Entscheidung werden die benannten Mindestgrundsätze einer Disziplinaranhörung (vorherige schriftliche Mitteilung, Recht zur Verteidigung, schriftliche Begründung des Urteils) in allen Good Time gewährenden US-amerikanischen Bundesstaaten gesetzlich gewährleistet.

---

[29] *Selke*: Prisons in Crisis, S.34.

[30] *Das Gericht geht davon aus, dass die Situation in den Haftanstalten zumindest zum damaligen Zeitpunkt (1974) ein Recht auf ein Kreuzverhör nicht erlaubt, schließt aber nicht aus, dass sich dies zu einem späteren Zeitpunkt ändern kann.*

[31] U.S. Supreme Court, Wolff v.McDonnel, 418 U.S. 539 (1974), Abschnitt V; *Selke*: Prisons in Crisis, S.34.

[32] *Eine interessante Regelung hat insoweit Tennessee in seinen Administrative Policies and Procedures Nr. 502.01 getroffen: Die Vollzugsanstalt bietet im Rahmen ihres Beschäftigungsprogramms geeigneten Häftlingen die Möglichkeit, als Inmate Advisor zu arbeiten und bei der Durchführung eines Disziplinarverfahrens ihren Mithäftlingen als Laienanwalt beizustehen. Voraussetzung ist, dass der Advisor über die zur Unterstützung notwendigen verbalen und intellektuellen Fähigkeiten verfügt und sich mit den Problemen seiner Mitinsassen auseinandersetzen kann. Die Advisors (pro Anstalt mindestens 2) werden vom Anstaltsleiter in einer speziellen Liste geführt, aus der sich dann ein betroffener Häftling seinen Helfer aussuchen kann. Der Advisor hat das Recht, für den Betroffenen Ermittlungen anzustellen, Zeugen und Vollzugspersonal zu befragen und den Betroffenen bei der Disziplinaranhörung zu unterstützen.*

Dies kann aber nicht darüber hinwegtäuschen, dass anstaltsinterne Disziplinaranhörungen aufgrund sachfremder Erwägungen (wie Erhaltung der Anstaltssicherheit, bürokratischer Aufwand, Autorität des Personals) zumeist nur pro forma abgehalten werden und meist nur um die Höhe des zu entziehenden Kredites, nicht etwa um die Schuld oder Unschuld des Häftlings gestritten wird[33].

Da die deutsche Good Time – Regelung eine vollzugsrechtliche Maßnahme darstellt[34], steht den Gefangenen der Rechtsweg nach §§109ff. StVollzG offen. Zuständig für die gerichtliche Entscheidung ist gem. §110 StVollzG die Strafvollstreckungskammer.

IV.) Anrechnung der Strafzeitreduktionen auf die Haftzeit

Angerechnet werden die Zeitgutschriften entweder auf die Gesamthaftdauer und/oder auf den frühestmöglichen Termin einer vorzeitigen bedingten Entlassung (parole eligibility). Je nachdem, auf welche Termine die Good Time angerechnet wird, steigt oder fällt ihre Bedeutung.

1.)   Anrechnung auf die Gesamthaftzeit

Wird nur die Gesamthaftdauer von der Good Time berührt, so hat sie in Ländern wie Kalifornien[35] oder Kansas[36], in denen die Strafzeit allein

---

[33] *Jacobs*: Sentencing by Prison Personnel..., in UCLA Law Review, Volume 30 (2), 12/1982, S.238.

[34] Vgl. dazu ausführlich *Schäfer*: Nicht-monetäre Entlohnung von Gefangenenarbeit, S.26ff.

[35] Vgl. *Parisi/Zillo*: Good time: The Forgotten Issue, in Crime and Delinquency, 4/1983, S.234.

[36] §21-4722 Kansas Statutes.

durch Good Time – Kredite oder Gnadenentscheidungen verkürzt werden kann, für den Häftling eine große Bedeutung, stellt sie doch die einzige von ihm selbst aktiv zu beeinflussende Möglichkeit dar, die Haftdauer zu reduzieren.

Besteht wie in West Virginia zugleich die Möglichkeit einer vorzeigen bedingten Entlassung und wird die Good Time nur auf die Endstrafe angerechnet, so gewinnt die Zeitgutschrift im Falle der Gewährung der Strafrestaussetzung nur dann Bedeutung, wenn sich die Bewährungszeit an der Länge der eigentlich zu verbüßenden Gesamthaftdauer orientiert (so wie dies gemäß §22 des Prisons (Scotland) Act 1989 in Schottland der Fall ist) oder wenn die Bewährung widerrufen wird und der um die Good Time reduzierte Strafrest noch zu verbüßen ist[37].

Dabei ist aber zu beachten, dass es durchaus Länder gibt, bei denen der Bewährungswiderruf mit dem Verlust aller bisher verdienten Zeitgutschriften einhergeht[38]. Beispielhaft sei insoweit auf §803 Abs. 5 der New York State Consolidated Laws verwiesen: Wird ein bedingt Entlassener aufgrund des Bewährungswiderrufs erneut inhaftiert, gehen alle bis dahin angesammelten Good Time – Kredite wieder verloren und können auch nicht wieder hergestellt werden; alle Bemühungen um den Verdienst der Zeitgutschrift waren umsonst.

Demgegenüber wird in Florida wenigstens eine teilweise Wiederherstellung der wegen eines Bewährungswiderrufs entzogenen Gain Time – Kredite zugelassen, §944.28 Abs.1, 3 Florida Statutes.

---

[37] Vgl. *Parisi/Zillo*: Good time: The Forgotten Issue, in Crime and Delinquency, 4/1983, S.234.
[38] *Jacobs*: Sentencing by Prison Personnel..., in UCLA Law Review, Volume 30 (2), 12/1982, S.223.

2.) Anrechnung auf die Mindestverbüßungszeit

Wird die Zeitgutschrift bereits und ausschließlich auf den frühestmöglichen Termin einer Strafrestaussetzung zur Bewährung angerechnet, wie dies z.B. in Italien gemäß Art. 54 Abs.3 Codice penitenziario e della sorveglianza der Fall ist, so spielt sie für den Häftling bezüglich der Vorverlegung dieses Termins zwar eine große Rolle, wird jedoch die Strafrestaussetzung zur Bewährung nicht bewilligt, so wird der Verdienst der Zeitgutschrift bedeutungslos.

3.) Verkürzung der Mindest- und der Höchsthaftdauer

In den meisten Staaten werden die Strafzeitrabatte sowohl auf die Mindest- als auch auf die Höchsthaftdauer angerechnet. Die Anrechnung auf beide Termine hat den Vorteil, dass sich der Häftling einerseits sicher sein kann, dass er durch den Verdienst der Good Time eher bedingt entlassen werden kann und dass er andererseits bei einer etwaigen Verweigerung einer Strafrestaussetzung zur Bewährung zumindest die Gesamthaftdauer um den Betrag der erworbenen Good Time verkürzt hat. Die Good Time wird also keinesfalls umsonst erworben.

Wird die Good Time in Kombination mit der vorzeitigen bedingten Entlassung gewährt, kann zudem sichergestellt werden, dass der Häftling trotz der Strafzeitverkürzung im Bedarfsfall der Bewährungsaufsicht unterstellt werden kann. Denn der Unterschied zwischen Good Time – Systemen und der Strafrestaussetzung auf Bewährung besteht darin, dass für den allein aufgrund einer Good Time – Regelung entlassenen Häftling grundsätzlich keine Bewährungszeit besteht, geschweige denn eine Nachbetreuung durch die Bewährungshilfe. Gerade die Nachbetreuung durch die Bewährungshilfe, die dem Häftling bei dem Übergang in die Freiheit hilfreich und beratend zur Seite steht, ihn aber auch in seinem Eingliederungsverhalten kontrollieren soll, wird als entscheidender Vorzug der Strafrestaussetzung zur Bewährung empfunden und trägt unter anderem zur Rechtfertigung dieses Instituts bei[39]. Dass bei den Good Time – Regelungen eine solche Kontroll- und Unterstützungsmöglichkeit fehlt, was von vielen als Nachteil empfunden wird[40], ist jedoch kein zwingendes Merkmal dieses Instituts. Denn viele US-amerikanische Bundesstaaten unterstellen die aufgrund der Zeitgutschriften entlassenen Häftlinge zwingend einer Bewährungsaufsicht; teilweise kann bei Verstößen gegen die Bewährungsauflagen sogar die Bewährung widerrufen werden[41].

Eine obligatorische Unterstellung des Häftlings unter die Bewährungsaufsicht findet sich z.B. gemäß §944.291 Florida Statutes und §§2933 Abs. b i.V.m. 3067 California Penal Code in Florida und Kalifornien. In Kansas wird sogar die Zeit, um die der Häftling früher entlassen wurde, zur gesetzlich vorgeschrieben Dauer der Bewährungszeit hinzugerechnet, §§ 21-4722 Abs. b i.V.m. 22-3717 Abs. d Kansas Statutes.

In Griechenland war bis zu einer Strafvollzugsreform im Jahre 1994[42] eine zwingende Bewährungszeit von 5 Jahren angeordnet: Beging der Entlassene innerhalb dieses Zeitraums eine neue Straftat, so musste er zusätzlich zur der wegen dieses Delikts neu verhängten Strafe auch die Zeit verbüßen, um die er aufgrund der Strafzeitreduktion für gute Arbeit eher aus der Haft entlassen wurde[43]. Inzwischen besteht zwar nur noch eine dreijährige Probezeit für bedingt Entlassene (Art. 108, 109 griechisches StGB), da aber die bedingte Entlassung mit der wohltätigen Anrechnung der Arbeitsstage

---

[39] Vgl. *Frisch*: Dogmatische Grundfragen der bedingten Entlassung und der Lockerungen des Vollzugs von Strafen und Maßregeln, in ZStW 102 (1990), S.717, 735ff. (insb. 738).

[40] Vgl. *Weisburd/Chayed*: Good Time – An Agenda for Research, in Criminal Justice and Behavior, Vol.16 No.2, 6/1989, S.187.

[41] *Champion*: Probation, Parole, and Community Corrections, S.207.

[42] Persönliche Auskunft von Professor Nestor E. Courakis (Schreiben vom 8.10.2001), Professor für Kriminologie und Poenologie, Universität Athen.

[43] Vgl. Abs.3 des Gesetzes 2058 von 18/18 April 1952; abgedruckt bei *Frangoulis*: Freiheit durch Arbeit, S.117f.

kombiniert wird und aufgrund der angespannten Situation in den überfüllten Haftanstalten[44] auch fast jeder Häftling in den Genuss der Strafrestaussetzung kommt[45], gilt die Probezeit von 3 Jahren im Grunde genommen für alle vorzeitig Entlassenen.

Auch in Kanada erfolgt die Entlassung aufgrund der Remission nur unter der Bedingung, dass der Haftentlassene einer Bewährungsüberwachung bis zum regulären Haftzeitende zustimmt[46].

Somit kann auch bei einer durch Good Time bedingten Entlassung eine Nachbetreuung und Kontrolle des Entlassenen gesichert werden. Insbesondere besteht die Hoffnung, dass sich, ähnlich wie bei der Strafrestaussetzung zur Bewährung, der Entlassene aufgrund der drohenden Vollstreckung des Strafrests von der Begehung erneuter Straftaten abschrecken lässt[47].

Insgesamt ist deshalb ein System zu bevorzugen, das, soweit daneben die Möglichkeit der vorzeitigen bedingten Entlassung besteht, die Good Time zur Verkürzung der Minimum und der Maximum Sentence nutzt. Besteht die Möglichkeit der vorzeitigen bedingten Entlassung nicht, so ist zumindest zu erwägen, ob die durch Good Time vorzeitig Entlassenen einer Bewährungsaufsicht unterstellt werden können.

Im Übrigen kann auch eine noch so sorgsam getroffene Prognoseentscheidung nicht mit Sicherheit die Entwicklung eines Haftentlassenen abschät-

---

[44] *Winchenbach*: Strafvollzug in Griechenland, in ZfStrVo 1997, S.275f.; *Spinellis*: Attacking Prison Overcrowding in Greece, in Albrecht u.a. (Hrsg.): Internationale Perspektiven in Kriminologie und Strafrecht, S.1274f.

[45] *Spinellis* a.a.O., S.1284.

[46] *Goff*: Corrections in Canada, S.104, 106.

[47] Vgl. *Frisch*: Dogmatische Grundfragen der bedingten Entlassung und der Lockerungen des Vollzugs von Strafen und Maßregeln, in ZStW 102 (1990), S.717.

zen[48]; dies zeigt sich schon daran, das viele vorzeitig entlassene Straftäter trotz positiver Prognose wegen eines Bewährungswiderrufs oder erneuter Straftaten erneut inhaftiert werden[49]. In Kanada ergab eine Studie aus dem Jahr 1981 immerhin, dass die Rückfallquoten der aufgrund der Remission entlassenen Straftäter nicht schlechter waren, als die der Täter, die aufgrund einer Prognoseentscheidung bedingt entlassen worden waren, wobei bei beiden Instituten eine nachträgliche Bewährungsüberwachung stattfand[50].

4.) Anrechnung der Good Time auf die Bewährungszeit / Good Time und Electronic Monitoring?

Einige US-amerikanische Bundesstaaten (z.B. Nevada, Colorado, Alabama[51]) ermöglichen auch während der Bewährungszeit nach einer Strafrestaussetzung den Verdienst von Good Time – Krediten, um den Bewährungsprobanden zur Einhaltung der Bewährungsauflagen zu motivieren. Die so verdienten Good Time – Rabatte dienen dann zur Verkürzung der Bewährungszeit bzw. werden unter Umständen im Falle eines Bewährungswiderrufs auf die noch zu verbüßende Reststrafe angerechnet.

Derzeit wird in den USA diskutiert, ob sich die Anwendung von Good Time – Regelungen auch für den elektronisch überwachten Hausarrest an-

---

[48] *Nedopil*: Prognosebegutachtung bei zeitlich begrenzten Freiheitsstrafen, in NStZ, 2002, S.344ff.; zur Brauchbarkeit strafrechtlicher Prognosen vgl. grundsätzlich z.B. *Schneider*: Die Kriminalprognose bei der nachträglichen Sicherungsverwahrung, StV 2006, S.99ff.; *Bock* in Göppinger: Kriminologie, 5.Aufl., S.336ff., 447ff.

[49] Vgl. die Zahlen bei *Kerner* in K/K/S: Strafvollzug, 4.Aufl., §20 Rn.47; *Schöch* in K/S: Strafvollzug, 5.Aufl., §12 Rn.8ff.

[50] *Goff*: Corrections in Canada, S.106.

[51] *§209.447 Nevada Revised Statutes, §17-22.5-405 Colorado Revised Statutes, §14-9-42 Code of Alabama.*

bietet[52]. Regelungen zum elektronisch überwachten Hausarrest finden sich, nach ihrer Einführung in Florida im Jahre 1983[53], inzwischen in allen US-amerikanischen Bundesstaaten[54], in Kanada, Australien, Schweden, Großbritannien, den Niederlanden, Israel oder Singapur[55]. In Deutschland wird der elektronisch überwachte Hausarrest in einigen Modellversuchen erprobt[56].

Es soll hier nicht auf das Für und Wider des Electronic Monitoring eingegangen werden – insoweit kann auf die zahlreich zu diesem Thema erschienen Beiträge verwiesen werden[57] – allerdings stellt sich die Frage, ob ein Zeitgutschriftensystem beim elektronisch überwachten Hausarrest sinnvoll wäre.

---

[52] *In Virginia gab es 1998 eine Gesetzesinitiative zur Anwendung der Good Time auf den elektronisch überwachten Hausarrest, die jedoch nicht gesetzlich umgesetzt wurde*; vgl. *Payne/Gainey*: Is good-time appropriate for offenders on electronic monitoring?...", in Journal of Criminal Justice, Vol. 28 (2000), S.504; General Assembly of Virginia, Bill H.B.1129 / Session 1998; *In Texas ist hingegen eine Anwendung der Good Time auf den elektronisch überwachten Hausarrest ausdrücklich gesetzlich ausgeschlossen, Art. 42.035 d) Texas Code of Criminal Procedure.*

[53] *Ostendorf*: Die „elektronische Fessel" – Wunderwaffe im „Kampf" gegen die Kriminalität, in ZRP 1997, S.474.

[54] *Carlson/Hess/Orthmann*: Corrections, S.164.

[55] *Lindenberg*: Elektronisch überwachter Hausarrest auch in Deutschland?, in BewHi 1999, S.12.

[56] Vgl. *Brüchert*: Modelversuch Elektronische Fußfessel, in NKrimP 2002, Heft 1, S.32ff.; Erste Ergebnisse dazu: *Haverkamp*: Das Projekt „Elektronische Fußfessel" in Frankfurt am Main, in BewH 2003, S.164ff.

[57] Z.B. *Schlömer*: Die Anwendbarkeit des elektronisch überwachten Hausarrests als Bewährungsweisung nach geltendem Recht, in BewHi 1999, S.31ff.; *Lindenberg* a.a.O., S.11ff.; *Ostendorf*: Die „elektronische Fessel" – Wunderwaffe im „Kampf" gegen die Kriminalität, in ZRP 1997, S.473ff.; *Krahl*: Der elektronisch überwachte Hausarrest, in NStZ 1997, S.457ff.; *Walter*: Elektronisch überwachter Hausarrest als neue Vollzugsform?, in ZfStrVo 1999, S.287; alle m.w.N.; zu ersten Ergebnissen von deutschen Modellversuchen: *Brüchert* a.a.O.; *Seebode*: Aktuelle Fragen zum Justizvollzug 2000, in Herrfahrdt (Hrsg.): Strafvollzug in Europa, S.63 ff.

Der Hausarrest wird in anderen Ländern entweder als Alternative zur Untersuchungshaft, als unmittelbare Sanktionsform oder, in den häufigsten Fällen, als Bewährungsauflage bei der Strafrestaussetzung genutzt[58]. Die Anwendung von Good Time bietet sich insbesondere in den beiden letzten Fällen an, da bei der Strafrestaussetzung zur Bewährung oder beim Hausarrest als unmittelbarer Sanktion die Aussicht auf eine Verkürzung des Hausarrests den Verurteilten zur Einhaltung von Auflagen und Weisungen zu motivieren vermag[59]. Tritt der Hausarrest anstelle der Untersuchungshaft, wäre zwar auch eine Anrechnung von Good Time – Krediten denkbar, jedoch käme diese nur zum Tragen, wenn auf den Hausarrest eine Strafhaft folgt, auf die angesammelten Kredite angerechnet werden können.

Befürworter der Good Time beim elektronisch überwachten Hausarrest berufen sich vor allen Dingen auf Gerechtigkeitserwägungen: Es könne nicht angehen, dass Haftinsassen ihre Gesamthaftzeit durch Good Time – Kredite verkürzen können, vorzeitig Entlassene hingegen nicht. Dies führe zu dem Paradoxon, dass vorzeitig Entlassene unter Umständen einen längeren Zeitraum unter Behördenaufsicht stehen, als dies der Fall gewesen wäre, wenn sie nicht in den Genuss der Strafrestaussetzung gekommen wären[60]. Insbesondere im Falle eines Bewährungswiderrufs wegen eines Fehlverhaltens käme es zu der merkwürdigen Situation, dass der erneut Inhaftierte Good Time verdienen kann (vorrausgesetzt, das Gesetz lässt dies im Falle eines Bewährungswiderrufs zu) und somit eine kürzere Sanktionszeit erlebt, als dies bei einer Fortsetzung des Hausarrests wegen der guten Führung der Fall gewesen wäre[61]. So konnte z.B. in Virginia beobachtet wer-

---

[58] *Payne/Gainey*: Is good-time appropriate for offenders on electronic monitoring?...", in Journal of Criminal Justice, Vol. 28 (2000), S.498; *McCarthy/McCarthy*: Community-Based Corrections, S.212; *Walter* a.a.O., S.288.

[59] *Payne/Gainey* a.a.O., S. 502f.

[60] *Payne/Gainey* a.a.O.

[61] *Payne/Gainey* a.a.O., S.499.

den, dass einige Haftinsassen die Strafhaft mit der Möglichkeit des Good Time – Verdienstes der vorzeitigen Entlassung unter der Bedingung eines elektronisch überwachten Hausarrests vorzogen[62].

Zu beachten sei außerdem, dass viele Verurteilte den elektronisch überwachten Hausarrest mit seinen hohen Anforderung an die Selbstdisziplin des Betroffenen und den starken Einschränkungen der Bewegungsfreiheit als ebenso einschneidende Freiheitsbeschränkung erlebten wie eine Haftstrafe[63]: Insbesondere die „Herausforderung der stets offenen Tür", sowie der strenge Tagesablauf würden an den Überwachten hohe Anforderungen an die Selbstdisziplin stellen[64]. Durch die ständige häusliche Anwesenheit des Überwachten könne das familiäre Klima stark belastet werden[65]. Durch die Überwachung im eigenen Heim werde die Würde und das Selbstbewusstsein des Betroffenen angegriffen[66]. Unter diesen Umständen gebiete sich eine Gleichbehandlung von Strafgefangenen und Arrestanten in Bezug auf den Good Time – Verdienst[67].

Gegner einer Good Time – Anwendung auf das Electronic Monitoring betonen hingegen, dass der elektronisch überwachte Hausarrest gerade nicht dem Strafübel einer Haftstrafe gleichkäme, sondern eine wesentlich milde-

---

[62] *Payne/Gainey*: Is good-time appropriate for offenders on electronic monitoring?...", in Journal of Criminal Justice, Vol. 28 (2000), S. 502, 504.

[63] *Ostendorf*: Die „elektronische Fessel" – Wunderwaffe im „Kampf" gegen die Kriminalität, in ZRP 1997, S.474.; *Walter*: Elektronisch überwachter Hausarrest als neue Vollzugsform?, in ZfStrVo 1999, S.289; *Payne/Gainey* a.a.O., S.498, 503f.; *Quinn*: Corrections, S.113.

[64] *Schlömer*: Die Anwendbarkeit des elektronisch überwachten Hausarrests als Bewährungsweisung nach geltendem Recht, in BewHi 1999, S.36f.; *Krahl*: Der elektronisch überwachte Hausarrest, in NStZ 1997, S.461; *Weigend*: Privatgefängnisse, Hausarrest und andere Neuheiten, in BewHi 1989, S.300.

[65] *Lindenberg*: Elektronisch überwachter Hausarrest auch in Deutschland?, in BewHi 1999, S.17.; *Ostendorf* a.a.O., S.476.; *Walter* a.a.O., S.293; *McCarthy/McCarthy*: Community-Based Corrections, S.213.

[66] *Ostendorf* a.a.O., S.476; *Krahl* a.a.O.

[67] *Payne/Gainey* a.a.O., S.498, 503f.

re Maßnahme darstelle; schließlich könne sich der Betroffene in seiner häuslichen Umgebung aufhalten, verbliebe im sozialen Umfeld, könne u.U. einer Arbeit oder Ausbildung nachgehen[68]. Auch entfiele die stigmatisierende Wirkung des Haftaufenthalts und der Kontakt zu anderen Kriminellen in einer Anstalt werde vermieden[69]. Dem unter Hausarrest Stehenden käme somit eine erhebliche Vergünstigung im Vergleich zu einer Strafhaft zugute; ein zusätzlicher Vorteil durch die Anrechnung von Good Time sei deshalb nicht gerechtfertigt[70].

Allerdings hängt das mit dem elektronisch überwachten Hausarrest verbundene Strafübel ganz entscheidend von der rechtlichen und praktischen Ausgestaltung der Heimüberwachung ab: Je nachdem wie oft sich ein Proband bei der ihn kontrollierenden Behörde oder Firma melden muss, wie groß sein Bewegungsumfeld ist, wie streng die Auflagen sind (z.B. absolutes Alkoholverbot, regelmäßige Drogenkontrollen), wie oft er an begleitenden Resozialisierungsprogrammen mitwirken muss, wird der Überwachte den Hausarrest als mehr oder weniger einschneidende Maßnahme erleben[71]. Deshalb erübrigt sich die Diskussion um das Strafübel des Electronic Monitoring, denn es wäre kein Problem, den Good Time – Verdienst der jeweiligen Ausgestaltung des Hausarrests anzupassen. Wird eine Regelung im Vergleich zur Freiheitsstrafe gleichermaßen belastend ausgestaltet, so ließe sich die Kreditierungsrate der Good Time während des Hausarrests der Kreditierungsrate während der Haftstrafe angleichen; wird der Arrest als mildere Maßnahme eingestuft, so könnte der Verdienst während des

---

[68] Siehe näher z.B. *Seebode*: Vollzug der Untersuchungshaft, S. 56ff., insb. 60f.

[69] Vgl. Darstellungen von *Ostendorf*: Die „elektronische Fessel" – Wunderwaffe im „Kampf" gegen die Kriminalität, in ZRP 1997, S.473, 475; *Krahl*: Der elektronisch überwachte Hausarrest, in NStZ 1997, S.457; *Weigend*: Privatgefängnisse, Hausarrest und andere Neuheiten, in BewHi 1989, S.300.

[70] *Payne/Gainey*: Is good-time appropriate for offenders on electronic monitoring?...", in Journal of Criminal Justice, Vol. 28 (2000), S. 502.

[71] *Walter*: Elektronisch überwachter Hausarrest als neue Vollzugsform?, in ZfStrVo 1999, S.289.

Hausarrests gegenüber dem der Freiheitsstrafe reduziert werden. Gleichbehandlungsprobleme ließen sich somit durch Anpassung der Berechnungsmodalitäten lösen.

Die eigentliche Frage, und diese stellt sich sowohl bei der Anrechnung von Good Time auf die Bewährungszeit als auch bei der Anwendung auf das Electronic Monitoring, ist vielmehr, inwieweit die Aussicht auf eine Verkürzung der Bewährungszeit oder des Hausarrests den Haftentlassenen überhaupt zur Einhaltung der Bewährungsauflagen motivieren kann: Verstößt nämlich der Entlassene gegen Bewährungsauflagen, so droht regelmäßig der Widerruf der Bewährung bzw. des Hausarrests und damit die Inhaftierung[72]. Wenn schon eine drohende (Re)Inhaftierung einen Bewährungsbruch nicht verhindern könne, so könne die Aussicht auf eine Verkürzung der Bewährungszeit dies erst recht nicht, so die Meinung einzelner Autoren[73].

Dem lässt sich aber entgegenhalten, dass die Inaussichtstellung einer Bewährungszeitverkürzung, zwar nicht ausschließlich, aber ergänzend zur Drohung einer Neuinhaftierung positive Leistungsanreize bieten kann, schon allein deshalb, weil eine restriktive Strafdrohung allein erfahrungsgemäß weniger motivierend wirkt als die Inaussichtstellung einer Leistungsbelohnung. Beim elektronisch überwachten Hausarrest kommt noch hinzu, dass die Praxiserfahrungen in anderen Ländern gezeigt haben, dass die elektronische Überwachung von den Betroffenen mit zunehmender

---

[72] *Carlson/Hess/Orthmann*: Corrections, S.165; vgl. zur deutschen Regelungspraxis §56f StGB (gröbliche und beharrliche Verstöße...); *Stree*: Probleme des Widerrufs einer Strafaussetzung wegen einer Straftat, in NStZ 1992, S.153ff.

[73] Vgl. *Jacobs*: Sentencing by Prison Personnel: Good Time, in UCLA Law Review, Vol.30, 12/1982, S.237.

Dauer des Arrests als immer belastender empfunden wird[74]; ein entsprechendes Verlangen des Probanden, die Maßnahme so schnell wie möglich zu beenden, ist also vorhanden.

Es besteht daher die berechtigte Hoffnung, dass sich die Probanden von der Inaussichtstellung einer Bewährungszeit- bzw. Hausarrestverkürzung zur Befolgung der von ihnen geforderten Auflagen und Weisungen motivieren lassen.

V.) Good Time – Systeme im privatisierten Strafvollzug

Getragen vom wachsendem Kosten- und Belegungsdruck und vor dem Hintergrund knapper Staatskassen wird national und international seit Langem über eine Privatisierung des Strafvollzugs diskutiert[75]. Ohne diese Diskussion aufgreifen zu wollen, ist das Thema für die vorliegende Arbeit insoweit interessant, weil Private im Zuge von (Teil-)Privatisierungen des Vollzugs an Entscheidungen zur Vergabe von Zeitgutschriften direkt oder indirekt beteiligt werden.

---

[74] *Lindenberg*: Elektronisch überwachter Hausarrest auch in Deutschland?, in BewHi 1999, S.19; *Walter*: Elektronisch überwachter Hausarrest als neue Vollzugsform?, in ZfStrVo 1999, S.289.

[75] Vgl. z.B.: *Nibbeling*: Die Privatisierung des Haftvollzugs; *Braum/Varwig/Bader*: Die „Privatisierung des Strafvollzugs" zwischen fiskalischen Interessen und verfassungsrechtlichen Prinzipien, in ZfStrVo 1999, S.67ff.; *Di Fabio*: Privatisierung und Staatsvorbehalt, in JZ 1999, S.585ff.; *Weigend*: Privatgefängnisse, Hausarrest und andere Neuheiten, in BewHi 1989, S.292ff.; *James/Bottomley/Liebling/Clare*: Privatizing Prisons – Rhetoric and Reality; *Bowman/Hakim/Seidenstat*: Privatizing Correctional Institutions; *Johnson/Ross*: The Privatization of Correctional Management, in Journal of Criminal Justice, Vol. 18 (1990), S.351ff.; *Laubenthal*: Strafvollzug, 3.Aufl., Rn.38ff.

In den USA, aber auch in Kanada[76], Australien[77] und Europa (Großbritannien[78], Frankreich[79]) haben seit Beginn der 80iger Jahre private Betreibergesellschaften den Betrieb von Gefängnissen übernommen, entweder durch die Vermietung oder Verpachtung von baulichen Einrichtungen und/oder durch die „Ausleihe" von Vollzugspersonal[80]. Nachdem ursprünglich in den USA nur Teilbereiche des Strafvollzugs von Privaten übernommen worden waren (z.B. Gesundheitsversorgung, Verpflegung, Arbeit, Unterricht und Ausbildung) werden inzwischen ganze Vollzugseinrichtungen von Privaten geführt[81].

Auch in Deutschland wird die Vollzugsarbeit gegenwärtig in einigen Bereichen durch Kooperationen staatlicher und privater Organisationen bestimmt. So werden private, meist gemeinnützige Organisationen an der Entlassenenführsorge und Entlassungsvorbereitung beteiligt; Drogenabhängige werden in privaten Therapieeinrichtungen betreut, wobei die The-

---

[76] Vgl. *Lilly/Knepper*: An International Perspective on the Privatisation of Corrections, in The Howard Journal, Vol.31 (8/1992), S.176ff.

[77] Vgl. *James/Bottomley/Liebling/Clare*: Privatizing Prisons – Rhetoric and Reality, S.10ff.

[78] Vgl. dazu *Smartt*: Privatisierung im englischen Strafvollzug: Erfahrungen mit englischen Privatgefängnissen, in ZfStrVo 1995, S.290ff.; *dies.*: Privatisierung des Justizvollzuges nun auch in Deutschland? Erfahrungen aus dem britischen und amerikanischen Bereich, in ZfStrVo, 2001, S.67ff.; *Lilly/Knepper* a.a.O.; *James/ Bottomley/Liebling/Clare* a.a.O., S.33ff., 156ff.

[79] *In Frankreich können sämtliche beim Betrieb einer Haftanstalt anfallenden Aufgaben (Wartung, Verpflegung, Werkstätten, Ausbildung, medizinische Versorgung, Transport) durch private Dienstleister erfüllt werden, nur die Direktion und die Gefangenenaufsicht müssen in staatlicher Hand verbleiben*; vgl. *Maelicke*: Der Strafvollzug und die neue Wirklichkeit, in ZfStrVo 1999, S.75f.; *James/Bottomley/ Liebling/Clare* a.a.O., S.18ff.

[80] *Walter*: Strafvollzug, 2.Aufl., Rn.24; *James/Bottomley/Liebling/Clare* a.a.O., S.1ff.

[81] *Weigend*: Privatgefängnisse, Hausarrest und andere Neuheiten, in BewHi 1989, S.293; *Nibbeling*: Die Privatisierung des Haftvollzugs, S.85ff.; *Seebode*: Aktuelle Fragen zum Justizvollzug 2000..., in Herrfahrdt (Hrsg.): Strafvollzug in Europa, S.57ff.; *Mahoney*: Prisons for Profit – Should Corrections Make a Buck?, in Corrections Today, 10/1988, S.106.; *Mayer*: Legal Issues Surrounding Private Operation of Prisons, in Criminal Law Bulletin, Vol. 22 (1986), S.311ff.

rapiezeit nach §§35, 36 BtMG auf eine Haftstrafe angerechnet werden kann; innerhalb der Anstalt existieren private Unternehmerbetriebe, die mit eigenem Personal gemäß §149 Abs.4 StVollzG Gefangene beschäftigen; Freigänger oder Insassen des offenen Vollzugs arbeiten bei privaten Arbeitgebern[82].

Wird der Vollzug insgesamt oder in Teilen privatisiert, stellt sich die Frage, inwieweit Private Einfluss auf Entscheidungen erhalten dürfen, die mittel- oder unmittelbar die gerichtlich verhängte Strafdauer beeinflussen.

Lehre und Praxis sind sich, auch in anderen Ländern, grundsätzlich darüber einig, dass eine Privatisierung des Strafvollzugs keinesfalls im Sinne eines Totalrückzugs des Staates aus seiner staatlichen Verantwortung verstanden werden darf (Aufgabenprivatisierung[83]), sondern dass trotz der Übertragung hoheitlicher Aufgaben auf Dritte die übertragenen Aufgaben „staatliche" bleiben müssen und der Private regelmäßig (wenn auch in verschieden hohem Maße[84]) weiterhin der staatlichen Kontrolle und Weisungsbefugnis unterliegen muss. Wenn überhaupt wird nur die Aufgabenwahrnehmung, das Verfahren privatisiert, nicht die Aufgabe selbst[85]. So bleibt der Staat für Grundrechtsverletzungen der Gefangenen haftbar[86].

---

[82] Zu weiteren Beispielen vgl. *Walter*: Strafvollzug, 2.Aufl., Rn.24; *ders.*: Über Privatisierungen der Verbrechenskontrolle aus kriminologischer Sicht, in ZfStrVo 1998, S.3f.; *Hoffmann-Riem*: Justizdienstleistungen im kooperativen Staat, in JZ 1999, S.427; *Schöch* in K/S: Strafvollzug, 5.Aufl.; §5 Rn.72.

[83] Zur begrifflichen Abgrenzung lesenswert: *Di Fabio*: Privatisierung und Staatsvorbehalt, in JZ 1999, S.587ff.

[84] *In einigen Bundesstaaten der USA sind teilweise nur 2 staatliche Inspektionen pro Jahr gesetzlich vorgeschrieben, in anderen hingegen besucht der Inspektor (Contract-Monitor) die Anstalt monatlich, wöchentlich oder hat dort sogar seinen täglichen Arbeitsplatz;* vgl. *Dunham*: Inmates' Rights and the Privatization of Prisons, in Columbia Law Review, Vol.86 (1996), S.1494f.; *Nibbeling*: Die Privatisierung des Haftvollzuges, S.124ff.

[85] Vgl.: *Braum/Varwig/Bader*: Die „Privatisierung des Strafvollzugs" zwischen fiskalischen Interessen und verfassungsrechtlichen Prinzipien, in ZfStrVo 1999, S.67; *Di Fabio* a.a.O., S.592.; *Smartt*: Privatisierung im englischen Strafvollzug: Erfahrungen

Dies ergibt sich einerseits aus dem historisch gewachsenen Charakter des Sanktionssystems als staatliche Aufgabe (staatliches Gewaltmonopol), andererseits aus der starken Eingriffsintensität des Strafvollzugs in die Freiheitsrechte des einzelnen Bürgers: Wenn der Staat die Freiheitsrechte des Einzelnen beschränkt, so muss er auch sicherstellen, dass dies in rechtsstaatlicher Weise geschieht, insbesondere dürfen ökonomische oder machtpolitische Erwägungen nicht die Erreichung des Vollzugsziels gefährden oder die Grundrechte der Gefangenen missachten[87].

In Deutschland steht man sogar einer Privatisierung der Verfahrensabläufe im Strafvollzug (Aufgabenwahrnehmung durch Private unter staatlicher Kontrolle) nicht nur mit Blick auf §155 Abs.1 Satz 2 StVollzG, sondern auch wegen der verfassungsrechtlichen Vorgabe des Art. 33 Abs.4 GG in Verbindung mit dem Demokratie- und Rechtsstaatsgebot äußerst skeptisch gegenüber[88]: Zumindest die eingriffsintensiven Bereiche der Strafvollzugspraxis, die das Hoheitsverhältnis von Staat und Gefangen betreffen,

---

mit englischen Privatgefängnissen, in ZfStrVo 1995, S.291; *Carlson/Hess/ Orthmann*: Corrections in the 21st Century, S.553ff.; *Mahoney*: Prisons for Profit – Should Corrections Make a Buck?, in Corrections Today, 10/1988, S.107.; *Dunham*: Inmates' Rights and the Privatization of Prisons, in Columbia Law Review, Vol.86 (1996), S.1479f.; *Mayer*: Legal Issues Surrounding Private Operation of Prisons, in Criminal Law Bulletin, Vol. 22 (1986), S.315f.

[86] *Dunham* a.a.O., S.1500ff.; *Mayer* a.a.O., S.321f.; *Laubenthal*: Strafvollzug, 3.Aufl., Rn.44.; *Nibbeling*: Die Privatisierung des Haftvollzuges, S.104ff.; *Seebode*: Aktuelle Fragen zum Justizvollzug, in Herrfahrdt: Strafvollzug in Europa, S.60f.

[87] *Hoffmann-Riem*: Justizdienstleistungen im Kooperativen Staat, in JZ 1999, S.428; *Walter*: Über Privatisierungen der Verbrechenskontrolle aus kriminologischer Sicht, in ZfStrVo 1998, S.7.; *Di Fabio*: Privatisierung und Staatsvorbehalt, in JZ 1999, S.591f.; *Mahoney*: Prisons for Profit – Should Corrections Make a Buck?, in Corrections Today, 10/1988, S.107; *Dunham* a.a.O., S.1479f., 1482.; *Sullivan*: Privatization of Corrections: A Threat to Prisoners' Rights, in Bowman/Hakim/Seidenstat (Hrsg.): Privatizing Correctional Institutions, S.141ff.

[88] *Di Fabio* a.a.O.; *Braum/Varwig/Bader*: Die „Privatisierung des Strafvollzugs" zwischen fiskalischen Interessen und verfassungsrechtlichen Prinzipien, in ZfStrVo 1999, S. 68f.; *Hoffmann-Riem* a.a.O.; *Laubenthal* a.a.O., Rn.38ff.; siehe aber auch *Seebode* a.a.O., S.59ff.

z.B. Bewachung der Häftlinge, Disziplinarmaßnahmen, müssen durch staatliche Bedienstete wahrgenommen werden[89].

Auch in den Ländern, in denen privat betriebene Gefängnisse betrieben werden, ist man sich darüber einig, dass bestimmte Kompetenzen generell beim Staat verbleiben müssen. Dazu zählt in den USA nach überwiegender Auffassung u.a. die Einflussnahme auf die Haftdauer und die Haftbedingungen. Den privaten Betreibern von Haftanstalten ist es regelmäßig nicht gestattet, originär hoheitliche Entscheidungen, insbesondere solche, die Dauer oder Intensität des Strafvollzugs betreffen (Klassifizierung der Häftlinge, Disziplinarentscheidungen, Entscheidungen über Parole, Good Time – Vergabe oder – Entzug) eigenständig zu treffen[90]. Zum Beispiel ist es in Florida den privaten Anstaltsbetreibern gemäß §957.06 Florida Statutes verboten, vom Gesetz abweichende Disziplinarvorschriften zu erlassen oder Entscheidungen zu treffen, die die Haftdauer des Insassen beeinflussen können, einschließlich Entscheidungen zur Vergabe, Vorenthaltung oder dem Entzug von Gain Time Credits. In Tennessee ist es den Unternehmern untersagt, Entscheidungen über die Vergabe oder den Entzug von Zeitgutschriften zu treffen bzw. diesbezügliche Regelungen zu erlassen, §41-24-110 Tennessee Code.

---

[89] *Di Fabio*: Privatisierung und Staatsvorbehalt, in JZ 1999, S.591f.; *Braum/Varwig/Bader*: Die „Privatisierung des Strafvollzugs" zwischen fiskalischen Interessen und verfassungsrechtlichen Prinzipien, in ZfStrVo 1999, S.69; *Arloth*: Neue Entwicklungen im Strafvollzug im internationalen Vergleich, in ZfStrVo 2002, S.4f.; *Schöch* in K/S: Strafvollzug, 5.Aufl., §5 Rn.76.

[90] *Weigend*: Privatgefängnisse, Hausarrest und andere Neuheiten, in BewHi 1989, S.294f.; *Dunham*: Inmates' Rights and the Privatization of Prisons, in Columbia Law Review, Vol.86 (1996), S.1486f.; *Sullivan*: Privatization of Corrections: A Threat to Prisoners' Rights, in Bowman/Hakim/Seidenstat (Hrsg.): Privatizing Correctional Institutions, S. 153; a.A. *Logan*: The Propriety of Proprietary Prisons, in Federal Probation, Vol. 51 (9/1987), S.37.; *Mayer*: Legal Issues Surrounding Private Operation of Prisons, in Criminal Law Bulletin, Vol. 22 (1986), S.319f.

Den privaten Betreibern ist es allenfalls erlaubt, den Gefangenen schriftlich zu beurteilen und (teilweise auch nur auf Nachfrage[91]) der staatlichen Kontrollbehörde entsprechende Empfehlungen für eine Entscheidung vorzulegen. Aus Verträgen des Staates Florida mit privaten Anstaltsbetreibern geht beispielsweise hervor, dass der private Betreiber gegenüber der staatlichen Kontrollbehörde in Bezug auf die Vergabe von Zeitgutschriften Empfehlungen abgeben darf; wird eine Entscheidung entgegen dieser Empfehlung getroffen, steht dem Privaten ein Einspruchsrecht gegenüber dem Leiter der staatlichen Kontrollbehörde zu.

Grund für diese strengen Regelungen ist vor allen Dingen die Sicherung gleicher Vollzugsbedingungen in staatlichen und privaten Einrichtungen. Zudem soll der Private aus rechtsstaatlicher Sicht keinen Einfluss auf die Länge einer staatlich verhängten Sanktion erhalten[92].

Kein Grund für diese Einschränkungen ist im Übrigen die oftmals benannte Gefahr, die privaten Betreiber könnten aufgrund des Vergütungssystems (die meisten Anstalten erhalten die staatlichen Mittel nach der Pro – Kopf – Zahl der Haftinsassen[93]) und den vergleichsweise billigen Arbeitskräften aus ökonomischen Gründen versucht sein, eine möglichst lange Verweildauer in der Anstalt zu erreichen und so Entlassungsentscheidungen restriktiv zu beeinflussen[94]. Denn dieser Gefahr wird durch verschiedene vertragliche Regelungen in den modernen Privatisierungsformen effektiv begegnet. So ist einerseits in den meisten Verträgen eine Mindestauslastung

---

[91] Vgl. *Nibbeling*: Die Privatisierung des Haftvollzuges, S.136.

[92] Vgl. *Nibbeling* a.a.O., S.135f.

[93] *Dunham* a.a.O., S.1477f. (Fn.19); *Johnson/Ross*: The Privatization of Correctional Management, in Journal of Criminal Justice, Vol. 18 (1990), S.352.

[94] *Mahoney*: Prisons for Profit – Should Corrections Make a Buck?, in Corrections Today, 10/1988, S.107.; *Dunham*: Inmates' Rights and the Privatization of Prisons, in Columbia Law Review, Vol.86 (1996), S.1485ff; *Laubenthal*: Strafvollzug, 3.Aufl., Rn.49; *Schöch* in K/S: Strafvollzug, 5.Aufl., §5 Rn.74; *Walter*: Strafvollzug, 2.Aufl., Rn.149.; *Weigend*: Privatgefängnisse, Hausarrest und andere Neuheiten, in BewHi 1989, S.294.

der Haftanstalten bzw. eine Mindestbezahlung für die Betreiber garantiert, andererseits wird oftmals der Pro-Kopf-Betrag pro Gefangenen und Haft-tag ab einer bestimmten Auslastung der Anstalt sogar progressiv abge-senkt[95]. Zudem kommt der Gewinn aus der Gefangenenarbeit nicht dem Betreiber zugute, sondern wird nach unterschiedlichen Schlüsseln den Ge-fangenen, deren Angehörigen oder Opfer-Entschädigungsprogrammen zu-gewiesen[96]. An einer besonders langen bzw. kurzen Verweildauer der In-sassen kann der Betreiber somit kein gesteigertes Interesse haben (seine Gewinne erzielt er vorrangig aus den geringeren Bau- und Betriebskosten, da er nicht an das öffentliche Vergabe- und Dienstrecht gebunden ist[97]).

Die Entscheidungen über die vorzeitige Entlassung bzw. die Vergabe und den Entzug von Good Time – Krediten werden daher von den staatlichen Institutionen in Zusammenarbeit mit dem die Anstalt überwachenden Contract-Monitor (staatlicher Aufsichtsbeamter, der die Einhaltung der Verträge kontrolliert) getroffen[98]. Zwar ist auch dieser auf Empfehlungen des privaten Vollzugspersonals angewiesen, um die Entwicklung eines Ge-fangenen umfänglich beurteilen zu können[99], so dass der private Betreiber indirekt Einfluss auf eine Vergabeentscheidung nehmen kann, allerdings wird er sich diesbezüglich mangels Eigeninteresse an der Haftdauer wei-testgehend neutral verhalten. Zudem muss der private Betreiber im Falle der Missachtung von Gefangenenrechten stets mit einer Aufkündigung des Vertrags rechnen und ist schon deshalb gehalten, jeglichen Eindruck von rechtswidriger Einflussnahme zu vermeiden[100].

---

[95] Ausführlich dazu *Nibbeling*: Die Privatisierung des Haftvollzuges, S.138ff., 146ff.
[96] *Seebode*: Aktuelle Fragen zum Justizvollzug..., in Herrfahrdt (Hrsg.): Strafvollzug in Europa, S.59.
[97] *Nibbeling* a.a.O., S.161ff.
[98] *Nibbeling* a.a.O., S.124ff., 136.
[99] *Nibbeling* a.a.O.
[100] *Nibbeling*: Die Privatisierung des Haftvollzuges, S.141ff.

Somit bestehen keine durchgreifenden Bedenken, Good Time – Regelungen auch im privatisierten Strafvollzug anzuwenden.

Soweit in Deutschland private Unternehmerbetriebe oder private Arbeitgeber außerhalb einer Anstalt an der Beschäftigung oder Aus- und Weiterbildung von Gefangenen beteiligt sind, kann es nach dem derzeitigen System nicht zu Konflikten mit der staatlichen Hoheitsgewalt kommen, da nur die reine Anwesenheit am Arbeits- oder Ausbildungsplatz, nicht jedoch die Arbeitsleistung bewertet wird. Eine Einflussnahme des Privaten ist somit praktisch ausgeschlossen.

Zusammenfassung Teil 1:
Good Time im internationalen Vergleich

Die Good Time – Regelungen haben als Institut der Strafzeitverkürzung eine lange Tradition. In Großbritannien und dessen Kolonien um 1790 entwickelt, sollten sie die Gefangenen zu einer bereitwilligen Mitarbeit und einer guten Führung anhalten. Während die frühen englischen Regelungen vorrangig die Resozialisierung durch Förderung von Arbeit und Schule in den Fordergrund stellten, dienten die ersten amerikanischen Regelungen um 1817 von Beginn an vor allem dem Abbau der Gefängnisüberfüllung und der Disziplinierung der Häftlinge.

Noch heute werden die Reduktion der Gefangenenzahlen und die Durchsetzung von Disziplin und Ordnung in der Haftanstalt als Hauptziele der amerikanischen Good Time – Regelungen bezeichnet, auch wenn in den letzten Jahrzehnten immer mehr der Resozialisierungszweck an Bedeutung gewonnen hat, was sich in der vermehrten Umstellung vom Straf- auf das Verdienstsystem und der verstärkten Förderung von Arbeits-, Schulungs- und Therapieprogrammen durch Good Time widerspiegelt.

Die historische Entwicklung beweist, dass Good Time – Regelungen erfolgreich zur Motivationsförderung von Gefangenen eingesetzt werden und die Resozialisierungschancen trotz vorzeitiger Entlassung erhöht werden können.

Die Möglichkeiten und Vorteile der Anwendung von verhaltensabhängigen Strafzeitverkürzungen (Förderung der Teilnahme an resozialisierungsfördernden Programmen, stetige Gewissheit des Entlassungszeitpunkts, Förderung von Selbstdisziplin, Selbstverantwortung und Selbstkontrolle, Entlastung der Haftkapazitäten, Kosteneinsparungen), aber auch die damit verbundenen Anwendungsrisiken (Gefahr der Prisonisierung, vorzeitige Entlassung trotz negativer Sozialprognose), die sich in den verschiedensten Anwendungsländern gezeigt haben, können dazu beitragen, eine sinnvolle Regelung für Deutschland zu entwickeln.

Good Time wird gewährt für Leistungen des Häftlings, die als der Resozialisierung förderlich erachtet werden. Im Vordergrund stehen dabei die Honorierung von Disziplin und Arbeit, aber auch die Teilnahme an Ausbildungs- und Therapieprogrammen oder die Belohnung für besondere Dienste.

Die Besonderheit der Good Time – Regelungen im Gegensatz zu anderen Instituten der vorzeitigen Entlassung (Strafrestaussetzung zur Bewährung, Boot Camps) besteht in der Vergabe einer Haftzeitverkürzung aufgrund einer historischen Leistung des Häftlings, unabhängig von einer zukunftsgerichteten Sozialprognose, wobei die Kredite durch ein besonderes Berechnungssystem stufenweise über einen langen Zeitraum erworben, aberkannt und wieder restauriert werden können. In bestimmten Zeitintervallen werden Einzelfallbeurteilungen über ein zurückliegendes Verhalten des Häftlings innerhalb des Beurteilungszeitraums gefertigt. Eine Zukunftsprognose spielt, wenn überhaupt, bei der Beurteilung nur eine untergeordnete Rolle.

Die Good Time – Regelungen unterscheiden sich daher von der bedingten vorzeitigen Entlassung, die ebenfalls eine Haftzeitverkürzung bewirkt,

1.) durch die kontinuierliche Vergabe von Zeitgutschriften im Zuge von wiederholten Einzelfallbeurteilungen im Gegensatz zu einer einmaligen Aussetzungsentscheidung,

2.) durch die Möglichkeit, einmal gewährte Rabatte noch während des Vollzugs zu entziehen, danach aber auch wiederherzustellen, was bei der einmaligen Entscheidung über eine Strafrestaussetzung zur Bewährung nicht möglich ist,

3.) durch die Abhängigkeit der Strafzeitverkürzung von einem histori-
schem Verhalten des Häftlings im Vollzug im Gegensatz zur
prognoseabhängigen Strafrestaussetzung zur Bewährung.

Vorteil der Good Time gegenüber der Strafrestaussetzung zur Bewährung
ist die Transparenz des Berechnungssystems, die Vorausberechenbarkeit
des Entlassungstermins und die daraus resultierende Gewissheit über den
Entlassungszeitpunkt. Zudem kann der Häftling die Haftdauer zuverlässig
selbst beeinflussen, da ihm bei Erfüllung der Kriterien der Rabatt gewährt
werden muss.

Als Nachteil gegenüber der Strafestaussetzung zur Bewährung werden von
den Kritikern die Unabhängigkeit von einer Sozialprognose und das Fehlen
einer Bewährungszeit angesehen.

Von den amerikanischen Boot Camps unterscheiden sich die Good Time –
Regelungen:
1.) durch die Förderung einzelner Resozialisierungsleistungen im normalen Vollzug, währenddessen die Boot Camps eine gesonderte Behandlungsmaßnahme darstellen, für deren komplette erfolgreiche
Absolvierung der Normalvollzug ersetzt wird. Die Good Time ist
damit vollzugsbegleitend, ein Boot Camp – Programm vollzugser-
setzend.
2.) Boot Camp – Programme sind eine „ganz oder gar nicht" Lösung,
um den Strafvollzug zu vermeiden, Good Time – Regelungen erlauben durch ihr Berechnungssystem eine flexible Abstufung der Haftzeit im Strafvollzug.

Der Vorteil der Good Time – Regelungen gegenüber den Boot Camps besteht, unabhängig von der gegen Boot Camps geäußerten Kritik, in ihrer
Integrierbarkeit in das normale Vollzugssystem und der Möglichkeit,

Rückschläge in der Behandlungsentwicklung zwar mit einem Kreditentzug zu ahnden, Fortschritte aber durch Restauration der Kredite zu honorieren, währenddessen ein Scheitern im Boot Camp stets zu einem Abbruch des Programms führt.

Bedeutsam sind Boot Camps für die Anwendung von Good Time – Regelungen aber deshalb, weil sie die hohe Motivationswirkung der Inaussichtstellung einer Strafzeitverkürzung belegen. Denn in Boot Camps unterziehen sich Gefangene freiwillig einem äußerst strengem militärischem Drill, harter Arbeit und Ausbildung, um so eine Haftstrafe zu vermeiden. Die mit Boot Camps gesammelten Erfahrungen widerlegen damit den gegenüber Good Time – Regelungen erhobenen Einwand, die Inaussichtstellung einer Strafzeitverkürzung könne keine motivierende Wirkung bei den Gefangenen entfalten.

Soweit gegen die Good Time – Regelungen teilweise vorgebracht wird, im Unterschied zur Strafrestaussetzung zur Bewährung erfolge bei den Good Time – Regelungen keine Gesamtbeurteilung der Gefangenenpersönlichkeit, allenfalls richte sich die Vergabe der Zeitgutschriften auf bestimmte Persönlichkeitsmerkmale des Gefangenen, die aber nicht unbedingt für die Rückfallgefährdung des Betroffenen aussagekräftig sein müssen (z.B. Arbeitsleistung, Teilnahme an Ausbildungs- oder Therapieprogrammen, Gesamtverhalten), insbesondere werde keine zukunftsorientierte Kriminalprognose vorgenommen[1], so lässt sich erwidern, dass das Fehlen der Sozialprognose dann kompensiert wird, wenn die durch Good Time und die in den durch Good Time geförderten Programmen vermittelten Fähig- und Fertigkeiten dazu beitragen, die Resozialisierungschancen zu erhöhen.

---

[1] Vgl. Bedenken bei *Ullenbruch*: Neuregelung des Arbeitsentgelts für Strafgefangene...., in ZRP 2000, Heft 5, S.180.

An allgemeinen positiven Wirkungen der Good Time – Regelungen sind die Stärkung der Selbstdisziplin und des Selbstbewusstseins der Häftlinge zu nennen, die stetige Gewissheit über den genauen Entlassungszeitpunkt, die Förderung von Eigenverantwortung und die insgesamt positivere Einstellung der Gefangenen zum Vollzugssystem.

Good Time – Regelungen fördern die Selbstverantwortung der Gefangenen, auf die das StVollzG zur Erreichung des Ziels der Legalbewährung nach Entlassung ausgelegt ist, der die Alltagspraxis des Strafvollzugs, der sich weitgehend als Verwahrvollzug darstellt, aber entgegenwirkt. Good Time – Regelungen vermögen auch deshalb ein bedeutsames Element fortschrittlichen und zweckgerichteten Vollzugs darzustellen.

Will man einen Strafgefangenen im speziellen zu einem bestimmten positiven Verhalten motivieren, so muss auch ein entsprechender Anreiz geschaffen werden.

Kann dieser in Bezug auf die Arbeitsleistungen des Häftlings wegen der Finanzknappheit der öffentlichen Kassen nicht oder nur in einem ungenügenden Umfang in einer monetären Entlohnung bestehen, so muss nach anderen Motivationsmitteln gesucht werden. Wenn aufgrund der positiven Auswirkungen der Good Time – Regelungen die Mitarbeit des Häftlings (in welchem Bereich auch immer) verbessert werden kann, so dass die Resozialisierungschancen gesteigert werden können, bestehen gegen eine vorzeitige Entlassung keine Bedenken.

Entscheidend muss somit die Frage sein, welches Verhalten des Häftlings durch eine Strafzeitverkürzung auf welche Art und Weise honoriert wird.

Arbeit, Schule und Ausbildung sind geeignete Resozialisierungsmittel. Sie zu fördern, ist wichtiges Mittel zur Reintegration des Haftentlassenen in die Gesellschaft, dient der Rückfallprävention und steht somit im gesamtgesellschaftlichen Interesse.

Die Arbeit der Gefangenen kann gefördert werden durch eine repressive Arbeitspflicht, die Inaussichtstellung von Begünstigungen (monetäre und nichtmonetäre Entlohnung) und eine Kombination von beidem.

Eine rein repressive Arbeitspflicht allein verstieße gegen die Menschenwürde, da sie den Gefangenen zum reinen (Ausbeutungs-)Objekt des Staates machen würde und ihm der Wert der Arbeit für ein auf Arbeit aufgebautes legales selbstbestimmtes Leben nicht vor Augen geführt werden könnte. Ohne positive Arbeitsanreize kommt ein auf Resozialisierung ausgerichteter Vollzug somit nicht aus.

Vorteile einer monetären Entlohnung sind die Angleichung an das Leben in Freiheit, die bessere finanzielle Ausstattung der Häftlinge zum Zwecke der Konsumbefriedigung, der Schuldenregulierung, der Erfüllung von Unterhaltspflichten.

Daneben kann aber auch ein nichtmonetäres System sinnvoll sein, um einen zusätzlichen Anreiz zu schaffen. Von der Inaussichtstellung einer Haftverkürzung gehen erhebliche motivierende Wirkungen aus. Es handelt sich um ein nicht handelbares Gut, so dass kriminelle Strukturen im Haftsystem vermieden werden können. Die Strafzeitreduktionen sind kostenneutral und sparen bei vorzeitiger Entlassung und erfolgreicher Resozialisierung sogar Haftkosten.

Konflikte mit dem Mitwirkungsgrundsatz entstehen nicht, da gem. §41 StVollzG eine Arbeitspflicht besteht, an der auch festgehalten werden sollte, um dem gesellschaftlichen Interesse an einer erfolgreichen Rückfallprävention gerecht zu werden. Solange die Ausgestaltung der Arbeit an grundgesetzlich verbürgten Rechten des Gefangenen orientiert ist, bestehen gegen die Arbeitspflicht keine durchgreifenden Bedenken.

Good Time ist sinnvoll zur Förderung von Schule- und Ausbildung, welche für eine erfolgreiche Resozialisierung von hoher Bedeutung sind. Bedenken in Bezug auf den Mitwirkungsgrundsatz bestehen nicht, da Ausbildungserfolge hart erarbeitet werden müssen und somit die Gefahr einer bloßen Vortäuschung eines Lernerfolgs nicht besteht.

Wichtig ist, dass Good Time als eine Gegenleistung für ein resozialisierungsförderndes Verhalten des Häftlings verstanden wird. Die Vergabe von Good Time für unverschuldet beschäftigungslose Gefangene ist daher abzulehnen.

Bedenken bestehen gegen Regelungen, die die Teilnahme an Therapieprogrammen honorieren, da hier die Gefahr des bloßen Vorspielens von Therapieerfolgen besteht. Allerdings ist eine durch Good Time motivierte Therapieteilnahme immer noch besser als gar keine. Soweit durch Good Time therapeutische Maßnahmen honoriert werden, muss stets eine Abwägung zwischen der Gefährlichkeit des Täters und der Sicherheit der Allgemeinheit insbesondere in Bezug auf die Nachprüfbarkeit des Therapieerfolges getroffen werden. Deshalb erscheint es legitim, den Umfang der Strafzeitrabatte von der individuellen Gefährlichkeit des Täters abhängig zu machen, also z.B. bei besonders gefährlichen Gewalt- und Sexualverbrechern die Strafzeitverkürzung eher restriktiv zu handhaben.
Es muss letztlich jedem Staat selbst überlassen werden, ob er das Risiko der vorzeitigen Haftentlassung als Gegenleistung für eine Therapieteilnahme eingehen will oder nicht.

Abzuraten ist von disziplinhonorierenden Good Time – Regelungen, da diese eine hohe Gefahr der Prisonisierung bergen. Zu diskutieren ist allerdings der Entzug von Good Time als Disziplinarmaßnahme.

Die Vergabe von Strafzeitrabatten für besondere Verdienste (z.B. Blutspenden, Verhinderung einer Flucht, Rettung eines Menschenlebens) ist abzulehnen, da diese zumeist keinen Bezug zum Resozialisierungsziel aufweisen und damit keine vorzeitige Entlassung rechtfertigen.

Zum Abbau der Gefängnisüberfüllung, die ein großes Problem in vielen Ländern darstellt, können die Good Time – Regelungen durch die von ihnen bewirkte Haftzeitreduktion beitragen. Allerdings darf das finanzielle und organisatorische Bestreben, die Haftkapazitäten zu entlasten, nicht dazu führen, die Haftstrafen soweit zu kürzen, dass eine effektive Einwirkung auf den Häftling aufgrund der kurzen Dauer der Strafe nicht mehr möglich ist. Dies würde nur zu Rückfällen und einer Reinhaftierung führen, nicht aber dauerhaft die Haftkapazitäten entlasten.

Ebenso wichtig für den Erfolg der Good Time ist die Art der Kreditberechnung. So haben sich Systeme, in denen sich die Häftlinge die Kredite erst verdienen müssen als bessere Motivationsmethode erwiesen, als Systeme mit einer automatischen Good Time – Vergabe zu Haftanfang und einem nur nachträglichem Entzug für Fehlverhalten[2]. Um den Häftlingen die Auswirkungen der Good Time vor Augen zu führen, sollten regelmäßige Mitteilungen über den Krediterwerb erfolgen.

Verbleibende Sicherheitsbedenken können dadurch reduziert werden, dass für die Häftlinge, die aufgrund der Good Time – Kredite vorzeitig entlassen werden, regelmäßig eine Bewährungszeit angeordnet und der Entlassene der Aufsicht eines Bewährungshelfers unterstellt wird[3]. Auf diese Weise wird der Erkenntnis, dass die erfolgreiche Wiedereingliederung eines Haftentlassenen auch entscheidend von der Betreuung und Hilfe nach der

---

[2] Vgl. z.B. *Goff*: Corrections in Canada, S.102.
[3] *Champion*: Probation, Parole and Community Corrections, S.207.

Entlassung abhängig ist[4], positiv Rechnung getragen. Die Vorteile eines Zeitgutschriftensystems mit seiner motivierenden Wirkung und die des Bewährungssystems mit einer intensiven Nachbetreuung können so zusammengefasst werden.

Zum gleichen Ergebnis gelangt man, wenn die Good Time auf die Parole Eligibility angerechnet wird. Im letzteren Fall wird sogar sichergestellt, dass eine Bewährungskommission über die vorzeitige Haftentlassung entscheidet, nur dass der Zeitpunkt dieser Entscheidung eben durch die Good Time – Anrechnung vom Häftling beeinflusst werden kann.

Bezüglich der Berechnung der Good Time – Kredite sind aufgrund von Gerechtigkeitserwägungen gleichbleibende Kreditierungsraten zu bevorzugen. Über Vergabe und Entzug der Kredite sollten möglichst Kommissionen entscheiden, deren Mitglieder den verschiedenen Instanzen des Sanktionsprozesses entstammen. Jedenfalls sind eine ausreichende Kontrolle der Entscheidungsträger und Rechtsschutzmöglichkeiten zu gewährleisten, um einen Missbrauch der Regelungen, z.B. als bloßes Sanktionsmittel oder Mittel zur Kosteneinsparung, zu verhindern.

Insgesamt bleibt festzuhalten, dass die Good Time – Regelungen unter den richtigen Bedingungen zur Resozialisierung der Strafgefangenen beitragen, als positiver Nebeneffekt der Gefängnisüberfüllung entgegenwirken und Haftkosten einsparen können.

---

[4] *Kury*: Zum Stand der Behandlungsforschung, in Feuerhelm/Schwind/Bock (Hrsg.): FS Alexander Böhm, S.265, 268f.; *Frisch*: Dogmatische Grundfragen der bedingten Entlassung und der Lockerungen des Vollzugs von Strafen und Maßregeln, in ZStW 102 (1990), S.717, 735ff. (insb. 738).

Teil 2:

Good Time

- Eine Alternative für Deutschland -

Kapitel 8: §43 Abs.6-11 StVollzG

Nach den bisherigen Ausführungen zu den Good Time – Regelungen in Strafvollzugssystemen anderer Länder stellt sich die Frage, ob und wie ein solches Regelungskonzept auch in Deutschland erfolgreich zur Wiedereingliederung von Häftlingen (§2 StVollzG) angewandt werden kann.

Vor dem 1.1.2001 wäre diese Frage von der Mehrzahl derer, die sich intensiver mit Recht und Praxis des Strafvollzugs beschäftigen, verneint worden, weil ein solches System der Strafzeitverkürzung dem deutschen Recht weitestgehend fremd war. Doch Deutschland kennt seit dem 1.1.2001 mit §43 Abs.6 bis 11 StVollzG eine nichtmonetäre Form der Anerkennung der Gefangenenarbeit, bei der sich arbeitende oder in Ausbildung befindliche Häftlinge für 2 Monate durchgängiger Beschäftigung eine Gutschrift von einem Hafttag verdienen können. Diese Gutschrift können sie zur Haftzeitverkürzung, zur Freistellung von der Arbeitspflicht oder unter gewissen Voraussetzungen für einen Hafturlaub nutzen.

Dies entspricht der klassischen Definition einer Good Time – Regelung (Siehe S.33).

Das deutsche Konzept der Gefangenenentlohnung soll im Folgenden untersucht und kritisch betrachtet werden.

I.) Der Anlass für die Einführung einer deutschen Good Time – Regelung: Das Urteil des BVerfG vom 1.7.1998

Möglich (und auch nötig) wurde die Neuregelung des §43 StVollzG durch das Urteil des Bundesverfassungsgerichts vom 1.7.1998[1]. Das Gericht hatte sich mit vier Verfassungsbeschwerden von Insassen des Strafvollzugs und der Sicherungsverwahrung sowie einem Normenkontrollantrag des LG Potsdam gemäß Art. 100 Abs.1 GG zu befassen. Dabei hatte es über die Höhe des Arbeitsentgelts der Gefangenen, die Nichteinbeziehung der Strafgefangenen in die gesetzliche Altersrentenversicherung[2], die restriktive Handhabe der Genehmigung freier Beschäftigungsverhältnisse[3] und die Zulässigkeit des unechten Freigangs[4] zu befinden.

---

[1] *BVerfGE 98, 169 oder NJW 1998, S.3337ff.*

[2] *Das BVerfG befand §198 Abs.3 StVollzG, wonach die Einbeziehung der Strafgefangenen in die gesetzliche Altersrentenversicherung einem gesonderten Bundesgesetz vorbehalten ist, als mit den Vorgaben des Grundgesetzes vereinbar. Dem Gesetzgeber stehe in Bezug auf Art. 20 Abs.1 GG ein weiter Gestaltungsspielraum zu, wem und in welchem Umfang er soziale Vergünstigungen gewährt und in seine sozialen Sicherungssysteme einbezieht; BVerfGE 98, 169 (204).*

[3] *Die Vollzugspraxis, die Genehmigung freier Beschäftigungsverhältnisse auf seltene Ausnahmefälle zu beschränken, befand das Gericht für verfassungswidrig, da freie Beschäftigungsverhältnisse und die Selbstbeschäftigung in besonderem Maße geeignet seien, zur Resozialisierung beizutragen. Eine Einschränkung dieser Tätigkeiten auf besondere Ausnahmefälle sei dem Gesetz und dem Resozialisierungsgebot nicht zu entnehmen; BVerfGE 98 169 (210).*

[4] *Die Praxis des unechten Freigangs, bei dem Strafgefangene außerhalb der Anstalt bei privaten Unternehmern Pflichtarbeit verrichteten, die nach Maßgabe des normalen Vergütungssatzes für Strafgefangene entlohnt wurde, obwohl die Unternehmer an die Anstalt den tarifgerechten Lohn überweisen mussten, wurde für verfassungswidrig erklärt. Art. 12 Abs.3 GG lasse nur die Verpflichtung zu solcher Arbeit zu, die unter öffentlich-rechtlicher Verantwortung der Vollzugsbehörde steht. Entweder also freies Beschäftigungsverhältnis oder Pflichtarbeit unter öffentlich-rechtlicher Verantwortung; BVerfGE 98, 169 (209f.).*

Das Urteil spielte für die weitere Ausgestaltung der Gefangenenarbeit eine überragende Rolle[5], obwohl die Verfassungsbeschwerden im Ergebnis als unbegründet zurückgewiesen wurden.

Die Entscheidung fand vor allem großen Zuspruch[6], weil das BVerfG ausdrücklich am Resozialisierungsauftrag des Grundgesetzes und dessen fundamentale Bedeutung für die Ausgestaltung des Strafvollzugs festhielt und damit Stimmen, die die Wirksamkeit des Resozialisierungsvollzugs bezweifelten[7], eine deutliche Absage erteilte.

Zudem hob das BVerfG nicht nur den hohen Stellenwert der Gefangenenarbeit als Resozialisierungsmittel im Vollzug hervor[8], sondern stellte auch klar, dass die Gefangenenarbeit einschließlich der damit verbundenen Arbeitspflicht nur dann wirksam und erfolgreich zur Resozialisierung beitragen könne, wenn die Arbeit angemessen anerkannt werde. Die Anerkennung müsse „geeignet sein, dem Gefangenen den Wert regelmäßiger Arbeit für ein künftiges eigenverantwortliches und straffreies Leben in Gestalt eines für ihn greifbaren Vorteils vor Augen zu führen"[9]. Durch die Höhe des Entgelts müsse dem Gefangenen in einem Mindestmaß bewusst gemacht werden, dass Erwerbsarbeit zur Herstellung einer Lebensgrundlage sinnvoll ist. Die bis zu diesem Zeitpunkt gültige Fassung des §200

---

[5] Vgl. *Dünkel*: Minimale Entlohnung verfassungswidrig, in NKrimP 1998, Heft 4, S.15; *Rösch*: Kommentar zum BVerfG – Urt. v. 1.7.1998, in Herrfahrdt (Hrsg.): Schriftenreihe der Bundesvereinigung der Anstaltsleiter im Strafvollzug e.V., Bd. 2, S.134.

[6] Vgl. *Bemmann*: Anmerkung zu BVerfG – Urteil v. 1.7.1998, in StV 1998, S.604; *Britz*: Leistungsgerechtes Arbeitsentgelt für Strafgefangene?, in ZfStrVo 1999, S.197f.; *Radtke*: Die Zukunft der Arbeitsentlohnung von Strafgefangenen, in ZfStrVo 2001, S.5f.

[7] Vgl. z.B. *Bottke*: Was bleibt von der Resozialisierung übrig?, in de Boor/Frisch/Rode (Hrsg.): Resozialisierung – Utopie oder Chance, S.43ff.; *Koepsel*: Resozialisierungsziele auf dem Prüfstand, in Kriminalistik 1999, Heft 2, S.81ff.

[8] Vgl. *BVerfGE* 98, 169 (201, 208).

[9] *BVerfGE* 98, 169 (201).

StVollzG, nach der die Eckvergütung für die Arbeit der Haftinsassen 5% der sozialversicherungsrechtlichen Bezugsgröße betrug (im Jahr 1997 entsprach dies einem Stundenlohn von etwa 1,70 DM / einem Tagessatz von ca. 10 DM[10]), könne diesen Anforderungen nicht genügen und sei deshalb verfassungswidrig[11]. Ein so geringer Monatslohn (im Jahr 1997 213,50 DM in den alten, 182 DM in den neuen Bundesländern[12] als Eckvergütung[13]), könne den Gefangenen den Wert der Arbeit für ein geordnetes und straffreies Leben nicht hinreichend bewusst machen.

Es war bereits seit Jahrzehnten vergeblich versucht worden, die Entlohnung für Strafgegangene von ihrem zur Einführung des Strafvollzugsgesetzes im Jahre 1977 bestehenden Anfangsniveau von 5% der durchschnittlichen Bezüge aller in der gesetzlichen Rentenversicherung Versicherten auf ein höheres Niveau anzuheben. Die vom Gesetzgeber selbst gesetzten Fristen für eine Erhöhung des Arbeitslohnes verstrichen ohne Auswirkungen[14]. Das Bundesverfassungsgericht zwang nun den Gesetzgeber zum Handeln. Es stellte die Verfassungswidrigkeit des §200 StVollzG fest und setzte bis zum 31.12.2000 eine Frist zur Korrektur des Gesetzes.

---

[10] ≈ 0,87 € pro Stunde und ca. 5,11 € pro Tag.

[11] BVerfGE 98, 169, (200, 214).

[12] ≈ monatliche 109,16 € in den alten und 93,06 € in den neuen Bundesländern.

[13] Neu: Der Gesetzgeber bleibt gefragt, in NKrimP 1998, Heft 4, S.17.

[14] Der Gesetzgeber des StVollzG hatte vorgesehen, dass die Eckvergütung im Zeitraum von 1977 bis 1986 stufenweise auf 40% der sozialversicherungsrechtlichen Bezugsgröße angehoben werden sollte. Das niedrige Anfangsniveau war lediglich der Finanzlage der Länder geschuldet, die nicht von „heute auf morgen" die finanziellen Mittel zu einer höheren Gefangenenentlohnung zur Verfügung stellen konnten. Die selbstgesetzte Frist des Gesetzgebers für eine Anhebung des Arbeitsentgelts bis zum Jahre 1980 (§200 Abs.2 StVollzG a.F.), verstrich hingegen ergebnislos; vgl. z.B. C/MD: StVollzG, 8.Aufl., §200 Rn.1.

Zwar wurde mehrfach bedauert, dass das BVerfG dem Gesetzgeber für die anzustrebende Höhe des Arbeitsentgelts keine genauen Vorgaben machte[15] – was mit Blick auf den späteren Ausgang des Gesetzgebungsverfahrens sicherlich durchaus von Vorteil gewesen wäre, jedoch war das BVerfG mit Blick auf den Gewaltenteilungsgrundsatz dazu nicht berufen[16]. Die Aufgabe des BVerfG besteht (nur) darin, die Einhaltung der verfassungsrechtlichen Spielräume gesetzgeberischer Gestaltungsfreiheit und Einschätzungsprärogative zu überprüfen, nicht jedoch, eigene Gesetze zu formulieren[17]. Deshalb betonte das BVerfG zu Recht, dass dem Gesetzgeber in Bezug auf die Ausgestaltung des Resozialisierungsvollzugs ein weiter Ermessensspielraum zustünde: Denn der Gesetzgeber sei zwar wegen des verfassungsrechtlich verankerten Resozialisierungsgebots (Art. 2 Abs.1 i.V.m. Art. 1 Abs.1 und Art. 20 Abs.1 GG) verpflichtet, ein Resozialisierungskonzept zu entwickeln, durch das der Häftling befähigt wird, ein straffreies Leben in sozialer Verantwortung zu führen. Aber es bleibe ihm bei der Umsetzung dieses Konzepts weitestgehend selbst überlassen, welcher Mittel er sich dafür bediene[18].

Die Hervorhebung des weiten gesetzgeberischen Gestaltungsspielraums war für die Einführung der Good Time – Regelung in Deutschland wichtig, weil das Gericht damit den Gesetzgeber ermutigte, Gefangenenarbeit auch mit nichtmonetären Gegenleistungen zu honorieren. Vorraussetzung sei nur, dass dem Gefangenen durch die Art der Anerkennung der Wert der Arbeit vor Augen geführt werden könne; der Gefangene müsse für eine als sinnvoll erlebbare Arbeitsleistung eine Anerkennung erhalten, die in irgendeinem formalisierten Bezug zur Leistung stünde und deshalb mit die-

---

[15] *Dünkel*: Minimale Entlohnung verfassungswidrig!, in NKrimP 1998, Heft 4, S.14f.; *Kamann*: Das Urteil des BVerfG vom 1.7.1998..., in StV 1999, S.349.

[16] *Helmut Siemon* in Benda/Maihofer/Vogel (Hrsg.): Handbuch des Verfassungsrechts, 2.Aufl., §34 Rn.49ff.

[17] *Lohmann*: Arbeit und Arbeitsentlohnung des Strafgefangenen, S.154.

[18] *BVerfGE* 98, 169 (200f.).

ser in Verbindung gebracht werden könne[19]. So sei neben der Einbeziehung der Häftlinge in das Leistungssystem der Sozialversicherungen oder Hilfen zur Schuldentilgung auch eine Anerkennung durch Haftzeitverkürzungen, also eine Good Time – Regelung, denkbar, sofern general- oder spezialpräventive Gründe nicht entgegenstünden[20].

Auch wenn die Idee einer nichtmonetären Entlohnung in Form eines Zeitgutschriftensystems überwiegend skeptisch aufgenommen wurde[21] und obwohl zahlreiche Bedenken geäußert wurden (so stellte z.B. Ulrich Kaman fest, für ihn sei nicht vorstellbar, dass eine nichtmonetäre und daher nicht greifbare Anerkennung den Gefangenen ernsthaft den Wert der Arbeit nahe bringen könne[22]; Frieder Dünkel und Guido Britz wiesen auf das Problem der hohen Gefangenenarbeitslosigkeit und dadurch resultierender Ungleichbehandlungen hin[23]; Guido Britz und Thomas Rösch sahen strafrechtsdogmatische Probleme in Bezug auf Sicherungsverwahrte und andere besonders gefährliche Täter (z.B. Sexualtäter)[24], hat das Bundesverfassungsgericht den Weg für die Einführung einer Good Time – Regelung in Deutschland frei gemacht.

---

[19] Vgl. *BVerfGE* 98, 169 (201, 213).

[20] *BVerfGE* 98, 169 (202).

[21] Vgl. Zusammenstellung bei *Lohmann*: Arbeit und Arbeitsentlohnung des Strafgefangenen, S. 142f., Ausnahme insoweit: *Schüler-Springorum*: Angemessene Anerkennung als Arbeitsentgelt, in Feuerhelm/Schwind/Bock (Hrsg.): FS Alexander Böhm, S.224.

[22] Vgl. *Kamann*: Das Urteil des BVerfG vom 1.7.1998..., in StV 1999, S.349.

[23] *Dünkel*: Minimale Entlohnung verfassungswidrig!, in NKrimP 1998, Heft 4, S.15; *Britz*: Leistungsgerechtes Arbeitsentgelt für Strafgefangene?, in ZfStrVo 1999, S.199f.

[24] *Britz* a.a.O.; *Rösch*: Kommentar zum BVerfG – Urt. v. 1.7.1998, in Herrfahrdt (Hrsg.): Schriftenreihe der Bundesvereinigung der Anstaltsleiter im Strafvollzug e.V., Bd. 2, S.138f.

II.) Die gesetzliche Umsetzung des BVerfG – Urteils

Die vom BVerfG für die Novellierung vorgegebene Frist von knapp einanderhalb Jahren wurde von vielen als zu großzügig kritisiert[25]. Dass diese Frist allerdings notwendig war, unter anderem auch wegen der damaligen Zustimmungsbedürftigkeit des Strafvollzugsänderungsgesetzes im Bundesrat[26], zeigten Dauer und Gang des Gesetzgebungsverfahrens:

Obwohl lange Zeit aufgrund der heftigen Diskussionen zu bezweifeln war, ob der Gesetzgeber die Frist überhaupt einhalten könne, wurde in „letzter Minute", am 27.12.2000, das 5. Gesetz zur Änderung des Strafvollzugsgesetzes ratifiziert, nachdem erst am 7./8.12.2000 der Vermittlungsausschuss[27] eine Kompromisslösung gefunden hatte, die noch am selben Tag (8.12.) vom Bundestag beschlossen wurde und am 21.12.2000 die Zustimmung des Bundesrats erhielt. Die Eile war geboten, weil sonst ab dem 1.1.2001 aufgrund der vom BVerfG festgestellten Nichtigkeit von §200 StVollzG eine Regelungslücke entstanden wäre und die deutschen Gerichte mit Klagen der Gefangenen auf eine höhere Gefangenenentlohnung überhäuft worden wären. Ein Chaos bezüglich der genauen Art und Höhe der Gefangenenentlohnung wäre wegen der verschiedenen Spruchkörper programmiert gewesen[28]. Ob die Eile dem gesetzlichen Regelungskonzept gut getan hat, ist mit Blick auf den gefundenen Kompromiss jedoch zu bezweifeln.

---

[25] Vgl. *Kamann*: Das Urteil des BVerfG vom 1.7.1998..., in StV 1999, S.349, a.A.
Lohmann: Arbeit und Arbeitsentlohnung des Strafgefangenen, S.142.

[26] *Seebode*: Strafvollzug, S.9; *Rösch*: Kommentar zum BVerfG – Urt. v. 1.7.1998, in Herrfahrdt (Hrsg.): Schriftenreihe der Bundesvereinigung der Anstaltsleiter im Strafvollzug e.V., Bd. 2, S.136f.

[27] Zur Begründung der Anrufung vgl. BT-Drucksache 14/4898.

[28] *Ullenbruch*: Neuregelung des Arbeitsentgelts für Strafgefangene..., in ZRP 2000, Heft 5, S.178.

Dem endgültigen Kompromissvorschlag vorausgegangen waren verschiedene Arbeits- und Gesetzentwürfe seitens der Regierung, einiger Bundesratsmitglieder und der Bundestagsfraktionen, wobei vorrangig um eine alleinige, aber teure Anhebung des Arbeitsentgelts oder ein Mischkonzept aus nichtmonetärer Good Time und monetärer Arbeitsentlohnung gestritten wurde[29], vgl. Tab. 10.

Einigkeit herrschte anfangs nur darüber, dass einerseits eine Anhebung des monetären Arbeitsentgelts unumgänglich war und andererseits andere nichtmonetäre Konzepte als Good Time nicht in Frage kamen.

Soziale Anerkennungen, wie z.B. Belobigungen, Urkunden, Auszeichnungen und Mitspracherechte, die Verbesserung der sozialen Hilfen, eine Erweiterung der persönlichen Habe, Verbesserung der Unterbringungsbedingungen oder der Verpflegung, längere und verbesserte Freizeitangebote, Erhöhung des Hausgeldanteils, Verbesserung der Außenkontakte oder Vollzugslockerungen[30], wären nach dem Urteil des BVerfG als Arbeitsanerkennung zwar grundsätzlich denkbar gewesen[31], der Nachteil dieser Maßnahmen wurde jedoch zu Recht darin gesehen, dass diese in keinem unmittelbaren Zusammenhang zur Arbeitsleistung des Häftlings stehen und vor allem nicht nachvollziehbar und transparent durch ein Berechnungssystem mit dieser verknüpft werden könnten[32]. Ein konkreter Umrechnungsfaktor wäre nur schwer vorstellbar; im Gegensatz zu einer finanziellen Entlohnung oder einem Zeitgutschriftensystem ließen sich für so unterschiedliche Maßnahmen nur schwer einzelfallgerechte und transparente Berechnungsmodi finden. Zudem würde die Honorierung der Arbeit mit reinen Haftvergünstigungen einen erheblichen Verwaltungsaufwand verursachen,

---

[29] Vgl. im Einzelnen die ausführliche Besprechung von *Lohmann*: Arbeit und Arbeitsentlohnung des Strafgefangenen, S.297ff.

[30] Vgl. BT-Drucksache 14/4070, S.8, BR-Drucksache 405/00, S.3.

[31] BT-Drucksache 14/4452, S.2.

[32] BT-Drucksache 14/4452, S.2; *OLG Frankfurt/M.*, Beschluss vom 29.08.2001, in StV 2002, S.377.

der nicht nur kostspielig, sondern bei dem bereits jetzt herrschenden Personalmangel kaum realisierbar wäre. Ein kompliziertes Berechnungssystem könnte unter Umständen wegen des erhöhten Personal- und Kontrollbedarfs sogar mehr Kosten verursachen, als ein rein monetäres System[33] und bringt zudem die Gefahr einer pauschalierten Vergabepraxis mit sich[34].

Es galt somit, einen Kompromiss zwischen einer rein finanziellen Entgelterhöhung und einem Mischsystem aus Erhöhung des Arbeitsentgelts mit einer Good Time – Regelung zu finden.

---

[33] Vgl. BT-Drucksache 14/4452, S.2.
[34] *Jacobs*: Sentencing by Prison Personnel..., in UCLA Law Review, Volume 30 (2), Dec. 1982, S.265; *Oberheim*: Gefängnisüberfüllung, S.332.

Tabelle 10: Überblick über die verschiedenen Gesetzgebungsinitiativen

Entwürfe / Vorschläge	Erster Arbeitsentwurf des BMJ[35]	Entschluss Justizministerkonferenz[36]	Sachsen-Anhalt[37]	Referentenentwurf BMJ = SPD/Grüne[38]	Baden-Württemberg / Hessen[39]	CDU/CSU[40]	Bundesrat[41]
Monetäre Komponente:							
Anhebung des Arbeitsentgelts auf XX% der sozialversicherungsrechtlichen Bezugsgröße für:							
a) erwachsene Strafgefangene	10%	7%	7%	15%	7%	7%	7%
b) jugendliche Strafgefangene	10%	7%	7%	15%	keine	keine	7%
c) erwachsene U-Häftlinge	10%	keine	7%	15%	keine	keine	keine
d) jugendliche U-Häftlinge	10%	keine	7%	15%	keine	keine	7%
Gilt Entgelderhöhung auch für Schule und Ausbildung?	ja	nein	ja	ja	nein	nein	ja
Freistellungsregelung:							
Anzahl der zu erwerbenden Tage	1 Tag p.W.	6 Tage p.J.	6 Tage p.J.	keine	6 Tage p.J.	6 Tage p.J.	6 Tage p.J.
Tage werden verwendet für:							
a) intramuralen Urlaub	----	ja	ja	----	ja	ja	ja
b) extramuralen Hafturlaub [a)]	----	ja	ja	----	ja	ja	ja
c) Haftzeitreduktion	ja	ja	ja	ja	ja	ja	ja
Von Haftzeitreduktion ausgenommen sind:							
a) Lebenslange Haft und Sicherungsverwahrte	ja	----	ja	----	----	ja	ja [b)]
b) Freiheitsstrafe vor Maßre-	ja	----	----	----	----	----	----

[35] *Arbeitsentwurf des Bundesministerium der Justiz* vom 15.4.1999, vgl. dazu *Ullenbruch*: Neuregelung des Arbeitsentgelts für Strafgefangene..., in ZRP 2000, Heft 5, S.178.

[36] *Beschluss der Justizministerkonferenz* vom 10.11.1999; NJW 99, Heft 50, S.XVI oder http://www.jura.uni-sb.de/JuMiKo/jumiko_nov99/ii_1.html.

[37] *Entwurf Sachsen Anhalt* vom 30.6.2000: BR-Drucksache 405/00.

[38] *Referentenentwurf BMJ vom 18.5.2000, vorgelegt von SPD/Bündnis 90/Die Grünen am 4.7.2000*: BT-Drucksache 14/3763.

[39] *Entwurf Baden-Württemberg/Hessen vom 7.7.2000*: BR-Drucksache 415/00.

[40] *Entwurf CDU/CSU* vom 12.9.2000: BT – Drucksache 14/4070.

[41] *Entwurf Bundesrat* vom 29.9.2000: BT-Drucksache 14/4452.

Vorschläge \ Entwürfe	Erster Arbeitsentwurf des BMJ[35]	Entschluss Justizministerkonferenz[36]	Sachsen-Anhalt[37]	Referentenentwurf BMJ = SPD/Grüne[38]	Baden-Württemberg / Hessen[39]	CDU/CSU[40]	Bundesrat[41]
gel Besserung u. Sicherung							
c) Anordnung Gericht	ja	----	----	----	----	----	----
d) Geringe Resthaftdauer bei Strafrestaussetzung nach §§57ff.StGB	----	----	ja	----	----	ja	ja
e) Ungünstige Entlassungsvoraussetzungen bei Strafrestaussetzung nach §§57ff. StGB	----	----	----	----	----	ja	ja
f) Entlassung im Gnadenwege	----	----	ja	----	----	ja	ja
g) §456a Abs.1 StPO	----	----	ja	----	----	ja	ja
Entschädigung bei Ausschluss der Haftzeitverkürzung:	1 Tagessatz pro verdienten Tag	----	10% des bisherigen Lohns	----	----	15% des bisherigen Lohns	30% des bisherigen Lohns
Gilt die nicht-monetäre Komponente auch für:							
a) den Jugendvollzug?	ja	ja	ja	----	nein	nein	ja
b) für U-Häftlinge?	ja [c]	nein	nein	----	nein	nein	nein
Arbeit und Schule gleichgestellt?	ja	ja	ja	----	ja	ja	ja

[a] Wenn der Gefangene lockerungsgeeignet ist.
[b] Solange Entlassungszeitpunkt noch nicht bestimmt ist.
[c] Bei Verurteilung zu Freiheits- oder Geldstrafe war eine Anrechnung der Good Time vorgesehen; bei Freispruch sollte entsprechende Ausgleichsentschädigung geleistet werden.

Quelle: Zusammengestellt anhand der im Tabellenkopf genannten Gesetzesmaterialien.

III.) Die gesetzliche Neuregelung

Die Neuregelung[42] sieht als Entlohnung für die von den Strafgefangenen verrichteten Tätigkeiten (zugewiesene Arbeit, sonstige Beschäftigung, Hilfstätigkeiten, arbeitstherapeutische Maßnahmen und schulische bzw.

---

[42] BGBl. 2000 Teil I Nr.61.

berufliche Aus- und Weiterbildung (§43 Abs.2, 3 i.V.m. §44 Abs.2 / §43 Abs.6 i.V.m. §37 StVollzG n.F.) eine Kombination aus monetärer und nichtmonetärer Anerkennung in Form einer Freistellung von der Arbeitspflicht im Umfang von 6 Tagen pro Jahr vor, welche bei dem Vorliegen entsprechender Voraussetzungen auch als Urlaub aus der Haft genutzt oder für die Vorverlegung des Entlassungstermins angespart werden können.

1.) Die monetäre Komponente

Gemäß §43 Abs.2 i.V.m. §200 StVollzG n.F. beträgt das monatliche Arbeitsentgelt seit dem 1.1.2001 nicht mehr 5%, sondern 9% der sozialversicherungsrechtlichen Bezugsgröße nach §18 SGB VI = Eckvergütung[43]. Wie zuvor kann diese Eckvergütung je nach Leistung der Gefangenen und Art der Arbeit gestaffelt werden; 75% der Eckvergütung dürfen aber nur dann unterschritten werden, wenn die Arbeitsleistungen des Häftlings den Mindestanforderungen nicht genügen (§43 Abs.3 StVollzG). Arbeitstherapeutisch Beschäftigte erhalten ein entsprechend reduziertes Entgelt, das Art der Arbeit und Arbeitsleistung entspricht, §43 Abs.4 StVollzG.

Auch die an Bildungsmaßnahmen teilnehmenden Gefangenen profitieren gemäß §44 Abs.2 StVollzG n.F. von der Erhöhung der Eckvergütung.
Für im Jugendstrafvollzug an Arbeits- oder Schulungsmaßnahmen teilnehmende Häftlinge gilt das bisher Gesagte entsprechend, vgl. §176 Abs.1, 4 StVollzG.

Sonderregelungen gelten für Untersuchungsgefangene: Nur die jugendlichen und heranwachsenden Untersuchungsgefangenen erhalten gemäß §177 S.4 StVollzG n.F. den vollen Arbeitslohn / Ausbildungsbeihilfe von

---

[43] Zur genauen Berechnung vgl. *Matzke/Laubenthal* in Schwindt/Böhm/Jehle (Hrsg).: StVollzG, 4.Aufl., §43 Rn.6ff.

9% der sozialversicherungsrechtlichen Bezugsgröße. Die arbeitenden, erwachsenen Untersuchungsgefangenen verbleiben bei dem alten Satz von 5% der sozialversicherungsrechtlichen Bezugsgröße, vgl. §177 S.2 StVollzG n.F.

Beschäftigte in freien Beschäftigungsverhältnissen gemäß §39 Abs.1 StVollzG werden wie bisher entsprechend ihrer mit dem freien Arbeitgeber geschlossenen Arbeits- oder Ausbildungsverträge entlohnt.

2.)   Die Freistellungsregelung

Die Innovation besteht in der nichtmonetären Anerkennung der Arbeit durch 6 zusätzliche Freistellungstage pro Jahr, die auch als Urlaub aus der Haft oder zur Reduktion der Gesamthaftdauer genutzt werden können. Nach §43 Abs.6 S.1 StVollzG n.F. kann sich jeder Häftling, der zwei Monate zusammenhängend eine zugewiesene Tätigkeit nach §37 oder eine Hilfstätigkeit nach §41 Abs.1 S. 2 StVollzG ausgeübt hat, auf seinen Antrag hin für einen Werktag von der Arbeit freistellen lassen, was einer jährlichen Freistellung von insgesamt 6 Tagen entspricht. Die bisherige Freistellungsregelung nach §42 StVollzG bleibt unberührt, im Ganzen ist nun also eine jährliche Freistellung von 24 Tagen pro Jahr möglich.

a)   §43 Abs.6 StVollzG: Honorierte Tätigkeiten

Auf den ersten Blick ist nicht zu ersehen, welche Tätigkeiten im Einzelnen erfasst sind. Zweifelsfrei verweist §43 Abs.6 S.1 StVollzG auf die nach §37 zugewiesenen Tätigkeiten und Hilfstätigkeiten nach §41 Abs.1 S.2 StVollzG, also auf Arbeit (wirtschaftlich ergiebige Arbeit, angemessene Beschäftigung), arbeitstherapeutische Beschäftigungen und Hilfstätigkeiten.

Auch schulische und berufliche Bildungsmaßnahmen sind erfasst. Zwar spricht §37 Abs.3 StVollzG nicht von einer „Zuweisung", da die Teilnahme an Bildungsmaßnahmen im Erwachsenenvollzug freiwillig erfolgt. Auch §43 Abs.6 spricht z.b. in Satz 1 von einem „Werktag", in Satz 3 von der Hinderung an der Erbringung der „Arbeitsleistung", in Abs.7 vom „Arbeitsurlaub". Jedoch ist die Aus- und Weiterbildung eindeutig in §37 Abs.1 und 3 StVollzG erwähnt und auch in §43 Abs.11 bezieht sich die noch zu besprechende Ausgleichsentschädigung neben dem Arbeitsentgelt auf die Ausbildungsbeihilfe. Ebenso gilt §42 Abs.1 Satz 1 bei insoweit gleichlautendem Wortlaut nach einhelliger Meinung sowohl für die Freistellung von der Arbeitspflicht als auch für einen Ausbildungsurlaub. Auch ein Vergleich der Wortlaute der Abs. 2 und 6 spricht für eine Einbeziehung der Bildungsmaßnahmen in Abs.6ff., denn während in Abs.2 eindeutig nur die zugewiesene Arbeit, sonstige Beschäftigung oder Hilfstätigkeit für die Vergabe eines monetären Entgelts genannt ist, spricht Abs. 6 im Unterschied dazu allgemein von zugewiesenen Tätigkeiten nach §37 oder Hilfstätigkeiten.

Folglich betrifft §43 Abs.6ff. sowohl nach systematischer als auch nach der Wortlautauslegung die Aus- und Weiterbildung. Eine andere Auslegung würde überdies der grundsätzlichen Gleichstellung von Arbeit und Ausbildung gemäß §37 Abs.1 StVollzG zuwiderlaufen.

Von der Freistellungsregelung nicht erfasst sind hingegen extramurale freie Beschäftigungsverhältnisse und intra- oder extramurale Selbstbeschäftigung gemäß §§39 Abs.1,2 StVollzG[44]. Zwar sind auch diese Tätigkeiten Arbeiten im Sinne von §37 Abs.1, jedoch fehlt es an der „Zuweisung" i.S.v. §§43 Abs.6, S.1 i.V.m. 37 Abs.2 StVollzG. Der Wortlaut ist insoweit eindeutig. Zudem widerspräche eine Einbeziehung der Selbstbeschäftigung

---

[44] Für diese Interpretation sprechen sich auch *Däubler/Spaniol* in Feest: StVollzG, 4.Aufl., §43 Rn.8 aus, zumindest bezüglich des insoweit ähnlich lautenden Arbeitsentwurfs des BJM.

oder der freien Beschäftigungsverhältnisse in die Freistellungsregelung dem Sinn des §43 Abs.6ff. StVollzG.

Denn die Good Time – Regelung stellt als nichtmonetäre Komponente im Kombination mit der monetären Komponente ein einheitliches Konzept der Gefangenenentlohnung dar; die Freistellungsregelung soll Ausgleich schaffen für das geringe Arbeitsentgelt bzw. die Ausbildungsbeihilfe. Dieses Konzept betrifft aber gemäß §§43 Abs.1, 44 nur die nach §§37 Abs.2 ff., 38 StVollzG beschäftigten Häftlinge, wohingegen die Selbstbeschäftigten eigene Einnahmen aus ihrer Tätigkeit erzielen bzw. Gefangene in freien Beschäftigungsverhältnissen gemäß §39 Abs.3 StVollzG von ihrem jeweiligen Arbeitgeber entlohnt werden. Das BVerfG hat in seiner Entscheidung vom 1.7.1998 sogar ausdrücklich klargestellt, dass die in freien Beschäftigungsverhältnissen tätigen Gefangenen (unter Abzug eines Haftkostenbeitrags) den vollen tarifmäßigen Lohn ihres Arbeitgebers erhalten, wenn dieser auch auf ein anstaltseigenes Konto für sie eingezahlt und gutgeschrieben werden muss (vgl. §39 Abs.3 StVollzG i.V.m. VV zu §39, Abschnitt 2, Abs.2). Die Praxis des „unechten Freigangs", bei dem sich die Anstalt das volle tarifmäßige Entgelt des Gefangenen vom Unternehmer auszahlen ließ, jedoch den Gefangenen nur nach den Entlohnungssätzen für Strafgefangene gemäß §43 StVollzG entlohnte, wurde für verfassungswidrig erklärt[45].

Außerdem ist die Freistellungsregelung des §43 Abs.6 ff. nicht mit den tatsächlichen Gegebenheiten der freien Beschäftigungsverhältnisse oder der Selbstbeschäftigung zu vereinbaren. Denn es besteht Einigkeit darüber, dass eine Selbstbeschäftigung nach §39 Abs.2 nicht unter die intramurale Urlaubsregelung des §42 fällt, da sich die betroffenen Gefangenen als Freiberufler ihre Arbeitszeit frei einteilen können[46]; insoweit wären zusätz-

---

[45] *BVerfGE* 98, 169 (209f.).
[46] *Däubler/Spaniol* in Feest: StVollzG, 4.Aufl., §42 Rn. 5; *Lückemann* in Arloth/Lückemann (Hrsg): StvollzG, §42 Rn.2.

liche Urlaubstage kaum ein Anreiz für bessere Arbeitsleistungen. Häftlinge im freien Beschäftigungsverhältnissen sind gemäß §42 Abs.4 StVollzG ausdrücklich von der Freistellungsregelung ausgenommen, da ihnen gegenüber ihrem Arbeitgeber Urlaubsansprüche nach den geltenden Tarifbestimmungen und dem Bundesurlaubsgesetz zustehen[47]. Insoweit erhalten Gefangene in freien Beschäftigungsverhältnissen ohnehin 6 Urlaubstage mehr (24 Tage pro Jahr gemäß §3 BUrlG), als ihre intramural beschäftigten Mithäftlinge (§42 Abs.1, S.1 StVollzG). Zudem ließe sich das Arbeitsentgelt, dass der frei- oder selbstbeschäftigte Gefangene von einem privaten Arbeitgeber oder Ausbilder erhält bzw. mit Einnahmen aus seiner eigenen (selbstständigen) Erwerbstätigkeit erzielt[48], nur schlecht mit der Ausgleichsentschädigung nach §43 Abs.11 StVollzG n.F. in Einklang bringen.

b) *Berechnung der Freistellungstage*

Die honorierten Tätigkeiten müssen zwei Monate lang zusammenhängend ausgeführt worden sein. Gemäß §43 Abs.6 S. 3 StVollzG n.F. wird durch Zeiten, in denen der Gefangene ohne sein Verschulden durch Krankheit, Ausführung, Ausgang, Urlaub aus der Haft, Freistellung von der Arbeitspflicht oder sonstige nicht von ihm zu vertretende Gründe an der Arbeitsleistung gehindert ist, die Frist nach Satz 1 gehemmt. Beschäftigungszeiträume von weniger als zwei Monaten bleiben unberücksichtigt. Folglich bleibt ein unverschuldeter Tätigkeitsausfall nicht etwa wie bei §42 für einen bestimmten Zeitraum (bis zu 6 Wochen pro Jahr) für den Freistellungsanspruch ohne Konsequenzen, sondern während des unverschuldeten Tätigkeitsausfalls bleibt der Häftling vom Erwerb der Freistellungstage ausgeschlossen.

---

[47] *Däubler/Spaniol* in Feest: StVollzG, 4.Aufl., §42 Rn. 5; *Matzke/Laubenthal* in Schwind/ Böhm/Jehle (Hrsg.): StVollzG, 4.Aufl., §42 Rn.15; *C/MD*: StVollZ, 10.Aufl., §42 Rn.8.
[48] Vgl. *Däubler/Spaniol* a.a.O., §39 Rn. 16, 20, 30.

Der Fristlauf beginnt nach dem unverschuldeten Arbeitsausfall nicht von neuem, sondern knüpft an die vor der Ausfallzeit bereits verrichteten Werktage an, es liegt eine echte Fristhemmung vor (Nr.4 VV zu §43 StVollzG). Damit wird gewährleistet, dass im Falle entschuldigten Arbeitsausfalls auch wirklich alle geleisteten Arbeitstage bei der Berechnung der Freistellung berücksichtigt werden.

Bezüglich der Fristberechnung können die zu §42 Abs.1 S.1 StVollzG entwickelten Auslegungsregelungen aufgrund des ähnlichen Wortlauts entsprechend herangezogen werden, so dass die erste Zweimonatsfrist mit dem Tag der erstmaligen Tätigkeitsaufnahme beginnt und die folgenden Berechnungszeiträume an das Ende der vorherigen Zweimonatsfrist anschließen[49]. Dem entsprechend berechnen sich die Fristen für jeden Häftling individuell. Im Unterschied zu §42 Abs.1, S. 2 StVollzG besteht für die Hemmung der Frist durch unverschuldete Fehlzeiten allerdings keine zeitliche Begrenzung, so dass z.B. eine 7-wöchige Krankheit nicht zu einem Neubeginn des Fristlaufs führt, sondern der vor Krankheitsbeginn angebrochene Berechnungszeitraum nach der Gesundung fortgeführt wird.

Nur wenn aufgrund der Beendigung der Haftzeit oder durch verschuldete Tätigkeitsunterbrechungen Beschäftigungszeiträume von unter 2 Monaten entstehen, bleiben diese unberücksichtigt. Verbleiben also z.B. einem Häftling bis zur Haftentlassung etwa nur noch 20 Arbeitstage (4 Wochen), so wird ihm nicht etwa ein halber Tag gutgeschrieben, sondern der Arbeitszeitraum bleibt ohne Folgen für die Freistellung.
Durch die Festlegung eines Beurteilungszeitraumes von 2 Monaten Länge sollte gezielt die kontinuierliche Arbeitsleistung anerkannt werden[50].

---

[49] Vgl. *Matzke* in Schwind/Böhm: StVollzG, 3.Aufl., §42 Rn. 5; *Däubler/Spaniol* in Feest: StVollzG, 4.Aufl., §42 Rn. 6; *Lückemann* in Arloth/Lückemann: StVollzG, §43 Rn.20.
[50] *Lückemann* a.a.O.

In der Praxis zeigte sich schnell ein nicht unerhebliches Anwendungsproblem: Das Gesetz gibt keinen Aufschluss darüber, wann ein Arbeitsausfall von dem Häftling unverschuldet ist und wann es somit zu einer bloßen Fristhemmung oder zu einer Fristunterbrechung kommt.

Als problematisch hat sich dies insbesondere bei der Verschubung von Häftlingen, z.B. aus Anlass eines Gerichtstermins oder wegen Verlegung in eine andere Anstalt, erwiesen[51]. So ist zwar gewiss, dass der Arbeitsausfall eines Häftlings wegen einer Zeugenaussage vor Gericht von ihm unverschuldet ist, und somit eine Fristhemmung einsetzen muss, doch wie ist eine gerichtliche Ladung des Häftlings als Angeklagter zu handhaben? Tritt dann eine Fristhemmung oder eine Fristunterbrechung ein; wie ist ein Freispruch, eine Verfahrenseinstellung oder die Einlegung eines Rechtsmittels nach einem Schuldspruch zu werten? Erfolgt die Verlegung eines Häftlings in eine andere Anstalt wegen eines schweren Disziplinarverstoßes oder wegen seiner guten Behandlungsfortschritte (z.B. Verlegung vom geschlossenen in den offenen Vollzug und umgekehrt)? Wie sind Tatbestände zu werten, bei denen z.B. die Verlegung in eine andere Anstalt auf ausdrücklichen Wunsch des Häftlings erfolgt, z.B. wegen der Nähe zu seiner Familie oder weil nur in der neuen Anstalt der begehrte Ausbildungsplatz vorhanden ist? Wird dann bis zur Arbeitsaufnahme oder dem Ausbildungsbeginn in der neuen Anstalt die Frist gehemmt oder unterbrochen? Es hat sich gezeigt, dass diese Sachverhalte für die Vollzugsleitung nicht leicht zu beurteilen sind bzw. die Entscheidung über die Vergabe der Kredite (insbesondere im Falle schwebender Gerichtsverfahren) nicht im entsprechenden Beurteilungszeitraum getroffen werden kann und auf später verschoben werden muss. In Sachsen wird nach Auskunft des sächsischen Justizministeriums grundsätzlich von einer bloßen Fristhemmung ausgegangen, nur in ganz eindeutigen Fällen, z.B. einer Verlegung in eine andere Anstalt wegen eines schweren (nachgewiesenen) Disziplinarverstoßes,

---

[51] Telefonische Auskunft des Sächsischen Justizministeriums – Gespräch vom 23. 10. 2001.

erfolgt eine Fristunterbrechung[52]. Bezüglich der Ladung zu Terminen in einem Strafverfahren geht zumindest die Anstaltsleitung der Langstrafenhaftanstalt Torgau unanhängig vom Ausgang des Verfahrens von einem entschuldigten Fernbleiben aus, da eine nachträgliche Zu- oder Aberkennung von Freistellungszeiten aufgrund eines erst Monate nach einem Abrechnungszeitraum ergehenden Strafurteils schon aus EDV-technischen Gründen nicht möglich ist und bereits abgeschlossene Abrechnungszeiträume einer gewissen Bindung unterliegen. Treten also Häftlinge in eigener Sache vor Gericht auf und bleiben deshalb Arbeit- oder Ausbildung fern, so erfolgt lediglich eine Fristhemmung[53].

Auch wenn das Problem wegen der Seltenheit der eben geschilderten Fallkonstellationen wahrscheinlich immer nur einige wenige (wahrscheinlich nur einen) Freistellungstag(e) betreffen wird (es sei denn ein Gerichtsverfahren zieht sich über mehrere Monate hin), so muss doch eine Lösung gefunden werden[54]. Eine bundeseinheitliche Verwaltungsvorschrift existiert zwar, gibt auf diese Frage aber keine Antwort. In Zweifelsfällen sollte zu Gunsten des Häftlings von einer bloßen Fristhemmung ausgegangen werden. Wird z.B. ein Häftling auf eigenen Wunsch in eine andere Anstalt verlegt und erhöhen sich dadurch seine Resozialisierungschancen (z.B. wegen einer Ausbildungsaufnahme), so wäre es insbesondere mit Blick auf §4 Abs.1 S.2 StVollzG unangemessen, diese Mitarbeitsbereitschaft mit einer Fristunterbrechung zu bestrafen. Bezüglich der Ladung zu Strafverfahren in eigener Sache kann die Praxis der JVA Torgau als beispielhaft bezeichnet werden, also die generelle Annahme eines unverschuldeten Fernbleibens von Arbeit und Ausbildung bei der Wahrnehmung von Gerichtster-

---

[52] Telefonische Auskunft des Sächsischen Justizministeriums – Gespräch vom 23. 10. 2001.

[53] Auskunft der Anstaltsleitung der JVA Torgau vom Juni 2002.

[54] Zum Ganzen mit Beispielen: *Lückemann* in Arloth/Lückemann: StVollzG, §43 Rn.20.

minen[55]. Denn wenn die Hemmung oder Unterbrechung des Berechnungszeitraums von einem etwaigen Schuldspruch abhängig gemacht würde,
käme dies einer Doppelbestrafung des Häftlings gleich, der im Falle eines
Schuldspruchs nicht nur eine neue Strafe erhält, sondern auch bisher absolvierte Arbeitstage in einem unterbrochenen Berechnungszeitraum für
die Anrechnung verliert. Außerdem entstünde die merkwürdige Situation,
dass die Länge und terminliche Ausgestaltung eines neuen Strafverfahrens
über die Vergabe der Freistellungstage bezüglich der derzeit verbüßten
Haftstrafe entscheiden.

Nach Nr. 5 Abs.1 VV zu §43 StVollzG i.V.m. Nr.4 Abs.1 VV zu §42
StVollzG kann die Freistellung nur innerhalb eines Jahres nach Vorliegen
der Voraussetzungen in Anspruch genommen werden. Durch diese Einschränkung soll verhindert werden, dass die Gefangenen übermäßig viele
Freistellungstage ansammeln und so die Arbeitsabläufe in den Anstaltsbe-
trieben durch überlange Urlaubsfehlzeiten gefährden. Zudem soll verhindert werden, dass die Gefangenen die Freistellungstage bis zum Haftende
ansparen und somit de facto wie bei §43 Abs.9 StVollzG früher entlassen
werden, aber zugleich die Urlaubsbezüge erhalten[56], vgl. §43 Abs.8 i.V.m.
§42 Abs.3 StVollzG.

c)   *Hafturlaub nach §43 Abs.7 StVollzG*

Der Gefangene kann gemäß §43 Abs.7 StVollzG beantragen, die gemäß
§43 Abs.6 StVollzG erworbenen Freistellungstage in Form von extramuralem Hafturlaub zu nutzen; allerdings müssen dafür gleichzeitig die Voraussetzungen der §§11 Abs.2, 13 Abs.2 bis 5 und 14 StVollzG vorliegen[57].

---

[55] So auch *Lückemann* a.a.O.
[56] *Lückemann* in Arloth/Lücklemann (Hrsg.): StVollzG, §43 Rn.20.
[57] Zu den Einzelheiten *Schäfer*: Nicht-monetäre Entlohnung von Gefangenenarbeit,
S.65ff.

Wird ein Häftling gemäß §43 Abs.6 oder 7 StVollzG von der Arbeit freigestellt oder auf Hafturlaub entlassen, so erhält er gemäß §43 Abs.8 i.V.m. §42 Abs.3 StVollzG seine zuletzt gezahlten Bezüge weiter. Folglich werden für die Berechnung des „Urlaubsgelds" die Bezüge der letzten 3 abgerechneten Monate herangezogen[58]; Fehltage bleiben für die Berechnung außer Betracht, da diese keinen Vergütungsanspruch ausgelöst haben[59].

d) §43 Abs.9 StVollzG: Die Anrechnung der Freistellungstage auf den Entlassungstermin

Wenn der Gefangene keinen Antrag auf Freistellung oder Urlaub aus der Haft stellt oder ihm letzter aus Gründen der Sicherheit oder des Behandlungsplans nicht gewährt werden kann, so rechnet die Anstalt von Amts wegen die Freistellungstage nach Abs.6 auf die Gesamthaftzeit an, so dass es zu einer Haftzeitreduktion kommt, §43 Abs.9 StVollzG n.F[60]. Da diese Anrechnung ohne Antragserfordernis von Amts wegen erfolgt, könnte man vermuten, dass es sich bei der Haftzeitverkürzung (Abs. 9) um die Regel, bei der Vergabe von Freistellungstagen oder von Hafturlaub (Abs.6, 7) hingegen um die Ausnahmen handelte[61]. Dieser Vermutung steht aber wiederum Abs.10 entgegen, der die Anrechnung der Freistellungstage auf die Gesamthaftzeit für zahlreiche Tätergruppen und Fallkonstellationen ausschließt. Denn eine Anrechnung nach §43 Abs.9 StVollzG n.F. ist gemäß Abs.10 dann nicht möglich, wenn und soweit

1.) eine lebenslange Freiheitsstrafe oder Sicherungsverwahrung verbüßt wird und ein Entlassungszeitpunkt noch nicht bestimmt ist;

2.) wenn und soweit bei einer Aussetzung der Vollstreckung des Rests einer Freiheitsstrafe oder einer Sicherungsverwahrung zur Bewährung wegen des von der

---

[58] Vgl. *Matzke* in Schwind/Böhm: StVollzG, 3.Aufl., §42 Rn. 13.

[59] *Däubler/Spaniol* in Feest: StVollzG, 4.Aufl., §42 Rn.22.

[60] *C/MD*: 9.Aufl., §43 Rn.4.

[61] Vgl. dazu BT-Drucksache 14/4452, S.11.

Entscheidung des Gerichts bis zur Entlassung verbleibenden Zeitraums eine Anrechnung nicht mehr möglich ist;

3.) wenn dies vom Gericht angeordnet wird, weil bei einer Aussetzung der Vollstreckung des Rests einer Freiheitsstrafe oder einer Sicherungsverwahrung zur Bewährung die Lebensverhältnisse des Gefangenen oder die Wirkungen, die von der Aussetzung für ihn zu erwarten sind, die Vollstreckung bis zu einem bestimmten Zeitpunkt erfordern oder

4.) wenn nach §456a Abs.1 StPO von der Vollstreckung abgesehen wird.

Schließlich ist die Anrechnung auch dann ausgeschlossen, wenn 5.) der Gefangene im Gnadenwege aus der Haft entlassen wird.

Folglich ist die Verkürzung der Gesamthaftdauer in vielen Fällen nicht möglich.

Nach den Gesetzesmaterialien ist das Antragserfordernis für Freistellung und Hafturlaub der Verminderung des Verwaltungsaufwands geschuldet, da davon ausgegangen wird, dass sich die meisten Häftlinge ohnehin für eine Haftzeitverkürzung entscheiden werden[62].

Angerechnet wird die Good Time nicht nur auf den endgültigen Entlassungstermin, sondern im Falle einer Strafrestaussetzung zur Bewährung gemäß §57 StGB auch auf das vorzeitige Haftende. Dies folgt eindeutig aus §43 Abs.10 Nr.2 StVollzG, der nur für den Fall, dass zwischen der gerichtlichen Entscheidung über die Halb- oder Zweidrittelstrafrestaussetzung und dem dafür vorgesehenen Entlassungstermin nicht mehr genügend Zeit verbleibt, um die Freistellungstage anzurechnen, die Anrechnung ausgeschlossen ist.

Bei der Anrechnung auf den nach §57 StGB vorverlegten Entlassungstermin ist zu beachten, dass des Gesetz mit seiner Systematik den §43 Abs.9 StVollzG als den Regel- und §43 Abs.10 Nr.2 i.V.m. Abs. 11 StVollzG als den Ausnahmefall konzipiert hat, was vor allem in finanzieller Hinsicht

---

[62] Vgl. BT-Drucksache 14/4452, S.11.

mit Blick auf die Haftkosten und die Entschädigungszahlung nach §43 Abs.11 StVollzG auch sinnvoll ist. In organisatorischer Hinsicht ist dem dadurch Rechnung zu tragen, dass der Strafvollstreckungskammer für Ihre Entscheidung über die Halb- oder Zweitdrittelstrafrestaussetzung die anzurechnenden Freistellungstage (frühzeitig) mitgeteilt werden und diese dann so rechtzeitig ihre Entscheidung trifft, dass die Anrechnung nach §43 Abs.9 StVollzG noch erfolgen kann[63]. Die Strafvollstreckungskammern und die beantragende Staatsanwaltschaft können somit durch rechtzeitige Entscheidungen erheblich zu Kosteneinsparungen beitragen.

Fraglich ist das Verhältnis von §§ 43 Abs.9 und 16 Abs.2 und 3 StVollzG. Wird bei der Berechnung des Entlassungszeitpunkts zuerst die Feiertagsregelung des §16 Abs.2 angewandt und von dem dann ermittelten Tag die Freistellungstage abgezogen oder umgekehrt? Was für den Gefangenen günstiger ist, hängt immer davon ab, ob sein regulärer Entlassungstermin am oder nach einem Sonn/Feiertag liegt: Hätte ein Häftling z.B. innerhalb seiner einjährigen Haftzeit 5 Freistellungstage erworben und wäre sein regulärer Entlassungstermin der 24.12. (unabhängig vom Wochentag), so würde bei vorrangiger Anwendung von §16 Abs.2 StVollzG sein Entlassungstermin auf den 16.12. (24.12. > 21.12. – 5 Tage) fallen, bei vorrangiger Anwendung von §43 Abs.9 könnte der Gefangene hingegen erst am 19.12. (24.12. – 5 Tage) entlassen werden. Wäre in diesem Beispiel der Unterschied noch recht gering, so ändert sich dies, wenn der Gefangene am 4.1. entlassen werden sollte. Bei vorrangiger Anwendung von §43 Abs.9 StVollzG müsste der

---

[63] *In der Praxis ist es in einigen Bundesländern wegen §43 Abs.10 Nr.2 i.V.m. Abs.11 StVollzG zu Kostensteigerungen gekommen, da die Entscheidung zur Strafrestaussetzung teilweise erst nach dem Halb- oder Zweitdrittelzeitpunkt getroffen bzw. rechtskräftig wurde und dadurch eine Sofortentlassung des Gefangenen erfolgen musste, die eine Anrechnung nach §43 Abs.9 StVollzG unmöglich machte. Ein solches Vorgehen ist nicht nur für jede Vollzugs- und Entlassungsplanung kontraproduktiv, sondern erhöht auch unnötig die Kosten. §43 Abs. 9-11 StVollzG intendiert ein solches Vorgehen jedenfalls nicht.*

Gefangene am 21.12. entlassen werden. (4.1. – 5 Tage = 31.12. > 21.12.), wollte man hingegen §16 Abs.2 vorrangig anwenden, so müsste der Gefangene entweder entgegen §16 Abs.2 am 31.12. entlassen werden, oder unter doppelter Anwendung es §16 Abs.2 StVollzG ebenfalls am 21.12. Da letzteres inkonsequent wäre, haben sich die Länder darauf geeinigt, immer zuerst die Reduktion nach §43 Abs.9 vorzunehmen und dann, falls das Haftende auf einen Sonn- oder Feiertag fällt, die Verschiebung nach §16 Abs.2 StVollzG vorzunehmen[64]. Dies erscheint sinnvoll, da §16 Abs.2 StVollzG so jedenfalls nur einmal angewandt wird und eine unkomplizierte Berechnung ermöglicht wird. Für die vorrangige Anwendung von §43 Abs.9 StVollzG spricht zudem der Charakter der Vorschrift als gesetzlich zwingende Regelung im Gegensatz zur Ermessensvorschrift des §16 StVollzG[65].

Zu beachten ist weiterhin, dass trotz Vorverlegung des Entlassungszeitpunkts nach §43 Abs.9 StVollzG von einer Vollverbüßung der Strafe auszugehen ist, da anders als bei Gnadenerweisen oder Amnestien die Vorverlegung des Strafzeitendes kraft Gesetzes erfolgt[66]. Dies ist wichtig, wenn auf die Strafe eine Führungsaufsicht nach §68 f StGB, die die Vollverbüßung voraussetzt, oder eine therapeutische Maßnahme folgen soll.

e) Die Ausgleichsentschädigung nach §43 Abs.11 StVollzG

Wenn die Anrechnung der Freistellungstage nach Abs.10 ausgeschlossen ist, so wird dem Gefangenen gemäß Abs.11 stattdessen eine monetäre Ausgleichsentschädigung zu seiner Entlassung gezahlt. Diese stellt eine zusätzliche Zahlung von 15% des ihm nach den Absätzen 2 und 3 des §43 gewährten Arbeitsentgelts oder der ihm nach §44 gewährten Ausbildungs-

---

[64] Auskunft des SMJ vom Oktober 2003.
[65] *Lückemann* in Arloth/Lückemann: StVollzG, §43 Rn. 23.
[66] Ebenso *KG*, Beschluss vom 15.08.2003, NStZ 2004, S.228f.

beihilfe dar. Der Anspruch entsteht erst mit der Entlassung; vor der Entlassung ist der Anspruch nicht verzinslich, nicht abtretbar und nicht vererblich.

Einem Gefangenen, bei dem aufgrund seiner lebenslangen Haftstrafe eine Anrechnung nach Abs.10 Nr.1 ausgeschlossen ist, wird die Ausgleichszahlung bereits nach Verbüßung von jeweils 10 Jahren der lebenslangen Freiheitsstrafe oder der Sicherungsverwahrung zum Eigengeld (§52) gutgeschrieben, soweit er nicht vor diesem Zeitpunkt entlassen wird. §57 Abs.4 StGB gilt für die Berechnung des 10-Jahreszeitraums entsprechend: auf die Freiheitsstrafe anzurechnende Untersuchungshaft oder andere Haft i.S.v. §51 StGB, Zeiten im Maßregelvollzug gemäß §67 IV StGB oder Therapiezeiten nach §36 Abs. I, III BtMG gelten insoweit als verbüßte Haftzeit[67].

Einer näheren Klärung bedarf die genaue Berechnung der Entschädigungszahlung. Der Wortlaut geht davon aus, dass dem Gefangenen 15% des bis zum Berechnungszeitpunkt (insgesamt) verdienten Arbeitsentgelts bzw. der bisher (insgesamt) gewährten Ausbildungsbeihilfe ausgezahlt werden. Beginnen kann dieser Berechnungszeitraum aber erst mit dem in Kraft treten der Neuregelung, so dass vor dem 1.1.2001 erworbene Beträge außer Acht zu lassen sind[68].

Da gemäß Abs.11 Satz 1 das nach Abs.2 und *insbesondere Abs.3* gewährte Entgelt für die Berechnung der Ausgleichsentschädigung zu Grunde zu legen ist, sind die jeweilige Vergütungsstufe und etwaige Sonderzuschläge, also das tatsächlich verdiente Arbeitsentgelt bzw. die tatsächlich erworbene Ausbildungsbeihilfe ausschlaggebend[69].

---

[67] Vgl. *Tröndle/Fischer*: 50.Aufl, §57 StGB, Rn.7.
[68] So auch *Lückemann* in Arloth/Lückemann: StVollzG, §43 Rn. 30.
[69] Ebenso *Lohmann*: Arbeit und Arbeitsentlohnung des Strafgefangenen: S.308, 312, 314.

Diese Interpretation des Abs.11 ist zwar insoweit systemfremd, als dass es für die Vergabe von Freistellungstagen, Hafturlaub oder der Haftzeitver-kürzung (Abs. 6-9) gerade nicht auf die qualitativ und quantitativ erbrachte Arbeitsleistung, sondern allein auf die zusammenhängende Arbeits- bzw. Ausbildungsteilnahme innerhalb eines Zweimonatszeitraums ankommt, jedoch ist der Wortlaut des Abs.11 insoweit eindeutig. Es ist daher mög-lich, dass Gefangene, die gemäß Abs.3 unterschiedlichen Vergütungsstufen zugewiesen sind, bei gleicher zeitlicher Arbeitsteilnahme zwar durchaus die gleiche Anzahl von Freistellungstagen erwerben, u.U. aber eine unter-schiedliche Ausgleichsentschädigung erhalten.

Unbeachtlich bei der Berechnung der Ausgleichsentschädigung sind die Urlaubsgelder nach §42 Abs.3 StVollzG. Dafür spricht der Wortlaut des §43 Abs.11 S.1 StVollzG, der eindeutig nur auf das nach §§ 43 Abs.2 und 3 StVollzG n.F. erworbene Arbeitsentgelt und die nach §44 gewährte Aus-bildungsbeihilfe abstellt und gerade nicht auf §43 Abs.8 StVollzG. Zudem können während der Freistellungs- und Urlaubszeiten gemäß §43 Abs.6 S.3 StVollzG keine Freistellungstage erworben werden, so dass auch dies gegen eine Berücksichtigung der Urlaubsgelder für die Ausgleichsentschä-digung spricht.

Problematisch ist die Frage, wie mit den Geldern zu verfahren ist, die wäh-rend den Beschäftigungszeiträumen erworben wurden, die gemäß §43 Abs.6 S.4 StVollzG unberücksichtigt bleiben. So wäre es beispielsweise vorstellbar, dass ein zu einer einjährigen Freiheitsstrafe Verurteilter von Anbeginn seiner Haft arbeitet, er dem Arbeitsplatz aber in unregelmäßigen Abständen mehrmals unentschuldigt fernbleibt, so dass er für das gesamte Haftjahr insgesamt nur einen einzigen Freistellungstag nach §43 Abs.6 StVollzG erwerben kann. Stünde ihm dann trotzdem gemäß §43 Abs.11 im Falle einer Nichtanrechenbarkeit nach Abs.10 die volle Ausgleichsent-schädigung für das gesamte Haftjahr zu?

Geht man davon aus, dass Abs.11 für den Anspruch auf eine Ausgleichsentschädigung voraussetzt, dass die Freistellungstage gemäß Abs.10 nicht
auf die Gesamthaftzeit angerechnet werden können, so wird deutlich, dass
Abs.11 nur greifen kann, wenn überhaupt Freistellungstage erworben wurden. Folglich kann der insoweit etwas unklare Wortlaut des Abs. 11 nur so
verstanden werden, dass die Ausgleichsentschädigung allein für solche
Zeiträume zu gewähren ist, in denen auch ein Freistellungstag erworben
wurde. Jede andere Regelung wäre auch systemwidrig, da ja gerade Ersatz
für nicht in Anspruch genommene Freistellungstage geleistet werden soll.
Berechnet wird die Ausgleichsentschädigung somit anhand der Tageslöh-
ne, die innerhalb der Berechnungszeiträume erworben wurden, für die auch
ein Freistellungstag gutgeschrieben wurde[70]. Selbiges gilt auch dann, wenn
Freistellungstage zwar erworben, aber durch die Inanspruchnahme als Arbeitsurlaub oder die Gewährung von Hafturlaub bereits teilweise verbraucht wurden.

Lückemann[71] schlägt zur Vereinfachung daher folgende pauschalierte
Berechnungsmethode vor: Ausgehend von der Annahme, dass in aller
Regel das Arbeitsentgelt der Gefangenen im Laufe der Zeit steige und
nicht sinke und dass in einen Zwei-Monats-Zeitraum regelmäßig 42
Arbeitstage fielen, sollten die Bruttobezüge der letzten 3 abgerechneten
Monate vor der Entlassung für die Berechnung der Ausgleichsent-
schädigung nach folgender Formel herangezogen werden:

$$\frac{\text{Bruttobezüge der letzten 3 Monate}}{\text{geleistete Arbeitsstunden in diesen 3 Monaten}} \times \frac{\text{tatsächl. regelm. Wochenarbeitszeit}}{5}$$

= Vergütungssatz je Arbeitstag x 42 x 0,15

= Ausgleichsentschädigung für jeden nicht angerechneten Freistellungstag

---

[70] So auch *Laubenthal*: Strafvollzug, 3.Aufl., Rn.458; *Lückemann* in Ar-
loth/Lückemann: StVollzG, §43 Rn. 30.
[71] Vgl. *Lückemann* a.a.O.

Eine individuelle Berechnung auf der Basis der Arbeitsentgelte in den jeweiligen Bezugszeiträumen solle dann nur noch vorgenommen werden,
wenn der Gefangene substantiiert geltend mache, dass sich die pauschali-
sierte Berechnung zu seinen Ungunsten auswirke.

3.) Weitere Neuerungen

Durch das 5.Gesetz zur Änderung des Strafvollzugsgesetzes wurde weiterhin gemäß §199 Abs.1 a StVollzG n.F. das Hausgeld der Gefangenen von
2/3 auf 3/7 der monatlichen Bezüge „abgesenkt", um zu verhindern, dass
die Lohnerhöhung vorrangig für den Einkauf und nicht – wie gewollt – zur
Zahlung von Unterhaltsleistungen oder zur Bildung von Rücklagen und zur
Schuldentilgung genutzt wird[72]. Aufgrund des erhöhten Arbeitsentgelts
und der gestiegenen Ausbildungsvergütung stehen den beschäftigten Häftlingen allerdings trotzdem monatlich ca. 15 € mehr zum Einkauf zur Verfügung als vor der Reform.

IV.) Kritik

In der Literatur finden sich bisher nur wenige Stellungnahmen zur Neufassung des §43 StVollzG[73]. Inzwischen wurden jedoch mehrere Gerichte mit
der Prüfung der Verfassungsmäßigkeit der Neuregelung, insbesondere bezüglich der Höhe des Arbeitsentgelts, befasst[74]. Hervorzuheben ist insoweit

---

[72] *Ullenbruch*: Neuregelung des Arbeitsentgelts für Strafgefangene, in ZRP 2000,
S.181; BT-Drucksache 14/4452, S.13; BR-Drucksache 405/00, Anlage S.15.

[73] Hervorzuheben insoweit *Schäfer*: Nicht-monetäre Entlohnung von Gefangenenarbeit, 2005 (überwiegend aus Sicht des Vollzugs).

[74] Vgl. *OLG Hamm*, Beschluss vom 2.10.2001, in NJW 2002, S.230ff.; *HansOLG
Hamburg*, Beschluss vom 26.10.2001, in StV 2002, S.376f.; *OLG Frankfurt/M.*, Beschluss vom 29.08.2001, in StV 2002, S.377.

die vorerst abschließende Entscheidung des BVerfG vom 24.3.2002[75], auf die noch näher einzugehen sein wird.

1.) Stellungnahme zur monetären Komponente

Die Anhebung des Arbeitsentgelts auf 9% der sozialversicherungsrechtlichen Bezugsgröße hat die an die Neuregelung gestellten Erwartungen sicherlich enttäuscht, waren im Vorfeld doch teilweise Entgelterhöhungen auf mindestens 15 bis 25% der sozialversicherungsrechtlichen Bezugsgröße gefordert worden[76]. Ob das nun zu zahlende durchschnittliche Arbeitsentgelt von ca. 200 € pro Monat den Gefangenen den Wert der Arbeit besser vor Augen führen kann, als dies die alte Regelung vermochte, bleibt fraglich[77].

Zwar wird berichtet, die Gefangenen seien mit der Entgelterhöhung und der damit verbundenen Anhebung der für den Einkauf zur Verfügung stehenden finanziellen Mittel zufrieden und bemühten sich verstärkt um Arbeitsplätze[78], jedoch darf nicht verkannt werden, dass die Gefangenen in ihrer eingeschränkten Position einerseits über jede noch so kleine Vergünstigung erfreut sein dürften und andererseits die meisten Gefangenen die

---

[75] *BVerfG*, Beschluss vom 24.3.2002, in StV 2002, S.374ff.

[76] Vgl. *Dünkel*: Minimale Entlohnung verfassungswidrig!, in NKrimP 1998, Heft 4, S.14; *Neu*: Der Gesetzgeber bleibt gefragt, in NKrimP 1998, Heft 4, S.18f.; *Rösch*: Kommentar zum BVerfG – Urt. v. 1.7.1998, in Herrfahrdt (Hrsg.): Schriftenreihe der Bundesvereinigung der Anstaltsleiter im Strafvollzug e.V., Bd. 2, S.139; *Feest*: AK-StVollzG Erg., §43 Rn.3.

[77] Die Verfassungsmäßigkeit der Entgeltanhebung bezweifelnd: *Calliess*: Die Neuregelung des Arbeitsentgelts im Strafvollzug, NJW 2001, S.1692f.; *Laubenthal*: Strafvollzug, 3.Aufl., Rn.450.

[78] Auskunft der Anstaltsleitung der JVA Torgau vom Juni 2002; *Schriever*: Praktische Erfahrungen mit dem neuen §43 StVollzG, in ZfStrVo 2002, S.87f.

finanziellen Schwierigkeiten, die nach der Haftentlassung auf sie zukommen, überhaupt nicht abzuschätzen vermögen[79].

Insbesondere die finanziellen Möglichkeiten der Häftlinge, ihre Familien zu unterstützen, ihre Schulden abzutragen, Rücklagen für die Haftentlassung zu bilden oder gar ihre Opfer zu entschädigen, wurden mit der Anhebung des Arbeitsentgelts kaum verbessert[80], obwohl gerade diese Faktoren für die Legalbewährung der Häftlinge besonders wichtig sind.

---

[79] *Schriever*: Praktische Erfahrungen mit dem neuen §43 StVollzG, in ZfStrVo 2002, S.87f.; zum Problem der Überschuldung der Gefangenen vgl. ausführlich *Kempter*: Schulden und Schuldenregulierung der Gefangenen.

[80] *C/MD*: 9.Aufl., §43 StVollzG, Rn.5; a.A.: *OLG Frankfurt/M.*, Beschluss vom 29.08.2001, in StV 2002, S.377.

Tabelle 11: Vergleich des Arbeitsentgelts der Strafgefangenen vor und nach der Neuregelung:

	Tagessatz 2000 (5% der sozialversicherungsrechtlichen Bezugsgröße)		Tagessatz 2001 (9% der sozialversicherungsrechtlichen Bezugsgröße)		Tagessatz 2002	
	Alte Länder	Neue Länder	Alte Länder	Neue Länder	Alte Länder	Neue Länder
Vergütungsstufe I = 75%	4,12 €	3,48 €	7,42 €	6,26 €	7,60 €	6,35
Vergütungsstufe II = 88%	4,83 €	4.08 €	8,71 €	7,35 €	8,91 €	7,45
Vergütungsstufe III = Eckvergütung	**5,49 €**	**4,64 €**	**9,89 €**	**8,35 €**	**10,13 €**	**8,47 €**
Vergütungsstufe IV = 112%	6,15 €	5,19 €	11,08 €	9,35 €	11,35 €	9,48
Vergütungsstufe V = 125%	6,87 €	5,80 €	12,36 €	10,44 €	12,66 €	10,58

Nach § 1 StVollzVergO erfolgt die Einteilung der Vergütungsstufen nach folgenden Kriterien:

Vergütungsstufe I = Arbeiten einfacher Art, die keine Vorkenntnisse und nur eine kurze Einarbeitungszeit erfordern und nur geringe Anforderungen an die körperliche und geistige Leistungsfähigkeit oder an die Geschicklichkeit stellen.

Vergütungsstufe II = Arbeiten der Stufe I, die eine Einarbeitungszeit erfordern.

Vergütungsstufe III = Arbeiten, die eine Anlernzeit erfordern und durchschnittliche Anforderungen an die Leistungsfähigkeit und die Geschicklichkeit stellen.

Vergütungsstufe IV = Arbeiten, die die Kenntnisse und Fähigkeiten eines Facharbeiters erfordern oder gleichwertige Kenntnisse und Fähigkeiten voraussetzen.

Vergütungsstufe V = Arbeiten, die über die Anforderungen der Stufe IV hinaus ein besonderes Maß an Können, Einsatz und Verantwortung erfordern.

Quelle: Daten zusammengestellt anhand von: *Däubler / Spaniol* in Feest: StVollzG, 4.Aufl., §43 Rn. 10 / *Neu*: Den verfassungsrechtlichen Vorgaben knapp entsprochen, in NKrimP 2001, Heft 2, S.23 / *Laubenthal*: Strafvollzug, 3.Aufl., Rn.449.

In den Jahren 2004 und 2005 betrug der Tagessatz in Vergütungsstufe I 7,82 EUR, in Stufe II 9,18 EUR, in Stufe III 10,43 EUR, in Stufe IV 11,68 EUR und in Stufe V 13,04 EUR[81].

a)   Pro und Contra Entgeltanhebung

Gescheitert ist eine stärkere Anhebung des Arbeitsentgelts vorrangig am Widerstand des Bundesrats, dessen Mitglieder für die finanzielle Ausstat-

---

[81] *Lückemann* in Arloth/Lückemann: StVollzG, §43 Rn.15; *Matzke/Laubenthal* in Schwindt/Böhm/Jehle (Hrsg).: StVollzG, 4.Aufl., §43 Rn.11.

tung der Haftanstalten verantwortlich sind (vgl. §§139, 151 StVollzG). Die Begründung stützte sich im Wesentlichen auf vier Argumente:

Erstens würde die von der Regierung angestrebte Anhebung des Arbeitsentgelts auf 15% der sozialversicherungsrechtlichen Bezugsgröße[82] zu einer für die Länder untragbaren jährlichen Mehrbelastung von 230 bis 250 Mio. DM[83] führen[84]. Zweitens könne die geringe Produktivität der Gefangenenarbeit eine höhere Entlohnung der Strafgefangenen nicht rechtfertigen[85]. Zum Dritten sei die verstärkte Ausbildung einer Zweiklassengesellschaft im Vollzug zu befürchten; die erheblichen Unterschiede in der finanziellen Ausstattung der arbeitenden und der nicht arbeitenden Gefangenen müsse zu sozialen Abhängigkeiten, Geschäftemachereien und Missgunst führen[86]. Viertens würden aufgrund der Erhöhung des Arbeitsentgelts die Kosten der Gefangenenarbeit so stark intensiviert, dass weder die Justizverwaltungen noch private Unternehmer sich diese mittelfristig noch leisten könnten; die Wettbewerbsfähigkeit der Justizvollzugsanstalten ginge verloren[87]. Insbesondere sei ein Rückzug der privaten Unternehmen aus der Gefangenenarbeit und eine ohnehin bereits zu beobachtende verstärkte Abwanderung der Unternehmerbetriebe in das kostengünstige Ausland vorherzusehen[88]. Der daraus resultierende Arbeitsplatzmangel in den Jus-

---

[82] Vgl. BT-Drs.: 14/3763.

[83] *Entspricht ca. 117,597 bis 127,823 Mio. €.*

[84] Vgl. BT-Drucksachen 14/4452, S.2; 14/4898, S.1; BR-Drucksachen 405/00, S.2, 754/1/00, S.2; bestätigt von *OLG Frankfurt/M.*, Beschluss vom 29.8.2001, in StV 2002, S.377.

[85] BT-Drucksache 14/4070, S.6; zustimmend *Landau/Kunze/Poseck*: Die Neuregelung des Arbeitsentgelts im Strafvollzug, in NJW 2001, S.2612.

[86] Vgl. BT-Drucksachen 14/4452, S.2; 14/4898, S.1; BR-Drucksachen 405/00, S.2, 754/1/00, S.2; bestätigt durch *OLG Hamm*, Beschluss vom 2.10.2001, in NJW 2002, S.231.

[87] Vgl. BT-Drucksachen 14/4452, S.2, 14/4070, S.2; BR-Drucksache 405/00, S.2; bestätigt durch *OLG Hamm*, Beschluss vom 2.10.2001, in NJW 2002, S.230f.; *HansOLG Hamburg*, Beschluss vom 26.10.2001, in StV 2002, S.376; *OLG Frankfurt/M.*, Beschluss vom 29.08.2001, in StV 2002, S.377.

[88] Vgl. BT-Drucksachen 14/4070, S.7, 14/4898, S.1; BR-Drucksache 754/1/00, S.1.

tizvollzugsanstalten werde kontraproduktiv auf das vom BVerfG betonte Resozialisierungsziel wirken.

Wie bereits teilweise festgestellt, stehen diese Argumente einer Entgelterhöhung aber nicht zwingend entgegen.

Insbesondere der Hinweis auf die geringe Produktivität der Gefangenenarbeit[89] ist bedenklich, gründet sich diese doch zum Großteil auf die schlechte Motivation der Häftlinge wegen der geringen Entlohnung und der schlechten Arbeitsbedingungen. Zwar betonte das BVerfG in seinen Entscheidungen von 1998 und 2002, dass bei der Bemessung des Arbeitsentgelts auch Gegenindikatoren berücksichtigt werden dürfen, wozu auch die Marktferne der Gefangenenarbeit, deren erhöhte Kosten sowie die beschränkten Produktionsmöglichkeiten zählen[90], jedoch ist es gerade Aufgabe des Vollzugs, solche Hemmnisse zu beseitigen, §2 S.1 StVollzG. Es entspräche sogar dem Resozialisierungsziel, dem Gefangenen ein Entgelt zu zahlen, das über einem produktivitätsangemessenen Entgelt liegt[91], wenn nur durch ersteres den Gefangenen der Wert der Arbeit vor Augen geführt werden kann und insbesondere die Probleme des Familienunterhalts und der Überschuldung der Häftlinge gelöst bzw. zumindest spürbar gemildert werden können.

In diesem Zusammenhang greift das Argument, eine erhebliche Anhebung der Lohnkosten würde die Länderhaushalte in unzuträglicher Weise belasten, zu kurz. Denn es darf nicht vergessen werden, dass die Häftlinge

---

[89] BT-Drucksache 14/4070, S.6; bestätigt durch *OLG Hamm*, Beschluss vom 2.10.2001, in NJW 2002, S.230f.

[90] BVerfGE 98, 169 (202f.); BVerfG, Beschluss vom 24.03.2002, StV 2002, S.375; zustimmend *Britz*: Leistungsgerechtes Arbeitsentgelt für Strafgefangene, in ZfStrVo 1999, S.198.

[91] *Landau/Kunze/Poseck*: Die Neuregelung des Arbeitsentgelts im Strafvollzug, in NJW 2001, S.2612.

durch höhere Löhne auch in die Lage versetzt werden, ihre unterhaltsbe-
dürftigen Familien zu unterstützen, die Opfer zu entschädigen, Schulden zu
begleichen und Rücklagen für die Zeit nach der Haftentlassung zu bilden.
Insbesondere die Unterhaltszahlungen für Familienangehörige, Opferent-
schädigung und die Unterstützung eines bedürftigen Haftentlassenen sind
Kosten, die den Staat aufgrund seiner Fürsorgepflicht für Bedürftige stark
belasten. Kann der Häftling seine Familie nicht unterstützen, so muss dies
die Sozialhilfe tun. Selbiges gilt für die Inanspruchnahme der Sozialhilfe
durch den Entlassenen selbst. Es findet also lediglich eine Kostenverlage-
rung statt[92]. Zudem belastet auch das Nichterreichen des Resozialisierungsziels die Staatskassen, wenn ein Entlassener erneut straffällig wird
und reinhaftiert werden muss[93]. Solange keine Kosten – Nutzen – Rechnung vorgenommen wird, kann nicht behauptet werden, eine Entgelterhöhung belaste die Staatskassen in unerträglichem Maße. Es ist zu bedauern,
das dies im Gesetzgebungsverfahren nicht geschehen ist[94].

Der gesellschaftliche Nutzen, der durch eine erfolgreiche Wiedereingliederung eines Haftentlassenen in die Gesellschaft entsteht, ist ohnehin nur
schwer in Geld aufzuwiegen[95].

Das Argument, eine weitergehende Erhöhung des Arbeitsentgelts begründe
die Gefahr der Ausprägung einer Zweiklassengesellschaft im Vollzug und
würde lediglich dazu führen, dass die Häftlinge mehr Geld beim anstaltsinternen Einkauf verschwenden würden, anstatt dieses zur Schuldentilgung
und Unterhaltsleistung zu verwenden[96], geht schon deshalb fehl, weil es
dem Gesetzgeber offen gestanden hätte, das Hausgeld entsprechend dem
Mehrverdienst prozentual so weit zu senken, dass ein bestimmter angemes-

---

[92] *Chun-Tai*: Zur Kritik des unmittelbaren und mittelbaren Arbeitszwangs, S.147.
[93] *Chun-Tai* a.a.O., S.147f.
[94] *Matzke* in Schwind/Böhm: StVollzG, 3.Aufl., §43 Rn. 2.
[95] *Chun-Tai* a.a.O.
[96] *OLG Hamm*, Beschluss vom 2.10.2001, in NJW 2002, S.231.

sener Höchstbetrag nicht überschritten worden wäre. Beim 5.Gesetz zur Änderung des Strafvollzugsgesetzes wurde schließlich ebenso verfahren.

Nicht ohne weiteres von der Hand zu weisen ist die Befürchtung, durch die Verteuerung der Gefangenenarbeit seien langfristig weder die Justizvollzugsanstalten konkurrenzfähig, noch die Kosten für private Unternehmerbetriebe tragbar, so dass es zu einer Verringerung des Arbeitsplatzangebots kommen könnte[97]. So wurde beispielsweise in Italien nach einer Erhöhung der Gefangenenentlohnung auf 70% des Tariflohns beobachtet, dass die Beschäftigungsquote auf 15% absank. Nur noch die Gefangenen erhielten einen Arbeitsplatz, die eine dem Lohn entsprechende Leistung erbringen konnten; Leistungsschwache sind seit dem vermehrt arbeitslos[98]. In der Tat nützt es niemandem, wenn die Gefangenen zwar erheblich höher entlohnt werden, dies aber aufgrund des Arbeitsplatzmangels vergleichsweise noch weniger Gefangenen zu gute käme, als es ohnehin jetzt schon der Fall ist. Eine solche Situation würde nicht nur dem Anstaltsklima schaden, sondern vor allen Dingen dem Resozialisierungsziel des StVollzG zuwider laufen.

Es stellt sich jedoch die Frage, ob eine etwas umfangreichere Entgelterhöhung, z.B. auf 15 bis 20% der sozialversicherungsrechtlichen Bezugsgröße, den Konkurrenzdruck gegenüber der freien Wirtschaft so eklatant gesteigert hätte, dass es tatsächlich zu Stellenkürzungen hätte kommen müssen. Anders als im italienischen Beispiel ging es in Deutschland bei der Gesetzesnovelle nicht um eine Angleichung an den Tariflohn sondern lediglich um eine Anhebung der Löhne auf 20-25% der sozialversicherungsrechtlichen Bezugsgröße. Letztlich bleiben die angeführten Argumente (sowohl

---

[97] *Radtke*: Die Zukunft der Arbeitsentlohnung von Strafgefangenen, in ZfStrVo 2001, S.11; *Landau/Kunze/Poseck*: Die Neuregelung des Arbeitsentgelts im Strafvollzug, in NJW 2001, S.2612f.; *Neu*: Den verfassungsrechtlichen Vorgaben knapp entsprochen, in NKrimP 201, Heft 2, S.25; *HansOLG Hamburg*, Beschluss vom 26.10.2001, in StV 2002, S.376.
[98] *Landau/Kunze/Poseck* a.a.O., S.2613.

pro als auch contra) bloße Behauptungen, die in Modellrechnungen aufgrund der verschiedenen Einflussfaktoren, z.b. allgemeine Konjunkturschwäche, Konkurrenz zu örtlich ansässigen Unternehmen, nur schwer nachprüfbar sind. Immerhin zeigen Erfahrungen einzelner Haftanstalten, dass Gefangene, die im intramuralen privaten Unternehmerbetrieb entsprechend ihrer Arbeitsleistungen höher als gesetzlich vorgeschrieben entlohnt werden, durchschnittlich bessere Arbeitsleistungen erbringen[99], so dass sich die Erhöhung des Arbeitsentgelts positiv für die Gewinnerzielung des Unternehmens auswirken kann. Auch wenn die Gefangenenarbeit aufgrund der anstaltsinternen Bedingungen (Tagesablauf, eingeschränkte Produktionsmöglichkeiten, schlechte Ausbildung der Gefangenen) sicherlich nie die Produktivität vergleichbarer Betriebe in der freien Wirtschaft erreichen wird[100], so kann von einer Entgelterhöhung eine so große Motivationswirkung ausgehen, dass die Produktivität der geleisteten Arbeit sich entsprechend erhöht und damit die höheren Lohnkosten prozentual ausgeglichen werden.

Die Schlussfolgerung, dass bei einer Erhöhung des Entgelts die Wirtschaftlichkeit der Gefangenenarbeit für die Haftanstalt oder den privaten Unternehmer „mit an Sicherheit grenzender Wahrscheinlichkeit"[101] zurückginge, ist daher nicht zwingend. So waren 1 ½ Jahre nach der Entgelterhöhung die Erfahrungen bezüglich der Auswirkungen auf das Arbeitsplatzangebot durchaus unterschiedlich: Während die Anstaltsleitung der JVA Torgau bei einer Befragung durch die Autorin angab, aufgrund der Entgelterhöhung und der damit verbundenen Anhebung der Fertigungspreise einen Auftragsrückgang verspürt zu haben, der zum Abbau von Arbeitsplätzen führ-

---

[99] So z.B. bei einem Besuch der Haftanstalt Bayreuth von der Verfasserin beobachtet.
[100] *OLG Hamm*, Beschluss vom 2.10.2001, in NJW 2002, S.230.
[101] So *Landau/Kunze/Poseck*: Die Neuregelung des Arbeitsentgelts im Strafvollzug, in NJW 2001, S.2613; *OLG Hamm*, Beschluss vom 2.10.2001, in NJW 2002, S.230f.; ähnlich *OLG Frankfurt/M.*, Beschluss vom 29.8.2001, in StV 2002, S.377.

te[102], ergab eine Umfrage in Hessen, dass negative Auswirkungen auf das Arbeitsplatzangebot aufgrund der Entgelterhöhung nicht zu verzeichnen waren[103]. Inwieweit allgemeine konjunkturelle Entwicklungen in den einzelnen Bundesländern auf das Ergebnis einwirkten, konnte nicht geklärt werden.

Im März 2002 hatte das Bundesverfassungsgericht über eine Verfassungsbeschwerde eines Strafgefangenen der JVA Aachen zu befinden, der die Auffassung vertrat, dass auch nach der gesetzlichen Neuregelung das monetäre Arbeitsentgelt nicht den verfassungsrechtlichen Anforderungen entspräche. Vielmehr würde nur ein Arbeitsentgelt von 40% der sozialversicherungsrechtlichen Bezugsgröße den Vorgaben des BVerfG genügen. Nachdem der Antrag des Häftlings auf eine entsprechende Entgeltzahlung von der JVA abgelehnt wurde, gelangte die Frage über die Verfassungsmäßigkeit der Neuregelung nach Erschöpfung des Rechtswegs zur Entscheidung vor das BVerfG[104]. Im Ergebnis wies das Gericht zwar die Verfassungsbeschwerde als unbegründet zurück, brachte aber deutlich zum Ausdruck, dass es aufgrund des geringen Umfangs der Entgeltanhebung und der zu verdienenden Strafzeitrabatte starke Zweifel an der Vereinbarkeit der Regelungen mit dem Resozialisierungsgrundsatz habe; so sei die Regelung „*noch* angemessen", „*noch* verfassungsgemäß", die Entscheidung des Gesetzgebers „*noch* vertretbar", der Gesetzgeber habe „die *äußerste* Grenze einer verfassungsrechtlich zulässigen Bezugsgröße *noch* gewahrt".

Wann allerdings die „Noch – Verfassungsmäßigkeit" in eine Verfassungswidrigkeit umschlagen könnte, sagt das Gericht nicht. Es weist zwar den Gesetzgeber an, sowohl die monetäre als auch die nichtmonetäre Kompo-

---

[102] Auskunft der Anstaltsleitung der JVA Torgau vom Juni 2002.

[103] *Schriever*: Praktische Erfahrungen mit dem neuen §43 StVollzG, in ZfStrVo 2002, S.88.

[104] *BVerfG*, Beschluss vom 24.3.2002, in StV 2002, S.374ff.

nente der Entgeltregelung einer ständigen Angemessenheitskontrolle zu unterziehen, gibt aber keine konkreten Kriterien für diese Kontrolle vor. Klar ist wohl nur, dass eine im Umfang noch geringere Entlohnung als die derzeitige nicht in Betracht kommt, da schon die derzeitige Regelung nur (gerade) „noch verfassungsgemäß" ist.

Unter Wiederholung seiner in der Entscheidung aus dem Jahre 1998 aufgestellten Grundsätze betont das Gericht, dass sich ein weiter Ermessensspielraum des Gesetzgebers ergebe, der für das BVerfG nur eingeschränkt überprüfbar sei. Namentlich das Resozialisierungsgebot verpflichte nicht auf ein bestimmtes Regelungskonzept, sondern gebe einen weiten Gestaltungsspielraum. Der Gesetzgeber könne unter Verwertung aller ihm zu Gebote stehenden Erkenntnisse zu einer Regelung gelangen, die – auch nach Berücksichtigung der Kostenfolgen – mit dem Rang und der Dringlichkeit anderer Staatsaufgaben im Einklang steht[105]. So hätte sich der Gesetzgeber nicht an der bei der Schaffung des StVollzG beabsichtigten stufenweisen Entgelterhöhung auf 40% der sozialversicherungsrechtlichen Bezugsgröße bis zum 1.1.1986 festhalten lassen müssen, da diese Bezugsgröße nicht zum verfassungsrechtlichen Gebot erklärt wurde, vielmehr eine äußerst großzügige Regelung dargestellt hätte[106]. Da insoweit keine Bindungswirkung bestehe, existiere für den Gesetzgeber ein großer Ermessensspielraum. In Anbetracht der wirtschaftlichen Lage und der wachsenden Konkurrenz zur freien Wirtschaft und der daraus resultierenden Gefahr des Verlustes unwirtschaftlicher Arbeitsplätze im Vollzug habe der Gesetzgeber die Entgelterhöhung, so wie sie derzeit existiere, verfassungsgemäß geregelt.

Wenn das BVerfG allerdings ausdrücklich betont, der Gesetzgeber dürfe die Gefangenenentlohnung hinsichtlich der Kostenfolge auch mit anderen

---

[105] *BVerfG*, Beschluss vom 24.3.2002, in StV 2002, S.375.
[106] *BVerfG* a.a.O.

Staatsaufgaben abwägen und der Gestaltungsspielraum des Gesetzgebers sei angesichts der hohen Arbeitslosigkeit und Staatsverschuldung für weitergehende Maßnahmen als die bisherige Entgelterhöhung eingeschränkt[107], so entsteht leicht der Eindruck, dass in „schlechteren" Zeiten im Bereich der Gefangenenentlohnung noch mehr gespart werden dürfe, um andere als dringender erachtete Staatsaufgaben zu erfüllen. Dies ist schon deshalb bedenklich, weil die Höhe des finanziellen Arbeitsentgelts ohnehin an die sozialversicherungsrechtliche Bezugsgröße, also das Durchschnittseinkommen aller in der Rentenversicherung Versicherten, geknüpft ist und damit immer automatisch an der allgemeinen wirtschaftlichen Entwicklung teilnimmt. Je mehr Arbeitslose bzw. Billigjobs auf dem freien Markt existieren und je weniger dadurch die Rentenkassen einnehmen, desto geringer ist auch der an diese Bezugsgröße geknüpfte Gefangenenlohn. Dem Gesetzgeber, der aufgrund der ablehnenden Haltung gegenüber Strafgefangenen in großen Teilen der Bevölkerung (Wählerschaft) ohnehin nur ungern große Summen in den Strafvollzug investiert, noch dazu, wenn dadurch nicht die Sicherheit des Vollzugs erhöht, sondern Vergünstigungen für die Häftlinge geschaffen werden sollen[108], ist mit dieser Feststellung des BVerfG die Möglichkeit eröffnet, auch in Zukunft andere Staatsaufgaben als höherrangig zu definieren und damit Entgelterhöhungen abzulehnen. Insoweit ist dem Auftrag des BVerfG an den Gesetzgeber, er

---

[107] *Das Gericht stellt klar, dass die Entgelterhöhung durch das 5. Gesetz zur Änderung des Strafvollzugsgesetzes einen finanziellen Mehraufwand von 70-80 Mio. DM (35-40 Mio. €) erforderlich gemacht habe, was ca. 2% des Gesamtvolumens für den Strafvollzug ausmache*; BVerfG, Beschluss vom 24.3.2002, in StV 2002, S.375.

[108] Vgl. dazu z.B. *Herrfahrdt*: Politische Verantwortung des Strafvollzuges angesichts des allgemeinen Rechtsempfindens, in Feuerhelm/Schwind/Bock (Hrsg.): FS Alexander Böhm, S.89f., 93ff.; *Rotthaus*: Die öffentliche Meinung über den Strafvollzug und ihr Einfluss auf die Stimmung in den Vollzugsanstalten, in Busch/Edel/Müller-Dietz (Hrsg.): Gefängnis und Gesellschaft – Gedächtnisschrift für Albert Krebs, S. 248.

möge künftig ständig die Angemessenheit der Entgeltzahlung kontrollieren[109], ein Großteil seiner Schärfe genommen.

b) *Nichteinbeziehung der erwachsenen Untersuchungsgefangenen*

Kritikwürdig ist die Nichteinbeziehung der *erwachsenen* Untersuchungsgefangenen in das neue Entlohnungssystem: Diese werden weiterhin gemäß §177 StVollzG n.F. mit nur 5% der sozialversicherungsrechtlichen Bezugsgröße für ihre Arbeitsleistungen entlohnt, verbleiben also auf dem alten Lohnniveau. Nur die jugendlichen und heranwachsenden Untersuchungsgefangenen erhalten gemäß der §177 S. 3 i.V.m. §176 Abs.1 a) StVollzG n.F. seit dem 1.1.2001 ebenfalls 9% der sozialversicherungsrechtlichen Bezugsgröße als Eckvergütung. Von der Freistellungsmöglichkeit des §46 Abs.6ff. StVollzG n.F. sind alle Untersuchungsgefangenen ausgeschlossen.

Bezüglich der monetären Entlohnungskomponente wäre eine Gleichstellung aller Untersuchungshäftlinge mit den Strafgefangenen wünschenswert gewesen. Der Referentenentwurf vom 4.7.2000, der Entwurf der Regierungsfraktion im Bundestag und der Gesetzentwurf des Landes Sachsen-Anhalt hatten jedenfalls eine solche Gleichbehandlung von Untersuchungs- und Strafgefangenen bezüglich der monetären Entlohnung gefordert[110]. Begründet wurde dies mit dem Argument, die jugendlichen und heranwachsenden Untersuchungsgefangenen, die gemäß §§93 Abs.2 i.V.m. 91 Abs.2 S.1 JGG aus erzieherischen Gründen einer Arbeits- und Ausbildungspflicht unterliegen, bedürften derselben Motivation, wie die arbeitspflichtigen Strafgefangenen, so dass auch ihnen eine Entgelterhöhung zustehen müsse. Wenn aber die jugendlichen und heranwachsenden Untersu-

---

[109] *BVerfG*, Beschluss vom 24.3.2002, in StV 2002, S.375.
[110] Vgl. Referentenentwurf, S.7f.; BT-Drucksache 14/3763, S.6; BR-Drucksache 405/00, Anlage S.4, 7.

chungsgefangenen an der Entgelterhöhung partizipieren sollen, so müsse dies aus Gründen der Gleichbehandlung auch für erwachsene Untersuchungsgefangene gelten, alles andere würde zu erheblichen Unzuträglichkeiten innerhalb der Anstalten führen[111]. Leider wurde dieses Argument vom Reformgesetzgeber nicht gehört.

Gerechtfertigt wird die Ungleichbehandlung der erwachsenen Untersuchungshäftlinge mit dem Argument, für diese gelte grundsätzlich kein Resozialisierungsgebot, insbesondere bestünde keine Arbeitspflicht[112]. Dies ist zwar richtig, doch mag der bloße Unterschied zwischen Pflichtarbeit und freiwilliger Teilnahme an den Arbeitsmaßnahmen nicht zu rechtfertigen, gleiche Arbeit ungleich zu entlohnen[113]. Vielmehr gebieten die Unschuldsvermutung und Art 3. Abs.1 i.V.m. Art. 1 und Art. 12 Abs.1 GG, den Untersuchungsgefangenen, der zur Sicherung eines Strafverfahrens festgehalten wird und bei dem weder retributiv – repressive noch resozialisierende Erwägungen Geltung beanspruchen, wie einen normalen, auf dem freien Markt tätigen Arbeitnehmer zu entlohnen, zumindest aber eine Gleichbehandlung zu anderen Gefangenen herzustellen[114]. Die Unschuldvermutung gebietet es, den Untersuchungsgefangenen *zumindest* dem Strafgefangenen gleichzustellen[115]. Zudem ergibt sich der Verzicht auf eine Arbeitspflicht bei erwachsenen Untersuchungsgefangenen gerade

---

[111] Begründung des Referentenentwurfes, Bundesdrucksache 14/3763, S.6, so auch BR-Drucksache 405/00, Anlage S.7.

[112] Vgl. BT-Drucksache 14/4070, S.10.

[113] So auch *Ullenbruch*: Neuregelung des Arbeitsentgelts für Strafgefangene...., in ZRP 2000, Heft 5, S.181; Br-Drucksache 405/00, Anlage S.7.

[114] Vgl. *Neu*: Den verfassungsrechtlichen Vorgaben knapp entsprochen, in NKrimP 201, Heft 2, S.25; *Feest*: AK-StVollzG Erg. §177 Rn.2.

[115] So auch die Begründung des Referentenentwurfs der Bundesregierung, Bundesdrucksache 14/3763, S.8; vgl. auch *Neu* a.a.O., S.25; *Lohmann*: Arbeit und Arbeitsentlohnung des Strafgefangenen, S.292.

aus der Unschuldsvermutung – insoweit verbietet es sich, diese dann indirekt zur Begründung einer Schlechterstellung heranzuziehen[116].

Noch weitergehend: Es gibt keine sachliche Rechtfertigung, die Arbeitskraft des als unschuldig zu betrachtenden Untersuchungsgefangenen nicht entsprechend den allgemeinen Tariflöhnen zu entlohnen. Dass die Arbeit des Untersuchungsgefangenen im Gegensatz zur Pflichtarbeit des Strafgefangenen „freiwillig" ist, kann diesen Umstand nicht rechtfertigen, schließlich arbeitet auch der freie Arbeitnehmer „freiwillig", gesteuert von den allgemeinen ökonomischen Zwängen, Lebensunterhalt für sich und seine Familie zu verdienen.

Dass die Nichteinbeziehung der Untersuchungsgefangenen in die finanzielle Neuregelung den positiven Nebeneffekt haben könnte, dass sich noch nicht rechtskräftig verurteilte Haftinsassen von der Einlegung von Rechtsmitteln abhalten lassen könnten und so Verfahrenskosten gespart werden könnten[117], ist ein geradezu abwegiger Gedanke. Denn mit dieser Zielstellung würde der Gefangene abgehalten werden, von seinen ihm vom Rechtsstaat zur Verfügung gestellten zulässigen Rechtsschutzmitteln Gebrauch zu machen, ein eindeutiger Verstoß gegen Art. 19 Abs.4, S.1, 103 Abs.1 GG.

c) *Erhöhung des Hausgeldes*

Im Zuge der Erhöhung des Arbeitsentgelts wurde das Hausgeld prozentual von 2/3 auf 3/7 der monatlichen Bezüge „abgesenkt", §199 Abs. 1 a) StVollzG. Folglich erhöhte sich das Hausgeld (ausgehend von der Eckvergütung und 20 Arbeitstagen p.M.) von durchschnittlich 143 DM auf ca.

---

[116] *Ullenbruch*: Neuregelung des Arbeitsentgelts für Strafgefangene..., in ZRP 2000, Heft 5, S.181.

[117] So aber BT-Drucksache 14/4070, S.10.

165 DM / 84,36 € pro Monat, was von den Gefangenen sehr begrüßt wurde[118].

Geschuldet war diese Anpassung der Erwägung, der Resozialisierungsgedanke der Entgelterhöhung könne konterkariert werden, wenn die Häftlinge das Geld statt einer Ansparung für Zwecke der Unterhaltszahlungen, Wiedergutmachung und Schuldentilgung[119] für den vermehrten Konsum von Genussmitteln innerhalb der Haftanstalt aufbrauchen würden[120].

Der Gesetzgeber hielt somit weiterhin an einer Verfügungsbeschränkung der Häftlinge über ihr Einkommen fest, um dadurch nicht nur ein Ansparen von Geldmitteln für entstandene Verbindlichkeiten und für die Zeit nach der Haftentlassung zu „erzwingen", sondern um auch den Geldumlauf innerhalb des Gefängnisses zu minimieren und weitgehend gleiche Vermögensverhältnisse unter den Gefangenen zu schaffen[121]. Gerade letzteres drückt sich in der Regelung des §47 Abs.2 StVollzG aus[122]. Die Unterschiede in der finanziellen Ausstattung von unverschuldet unbeschäftigten (§46 StVollzG) und von innerhalb oder außerhalb der Anstalt beschäftigten Häftlingen soll zwar so groß sein, dass der Anreiz für eine Beschäftigung nicht verloren geht[123], aber nicht so groß, dass finanzielle Abhängigkeiten, Geschäftemachereien, Neid oder Missgunst innerhalb der Haftanstalt Sicherheit und Ordnung gefährden[124].

---

[118] *Schriever*: Praktische Erfahrungen mit dem neuen §43 StVollzG, in ZfStrVo 2002, S.87.

[119] Vgl. BT-Drucksache 14/4452, S.13.

[120] *Ullenbruch*: Neuregelung des Arbeitsentgelts für Strafgefangene..., in ZRP 2000, S.181; BT-Drucksache 14/4452, S.13; BR-Drucksache 405/00, Anlage S.15.

[121] *C/M-D*: StVollzG, 8.Aufl., §47 Rn.3; BT-Drucksache 14/4452, S.13; BR-Drucksache 405/00, Anlage S.15f.; *Schäfer*: Nicht-monetäre Entlohnung von Gefangenenarbeit, S.36f.

[122] Vgl. *C/M-D* a.a.O.; *Matzke* in Schwind/Böhm: StVollzG, 3.Aufl., §47, Rn.3; *Däubler/Spaniol* in Feest: AK-StVollzG, 4.Aufl., §47 Rn.10.

[123] *Schöch* in K/S: Strafvollzug, 5.Aufl., §7 Rn.96; *Böhm*: Strafvollzug, S.137; a.A.: OLG Frankfurt, NStZ 1986, S.381.

[124] *C/M-D* a.a.O.; *Laubenthal*: Strafvollzug, 3.Aufl., Rn.466.

Dem Angleichungsgrundsatz kann eine solche Regelung zwar nicht entsprechen, da einerseits kaum die äußere Sicherheit der Haftanstalt gefährdet wird und andererseits gerade in der freien Gesellschaft keine finanzielle
Chancengleichheit vorhanden ist und auch nach der Haftentlassung der
Häftling mit einer zumeist nur sehr unbefriedigenden finanziellen Position
konfrontiert werden wird[125]. Auch ein eigenverantwortlicher Umgang mit
den eigenen Geldmitteln wird durch diese Regelung nicht unbedingt gefördert – auch wenn es jedem Häftling freisteht, sein Hausgeld anstatt für den
Einkauf z.B. zum Schuldenabbau oder Ansparen zu verwenden[126].
Jedoch wird die Beschränkung des Hausgeldes weitestgehend von allen
Beteiligten als gerecht empfunden und trägt zu einem ausgeglichenen Anstaltsklima bei[127]. Insoweit ist die Neuregelung nicht zu beanstanden.

d) *Zusammenfassung*

Nach all dem ist der Gesetzgeber bei der Ausgestaltung der monetären
Komponente der Reform, insbesondere mit Blick auf die erwachsenen Untersuchungsgefangenen, sicherlich hinter seinen Möglichkeiten zurück-
geblieben. Bedenkt man jedoch, dass die Bundesländer im Bundesrat sogar
nur eine Entgelterhöhung von 5 auf 7% der sozialversicherungsrechtlichen
Bezugsgröße zulassen wollten[128], so muss man den gefundenen Kompromiss sogar als „Erfolg" bezeichnen.

Um das Defizit in der monetären Entlohnung der Strafgefangenen aus-
zugleichen und den Vorgaben des BVerfG gerecht zu werden, hat sich der
Gesetzgeber für ein Kombinationsmodell aus monetärer und nichtmonetä-

---

[125] *Böhm*: Strafvollzug, S.138.
[126] *Matzke* in Schwind/Böhm: StVollzG, 3.Aufl., §47 Rn.4.
[127] *Schöch* in K/S: Strafvollzug, 5.Aufl., §7 Rn.96; *Böhm* a.a.O.
[128] Vgl. BT-Drucksachen 14/4452, S.1,10; 14/4898, S.2; Siehe auch Gesetzentwurf der
CDU/CSU BT-Drucksache 14/4070, S.1.

rer Entlohnung in Form der Freistellungsregelung entschieden. Dies sei im Vergleich zu einem rein monetären Entlohungsmodell nicht nur kostengünstiger in Hinblick auf die geringeren Lohnkosten, sondern spare durch die vorzeitige Haftentlassung auch noch Haftkosten[129]. Ob aber die Freistellung von der Arbeit, der Hafturlaub oder die Strafzeitverkürzung von „großzügigen" 6 Tagen pro Jahr eine Alternative zu einer weitergehenden Erhöhung des Arbeitsentgelts darstellen können, ist kritisch zu hinterfragen.

2.)   Stellungnahme zu der Freistellungsregelung

Zuzustimmen ist dem Gesetzgeber darin, dass die Inaussichtstellung einer Haftzeitverkürzung und die damit verbundene Wiedererlangung der Freiheit für den Gefangenen grundsätzlich einen sehr großen Anreiz bietet, da der Strafvollzug ein massiver Eingriff in das Freiheits- und Selbstbestimmungsrecht des Einzelnen darstellt, dessen Beendigung für den Häftling von besonderer Bedeutung ist[130].

Auch das BVerfG betonte in seiner Entscheidung vom 24.3.2002, dass die vorzeitige Gewährung von Freiheit für den Gefangenen ein so hohes Gut sei, dass sie zur Entlohnung von Arbeitsleistungen geeignet ist. Deshalb bestehe zwischen der vorzeitigen Haftentlassung und dem Resozialisierungsgebot auch kein Spannungsverhältnis – schließlich wird der Gefangene angehalten, aktiv an seiner Resozialisierung mitzuwirken[131].

Die Möglichkeiten, die mit einer Vergabe von Strafzeitrabatten bezüglich der Motivation der Häftlinge sowie der Verkürzung der Strafzeiten und der daraus resultierenden Entlastung der Haftanstalten verbunden sind, werden von der deutschen Regelung allerdings bei weitem nicht ausgeschöpft:

---

[129] BT-Drucksache 14/4452, S.3, BR-Drucksache 405/00, S.4.
[130] Vgl. BT-Drucksache 14/4452, S.11; *Böhm*: Strafvollzug, 3.Aufl., Rn.319.
[131] *BVerfG*, Beschluss vom 24.03.2002, in StV 2002, S.376.

a)   *Kritik am Umfang der zu erwerbenden Freistellungstage*

Es ist zweifelhaft, ob die Strafzeitverkürzung von 6 Tagen pro Jahr die Häftlinge überhaupt motivieren kann.

Den Gesetzesmaterialien folgend ist die geringfügige Haftzeitverkürzung zwar einerseits der Würdigung und dem Erhalt des richterlichen Strafausspruchs und andererseits dem Sicherheitsbedürfnis der Allgemeinheit geschuldet, denn eine so geringe Haftzeitverkürzung könne auch bei gefährlichen Tätern aufgrund des überschaubaren Zeitraums die Sicherheitsinteressen nicht nachhaltig beeinflussen[132], mit anderen Worten, auf „die paar Tage mehr oder weniger kommt es nicht an". Jedoch liegt gerade hierin das Problem.

Wenn der Umfang der Strafzeitverkürzung so gering ist, dass die vorzeitige Entlassung kaum ins Gewicht fällt, wie soll diese dann den Gefangenen motivieren? Bei 365 Tagen pro Jahr können 6 Tage keinen attraktiven Anreiz bieten. Was machen bei einer zweijährigen Strafe 12 oder bei 3 Jahren 18 Tage aus? Motivierende Wirkungen können von einer solchen Regelung nicht erwartet werden. Es drängt sich der Verdacht auf, der Gesetzgeber habe bei der Einführung der Freistellungsregelung eine kostenneutrale Möglichkeit gesucht, das Arbeitsentgelt weiterhin so gering wie möglich zu halten und trotzdem den Vorgaben des BVerfG dadurch zu entsprechen, dass als „Entschädigung" für das geringe Entgelt 6 Hafttage pro Jahr gutgeschrieben werden[133].

Das Bundesverfassungsgericht hat in seiner Entscheidung vom 24.3.2002 seine Unzufriedenheit mit dem Kreditierungsumfang deutlich zum Ausdruck gebracht. So betonte es zwar die Verfassungsmäßigkeit der Good Time – Komponente im Entlohnungssystem, bezeichnete den Umfang der

---

[132] BT-Drucksache 14/4452, S.11; BR-Drucksache 405/00, Anlage S.12.
[133] So auch *Feest*: AK-StVollzG, Erg. §43 Rn.3, 7.

jährlich maximal zu verdienenden 6 Freistellungstage jedoch als „*derzeit noch angemessen*" und forderte den Gesetzgeber auf, den Umfang der nichtmonetären Leistung einer ständigen Überprüfung zu unterziehen[134].

Natürlich muss ein Strafzeitreduktionssystem mit dem jeweiligen Sanktionenrecht eines Landes harmonieren; eine in Ländern mit sehr hohen Haftstrafen übliche Halbierung der Strafe durch Good Time käme in Deutschland nicht in Frage. Eine Reduktion um 6 Hafttage pro Jahr ist jedoch unangemessen und kann sicherlich kaum dazu dienen, den Häftlingen den Wert von Arbeit und Ausbildung vor Augen zu führen.

Dies zeigen auch erste Erfahrungen mit der Neuregelung, die übereinstimmend zu dem Ergebnis kommen, dass die Entgelterhöhung von den Gefangenen zwar positiv aufgefasst wurde und vor allem deshalb verstärkt nach Arbeitsplätzen nachgefragt wurde, die Freistellungsregelung jedoch bei den Häftlingen nur wenig Beachtung fand[135]. Es wird sogar berichtet, dass Häftlinge gegen den positiven Bescheid der Anrechnung der Freistellungstage auf das Haftzeitende Rechtsmittel einlegen, um das Verfahren zu verzögern und letztendlich in den Genuss der Ausgleichsentschädigung zu gelangen[136]. Der finanzielle Vorteil wird somit über den Freiheitsgewinn gestellt.

Hinzu kommt, dass die mit der Good Time in vielen Ländern verfolgte Zielstellung der Entlastung der Haftkapazitäten mit der Gewährung von 6 Hafttagen pro Jahr nicht erreicht werden kann.
Selbst wenn die Neuregelung vorrangig der Erhöhung des Arbeitsentgelts diente, wäre die Möglichkeit, das Überfüllungsproblem in deutschen Haft-

---

[134] *BVerfG*, Beschluss vom 24.3.2002, in StV 2002, S.376.
[135] *Schriever*: Praktische Erfahrungen mit dem neuen §43 StVollzG, in ZfStrVo 2002, S.87f.; Auskunft der Anstaltsleitung der JVA Torgau vom Juni 2002.
[136] Auskunft des sächsischen Justizministeriums vom Oktober 2003.

anstalten durch Good Time zu mildern, zumindest eine Überlegung wert gewesen.

b) *Motivation durch extramuralen Arbeitsurlaub?*

Aufgrund der geringen Möglichkeiten der Haftzeitverkürzung ist vorstellbar, dass die Verwendung der Freistellungstage als extramuraler Hafturlaub für den Häftling eine attraktive Alternative darstellt. So ziehen z.B. im Bundesland Bremen ca. 50 % der Häftlinge den extramuralen Arbeitsurlaub der Anrechnung der Freistellungstage auf den Entlassungszeitpunkt vor und sind während der Haftzeit lieber kurzfristig bei der Familie und/oder Freunden als eher entlassen zu werden[137]. Auch nach der Untersuchung von Schäfer in Rheinland-Pfalz hat sich gezeigt, dass in den Jahren 2001 bis 2003 zwischen 23-34 % der Insassen den extramuralen Urlaub wählten[138].

Jedoch werden insbesondere in Langstrafenanstalten nur die wenigsten Häftlinge überhaupt in den Genuss eines Hafturlaubs kommen, da diese Form der Vollzugslockerung an die allgemeinen Voraussetzungen der §§11 Abs.2, 13 Abs.2-5 und 14 StVollzG geknüpft bleibt und somit eine positive Missbrauchsprognose erfordert. Wenn aber von einer allgemeinen Regelung von vorn herein ein Großteil der „Allgemeinheit" ausgeschlossen bleibt, so ergeben sich bereits dogmatische Bedenken[139].

Zudem wird der durch Arbeit verdiente Hafturlaub durch Umstände ausgeschlossen, die mit der Arbeitsleistung des Häftlings nichts zu tun haben[140]. Es ist zwar verständlich, dass der Gesetzgeber zum Schutz der Allgemein-

---

[137] Auskunft der JVA Bremen-Oslebshausen vom 16.8.2005.
[138] *Schäfe*r: Nicht-monetäre Entlohnung von Gefangenenarbeit, S.132.
[139] *Ullenbruch*: Neuregelung des Arbeitsentgelts für Strafgefangene...., in ZRP 2000, Heft 5, S.180.
[140] *C/M-D*: StVollzG. 9.Aufl., §43, Rn.5.

heit die nicht immer unproblematische Gewährung des Hafturlaubs an die allgemeinen Voraussetzungen der Urlaubsgewährung knüpft, jedoch ist dann fraglich, ob sich der Hafturlaub als Anreiz in einem Good Time – System eignet. Denn einerseits liegt die Besonderheit eines Good Time – Systems gerade in der automatischen und von Sozialprognosen unabhängigen Berechnung, um so dem Gefangenen eine sichere Vorhersage des Entlassungszeitpunkts (hier des Urlaubs) zu ermöglichen. Andererseits darf nicht vergessen werden, dass der Hafturlaub keine bloße Vergünstigung für den Häftling, sondern eine Behandlungsmaßnahme ist [141], die hohe Anforderungen an die Selbstbeherrschung des Häftlings stellt, ihn einem hohen psychologischen Druck aussetzt und oftmals mit großen Enttäuschungen verbunden ist. Denn dem Häftling wird im Hafturlaub nicht nur die Möglichkeit gegeben, für einige Stunden oder Tage den Zwängen des Strafvollzugs zu entfliehen, eigene Entscheidungen zu treffen und Kontakte zu Familie oder Freunden aufzunehmen; oft muss der Häftling feststellen, dass sich seit seiner Inhaftierung nicht nur die gesellschaftlichen Verhältnisse sondern auch das familiäre Umfeld verändert haben und ihm fremd geworden sind[142]. Hinzu kommt der Druck, freiwillig in die Vollzugsanstalt zurückkehren zu müssen, obwohl manche (insbesondere familiäre) Probleme, die sich während des Urlaubs offenbart haben, noch ungelöst sind[143]. Nicht umsonst wird der Hafturlaub als eine Maßnahme verstanden, während derer sich der Häftling langsam wieder an ein Leben in Freiheit gewöhnen und sich unter den normalen Lebensbedingungen erproben und behaupten

---

[141] *Fiedler*: Wohltat, Behandlungsmaßnahme, Risiko? Zur Ideologischen und pragmatischen Einordnung des Urlaubs aus dem Vollzug, in ZfStrVo 1996, S.326f.; *C/MD*: Strafvollzug, 8.Aufl., §13, Rn.1, 9; *Freimund*: Vollzugslockerungen-Ausfluss des Resozialisierungsgedankens?, S.1f.

[142] Vgl. dazu *Fiedler* a.a.O.; *Dolde*: Vollzugslockerungen im Spannungsfeld zwischen Resozialisierungsversuch und Risiko für die Allgemeinheit, in Jung/Müller-Dietz (Hrsg.): Langer Freiheitsentzug – wie lange noch?, S.116.

[143] *Fiedler* a.a.O., S.327; *Dolde* a.a.O., S.107, 116.

soll[144]. Es ist irritierend, dass sich ein Häftling eine solche Behandlungsmaßnahme durch seine Arbeit oder Ausbildung verdienen soll[145].

Zwar hat auch schon vor der gesetzlichen Neuregelung das Verhalten des Gefangenen im Vollzug eine entscheidende Rolle für die Gewährung eines Hafturlaubs gespielt, so dass schon immer der Hafturlaub zu einem gewissen Teil als „verdient" angesehen werden konnte[146], aber dass direkt und allein aufgrund einer Arbeitsleistung eine Behandlungsmaßnahme gewährt wird, ist dem System eines Resozialisierungsvollzugs, in dem jeder Häftling bei der Erreichung des Vollzugsziels bestmöglich unterstützt werden soll, fremd. Zwar mag der Häftling durch die Inaussichtstellung des Hafturlaubs motiviert werden, fraglich ist nur, ob dies nicht die Bedeutung des Urlaubs als Behandlungsmaßnahme entwertet.

c) *Motivation durch intramuralen Arbeitsurlaub?*

Zweifelhaft ist die Motivationswirkung der bloßen Freistellung von der Arbeit gem. §43 Abs.6 StVollzG[147].

Die Freistellung von der Arbeitspflicht dient der körperlichen, geistigen und seelischen Regeneration der Häftlinge und ist damit an den Arbeitsurlaub der freien Arbeitnehmerschaft angelehnt[148]. Trotzdem kann ein Erholungsurlaub in Freiheit nicht mit dem in Unfreiheit gleichgesetzt werden. Freizeitangebote sind im Vollzug nur spärlich vorhanden, müssen in ihrem

---

[144] *C/MD*: Strafvollzug, 8.Aufl., §13, Rn.1, 9.

[145] ähnlich *Ullenbruch*: Neuregelung des Arbeitsentgelts für Strafgefangene..., in ZRP 2000, Heft 5, S.182.

[146] *Fiedler*: Wohltat, Behandlungsmaßnahme, Risiko? Zur Ideologischen und pragmatischen Einordnung des Urlaubs aus dem Vollzug, in ZfStrVo 1996, S.326f.; *Grunau*: Kritische Überlegungen zum Strafvollzugsgesetz, in JR 1977, S.55.

[147] So auch *Pörksen*: Neuregelung der Gefangen – Entlohnung, in NKrimP 1/2001,S.5.

[148] *Matzke* in Schwind/Böhm: StVollzG, 3.Aufl., §42 Rn.2.

Ablauf dem Vollzugsalltag folgen und sind bei weitem nicht so attraktiv, als dass eine zusätzliche jährliche Freistellung von der Arbeitspflicht in Höhe von 6 Tagen den Gefangen motivieren könnte, wird er doch in den meisten Fällen den Urlaub nur auf seiner Zelle absitzen[149]. Überdies scheint es paradox, sich durch eine Arbeitsleistung eine Freizeit zu verdienen, die man ohne die Arbeit sowieso hätte.

Für Gefangene im ersten Arbeitsjahr macht die Freistellungsregelung Sinn, da bei §43 Abs.6 StVollzG im Unterschied zu §42 Abs.1 S.1 StVollzG keine einjährige Wartezeit auf den intramuralen Arbeitsurlaub besteht[150], die Freistellungstage also auch schon im ersten Arbeitsjahr zum Arbeitsurlaub genutzt werden können. Da aber alle 2 Monate nur 1 Freistellungstag erworben werden kann, sind selbst im ersten Haftjahr die Auswirkungen gering.

Ohnehin wäre die nun vollzogene Erhöhung der Urlaubszeiten dem Angleichungsgrundsatz des §3 StVollzG geschuldet gewesen, da auch die freien Arbeitnehmer einen Anspruch auf 24 Tage Erholungsurlaub besitzen, vgl. §3 Abs.1 BUrlG[151].

Positiver Nebeneffekt des intramuralen wie auch des extramuralen Arbeitsurlaubs ist für den Gefangenen jedoch die Weiterbezahlung des Arbeitsentgelts gem. §43 Abs.8 StVollzG, die bei einer Anrechnung der Freistellungstage auf den Entlassungstermin gem. §43 Abs.9 StVollzG nicht in Betracht kommt[152]. In finanzieller Hinsicht kann es für den Gefangenen daher durchaus Sinn machen, die Freistellung nach Abs.6 zu wählen, auch

---

[149] So auch *Ullenbruch*: Neuregelung des Arbeitsentgelts für Strafgefangene...., in ZRP 2000, Heft 5, S.180; *Böhm*: Strafvollzug, 3.Aufl., Rn.321; *Schäfer*: Nichtmonetäre Entlohnung von Gefangenenarbeit, S.64.

[150] Zur Berechnung der Einjahresfrist vgl. *Laubenthal*: Strafvollzug, 3.Aufl., Rn.415.

[151] Referentenentwurf des BMJ, S.5, 9; *Feest*: AK-StVollzG Erg. §42 Rn.2.

[152] *Schäfer* a.a.O., S.137.

wenn dies für die Vollzugsverwaltung aus Kostengesichtspunkten weniger wünschenswert ist.

Zudem ist die Auswahlmöglichkeit für den Gefangenen zwischen mehreren Alternativen (intra- und extramuraler Arbeitsurlaub, Haftzeitverkürzung) positiv zu bewerten. Die so geschaffene Wahlmöglichkeit kann als besondere Förderung des Selbstbestimmungsrechts der Gefangenen gewertet werden.

d) *Vereinbarkeit von §43 Abs.6ff. StVollzG mit der bestehenden Rechtsordnung*

Unberechtigt ist die Kritik, die Freistellungsmöglichkeit bzw. die Ansparmöglichkeit der Freistellungstage zur Urlaubsgewährung oder Strafzeitverkürzung sei mit der bestehenden Rechtsordnung in Deutschland generell nicht vereinbar.

So wurde beispielsweise kritisiert, das Ansparen der Freistellungstage zur Vorverlegung des Entlassungszeitpunkts sei eine „verdeckte" Haftzeitverkürzung[153].

Natürlich stellt die Ansparung der Freistellungstage zur Anrechnung auf den Entlassungszeitpunkt eine Haftzeitverkürzung dar. Dies ist jedoch nach dem Gesagten zulässig, weil die Haftzeitverkürzung als Gegenleistung für eine Resozialisierungsleistung des Häftlings gewährt wird[154]. Zudem handelt es sich nach dem Willen des Gesetzgebers bei der Vorverlegung des Entlassungszeitpunkts gem. §43 Ab. 10 StVollzG um eine rein

---

[153] *Ullenbruch*: Neuregelung des Arbeitsentgelts für Strafgefangene..., in ZRP 2000, Heft 5, S.182.
[154] So auch das *BVerfG*, Beschluss vom 24.3.2002, in StV 2002, S.376.

vollzugsrechtliche Maßnahme, die die Strafvollstreckung ansonsten nicht berührt, ähnlich der Haftzeitverkürzung nach §16 StVollzG[155].

Teilweise wird die Good Time – Reduktion als ein unzulässiger Eingriff in den nach Art. 92, 104 II GG verfassungsrechtlich verankerten Richtervorbehalt gesehen, da im Nachhinein eine richterlich angeordnete Haftstrafe quasi automatisch verkürzt werde [156]. So sei es nach dem in Art. 92 und 104 Abs.2 GG verankerten Sanktionssystem allein Aufgabe der Strafjustiz, das Strafmaß festzulegen. Dieses Strafmaß dürfe auch nicht nachträglich verändert werden, den Richtern stehe das Rechtssprechungsmonopol zu[157].

Nach Art. 92 GG ist die rechtssprechende Gewalt den Richtern anvertraut. Art. 104 Abs.2 GG bestimmt, dass nur ein Richter über Zulässigkeit und Fortdauer einer Freiheitsstrafe entscheiden darf.

Das Rechtssprechungsmonopol der Richter soll vorliegend auch nicht in Zweifel gezogen werden, denn schon Art und Schwere des Eingriffs in die Freiheitsrechte des Verurteilen gebieten es, einen Richter mit der Verhängung einer Freiheitsstrafe zu betrauen[158]. Der Richtervorbehalt sichert die Entscheidung über wesentliche Grundrechtseingriffe durch eine unabhängige staatliche Gewalt[159].

Jedoch ist der Regelungsgehalt der Verfassungsnormen genau zu definieren.

---

[155] Vgl. Dazu ausführlich *Schäfer*: Nicht-monetäre Entlohnung von Gefangenenarbeit, S.16ff.; *Lückemann* in Arloth/Lückemann: StVollzG, §43 Rn. 5.

[156] So ohne nähere Begründung: *Ullenbruch*: Neuregelung des Arbeitsentgelts für Strafgefangene..., in ZRP 2000, Heft 5, S.180, Fn.21; vgl. auch *Lohmann*: Arbeit und Arbeitsentlohnung des Strafgefangenen, S.278.

[157] *Lohmann* a.a.O.

[158] *Dürig* in Maunz/Dürig (Hrsg.): GG, Stand Juni 2002, Art.104 Rn.23; *BVerfG*, Beschl. v. 3.6.1992, NJW 1992, S.2951.

[159] *Claus Dieter Classen* in v.Mangoldt/Klein: Das Bonner Grundgesetz, 4.Aufl., Art. 92 Rn.2, 18.

Art. 104 Abs.2 GG soll als Konkretisierung von Art. 92 GG den Bürger vor einer unberechtigten Anordnung oder Fortführung eines Eingriffs in seine Freiheitsrechte schützen, wobei mit „Anordnung" der Freiheitsentziehung der präventive Rechtsschutz, mit „Fortführung" der nachträgliche Rechtsschutz, insbesondere mit Blick auf eine vorläufig angeordnete Freiheitsentziehung i.S.v. Art. 104 Abs.2, S.2, Abs.3, 4 GG, gemeint ist[160]. Insbesondere erfasst Art.104 Abs.2 GG die Fortführung einer Freiheitsstrafe *über* den ursprünglich festgelegten Termin *hinaus[161]*. Art. 104 Abs.2 GG dient damit aber allein dem Grundrechtsschutz des Bürgers und nicht etwa der Durchsetzung des richterlichen Strafanspruchs; dieser kann sich allenfalls aus Art. 92 GG ergeben.

Nur für die lebenslange Freiheitsstrafe hat das BVerfG bisher entschieden, dass über die Frage der Feststellung der „besonderen Schwere der Schuld" nach §57a StGB das Tatgericht und nicht etwa die Vollstreckungskammer bei der Entscheidung über die Strafrestaussetzung zur Bewährung zu entscheiden hat, da das Tatgericht sachnäher und umfänglicher über das Vorliegen der die besondere Schwere der Schuld begründenden Umstände entscheiden kann[162]. Insoweit ist aber anzumerken, dass die Frage der Strafrestaussetzung zur Bewährung bei einer lebenslangen Freiheitsstrafe eine andere Qualität besitzt, als bei einer normalen Freiheitsstrafe. Anders als bei der Strafrestaussetzung zur Bewährung bei zeitigen Freiheitsstrafen bzw. der Verkürzung einer solchen durch Good Time, wird nämlich bei der Aussetzungsentscheidung über eine lebenslange Freiheitsstrafe nicht etwa eine sich bereits dem Ende nähernde Strafe reduziert, sondern über die *Fortführung* einer Freiheitsstrafe *für eine weitere unbestimmte Zeit* entschieden.

---

[160] *H. Rüping* in Dolzer/Vogel (Hrsg.): Bonner Kommentar zum Grundgesetz, Stand Mai 2001, Art. 104 Rn.45; *Leibholz/Rink/Hesselberger*: GG, 7.Aufl., Art.104 Rn.231ff.; *Dürig* in Maunz/Dürig (Hrsg.): GG, Stand Juni 2002, Art.104 Rn.23.

[161] *Jarass* in Jarass/Pieroth: GG, 6.Aufl., Art.104 Rn.12.

[162] BVerfG, Beschl. v. 3.6.1992, NJW 1992, S.2947ff. (2950); *Schmidt-Bleibtreu/Klein*: Grundgesetz, 9.Aufl., Art.104 Rn.7.

Art. 104 Abs.2 S.1 GG kann somit für die Beantwortung der hier gestellten Frage nicht weiterhelfen[163].

Wenn die Good Time – Regelung gegen Verfassungsrecht verstoßen sollte, dann kommt allenfalls ein Konflikt mit Art. 92 GG in Betracht. Art. 92 GG ist so zu verstehen, dass dem Tatrichter die Rechtssprechungshoheit insoweit zuzuerkennen ist, dass sein rechtskräftiges Urteil für die Vollstreckungsbehörden bindend ist und nicht nachträglich durch diese abgeändert werden darf. Denn würden die Vollstreckungsbehörden dieses tun, so sprächen sie „Recht" und griffen damit in die Rechtssprechungshoheit des Richters ein. Der Tatrichter hat aufgrund seiner umfänglichen Kenntnis der Umstände des Falls und der Persönlichkeit des Täters die beste Möglichkeit, umfassend über Tat und Täter zu urteilen und ist daher in seiner Strafzumessungsentscheidung zu akzeptieren.

Allerdings unterliegt die richterliche Strafzumessungshoheit schon heute vielfältigen Durchbrechungen; Straferkenntnis und tatsächliche Strafverbüßung sind selten identisch[164]: So werden Geldstrafen ohne Zutun des Richters durch gemeinnützige Arbeit getilgt oder in Freiheitsentzug umgewandelt, ohne dass der Richter dies beeinflussen könnte[165] und dies, obwohl die Übelzufügung bei einer Geldstrafe wesentlich geringer ist als bei der Verbüßung einer Ersatzfreiheitsstrafe[166]. Der Richter bestimmt zwar grundsätzlich die Strafdauer, jedoch nicht die Art des Vollzugs; allein die Strafvollstreckungsbehörde entscheidet, ob ein Gefangener beispielsweise in den geschlossenen oder in den wesentlich milderen offenen Vollzug ver-

---

[163] Vgl. auch *Schäfer*: Nicht-monetäre Entlohnung von Gefangenenarbeit, S.19f.

[164] *Heghmanns*: Fahrverbot, Arbeitsstrafe und Hausarrest...., in ZRP 1999, S.298.

[165] *Seebode*: Problematische Ersatzfreiheitsstrafe, in Feuerhelm/Schwind/Bock (Hrsg.): FS Alexander Böhm, S.525ff.

[166] *Tröndle* – LK-StGB, 10.Aufl., §43 Rn.4; *Weber*: Aussetzung des Restes der Ersatzfreiheitsstrafe nach §57 StGB?, in Stree/Lenckner/Cramer/Eser (Hrsg.): GS für Horst Schröder, S. 184; *Schall*: Die Sanktionsalternative der gemeinnützigen Arbeit..., in NStZ 1985, S.106.

legt wird, ob Lockerungen gewährt werden oder nicht[167]. Die Verbüßung des Rests einer Freiheitsstrafe kann gemäß §57 StGB und §36 BtMG bereits nach der Hälfte bzw. nach 2/3 der Freiheitsstrafverbüßung zur Bewährung ausgesetzt werden, ohne dass der Tatrichter dies vorhersehen kann. Schließlich kommt eine Entlassung im Gnadenwege in Betracht; man denke nur an die zahlreichen Weihnachtsamnestien, bei denen schon bei kurzen Freiheitsstrafen Strafzeitverkürzungen von über einem Monat möglich sind[168].

Das Gesetz eröffnet somit mehrere Möglichkeiten, die tatrichterliche Strafzumessungsentscheidung nachträglich abzuändern.

Bei den Good Time – Regelungen geschieht nichts anderes. Ein einfaches Gesetz ermöglicht die Verkürzung der richterlich angeordneten Freiheitsstrafe unter gewissen, gesetzlich genau definierten Voraussetzungen. Nicht ein Verwaltungsbeamter, sondern das Gesetz gibt vor, wann ein Gefangener aufgrund der Regelung des §43 Abs.6 ff. StVollzG vorzeitig entlassen werden kann.

Die Vergabe der Zeitkredite folgt strengen, gesetzlich definierten objektiven Kriterien, so dass einerseits keine Einflussmöglichkeiten der Vollzugsbehörde entstehen und andererseits der Richter schon bei der Urteilsfindung den Umfang der zu erwartenden Zeitkredite mit in seine Strafzumessungsüberlegungen einbeziehen kann.

Zwar verbleibt noch die Unsicherheit, ob der Gefangene einen Arbeits- oder Ausbildungsplatz erhält, der dann auch tatsächlich zum Erwerb der Kredite berechtigt, was durchaus zu Schwierigkeiten führen kann, wie z.B. die Erfahrungen in Griechenland gezeigt haben, allerdings dürfte die Unsicherheit nicht höher sein, als die Ungewissheit über eine später erfolgende Strafrestaussetzung zur Bewährung.

---

[167] Vgl. zu dieser Problematik *Seebode*: Vollzugsrechtliche Reformüberlegungen, in Courakis (Hrsg.): Die Strafrechtswissenschaften im 21. Jahrhundert, S. 1015f.

[168] *Böhm*: Strafvollzug, 3.Aufl., Rn.319.

Gerechter und besser vorhersehbar als z.B. die Praxis der Feiertagsamnestien, bei der die Strafzeitverkürzung von der zufälligen Nähe des Entlassungszeitpunkts zu einem Feiertag, z.B. Weihnachten, abhängt, ist das Good Time – System allemal[169].

Zudem weist Seebode mit Recht darauf hin, dass die Arbeit aufgrund der Arbeitspflicht nach §41 StVollzG, die mit wenigen Ausnahmen für alle Strafgefangenen gilt (vgl. §41 Abs.1 S.3 StVollzG), als Teil der Strafe zu betrachten ist, gewissermaßen ein unterschiedslos jeden Strafgefangenen treffendes „Strafübel" darstellt[170]. Denn aufgrund der in §41 StVollzG statuierten Arbeitspflicht ist diese untrennbar mit dem richterlichen Ausspruch einer Freiheitsstrafe verbunden. Auch wenn dadurch die Arbeit gewissermaßen negativ mit dem Stigma eines „Übels" versehen wird[171], so lässt sich der Zusammenhang von Verurteilung zu einer Freiheitsstrafe und damit gleichzeitig der Auferlegung der Arbeitspflicht nicht leugnen; ebenso wenig wie der Zusammenhang von der Auferlegung der Freiheitsstrafe als übelzufügende Sanktion und dem gleichzeitigen positiven Ziel des Strafvollzugs – der Resozialisierung, geleugnet werden könnte. Wenn dann der Gefangene, der (mehr) arbeitet, ein Teil des ihm auferlegten Strafübels verwirklicht, so kann er auch eher entlassen werden[172].

Zumindest muss zugegeben werden, dass der arbeitende oder in Ausbildung befindliche Häftling einen größeren Beitrag zu seiner Resozialisierung erbringt als der Unbeschäftigte. Wenn Ziel des Vollzugs aber die Resozialisierung ist und der Häftling überobligatorisch an der Erreichung dieses Ziels mitarbeitet, so rechtfertigt dies auch seine frühere Entlassung[173].

---

[169] *Böhm*: Strafvollzug, 3.Aufl., Rn.319.

[170] *Seebode*: Strafvollzug, S.92.

[171] Vgl. insoweit ablehnend *Lohmann*: Arbeit und Arbeitsentlohnung des Strafgefangenen, S.279 m.w.N.

[172] Ebenso *Seebode*: Strafvollzug, S.92.

[173] So auch *Böhm* a.a.O.

Wer allein darauf abstellt, dass die Good Time – Regelung das richterlich angeordnete Strafmaß nachträglich verändert, überbetont den Sanktionscharakter der Strafe und schenkt dem Resozialisierungsziel des Strafvollzugsgesetzes zu wenig Beachtung.

Eine Grenze ist mit dem BVerfG nur dort zu ziehen, wo Arbeit- und Ausbildung allein dass Ziel der Resozialisierung nicht erreichen können, weil die Kriminalitätsursachen in anderen Bereichen zu suchen sind und general- und spezialpräventive Gründe entgegenstehen, z.B. bei Sexualstraftätern. Da bei 6 Tagen pro Jahr Sicherheitsbelange aber nicht ernsthaft gefährdet sind, können auch insoweit keine verfassungsrechtlichen Bedenken entstehen. Nur wenn man den möglichen Kreditierungsumfang erweitern wollte, könnten Bedenken entstehen. Insoweit hat der Gesetzgeber aber mit der Regelung des §43 Abs.11 StVollzG bereits ein Regelungskonzept entwickelt, dass auch für problematische Tätergruppen genutzt werden könnte (s.u.).

Ernsthafte Besorgnisse bzgl. des Richtervorbehalts könnten sich daher nur ergeben, wenn die Vergabe der Kredite von subjektiven Beurteilungskriterien abhängen würde, z.B. der individuell und im Einzelfall erbrachten Arbeitsleistung. In einem solchen Fall hätte derjenige, der subjektiv die Arbeitsleistung eines Häftlings zu beurteilen hat, i.d.R. der Werkmeister, die Möglichkeit, durch seine Einschätzung der Arbeitsleistung und der damit verbundenen Kreditgewährung die vom Richter ausgesprochene Straflänge nachträglich zu beeinflussen. Aber einerseits würde auch in einem solchen Falle das Gesetz den gesetzlich zulässigen Höchstrahmen des Kreditierungsumfangs vorgeben und somit die maximal zu erwartende Strafzeitreduktion für den Richter vorhersehbar machen; andererseits könnte dem Richtervorbehalt durch die Beteiligung eines Richters an der Vergabeentscheidung genüge getan werden, z.B. als Mitglied einer Kommission zur Einschätzung der individuellen Arbeits- und Ausbildungsleistungen mit entsprechenden Kontrollbefugnissen oder als Kontrollorgan zur Überprüfung getroffener Entscheidungen.

Im Übrigen hat das Bundesverfassungsgericht in seiner Entscheidung aus dem Jahre 2002[174], die Vereinbarkeit der Regelung mit Art. 92 GG nicht geprüft und folglich darin kein Problem gesehen.

e)   *Die Ausnahmeregelung des §43 Abs.10 StVollzG*

In §43 Abs.1 StVollzG hat der Gesetzgeber einige Häftlingsgruppen von der Strafzeitverkürzungsmöglichkeit nach Abs.9 der Vorschrift ausgenommen, so dass den dort genannten Gefangenen faktisch nur die Möglichkeit des intramuralen, bzw. soweit dies möglich, des extramuralen Arbeitsurlaubs verbleibt bzw. die Ausgleichsentschädigung nach Abs.11 in Betracht kommt. Mit Ausnahme der Nummer 3 des Abs.10, der auf eine ungünstige Sozialprognose abstellt, sind die Ausschlussgründe der Struktur der Good Time – Vergabe geschuldet: Solange noch kein endgültiger Entlassungstermin feststeht (Nr.1: lebenslange Freiheitsstrafe, Sicherungsverwahrung), oder nicht mehr genug Zeit bis zum Entlassungstermin existiert (Nr.2, 4) macht es wenig Sinn, auf das ungewisse bzw. kurz bevorstehende Haftzeitende Zeitgutschriften anzurechnen.

Des Öfteren wurde vorgebracht, der Katalog des §43 Abs.10 StVollzG sei mit dem bestehenden System der Bewährung gemäß §57ff. StGB inkonsistent, systemwidrig und unvereinbar, insbesondere deshalb, weil die Ausschlussgründe nicht harmonisiert seien: So könne es nicht angehen, dass eine negative Sozialprognose zwar die Strafrestaussetzung, nicht aber die Haftzeitverkürzung in Folge geleisteter Erwerbsarbeit ausschließe[175].

---

[174] *BVerfG*, Beschluss vom 24.3.2002, in StV 2002, S.374ff.

[175] Vgl. *C/M-D*: StVollzG, 10.Aufl, §43 Rn.5; *Radtke*: Die Zukunft der Arbeitsentlohnung von Strafgefangenen, in ZfStrVO 2001, S.9; *Ullenbruch*: Neuregelung des

Dem ist jedoch zu widersprechen: Es ist ja gerade das wesentliche Unterscheidungsmerkmal der Good Time – Regelungen im Vergleich zur Strafrestaussetzung zur Bewährung, dass bei der Vergabe der Good Time keine Sozialprognose gestellt wird. Die Good Time – Vergabe soll im Unterschied zu der für die Strafrestaussetzung erforderlichen Sozialprognose nach objektiven, konkreten und für den Häftling nachvollziehbaren Maßstäben berechenbar sein, um dem Häftling Sicherheit über seinen Entlassungszeitpunkt zu vermitteln und daraus resultierend die Motivation des Häftlings zu stärken. Würde auch die Good Time von einer Sozialprognose abhängig gemacht werden, wäre der angestrebte Motivationszweck erheblich konterkariert.

Die Good Time – Kredite werden im Gegensatz zu einer prognoseabhängigen Strafrestaussetzung zur Bewährung vom Häftling durch Arbeits- und Ausbildungsleistungen „verdient"; schon deshalb sollte ein Ausschluss der Haftzeitverkürzungsmöglichkeit mit Blick auf den Verhältnismäßigkeitsgrundsatz besonders restriktiv gehandhabt werden und eine Ausnahme bleiben[176]. Im übrigen ist bei der Strafzeitverkürzungsmöglichkeit von derzeit maximal 6 Tagen pro Haftjahr kaum zu erwarten, dass eine vorzeitige Haftentlassung – selbst im Falle einer ungünstigen Sozialprognose – bezüglich der Erhöhung des Rückfallrisikos maßgeblich ins Gewicht fallen könnte – zumal in besonders schweren Fällen §43 Abs.10 Nr.3 StVollzG die Möglichkeit eröffnet, die Anrechnung auf das Haftzeitende auszuschließen[177]. Die Inkongruenz zu den Bewährungsvoraussetzungen nach §57 StGB entspricht daher dem Sinn und Zweck des Good Time – Systems.

Arbeitsentgelts für Strafgefangene, in ZRP 2000, S.180; *Lohmann*: Arbeit und Arbeitsentlohnung des Strafgefangenen, S.279.

[176] So auch *OLG Hamm*, Beschluss vom 2.10.2001, in NJW 2002, S.231.

[177] *OLG Hamm*, Beschluss vom 2.10.2001, in NJW 2002, S.231 f.

Im Übrigen wurde zu Recht darauf hingewiesen[178], dass bei der Ausgestaltung der §§46 Abs.10 und 11 StVollzG ein Sachverhalt übersehen wurde, der zwar nicht allzu häufig vorkommen wird, aber nicht außerhalb aller Wahrscheinlichkeit liegt: Gedacht ist an Häftlinge, die an einer Bildungsmaßnahme teilnehmen und deren Abschlussprüfung sehr nahe am regulären Haftende liegt. Wollen diese Häftlinge an der Prüfung teilnehmen, so kommt eine Anrechnung der Freistellungstage auf die Gesamthaftzeit nach Abs.9 für sie nicht in Frage. Wenn dann auch wegen der Ausnahmeregelung des Abs.7 S.2 eine Verwendung der Freistellungstage für einen Hafturlaub nicht in Frage kommt und eine Freistellung von der Arbeitspflicht nach Abs.6 den Ausbildungserfolg (bzw. aufgrund vorheriger Fehlzeiten den Ausbildungsplatz) gefährden würde, so käme der Häftling nicht in den Genuss der gesetzlichen Neuregelung[179]. Denn eine Ausfallentschädigung nach Abs.11 ist wegen des Verweises auf den abschließenden Katalog des Abs.10 ausgeschlossen[180]. Da eine solche Lösung aber den Gefangenen nicht nur benachteiligen würde, sondern auch ausbildungswillige Häftlinge von einer Entscheidung für eine Ausbildung abhalten könnte, was wiederum dem Vollzugsziel widerspräche, müsste in §46 Abs.10 eine Ergänzung vorgenommen werden, so dass auch Häftlingen, die freiwillig zum Wohle eines Ausbildungsabschlusses auf die vorzeitige Haftentlassung verzichten, eine Ausfallentschädigung gewährt wird.

Zu weiteren praktischen Anwendungsproblemen im Zusammenhang mit §43 Abs.10 kann auf die ausführlichen Darstellungen bei Schäfer verwiesen werden[181].

---

[178] *Hötter*: Zur Neuregelung des §43 StVollzG, in ZfStrVo 2001, S.139.
[179] Vgl. *Hötter* a.a.O.
[180] Vgl. *C/MD*: StVollzG, 9.Aufl., §43 Rn.4.
[181] *Schäfer*: Nicht-monetäre Entlohnung von Gefangenenarbeit; S. 79ff.

f)   Die Ausgleichsentschädigung nach §43 Abs.11 StVollzG

Grundsätzlich positiv zu werten ist die Ausgleichsentschädigung gemäß §43 Abs.11 StVollzG, die all jenen Häftlingen gewährt wird, für die gemäß Abs.10 eine Anrechnung der Freistellungstage auf das Haftende nicht in Frage kommt[182].

International gesehen stellt diese finanzielle Entschädigungsmöglichkeit den absoluten Ausnahmefall dar. Insbesondere der in den USA übliche Ausschluss vom Good Time – Verdienst für bestimmte Tätergruppen (zu lebenslanger Haft Verurteilte, schwere Gewalt- und Sexualverbrecher) wird als ein aus der Strafart (lebenslange Haft) oder aus der Strafrechtsreaktion auf ein bestimmtes Delikt (schwere Gewalt- und Sexualstraftaten) resultierendes Strafübel angesehen, so dass eine Ausgleichszahlung systemimmanent nicht in Frage kommt.

Bei der deutschen Regelung war die Ausgleichsentschädigung logische Konsequenz aus dem Charakter der Freistellungsregelung als nichtmonetärer Teil des Arbeitsentgelts. Da der Gefangene sich die Freistellungsregelung erarbeitet, muss ihm auch ein entsprechender Ersatz für den Fall der Nichtgewährung geboten werden.

Für die Gefangenen hat dies den positiven Effekt, dass die zu lebenslanger Haft bzw. zur Sicherungsverwahrung verurteilten Häftlinge (Abs.10 Nr.1) angehalten werden, kontinuierlich an Arbeits- oder Ausbildungsmaßnahmen teilzunehmen bzw. für die in Nr.2-5 des Abs.10 genannten Tätergruppen, bei denen erst zum Haftende deutlich wird, dass eine Anrechnung der Freistellungstage auf den Entlassungstermin nicht in Frage kommt, der Erwerb der Freistellungstage nicht umsonst erfolgte.

---

[182] So auch das *BVerfG*, Beschluss vom 24.3.2002, in StV 2002, S.376.

Ob die Ausgleichsentschädigung i.H.v. 15% des bisher verdienten Be-
schäftigungsentgelts angemessen ist, wird hingegen in Zukunft zu über-
denken sein. Ursprünglich war im Gesetzgebungsverfahren eine Ausgleichsentschädigung i.H.v. 30 von Hundert der bisherigen Beschäfti-
gungsverdienste vorgeschlagen worden[183], jedoch ist dies aufgrund finanzieller Einwände der Länder gescheitert. Immerhin muss ein Häftling über
6 Monate arbeiten bzw. an einer Ausbildung teilnehmen, um eine Ausgleichentschädigung in Höhe eines Monatsentgelts zu erwirtschaften. 3
Freistellungstage (erworben für 3x2 Monate zusammenhängender Tätigkeit) entsprechen somit einem Ausgleichsentschädigungsbetrag von ca. einem Monatsgehalt. 1 Freistellungstag entspricht ca. 65 €[184].

Festzuhalten bleibt jedoch, dass der Umstand, dass überhaupt eine Ausgleichsentschädigung gewährt wird, äußerst positiv zu bewerten ist. Insbesondere Häftlinge, die nach Abs.10 Nr. 1 von der Anrechnung der Freistellungstage auf das Haftende ausgeschlossen sind, werden sicherlich die
Ausgleichsentschädigung der unattraktiven Freistellung von der Arbeitspflicht nach Abs.6 vorziehen. Eine Urlaubsgewährung nach Abs.7 wird für
diese Tätergruppen wegen des Verweises auf §§11 Abs.1, 13 Abs.3
StVollzG ohnehin kaum in Frage kommen.

g) *Fälligkeit der Ausgleichsentschädigung*

Obwohl der Gesetzgeber die Freistellungsregelung bzw. ihr Surrogat in
Form der Ausgleichsentschädigung als Teil des Arbeitsentgelts begreift,
lässt er den Anspruch auf Ausgleichsentschädigung erst mit der Entlassung
entstehen; vor der Entlassung ist der Anspruch nicht verzinslich, nicht ab-

---

[183] Vgl. Vorschlag des Bundestages – BT-Drucksache 14/4898, S.2.

[184] *Schriever*: Praktische Erfahrungen mit der Neuregelung des §43 StVollzG; *Böhm*:
Strafvollzug, 3.Aufl., Rn.319; *Schäfer*: Nicht-monetäre Entlohnung von Gefangenenarbeit, S.95.

tretbar und nicht vererblich, vgl. §43 Abs. 11, S.2 StVollzG. Dies hat zur Konsequenz, dass Angehörige eines Gefangenen, der vor seiner Entlassung verstirbt, keinen Anspruch auf die Ausgleichsentschädigung haben. Bei zu lebenslanger Haft Verurteilten oder Sicherungsverwahrten, denen nach §43 Abs.11, S.3 StVollzG die Ausgleichsentschädigung nur alle 10 Jahre gutgeschrieben wird, kann dies zu erheblichen finanziellen Einbußen führen. Die Regelung ist zwar insofern konsequent, als dass ein Gefangener, der keinen Anspruch auf Ausgleichsentschädigung gehabt hätte, die Freistellungstage als höchstpersönlichen Freiheitsanspruch zwar auch nicht an Angehörige hätte weitergeben können, jedoch widerspricht die Regelung der Auffassung des Gesetzgebers, die Freistellungstage seien Teil des Arbeitslohns, die im Falle der Nichtanrechenbarkeit nach Abs.10 auch wieder in einen monetären Lohn zurückgewandelt werden. Verstirbt ein Gefangener vor Haftende, geht ein Teil seines Arbeitslohns somit zugunsten der Staatskasse gänzlich verloren.

Aus Kostengesichtspunkten mag dies praktisch sein, eine sachliche Rechtfertigung besteht aber nicht. Es ist zwar durchaus sinnvoll, dass der Anspruch auf Ausgleichentschädigung nicht verzinslich ist, die Freistellungstage als solche erfahren ja auch keine Wertsteigerung. Auch die Nichtabtretbarkeit ist sinnvoll, da der Anspruch auf die Freistellungstage ebenfalls höchstpersönlich und nicht abtretbar ist, jedoch sollte in Erwägung gezogen werden, ob der Anspruch auf Ausgleichentschädigung nicht auch schon mit dem Tod eines Gefangenen vor Haftentlassung entstehen könnte und dieser Anspruch dann vererbbar ist.

h)   *Die Gewichtung der Freistellungsalternativen*

Bedenklich ist die Neuregelung in Hinblick auf die Gewichtung der einzelnen Freistellungsalternativen.

Die Freistellung von der Arbeitspflicht (Abs.6), der Arbeitsurlaub (Abs.7, 8), die Strafzeitverkürzung (Abs.9, 10) und die Ausgleichszahlung (Abs.11) können von ihrer Wertigkeit nicht gleichgestellt werden. Insbesondere in der „Unfreiheit" der Haftanstalten kann die durch Freistellung von der Arbeit erzielte Freizeit (Abs.6) kaum mit der Freiheit des Hafturlaubs (Abs.7, 8) verglichen werden[185].

Selbiges gilt für das Verhältnis von Freistellung und vorzeitiger Haftentlassung oder die Umrechnung der Freistellungstage in eine monetäre Entschädigung von 15% des bisher verdienten Arbeitsentgelts. Zumindest die 1:1 Umrechnung von Freistellung, Hafturlaub und vorzeitiger Haftentlassung scheint bedenklich.

Offensichtlich hat der Gesetzgeber dieses Ungleichgewicht sogar erkannt, denn der Bundesrat geht in seiner Gesetzesbegründung davon aus, dass die Mehrzahl der Häftlinge sich wohl für eine Anrechnung auf den Entlassungszeitpunkt anstatt für eine Freistellung von der Arbeitspflicht entscheiden werde[186]. Auch wird die Zahlung einer Ausgleichsentschädigung nach Abs.11 damit begründet, dass bei einer Nichtanrechenbarkeit der Freistellungstage auf den Entlassungszeitpunkt nach Abs.10 keine „wirklich attraktiven nichtmonetären Ausgleichsmöglichkeiten" bestünden[187]. Dies kann sich nur auf den intramuralen Arbeits- und den ohnehin nur in den wenigsten Fällen zu gewährenden extramuralen Hafturlaub beziehen.

Wenn der Gesetzgeber selbst davon ausgeht, dass von den verschiedenen Möglichkeiten des §43 Abs.6ff. StVollzG eine unterschiedliche Motivationswirkung ausgeht, so ist fraglich, wieso dieses Ungleichgewicht trotzdem in dieser Art und Weise gesetzlich normiert wurde. Man hätte dann zumindest an gestaffelte Umrechnungsfaktoren bei der Berechnung der

---

[185] So auch *Ullenbruch*: Neuregelung des Arbeitsentgelts für Strafgefangene..., in ZRP 2000, Heft 5, S.182; *Lohmann*: Arbeit und Arbeitsentlohnung des Strafgefangenen, S.287; *Schäfer*: Nicht-monetäre Entlohnung von Gefangenenarbeit, S.71ff.

[186] Vgl. BT-Drucksache 14/4452, S.11; so auch BR-Drucksache 405/00, Anlage S.11.

[187] Vgl. BT-Drucksache 14/4452, S.12.

Gewährungsarten des §43 Abs. 6-11 StVollzG denken können, um die verschiedenen Motivationswirkungen angemessen zu berücksichtigen. Benachteiligt sind vor allem jene Häftlinge, die wegen §43 Abs.7 i.V.m. §§ 11 Abs.2, 13 Abs.3 StVollzG und §43 Abs.10 Nr.1 StVollzG in der Regel sowohl von der Gewährung des Hafturlaubs als auch von der Anrechnung der Freistellungstage auf den Entlassungszeitpunkt ausgeschlossen sind, also die zu lebenslanger Haft oder zur Sicherungsverwahrung Verurteilten: Gerade den Gefangenen, die aufgrund ihres besonders langen Ausschlusses von der Gesellschaft bzw. ihrer besonderen Therapiebedürftigkeit einer intensiven Behandlung bedürfen, wird nur ein verminderter Anreiz geboten, an den angebotenen Maßnahmen teilzunehmen. Wenn vor diesem Hintergrund das OLG Hamm die Rechtmäßigkeit der intramuralen Freistellungsregelung damit begründet, dass die nach Abs.6 erworbene Freizeit schließlich in Urlaub oder eine Haftzeitverkürzung umgerechnet werden könne[188], so ist dies bedenklich. Zwar kommt auch den vom Hafturlaub und der Strafzeitreduktion ausgeschlossenen Häftlingen die Ausgleichentschädigung nach Abs.11 zugute; ob diese jedoch mit der Erlangung von Freiheit gleichgestellt werden kann, bleibt fraglich.

Allerdings ist zuzugeben, dass eine Staffelung der Kreditierungsmöglichkeiten das ohnehin schon komplizierte System noch mehr komplizieren würde.

Zudem kann man es auch als besonderen Vorteil der deutschen Regelung ansehen, dass den Gefangenen eine Wahlmöglichkeit gegeben wird. Der Autonomie und Eigenverantwortung der Gefangenen, die selbst entscheiden können, welche der Alternativen für sie subjektiv am attraktivsten ist, wird auf diese Weise besondere Rechnung getragen.

---

[188] *OLG Hamm*, Beschluss vom 2.10.2001, in NJW 2002, S.232.

Dass die individuelle Beurteilung der Attraktivität der Freistellungsalternativen durchaus differieren kann, wird auch durch die von Schäfer für den Zeitraum 2001 bis 2003 in 4 Justizvollzugsanstalten des Bundeslandes Rheinland-Pfalz durchgeführte Untersuchung bestätigt. Diese ergab, dass zwar die Anrechnung auf den Entlassungszeitpunkt gem. §43 Abs.9 StVollzG die meist gewählte Alternative war (38,16%), allerdings viele Häftlinge sich auch für den intra- (31,91%) oder den extramuralen (9,61%) Urlaub entschieden und dass selbst dann, wenn sie grundsätzlich für eine vorzeitige Entlassung nach §43 Abs.9 StVollzG (Nichtgreifen eines Ausnahmetatbestands nach Abs.10) geeignet waren[189]. Teilweise entschieden sich sogar für den extramuralen Urlaub geeignete Gefangene für den Zellenurlaub[190].

Vor diesem Hintergrund sollte man auch alle drei Varianten erhalten, um den Gefangenen die Wahl zu ermöglichen[191].

i) *Wahl zwischen §43 Abs.9 und Abs. 11 StVollzG?*

Der Gesetzgeber hat sich dafür entschieden, den Gefangenen keine Möglichkeit zu geben, zwischen der Anrechnung auf den Entlassungszeitpunkt und der Ausgleichsentschädigung zu wählen. Dies zeigt einmal mehr, dass der Gesetzgeber in der Good Time – Regelung eine kostengünstige Möglichkeit gesehen hat, eine weitere Erhöhung des monetären Arbeitsentgelts zu vermeiden.

Von dieser Zielstellung einmal abgesehen ist es aus Kostengesichtspunkten durchaus sinnvoll, den Gefangenen keine Wahlmöglichkeit zu lassen,

---

[189] *Schäfer*: Nicht-monetäre Entlohnung von Gefangenenarbeit, S. 117f., 132, 133.
[190] *Schäfer* a.a.O., S. 119f., 133.
[191] A.A. *Schäfer* a.a.O. S. 71ff., der für eine Abschaffung des intramuralen Arbeitsurlaubes im Rahmen des §43 StVollzG plädiert.

schließlich verbüßen sie eine Freiheitsstrafe, die hohe Haftkosten pro Tag verursacht. Es wäre paradox, dem Häftling dafür, dass er „freiwillig" länger im Vollzug bleibt und Kosten verursacht, auch noch die Ausgleichsentschädigung zu zahlen, zumal mit der Anrechnung der Good Time auf den Entlassungszeitpunkt die Strafe als vollständig verbüßt anzusehen ist. Die Ausgleichsentschädigung muss damit Ausnahme für die Fälle bleiben, in denen die Anrechnung nach §43 Abs.10 in begründeten Sonderfällen ausgeschlossen ist.

Es sollte deshalb auch verhindert werden, dass Häftlinge durch rechtsmissbräuchliche Einlegung von Rechtsmitteln gegen den positiven Anrechnungsbescheid nach §43 Abs.9 StVollzG versuchen, doch noch in den Genuss der Ausgleichsentschädigung zu gelangen. Zu erreichen ist dies dadurch, dass der Beschwerde des Gefangenen gegen den Anrechnungsentscheid keine aufschiebende Wirkung zuerkannt wird.

j)   *Fehlende Verknüpfung von erbrachter Leistung und Kreditvergabe*

Nach der Gesamtschau der international zu findenden Good Time – Regelungen besteht der eigentliche Mangel der deutschen Good Time – Regelung in der fehlenden Verknüpfung von Arbeitsleistung und Good Time – Verdienst.

Die bloße Teilnahme an der Arbeit genügt. Zwar muss diese zusammenhängend über einen Zweimonatszeitraum erfolgen, auf den Umfang der Arbeitsleistung kommt es aber nicht an. Dadurch entsteht eine Inkongruenz zur monetären Entgeltregelung, die aufgrund der Einteilung der Arbeits- und Ausbildungsleistungen in verschiedene Vergütungsstufen den Umfang der geleisteten Arbeiten berücksichtigt.

Verwunderlich ist die Loslösung der nichtmonetären Komponente von der erbrachten Arbeitsleistung des Gefangenen vor allem, weil bei der Berechnung der Ausgleichsentschädigung nach Abs.11 die tatsächlich erbrachte Arbeits- bzw. Ausbildungsleistung der Häftlinge wiederum Berücksichtigung findet, denn hier wird das tatsächlich verdiente Entgelt (einschließlich etwaiger Zulagen) zugrunde gelegt. Dies führt, wie bereits oben festgestellt, zu dem merkwürdigen Ergebnis, dass Häftlinge trotz des Erwerbs der gleichen Anzahl von Freistellungstagen unterschiedliche Ausgleichsentschädigungen erhalten, je nachdem, welcher Vergütungsgruppe sie zugewiesen waren und welche Sonderzulagen sie verdienten.

Die oben bereits gerügte Inkongruenz von Freistellung, Arbeitsurlaub, Haftzeitverkürzung und Ausgleichsentschädigung wird somit noch verstärkt.

Die Nichtanknüpfung der Freistellungsregelung an die Arbeits- und Ausbildungsleistung ist bedauerlich, weil der Gesetzgeber hier ein wesentliches Potential eines Good Time – Systems nicht ausgenutzt hat. Viele Good Time anwendende Länder machen die Arbeits- oder Ausbildungsleistung zur Grundlage eines gestaffelten Vergütungssystems, um somit die Häftlinge zu besonders guten Arbeits- und Ausbildungsleistungen zu motivieren, man denke nur an die griechische Staffelung der Haftzeitverkürzung durch Arbeit anhand der Schwere und erforderlichen Qualifikation der zu leistenden Arbeiten, vgl. S. 473ff.

Das Bundesverfassungsgericht hat in seiner Entscheidung von 1998 ausdrücklich darauf hingewiesen, dass eine leistungsgerechte Staffelung des Entlohnungssystems zulässig ist[192]. Zwar wird in den diesbezüglichen Ausführungen des BVerfG nicht deutlich, ob die Staffelung der Arbeitsentlohnung nur in einem monetären oder auch in einem nichtmonetären Entlohnungssystem statthaft ist, jedoch sind keine gewichtigen Gründe dafür er-

---

[192] *BVerfGE* 1998, 169 (S.203).

sichtlich, warum nicht auch die nichtmonetäre Komponente gestaffelt werden dürfte.

Zwar könnte man einwenden, dass eine Haftzeitverkürzung bei besonders gefährlichen Tätergruppen ohnehin sehr problematisch sei, erst recht, wenn z.B. ein besonders gefährlicher Sexualstraftäter sehr fleißig arbeite[193], jedoch kann dem, wie bereits vorgeschlagen, durch den Ausschluss solcher Tätergruppen von der Gewährung der Haftzeitverkürzung nach Abs.10 und der Zahlung der Ausgleichsentschädigung oder durch eine Beschränkung der Haftzeitverkürzung auf eine maximale Obergrenze Rechnung getragen werden – ausländische Vorbilder gibt es insofern genug. Dass wegen einer kleinen Gruppe gefährlicher Täter insgesamt auf eine leistungsgerechte Good Time – Vergabe zur Steigerung der Arbeitsmotivation verzichtet wird, ist bedauerlich.

Konsequent wäre insofern eine Regelung, die entweder alle Alternativen des §43 Abs.6-11 StVollzG mit den Arbeits- und Ausbildungsleistungen der Häftlinge verknüpft oder generell auf eine Koppelung von Leistung und Good Time – Vergabe bzw. Ausgleichsentschädigung verzichtet.

Die erste Lösung bestünde darin, die Vergabe der Freistellungstage entsprechend der Leistung der Häftlinge zu staffeln und die Ausgleichsentschädigung dann an die erworbenen Freistellungstage zu koppeln (Festbetrag pro Freistellungstag oder, wie bisher, leistungsgerechte Ausgleichentschädigung nur für die Zeiträume, in denen Freistellungstage erworben wurden).

So wäre es denkbar, für sehr gute Arbeits- bzw. Ausbildungsleistungen innerhalb des Zweimonatszeitraums beispielsweise 8, für gute Leistungen 6

---

[193] Vgl. *Rösch*: Kommentar zum Urteil des BVerfG vom 1.1.1998, in Herrfahrdt (Hrsg.): Schriftenreihe der Bundesvereinigung der Anstaltsleiter im Strafvollzug e.V., Bd. 2, S.139.

Freistellungstage und für befriedigende Leistungen 4 Freistellungstage zu vergeben. Für jeden Freistellungstag könnte dann ein Festbetrag von z.B. 20 € (andere Beträge sind natürlich denkbar) ausgezahlt werden, was den Vorteil hat, dass eine transparente und unmittelbare Verknüpfung von Leistung, Freistellungstag und Ausgleichsentschädigung deutlich wird. Würde also ein Häftling für gute Leistungen 6 Freistellungstage für 2 Monate Arbeit erwerben, stünde ihm für den gleichen Zeitraum ein Anspruch auf Ausgleichsentschädigung in Höhe von 6 x 20 = 120 EUR zu.

Möglich wäre auch, die Ausgleichsentschädigung weiterhin an das verdiente Arbeitsendgeld zu knüpfen und daneben eine leistungsgerechte Staffelung der Freistellungstage einzuführen, die sich z.B. an den bereits bestehenden Vergütungsstufen orientiert. Dadurch müssten keine wesentlichen Änderungen am bestehenden System vorgenommen werden und sowohl Freistellung als auch Ausgleichsentschädigung wären leistungsgerecht verknüpft.

Die zweite Lösung zur Beseitigung der Inkongruenz zwischen den Alternativen der Abs.6-11 in Bezug auf die Leistungsgebundenheit bestünde darin, der Berechnung der Ausgleichsentschädigung nur noch die reine Eckvergütung zugrunde zu legen, so dass Häftlinge, die die gleiche Anzahl von Freistellungstagen erworben haben, auch die gleiche Ausgleichsentschädigung erhalten. Diese Lösung wäre zwar insofern unbefriedigend, als dass den Häftlingen, für die wegen Abs.10 Nr.1 (zu lebenslanger Haft oder zur Sicherungsverwahrung Verurteilte) von vorn herein nur der Erwerb der Ausgleichsentschädigung in Frage kommt (die Freistellung von der Arbeitspflicht dürfte kaum attraktiv, der Hafturlaub wegen §§ 11ff. StVollzG kaum in Betracht kommen) ein wichtiger Motivationsfaktor zur Erbringung guter Arbeits- und Ausbildungsleistungen genommen wäre, jedoch wäre diese Lösung wenigstens konsequent.

Vorzuziehen ist aus den genannten Gründen allerdings die erste Lösung, also eine Koppelung der gesamten Good Time – Vergabe an die Arbeits-

und Ausbildungsleistungen der Häftlinge. Insoweit müsste nicht einmal ein neues Beurteilungssystem geschaffen werden, da eine Staffelung anhand der bereits vorhandenen monetären Vergütungsstufen möglich wäre (s.u.).

k) *Honorierung von Aus- und Weiterbildung*

Ein positiver Aspekt der Neuregelung besteht in der Gleichstellung von Aus- und Weiterbildungsmaßnahmen und der Gefangenenarbeit gemäß §44 Abs.2 i.V.m. 43 Abs.1, 2 StVollzG und §43 Abs.6 i.V.m. §37 Abs.3 StVollzG (n.F.). Zwar wurde im Gesetzgebungsverfahren gegen diese Gleichbehandlung angeführt, dass einerseits bei einer unproduktiven Bildungsmaßnahme für die erhaltenen finanziellen Leistungen keine Gegenleistung erbracht werde und schließlich auch in Freiheit die Teilnahme an Bildungsmaßnahmen im Vergleich zu einer Arbeitstätigkeit mit erheblichen finanziellen Einbußen einhergehe, so dass der Angleichungsgrundsatz des §3 StVollzG nicht unbedingt eine Gleichstellung von Bildung und Arbeit erfordere[194], doch darf nicht vergessen werden, dass gerade innerhalb des Vollzugs für die Teilnahme an Bildungsmaßnahmen eine besondere Motivation der Häftlinge von Nöten ist[195]. Die zumeist von negativen Lernerfahrungen geprägten Haftinsassen[196] scheuen sich oft vor der Teilnahme an lernintensiven Bildungsmaßnahmen, befürchten sie doch in diesem Bereich ein erneutes Scheitern[197]. Insoweit wird auch der Hinweis, statt einer dem Arbeitsentgelt gleichgestellten Ausbildungsbeihilfe erhalte man schließlich ein Zuwachs an Qualifikation[198], einen Gefangenen kaum von

---

[194] Vgl. *Gesetzentwurf CDU/CSU*: BT-Drucksache 14/4070, S.10; ebenso *Lohmann*: Arbeit und Arbeitsentlohnung des Strafgefangenen, S.289f.

[195] BR-Drucksache 405/00, Anlage S.8.

[196] *Matzke* in Schwind/Böhm: StVollzG, 3.Aufl., §38, Rn.4; *Lechner/Reiter*: Die Aufgaben staatlicher Institutionen..., in Hammerschick/Pilgram (Hrsg.): Arbeitsmarkt, Strafvollzug und Gefangenenarbeit, S.198.

[197] *Eberle/Kloss/Nollau*: Weiterbildung und Justizvollzug, S.21; *Olbrück*: Anspruch und Wirklichkeit des Strafvollzugsgesetzes, S.56f.

[198] So *Lohmann* a.a.O.

einer im Vergleich zur Arbeit schlechter bezahlten Bildungsmaßnahme überzeugen können.

Zudem würden sich viele Häftlinge gegen eine Bildungsmaßnahme entscheiden, würde diese schlechter als eine Arbeitsmaßnahme honoriert werden[199].

Folglich ist die Gleichstellung von Arbeit und Ausbildung in Hinblick auf §2 S.1 StVollzG nur zu begrüßen und insoweit auch erforderlich[200]. Ein schematisches Abstellen auf §3 StVollzG verkennt das Resozialisierungsziel des §2 S.1 StVollzG und ist daher kein taugliches Argument.

Selbiges gilt für die Einbeziehung der arbeitstherapeutischen Beschäftigung in die gesetzliche Neuregelung. Würde man, so wie dies teilweise vorgeschlagen wurde[201], die arbeitstherapeutisch Beschäftigten von der finanziellen Neuregelung ausschließen und diese auf dem alten Entlohnungsniveau belassen, so ginge jegliche Motivation der Häftlinge zur Teilnahme an diesen Beschäftigungsmaßnahmen verloren[202]. Bedenkt man, dass gerade eine arbeitstherapeutische Beschäftigung mit dem Stigma der Arbeitsunfähigkeit[203] und des geringen Bildungsniveaus[204] behaftet ist und das typische Klientel solcher Maßnahmen ohnehin nur über wenige positive Arbeitserfahrungen verfügt, so wird deutlich, wie wichtig eine entsprechende Motivation ist. Der Unproduktivität solcher Maßnahmen wird

---

[199] *C/MD*: StVollzG, 8.Aufl., §44 Rn.2.

[200] So auch BT-Drucksache 14/4452, S.10, 14, BR-Drucksache 405/00, Anlage S.8, vgl. auch *Böhm*: Anm. zu Britz, Leistungsgerechtes Arbeitsentgelt für Strafgefangene?, in ZfStrVo 2000, S.63f.

[201] Vgl. *Ullenbruch*: Neuregelung des Arbeitsentgelts für Strafgefangene...., in ZRP 2000, Heft 5, S.181; vgl. auch *Gesetzvorschlag CDU/CSU*: BT-Drucksache 14/4070, S.10.

[202] BT-Drucksache 14/4452, S.10, 14, BR-Drucksache 405/00, Anlage S.7f.

[203] *C/MD*: StVollzG, 8.Aufl., §37 Rn.7.

[204] Vgl. *Schweinhagen*: Arbeitstherapie im geschlossenen Erwachsenenvollzug, in ZfStrVo 1987, S.95.

durch die Entgeltregelung des §43 Abs.4 StVollzG n.F. hinreichend Rechnung getragen.

l) *Anwendung der Freistellungsregelung im Jugendstrafvollzug*

Auch die Einbeziehung der Jugendstrafgefangenen in die neue Entgelt- und Freistellungsregelung ist positiv. Insbesondere jugendliche Strafgefangene, die überwiegend gestörte schulische oder berufliche Entwicklungen vorzuweisen haben[205], bedürfen eines besonderen Anreizes, um den Wert der Arbeit und Ausbildung für ein späteres straffreies Leben zu begreifen.

Die Gleichstellung von jungen und erwachsenen Tätern bezüglich des Entlohnungssystems mag zwar nicht unbedingt dem Angleichungsgrundsatz entsprechen, schließlich wird in der freien Gesellschaft eine schulische oder berufliche Ausbildung zumeist gar nicht oder nur gering entlohnt, auch verdienen junge Arbeitnehmer grundsätzlich weniger als ihre erwachsenen, bereits länger beschäftigten Kollegen, jedoch entspricht die Gleichbehandlung aller Strafgefangenen dem Gleichstellungsgrundsatz des Art. 3 Abs.1 GG[206] – gleicher Lohn für gleiche Arbeit.

Überdies haben junge Strafgefangene ebenso wie Insassen des Erwachsenenvollzugs bereits regelmäßig mit einer ganz erheblichen Schuldenlast zu kämpfen[207], so dass mit Blick auf die finanzielle Entlassungssituation und deren Bedeutung für eine Legalbewährung eine Gleichstellung des Ar-

---

[205] Vgl. *Matzke* in Schwind/Böhm: StVollzG, 3.Aufl., §37, Rn. 16; *Berckhauer/Hasenpusch*: Bildungsmaßnahmen im Strafvollzug..., in Kerner/Kury/Sessar (Hrsg.): Deutsche Forschungen zur Kriminalitätsentstehung und Kriminalitätskontrolle, S.1956; *Quensel*: Zur Arbeits- und Ausbildungssituation der Strafgefangenen und Entlassenen: Störung, Behandlung, Erwartung, in Lüderssen/Schuhmann/ Weiss (Hrsg.): Gewerkschaften und Strafvollzug, S.95; *Eisenberg*: JGG, 8.Aufl., §91, Rn.8a.

[206] *Eisenberg* a.a.O., Rn.3.

[207] *Matzke*: Der Leistungsbereich bei Jugendstrafgefangenen, S. 134.

beitsentgelts im Jugend- und Erwachsenenvollzug geboten ist. Zudem können entgegen der gesetzgeberischen Intention in vielen Anstalten aufgrund fehlender finanzieller Möglichkeiten nur wenige am freien Arbeitsmarkt orientierte Arbeiten angeboten werden[208]. Es ist daher besonders wichtig, die Motivation der jungen Häftlinge zur Teilnahme an Arbeitsmaßnahmen anderweitig, nämlich durch ein angemessenes Entgelt und die Freistellungsmöglichkeit, zu stärken, um überhaupt den Sinn einer regelmäßigen Arbeit für den jungen Strafgefangenen erlebbar zu machen.

Außerdem darf nicht vergessen werden, dass in Freiheit die Schüler und Auszubildenden durch ihre soziale Einbindung in Familie und Freundeskreis zum Schulbesuch oder einer Berufsausbildung motiviert werden – da solche familiären Einflüsse im Jugendstrafvollzug weitestgehend unterdrückt werden und ohnehin bei vielen Haftinsassen die sozialen und familiären Bindungen starke Störungen aufweisen[209], muss nach anderen Motivations- und Erziehungsmitteln gesucht werden, die eben nicht immer mit denen in Freiheit übereinstimmen können[210].

Entgegen einiger Stimmen im Gesetzgebungsverfahren kann auch nicht auf den Charakter des Jugendstrafvollzugs als Erziehungsvollzug abgestellt werden, um Jugendliche von einer Entgelterhöhung auszuschließen[211]. Es ist zwar wünschenswert, dass junge Menschen unabhängig von kurzfristigen Gewinnerwartungen „lernen um des Lernens und der Wissenserweiterung selbst Willen", jedoch kann von den Insassen des Jugendstrafvollzugs, die überwiegend schlechte Erfahrungen mit der Institution Schule

---

[208] Vgl. *Ostendorf*: JGG, 5.Aufl., §§91-93, Rn.16.
[209] *Matzke*: Der Leistungsbereich bei Jugendstrafgefangenen, S.157; *Bierschwalle/ Detmer/Pendon/Weidenhiller*: Lehrerinnen und Lehrer im Justizvollzug, in BAG der Lehrer (Hrsg.): Justizvollzug & Pädagogik, S.149.
[210] Vgl. *Eisenberg*: JGG, 8.Aufl., §91, Rn.11a.
[211] Vgl. *Gesetzentwurf CDU/CSU*: BT-Drucksache 14/4070, S.10, dagegen *Entwurf Bundesrat*: BT-Drucksache 14/4452, S.10, 14.

gesammelt haben, von Versagungsängsten geprägt sind und daher der Institution Schule sehr ablehnend gegenüber stehen, kaum erwartet werden, dass diese freiwillig an mühsamen und anstrengenden Bildungsmaßnahmen teilnehmen[212].

Im sozialpsychologischen und psychologischen Bereich weisen die meisten Insassen des Jugendstrafvollzugs deutliche Schwächen auf, etwa bzgl. der emotionalen Bindungsfähigkeit, Über – Ich – Entwicklungen, Problemlösungsstrategien und der Identitätsfindung[213]. Deshalb ist es umso wichtiger, den Jugendstrafvollzug (im Übrigen ebenso den Erwachsenenvollzug) durch sozialpädagogische und sozialtherapeutische Formen zu prägen und von erzieherischen Bemühungen zu tragen, die von einem „Miteinander" von jungen Inhaftierten und Personal geprägt sind[214]. Ein solches Vertrauensverhältnis von Personal und Inhaftierten kann aber nur entstehen, wenn die Jugendlichen auch erkennen, dass ihre eigenen Bemühungen auch Früchte tragen und die „Erziehungsmaßnahmen" zu ihrem Wohle dienen[215]. Bildungs- und Behandlungswilligkeit fallen nicht vom Himmel, sondern müssen durch entsprechende Rahmenbedingungen und pädagogisches Handeln begünstigt werden[216]. Aufgrund des von Misstrauen und Zurückhaltung geprägten Vollzugsklimas[217] kann dabei, anders als bei norma-

---

[212] Vgl. *Quensel*: Zur Arbeits- und Ausbildungssituation der Strafgefangenen und Entlassenen: Störung, Behandlung, Erwartung, in Lüderssen/Schuhmann/Weiss (Hrsg.): Gewerkschaften und Strafvollzug, S. 112ff.; *Eisenberg*: JGG, 8.Aufl., §91, Rn.11a, 23; *Bierschwalle*: Wohin treibt es den Justizvollzug?..., in ZfStrVo 1997, S.73; *Bierschwalle/Detmer/Pendon/Weidenhiller*: Lehrerinnen und Lehrer im Justizvollzug, in BAG der Lehrer (Hrsg.): Justizvollzug & Pädagogik, S.143f.; *Brunner/Dölling*: JGG, 10.Aufl., §91 Rn.13.

[213] *Eisenberg*: JGG, 8.Aufl., §91, Rn.8b.

[214] Vgl. *Wattenberg*: Einflussnahme „Knast", in ZfStrVo 1990, S.37; *Eisenberg* a.a.O., Rn.3.

[215] Zur Erziehungsproblematik: *Busch*: Erziehung durch Strafe, in Bundesarbeitsgemeinschaft der Lehrer im Justizvollzug (Hrsg.): Justizvollzug und Pädagogik, S.48ff.; vgl. auch zum Erwachsenenvollzug *Bierschwalle*: Wohin treibt es den Justizvollzug?..., in ZfStrVo 1997, S.72f.

[216] *Bierschwalle* a.a.O.

[217] Vgl. *Wattenberg* a.a.O.; *Eisenberg* a.a.O., Rn.14.

len Schülern in Freiheit, nicht auf eine allgemeine Aussicht auf bessere Zukunftschancen verwiesen werden. Eine solche Aussage wird der junge Strafgefangene eher als Hohn empfinden und die aus „erzieherischen Gründen" bestehende Arbeits- und Schulpflicht als Tyrannei und Ausbeutung, denn als gut gemeinte Hilfe verstehen[218]. Will man die Einstellung jugendlicher Vollzugsinsassen zu Arbeit und Ausbildung verändern, so können positive Erfolge nur erwartet werden, wenn mit Arbeit und Ausbildung auch positive soziale Erfahrungen verknüpft werden[219], z.B. Spaß an der Arbeit und am Lernprozess, soziale Anerkennung für gute Noten, praktische Anwendungsmöglichkeiten des erworbenen Wissens, aber auch ein befriedigender Arbeitslohn bzw. Ausbildungsbeihilfe oder eben die vorzeitige Haftentlassung.

Ein bereits angesprochenes Problem wird sich im Jugendstrafvollzug jedoch verstärkt stellen: Die Zahlung einer Ausgleichsentschädigung für jene Häftlinge, die aufgrund eines angestrebten Schul- oder Ausbildungsabschlusses auf eine vorzeitige Strafrestaussetzung zur Bewährung oder die Anrechnung der Freistellungstage auf den Entlassungszeitpunkt freiwillig verzichten. Denn oftmals stellt sich bei der Anrechnung der Freistellungstage das Problem, dass die zumeist ohnehin für eine vollständige Ausbildung nur knapp bemessene Haftdauer durch die Strafzeitverkürzung noch stärker reduziert wird. Es kann passieren, dass eine begonnene Bildungsmaßnahme aufgrund der vorzeitigen Haftentlassung nicht mehr zum Abschluss gebracht werden kann. Teilweise wird daher von den Häftlingen, die an einer Bildungsmaßnahme teilnehmen wollen, der freiwillige Verzicht auf die Strafrestaussetzung zur Bewährung verlangt[220]. Selbiges wird

---

[218] Vgl. *Quensel*: Zur Arbeits- und Ausbildungssituation der Strafgefangenen und Entlassenen: Störung, Behandlung, Erwartung, in Lüderssen/Schuhmann/Weiss (Hrsg.): Gewerkschaften und Strafvollzug, S.104ff. (106); *Busch*: Erziehung durch Strafe, in Bundesarbeitsgemeinschaft der Lehrer im Justizvollzug (Hrsg.): Justizvollzug und Pädagogik, S.57ff.

[219] Vgl. *Eisenberg*: JGG, 8.Aufl., §91 Rn.15b.

[220] Vgl. *Matzke* in Schwind/Böhm: StVollzG, 3.Aufl., §41, Rn.14.

in Einzelfällen nun nach der Neuregelung auch für die Strafzeitverkürzung nach §43 Abs.9 StVollzG gelten.

Wie bereits festgestellt, kann in einem solchen Fall wegen des Verweises des §43 Abs.11 StVollzG auf den abschließenden Katalog des Abs.10 keine Ausgleichsentschädigung gewährt werden. Dies ist in Bezug auf die hohe Einsatzbereitschaft des Strafgefangenen, der zugunsten seiner Ausbildung freiwillig auf eine vorzeitige Haftentlassung verzichtet, nicht nur im höchsten Maße bedauerlich sondern auch ein falsches Signal an die ausbildungsbereiten Häftlinge[221]. Der Katalog des Abs.10 bzw. Abs.11 müsste daher dringend erweitert werden[222]. Vorzuschlagen wäre z.B. folgende Änderung des §43 Abs.10 StVollzG:

"Eine Anrechnung nach Absatz 9 ist ausgeschlossen: ......
6. wenn der Gefangene zugunsten des Abschlusses einer Bildungsmaßnahme auf diese freiwillig verzichtet."

m) *Freie Beschäftigungsverhältnisse / Selbstbeschäftigung*

Die Freistellungsregelung gilt nicht für Gefangene in freien Beschäftigungsverhältnissen und in Selbstbeschäftigung gemäß §39 Abs.1 uns 2 StVollzG. Auch wenn freie Beschäftigungsverhältnisse entgegen den gesetzlichen Vorgaben eher die Ausnahme bilden und nur von ca. 5% der Gefangenen in Anspruch genommen werden können[223], ist fraglich, wie der Ausschluss der nach §39 StVollzG beschäftigten Häftlinge von der Good Time - Regelung in Bezug auf das Resozialisierungsziel und den Gleichbehandlungsgrundsatz zu bewerten ist.

---

[221] Vgl. *Hötter*: Zur Neuregelung des §43 StVollzG, in ZfStrVo 2001, S.139.
[222] So auch: *Hötter* a.a.O.
[223] Vgl. *Däubler/Spaniol* in Feest: StVollzG, 4.Aufl., §39 Rn.2.

Warum sich der Gesetzgeber im Einzelnen für diesen Ausschluss entschieden hat, ist aus den Gesetzesmaterialien nicht ersichtlich. Einige Gründe wurden jedoch bereits genannt:

Erstens bildet die Freistellungsregelung in Kombination mit dem monetären Arbeitsentgelt und der Ausbildungsbeihilfe ein einheitliches Entlohnungskonzept, dass weder auf die Gefangenen in freien Beschäftigungsverhältnissen, noch auf Selbstbeschäftigte passt, denn diese erhalten ihren Arbeitslohn entweder von ihrem privaten Arbeitgeber bzw. erzielen eigene Einnahmen aus der selbstständigen Tätigkeit.

Zweitens ist die Freistellungsregelung auch konzeptionell nicht mit freien Beschäftigungsverhältnissen und der Selbstbeschäftigung zu vereinbaren. Denn die frei beschäftigten Häftlinge besitzen aufgrund §3 BUrlG ohnehin schon jetzt Anspruch auf 24 Urlaubstage per anno gegenüber ihrem Arbeitgeber und erhalten somit 6 Urlaubstage im Jahr mehr als ihre intramural beschäftigten Mithäftlinge (vgl. §42 Abs.1, S.1 StVollzG). Selbstbeschäftigte können sich ihre Arbeitszeiten sogar selbst einteilen. Der im freien Beschäftigungsverhältnis oder der durch Selbstbeschäftigung erzielte Arbeitslohn lässt sich nicht mit der Ausgleichsentschädigung nach Abs.11 des §43 StVollzG vereinbaren.

Ohnehin wäre es fraglich, ob frei- oder selbstbeschäftigte Häftlinge einer zusätzlichen Arbeitsmotivation bedürfen. Denn anders als z.B. Däubler und Spaniol meinen[224], braucht man meines Erachtens nicht zu befürchten, dass sich durch den Ausschluss des freien Beschäftigungsverhältnisses und der Selbstbeschäftigung vom Erwerb der Good Time Häftlinge davon abhalten lassen könnten, auf diese Art und Weise tätig zu werden. Dafür sind die in einem freien Beschäftigungsverhältnis verbundenen Vorteile (Verlassen der Haftanstalt, soziale Kontakte zu Außenstehenden, Chance der beruflichen Weiterbeschäftigung auch nach der Haftentlassung) zu groß, als dass sie durch die in ihren Auswirkungen doch recht gering zu werten-

---

[224] *Däubler/Spaniol* in Feest: StVollzG, §43 Rn.8.

de Good Time – Kreditierung aufgewogen werden könnten. Auch die mit der (intra- oder extramuralen) Selbstbeschäftigung verbundene Unabhängigkeit und Selbstbestimmtheit kann in ihrem Wert nicht hoch genug eingeschätzt werden. Immerhin besitzen selbstbeschäftigte Gefangene das Privileg, einer Tätigkeit nachzugehen, die von ihnen frei gewählt werden konnte und den eigenen Fähigkeiten und Neigungen entspricht.

Dass darin eine ungerechtfertigte Ungleichbehandlung von gemäß §39 StVollzG frei- und selbstbeschäftigten Häftlingen einerseits und gemäß §§ 37 Abs.2 ff., 38 StVollzG beschäftigten Häftlingen andererseits gegeben sei[225], ist schon deshalb nicht richtig, weil die freie Beschäftigung außerhalb der Anstalt aufgrund eines privaten Arbeits- oder Ausbildungsvertrags mit einem freien Unternehmer bzw. die unabhängige Selbstbeschäftigung nicht mit den öffentlich – rechtlich organisierten intramuralen zugewiesenen Tätigkeiten und Ausbildungsverhältnissen verglichen werden kann.

Notwendig erscheint eine Einbeziehung der freien Beschäftigungsverhältnisse bzw. der Selbstbeschäftigung in das Good Time – System daher nicht.

Doch selbst wenn man Haftinsassen mit freien Beschäftigungsverhältnissen und Selbstbeschäftigte in die Freistellungsregelung mit einbeziehen wollte, z.B. mit dem Argument, die Vorteile bei der Urlaubsgewährung in Beschäftigungsverhältnissen nach §39 seien deshalb kein Ersatz für die Freistellungsregelung, weil der Urlaubsanspruch gegenüber dem freien Arbeitgeber – im Gegensatz zu dem nach §43 Abs.6 ff. StVollzG n.F. – gerade nicht in Hafturlaub oder gar eine Haftzeitverkürzung umgewandelt werden könne, so müssten einige praktische Schwierigkeiten überwunden werden.

---

[225] *Däubler/Spaniol*: in Feest: StVollzG, §43 Rn.8.

Einerseits besteht die Gefahr, dass private Unternehmer bzw. Ausbilder Einfluss auf die Haftdauer von Strafgefangenen nehmen könnten. Zwar ist diese Gefahr wohl recht gering, da die deutsche Good Time – Regelung bezüglich der Berechnung des Zweimonatszeitraums i.S.v. §43 Abs.6 StVollzG ohnehin kaum Ermessensspielräume bei der Vergabe der Kredite eröffnet – bei freien Beschäftigungsverhältnissen ist der private Arbeitgeber schon jetzt verpflichtet, jedes Fernbleiben eines Häftlings von der Arbeit oder Ausbildungsstädte der Anstalt zu melden (vgl. VV Nr.3 zu §11 StVollzG[226]). Insoweit müsste vielleicht nur eine intensivere Zusammenarbeit von Haftanstalt und Arbeitgeber erfolgen. Die Berechnung des Zweimonatszeitraums bei Selbstbeschäftigten wäre hingegen mangels Kontrollmöglichkeit überaus problematisch.

Andererseits müssten sich private Unternehmer und Ausbilder damit einverstanden erklären, dass Freigänger zusätzlich zu den gesetzlich vorgeschriebenen 24 Urlaubstagen pro Jahr weitere 6 Tage arbeitsfrei erhalten können – ein Umstand, der – auch in Bezug auf die Gleichbehandlung der freien Arbeitnehmerkollegen des Freigängers – nicht leicht durchzusetzen sein dürfte. Insoweit wäre es sinnvoller, den frei- bzw. selbstbeschäftigten Häftlingen allein die Haftzeitverkürzung bzw. die Ausgleichsentschädigung nach §43 Abs.9ff. StVollzG zu gewähren. Um dann aber übermäßige Belastungen der Länderhaushalte in Bezug auf die Ausgleichsentschädigung zu vermeiden, müsste diese für frei- oder selbstbeschäftigte Häftlinge an einer der intramuralen Vergütungsstufen orientiert werden (z.B. an Stufe 1 oder 2 wegen des allgemein höheren Entgelts).

Die Probleme sind somit lösbar, jedoch mit erheblichen Schwierigkeiten verbunden. Ob dies mit Blick auf die ohnehin mit der Selbstbeschäftigung oder dem freien Beschäftigungsverhältnis verbundenen Vorteile sinnvoll wäre, bleibt fraglich.

---

[226] Vgl. *Kühling/Ullenbruch* in Schwind/Böhm: StVollzG, 3.Aufl., §11 Rn.9; *Lesting* in Feest: StVollzG, 4.Aufl., §11 Rn.19f.

n) *Freistellungsregelung und Sicherheit der Allgemeinheit*

Dem Sicherheitsbedürfnis der Allgemeinheit vor vorzeitig entlassenen gefährlichen Straftätern trägt die Neuregelung dadurch Rechnung, dass die Vergabe der Good Time – Kredite an resozialisierungsfördernde Maßnahmen geknüpft wird und somit eine Minderung der Rückfallgefahr erwartet werden kann.

Ohnehin kann bei einer Strafzeitverkürzung von maximal 6 Tagen pro Jahr wohl kaum behauptet werden, dass durch die vorzeitige Entlassung aufgrund der Good Time die von dem Haftentlassenen ausgehende Gefahr für die Allgemeinheit wesentlich gesteigert wird. Durch die zwingende Umwandlung der Freistellungstage in eine Ausgleichsentschädigung nach 10 Jahren bei zu lebenslanger Haft und Sicherungsverwahrung Verurteilten, können diese zudem nie eine übermäßige Anzahl von Freistellungstagen ansammeln.

Doch selbst wenn man wie hier vorgeschlagen den Kreditierungsumfang erhöhen würde, bietet §43 Abs. 10 und 11 StVollzG ein wirksames Instrument, um dem Sicherheitsbedürfnis der Allgemeinheit Rechnung zu tragen. Denn der Katalog der bisher nur organisatorischen Problemen geschuldeten Nichtanrechnungsgründe könnte dahingehend erweitert werden, dass bei besonders gefährlichen Tätergruppen (insbesondere Sexualstraftätern) beispielsweise nur 50% der erworbenen Freistellungstage auf das Haftzeitende angerechnet werden dürften. Dem Grundsatz der Gleichbehandlung gemäß Art. 3 Abs.1 GG würde mit der dann ersatzweise zu zahlenden Ausgleichsentschädigung hinreichend Beachtung geschenkt, wobei noch einmal anzumerken ist, dass die finanzielle Entschädigung als Ausgleich für die Nichtgewährung der Good Time – Kredite die absolute Ausnahme in der Gesamtschau der international zu findenden Good Time – Regelungen darstellt.

o) *Entzug bereits erworbener Freistellungstage als Disziplinarmaß-*
 nahme?

Der Gesetzgeber hat sich dagegen entschieden, dem Vorbild anderer Länder zu folgen und den Entzug der erworbenen Freistellungstage in den Katalog der Disziplinarmaßnahmen des §103 Abs.1 StVollzG aufzunehmen.
Ob der Gesetzgeber sich mit dieser Frage überhaupt beschäftigt hat, ist den
Gesetzesmaterialien nicht zu entnehmen.

Sieht man von den bereits diskutierten Bedenken gegen den Good Time –
Entzug als Disziplinarmaßnahme einmal ab, so wäre der Entzug der Freistellungstage in das deutsche Disziplinar- und Anstaltsrecht nur schwer zu
integrieren, zumindest würde es im Katalog des §103 StVollzG einen
Fremdkörper darstellen. Betrachtet man nämlich die dort beschriebenen
Disziplinarmaßnahmen, so stellen diese stets nur einen Verlust eines derzeitigen oder zukünftigen Rechts dar: der Gefangene darf für eine bestimmte Zeit nicht über sein Hausgeld verfügen, ihm wird der Lesestoff für
die nächste Zeit entzogen, er darf kein Fernsehen, keine Außenkontakte
pflegen, er muss in Arrest, darf für bis zu vier Wochen nicht arbeiten.

Demgegenüber würde der Entzug der bereits erworbenen Freistellungstage
den Verlust eines bisher erworbenen Anspruchs, eine echte Wegnahme eines bereits erworbenen Status, bedeuten. Dies ist bei der deutschen Good
Time – Regelung deshalb so problematisch, weil der Gesetzgeber die Freistellungsregelung als Teil des Arbeitsentgelts begreift und darauf auch die
Rechtfertigung der vorzeitigen Entlassung stützt. Im Grunde genommen
würde der Entzug der Good Time nicht wie in anderen Ländern, die die
Good Time als zu erwerbendes „Privileg", als „Zugabe" betrachten, den
bloßen Verlust einer gewährten „Wohltat" bedeuten, sondern einen nachträglichen Entzug des Arbeitsentgelts, vergleichbar mit einer Geld- bzw.
Freiheitsstrafe. Eine Geldstrafe darf aber nur der Richter bei Verstößen ge-

gen Strafgesetze und gerade nicht der Anstaltsleiter im Rahmen seiner Disziplinarbefugnis verhängen.

Solange die Freistellungsregelung als nichtmonetärer Teil des Arbeitsentgelts definiert wird, der im Zusammenspiel mit der monetären Komponente notwendig ist, um eine verfassungsrechtlich angemessene Gefangenenentlohnung zu gewährleisten, ist ein nachträglicher Entzug der erworbenen Freistellungstage somit nicht möglich.

3.) Gesamtbeurteilung

Wenn gegen die nichtmonetäre Komponente der Neuregelung angebracht wird, dass diese sehr kompliziert geraten sei[227], so kann nach den bisherigen Ausführungen dem nur zugestimmt werden.
Insbesondere den Gefangenen, die sich zwischen den Alternativen entscheiden müssen, wobei die Nichtanrechnung der Freistellungstage nach Abs.10 Nr.2-5 nicht vorhersehbar ist, dürfte die Wahl nicht immer leicht fallen, zumal das komplexe Regelwerk schwer verständlich ist.

Allerdings muss zu Gunsten des Gesetzgebers darauf hingewiesen werden, dass auch die gesetzliche Gestaltung der Good Time – Regelungen in anderen Ländern zumeist sehr komplex, diffizil und von zahlreichen Regel – Ausnahme – Verhältnissen geprägt sind; auf die Ausführungen im Anhang sei insoweit verwiesen. Bedenkt man die unterschiedlichen Interessen, die bei einem Strafzeitreduktionskonzept verknüpft werden müssen (Interesse der Gefangenen, früher entlassen zu werden, Interesse der Anstalt an einem möglichst unkomplizierten Verwaltungsablauf und einer befriedigenden resozialisierenden Wirkung der Strafzeitreduktionen, möglichst gerechte Vergabe der Zeitgutschriften in Blick auf Art. 3 Abs.1 GG, Anpassung des

---

[227] Vgl. *C/M-D*: StVollzG, 10.Aufl, §43 Rn.5.

Reduktionssystems an das bestehende Arbeits- und Ausbildungswesen, Sicherheitsbedürfnis der Allgemeinheit etc.), so ist die gesetzliche Neuregelung durchaus im zu erwartenden Rahmen geblieben.

Ob jedoch der Gesetzgeber den vom BVerfGE vorgegebenen Rahmen erfüllt hat, also eine Entgeltregelung geschaffen wurde, die den Gefangenen hinreichend bewusst macht, dass Erwerbsarbeit sinnvoll ist und entsprechende Vorteile bringt, bleibt fraglich. Zwar wurde das monetäre Arbeitsentgelt, wie von den Befürwortern der Neuregelung immer wieder betont[228], im Vergleich zur vorher bestehenden Regelung fast verdoppelt, dies ändert aber nichts an der Tatsache, dass die nun den Gefangenen zur Verfügung stehenden Mittel immer noch zu gering sind, um effektiv und im ausreichenden Maße zur Schuldenregulierung und Bildung von Rücklagen beitragen zu können. Ob die nichtmonetäre Komponente dieses Defizit ausgleichen kann, bleibt zweifelhaft.

Ohnehin kann die Good Time nicht zum Abbau finanzieller Schulden beitragen, jedoch hätte man mit einer etwas großzügigeren Strafzeitreduktion sicherlich wesentlich bessere Motivationswirkungen zu erwarten gehabt. Es drängt sich die Vermutung auf, dass die Good Time lediglich deshalb eingeführt werden sollte, um möglichst widerstandslos und mit dem geringst möglichen finanziellen Einsatz und Sicherheitsrisiko eine weitergehende Erhöhung der Arbeitsentlohnung zu verhindern. Das Potential der Good Time – Regelungen, die diese in Hinblick auf die Resozialisierung, Kostenersparnis und Überbelegung bieten, wurde weitestgehend verkannt.

Festzuhalten bleibt, dass das BVerfG in seiner Entscheidung vom 24.3.2002 die Integration einer Good Time – Regelung in der derzeitigen Konzeption in das deutsche Sanktionensystem aus verfassungsrechtlicher

---

[228] Vgl. *OLG Hamm*, Beschluss vom 2.10.2001, in NJW 2002, S.231; *HansOLG Hamburg*, Beschluss vom 26.10.2001 in StV 2002, S.376; *OLG Frankfurt/M.*, Beschluss vom 29.08.2001, in StV 2002, S.377.

Sicht für zulässig erklärt hat und sogar zu erkennen gab, dass eine großzügigere Strafzeitverkürzungsmöglichkeit in der Zukunft denkbar und sogar wünschenswert wäre.

V.) Eigene Vorschläge

Nach alldem ist neben einer weiteren Erhöhung des monetären Arbeitsentgelts (insbesondere der Gleichstellung aller Straf- und Untersuchungsgefangenen) ein Ausbau der Freistellungsmöglichkeiten des §43 StVollzG zu fordern.

Insoweit könnte auf den im Gesetzgebungsverfahren diskutierten „Ersten Arbeitsentwurf" des Bundesministeriums der Justiz vom 15.4.1999 zurückgegriffen werden, der für jede Arbeits- bzw. Ausbildungswoche die Gutschrift von einem Hafttag vorgeschlagen hatte[229]. Die daraus resultierende jährlich mögliche Haftzeitverkürzung von 52 Tagen entspräche den in Deutschland üblichen Haftlängen und würde keine übermäßige Haftzeitverkürzung darstellen.

Bei besonders gefährlichen Tätergruppen, z.B. Gefangenen, die aufgrund von §9 StVollzG gesetzlich zwingend der Sozialtherapie zugeordnet werden oder Insassen der Anstalten der freiheitsentziehenden Maßregeln der Besserung und Sicherung, könnte der Kreditierungsumfang eingeschränkt werden, um so den Sicherheitsbedürfnis der Allgemeinheit Rechnung zu tragen. Die besondere Art des Vollzugs würde insoweit diese Ungleichbehandlung im Sinn von Art. 3 Abs.1 GG rechtfertigen.

Überdies sollte aus den oben genannten Gründen der Good Time – Erwerb anhand der Arbeits- und Ausbildungsleistungen gestaffelt werden, um so nicht nur die bloße Teilnahme an Arbeit und Ausbildung zu gewährleisten,

---

[229] Vgl. *Ullenbruch*: Neuregelung des Arbeitsentgelts für Strafgefangene..., in ZRP 2000, Heft 5, S.178.

sondern zusätzlich gute Leistungen und besonderes Engagement zu fördern. Dadurch könnte auch die derzeitige Inkongruenz von Freistellungstagen und Ausgleichsentschädigung überwunden werden.

Zur Staffelung der Kredite kann auf das bereits bestehende Vergütungsstu-
fensystem des monetären Arbeitsentgelts zurückgegriffen werden. Dies
hätte den Vorteil, dass einerseits ein Gleichlauf von monetären und nichtmonetären Arbeitsentgelt gegeben wäre und andererseits die Einordnung in
die Vergütungsstufen gerichtlich kontrollierbar wäre. Insofern kann eine zu
starke Einflussnahme des Anstaltspersonals (Exekutive) auf die gerichtlich
verhängte Haftzeit (Judikative) in Hinblick auf den Gewaltenteilungsgrundsatz vermieden werden.

Bei einer Staffelung der Kredite sollte der Unterschied zwischen den Vergütungsstufen spürbar, aber auch nicht zu groß sein, um nicht die Gefangenen, die den niedrigsten Vergütungsstufen zugeordnet sind, zu demotivieren.

Um eine sinnvolle Staffelung zu erreichen, bietet es sich an, die Kredite
auf einer monatlichen Berechnungsbasis zu gewähren, so dass in der
höchsten Vergütungsstufe 5 vier Hafttage pro Monat gutgeschrieben werden. Die weitere Staffelung könnte dann in Halbtagesschritten erfolgen,
also in Vergütungsstufe 4 maximal dreieinhalb, in Stufe 3 (Eckvergütung)
drei Tage, in Stufe 4 zweieinhalb Tage und in Stufe 5 zwei Tage pro Monat. Somit könnten im Jahr maximal 48 Freistellungstage in Vergütungsstufe 5, minimal 24 Freistellungstage in Vergütungsstufe 1 verdient werden. Falls es aufgrund der Länge des Berechnungszeitraums zu Kreditierungsraten mit halben Tagen kommt, sollte insoweit aufgerundet werden.

Möglich wäre sogar, den derzeitigen zweimonatigen Berechnungsmodus
beizubehalten, also in Vergütungsstufe 5 acht Freistellungsstage, in Stufe 4

sieben, in Stufe 3 sechs, in Stufe 2 fünf Tage und in Stufe 1 entsprechend vier Hafttage pro zwei zusammenhängenden Arbeits- bzw. Ausbildungsmonaten zu gewähren.

Im Unterschied zum einmonatigen Berechnungssystem bräuchte der Gefangene zwar länger, um die Anwartschaft auf die Freistellungstage zu erwerben, auch würden unentschuldigte Fehltage stärker zu Buche schlagen, als dies bei einem einmonatigen Berechnungsmodus der Fall wäre, jedoch würde dadurch aufgrund der höheren Anforderungen die Selbstdisziplin und das Durchhaltevermögen auch besonders gefördert werden. Das zweimonatige Berechnungsmodell ist daher dem einmonatigen vorzuziehen.

Bezüglich der Freistellungs- und Urlaubsregelung des §43 Abs.6,7 StVollzG wäre bei einer Staffelung der Kredite jedoch zu beachten, dass nur ein Teil der zu verdienenden Freistellungstage als extra- oder intramuraler Arbeitsurlaub verwendet werden dürfte, um nicht die Jahresarbeitszeit auf ein ineffektives Minimum zu kürzen. Man könnte dies dadurch erreichen, dass die Anrechnung der Hafttage auf das Haftzeitende weiterhin die Regel bleibt, aber auf Antrag pro Jahr 6 der maximal 48 jährlich zu erwerbenden Hafttage als extra- oder intramuraler Arbeitsurlaub genutzt werden könnten. Die übrigen Tage werden dann entweder auf das Haftzeitende angerechnet, oder falls dies nach Abs.10 nicht möglich ist, als Ausgleichsentschädigung ausgezahlt.

In Bezug auf den Mitwirkungsgrundsatz des §4 Abs.1 StVollzG bestünden in Hinblick auf das Verbot eines unmittelbaren Behandlungszwangs bei der gestaffelten Honorierung von Arbeitsleistungen schon deshalb keine Probleme, weil ohnehin eine Arbeitspflicht nach §41 StVollzG besteht. Bezüglich der Ausbildung, die freiwillig erfolgt, bestehen in der Vermittlung des positiven mittelbaren Mitwirkungsdrucks einerseits deshalb keine Bedenken, weil die Gefahr von Heuchelei und einer Anpassung an das

Haftsystem, die durch §4 Abs.1 StVollzG vermieden werden soll, bei Ausbildungsleistungen nicht besteht, schließlich müssen sich Ausbildungserfolge hart erarbeitet werden. Überdies gebieten schon der Gleichbehandlungsgrundsatz und das Resozialisierungsgebot, Ausbildungsleistungen ebenso wie Arbeitsleistungen zu fördern.

Weiterhin bliebe zu überlegen, ob an der Möglichkeit der Umwandlung der Freistellungstage in extramuralen Hafturlaub festgehalten werden sollte, da diese Maßnahme wegen des Verweises auf die allgemeinen Lockerungsvorschriften ohnehin nur wenigen Haftinsassen zugute kommt und überdies der Verdienst einer Behandlungsmaßname dem deutschen Vollzugsrecht fremd ist. Allerdings ist zuzugeben, dass der extramurale Urlaub bei Lockerungsgeeigneten ein hohes Motivationspotential bietet und deshalb nicht gänzlich abzulehnen ist, zumal die Erfahrungen einiger Bundesländer wie z.B. Bremen gezeigt haben, dass der extramurale Arbeitsurlaub bei den Gefangenen ebenso beliebt ist, wie die Anrechnung der Freistellungstage auf den Entlassungszeitpunkt, vgl. S.378 und 397.

Um derzeit noch bestehende Unklarheiten bei der Berechnung der Freistellungstage und der Ausgleichsentschädigung zu beseitigen, sollte schnellstmöglich die bundeseinheitliche Verwaltungsvorschrift ergänzt werden, um so eine bundeseinheitliche Rechtsanwendung zu gewährleisten. Dabei ist klarzustellen, dass die Ausgleichsentschädigung, falls das bisherige Berechnungsmodell beibehalten werden soll, nur anhand der Zeiträume zu berechnen ist, in denen auch Freistellungstage erworben wurden.

Bei der hier vorgeschlagenen Staffelung des Erwerbs der Freistellungstage bietet es sich an, die Ausgleichsentschädigung unmittelbar mit den erworbenen Freistellungstagen zu verknüpfen, indem für jeden erworbenen Freistellungstag ein Festbetrag ausgezahlt wird. Dieser Festbetrag ließe sich, um ihn flexibel zu gestalten, z.b. an 200 % eines Tagessatzes der Vergü-tungsstufe 3 (Eckvergütung) orientieren. Wenn z.B. im Jahre 2002 der Ta-gessatz in Vergütungsstufe 3 10,13 EUR in den alten Bundesländern (vgl. S. 361) betrug, würde ein Freistellungstag in 20,26 EUR Ausgleichsent-schädigung umgerechnet werden. Hat ein Häftling demnach in einem Zweimonatszeitraum in Vergütungsstufe 3 sechs Freistellungstage erwor-ben, so stünden ihm für diesen Zeitraum 6 x 20,26 EUR = 121,56 EUR zu. Verdiente er hingegen in Vergütungsstufe 1 nur vier Freistellungstage, er-hielte er 4 x 20,26 = 81,04 EUR.

Ein Festbetrag pro Freistellungstag hat vor allem den Vorteil, dass die Ausgleichsentschädigung auch in den Fällen, in denen Freistellungstage teilweise für intra- oder extramuralen Urlaub verbraucht wurden, leicht zu berechnen wäre.

In §43 Abs.10 StVollzG sollte – wie bereits festgestellt – die Anrechnung der Good Time auf die Gesamthaftzeit dann ausgeschlossen werden, wenn der Gefangene zugunsten einer Schulungs- oder Ausbildungsmaßnahme auf die vorzeitige Entlassung verzichtet. Auf diese Weise wäre dann auch in solchen Fällen die Zahlung einer Ausgleichsentschädigung nach §43 Abs.11 StVollzG möglich.

Kapitel 9: Good Time bei speziellen Haftarten und Tätergruppen

Zu prüfen bleibt noch, inwieweit die Freistellungsregelung des §43 Abs.6-11 StVollzG bei bestimmten Tätergruppen bzw. Haftarten angewendet wird und werden sollte.

I.) Good Time bei freiheitsentziehenden Maßnahmen der Besserung und Sicherung

Nach §§61ff. StGB kann bei bestimmten Tätergruppen auch eine Maßregel der Besserung und Sicherung allein oder neben einer Freiheitsstrafvollstreckung angeordnet werden. Zu den freiheitsentziehenden Maßregeln der Besserung und Sicherung gehören einerseits die Unterbringung in einem psychiatrischen Krankenhaus (§63 StGB) für Täter, die zum Zeitpunkt der Tat aufgrund einer psychischen Erkrankung i.S.v. §§ 20, 21 schuldunfähig oder nur vermindert schuldfähig waren und andererseits die Unterbringung in einer Entziehungsanstalt (§64 StGB) für drogenabhängige Täter, die eine Straftat entweder im Rausch und/oder drogenbedingt verübt haben (Beschaffungskriminalität). Mit der Unterbringung im Maßregelvollzug wird der besonderen Behandlungsbedürftigkeit dieser Tätergruppen Rechnung getragen[1].

Dem Sicherungsbedürfnis der Allgemeinheit vor besonders gefährlichen Tätern ist hingegen die Anordnung der Sicherungsverwahrung nach §66 StGB geschuldet.

Die Anwendbarkeit der Good Time – Regelung des §43 StVollzG wurde für die einzelnen Maßnahmen der Besserung und Sicherung unterschiedlich ausgestaltet, um den Eigenarten dieser besonderen Arten der Freiheitsentziehung Rechnung zu tragen.

1.) Unterbringung in einem psychiatrischen Krankenhaus oder einer Entziehungsanstalt

Nach §138 StVollzG richtet sich die Unterbringung psychisch Kranker oder drogenabhängiger Täter in einem psychiatrischen Krankenhaus oder einer Entziehungsanstalt grundsätzlich nach dem Landesrecht, so dass die Regelungen des Strafvollzugsgesetzes, abgesehen von wenigen Ausnahmen, für diese Tätergruppen nicht anwendbar sind. Die Anwendbarkeit der Good Time – Regelungen entfällt somit für diese Tätergruppen, soweit das Landesrecht nicht etwas anderes bestimmt.

Das SächsPsychKG, das gemäß §1 SächsPsychKG auf die Unterbringung psychisch Kranker (auch Suchtkranker) in psychiatrischen Krankenhäusern oder Entziehungsanstalten nach §§ 63, 64 StGB anwendbar ist, kennt keine dem §43 Abs.6ff. StVollzG entsprechende Regelung. Die Untergebrachten sollen zwar nach §38 Abs.2 SächsPsychKG die Möglichkeit zur Teilnahme an Schul- und Berufsausbildung, Umschulung, Teilnahme an berufsfördernden Maßnahmen oder Arbeit erhalten, für geleistete Arbeit oder Ausbildungszeiten ist jedoch nur ein angemessenes Arbeitsentgelt bzw. eine Ausbildungsbeihilfe zu gewähren. Nichtmonetäre Anerkennungen sind hingegen nicht vorgesehen.
Selbiges gilt z.B. gemäß §§ 32 Abs.1 i.V.m. 11 Abs.5 ThürPsychKG in Thüringen, gemäß §20 Abs.3 PsychKG M-V in Mecklenburg-

---

[1] *Tröndle/Fischer*: StGB, 50.Aufl., §63 Rn.2, §64 Rn.2.

Vorpommern und nach §14 des Maßregelvollzugsgesetzes in Nordrhein-Westfalen[2].

Insgesamt sind keine Länderregelungen bekannt, nach denen eine dem §43 Abs.6-11 StVollzG entsprechende Freistellungsregelung existent wäre.

Ein Anspruch auf ein monetäres Arbeitsentgelt bzw. eine Ausbildungsbeihilfe ergibt sich bereits aus dem Gleichbehandlungsgrundsatz, denn den arbeitenden Insassen des Maßregelvollzugs unterscheidet außer der Unterbringung nichts vom normal arbeitenden Justizvollzugsinsassen[3]. Deshalb bestimmen §§ 40 i.V.m. 30 Brandenburgisches PsychKG auch, dass Insassen des Maßregelvollzugs bezüglich der Höhe des finanziellen Arbeitsentgelts im Vergleich zu den Insassen des Strafvollzugs keinesfalls schlechter gestellt sein dürfen[4].

Allerdings muss bezüglich der Anwendbarkeit der Good Time – Regelungen im Maßregelvollzug nach §§ 63, 64 StGB die Geltung des Art. 3 Abs.1 GG verneint werden, da keine vergleichbaren Sachverhalte vorliegen.

Denn anders als im Strafvollzug befinden sich im Maßregelvollzug psychisch kranke bzw. stark drogenabhängige Täter mit einer besonders ungünstigen Kriminalprognose bezüglich der Begehung weiterer erheblicher Straftaten[5], vgl. Voraussetzungen von §§ 63, 64 StGB.

Die Unterbringung in einem psychiatrischen Krankenhaus oder einer Entziehungsanstalt dient vorrangig der Behandlung und Beseitigung der psychischen Störung oder Abhängigkeit[6]. Insoweit sind andere Behandlungs- und Therapiemaßnahmen notwendig als im Normalvollzug; an Therapie

---

[2] Vgl. zu weiteren Bestimmungen die Aufstellung in *Volkart*: Maßregelvollzug, 5.Aufl., S.83.

[3] *Volkart* a.a.O., S.77.

[4] So auch *Volkart* a.a.O.

[5] *Volkart* a.a.O., S.7.

[6] Vgl. *Tröndle/Fischer*: StGB, 50.Ausfl., §63 Rn.2, §64 Rn.2.

und Pflege sind spezielle Erfordernisse geknüpft, die mit denen vom Normalvollzug nur eingeschränkt vergleichbar sind[7].

Da vom Richter keine genaue Dauer für die Unterbringung vorgegeben wird (nur bei einer Unterbringung nach §64 StGB schreibt das Gesetz in §67d Abs.1 S.1 StGB eine Höchstdauer von 2 Jahren vor, die aber gem. § 67 d Abs.1, S.2 StGB verlängert werden kann), vielmehr nachträglich anhand des Behandlungserfolges über eine Entlassung aus der Anstalt entschieden wird (vgl. §67 d StGB), würde eine Reduktion der Strafzeit durch Good Time ohnehin nur wenig Sinn machen.

Überdies würde eine quasi automatische Haftzeitreduktion bei diesen unberechenbaren und damit auch gefährlichen Tätergruppen zu hohe Risiken bergen und wäre anhand der Maßstäbe, die das BVerfGE für die Zulässigkeit einer Good Time – Regelung aufgestellt hat, (general- und spezialpräventive Gründe dürfen nicht entgegenstehen[8]) unzulässig.

Die anderen Alternativen des §43 Abs.6 und 7 StVollzG passen ebenfalls nicht auf den Maßregelvollzug in psychiatrischen Krankenhäusern und Entziehungsanstalten, da ohnehin keine Arbeitspflicht besteht[9] und ein intramuraler Arbeitsurlaub somit jederzeit möglich ist und eine extramurale Urlaubsgewähr bei den vorliegenden Tätergruppen nur eingeschränkt und entsprechend des Behandlungsstands des Betroffenen verantwortet werden kann[10]. Somit entfallen auch die Grundlagen der nach §43 Abs.11 StVollzG ersatzweise zu gewährenden Ausgleichsentschädigung.

Bei psychisch Kranken, die gerade deshalb einer Maßnahme nach §63 StGB unterworfen werden, weil sie zum Zeitpunkt der Tat aufgrund einer

---

[7] Vgl. zum Ganzen *Laubenthal*: Strafvollzug, 3.Aufl., Rn.858ff.; *Göppinger*: Kriminologie, 5.Aufl., S.811f., 813f.

[8] BVerfGE 98, 169 (202).

[9] *Volkart*: Maßregelvollzug, 5.Aufl., S.77.

[10] Vgl. *Laubenthal*: Strafvollzug, 3.Aufl., Rn.863; *Kaiser* in K/S: Strafvollzug, 5.Aufl., §10 Rn.63.

krankhaften seelischen Störung, Schwachsinns oder einer anderen seelischen Abartigkeit nicht in der Lage waren, dass Unrecht ihrer Handlungen einzusehen bzw. nach einer solchen Einsicht zu handeln (§20 StGB), wäre die Motivationswirkung einer Good Time – Regelung ohnehin fraglich, da nur in den wenigsten Fällen erwartet werden könnte, dass der Betroffene den Sinn einer Good Time – Regelung versteht bzw. daran sein Handeln ausrichten kann.

Bei einer Drogentherapie im Maßregelvollzug nach §64 StGB könnten Good Time – Regelungen zwar u.U. zur Unterstützung der Therapie hilfreich sein, allerdings muss sich die Dauer einer Therapie am Behandlungsbedarf und nicht an der zu verbüßenden Zeit orientieren. Man könnte zwar in Erwägung ziehen, den 2/3 Termin (§67 Abs.4 StGB) vorzuverlegen, sollte sich hier jedoch ergeben, dass eine Strafrestaussetzung zur Bewährung unverantwortbar ist und die Maßregel gem. §67 Abs. 5 Satz 2 StGB weiter vollstreckt werden müssen, so wäre eine vorzeitige Entlassung aufgrund Good Time kaum zu rechtfertigen.

Eine Anwendung der Good Time – Regelungen auf den Maßregelvollzug nach §§ 63, 64 StGB ist somit nicht anzustreben.

2.)   Good Time für Sicherungsverwahrte

Auf Sicherungsverwahrte sind gemäß §130 StVollzG die Regelungen der §§ 3 bis 127 StVollzG, mithin also auch §43 StVollzG, anwendbar. Sicherungsverwahrte können somit in vollem Umfang Freistellungstage erwerben.

Allerdings wird ein extramuraler Arbeitsurlaub, der auch bei Sicherungsverwahrten grundsätzlich möglich ist[11], wegen Sicherheitsbedenken (§§
11,13 StVollzG) kaum in Frage kommen.

Ebenso ist die Anrechnung der Freistellungstage auf den Entlassungszeitpunkt nach §43 Abs.9 StVollzG nur eingeschränkt möglich: Solange gemäß Abs.10 der Vorschrift noch kein endgültiger Entlassungstermin festgelegt ist, sind Sicherungsverwahrte von der Anrechnung der Freistellungstage auf den erst später bestimmten Entlassungstermin ausgeschlossen. Insoweit kommt nur die Ausgleichsentschädigung nach §43 Abs.11
StVollzG in Frage.

Der Gesetzgeber hat damit dem Umstand Rechnung getragen, dass ähnlich
wie bei der lebenslangen Freiheitsstrafe, vor der Festsetzung eines endgültigen Entlassungstermins rein faktisch eine Anrechnung von Freistellungstagen überhaupt nicht möglich ist. Und selbst wenn ein Termin feststünde,
wäre die Anrechnung aller bis dahin erworbenen Zeitrabatte deshalb problematisch, weil insbesondere bei sehr langen Inhaftierungszeiträumen und
einem dementsprechend hohen Kreditumfang einerseits ein genügender
Zeitraum zur Entlassungsvorbereitung verbleiben muss und andererseits
die Versuchung bestünde, den endgültigen Entlassungstermin so (spät)
festzusetzen, dass die Anrechnung der Freistellungstage praktisch ins Leere liefe.

Überdies wollte der Gesetzgeber sicherlich den teilweise erhobenen Sicherheitsbedenken gegen die Einbeziehung der Sicherungsverwahrten in
das Good Time – System[12] gerecht werden.

Erst wenn ein endgültiger Entlassungstermin feststeht, können die bisher
erworbenen Freistellungstage, die noch nicht nach §43 Abs.11, S.3

---

[11] Vgl. *C/MD*: StVollzG, 9.Aufl., §130 Rn.2; *Tröndle/Fischer*: StGB, 50.Ausfl., §67d
Rn.6e.
[12] Vgl. *Lohmann*: Arbeit und Arbeitsentlohnung des Strafgefangenen, S.281.

StVollzG in eine Ausgleichsentschädigung umgewandelt wurden, auf den vorgesehenen Entlassungszeitpunkt angerechnet werden. Sicherheitsbedenken bestehen aufgrund der durch Good Time verursachten Haftzeitverkürzung dann nicht mehr, da ja mit der Bestimmung des Entlassungszeitpunkts gemäß §§ 67d Abs.3 StGB bereits festgestellt wurde, dass von dem Täter keine erheblichen Gefahren für die Allgemeinheit mehr ausgehen.

Aufgrund dieser praktischen Probleme werden die meisten Sicherungsverwahrten sich entweder für den intramuralen Arbeitsurlaub oder die Ausgleichsentschädigung entscheiden müssen.

Die Ausgleichsentschädigung wird jedoch nur alle 10 Jahre dem Eigengeldkonto des Gefangenen gutgeschrieben, soweit nicht vorher eine Entlassung und eine damit verbundene Auszahlung der Ausgleichsentschädigung erfolgt, vgl. §43 Abs.11 StVollzG.

Vor diesem Zeitpunkt ist der Anspruch auf Entschädigung nicht übertragbar und nicht vererblich. Stirbt der Sicherungsverwahrte bevor die Ausgleichsentschädigung dem Eigengeldkonto gutgeschrieben ist, haben die Angehörigen keinen Anspruch auf Auszahlung. Ebenso steht bis zur Gutschrift auf das Eigengeldkonto die Ausgleichsentschädigung nicht für etwaige Unterhaltsleistungen oder Schuldentilgung des Sicherungsverwahrten zur Verfügung.

Erst wenn die Gutschrift nach 10 Jahren auf das Eigengeldkonto übertragen wurde, kann der Gefangene selbst über das Geld verfügen, es also zum Einkauf, zur Schuldentilgung oder Zahlung von Unterhalt verwenden, vgl. §§47, 52 StVollzG. Der Vorteil der Freistellungsregelung kommt damit erst sehr spät zum Tragen.

Es ist daher zweifelhaft, ob die Freistellungsregelung für die Sicherungsverwahrten überhaupt motivierende Wirkungen entfalten und damit einen attraktiven Anreiz für Arbeit- und Ausbildung darstellen kann. Letztere sind eigentlich nur wegen des erworbenen finanziellen Entgelts und des daraus für den Einkauf zur Verfügung stehenden Hausgeldes (§47 StVollzG) attraktiv, nicht jedoch wegen der in Aussicht gestellten nicht-monetären Freistellungsmöglichkeit.

Es ist daher zu überlegen, ob die Ausgleichentschädigung nach §43 Abs.11 StVollzG bei Sicherungsverwahrten (und zu lebenslanger Haft Verurteilten) nicht wenigstens jährlich berechnet und gutgeschrieben werden sollte. Vorteil einer solchen Regelung wäre die frühere Verfügbarkeit der finanziellen Mittel, die z.B. zur Unterstützung der Familie bzw. zur Schuldentilgung genutzt werden könnten. Insbesondere wenn der Gesetzgeber langfristig daran festhält, dass der Anspruch nicht vererbbar ist, würde die Verkürzung des Fälligkeitszeitraums den Sicherungsverwahrten (und zu lebenslanger Haft Verurteilten, erhebliche finanzielle Vorteile bringen, auch wenn dies für den Staat höhere Kosten bedeuten würde. Doch der Gesetzgeber ist davon ausgegangen, dass die Freistellungsregelung Bestandteil des Arbeitsentgelts ist. Es gibt keinen rechtsstaatlichen Grund, außer Kostenersparnissen, den Gefangenen dieses Entgelt bzw. dessen Surrogat 10 Jahre lang vorzuenthalten und womöglich noch auf das vorherige Ableben des Gefangenen bzw. Sicherungsverwahrten zu spekulieren. Einziger Nachteil für den Gefangenen bei einer jährlichen Auszahlung der Ausgleichsentschädigung wäre die geringere Ansparmöglichkeit der Freistellungstage zur Anrechnung auf den Entlassungszeitpunkt.

Zu prüfen ist ebenfalls eine Erhöhung des finanziellen Arbeitsentgelts, da Sicherungsverwahrte ja bereits ihre Schuld gesühnt haben und nur noch zur Sicherung der Allgemeinheit festgehalten werden. Eine Rechtfertigung für die Vorenthaltung des tarifmäßigen Arbeitsentgelts besteht – ebenso wie bei Untersuchungshäftlingen – daher nicht.

II.) Gefangene in sozialtherapeutischen Anstalten und Abteilungen

Die Sozialtherapie, die seit den 70er Jahren des 20. Jhd. in Deutschland als eigenständige Vollzugsform mit einem speziellen Behandlungskonzept praktiziert wird, beruht auf der Erkenntnis, dass die Straffälligkeit bei einer Vielzahl der Gefangenen oftmals mit unzureichenden sozialen Kompetenzen, alltägliche Konflikte durchzustehen und zu bewältigen, verbunden ist. Die Sozialtherapie soll mit speziell auf solche Probleme abgestimmten Behandlungsprogrammen die Möglichkeit bieten, bestehende Defizite zu beseitigen bzw. zumindest zu mindern[13].

Während früher die Sozialtherapie nach §9 StVollzG (in der Fassung bis 31.12.2002) allein aufgrund einer freiwilligen Entscheidung des Inhaftierten möglich war, sind seit dem 1.1.2003 aufgrund der Gesetzesänderung des §9 Abs.1 StVollzG durch das Gesetz zur Bekämpfung von Sexualdelikten und anderen gefährlichen Straftaten vom 26.1.1998 vorrangig Sexualstraftäter das (unfreiwillige) Klientel der Sozialtherapie[14].

Dies führt nicht nur dazu, dass die Länder vermehrt sozialtherapeutische Anstalten zur Verfügung stellen und ihr Behandlungsangebot für Sexualstraftäter erweitern müssen[15], sondern wirft auch die Frage auf, inwieweit das Freistellungssystem des §43 StVollzG auf die Sozialtherapie angewendet wird und in Zukunft angewendet werden sollte.

Derzeit sind Gefangene, die gemäß §9 StVollzG ihre Freiheitsstrafe in einer sozialtherapeutischen Anstalt oder Abteilung verbüßen, von der Frei-

---

[13] *Kaiser* in K/S: Strafvollzug, 5.Aufl., §10 Rn.46f.
[14] *Thalmann*: Behandeln oder Betreuen?, in ZfStrVo 2000, S.3; *C/MD*: StVollzG, 9.Aufl., §9 Rn.1.

stellungsregelung des §43 StVollzG nicht ausgenommen; das Strafvoll-zugsgesetz sieht insoweit in §§123ff. StVollzG keine Sonderregelung vor. Insassen der Sozialtherapie können somit uneingeschränkt von der Freistel-lungsregelung profitieren, insbesondere ist bezüglich der Anrechnung der Freistellungstage auf den Entlassungszeitpunkt keine Sonderregelung vor-gesehen.

In Hinblick auf die Einführung der zwingenden Sozialtherapie für Sexual-straftäter, die wegen eines schweren Sexualdelikts zu einer über 2jährigen Haftstrafe verurteilt wurden, hat sich der Gesetzgeber somit bewusst gegen eine Sonderbehandlung von Sexualstraftätern in Bezug auf die Freistel-lungsregelung ausgesprochen.

Diese gesetzgeberische Entscheidung ist aufgrund der Problematik der Strafzeitverkürzung für gefährliche und besonders therapiebedürftige Tä-tergruppen jedoch nicht unproblematisch. Eine Auseinandersetzung mit dem Problem oder eine Begründung für die gefundene Regelung ist den Gesetzesmaterialien insoweit nicht zu entnehmen. Es kann nur vermutet werden, dass aufgrund der sehr geringen Kreditierungsraten von maximal 6 Tagen pro Jahr davon ausgegangen wurde, dass die Strafzeitverkürzung kaum schaden könne.

Fraglich ist jedoch, ob die Gleichbehandlung von Sozialtherapie und nor-malen Strafvollzug in Bezug auf die Freistellungsregelung auch dann auf-recht erhalten werden könnte, wenn – wie hier vorgeschlagen – der mögli-che Kreditierungsumfang auf maximal 48 Tage pro Jahr angehoben wer-den würde.

---

[15] *Kaiser* in K/S: Strafvollzug, 5.Aufl., §10 Rn.46f.

Dann würde sich das Problem stellen, dass den nach *§9 Abs.1 StVollzG* der Sozialtherapie zugewiesenen Sexualtätern für Arbeit und Ausbildung eine hohe Strafzeitverkürzung gewährt wird, obwohl bezüglich der Legalbewährung die Teilnahme an der Arbeit bzw. Ausbildung nur eine untergeordnete Bedeutung spielt, da die zur Straftat führenden Ursachen in anderen Bereichen zu suchen sind[16]. Die Verknüpfung von Arbeitsleistung und vorzeitiger Entlassung ist bei dieser Tätergruppe daher nicht unbedenklich[17].

Das Bundesverfassungsgericht hat in seiner Entscheidung aus dem Jahre 1998 aber ausdrücklich betont, das eine Anwendung eines Zeitgutschriftensystems als Anerkennung für geleistete Arbeit nur dann zulässig wäre, soweit general- oder spezialpräventive Gründe nicht entgegenstünden[18].

Zur Lösung des Problems könnte das Vorbild anderer Länder herangezogen werden, die den Krediterwerb für Sexual- und Gewalttäter erheblich einschränken. Zu denken wäre an eine eingeschränkte Anrechenbarkeit der zu erwerbenden Freistellungstage auf den Entlassungszeitpunkt (z.B. 50%) verbunden mit einer entsprechenden Ausgleichsentschädigung nach §43 Abs.11 StVollzG.

Dadurch entstünde zwar eine Ungleichbehandlung von Insassen des normalen Strafvollzugs und den der Sozialtherapie nach §9 Abs.1 StVollzG zugewiesenen Probanden; diese Ungleichbehandlung ließe sich aber aus dem Umstand rechtfertigen, dass es sich bei den nach §9 Abs.1 StVollzG der Sozialtherapie zugewiesenen Tätergruppen um Personen handelt, an

---

[16] *Schneider*: Kriminologie für das 21.Jahrhundert, S.156ff., 403ff.
[17] *Rösch*: Kommentar zum Urteil des BVerfG vom 1.1.1998, in Herrfahrdt (Hrsg.): Schriftenreihe der Bundesvereinigung der Anstaltsleiter im Strafvollzug e.V., Bd. 2, S.139.
[18] BVerfGE 98, 169 (202).

deren Therapie und Behandlung besondere Anforderungen zu stellen sind[19] und die in Bezug auf die Legalbewährung[20] und die beim Straftatopfer betroffenen Rechtsgüter[21] besondere Sicherheitsrisiken für die Allgemeinheit aufweisen. Es bestünde somit ein sachlicher Grund für die Ungleichbehandlung. Überdies würde durch die Zahlung der Ausgleichsentschädigung das Ungleichgewicht überwiegend ausgeglichen werden.

Bezüglich der Täter, die sich gemäß *§9 Abs.2 StVollzG* freiwillig zur Sozialtherapie anmelden, sollten allerdings die allgemeinen Regelungen des Normalvollzugs anwendbar bleiben.

Einerseits wäre eine Ungleichbehandlung dieser Strafgefangenen im Vergleich zum Insassen des Regelvollzugs rechtswidrig, weil es sich grundsätzlich um normale Insassen des Vollzugs handelt, die nur freiwillig eine besondere Behandlungsform wählen und ein sachlicher Grund für eine Ungleichbehandlung nicht ersichtlich ist. Andererseits wäre eine Differenzierung auch resozialisierungsfeindlich, da sich viele behandlungsbedürftige Haftinsassen aufgrund etwaiger Nachteile in Bezug auf die Good Time – Vergabe von einem freiwilligen Gang in die aus Resozialisierungsgesichtspunkten wünschenswerte Sozialtherapie abhalten lassen könnten.

---

[19] Vgl. dazu *Schneider*: Kriminologie für das 21.Jahrhundert, S. 414ff., 424ff., 433ff.

[20] *Neuere Studien gehen von Rückfallquoten zwischen 40 bis 75% bei Sexualdelikten aus, wobei ein Rückfall auch noch viele Jahre nach der zuletzt begangenen Tat auftreten kann*; vgl. *Schneider* a.a.O., S. 406f.

[21] Vgl. zu den Opferschäden bei Sexualdelikten *Schneider* a.a.O., S. 164ff., 407f.; *Göppinger*: Kriminologie, 5.Aufl., S.612.

III.) Veränderung der Good Time – Bestimmungen im Falle der Ersatzfreiheitsstrafe?

1.) Anwendbarkeit der Good Time auf die Ersatzfreiheitsstrafe

Das Strafvollzugsgesetz regelt gemäß §1 StVollzG den Vollzug der Freiheitsstrafe in Justizvollzugsanstalten und der freiheitsentziehenden Maßregeln der Besserung und Sicherung. Freiheitsstrafen in diesem Sinne sind nicht nur die originär vom Richter verhängten Freiheitsstrafen gemäß §38 StGB, sondern auch die anstatt einer uneinbringlichen Geldstrafe vollstreckten Ersatzfreiheitsstrafen[22]. Folglich findet auch die Neuregelung des §43 Abs.6-11 StVollzG auf die Ersatzfreiheitsgefangenen Anwendung.

Allerdings dürfte dies für die Ersatzfreiheitssträflinge kaum von Bedeutung sein, denn die Mehrzahl der Ersatzfreiheitsstrafen ist sehr kurz (durchschnittlich 30 Tage[23], da rund zwei Drittel aller Geldstrafen auf einen Tagessatzbetrag von unter 30 Tagen[24] lauten). Die durchschnittliche Ersatzfreiheitsstrafe erreicht damit noch nicht einmal das Maß der gemäß §47 Abs.1 StGB wegen ihrer Resozialisierungsfeindlichkeit[25] grundsätzlich verbotenen kurzen Freiheitsstrafe. Die Ausschöpfung des Tagessatzhöchstumfangs von 360 bzw. 720 Tagen (§§ 40 I S.2, 54 II S.2 StGB) ist die Ausnahme. Dies hat zur Folge, dass die Ersatzfreiheitssträflinge wegen

---

[22] *C/MD*: StVollzG, 9.Aufl., §1 Rn.1; *Schwind/Böhm*: StVollzG, 3.Aufl., §1 Rn.2; so auch schon *Weber*: Aussetzung des Restes der Ersatzfreiheitsstrafe nach §57 StGB?, in Stree/Lenckner/Cramer/Eser (Hrsg.): GS für Horst Schröder, S.182.

[23] Vgl. *Seebode*: Problematische Ersatzfreiheitsstrafe, in Feuerhelm/Schwind/Bock (Hrsg.): FS Alexander Böhm, S.530; *Albrecht* – NK-StGB, Bd. 2, §43., Rn.2.

[24] *Streng*: Strafrechtliche Sanktionen, S.56; *Jescheck/Weigend*: Strafrecht AT, 5.Auflage, S.770.

[25] Vgl. dazu z.B. *Heghmanns*: Fahrverbot, Arbeitsstrafe und Hausarrest...., in ZRP 1999, S.298f.

der kurzen Haftdauer zumeist überhaupt keine Arbeit zugewiesen bekommen, geschweige denn eine zeitaufwendige Ausbildung beginnen können, und schon aus diesem Grund ein Erwerb von Freistellungstagen nicht in Frage kommt. Und selbst wenn eine Arbeits- oder Ausbildungsmaßnahme begonnen werden kann, reicht die Haftdauer nicht aus, eine nennenswerte Anzahl von Freistellungstagen zu erwerben.

Dieser Umstand ist in mehrfacher Hinsicht bedauerlich und deckt sich mit der Kritik an der Ersatzfreiheitsstrafe und deren Umrechnungsmaßstab zur uneinbringlichen Geldstrafe im Verhältnis 1:1 gemäß §43 Abs.1, S.2 StGB[26].

Der Entzug der Freiheit stellt ein wesentlich einschneidenderes Übel dar als der bloße Entzug finanzieller Mittel[27]. Es besteht kein Rechtfertigungsgrund, 7-8 Stunden Arbeit, deren Erlös der Höhe eines Tagessatzes entsprechen soll[28], durch 24 Stunden Freiheitsentzug zu ersetzen[29].

Die Vollstreckung der Ersatzfreiheitsstrafe unter Zugrundelegung des derzeitigen Umrechnungsmaßstabs ist höchst problematisch, weil der Tatrichter, der auf eine Geldstrafe erkannt hat, bei der Urteilsfindung eben gerade nicht die Schuld so hoch eingeschätzt hat, als dass aus general- oder spezialpräventiven Gründen die Verhängung einer Freiheitsstrafe geboten gewesen wäre. Diese richterliche Einschätzung wird durch die gesetzlich starre Regelung des §43 StGB und der daraus resultierenden Vollstreckung

---

[26] Vgl. *Tröndle/Fischer*: StGB, 50.Aufl., §43 Rn. 4 m.w.N.; *Seebode*: Problematische Ersatzfreiheitsstrafe, in Feuerhelm/Schwind/Bock (Hrsg.): FS Böhm, S.519ff.; *Dünkel/Grosser*: Vermeidung von Ersatzfreiheitsstrafen durch gemeinnützige Arbeit, in NKrimP 1999, Heft 1, S.28ff.

[27] *Tröndle* – LK-StGB, 10.Aufl., §43 Rn.4; *Weber*: Aussetzung des Restes der Ersatzfreiheitsstrafe nach §57 StGB?, in Stree/Lenckner/Cramer/Eser (Hrsg.): GS für Horst Schröder, S. 184; *Schall*: Die Sanktionsalternative der gemeinnützigen Arbeit..., in NStZ 1985, S.106; a.A. *Horn* – SK-StGB, 7.Aufl., §43, Rn.2.

[28] *Göppinger*: Kriminologie, 5.Aufl., S.735; *Schall* a.a.O., S.110f.

[29] *Albrecht* – NK-StGB, Bd. 2, §43, Rn.5.

der Ersatzfreiheitsstrafe geradezu ins Gegenteil verkehrt[30]. Der Widersinn der derzeitigen Regelung zeigt sich auch darin, dass der Richter in seinem Urteil *den* Freiheitsentzug, der schlussendlich als Ersatz für die uneinbringliche Geldstrafe vollstreckt wird, wegen des grundsätzlichen Verbots der kurzen Freiheitsstrafe in §47 StGB gar nicht hätte anordnen dürfen[31].

Zudem trifft die Ersatzfreiheitsstrafe nur die Zahlungsunfähigen. Zwar dient die Androhung der Ersatzfreiheitsstrafe als „Rückrad" der Geldstrafe[32] dazu, auch die zahlungsfähigen Zahlungsunwilligen zur Erbringung der Geldstrafe zu bewegen[33], nur landen diese schlussendlich nicht im Vollzug, da bei den zahlungsunwilligen Zahlungsfähigen in der Regel das Mittel der Zwangsvollstreckung gemäß §459 StPO i.V.m. §6 JBeitrO erfolgreich ist. Selbst wenn Zahlungsunwillige den Vollzug einer Ersatzfreiheitsstrafe antreten – was von Gesetzes wegen gar nicht passieren dürfte, da die Ersatzfreiheitsstrafe die Uneinbringlichkeit der Geldstrafe zur Voraussetzung hat und daher die staatlichen Institutionen verpflichtet sind, vor Umwandlung der Geld- in eine Ersatzfreiheitsstrafe alle möglichen Zwangsvollstreckungsmaßnahmen zu versuchen, vgl. §459e Abs.2 StPO [34] – so wird diese Strafe zumeist nicht vollständig verbüßt, da der Zahlungsfähige, bisher aber nur -unwillige dann doch die Geldstrafe bezahlt und so die weitere Vollstreckung der Ersatzfreiheitsstrafe abwendet.

Die Ersatzfreiheitsstrafe trifft somit nur die sozial Schwachen und straft diese in Hinblick auf das gesteigerte Strafübel des Freiheitsentzugs gegen-

---

[30] *Tröndle/Fischer*: StGB, 50.Aufl., §43 Rn. 4 m.w.N.; *Seebode*: Problematische Ersatzfreiheitsstrafe, in Feuerhelm/Schwind/Bock (Hrsg.): FS Böhm, S.526ff.; *Tröndle* – LK-StGB, 10.Aufl., §43 Rn.4.

[31] Vgl. *Seebode* a.a.O., S.529f.

[32] *Tröndle* a.a.O., §43 Rn.1.

[33] Vgl. *Seebode* a.a.O.S.530f.

[34] Vgl. dazu *Seebode* a.a.O., S. 534; *Tröndle* a.a.O., §43 Rn.7f.; *Albrecht* – NK-StGB, Bd. 2, §43., Rn.4.

über der Geldstrafe wesentlich härter als den Zahlungsfähigen – der „leere Geldbeutel" wird zum Anlass für eine Strafschärfung[35].

Außerdem bedeutet die Vollstreckung einer doch verhältnismäßig kurzen Ersatzfreiheitsstrafe für die Haftanstalten nicht nur eine übermäßige Kapazitätsbelastung, sondern auch einen immens hohen Verwaltungsaufwand und personelle Belastung: es muss eine Akte angelegt und fortgeführt werden, der Gefangene ist einzukleiden, unterzubringen, ärztlich zu untersuchen und möglichst sinnvoll zu beschäftigen[36]. Die dadurch entstehenden Kosten von ca.78 € pro Hafttag sind überproportional höher als die Höhe der zu vollstreckenden Geldstrafe und daher auch aus ökonomischen Zweckmäßigkeitserwägungen möglichst gering zu halten.

Diese Kritik soll nicht so verstanden werden, als dass für eine Abschaffung der Ersatzfreiheitsstrafe plädiert werde. Entgegen der vereinzelt vertretenen Ansicht, die die Abschaffung der Ersatzfreiheitsstrafe fordert[37], kann die Rechtsgemeinschaft es nicht ertragen, dass leichtere Straftaten bei Mittellosen ungeahndet bleiben – denn dies würde in der Konsequenz bedeuten, dass Mittellose bis zu einem bestimmten Grade für Straftaten einen Freibrief erhielten[38].
Zu bedenken bleibt aber eine umfassende Reform der Ersatzfreiheitsstrafe.

Einen ersten Schritt in diese Richtung stellt die Abwendung der Ersatzfreiheitsstrafe durch gemeinnützige Arbeit dar.

---

[35] *Seebode*: Problematische Ersatzfreiheitsstrafe, in Feuerhelm/Schwind/Bock (Hrsg.): FS Böhm, S.525f.
[36] *Dünkel/Grosser*: Vermeidung von Ersatzfreiheitsstrafen durch gemeinnützige Arbeit, in NKrimP 1999, S.29.
[37] *Köhler*: Zur Kritik an der Zwangsarbeitsstrafe, in GA 1987, S.160f.
[38] So auch *Seebode* a.a.O., S.519; *Göppinger*: Kriminologie, 5.Aufl., S.741.

Allerdings verbüßen trotz der seit mehreren Jahren bestehenden Möglichkeit der Abwendung einer Ersatzfreiheitsstrafe durch gemeinnützige Arbeit, die seit 1986 in Art. 293 EGStGB gesetzlich normiert ist, jährlich 5 bis 7% aller Geldstrafenschuldner eine Ersatzfreiheitsstrafe[39] – und dies mit steigender Tendenz[40], vgl. Tabelle 11. Von den insgesamt 442.096 Zugängen im deutschen Strafvollzug im Jahre 2001 waren 54.199 Personen, die eine Ersatzfreiheitsstrafe antraten, was einer Quote von ungefähren 12,26% entspricht[41]. 1992 waren dies nur 6,1% aller Zugänge[42]. Beachtlich ist dabei vor allen Dingen, dass die neuen Bundesländer eine besonders hohe Quote aufweisen (Berlin z.B. 32,0%, Sachsen-Anhalt 25,8%), was nur auf die schlechten wirtschaftlichen Verhältnisse und die hohe Arbeitslosigkeit in diesen Ländern zurückgeführt werden kann, die es den Betroffenen besonders schwer macht, eine Geldstrafe zu tilgen.

Dies ist insoweit erstaunlich, als dass man doch eigentlich annehmen müsste, die meisten Geldstrafenschuldner, die finanziell nicht in der Lage sind, ihre Geldstrafe zu bezahlen, würden lieber arbeiten als statt dessen eine Haftstrafe zu verbüßen („Schwitzen statt sitzen").

---

[39] *Kaiser*: Kriminologie, 3.Aufl., §93 Rn.44; *Weigend*: Sanktionen ohne Freiheitsentzug, GA 1992, S.352

[40] *Dünkel/Grosser*: Vermeidung von Ersatzfreiheitsstrafen durch gemeinnützige Arbeit, in NKrimP 1999, S.28.

[41] *Statistisches Bundesamt*, Fachserie 10, Reihe 4.2, 2001, S.17.

[42] *Kaiser*: Kriminologie, 3.Aufl., §93 Rn.44.

Tabelle 11: Jährliche Zugänge - Ersatzfreiheitsstrafe

	Jährliche Zugänge im Straf-vollzug bzgl. Ersatzfreiheits-strafen			Zugang Ersatzfrei-heitsstrafe	Zugang Erwachsenen-vollzug ges.	Anteil Ersatz-freiheitsstrafe in %
	1980	1990	1995	2001		
Baden-Württemberg	3.825	3.762	5.896	4.293	38.160	11,25
Bayern	3.199	3.509	5.425	4.994	41.435	12,05
Berlin (West) [1]	1.462	2.453	2.913	4.347	13.584	32,00
Bremen	618	770	740	843	7.064	11,93
Hamburg	1.408	2.504	3.339	3.039	24.704	12,30
Hessen	1.747	1.869	2.678	2.734	32.304	8,46
Niedersachsen	3.371	3.165	4.678	5.406	38.555	14,02
Nordrhein-Westfahlen	7.546	9.013	12.636	14.860	158.452	9,38
Rheinland-Pfalz	1.123	1.195	1.926	2.025	20.117	10,07
Saarland	253	320	488	472	7.131	6,62
Schleswig-Holstein	1.353	979	1.408	1.212	10.223	11,85
Alte Bundeslän-der ges.:	**25.905**	**29.539**	**42.127**	**44.225**	**391.729**	**11,29**
Brandenburg			1.729	1.745	9.305	18,75
Mecklenburg-Vorpommern			1.484	1.351	9.001	15,01
Sachsen			3.162	3.641	17.141	21,24
Sachsen-Anhalt			1.523	1.937	7.508	25,80
Thüringen			1.093	1.300	7.412	17,54
Neue Bundes-länder ges.:			**8.991**	**9.974**	**50.367**	**19,80**
Bundesgebiet gesamt:			**51.118**	**54.199**	**442.096**	**12,26**

[1] Ab 1995 Berlin gesamt

Quelle: *Kaiser*: Kriminologie, 3.Aufl., §93 Rn.45; *Statistisches Bundesamt*, Fachserie 10, Reihe 4.2, 1995 / 2001, S.11ff.

Es gibt jedoch mehrere Gründe, warum trotz der Möglichkeit der gemein-nützigen Arbeit die Ersatzfreiheitsstrafvollstreckungen zunehmen:

Einerseits sind viele Geldstrafenschuldner in ihrer geringen sozialen Kom-petenz mit der Beantragung einer gemeinnützigen Arbeit überfordert, ob-wohl inzwischen von den Behörden und sozialen Diensten entsprechende Hilfestellungen angeboten und auch zumeist genügend Arbeitsplätze zur Verfügung gestellt werden können[43]. Doch vielen Geldstrafenschuldnern,

---

[43] Vgl. *Kawamura*: Gemeinnützige Arbeit statt Ersatzfreiheitsstrafe, in BewHi 1998, S.341f.; *Seebode*: Problematische Ersatzfreiheitsstrafe, in Feuerhelm/Schwind/Bock

die seit langer Zeit beschäftigungslos sind oder andere soziale Problemlagen wie z.B. Alkoholmissbrauch, Obdachlosigkeit, soziale Isolation, Krankheit oder Arbeitsentwöhnung aufweisen, fällt es schwer, den Anforderungen der gemeinnützigen Arbeit in Bezug auf Pünktlichkeit, Leistungswillen und sozialer Eingliederung gerecht zu werden[44].

Viele Geldstrafenschuldner sind darüber hinaus unwillig, einer gemeinnützigen Arbeit nachzugehen[45]: Dies liegt einerseits daran, dass sich der Betroffene bei der Ableistung gemeinnütziger Arbeit einem wesentlich größeren Personenkreis nicht nur als Mittelloser, sondern auch als Vorbestrafter offenbaren muss, als dies bei einer doch eher anonymen Ersatzfreiheitsstrafe der Fall wäre – dies wird häufig als sehr entehrend empfunden[46].

Hinzu kommt, dass bedingt durch den Umrechnungsfaktor von 1 Tagessatz zu 1 Arbeitstag ein Geldstrafenschuldner in der Regel wesentlich mehr arbeiten muss, als er dies zur Erwirtschaftung der Tagessatzsumme auf dem freien Arbeitsmarkt müsste: Beträgt z.B. die Tagessatzhöhe 8 €, so muss der Geldstrafenschuldner zur Tilgung des Tagessatzes in der Regel 6 Stunden[47] gemeinnützig arbeiten; würde er hingegen einer vergleichbaren Tätigkeit auf dem freien Markt nachgehen, so würde er unter Zugrundelegung eines Minimallohnes von 5 € netto pro Stunde nicht einmal 2 Stunden, also 1/3 der Arbeitszeit, benötigen, um die Tagessatzsumme von 8 € zu erwirt-

---

(Hrsg.): FS Alexander Böhm, S.536ff.; *Cornel*: Gemeinnützige Arbeit – neues Konzept in Brandenburg, in NKrimP 1999, Heft 3, S.8.

[44] *Hennig*: Rettet die Geldstrafe – macht sie einbringlich, in BewHi 1999, S.303f.; *Kawamura*: Gemeinnützige Arbeit statt Ersatzfreiheitsstrafe, in BewHi 1998, S.343f.; *Dünkel/Grosser*: Vermeidung von Ersatzfreiheitsstrafen durch gemeinnützige Arbeit, in NKrimP 1999, S.30.

[45] *Dünkel/Grosser* a.a.O., S.30.

[46] *Seebode*: Problematische Ersatzfreiheitsstrafe, in Feuerhelm/Schwind/Bock (Hrsg.): FS Alexander Böhm, S.541.

[47] *In einigen Bundesländern besteht in Ausnahmefällen die Möglichkeit, einen Tagessatz mit minimal 3 Stunden Arbeit zu tilgen; andernorts können aber auch 8 Stunden Arbeit verlangt werden*, vgl. *Albrecht* – NK-StGB, Bd. 2, §43., Rn.9.

schaften. Zwar soll die gemeinnützige Arbeit, die zur Tilgung einer Geld-strafe geleistet wird, eine Strafe sein, jedoch kann dies nicht bedeuten, dass derjenige, der keine Möglichkeiten hat, durch eigene Einnahmen aus einem bestehenden Arbeitsverhältnis die Geldstrafe zu tilgen, für seine Beschäfti-gungslosigkeit und Armut insofern stärker bestraft wird, als dass er zur Tilgung der Geldstrafe mehr Arbeit leisten muss, als der zahlungsfähige Geldstrafenschuldner[48].

Das hier angeführte Rechenbeispiel kann natürlich nicht für alle Fälle gel-ten, da sich je nach Tagessatzhöhe das Verhältnis von zu leistender Arbeit und zu tilgenden Betrag verändert, jedoch sind bei den Geldstrafenschuld-nern, deren Strafe uneinbringlich ist und die daher nur durch gemeinnützi-ge Arbeit eine Ersatzfreiheitsstrafe abwenden können, die Personen über-repräsentiert, die aufgrund ihres geringen Einkommens (Arbeitslose, Sozi-alhilfeempfänger) nur relativ geringe Tagessätze tilgen müssen. Somit be-trägt in den meisten Fällen das Verhältnis von den Arbeitsstunden, die auf dem freien Markt zur Tilgung des Tagessatzes notwendig wären und den zu leistenden gemeinnützigen Stunden ca. 1:2 oder sogar 1:3. Insoweit ist es nicht unverständlich, dass einige Geldstrafenschuldner die gemeinnützi-ge Arbeit als aus ihrer Sicht ungerecht ablehnen und lieber „sitzen statt schwitzen"[49].

Um diese Probleme zu beseitigen, wäre es denkbar, den Umrechnungsfak-tor von Geldstrafe zu gemeinnütziger Arbeit oder Geldstrafe zu Ersatzfrei-heitsstrafe so zu verändern, dass 1 Tag Arbeit bzw. 1 Hafttag 2 Tagessätze

---

[48] Ähnlich *Kawamura*: Gemeinnützige Arbeit statt Ersatzfreiheitsstrafe, in BewHi 1998, S.348.

[49] So auch *Dünkel/Grosser*: Vermeidung von Ersatzfreiheitsstrafen durch gemeinnüt-zige Arbeit, in NKrimP 1999, S.32.

ersetzt[50]. Insbesondere für die Ersatzfreiheitsstrafe wird dies seit langem gefordert[51].

Bewirken ließe sich dies entweder durch eine generelle Änderung des Umrechnungsverhältnisses, oder, was durchaus denkbar ist und schon praktiziert wird, durch eine Good Time – Regelung.

Letztere hat den Vorteil, dass z.b. die Good Time – Vergabe noch an bestimmte Kriterien geknüpft werden kann, wie z.b. pünktliches Erscheinen am Arbeitplatz, angemessene Arbeitsleistung oder ähnliches, wobei allerdings aus den oben genannten Gründen keine zu hohen Anforderungen zu stellen wären.

Solche Bestrebungen hat es in Deutschland schon gegeben, vgl. Beschreibung des preußischen Forstdiebstahlsgesetzes im Kapitel 2.

Da Geldstrafenschuldner, die eine sehr hohe Anzahl von Tagessätzen abzuarbeiten haben (über 80-90 Tagessätze), besondere Schwierigkeiten mit der Wahrnehmung einer gemeinnützigen Tätigkeit haben[52], wäre die Verkürzung der Arbeitstage mit Good Time nicht nur ein hoher Arbeitsanreiz, sondern auch ein sinnvoller Beitrag zur Vermeidung einer Ersatzfreiheitsstrafe.

---

[50] Vgl. für die gemeinnützige Arbeit: *Seebode*: Problematische Ersatzfreiheitsstrafe, in Feuerhelm/Schwind/Bock (Hrsg.): FS Alexander Böhm, S.538; *Kawamura*: Gemeinnützige Arbeit statt Ersatzfreiheitsstrafe, in BewHi 1998, S.348; *Dünkel/ Grosser*: Vermeidung von Ersatzfreiheitsstrafen durch gemeinnützige Arbeit, in NKrimP 1999, S.30.

[51] *Weber*: Aussetzung des Restes der Ersatzfreiheitsstrafe nach §57 StGB?, in Stree/ Lenckner/Cramer/Eser (Hrsg.): GS für Horst Schröder, S.184ff.; *Seebode* a.a.O., S.549ff.; *Albrecht* – NK-StGB, Bd. 2, §43, Rn.5; für einen gnadenweisen Erlass der Ersatzfreiheitsstrafe im Einzelfall *Lüderssen*: Gnadenweiser Erlass von Ersatzfreiheitsstrafen?, in Feuerhelm/Schwind/Bock (Hrsg.): FS Alexander Böhm, S.560ff.

[52] *Göppinger*: Kriminologie, 5.Aufl., S.744; *Dünkel/Grosser* a.a.O.; *Schall*: Die Sanktionsalternative der gemeinnützigen Arbeit..., in NStZ 1985, S.111.

Bei der Vollstreckung der Ersatzfreiheitsstrafe könnte die derzeit nach §43 Abs.6-11 StVollzG bestehende Good Time – Regelung dahingehend modifiziert werden, dass Ersatzfreiheitssträflinge, für die nach §41 StVollzG ebenfalls die Arbeitspflicht gilt, für 1 Tag Arbeit 2 Hafttage gutgeschrieben bekommen, so dass die Ersatzfreiheitsstrafe effektiv um die Hälfte reduziert wird. Dies spart nicht nur die den Staatshaushalt stark belastenden Haftkosten[53], sondern entlastet auch ganz erheblich die Haftkapazitäten[54].

Anders als bei der bei Ersatzfreiheitsstrafen sehr umstrittenen Strafrestaussetzung zur Bewährung bestünde bei der Verkürzung der Ersatzfreiheitsstrafe durch Good Time auch nicht dass Problem, dass eine Geldstrafe gewissermaßen zur Bewährung ausgesetzt wird, was teilweise auf Kritik stößt[55]. Abgesehen davon, dass diese Kritik unberechtigt ist, weil der aufgrund seiner geringeren Tatschuld ursprünglich nur zu einer Geldstrafe Verurteilte nicht schlechter stehen darf, als der von vornherein zu einer Freiheitsstrafe Verurteilte, so ist mit der vorzeitigen Entlassung durch Good Time die Geldstrafe endgültig getilgt, es kann damit nicht dazu kommen kann, dass durch einen Bewährungswiderruf eine Geldstrafe wieder aufleben würde.

---

[53] Zu den Kosten der Ersatzfreiheitsstrafenvollstreckung: *Hennig*: Rettet die Geldstrafe – macht sie einbringlich, in BewHi 1999, S. 298.

[54] *Eisenberg*: „Freie Arbeit" (Art. 293 Abs.1 EGStGB) während Freiheitsentzuges (§43 StGB), in ZfStrVO 2003, S.223, 224.

[55] Vgl. zum Streitstand: *Weber*: Aussetzung des Restes der Ersatzfreiheitsstrafe nach §57 StGB?, in Stree/Lenckner/Cramer/Eser (Hrsg.): GS für Horst Schröder, S.180ff.; *Seebode*: Problematische Ersatzfreiheitsstrafe, in Feuerhelm/Schwind/ Bock (Hrsg.): FS Alexander Böhm, S.544ff.; weiterhin für eine Strafrestaussetzung zur Bewährung: *OLG Zweibrücken* JR 1976, S.466f. mit Anm. *Preisendanz* und Anm. *Zipf* in JR 1977, S.122ff.; *OLG Düsseldorf* NJW 1977, S.308; *Albrecht* – NK-StGB, Bd. 2, §43., Rn.6; *Göppinger*: Kriminologie, 5.Aufl., S.744; *Weigend*: Sanktionen ohne Freiheitsentzug, GA 1992, S.356.; gegen eine Strafrestaussetzung zur Bewährung: *AG Berlin-Tiergarten* NJW 1972, S.274f.; *OLG Düsseldorf* NJW 1980, S.250f.; *OLG Celle* NStZ 1998, S.533f.; *Horn* – SK-StGB, 7.Aufl., §43 Rn.2; *Volckart*: Die Aussetzung des Strafrests, in ZfStrVO 2000, S.196.

Positiv zu werten ist daher die Strafzeitverkürzungsmöglichkeit für Ersatzfreiheitssträflinge in Sachsen, die im Übrigen schon vor der Neuregelung
des §43 Abs.6-11 StVollzG praktiziert wurde: In Absprache der Staatsan-
waltschaften, der Gefängnisleitungen und des sächsischen Justizministeriums ist es Ersatzfreiheitsstrafgefangenen möglich, durch 6 Stunden Arbeit
im Vollzug 2 Hafttage gutgeschrieben zu erhalten, so dass die Haftzeit um
50% reduziert werden kann. Grund dieser Regelung ist vor allen Dingen
die steigende Anzahl der Ersatzfreiheitsstrafvollstreckungen, die die Haftkapazitäten übermäßig belasten und auf diese Weise reduziert werden sollen. Es ist insoweit zwar paradox, dass die Ersatzfreiheitssträflinge, die ja
die Möglichkeit hatten, die Vollstreckung der Ersatzfreiheitsstrafe durch
gemeinnützige Arbeit abzuwenden, diese nun doch durch Arbeit im Vollzug reduzieren, jedoch wird auf diese Weise der Vollzug wenigstens sinnvoll genutzt und nicht nur „sinnlos abgesessen".

Auch das Justizministerium in Baden-Württemberg entlässt Ersatzfrei-
heitsstrafgefangene nach der Hälfte der zu verbüßenden Ersatzfreiheitsstrafe, indem aufgrund eines Erlasses vom 3.3.1998 §455a StPO ohne nähere
Prüfung der vollzugstechnischen Voraussetzungen angewendet wird; der
spätere Erlass der Restfreiheitsstrafe erfolgt dann im Gnadenwege[56].

---

[56] Vgl. *Lüderssen*: Gnadenweiser Erlass von Ersatzfreiheitsstrafen, in Feuer-
helm/Schwind/Bock (Hrsg.): FS Alexander Böhm, S.564.

In Bremen ist es seit Oktober 2000 möglich, die Ersatzfreiheitsstrafe durch Arbeit zu verkürzen, indem nach dem day – for – day – Prinzip pro Arbeitsstag ein Tag Ersatzfreiheitsstrafe getilgt wird. Dies soll nur dann nicht erfolgen, wenn beispielsweise der Verurteilte bereits mehrfach zuvor eine freie Arbeit oder den Kontakt zum freiem Träger, der die gemeinnützige Arbeit zur Vermeidung der Ersatzfreiheitsstrafe organisiert („Brücke Bremen"), ohne Grund abgebrochen hat oder andere Gründe bestehen, weshalb der Verurteilte ungeeignet ist.

Aus der Leipziger Volkszeitung vom 11.3.2004:

Bei sechs Stunden Putzen rückt die Freiheit einen Tag näher

Dresden. Ab sofort putzen Strafgefangene die Dresdner Elbwiesen. Ein Vertrag zwischen Stadt und dem Dresdner Gefängnis regelt das Reinemachen zwischen dem Blauen Wunder und der Flutrinne, sagte gestern der Sachgebietsleiter im Amt für Abfallwirtschaft, Volker Findeisen. Reinigungsgeräte und Müllcontainer werden ihnen von der Stadt zur Verfügung gestellt. Die Arbeit ist freiwillig und unentgeltlich. Für die Putzaktionen, deren Idee aus dem Innenministerium stammt, kommen nur Freigänger oder Strafgefangene mit geringen Haftstrafen zum Einsatz. Wie der Leiter der Justizvollzugsanstalt, Bernhard Beckmann, versicherte, wird jeder Freiwillige einer Prüfung unterzogen. Die meisten Saubermänner würden Ersatzfreiheitsstrafen verbüßen, da sie vom Gericht verhängte Geldstrafen nicht bezahlen konnten oder wollten.

Laut Beckmann hat Arbeiten für diese Gefangenen einen besonderen Reiz. Für je sechs Stunden gemeinnütziger Arbeit außerhalb der Anstalt bekommen sie einen Hafttag erlassen. „Alle Gefangenen arbeiten gern", erklärte er. Sieben Strafgefangene waren gestern auf den Elbwiesen unterwegs und sammelten mit einem Greifer Abfall auf. Justizminister Thomas de Maizière (CDU) erklärte, die Arbeit der Gefangenen bei der Reinigung von Grünanlagen komme der Sauberkeit der Stadt zugute und nütze der Resozialisierung. „Ich hoffe, dass dieses Projekt ein Anstoß ist, dass die Dresdner nicht mehr so viel einfach wegwerfen und sich verstärkt für Sauberkeit in der Stadt einsetzen", fügte er hinzu. *Thomas Hartwig.*

Schleswig-Holstein praktiziert seit dem Frühjahr 2003 ein Modell, das dem sächsischen und bremischen Modell entspricht. Nach §4a einer Durchführungsverordnung zu §293 Abs.1 EGStGB können Häftlinge die Ersatzfreiheitsstrafe durch gemeinnützige Arbeit halbieren:

> §4a **Anrechnung freier Arbeit während des Vollzugs der Ersatzfreiheitsstrafe** (VO vom 10. April 2003; GVOBl. S.231)[57]:
>
> (1) Die Vollstreckungsbehörde kann die Ableistung freier Arbeit auch dann gestatten, wenn die Vollstreckung der Ersatzfreiheitsstrafe bereits begonnen hat. Die Tilgung der Geldstrafe erfolgt nach Maßgabe des §7 durch Anrechnung auf die noch zu vollstreckende Ersatzfreiheitsstrafe.
>
> ......

Das schleswig-holsteinische Modell ermöglicht somit die parallele Verbüßung/ Ableistung von Ersatzfreiheitsstrafe und gemeinnütziger Arbeit i.S.v. §293 EGStGB, so dass die Ersatzfreiheitsstrafe letztlich „von hinten" abgearbeitet wird[58].

Das schleswig-holsteinische und das sächsische Modell haben ohne Zweifel gegenüber der normalen Verbüßung der Ersatzfreiheitsstrafe das Kostenargument auf ihrer Seite, jedoch ist eigentlich nicht begreiflich zu machen, warum ein Geldstrafenschuldner erst inhaftiert werden muss, um dann doch die Geldstrafe abzuarbeiten. Sinnvoller ist insoweit die Tildung der Geldstrafe durch gemeinnützige Arbeit in Freiheit ohne die kostenintensive Inhaftierung im Rahmen der Ersatzfreiheitsstrafe. So konnten in Sachsen im Jahr 2003 durch die Vermeidung von Ersatzfreiheitsstrafen durch Ableistung gemeinnütziger Arbeit (Programm „Schwitzen statt sitzen") 9.747.202 EUR = 141.551 Hafttage eingespart werden[59].

---

[57] Abgedruckt bei *Eisenberg*: „Freie Arbeit" (Art. 293 Abs.1 EGStGB) während Freiheitsentzuges (§43 StGB), in ZfStrVO 2003, S.223, 224.

[58] *Eisenberg* a.a.O.

[59] Aktuelle Informationen, ZfStrVo 2004, S.230.

Vorzuziehen wäre deshalb eine generelle Veränderung des Umrechnungs-maßstabs von 1 Tag Arbeit oder 1 Hafttag in 2 Tagessätze der Geldstrafe. Wollte man trotz allem statt dessen oder daneben eine arbeitshonorierende Good Time – Regelung einführen, so ist zu beachten, dass der Kreditie-rungsumfang bei der Ersatzfreiheitsstrafe höher sein müsste als bei der gemeinnützigen Arbeit in Freiheit, da bei ersterer noch das Strafübel des Freiheitsentzugs neben das „Übel" der Arbeitsleistung tritt.

2.) Anwendung von Good Time auf die gemeinnützige Arbeit in anderen Fällen

Ebenso wie bei der gemeinnützigen Arbeit als Surrogat zur Geldstrafe wä-re eine Good Time – Anwendung bei der gemeinnützigen Arbeit als Be-währungsauflage im Erwachsenenstrafrecht gemäß §§56 b Abs.2, Nr.3, 56 c Abs.1, S.1, 57 Abs.3 S.1[60] StGB oder als eigenständige Sanktion im Ju-gendstrafrecht gemäß §§10 Abs.1. S.3, Nr.4; 15 Abs.1 Nr.3 denkbar. So können sich beispielsweise nach §§16-93-1001ff. Arkansas Code Per-sonen, die (im Rahmen einer Bewährung) statt einer Haftstrafe in einem City oder Community Jail zur Teilnahme an einem Community Work Pro-ject verurteilt wurden, durch die fleißige Erfüllung ihrer Arbeitsaufgaben eine Strafzeitverkürzung von bis zu 3 Tagen pro Arbeitstag verdienen[61]. Auszuführen sind gemeinnützige Tätigkeiten, wie z.B. die Restauration oder Reinigung von Gebäuden, Straßen, Parkanlagen oder anderen öffent-lichen Einrichtungen. Bei einem Fehlverhalten droht die Einweisung in ei-ne normale Haftanstalt.

---

[60] Dass eine Arbeitsauflage im Falle der Strafrestaussetzung zur Bewährung verhängt werden kann, ist dem Gesetz eindeutig zu entnehmen, vgl. *Tröndle/Fischer*, StGB, 50.Aufl., Rn.32f.; dagegen aber *Feuerhelm*: Gemeinnützige Arbeit als strafrechtli-che Sanktion, in BewHi 1998, S.324f.

[61] *Abhängig ist die Höhe des zu erwerbenden Kredits vom Richterspruch. Möglich ist eine Verurteilung zu einer Kreditierungsmöglichkeit von 3 bzw. 1 Tag pro Ar-beitstag; §§16-93-1002 bzw. 16-93-1101 Arkansas Code.*

Insbesondere im Umgang mit jugendlichen und heranwachsenden Straftätern muss immer wieder festgestellt werden, dass es Jugendlichen extrem schwer fällt, einer Arbeitsweisung bzw. -auflage auch gewissenhaft und vollständig nachzukommen; häufig werden begonnene Tätigkeiten schnell wieder abgebrochen, das Erscheinen am Arbeitsplatz ist unregelmäßig und bleibt schlussendlich ganz aus. Insoweit könnte die Aussicht, bei pünktlicher und guter Arbeitsleistung die Anzahl der abzuleistenden Stunden zu verkürzen, für den jungen Straftäter einen erheblichen Anreiz darstellen und ihm auch zeigen, dass das Gericht ihm im Falle der eigenen erkennbaren Bemühungen auch entgegen kommt – ein erzieherischer Faktor, der nicht unterschätzt werden darf.

Doch auch erwachsenen Straftätern fällt es häufig, sei es aufgrund bereits langer bestehender Arbeitslosigkeit, aufgrund von Überforderung oder wegen Alkohol- und Drogenproblemen, sehr schwer, einer gemeinnützigen Arbeit konsequent nachzukommen[62]. Insoweit ist es sehr wichtig, eine entsprechende Arbeitsmotivation zu schaffen, was häufig langwierige Gespräche und eine intensive Betreuungsarbeit erfordert[63]. Es wäre durchaus denkbar, ergänzend zu diesen Bemühungen auch eine Motivation durch Good Time zu schaffen.

---

[62] *Kawamura*: Gemeinnützige Arbeit statt Ersatzfreiheitsstrafe, in BewHi 1998, S.345.
[63] *Kawamura* a.a.O., S.343ff.; *Weigend*: Sanktionen ohne Freiheitsentzug, GA 1992, S.360; *Cornel*: Gemeinnützige Arbeit – neues Konzept in Brandenburg, in NKrimP 1999, Heft.3, S.8.

IV.) Die Anwendbarkeit der Freistellungsregelung auf eine Strafvollstreckung gemäß §41 IStGHG

Mit der Ratifizierung des Römischen Statuts des internationalen Strafgerichtshofs (IStGH-Statut) hat sich Deutschland gemäß Art. 86 IStGH-Statut zur uneingeschränkten Zusammenarbeit mit dem IStGH verpflichtet, soweit der Gerichtshof in eigener Zuständigkeit Straftaten verfolgt (vgl. Art.17 IStGH-Statut).

Im Rahmen dieser Zusammenarbeit kann sich Deutschland auch gemäß Art. 103 ff. IStGH-Statut dazu bereit erklären, im Auftrag des IStGH eine Freiheitsstrafe zu vollstrecken[64]. ·

Wenn Deutschland eine solche Erklärung im Einzelfall abgibt und die Vollstreckung einer Freiheitsstrafe übernimmt, so erfolgt diese gemäß Art. 106 IStGH-Statut unter der Aufsicht des IStGH[65]. Gemäß Art. 105 Abs.1 IStGH-Statut ist die verhängte Strafe für den Vollstreckungsstaat bindend und darf durch diesen auch nicht abgeändert werden[66]. Insbesondere unterliegen sämtliche Entscheidungen über die Anordnung, Dauer und Beendigung der Freiheitsentziehung allein den IStGH; er entscheidet, ob eine Person Vollzugslockerungen erhält bzw. wann eine Person entlassen wird[67]. Speziell die Entscheidung über eine vorzeitige Haftentlassung des Strafgefangenen obliegt gemäß Art. 110 IStGH-Statut allein dem IStGH[68].

---

[64] *Gerhard A.M. Strijards* in Trifferer (Hrsg.): Commentary on the Rome Statute of the International Criminal Court, Art.103 Rn.5, 18.

[65] Vgl. dazu Regierungsentwurf zum Gesetz zur Ausführung des Römischen Statuts des Internationalen Strafgerichtshofs (RSAG), BR-Drucksache 30/02, S.159ff.; *Gerhard A.M. Strijards* a.a.O., Art. 103 Rn.5.

[66] *Gerhard A.M. Strijards* a.a.O., Art. 103 Rn.5, 8.

[67] *Roger S. Clark* in Triffterer (Hrsg.): Commentary on the Rome Statute of the International Criminal Court, Art. 106 Rn.3.

[68] *MacLean*: Gesetzentwurf über die Zusammenarbeit mit den Internationalen Strafgerichtshof, in ZRP 2002, S.263; RegE zum RSAG, BR-Drucksache 30/02, S.161f., 164f.; *Gerhard A.M. Strijards* a.a.O., Art. 103 Rn.4, Art.110 Rn.1f.

Folglich ordnet §41 Abs.1 S.1 des Gesetzes über die Zusammenarbeit mit dem Internationalen Strafgerichtshof (IStGHG), das u.a. die Zusammenarbeit deutscher Behörden mit dem IStGH auf dem Gebiet der Strafvollstreckung regelt, an, dass die Freiheitsstrafe in der vom Gerichtshof mitgeteilten Höhe vollstreckt wird und insbesondere die Vorschriften des Strafgesetzbuchs bezüglich der Aussetzung eines Rests einer zeitigen oder lebenslangen Freiheitsstrafe (§§57 bis 57b StGB) und der Strafprozessordnung zur Vollstreckung einer Freiheitsstrafe keine Anwendung finden. Die Vollstreckung einer Freiheitsstrafe ist nach §41 Abs.1 S.2 IStGHG (nur) zu beenden, wenn der IStGH dies mitteilt[69].

§41 Abs.4 IStGHG regelt, dass für die aus Anlass der Vollstreckung der Strafe zu treffenden Entscheidungen, einschließlich Begnadigung, Wiederaufnahme des Verfahrens und Herabsetzung des Strafmaßes durch den Gerichtshof sowie sonstige Entscheidungen, die einen Aufenthalt des Verurteilten außerhalb der Einrichtung ohne Bewachung mit sich bringen können, der Gerichtshof zuständig ist. Soweit Umstände eintreten, die nach deutschem Recht einen Aufschub, vorübergehenden Aufschub, eine Unterbrechung der Vollstreckung, ein Absehen von der Vollstreckung, eine Anrechnung auf die zu verbüßende Freiheitsstrafe oder Vollzugsanordnungen, die einen Aufenthalt außerhalb der Vollzugseinrichtung ohne Bewachung ermöglichen würden, ist die Entscheidung des Gerichtshofs herbeizuführen. Nur im Übrigen richtet sich der Vollzug der Strafe gemäß §41 Abs.4 S.2 IStGHG nach den deutschen Vorschriften und entspricht dem Vollzug von Strafen, die von deutschen Gerichten wegen vergleichbarer Taten verhängt werden.

Es ist somit festzuhalten, dass der Internationale Strafgerichtshof nach §41 IStGHG in Umsetzung des IStGH-Statuts die alleinige Entscheidungskompetenz über sämtliche Fragen besitzt, die Dauer und Lockerungen des

---

[69] RegE zum RSAG, BR-Drucksache 30/02, S.162.

Vollzugs betreffen. Dies ist auch nicht weiter verwunderlich, da nur durch diesen Grundsatz der „Letztentscheidungskompetenz[70]" des IStGH gewährleistet werden kann, dass unabhängig vom Vollstreckungsstaat eine gleichförmige Strafvollstreckung gewährleistet werden kann. Denn insbesondere in Bezug auf die Straflänge darf es für einen Verurteilten keine Rolle spielen, in welchem Vertragsstaat des Römischen Statuts er eine Freiheitsstrafe verbüßen muss.

Fraglich ist nun, wie sich mit diesen Grundsätzen der §43 Abs.6-11 StVollzG vereinbaren lässt. §41 IStGHG hat diesbezüglich keine eindeutige Regelung getroffen. Zumindest ist die Anwendbarkeit von §43 Abs.6-11 StVollzG weder in §41 Abs.2 noch Abs.4 IStGHG ausdrücklich ausgeschlossen. Vielmehr müsste man durch die Erklärung der Anwendbarkeit des deutschen Strafvollzugsrechts „im Übrigen" in §41 Abs.4 S.3 IStGHG davon ausgehen, dass §43 StVollzG auf Strafvollstreckungen im Auftrag des IStGH umfassend anwendbar ist, insbesondere deshalb, weil ein Gefangener, der eine Strafe im Auftrag des IStGH verbüßt, nach Art.106 Abs.2 IStGH-Statut bezüglich der Haftbedingungen nicht schlechter gestellt werden darf, als Strafgefangene, die wegen vergleichbarer Straftaten aufgrund nationalen Rechts verurteilt worden sind.

Insoweit könnte argumentiert werden, dass die Freistellungsregelung nach §43 Abs.6 –11 StVollzG als Teil der Arbeitsentlohnung dem Gefangenen, der eine vom IStGH verhängte Strafe verbüßt, genauso zugute kommen müsste, wie allen anderen arbeitenden oder in Ausbildung befindlichen Strafgefangenen auch.

Eine solche Auslegung von §41 IStGHG liefe aber zumindest mit Blick auf §43 Abs.9 StVollzG eindeutig dem IStGH-Statut zuwider, da allein der

---

[70] Vgl. dazu *Wirth/Harder*: Die Anpassung des deutschen Rechts an das Römische

IStGH über die Dauer einer Freiheitsentziehung zu entscheiden hat (Art.110 Abs.2 IStGH-Statut).

Zwar könnte Deutschland theoretisch vor der Akzeptanz einer Freiheitsstrafvollstreckung auf deutschen Boden sich gemäß Art. 103 Abs.1 lit. b IStGH-Statut ausbedingen[71], §43 StVollzG vollumfänglich auf den zu beherbergenden Verurteilten anzuwenden, jedoch ist zweifelhaft, ob der IStGH dem zustimmen würde bzw. ob eine solche Vereinbarung überhaupt zulässig wäre.

Denn die nach Art. 103 Abs.1 lit. b IStGH-Statut getroffenen Vereinbarungen müssen mit den Zielen des Statuts vereinbar sein und dürfen die Natur und die Modalitäten der Strafe nicht wesentlich verändern[72]. Es widerspräche aber gerade dem Sinn des Römischen Statuts, wenn beispielsweise bei der Vollstreckung in Griechenland, Frankreich, Italien oder Deutschland ein vor dem IStGH Verurteilter in den Genuss eines Good Time –Systems käme, in anderen Vertragsstaaten des Römischen Statuts hingegen nicht. Eine solche Ungleichbehandlung soll durch den Grundsatz der Letztentscheidungskompetenz des IStGH gerade vermieden werden.

Im Gesetzgebungsverfahren zum IStGH-Statut wurde zwar diskutiert, ob Entscheidungen über die Reduktion der Strafzeit in der Kompetenz der Vollstreckungsstaaten verbleiben sollten, auch um auf nationaler Ebene des Vollstreckungsstaates keine Ungleichbehandlung der Gefangenen entstehen zu lassen, diese Option wurde aber wegen der daraus resultierenden unterschiedlichen Rechtsanwendung in den verschiedenen Vertragsstaaten des IStGH-Statuts verworfen. Da es sich um eine vom IStGH ausgespro-

---

Statut des Internationalen Strafgerichtshofs, in ZRP 2000, S.145.

[71] *Gerhard A.M. Strijards* in Triffterer (Hrsg.): Commentary on the Rome Statute of the International Criminal Court, Art. 103, Rn.19, 24, Art. 110 Rn.1.

[72] *Gerhard A.M. Strijards* a.a.O., Art.103 Rn.18f.

chene Strafe handelt, muss diese auch unabhängig vom Vollstreckungs-staat nach einheitlichen Standards vollstreckt werden können[73]. Auch erfasst Art. 110 Abs.2 IStGH-Statut jegliche Form der Strafzeitver-kürzung. Im Gesetzgebungsverfahren war diskutiert worden, ob die allei-nige Entscheidungskompetenz des IStGH sich auf „pardon, parole and commutation" beziehen sollte, was dann aber zugunsten des jetzigen Wort-lauts: „reduction of sentence" abgeändert wurde, um jegliche Form der Strafzeitverkürzung zu erfassen und eine unterschiedliche Auslegung der Begriffe „pardon, parole and commutation" innerhalb der Vertragsstaaten gar nicht erst entstehen zu lassen[74].

Eine Anwendbarkeit von §43 Abs.9 StVollzG auf Vollstreckungen im Auf-trag des IStGH verbietet sich somit.

Offensichtlich hat der Gesetzgeber bei der Gestaltung des IStGHG dieses Problem der Kollision von §43 Abs.9 StVollzG mit dem Römischen Statut übersehen, da die Gesetzesmaterialien diesbezüglich schweigen[75].

Sollte aber zukünftig der Fall eintreten, dass Deutschland im Auftrag des IStGH eine Strafvollstreckung übernimmt, so wird für das Problem eine Lösung gefunden werden müssen.

Vorzuschlagen wäre insoweit eine Ergänzung von §43 Abs.10 StVollzG durch Hinzufügung eines weiteren Ausschlussgrunds im Falle einer Straf-vollstreckung nach §41 IStGHG. Damit wäre nicht nur eine Übereinstim-mung von 43 Abs.9 StVollzG mit dem IStGH-Statut erreicht, sondern es wäre auch sichergestellt, dass durch die Ausgleichzahlung nach §43 Abs.11 StVollzG dem arbeitenden oder in Ausbildung befindlichen Gefan-

---

[73] *Chimimba*: Establishing An Enforcement Regime, in Lee (Hrsg.): The International Criminal Court, S.355.

[74] *Chimimba*: a.a.O., S.355.

[75] Vgl. RegE zum RSAG, BR-Drucksache 30/02, S.159ff.

genen kein Nachteil aufgrund seines Status als vor dem IStGH Verurteilter erwächst, vgl. Art. 106 Abs.2 3.Halbs. IStGH-Statut.

Ob der IStGH einem extramuralen Arbeitsurlaub nach §43 Abs.7 StVollzG zustimmen wird, bleibt abzuwarten. Zumindest verbietet das Römische Statut durch die Statuierung der Anwendbarkeit des Rechts des Vollstreckungsstaats bezüglich der Haftbedingungen (Art. 106 Abs.2, 1.Halbs. IStGH-Statut) nicht von vornherein die Anwendbarkeit der Urlaubsregelungen des Vollstreckungsstaats, behält die Entscheidung über die Gestattung des extramuralen Urlaubs aber dem IStGH vor, Art. 106 Abs.1 IStGH-Statut, §41 Abs.4 IStGHG[76]. Sollte der IStGH im Einzelfall der Gestattung des Hafturlaubs widersprechen, so bliebe dem Gefangenen zumindest der insoweit unproblematische intramurale Arbeitsurlaub bzw. nach einer Änderung des §43 Abs.10 StVollzG die Ausgleichsentschädigung nach Abs.11.

Auf jeden Fall gebietet das Statut von Rom eine Änderung von §43 Abs.10 StVollzG. Vorzuschlagen wäre beispielsweise folgende Gestaltung von Abs.10:

„Eine Anrechnung nach Abs.9 ist ausgeschlossen, ...
7. wenn der Gefangene eine Freiheitsstrafe nach §41 IStGHG im Auftrag
des IStGH verbüßt. "

---

[76] *MacLean*: Gesetzentwurf über die Zusammenarbeit mit den Internationalen Strafgerichtshof, in ZRP 2002, S.263; RegE zum RSAG, BR-Drucksache 30/02, S.164.

Kapitel 10: Zusammenfassung und Ausblick

Seit Maconochie's Idee, eine Strafe nicht nach Zeit sondern nach Punkten zu berechnen, die der Gefangene sich durch Arbeit verdienen muss, und den heutigen Good Time – Regelungen sind viele Jahre verstrichen, in denen die Good Time – Regelungen in den einzelnen Anwendungsländern vielerlei Wandlungen erfahren, einige Systeme gescheitert und andere sich bewährt haben.

Während die Good Time – Regelungen in ihren Anfängen vorrangig der Disziplinierung der Häftlinge dienten und damit die Arbeit des Anstaltspersonals erleichtern sowie zum Abbau der Gefängnisüberfüllung beitragen sollten, haben sie sich heute vorrangig zu einem modernen Instrument der Förderung resozialisierender Maßnahmen im Vollzug entwickelt und dienen zur Unterstützung von Arbeit, Ausbildung und therapeutischen Maßnahmen.

Eines ist den Good Time – Regelungen aber stets gemein geblieben und zwar die Art der Strafzeitverkürzung aufgrund eines von den Leistungen eines Häftlings abhängigen Kreditierungssystems.

Das, was Good Time – Regelungen von den anderen Arten der vorzeitigen Haftentlassung unterscheidet ist die Vorausberechenbarkeit der Kreditvergabe und deren Abhängigkeit von den vom Häftling zu erbringenden Leistungen, die es einerseits den Häftlingen erlaubt, die Haftzeit aktiv selbst zu beeinflussen und damit Selbstdisziplin, Eigenverantwortung und Selbstbewusstsein stärkt, und andererseits eine stetige Gewissheit über den Entlassungszeitpunkt verschafft. Der große Vorteil der Good Time – Systeme

455

besteht daher in der Zuweisung einer aktiven Rolle an den Häftling, der die Haftzeit selbst beeinflussen kann und der Institution Strafvollzug nicht völlig passiv gegenüber stehen muss.

Nach der Analyse der einzelnen Regelungsmodalitäten konnte festgestellt werden, dass sich vor allen Dingen die Systeme bewährt haben, in denen die Good Time – Kredite als zu verdienendes Privileg verstanden werden und vom Häftling aktiv erarbeitet werden müssen. Im Gegensatz zu Berechnungsmodellen, in denen die Kredite bereits pauschal am Anfang der Haftzeit gutgeschrieben und nur bei einem Fehlverhalten wieder entzogen werden und somit ein internes Anstaltsstrafrecht entsteht, das nicht zur aktiven Mitarbeit am Resozialisierungsprozess motivieren kann, kann die Vergabe der Kredite erst nach Erbringung einer Leistung dem Häftling einen echten Anreiz bieten, an den im Vollzug angebotenen Resozialisierungsmaßnahmen teilzunehmen.

Insbesondere die Förderung von Arbeit und Ausbildung durch Good Time verspricht positive Wirkungen auf die Legalbewährung der Gefangenen nach Haftentlassung, da eine solide Ausbildung und eine möglichst konstante Erwerbsbiographie Grundvoraussetzungen für eine erfolgreiche gesellschaftliche Wiedereingliederung sind[1].

Abstand zu nehmen ist hingegen von der Honorierung guter Führung. Zwar können durch die Inaussichtstellung eines Strafzeitkredits für gute Führung Sicherheit und Ordnung in der Anstalt verbessert und die Häftlin-

---

[1] *Hammerschick/Pilgram/Riesenfelder*: Zu den Erwerbsbiografien und Verurteilungskarrieren Strafgefangener..., in Hammerschick/Pilgram (Hrsg.): Arbeitsmarkt, Strafvollzug und Gefangenenarbeit, S.178; *Lechner/Reiter*: Die Aufgaben staatlicher Institutionen..., in Hammerschick/Pilgram (Hrsg.): Arbeitsmarkt, Strafvollzug und Gefangenenarbeit, S.197; vgl. auch die Untersuchung von *Berckhauer/Hasenpusch*: Bildungsmaßnahmen im Strafvollzug..., in Kerner/Kury/Sessar (Hrsg.): Deutsche Forschungen zur Kriminalitätsentstehung und Kriminalitätskontrolle, S.1959ff.

ge an die Einhaltung von Normen gewöhnt werden, allerdings droht die Anpassung des Häftlings an das anstaltsinterne Ordnungsgefüge, die nicht auf die Herausforderungen in Freiheit vorbereiten kann.

Auch wenn Good Time – Regelungen das Potential besitzen, therapeutische Behandlungen zu unterstützen, sollte ihre Anwendung auf psychologische und psychiatrische Behandlungsmaßnahmen kritisch hinterfragt werden. Zumindest sollte die Strafzeitverkürzung in den Bereichen restriktiv erfolgen, in denen Behandlungserfolge leicht vorgetäuscht werden können und die vorzeitige Entlassung besondere Risiken für die Allgemeinheit birgt.

Eher praktische Anwendungsprobleme lassen sich hingegen leicht anhand der Vorbilder einiger Anwendungsländer beseitigen.

So ist es wichtig, den Häftlingen regelmäßig eine möglichst schriftliche Mitteilung über den jeweiligen Kreditierungsstand zu geben, um so die bisher erzielten Erfolge dem Häftling vor Augen zu führen und dem Argument, die Good Time könne aufgrund des nicht greifbaren Vorteils, der sich erst am Haftzeitende realisiere, nicht motivieren, keinen Vorschub zu leisten.

Ebenso muss mit Blick auf den Richtervorbehalt und zum Zwecke der Minimierung der Einflussmöglichkeiten der Vollzugsverwaltung auf die Haftzeit die Kreditvergabe in einem vorhersehbaren und streng definierten Rahmen erfolgen, um willkürliches Handeln der Vollzugsbehörden zu vermeiden und einen einheitlichen Standart zu gewährleisten. Kontroll- und Rechtsschutzmöglichkeiten müssen sichergestellt werden.

Weiterhin müssen Richterschaft und Vollzugsverwaltung bezüglich der Anwendung der Good Time – Regelungen einen gemeinsamen Konsens

457

finden, um etwaige Streitigkeiten über die genaue Länge der Haftzeit zu vermeiden und einen „Wettlauf" um die extensive Erhöhung der Strafmaße einerseits und die vermehrte Anwendung der Strafzeitreduktionen andererseits zu vermeiden. Ermöglichen ließe sich dies u.a. nicht nur durch genaue gesetzliche Vorgaben und die Einschränkung von Ermessensspielräumen, sondern auch durch die Beteiligung der Richterschaft bei der Vergabeentscheidung bzw. entsprechende Kontrollmöglichkeiten.

Untersucht man die deutsche Good Time – Regelung des §43 Abs.6-11 StVollzG, so stellt man fest, dass diese die Möglichkeiten, die Good Time – Systeme für die Motivation der Haftinsassen in Bezug auf die Teilnahme an resozialisierenden Maßnahmen bieten, bei weitem nicht ausschöpft.

Insbesondere kann aufgrund des sehr geringen Kreditierungsumfangs von maximal 6 Tagen pro Haftjahr und der fehlenden Verknüpfung des Kreditumfangs mit Umfang und Qualität der Arbeitsleistung kaum erwartet werden, dass Häftlinge aufgrund der gesetzlichen Freistellungsmöglichkeiten sich ernsthaft um Arbeit, Ausbildung und entsprechende Leistungen bemühen.

Good Time kann aber nur dann resozialisierende Effekte erzielen, wenn der Umfang der Strafzeitkredite eine attraktive, für den Gefangenen lohnende Anerkennung für seine Bemühungen darstellt.

Nach der derzeitigen Regelung stellt die Good Time nur einen Ersatz für ein zu geringes Arbeitsentgelt, aber keinen eigenständigen Leistungsanreiz dar. Die Vorraussetzung, 2 Monate zusammenhängende Arbeit zu leisten, um einen Freistellungstag zu verdienen, dürfte für fast jeden in Arbeit oder Ausbildung befindlichen Häftling erreichbar sein und stellt damit keinen besonderen Leistungsanreiz dar.

Dem Konzept der Good Time wird man jedoch nur gerecht, wenn die Strafzeitreduktion leistungsabhängig gewährt wird. Nur dann kann man positive Auswirkungen auf die Motivation der Häftlinge und damit eine erfolgreiche Teilnahme an resozialisierenden Programmen erwarten.

Zudem können bei einem Kreditierungsumfang von maximal 6 Tagen pro Jahr die mit der Good Time verbundenen positiven Nebeneffekte wie die Reduktion der Gefangenenzahlen und der Haftkosten nicht effizient ausgenutzt werden.

Vorgeschlagen wird daher eine an die fünf monetären Vergütungsstufen angelehnte Staffelung der zu erwerbenden Kredite von 24 bis maximal 48 Freistellungstagen pro Jahr bzw. 4 bis 8 Tagen pro zwei Monaten zusammenhängender Arbeit / Ausbildung, um dem Gefangenen einen attraktiven Arbeitsanreiz zu verschaffen, der geeignet ist, ihm in einem ausreichenden Maße vor Augen zu führen, dass Arbeit und Ausbildung sich lohnen und gute Arbeits- und Ausbildungsleistungen auch entsprechende Gegenleistungen zur Folge haben.

Ein Rückgriff auf das bestehende fünfstufige Vergütungssystem und den bereits jetzt gesetzlich normierten zweimonatigen Berechnungszeitraum erspart dabei kostenintensive Umstrukturierungen. In der Verwaltungsvorschrift zu §43 StVollzG sollte allerdings noch klargestellt werden, wann ein Arbeitsausfall verschuldet und wann unverschuldet ist.

An der derzeitigen intra- und extramuralen Freistellungsregelung kann, auch wenn Zweifel an der Gleichrangigkeit der einzelnen Kreditierungsarten und der Verknüpfung von Arbeit, extramuralem Urlaub und den normierten Ausschlussgründen bestehen, festgehalten werden, da dadurch im besonderem Maße der Eigenverantwortung und Individualität der Häftlinge Rechnung getragen wird. Denn es kann durchaus sein, dass für den einen Häftling aufgrund der engen Bindung zur Familie der extramurale Arbeitsurlaub wichtiger erscheint, als die vorzeitige Haftentlassung, bzw. der intramurale Arbeitsurlaub aufgrund des Erholungsbedarfs attraktiver ist, als eine erst am Haftzeitende gewährte Ausgleichsentschädigung.

Bei einer Anhebung des Kreditierungsumfangs wäre die Verwendung der Freistellungstage als intra- oder extramuraler Urlaub allerdings auf ein angemessenes Höchstmaß, z.b. jährlich 6 Tage, zu beschränken, um die Arbeitsabläufe im Vollzug nicht zu gefährden.

Die Ausschlussgründe des §43 Abs.10 StVollzG sollten dahingehend ergänzt werden, dass Häftlinge, die zugunsten eines Ausbildungsabschlusses freiwillig auf die vorzeitige Entlassung verzichten, in den Genuss der Ausgleichsentschädigung kommen.

Auch ist aufgrund der Einführung des Römischen Statuts des Internationalen Strafgerichtshofs und der Verpflichtung Deutschlands zur Zusammenarbeit ein Ausschlussgrund in Bezug auf Strafvollstreckungen nach §41 IStGHG einzufügen, um Kollisionen mit Art.106, 110 IStGH-Statut zu vermeiden.

Wenn der Kreditierungsumfang, wie hier vorgeschlagen, angehoben werden sollte, so müsste im Übrigen aus spezialpräventiven Gründen die Anrechnungsmöglichkeit der Freistellungstage auf das Haftzeitende für besonders gefährliche Tätergruppen, insbesondere Sexualstraftäter, deren Kriminalitätsursachen nicht durch Arbeit- oder Ausbildung allein beseitigt werden können, eingeschränkt, z.B. um die Hälfte reduziert, werden. Insoweit bietet §43 Abs.11 StVollzG dann einen gerechten Ausgleich für die Einschränkung der Anrechenbarkeit der Freistellungstage auf den Entlassungstermin.

Bezüglich der Ausgleichsentschädigung sollte bei zu lebenslanger Haft und zur Sicherungsverwahrung Verurteilten der Auszahlungsmodus von 10

Jahren auf 1 Jahr verkürzt werden, um auch für diese Häftlinge die Freistellungsregelung attraktiv zu gestalten.

Im Übrigen sollte die Ausgleichsentschädigung zumindest ausdrücklich an das während eines zum Krediterwerb führenden Berechnungszeitraums verdiente Arbeitsentgelt angeknüpft und auf 20 von Hundert erhöht werden. Nach der hier vorgeschlagenen Lösung bietet es sich sogar an, einen erworbenen Freistellungstag in einem Festbetrag umzurechnen, um so eine unmittelbare Verknüpfung von erworbenen Freistellungstagen und Ausgleichsentschädigung zu erzielen. Zweckmäßig wäre z.B. die Umrechnung: 1 Freistellungstag = 200 % des Tagessatzes der Vergütungsstufe 3 (Eckvergütung).

Festzuhalten ist an der bestehenden Regelung, dass die Ausgleichsentschädigung nur in den Ausnahmefällen des §43 Abs.10 StVollzG gewährt wird und für den Gefangenen keine Wahlmöglichkeit zwischen früherer Entlassung oder der Ausgleichsentschädigung besteht.

Abzulehnen ist ebenfalls die in vielen Ländern bestehende Möglichkeit, die bereits erworbenen Good Time – Kredite nachträglich im Rahmen eines Disziplinarverfahrens wieder zu entziehen. Da nach der deutschen Regelung die Good Time der nichtmonetäre Teil des Arbeitsentgelts ist, der im Fall der Nichtanrechnung auf die Haftzeit sogar wieder in eine monetäre Ausgleichsentschädigung umzuwandeln ist, würde ein nachträglicher Entzug der erworbenen Freistellungstage de facto einen Entzug des Arbeitsentgelts und damit die Verhängung einer Geldstrafe bedeuten, was mit dem bestehenden Sanktionssystem nicht zu vereinbaren wäre.

Bezüglich der Ersatzfreiheitsstrafe ist eine generelle Änderung des Umrechnungsfaktors von Geldstrafe in Ersatzfreiheitsstrafe (2:1) bzw. zumindest die Verkürzung der Ersatzfreiheitsstrafe und der gemeinnützigen Arbeit durch Good Time in Erwägung zu ziehen.

Neben einer weiteren Anhebung des monetären Arbeitsentgelts, das aus den dargestellten Gründen für alle Untersuchungs- und Strafgefangenen gleichermaßen ausgestaltet werden sollte, ergibt sich somit folgender Vorschlag für eine Neuregelung des §43 Abs.6ff. StVollzG:

Regelungsvorschlag:

Änderung des Strafvollzugsgesetzes

§43 Arbeitsentgelt, Arbeitsurlaub und Anrechnung der Freistellungstage auf den Entlassungszeitpunkt.

.....

(6) Hat der Gefangene zwei Monate zusammenhängend eine zugewiesene Tätigkeit nach §37 oder eine Hilfstätigkeit nach §41 Abs.1 Satz 2 ausgeübt, so werden ihm, abhängig von seiner Arbeitsleistung 4 bis 8 Hafttage gutgeschrieben, die von der Anstalt auf den Entlassungszeitpunkt des Gefangenen angerechnet werden. Durch Zeiten, in denen der Gefangene ohne sein Verschulden durch Krankheit, Ausführung, Ausgang, Urlaub aus der Haft, Freistellung von der Arbeitspflicht oder sonstige nicht von ihm zu vertretende Gründe an der Arbeitsleistung gehindert ist, wird die Frist nach Abs.1 gehemmt. Beschäftigungszeiträume von weniger als 2 Monaten bleiben unberücksichtigt.

(7) Der Gefangene kann auf seinen Antrag hin auch jährlich bis zu 6 der nach Abs.6 erworbenen Hafttage zur Freistellung von der Arbeit nutzen. Die Regelung des §42 bleibt unberührt.

(8) Ebenso kann der Gefangene beantragen, dass ihm jährlich bis zu 6 der nach Abs.6 erworbenen Hafttage in Form von Urlaub aus der Haft (Arbeitsurlaub) gewährt werden. §11 Abs.2, §13 Abs.2 bis 5 und §14 gelten entsprechend.

(9) §42 Abs.3 gilt entsprechend. Insgesamt darf die Freistellung von der Arbeit nach Abs. 7 oder 8 aber sechs Freistellungstage pro Jahr nicht übersteigen.

(10) Eine Anrechnung der nach Abs.6 erworbenen Hafttage auf den Entlassungszeitpunkt ist ausgeschlossen,

1. soweit eine lebenslange Freiheitsstrafe oder Sicherungsverwahrung verbüßt wird und ein Entlassungszeitpunkt noch nicht bestimmt ist,

2. bei einer Aussetzung der Vollstreckung des Restes einer Freiheitsstrafe oder bei einer Sicherungsverwahrung zur Bewährung, soweit wegen des von der Entscheidung des Gerichts bis zur Entlassung verbleibenden Zeitraums eine Anrechnung nicht mehr möglich ist,

3. wenn dies vom Gericht angeordnet wird, weil bei einer Aussetzung der Vollstreckung des Restes einer Freiheitsstrafe oder einer Sicherungsverwahrung zur Bewährung die Lebensverhältnisse des Gefangenen oder die Wirkungen, die von der Aussetzung für ihn zu erwarten sind, die Vollstreckung bis zu einem bestimmten Zeitpunkt erfordern,

4. wenn nach § 456a Abs. 1 der Strafprozessordung von der Vollstreckung abgesehen wird,

5. wenn der Gefangene im Gnadenwege aus der Haft entlassen wird,

6. wenn der Gefangene zugunsten des Abschlusses einer Bildungsmaßnahme auf die Anrechnung der Hafttage freiwillig verzichtet,

7. wenn der Gefangene eine Freiheitsstrafe nach §41 IStGHG verbüßt.

Ist ein Gefangener wegen einer Straftat nach den §§174 bis 180 oder 182 des Strafgesetzbuches zu einer zeitigen Freiheitsstrafe von mehr als 2 Jahren verurteilt worden, so kann jeweils nur die Hälfte der nach Abs.6 erworbenen Freistellungstage auf den Entlassungszeitpunkt angerechnet werden.

(11) Soweit eine Anrechnung nach Abs.10 ausgeschlossen ist, erhält der Gefangene bei seiner Entlassung für seine Tätigkeit nach Abs.2 als Ausgleichsentschädigung pro erworbenen und noch nicht anderweitig gem. Abs.7 oder 8 verrechneten Freistellungstag einen Betrag von 200 von 100 eines Tagessatzes der in Abs.2 S.2 bezeichneten Eckvergütung. Der Anspruch entsteht erst mit der Entlassung; vor der Entlassung ist der Anspruch nicht verzinslich, nicht abtretbar und nicht vererblich. Einem Gefangenen, bei dem die Anrechnung nach Abs.10 Nr.1 ausgeschlossen ist, wird die Ausgleichszahlung bereits nach Verbüßung von jeweils 1

Jahr der lebenslangen Freiheitsstrafe oder Sicherungsverwahrung zum Eigengeld (§52) gutgeschrieben, soweit er nicht vor diesem Zeitpunkt entlassen wird; §57 Abs.4 des Strafgesetzbuches gilt entsprechend.

Änderung der Verordnung über die Vergütungsstufen des Arbeitsentgelts und der Ausbildungsbeihilfe nach dem Strafvollzugsgesetz

– Strafvollzugsvergütungsordnung –

Einfügen eines §1a oder §1 Abs.4:

Für die Berechnung der für Arbeit und Ausbildung zu erwerbenden Hafttage nach §43 Abs.6 S.1 StVollzG werden entsprechend den 5 Vergütungsstufen nach §1 Abs.1 folgende Beträge angerechnet:

Vergütungsstufe I   4 Hafttage,

Vergütungsstufe II   5 Hafttage,

Vergütungsstufe III 6 Hafttage,

Vergütungsstufe IV 7 Hafttage,

Vergütungsstufe V   8 Hafttage.

Insgesamt lässt sich feststellen, dass die Good Time – Regelungen ein vielversprechendes Instrument zur Motivationsförderung der Häftlinge und damit zur Unterstützung des Resozialisierungsprozesses darstellen und kein veraltetes, im Rückzug befindliches Rechtsinstitut sind[2].

Sie sind vielmehr – um die Frage des Titels der Arbeit zu beantworten – eine Alternative für Deutschland!

Letztendlich wird der Erfolg der Good Time – Regelung vom Zusammenspiel von allen am Vollzugswesen beteiligten Institutionen und der praktischen Umsetzung der Regelungen abhängen.

Ich möchte mich daher abschließend den Worten Lothar Fredes[3] anschließen, der den Gegnern des Stufenstrafvollzugs, die vor allen Dingen dem Progressivsystem vorwarfen, dass es zwar diszipliniere aber gleichzeitig zu sehr schematisiere, folgendes entgegnete:

„Wenn in dem Stufenstrafvollzug das richtige System für die Erziehungsarbeit im Strafvollzug gefunden erscheint, so darf man nicht in den Fehler verfallen zu glauben, ihm wohne eine solche automatische Kraft inne, dass nun die Gefangenen ohne weiteres schon dadurch erzogen würden, dass sie in das System der Stufenfolge eingegliedert werden. Gewiss vermag dieses, wie die Erfahrungen gezeigt haben, von selbst gewisse dynamische Kräfte in den Gefangenen zu wecken. Aber sich hierauf allein zu verlassen, würde bedeuten, in einen ähnlichen Fehler zu verfallen wie jene, die um die Mitte des vorigen Jahrhunderts alles Heil von der Einzelhaft erwarteten und des Glaubens waren, das bloße Einsperren des Schwerverbrechers in eine Einzelzelle, gänzlich abgeschieden von anderen, müsse auf ihn bes-

---

[2] So aber z.B. *Lohmann*: Arbeit und Arbeitsentlohnung der Strafgefangenen, S.228; *C/M-D*: StVollzG, 10. Aufl., §43 Rn.5.

[3] *Lothar Frede war als Vortragender Rat im Thüringischen Landesjustizministerium Wegbereiter und Vordenker für die Durchführung des Stufenstrafvollzuges in der Landesstrafanstalt Untermaßfeld in den Jahren 1922 bis 1933;* vgl. Segaster: Die thüringische Landesstrafanstalt Untermaßfeld..., S.28f.

sernd wirken. Der Stufenstrafvollzug darf daher, (...) nicht darauf verzichten, auch individuelle Erziehungsarbeit an den einzelnen Gefangenen zu treiben, und zwar auf jeder Stufe. (...) Denn nicht dieses System schematisiert, sondern die Menschen, die das System falsch anwenden. Das aber kann bei jedem System geschehen. Es liegt nicht so sehr an dem System, sondern an den Menschen."[4]

---

[4] Vgl.: *Segaster*: Die thüringische Landesstrafanstalt Untermaßfeld..., S.28f.

Die Good Time – Regelungen der verschiedenen Anwendungsländer

Im Folgenden sollen die Regelungen der einzelnen Länder dargestellt werden, um einen detaillierten Einblick in die derzeit geltenden Regelungen zu ermöglichen. Quelle für diese Zusammenstellung waren neben Sekundärliteratur über die Rechtsgrundlagen vor Allem die Regelungen selbst, die entweder über Fachbibliotheken oder über das offizielle Internetangebot der einzelnen Länder bezogen wurden[1].

I.) Costa Rica - beneficio del descuento adicional

Die Good Time - Regelung Costa Ricas geht auf spanisches Recht zurück, soll als Arbeitsansporn dienen und zur Disziplin der Häftlinge und Entlastung der Haftkapazitäten beitragen[2].

Nach Art.55 Codigio Penal kann jeder Gefangene (auch Untersuchungshäftlinge) durch Arbeit seine Strafe tilgen. Für zwei Tage Arbeit sollen ein Hafttag oder zwei Geldstrafentagessätze erlassen werden, soweit die nationale Vollzugsbehörde zustimmt[3]. Nach dem Gesetz ist jede Arbeit, die innerhalb oder außerhalb einer Haftanstalt (auch in privaten Betrieben) verrichtet wird, geeignet, den Strafnachlass zu erlangen.

---

[1] *Die Regelungen wurden entweder direkt über die offiziellen Internetwebseiten der einzelnen staatlichen Institutionen oder mit Hilfe des Max-Plank-Institutes für ausländisches und internationales Strafrecht aus den einzelnen Ländern bezogen. Es wurde sich darum bemüht, die jeweils aktuellste Gesetzesfassung zu bearbeiten. Soweit mangels vorliegender Gesetzestexte auf sekundäre Quellen zurückgegriffen werde musste, kann kein absoluter Anspruch auf Aktualität der Aussagen erhoben werden.*

[2] *Baedeker*: Die Freiheitsstrafe und ihre Surrogate in Costa Rica, in Jescheck (Hrsg.): Die Freiheitsstrafe und ihre Surrogate..., S.1177f.

[3] *Baedeker* a.a.O.; *Giralt*: Costa Rica, in U.S. department of Justice/Bureau of Justice Statistics (Hrsg.): The Word Factbook of Criminal Justice Systems.

Bei Verstößen gegen die Anstaltsordnung kann der gewährte Strafnachlass ganz oder zum Teil gestrichen werden[4].

Angerechnet werden die angesparten Kredite auf die Gesamthaftdauer und den Termin der prognoseabhängigen Strafrestaussetzung zur Bewährung, die nach der Hälfte der verhängten Haftzeit möglich ist[5].

Die Praxis wird den gesetzlichen Vorgaben allerdings nicht gerecht. Freie Arbeiter können entgegen der gesetzlichen Bestimmung ihre Strafe nicht abarbeiten; eine Tilgung der Geltstrafe ist nicht möglich. Im Strafvollzug selbst können nicht alle Häftlinge ihre Strafe durch Arbeit tilgen; die Häftlinge der beiden strengsten von bis zu 9 Sicherheitsstufen eines progressiven Vollzugssystems mit zunehmenden Lockerungen und Privilegien sind ausgeschlossen[6]. Der Strafzeitrabatt wird pauschal vergeben, es wird nicht auf die tatsächliche Arbeitsleistung sondern höchstens auf den Arbeitswillen abgestellt, da man der Meinung ist, dass fehlende Arbeitsmöglichkeiten nicht zum Nachteil der Gefangenen gereichen dürfen. Deshalb wird der Strafnachlass auch für arbeitsfreie Feiertage und Wochenenden gewährt. Sogar die Untersuchungsgefangenen erhalten, obwohl sie nicht arbeiten, den Strafnachlass, sobald die U-Haft auf die Strafe angerechnet wird. Der Nachlass hängt somit nur von der guten Allgemeinführung des Häftlings ab.

II.) Frankreich - Réduction de peine

Nach Art.721 C.P.P. (Code Procédure Pénale) kann Gefangenen für gute Führung pro Jahr ein Strafnachlass von bis zu 3 Monaten gewährt werden, die *Réduction de peine*. Für jeden Haftmonat ist ein Erlass von 7 Tagen möglich, falls kürzere Berechnungszeiträume als ein Jahr zu beurteilen sind. Voraussetzung ist die Verurteilung zu einer mehr als dreimonatigen Freiheitsstrafe.
Bei mehrjährigen Haftstrafen wird jährlich über die Reduktion entschieden, ansonsten nur einmal. Die Entscheidung über den Straferlass obliegt dem Strafvollzugsrichter (Juge de l'application des peines[7]), der aufgrund des Vorschlages

---

[4] *Baedeker*: Die Freiheitsstrafe und ihre Surrogate in Costa Rica, in Jescheck (Hrsg.): Die Freiheitsstrafe und ihre Surrogate..., S.1177f.
[5] *Baedeker* a.a.O., S.1175.
[6] *Baedeker* a.a.O., S.1179, 1166.
[7] *Der Juge de l'application des peines ist Richter des Tribunal de grande instance und für alle Strafvollzugsanstalten innerhalb des Gerichtsbezirkes zuständig. Er bestimmt – abgesehen von den ausschließlichen Kompetenzen des Anstaltsleiters und des Leiters der Vollzugsorganisation – für jeden Strafgefangenen die (Haupt-) Modalitäten aller vollzugsrechtlichen Behandlungs- und Vollstreckungsmaßnahmen (z.B. Unter-*

einer Strafvollzugskommission (Commission de l'application des peines[8]) auch ermächtigt ist, bei schlechter Führung des Gefangenen den schon gewährten Straferlass im nächsten Jahr wieder zu entziehen. Eine solche Entscheidung ist durch den Oberstaatsanwalt gerichtlich anfechtbar.

Die Réduction de peine kann auch während der Untersuchungshaft erworben werden, so dass beim Antritt der Strafhaft die Gesamthaftzeit durch die obligatorische Anrechnung der Untersuchungshaft (Art. 24 Code Penal)[9] und durch die während der Untersuchungshaft erworbenen Rabatte verkürzt wird. Eine Anwendung der Réduction de peine auf die Ersatzfreiheitsstrafe ist hingegen nicht möglich.

Die *Réduction de peine supplémentaire* als Sonderform der Réduction de peine kommt zur Anwendung, wenn ein Gefangener aufgrund des Bestehens einer schulischen, universitären oder beruflichen Abschlussprüfung den Beweis für „ernsthafte Anstrengungen seiner sozialen Wiedereingliederung" erbracht hat (Art.721-1 C.P.P.). Möglich ist eine Zeitgutschrift von 2 Monaten pro Jahr bzw. 4 Tagen pro Haftmonat, falls der zu verbüßende Strafrest weniger als 12 Monate beträgt. Die Zeitgutschrift reduziert sich auf 1 Monat pro Jahr bzw. 2 Tage pro Monat für Rückfalltäter, wenn zwischen deren letzter Verurteilung und der erneuten Straftat weniger als 5 Jahre vergangen sind[10]. Auch dieser Kredit kann im Falle eines Fehlverhaltens vom Juge de l'application des peines nachträglich entzogen werden.

---

bringung oder Verlegung in den geschlossenen / offenen Vollzug, Genehmigung von Ausgang, Hafturlaub, Strafzeitverkürzung, Strafaussetzung, Strafunterbrechung, bedingte Haftentlassung, elektronischer Hausarrest), überwacht die Erfüllung von Bewährungsauflagen und die Bewährungszeit selbst); vgl. *Brodhage/Britz*: Eine Einführung in den französischen Strafvollzug, in ZfStrVo 2001, S.80 und *Hagedorn*: Die richterliche Individualisierung der Strafe in Frankreich, S.217f.

[8] *Die Kommission besteht aus dem Juge de l'application des peines als Vorsitzenden, einem Staatsanwalt, dem Anstaltsleiter, den Führungskräften der Vollzugsanstalt, einem Vertreter des Wachpersonals und den Sozialarbeitern;* vgl. *Brodhage/Britz* a.a.O., S.80 und Fn. 34, sowie *Hagedorn* a.a.O.S.219, Fn.183.

[9] *Bernards*: Die Freiheitsstrafe und ihre Surrogate in Frankreich, in Jescheck (Hrsg.): Die Freiheitsstrafe und ihre Surrogate..., S.273.

[10] *Rückfalltäter (Rezidivisten) werden nach dem französischen Recht strenger bestraft; in der Regel wird dabei das Strafmaß einer innerhalb von 5 Jahren nach Ende der letzen Strafvollstreckung verübten Tat im Verhältnis zum Strafmaß der Vortat verdoppelt, Art. 132 – 8 ff. Code Penal. Diese Verschärfung des Strafmaßes spiegelt sich dann auch in der Möglichkeit der Strafzeitverkürzungen wider;* vgl. *Lloyd*: Early Release of Prisoners in France, in The Howard Journal, Vol. 30, No.3, 8/1991, S.236 (Fn.1).

Eine Besonderheit besteht für zu lebenslanger Haft Verurteilte. Lebenslange Freiheitsstrafen können im Unterschied zu zeitigen Freiheitsstrafen, bei denen eine Strafrestaussetzung zur Bewährung (*Libération conditionnelle*) bereits nach der Hälfte der verhängten Haftstrafe möglich ist, frühestens nach der Verbüßung von 15 Haftjahren ausgesetzt werden (Art. 729 C.P.P.)[11].
Zu lebenslanger Haft Verurteilte können unter den Bedingungen der Art. 721 und 721-1 C.P.P. sich ebenfalls eine Strafzeitreduktion verdienen, die dann allerdings dazu dient, den Termin der ersten Haftprüfung, der wie gesagt, eigentlich erst nach 15 Jahren stattfinden kann, vorzuverlegen. Insoweit werden die in Art. 721 und 721-1 C.P.P. vorausgesetzten Verhaltensweisen mit einer Zeitgutschrift von einem Monat bzw. 20 Tagen pro Haftjahr honoriert, je nachdem, ob der Täter vor seiner Verurteilung zu der lebenslangen Freiheitsstrafe bereits eine Freiheitsstrafe zu verbüßen hatte (dann nur 20 Tage) oder nicht (dann 1 Monat.)[12].

Obwohl diese beiden Sonderformen im Verhältnis zur normalen Réduction de peine wesentlich seltener zur Anwendung kommen, ist eine erhebliche Strafzeitreduktion möglich, so dass ein Ausgleich für die relativ hohen französischen Freiheitsstrafen geschaffen werden kann[13].

III.) Ghana

Aus Ghana wird berichtet, dass ein Gefangener, der eine Freiheitsstrafe von mehr als 6 Wochen zu verbüßen hat, durch Fleiß und gute Führung einen Straferlass von bis zu einem Drittel der verhängten Strafe verdienen kann[14]. Geregelt ist der Straferlass in §34 des Prison Service Decree. Der Straferlass wird in praxi regelmäßig und ohne besondere Bemühungen der Häftlinge gewährt, nur bei auffallend schlechter Führung muss der Gefangene die gesamte Haftzeit verbüßen, da bei schlechtem Verhalten die Möglichkeit besteht, den einmal gewährten Strafnachlass wieder zu entziehen[15]. Häftlinge mit lebenslanger Freiheitsstrafe,

---

[11] Vgl. dazu *Lloyd*: Early Release of Prisoners in France, in The Howard Journal, Vol. 30, No.3, 8/1991, S.232ff.

[12] *Ausschlaggebend ist auch hier ein fünfjähriger Abstand zur letzten Haftverbüßung.*

[13] *Jescheck* in Jescheck (Hrsg.): Die Freiheitsstrafe und ihre Surrogate..., S.2150.

[14] *Ebbe*: Ghana, in U.S. Department of Justice / Bureau of Justice Statistics (Hrsg.): The World Factbook of Criminal Justice Systems, 1993; *Bringer/Dörken*: Freiheitsstrafe und Gefängniswesen in Ghana, in Jescheck (Hrsg.): Die Freiheitsstrafe und ihre Surrogate, S.1336.

[15] *Bringer/Dörken* a.a.O., S.1331, 1336.

Schuldhäftlinge und Gefangene, die wegen Missachtung des Gerichts inhaftiert sind, sind von der Möglichkeit der Strafzeitverkürzung ausgeschlossen[16].

IV.) Griechenland

Zur Entwicklung des „*Instituts der wohltätigen Anrechnung von Arbeitstagen*" wurde bereits im Kapitel 2 ausführlich Stellung genommen. Die heutige Regelung beruht auf einer Reform des Strafvollzugsgesetzes von 1999 (Art. 46 StVollzG) in Verbindung mit einem Präsidialdekret von 1997[17]. Danach kann sich jeder[18] zu einer Freiheitsstrafe Verurteilte, auch im Jugendstrafvollzug[19], für einen Arbeitstag bis zu zwei, seit dem Jahr 2000 sogar bis zu zweieinhalb[20], Hafttage verdienen. Somit kann im Idealfall allein durch Arbeit die Haftzeit um (mehr als) die Hälfte reduziert werden. Der Arbeit gleichgestellt ist die Teilnahme an beruflichen Schulungs- und Ausbildungsprogrammen (Art. 46 Abs.2 i.V.m. Art. 35 Abs.8 StVollzG).

Wie viele Hafttage durch einen Arbeits- oder Ausbildungstag ersetzt werden, wird durch ein Präsidialdekret geregelt (266 vom 17/29.9.97):
a) Ein Arbeitstag ersetzt zwei Hafttage, wenn die Arbeit besonders schwer oder körperlich anstrengend ist oder besondere Qualifikationen erfordert, z.B. Arbeiten in Land- oder Viehwirtschaft, als Elektriker, Maler- und Maurer oder für Frauen die Arbeit in einer Weberei oder Schneiderwerkstatt. Auch Arbeiten in Bäckereien oder den Anstaltsküchen sind hier erfasst. Seit einer Gesetzesänderung im Jahre 2000 kann ein Arbeitstag in der Land- oder Viehwirtschaft in den halboffenen Agraranstalten[21] sogar in 2 ½ Hafttage umgerechnet werden[22].

---

[16] *Bringer/Dörken*: Freiheitsstrafe und Gefängniswesen in Ghana, in Jescheck (Hrsg.): Die Freiheitsstrafe und ihre Surrogate, S.1336.

[17] *Vor diesem Zeitpunkt beruhte die wohltätige Anrechnung der Arbeitstage auf einem Gesetz von 1952 (Gesetz 2058 von 18 /18.April 1952), das in Verbindung mit dem Präsidialdekret galt; vgl. Frangoulis: Freiheit durch Arbeit", S.117ff. Mit der Neuregelung von 1999 wurde das Gesetz von 1952 in das Strafvollzugsgesetz integriert.*

[18] *Bis 1997 war die wohltätige Anrechnung der Arbeitstage nur für Häftlinge mit einer mindestens sechsmonatigen Freiheitsstrafe möglich (Präsidialdekret 178 von 16/29.2.1980).*

[19] *Meurer*: Freiheit durch Arbeit nach griechischem Strafrecht, in Busch/Edel/Müller – Dietz (Hrsg.): Gefängnis und Gesellschaft, S.79; *Neubacher/Walter/Pitsela*: Jugendstrafvollzug im deutsch-griechischem Vergleich..., in ZfStrVo 2003, S.17 (18, 20).

[20] *Präsidialdekret 342 von 7/29.12.2000.*

[21] *Winchenbach*: Strafvollzug in Griechenland, in ZfStrVo 1997, S.277.

[22] *Präsidialdekret 342 von 7/29.12.2000.*

b) Bei weniger qualifizierten oder körperlich anstrengenden Arbeiten, z.B. als Friseur, Koch- bzw. Lagergehilfe oder bei Schreibarbeiten, wird ein Arbeitstag als 1 ⅔ Hafttag auf die zu verbüßende Strafzeit angerechnet.

c) Bloße Hilfstätigkeiten, z.B. Essensausgabe, Reinigungsarbeiten etc., die keine besonderen Fähigkeiten oder Kenntnisse erfordern, werden mit 1 ½ Hafttag pro Arbeitstag honoriert. Solche Arbeiten dürfen einem Häftling gemäß Art. 41 Abs. 6 StVollzG nur für 3 Monate zugewiesen werden; mit seiner Zustimmung ist aber auch eine längere Beschäftigung möglich.

Allerdings gibt es in der Praxis zu wenige Arbeitsplätze, um alle Gefangenen zu beschäftigen. Zudem können meist nur minderqualifizierte Tätigkeiten angeboten werden. Geschuldet ist dies der starken Überbelegung der griechischen Haftanstalten, die teilweise bis zu 100 % über ihren Kapazitätsgrenzen betrieben werden[23]. Dadurch sind die wenigen Arbeitsplätze sehr begehrt und werden teilweise von den Gefangenen sogar „erkauft"[24].

Seit 1997 wird auch die Teilnahme an beruflichen Aus- und Weiterbildungsmaßnahmen honoriert:

a) 2 Hafttage pro Ausbildungstag erhalten die Häftlinge, die entweder ihre Haft in einem Agrargefängnis bzw. im Jugendstrafvollzug verbüßen (unabhängig davon, ob das Programm produktiver oder nichtproduktiver Art ist) oder die in einer der übrigen Haftanstalten inhaftiert sind, deren Ausbildung aber produktive Elemente enthält.

b) Alle anderen Häftlinge erhalten nur 1 ½ Hafttage pro Ausbildungstag angerechnet.

Privilegiert werden somit die Agrargefängnisse, bei denen es sich um weitgehend offene Anstalten handelt und in die die Häftlinge erst zum Ende der Haftzeit verlegt werden[25], der Jugendstrafvollzug und Programme mit produktiven Ausbildungsinhalten im Regelvollzug.

---

[23] *Winchenbach*: Strafvollzug in Griechenland, in ZfStrVo 1997, S.275f.; *Spinellis, C.*: Attacking Prison Overcrowding in Greece, in Albrecht u.a. (Hrsg.): Internationale Perspektiven in Kriminologie und Strafrecht, S.1274f.

[24] *Frangoulis*: Freiheit durch Arbeit, S. 109.

[25] *Vor der Verlegung in ein Agrargefängnis muss jeder Häftling mindestens 1/10 der Gesamthaftzeit im geschlossenen Vollzug verbüßt haben;* vgl. *Winchenbach* a.a.O., S.277.

Häftlinge im offenen Vollzug[26], die ohne staatliche Aufsicht außerhalb der Haftanstalt einer Arbeit oder Ausbildung nachgehen, sind vom Institut der wohltätigen Anrechnung der Arbeitstage ausgeschlossen[27].

Über die Anrechnung der Arbeitstage entscheidet nach Art. 46 StVollzG eine Kommission, bestehend aus dem für die Anstalt zuständigen Strafvollzugsrichter, dem Anstaltsleiter und dem für die Gefangenenarbeit zuständigen Beamten. In der Praxis obliegt die Entscheidung jedoch regelmäßig dem Anstaltsleiter[28]. Entschieden wird jeweils über einen dreimonatigen Beobachtungszeitraum. Die Kommission kann seit 1999 gemäß Art. 46 Abs.2 StVollzG in bestimmten Ausnahmefällen auch darüber befinden, ob die durch das Präsidialdekret festgesetzten Bemessungsgrenzen ausnahmsweise auch zugunsten eines Gefangenen überschritten werden können.

Bei Disziplinarverstößen können dem Häftling entweder die im aktuellen Anrechnungszeitraum zu vergebenden Kredite vorenthalten oder bei besonderes schweren Verstößen die bereits gewährten Kredite ganz oder zum Teil wieder entzogen werden, Art. 46 Abs.3 StVollzG. Diese Entscheidung trifft der Strafvollzugsrichter, wobei nur die Vergabebeschlüsse der letzten 6 Monate widerrufen werden können[29]. Die Entscheidung des Strafvollzugsrichters kann der Häftling innerhalb von 10 Tagen nach Bekanntgabe beim zuständigen Vollstreckungsgericht anfechten. Eine Restauration vorenthaltener oder entzogener Kredite ist nicht möglich.

Daneben wird die Gefangenenarbeit, die im Übrigen keine Pflichtarbeit ist, monetär entlohnt, wobei nach der Art der Arbeit und dem jeweiligen Arbeitgeber differenziert wird. Werden Arbeiten im Auftrag der Anstalt ausgeführt (jegliche Arbeiten zur Aufrechterhaltung des Anstaltsbetriebs = Hilfstätigkeiten, Eigen- und Hausbetriebe), so bestimmt das Justizministerium den genauen Stundenlohn, der je nach Arbeit, Quantität und Qualität der Arbeitsleistung und Qualifikation des Häftlings variieren kann, Art. 43 StVollzG.

---

[26] *Der halboffene Vollzug wurde im Zuge einer Neuregelung des griechischen Strafvollzugsgesetzes im Jahre 1989 eingeführt*; vgl. *Lambropoulou*: Das neue griechische Strafvollzugsgesetz, in ZfStrVo 1990, S.153, 157f.

[27] *Lambropoulou* a.a.O., S.157.

[28] *Frangoulis*: Freiheit durch Arbeit, S.108.

[29] *Dies entspricht weitestgehend der vorherigen Regelung, allerdings wurden nach dem alten Gesetz die Vergabeentscheidungen monatlich getroffen, so dass nur die Kredite für den einmonatigen Berechnungszeitraum vorenthalten werden konnten. Allerdings war bei schweren Disziplinarverstößen der Entzug der bereits erworbenen Gutschriften unbegrenzt möglich;* vgl. *Frangoulis* a.a.O., S.108.

Arbeiten Häftlinge intra- oder extramural für private Arbeitgeber (freies Beschäftigungsverhältnis / Unternehmerbetrieb), so bemisst sich ihre Vergütung nach den ortsüblichen Tariflöhnen. Aber 1/3 der Vergütung ist als Haftkostenbeitrag an die Anstalt abzuführen[30].

Arbeiten die Häftlinge innerhalb der Anstalt in anstaltseigenen Werkstätten für private oder öffentliche Auftraggeber (Fertigungsbetriebe), so richtet sich der Lohn nach den Vereinbarungen der Anstalt mit dem jeweiligen Vertragspartner. Der Häftling braucht dann höchstens 20% seines Lohns als Haftkostenbeitrag abführen.

Für Ausbildungsprogramme wird der Lohn nach anstaltsinternen Regelungen berechnet.

Insgesamt ist der Lohn für die anstaltsintern beschäftigten Häftlinge wegen der geringen Tagesarbeitszeit von 4 Stunden und den knappen staatlichen Haushaltsmitteln nur sehr gering[31], wodurch der Strafzeitverkürzung durch Arbeit und Ausbildung als Mittel zur Steigerung der Arbeitsmotivation der Häftlinge besondere Bedeutung zukommt.

Angerechnet werden die durch Arbeit und Ausbildung verdienten Strafzeitkredite auf den endgültigen und den Termin der vorzeitigen bedingten Entlassung. Diese ist grundsätzlich bei zeitigen Freiheitsstrafen nach 2/3 der Haftzeit möglich, bei kurzen (bis zu fünfjährigen) Freiheitsstrafen nach 3/5 und bei lebenslanger Freiheitsstrafe nach 20 Jahren, Art. 105 StGB. Damit jedoch die Haftzeit durch die Kombination von vorzeitiger bedingter Entlassung und wohltätiger Anrechnung der Arbeitsstage nicht überproportional verkürzt werden kann, schreibt das Gesetz eine reale Mindestverbüßungszeit vor: bei Freiheitsstrafen unter 5 Jahren 2/5, bei zeitigen Freiheitsstrafen über 5 Jahren 1/3, bei Freiheitsstrafen von 20 Jahren und mehr mindestens 8 ½ Jahre und bei lebenslanger Haft mindestens 16 Jahre[32]. Sonderregelungen bestehen für ältere Gefangene, die ab dem 60. Lebensjahr unter erleichterten Voraussetzungen entlassen werden können[33].

---

[30] *Allerdings gilt es extramurale Arbeiten in privaten Unternehmerbetrieben bisher nur auf dem Papier; die tatsächliche Umsetzung des Gesetzes ist bisher nicht erfolgt*; schriftliche Auskunft (Schreiben vom 8.10.2001) von Nestor E. Courakis, Professor für Kriminologie und Poenogie, Universität Athen.

[31] *Winchenbach*: Strafvollzug in Griechenland, in ZfStrVo 1997, S.157.

[32] *Winchenbach* a.a.O.

[33] *Für diese Häftlinge verkürzt sich nicht nur die Mindestverbüßungszeit sondern es werden zur Berechnung des Entlassungszeitpunkts auch die verbüßten Hafttage doppelt gezählt; vgl. Art. 105 StGB* und *Spinellis, C.*: Attacking Prison Overcrowding in Greece, in Albrecht u.a. (Hrsg.): Internationale Perspektiven in Kriminologie und Strafrecht – FS Günther Kaiser, S.1284.

Um dem im Griechenland akut bestehenden Problem der Gefängnisüberfüllung entgegenzuwirken, wird die bedingte Entlassung inzwischen pauschal all jenen Gefangenen gewährt, die nicht durch schlechtes Verhalten im Vollzug aufgefallen sind[34]. Die Bewährungszeit beträgt bei zeitigen Freiheitsstrafen 3 und bei lebenslangen Haftstrafen 10 Jahre, Art. 108 StGB[35].

V.)   Großbritannien

1.)   England und Wales

In England und Wales existierte bis 1991 ein Nebeneinander von Parole und der sogenannten *Remission*, welche ein System zur Haftzeitverkürzung durch Strafzeitkredite darstellte[36]. Die Remission ermöglichte gemäß Rule Nr.5 der Prison Rules 1964 jedem zu einer zeitigen Freiheitsstrafe von mehr als einem Monat Verurteilten, durch Fleiß und gutes Verhalten die verhängte Strafe um ein Drittel zu reduzieren. Obwohl die Strafzeitverkürzung im Ermessen der Gefängnisverwaltung stand und nach dem Wortlaut der Vorschrift vom Fleiß und Verhalten des Gefangenen abhing, „A prisoner ... *may*, on the ground of his industry and good conduct, be granted remission", wurde in der Praxis die Remission automatisch gewährt und zwar bereits zu Beginn des Haftantritts[37]. Nur wenn ein Häftling disziplinarisch bestraft werden sollte, war ein Entzug der bereits gutgeschriebenen Remission möglich[38].

Die daneben bestehende Strafrestaussetzung zur Bewährung (Parole on Licence) war bereits nach Verbüßung von einem Drittel der verhängten Strafe möglich,

---

[34] *Spinellis, C.*: Attacking Prison Overcrowding in Greece, in Albrecht u.a. (Hrsg.): Internationale Perspektiven in Kriminologie und Strafrecht – FS Günther Kaiser, S.1284.

[35] *Bis zur Gesetzesänderung von 1994 mussten generell alle Häftlinge, die aufgrund des Instituts der wohltätigen Anrechnung der Arbeitstage entlassen wurden, eine fünfjährige Bewährungszeit bestehen*, vgl. *Frangoulis:* Freiheit durch Arbeit, S. 58, 61ff. *Heute wird nur noch im Rahmen der bedingten vorzeitigen Entlassung eine Bewährungszeit angeordnet;* schriftliche Auskunft (Schreiben vom 8.10.2001) von Nestor E. Courakis, Professor für Kriminologie und Poenogie, Universität Athen.

[36] *Wasik, M.*: Arrangements for Early Release, in Criminal Law Review, 1992, S.252.

[37] *Huber*: Die Freiheitsstrafe und ihre Surrogate in England und Wales, in Jescheck (Hrsg.): Die Freiheitsstrafe und ihre Surrogate..., S.234.

[38] *Huber* a.a.O.; *Wasik, M.* a.a.O.

sofern mindestens 12 Monate verbüßt waren[39]. Bei der Berechnung des Zeitpunkts der Parole on Licence blieb die Remission außer Betracht – wer also nicht auf Parole entlassen wurde, konnte bei guter Führung immerhin noch nach 2/3 der Gesamthaftzeit aufgrund der Remission entlassen werden. Doch auch für die bedingt Entlassenen spielte die Remission eine Rolle: Die Bewährungszeit dauerte nur bis zu dem Zeitpunkt, zu dem eine Haftentlassung aufgrund der Remission erfolgt wäre.

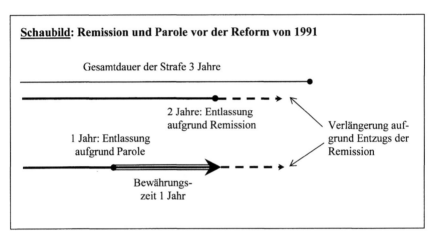

Schaubild: Remission und Parole vor der Reform von 1991

Gesamtdauer der Strafe 3 Jahre

2 Jahre: Entlassung aufgrund Remission

1 Jahr: Entlassung aufgrund Parole

Verlängerung aufgrund Entzugs der Remission

Bewährungszeit 1 Jahr

Im Zuge des Criminal Justice Act 1991 wurde das System der vorzeitigen Entlassung umfassend reformiert: die Trennung von Parole und Remission wurde abgeschafft und durch ein einheitliches System zur vorzeitigen Haftentlassung ersetzt. Alle Häftlinge werden, je nachdem, welcher von 3 Kategorien sie unterfallen (s.u.), nach Verbüßung eines bestimmten Strafteils entlassen. Der Zeitpunkt dieser vorzeitigen Haftentlassung kann gemäß §42 des Criminal Justice Acts 1991 hinausgeschoben werden, indem Disziplinarverstöße des Häftlings mit zusätzlichen Hafttagen sanktioniert werden[40]:
Gemäß Rule 55 Abs.1, Zif. f der Prison Rules 1999 können Disziplinarverstöße nicht nur mit Privilegienentzug oder einer Isolationshaft, sondern auch mit bis zu 42 zusätzlichen Hafttagen geahndet werden. Werden mehrere Verstöße gleichzeitig sanktioniert, dürfen zwar alle anderen Strafmaßnahmen (Privilegienentzug, Isolationshaft u.a.) entsprechend addiert werden, die Zahl der zusätzlich auferlegten Hafttage bleibt aber auf maximal 42 Tage begrenzt; im Fall der gleichzeitigen Anordnung einer Isolationshaft dürfen nur 14 Hafttage hinzu-

---

[39] *Huber*: Die Freiheitsstrafe und ihre Surrogate in England und Wales, in Jescheck (Hrsg.): Die Freiheitsstrafe und ihre Surrogate..., S.235.
[40] *Wasik, M.:* Arrangements for Early Release, in Criminal Law Review, 1992, S.252f.

addiert werden. Die Auferlegung zusätzlicher Hafttage steht im Ermessen des Gouverneurs.

Auch während der U-Haft können schon zusätzliche Hafttage „gesammelt" werden, die dann im Falle einer Verurteilung angerechnet werden, Rule 59 Prison Rules 1999. Auch kann der Staatsminister gemäß Rule 60 Prison Rules 1999 die Anordnung der Verhängung von Zusatztagen auf Bewährung (bis 6 Monate) aussetzen und diese erst bei einem weiteren Disziplinarverstoß in Kraft setzen (in gleichem oder geringeren Umfang).

Im Grunde genommen besteht das System der Remission immer noch fort, nur dass nun anstatt der anfänglichen Gutschrift einer „Remission", die dann bei Fehlverhalten wieder entzogen wird, von vornherein der Entlassungszeitpunkt auf einen bestimmten Termin festgesetzt und bei Fehlverhalten durch zusätzliche Hafttage hinausgezögert wird, allerdings nicht über den Zeitpunkt des regulären Haftzeitendes hinaus.

Zur Berechnung des Parole Zeitpunkts sind gemäß §33 des Criminal Justice Acts 1991 folgende Kategorien zu unterscheiden[41]:
a) Häftlinge mit Freiheitsstrafen von weniger (bei Jugendlichen von weniger oder genau) 12 Monaten werden nach Verbüßung der Halbstrafe automatisch und *ohne Bedingungen* entlassen.
b) Häftlinge mit Freiheitsstrafen ab (bei Jugendlichen über) 12 Monaten und unter 4 Jahren werden automatisch nach Verbüßung der Halbstrafe entlassen, allerdings erfolgt bis zum ursprünglichen Dreivierteltermin eine zwingende Bewährungsaufsicht. Verstößt der Entlassene gegen die Bewährungsauflagen, so stellt dies ein Delikt dar, das mit einer Geldstrafe, der Verlängerung der Bewährungszeit oder dem Bewährungswiderruf geahndet werden kann.
c) Häftlinge mit Freiheitsstrafen von 4 Jahren und mehr können nach Ermessen des Gerichts zwischen den Halb- oder Zweidritteltermin bedingt entlassen werden. Nach Verbüßung von 2/3 der Gesamthaftzeit sind sie bedingt zu entlassen. Die Entlassung erfolgt zwingend unter Bewährungsaufsicht bis zum Ablauf von drei Vierteln der ursprünglich verhängten Strafe. Bewährungsbrüche werden mit einer Bewährungsverlängerung oder dem Bewährungswiderruf geahndet.
Sonderregeln bestehen für zu lebenslanger Haft Verurteilte und Sexualstraftäter (§§34,44 Criminal Justice Act 1991).

---

[41] *Wasik, M.*: Arrangements for Early Release, in Criminal Law Review, 1992, S.252f.

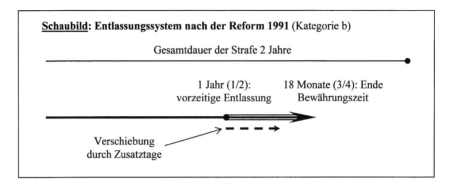

Schaubild: Entlassungssystem nach der Reform 1991 (Kategorie b)

Gesamtdauer der Strafe 2 Jahre

1 Jahr (1/2):
vorzeitige Entlassung

18 Monate (3/4): Ende
Bewährungszeit

Verschiebung
durch Zusatztage

2.) Nordirland

Im Gegensatz zu England, Wales und Scottland kennt Nordirland keine Parole sondern allein die Remission. Durch die Remission, die bereits zu Beginn des Haftantritts gewährt und nur bei einem Fehlverhalten wieder entzogen wird, konnte (und kann bei Freiheitsstrafen unter 5 Jahren auch heute noch) der Gefangene ohne Bedingungen nach der Hälfte der Haftzeit entlassen werden.

1991 erfolgte für Häftlinge mit Freiheitsstrafen ab und über 5 Jahren eine Einschränkung: Die Haftstrafe konnte gem. §14 Northern Ireland (Emergency Provisions) Act 1991 nur noch um ein Drittel verkürzt werden. Die Entlassung erfolgte aber weiterhin bedingungslos.

Dies änderte sich mit §1 des Northern Ireland (Remmissions of Sentences) Act 1995. Häftlinge mit über fünfjährigen Freiheitsstrafen können seit dem zwar bereits nach der Hälfte der Haftzeit aufgrund Remission entlassen werden, allerdings erfolgt die Entlassung nur bedingt und kann widerrufen werden, wenn sich innerhalb der Bewährungszeit herausstellt, „that the person's continued liberty would present a risk to the safety of others or that he is likely to commit further offences...". Die Bewährungszeit umfasst den Zeitraum von der vorzeitigen Haftentlassung bis zum regulären Zweidrittel Termin.
Die Entscheidung über den Bewährungswiderruf obliegt dem Secretary of State; der Gefangene hat das Recht, sich bei diesem über die Widerrufsentscheidung zu beschweren.

Erwähnenswert ist eine mit den amerikanischen Emergency Credits verwandte Regelung von 1998. Um die damals bestehende akute Gefängnisüberfüllung abzubauen, wurde der Northern Ireland (Sentences) Act 1998 erlassen[42].

---

[42] *Blair*: Prisons and Probation, S.60.

Danach sollte der Secretary of State sogenannte Sentences Review Commissioners benennen, die gemeinsam über vorzeitige Haftentlassungen entscheiden sollten, wobei in der Commission zumindest ein Jurist und ein Psychologe oder ein Psychiater vertreten sein sollten. Gefangene, die wegen eines vor dem 10.4.1998 begangenen Delikts zu einer über fünfjährigen oder lebenslangen Freiheitsstrafe verurteilt wurden, konnten beantragen, bereits nach einem Drittel der Gesamthaftzeit zuzüglich der wegen Fehlverhaltens hinzuaddierten Remission entlassen zu werden. Bedingung - der Gefangene durfte weder in der Vergangenheit noch voraussichtlich zukünftig mit der IRA oder einer ihr anverwandten terroristischen Organisationen sympathisiert haben oder sympathisieren. Zu lebenslanger Haft Verurteilte durften zusätzlich kein Risiko für die Allgemeinheit darstellen.

Um bei zu lebenslanger Haft Verurteilten den 1/3-Termin zu berechnen, sollten die Commissioner einen Tag bestimmen, an dem den Gefangenen voraussichtlich eine 2/3-Entlassung gewährt worden wäre.

Die Strafrestaussetzung konnte auf Antrag des Secretary of State von den Commissioners widerrufen werden, wenn sich in der Bewährungszeit herausstellte, dass der Entlassene nun doch die IRA oder eine ihrer anverwandten terroristischen Organisation unterstützte.

3.)   Schottland

In Schottland gilt immer noch das alte britische Recht mit leichten Modifikationen, da Schottland nicht an der Reform von 1991 teilgenommen hat; es besteht somit ein Nebeneinander von Parole (Release on Licence) und Remission[43].
Die Remission wird gemäß §§22 Abs.8, 24 des Prisons (Scotland) Act 1989 für Fleiß und gutes Verhalten bereits bei Haftantritt gewährt. Bei einem Fehlverhalten wird die Remission wieder entzogen, also der Entlassungszeitpunkt bis maximal zur Dauer der Gesamthaftzeit hinausgezögert. Genaueres wird durch eine Verwaltungsvorschrift geregelt.
Daneben besteht für Strafgefangene mit zeitigen Freiheitsstrafen die Möglichkeit der bedingten vorzeitigen Haftentlassung nach bereits 1/3 der Gesamthaftzeit, frühestens aber nach 12 Monaten, §22 des Prisons (Scotland) Act 1989. Die Bewährungszeit dauert bis zu dem Zeitpunkt, zu dem der Häftling aufgrund der Remission vorzeitig entlassen worden wäre. Auch zu lebenslanger Haft Verurteilte können vorzeitig bedingt entlassen werden, dies bedarf jedoch einer ge-

---

[43] *Blair*: Prisons and Probation, S.61.

sonderten Entscheidung des Staatsministers und des Parole Boards, §26 Prisons (Scotland) Act 1989.

VI.) Indien

In den siebziger Jahren wurde aus Indien berichtet, dass sich Strafgefangene aufgrund ihres guten Verhaltens oder ihrer Arbeitsleistungen Haftzeitverkürzungen erarbeiten konnten. So beschreibt Kraschutzki das Klassifizierungssystem einer Strafanstalt in Sabermati, in der die Gefangenen in 4 Kategorien eingeteilt waren, die durch die Farbe der zu tragenden Kopfbedeckungen symbolisiert wurden[44]: Mehrfach rückfällige Gewohnheitsverbrecher trugen schwarze Mützen und erhielten keinerlei Vergünstigungen. Träger von weißen Mützen (die Mehrzahl der Häftlinge) erhielten für ihre Arbeitsleistungen einen Strafnachlass von 5 Tagen pro Monat. Häftlinge hingegen, die weiße Mützen mit einem Aufgedruckten W (Watch) trugen, waren diejenigen, die nachts in den Schlafsälen Wache halten mussten / bzw. durften – ihnen stand ein Strafnachlass von 6 Tagen pro Monat zu. Häftlingen, die aufgrund ihres positiven Verhaltens zu Aufsehern über ihre Mithäftlinge ernannt worden waren (gelbe Kopfbedeckung), wurde ein monatlicher Strafnachlass von 7 Tagen gewährt. Zusätzlich war der Anstaltsleiter am Jahresende berechtigt, den Häftlingen, die ein gutes Gesamtverhalten gezeigt hatten, einen weiteren Monat Strafnachlass zuzubilligen (ausgenommen waren nur Träger schwarzer Mützen). Auf Antrag der Anstalt konnte das Strafvollzugsamt sogar noch einen zusätzlichen Monat Strafnachlass pro Jahr gewähren. Ein Häftling konnte es so maximal zu einen jährlichen Strafnachlass von 144 Tagen bringen (40% Strafzeitreduktion)[45].

Auch nach neueren Erkenntnissen werden in Indien nach verschiedenen gestaffelten Systemen Strafnachlässe für gutes Verhalten oder Arbeitsleistungen gewährt[46]. So werden Regelungen beschrieben, nach denen ein Strafnachlass von 2 Tagen pro Monat für gutes Verhalten möglich ist und ein zusätzlicher Kredit von 3 Tagen pro Quartal den Häftlingen zugesprochen wird, die auch an Wochenenden oder Feiertagen arbeiten (Reinigungs- und Küchenarbeiten). Ebenfalls wird auf die Möglichkeit eines jährlichen Zusatzkredits von 30 Tagen für gutes Gesamtverhalten hingewiesen.

Das Vorhandensein verschiedener Systeme erklärt sich aus der Organisation der Haftanstalten: Die Aufsicht über diese obliegt den einzelnen Bundesstaaten. Der

---

[44] Vgl. *Kraschutzki*: Die Gerechtigkeitsmaschine, S.141.

[45] Vgl. *Kraschutzki* a.a.O.

[46] *Raghavan*: India, in U.S. Department of Justice/Bureau of Justice Statistics (Hrsg.): The World Factbook of Criminal Justice Systems.

indische Gesetzgeber gibt nur die wichtigsten Rahmenbedingungen vor. In den einzelnen Staaten obliegt die Oberaufsicht einem Generalinspekteur, üblicherweise einem Polizeibeamten[47].

VII.) Italien - Liberatione antizipata

Die Liberatione antizipata wurde 1975 zur Beschleunigung der bedingten vorzeitigen Entlassung eingeführt[48]. Der als - wörtlich übersetzt – „Wohltat" zu gewährende Strafnachlass von 45 Tagen pro verbüßter 6 Haftmonate wird Teilnehmern an Umschulungsprogrammen gutgeschrieben. Dabei kommt es ausdrücklich nicht auf den Erfolg dieses Programms an, sondern nur auf die Teilnahme selbst. Sinn der Regelung ist die Anerkennung der Bemühungen des Häftlings und die Erleichterung der Wiedereingliederung in die Gesellschaft (Art. 54 Abs.1 Codice penitenziario e della sorveglianza (StVollzG)). Um den Nachlass zu berechnen, wird auch die Zeit der Untersuchungshaft oder eines etwaigen Hausarrests mit berücksichtigt. Die Zuweisung der „Wohltat" erfolgt auf Antrag des Häftlings und obliegt dem Oberlandesgericht[49], wobei das Verhalten des Häftlings während des Programms, sein Bemühen um einen Behandlungserfolg, sein Verhalten gegenüber dem Anstaltspersonal und seine Beziehungen zu Angehörigen und Freunden zu berücksichtigen sind (Art. 94 Abs.2 Ausführungsverordnung zum Codice penitenziario e della sorveglianza). Der Strafnachlass verlegt den frühestmöglichen Termin einer bedingten Entlassung oder einen Übergang in den „Vollzug der Halbfreiheit"[50] vor, indem die „gewährte Wohltat" zum Zwecke der Berechnung dieses Termins als bereits verbüßte Strafzeit angesehen wird (Art. 54 Abs.3 Codice penitenziario e della sorveglianza). Die bedingte Entlassung kann bei einer zeitigen Freiheitsstrafe gewährt werden, wenn der Verurteilte mindestens 30 Monate und jedenfalls die Hälfte der verhängten Strafe verbüßt hat und der Strafrest 5 Jahre nicht übersteigt[51]. Bei Anwendung der Liberatione antizipata kann somit in Praxi die be-

---

[47] *Raghavan*: India, in U.S. Department of Justice/Bureau of Justice Statistics (Hrsg.): The World Factbook of Criminal Justice Systems.

[48] *Bosch*: Die Freiheitsstrafe und ihre Surrogate in Italien, in Jescheck (Hrsg.): Die Freiheitsstrafe und ihre Surrogate, S.368ff.

[49] *Art. 94 i.V.m. Art. 91 Abs.1 Ausführungsverordnung zum StVollzG.*

[50] *Entspricht dem offenen Vollzug in Deutschland: Der Gefangene erhält die Erlaubnis, einen Teil des Tages außerhalb der Haftanstalt zu verbringen, um einer Arbeit, Ausbildung oder sonstigen der Resozialisierung förderlichen Tätigkeit nachzugehen. Außerdem ist bei dieser Vollzugsart ein Jahresurlaub von 45 Tagen möglich. Vgl. Bosch: Die Freiheitsstrafe und ihre Surrogate in Italien, in Jescheck (Hrsg.): Die Freiheitsstrafe und ihre Surrogate, S.358.*

[51] *Bosch* a.a.O., S.366ff.

dingte Entlassung schon vor der realen Verbüßung von 30 Monaten gewährt werden.
Nach Art. 54 Abs.3 Codice penitenziario e della sorveglianza ist auch ein Widerruf der bereits gewährten „Wohltat" möglich, wenn sich der Häftling während der Vollstreckung einer Straftat schuldig macht. Der Wortlaut der Norm sieht sogar einen zwingenden Entzug bei Vorsatztaten vor, allerdings wurde dies durch ein Urteil des Verfassungsgerichts von 1995 für unrechtmäßig erklärt, da unterschiedslos der Entzug der Wohltat anordnet wird, ohne die begangene Straftat mit dem Entzug des Strafnachlasses in ein Verhältnis zu setzen. §54 Abs.3 Codice penitenziario e della sorveglianza ist daher als Ermessenvorschrift zu verstehen.

VIII.) Kanada

Die kanadische Bundesregierung ist für den Strafvollzug und die Bewährungsüberwachung aller Gefangenen mit Freiheitsstrafen von über 2 Jahren ausschließlich zuständig. Freiheitsstrafen von unter 2 Jahren werden unter der Verantwortung der einzelnen Bundesstaaten vollstreckt.

Die Bundesregierung bietet den Langzeitgefangenen vielfältige Möglichkeiten, die Haftstrafe zu verkürzen. Neben der Strafrestaussetzung zur Bewährung, die bereits nach Verbüßung eines Drittels der Strafzeit, spätestens aber nach 7 Jahren möglich ist (zu lebenslanger Haft verurteilte Mörder nach 25 Jahren) und dem sogenannten Statutory release, der nach zwei Dritteln der Gesamthaftzeit automatisch gewährt wird[52], besteht auch die Möglichkeit der sogenannten *Remission*, deren historische Entwicklung bereits im Kapitel 2 geschildert wurde.
Die heutige Regelung des §6 des Prisons and Reformatories Act (PRA) hat die Regelung von 1978 beibehalten: Jeder Gefangene kann sich eine Strafzeitverkürzung von bis zu 15 Tagen pro Monat[53] für die Befolgung der Anstaltsregeln und die aktive Teilnahme an resozialisierenden Programmen verdienen. Die Kredite sollen nach §6 Abs.3 PRA spätestens alle 3 Monate vergeben werden. Bei Verstößen gegen die Anstaltsregeln können nach §6 Abs.4 PRA dem Gefangenen die bisher verdienten Kredite ganz oder zum Teil entzogen werden.

---

[52] *Goff:* Corrections in Canada, S. 94f.
[53] *Bei Zeiträumen von weniger als 1 Monat wird der Kredit anteilig berechnet.*

Die Entscheidung über die Vergabe der Strafzeitkredite obliegt gemäß §6 Abs.8 PRA dem Anstaltsleiter, der ebenfalls dazu berechtigt ist, bereits gutgeschriebene Rabatte im Falle von Disziplinarverstößen zu widerrufen[54].

Die Remission dient nach §6 Abs.5 PRA ausschließlich der Reduktion der Gesamthaftzeit; Parole und Remission sind zwei unabhängig voneinander zu gewährende Institute der Strafzeitverkürzung, die sich grundsätzlich gegenseitig nicht beeinflussen. Wird also einem Gefangenen die Parole gewährt, so verlieren die bis zum Zeitpunkt der vorzeitigen Entlassung gesammelten Remission – Kredite ihre Bedeutung. Selbst wenn die Parole zu einem späteren Zeitpunkt widerrufen wird, leben die bisher angesammelten Kredite nicht wieder auf, sondern werden gemäß §6 Abs.4.1 PRA ausdrücklich entzogen, so dass eine etwaige vorzeitige Entlassung durch Remission neu verdient werden muss. Allerdings kann das Parole Bord nach seinem Ermessen zu einem späteren Zeitpunkt die wegen des Bewährungswiderrufs entzogenen Kredite wiederherstellen (§6 Abs.9 PRA).

IX.) Spanien – Redención de penas por el trabajo

Die Redención de penas por el trabajo (wörtlich: Erlösung von der Strafe durch Arbeit[55]) existierte in Spanien seit 1938 und ermöglichte es Häftlingen, die zu einer mindeststens sechsmonatigen Freiheitsstrafe verurteilt wurden, durch Arbeit eine Strafzeitverkürzung um 1/3 zu verdienen, indem für zwei Arbeitstage ein Hafttag gutgeschrieben wurde[56]. Die Regelung wurde vom Franco - Regime noch während des spanischen Bürgerkriegs (1936-1939) für politische Gefangene eingeführt, um der bestehenden Gefängnisüberfüllung entgegenzuwirken und um die Gefangenen „nutzbringend" (durch Verbesserung der Arbeitsleistung) einsetzen zu können[57].

Dem Gefangenen konnte gem. Art. 100 Codigio Penal i.V.m. Art. 65 – 73 des spanischen StVollzG vom Zeitpunkt der Rechtskraft des Urteils an für zwei Tage Arbeit ein Tag Freiheitsstrafe gutgeschrieben werden, so dass eine Reduzierung der Strafzeit um 1/3 möglich war. Bei der Berechnung wurden auch die

---

[54] *Lübbe-Gotschol*: Die Freiheitsstrafe und ihre Surrogate in Kanada, in Jescheck (Hrsg.): Die Freiheitsstrafe und ihre Surrogate...., S.1534.

[55] Vgl. *Kraschutzki*: Die Gerechtigkeitsmaschine, S.141.

[56] *Maurer*: Die Freiheitsstrafe und ihre Surrogate in Spanien, in Jescheck (Hrsg.): Die Freiheitsstrafe und ihre Surrogate, S.929ff. (977).

[57] *Borja*: Strafvollzug in Spanien, in ZfStrVo 1988, S.284.

während der Untersuchungshaft geleisteten Arbeitszeiten berücksichtigt[58]. Die durch Arbeit getilgte Strafzeit wurde sowohl auf die Endstrafe als auch auf den Termin der bedingten Entlassung angerechnet[59].
Die Straftilgung wurde zudem für besondere Aktivitäten vergeben, z.b. für:

➤ selbstlosen Einsatz zugunsten kranker Gefangener,
➤ freiwilliges Blutspenden,
➤ intellektuelle Leistungen, z.b. Examensabschluss, Übersetzungen, Bücherscheiben, Unterrichten der Mithäftlinge,
➤ positives Engagement bei der Freizeitgestaltung, z.b. im Chor, Orchester- oder Theatergruppe,
➤ Überstunden für außerordentliche Arbeiten oder außerordentliche Erntehilfe,
➤ Brandbekämpfung oder
➤ Unterstützung der Beamten bei Meutereien oder anderen Vorkommnissen[60].

Eine Anrechnung von Arbeitszeiten war ausgeschlossen für Gefangene, die einen Ausbruch unternahmen bzw. versuchten oder wiederholt wegen schlechter Führung auffielen[61]. Gestrichen werden konnten bereits verdiente Kredite nur bei einem Fluchtversuch, was nach Einführung der Strafzeitreduktion zu einem erheblichen Rückgang solcher Delikte führte[62].

Der Strafnachlass wurde automatisch auch den Häftlingen gewährt, die aufgrund ihrer psychischen oder physischen Verfassung arbeitsunfähig waren oder denen wegen fehlender Beschäftigungsmöglichkeiten kein Arbeitsplatz zur Verfügung gestellt werden konnte[63]. Im letzteren Fall war nicht einmal erforderlich, dass der Häftling die Zuweisung eines Arbeitsplatzes gewünscht hatte[64].

Über die Strafaussetzung entschied der halbamtliche Patronato de Nuestra Senõra de la Merced auf Vorschlag der Gefängnisleitung. Jedoch war nach Art.76c Strafvollzugsgesetz auch eine Billigung des Strafvollzugsrichters erforderlich[65]. Die Vergabe der Strafzeitverkürzung erfolgte alle drei Monate, wobei die tatsächlich erbrachte Anzahl an Arbeitsstunden als Berechnungsgrundlage

---

[58] *Borja*: Strafvollzug in Spanien, in ZfStrVo 1988, S.284.
[59] *Maurer*: Die Freiheitsstrafe und ihre Surrogate in Spanien, in Jescheck (Hrsg.): Die Freiheitsstrafe und ihre Surrogate, S.929ff. (978).
[60] *Maurer* a.a.O., S. 978; *Kraschutzki*: Die Gerechtigkeitsmaschine, S.142f.
[61] *Borja* a.a.O.
[62] *Kraschutzki* a.a.O.
[63] *Kraschutzki* a.a.O.
[64] *Giménez-Salinas* in van Zyl Smit/Dünkel (Hrsg.): Prison Labour: Salvation or Slavery?, S. 249.
[65] *Maurer* a.a.O., S.978.

diente. Mit zu berücksichtigen war dabei die Schwere der vollbrachten Arbeit und das Engagement des Häftlings.

Die oben aufgezählten besonderen Aktivitäten wurden durch einmalige Festbeträge honoriert, z.b. 3 Monate für den erfolgreichen Abschluss eines Lese- und Schreibkurses für Analphabeten, 9 Monate für das Erlernen und Bestehen einer Fremdsprachenprüfung[66].

1995 wurde die Dedención de penas por el trabajo im Zuge einer Reform des Sanktionenrechts abgeschafft, so dass heute nur noch eine Übergangsregelung für die Häftlinge besteht, die vor Inkrafttreten der Reform zu Freiheitsstrafen verurteilt wurden. Die Arbeitsleistungen des Häftlings spielen nach der Reform nur noch mittelbar eine Rolle bei der Entscheidung über eine Strafrestaussetzung zur Bewährung[67].

X.) Südafrika

Die Vergabe von Strafzeitkrediten beruht in Südafrika auf einer langen Tradition infolge der englischen Kolonialisierung. Beeinflusst durch Maconochie führte der Brite John Montagu im Jahre 1854 in den von ihm geleiteten Strafanstalten der Kolonie ein dreistufiges Klassifizierungssystem ein (Punishment Class, Probation Class, Good Conduct Class), in dem sich die Gefangenen durch gute Führung von einer Stufe zur nächsten hocharbeiten und neben anderen Privilegien auch einen Strafzeitnachlass verdienen konnten[68].

Die heutige Regelung existiert seit 1994: Danach besteht für die Häftlinge die Möglichkeit, die Parole Eligibility durch die Anrechnung eines Strafzeitkredits vorverlegen (§22A Correctional Service Act). Die Berechnung der Gutschrift erfolgt durch Anrechnung einer bis zu dreimonatigen Gutschrift für einen sechsmonatigen Berechnungszeitraum, sofern der Häftling in dieser Zeit gut gearbeitet hat.

Der frühestmögliche Termin der vorzeitigen Entlassung, der nach der Hälfte der zu verbüßenden Haftzeit erreicht ist, kann dadurch erheblich vorverlegt werden[69].

---

[66] *Kraschutzki*: Die Gerechtigkeitsmaschine, S.142.

[67] *Giménez-Salinas* in van Zyl Smit/Dünkel (Hrsg.): Prison Labour: Salvation or Slavery?, S. 249.

[68] *Van Zyl Smit*: South Afika, in van Syl Smit/Dünkel (Hrsg.): Prison Labour: Salvation or Slavery?, S.212f.

[69] *Van Syl Smit* a.a.O., S. 232f.

Die Entscheidung über die Vergabe der Kredite obliegt einer Anstaltskommission, die das Verhalten des Häftlings in den letzen sechs Monaten zu beurteilen hat; dabei sind nicht nur gute Arbeitsleistungen, sondern auch negative Aspekte, wie z.b. Verstöße gegen die Anstaltsregeln zu berücksichtigen; leichte Verstöße schlagen dabei mit 5 Tagen Kreditabzug zu Buche, schwere Verstöße gegen die Anstaltsregeln, die auch andere formelle Konsequenzen nach sich ziehen, werden mit einem Kreditabzug von 15 Tagen sanktioniert.

Praktische Probleme entstehen jedoch aus häufigem Arbeitsplatzmangel. Um die daraus resultierende Ungleichbehandlung der Häftlinge zu vermeiden, ist man dazu übergegangen auch den Häftlingen, die gerne an einer Resozialisierungsmaßnahme teilnehmen würden, den Strafzeitnachlass zu gewähren. Dies wiederum wird aber gegenüber den an einem Arbeitsprogramm teilnehmenden Häftlingen als ungerecht empfunden, da diese sich den Zeitnachlass schließlich verdienen müssen. Auch wird es als ungerecht empfunden, dass die Häftlinge für Disziplinarverstöße im Grunde genommen zwei mal bestraft werden, nämlich erstens mit dem Entzug der Kredite und zweitens mit der negativen Berücksichtigung dieser Vorkommnisse bezüglich der Bewährungsentscheidung. Aufgrund dieser Probleme wird erwogen, das Kreditierungssystem wieder abzuschaffen[70].

XI.) Vereinigte Staaten von Amerika

Fast alle US-amerikanischen Bundesstaaten verfügen über Good Time – Regelungen, die sich jedoch nicht nur in der Form ihrer Berechnung sondern auch in den honorierten Verhaltensweisen zum Teil erheblich unterscheiden.

1.) Alabama

In Alabama können sich die Gefangenen durch drei verschiedene Kreditarten eine Strafzeitverkürzung verdienen.

Die *Incentive Time Deductions* werden allen zu zeitigen Freiheitsstrafen Verurteilten gewährt, die im Vollzug ein gutes Verhalten ohne Verstöße gegen die Anstaltsregeln zeigen (§14-9-41 Code of Alabama). Die Vergabe der Kredite erfolgt dabei anhand eines Klassifizierungssystems, das auf das Verhalten der Häftlinge abstellt; je höher die erreichte Klasse, desto größer sind die zu erzie-

---

[70] *Van Syl Smit*: South Afika, in van Syl Smit/Dünkel (Hrsg.): Prison Labour: Salvation or Slavery?, S. 232f.

lenden Kredite. So können Häftlinge der Klasse 1 (höchste Stufe) pro verbüßten Haftmonat bis zu 75 Tage Incentive Time erhalten, Häftlinge der Klasse 2 noch 40 Tage, der Klasse 3 nur 20 Tage pro Monat und Häftlinge der Klasse 4 sind vom Erwerb der Kredite ausgeschlossen.

Klasse 1 ist dabei für jene Häftlinge vorbehalten, die sich durch ihr Verhalten, ihre guten Arbeitsleistungen und ihre innere Einstellung in jeder Hinsicht als vertrauenswürdig erwiesen haben; als Beispiel nennt das Gesetz solche Häftlinge, die ohne konstante Überwachung eines Sicherheitsbeamten arbeiten können. Klasse 2 Häftlinge bedürfen hingegen noch der ständigen Aufsicht eines Sicherheitsbeamten; auch muss jeder Häftling mindestens 6 Monate in Stufe 2 verbüßen, bevor ein Aufstieg in Klasse 1 möglich ist.
Die Klasse 3 ist für Häftlinge vorgesehen, die sich noch durch keine besonderen Verdienste ausgezeichnet haben. Vor Erreichen der Klasse 2 muss diese Stufe mindestens für 3 Monate durchlaufen werden.
Die niedrigste Klasse 4 umfasst die Gefangenen, die noch nicht klassifiziert wurden, die trotz ihrer persönlichen Befähigung zur Arbeit eine solche verweigern oder die gegen die Anstaltsregeln verstoßen haben oder sich sonstige Disziplinarverstöße zu schulden kommen ließen. Diese Stufe umfasst mindestens 30 Tage und wird als sogenannte „flat time" bezeichnet.
Beachtenswert ist dabei, dass vor Erreichen der nächsthöheren Stufe immer erst die vorherigen Stufen durchlaufen werden müssen; begeht also ein Klasse 1 Häftling einen schweren Disziplinarverstoß, so wird er in Klasse 4 zurückgestuft und muss das System von neuem durchlaufen.

Möglich ist der nachträgliche Entzug der ganzen oder eines Teils der bisher verdienten Kredite, wenn der Häftling gegen die Anstaltsregeln verstößt. Allerdings kann der Leiter der Strafvollzugsbehörde bisher entzogene Kredite wiederherstellen, wenn der Häftling erneut ein besseres Verhalten zeigt.

Täter, die zu lebenslangen Haftstrafen, wegen eines Schwerstverbrechens zu 10 bis 99 Jahren Haftstrafe, zum Tode oder zu einer über 15jährigen Zuchthausstrafe verurteilt wurden, sind vom Erwerb der Incentive Time ausgeschlossen. Personen, die wegen einer Körperverletzung verurteilt wurden, infolge dessen das Opfer dauerhaft ganz oder teilweise ein körperliches Organ oder eine Extremität bzw. dessen Funktionsfähigkeit verloren hat, sind von Klasse 1 ausgeschlossen. Selbiges gilt für Häftlinge, die einen sexuellen Missbrauch an einer Person unter 17 Jahren verübt haben.

Die Incentive Time dient ausschließlich zur Berechnung des endgültigen Entlassungstermins. Die Terminierung der vorzeitigen bedingten Entlassung (Parole) wird durch sie nicht beeinflusst. Allerdings kann durch die gesammelten Kredite die Bewährungszeit verkürzt werden (§14-9-42 Code of Alabama).

Ein weiterer Kredit wird nach §14-9-3 Code of Alabama für Blutspenden gewährt. Allerdings ist diese Reduktion von 30 Tagen pro Blutspende nur einmal jährlich möglich. Auch dieser Kredit unterliegt den Regeln über den Entzug und die Wiederherstellung der Kredite bei gutem Verhalten.

Als dritte Möglichkeit der aktiven Strafzeitverkürzung dienen gemäß §14-5-36 Code of Alabama die *Work Incentive Credits*, die Gefangenen gewährt werden, die an sogenannten Manual Labour Work Programms teilnehmen, bei denen die Häftlinge außerhalb der Anstalt schwere Handarbeiten ausführen müssen, wie z.B. Müllbeseitigung auf den Highways, Beseitigen von Schutt- und Müllaufschüttungen, Anbau und Verkauf von Nahrungsmitteln. Die genaue Ausgestaltung dieser Verdienstmöglichkeit obliegt der örtlich zuständigen Strafvollzugsbehörde.

2.)   Alaska

In Alaska ist gemäß §§33.20.010ff. Alaska Statutes (AS) eine Good Time - Reduktion von einem Drittel der Haftzeit für gutes Verhalten möglich, die in der Regel jedem Häftling gewährt wird, der nicht gegen die Anstaltsregeln verstößt. Ausgenommen sind nur Täter, die zu einer Mindeststrafe von 99 Jahren oder wegen Mordes verurteilt wurden (§§33.20.010 i.V.m. 12.55.125 AS). Der Kredit wird auf das Haftzeitende angerechnet.

Täter, die zu einer mehr als zweijährigen Haftstrafe verurteilt wurden und die aufgrund der Good Time - Regelung eher entlassen werden, werden bis zum Zeitpunkt des durch Urteil festgesetzten Entlassungstermins grundsätzlich zwingend der Bewährungsaufsicht unterstellt mit der Möglichkeit des Widerrufs der Strafrestaussetzung. Nur bei Haftstrafen unter 2 Jahren erfolgt die Good Time – bedingte Entlassung bedingungslos. Ungeachtet dessen, ist auch eine normale Entlassung auf Bewährung nach Verbüßung von 50% der Haftzeit möglich, allerdings wird für die Berechnung der Parole Eligibility die Good Time nicht berücksichtigt (§§33.16.010ff. AS).

Verstößt ein Häftling während der Haftzeit gegen die Anstaltsregeln oder begeht er eine Straftat, so kann ihm ein Teil oder gar die gesamte Good Time - Reduktion entzogen werden, je nachdem, wie schwer das Vergehen war. Für leichte Vergehen können bis zu 90 Tage Gutschrift, bei mittleren bis zu 180 Tage und bei schweren Vergehen bis zu 365 Tage der Good Time entzogen werden (Title 22 Alaska Adminsitrative Code (AAC), §05.470).

Eine Restauration der entzogenen Kredite kann nach §33.20.060 AS i.V.m. Titel 22 §05.472 AAC vom Leiter der Strafvollzugsbehörde angeordnet werden, wenn der Häftling die Anstaltsregeln wieder gewissenhaft befolgt. Der Umfang der Restauration soll dabei sowohl im Verhältnis zur Schwere des Disziplinarvergehens als auch zur Länge des Zeitraums, in dem der Häftling wieder gutes Verhalten gezeigt hat, stehen. Handelte es sich z.B. um ein leichtes Vergehen, so muss der Häftling 30 Tage ein ausgezeichnetes Verhalten zeigen, bei einem schweren Vergehen fordert die Verwaltungsvorschrift hingegen eine 60–tägige einwandfreie Befolgung aller Vorschriften.

3.)   Arizona

Arizona gewährt den Insassen der Country Prisons und Jails grundsätzlich keine Good Time, vielmehr erhalten die Häftlinge gemäß §31-145 Arizona Revised Statutes (ARS) für ihre Arbeitsleistungen eine Entlohnung von bis zu $10 pro Tag.
Eine Ausnahme besteht nach §31-144 ARS nur für die Trusties, also jene Häftlinge, die ein besonderes Vertrauen der Anstalt genießen und dementsprechende Arbeiten zugewiesen bekommen: Sie erhalten zusätzlich für jeden Arbeitstag einen weiteren Hafttag gutgeschrieben (*Double Time*). Aber auch hier ist ein Verlust der Zeitgutschrift möglich, wenn der Häftling das in ihn gesetzte Vertrauen missbraucht.

Häftlinge der State Prisons erhalten nur eine monetäre Entlohnung von bis zu $2 pro Arbeitsstunde abzüglich von Haftkostenbeiträgen, Unterhaltszahlungen und Zinsen zur Schuldentilgung (§31-254 ARS).

4.)   Arkansas

In Arkansas ist zwischen den Insassen der staatlichen Haftanstalten und den Gefangenen zu unterscheiden, die in örtlichen Strafanstalten (Bezirks- oder städtische Gefängnisse) eine Freiheitsstrafe verbüßen.

Die Insassen der staatlichen Haftanstalten, die unter Aufsicht des Departements of Corrections oder des Departments of Community Punishment stehen, erhalten die sogenannte Meritorious Good Time für gutes Verhalten, zufriedenstellende

Arbeitsweise und die Teilnahme an resozialisierenden Aktivitäten, §12-29-201 Arkansas Code (AC).

Möglich ist eine Gutschrift von bis zu 30 Tagen pro Haftmonat (day by day), allerdings nur für die Gefangenen, die aufgrund ihrer guten Führung in einem Progressivsystem eine bestimmte Stufe erreicht haben und diese auch beibehalten. Denn alle Häftlinge werden von einem Komitee, bestehend aus Beauftragten der jeweiligen Vollzugsanstalten, bezüglich ihres Verhaltens, des Gesundheitszustands und ihrer Arbeitsweise in bis zu 4 Klassen eingeteilt. Nur die Häftlinge, die wegen ihrer guten Gesamtführung ihre Stufe beibehalten oder aufsteigen, sind überhaupt zum Erwerb der Kredite berechtigt (§12-29.202 AC). Häftlinge, die aufgrund eines Disziplinarverstoßes in die niedrigste Stufe deklassiert wurden, sind vom Erwerb der Kredite ausgeschlossen; selbiges gilt für Gefangene, die zur Ahndung eines Regelverstoßes in Isolationshaft verlegt worden sind. Allerdings kann nach Ermessen der Kommission die Deklassierung auch rückgängig gemacht werden, soweit dies der Resozialisierung des Häftlings dienlich erscheint.

Gemäß §12-29-201 AC dienen die Kredite ausschließlich der Vorverlegung der Transfer Eligibility, die den Zeitpunkt des Übergangs in gelockerte Vollzugsprogramme oder die die Community Punishment Facilities, Anstalten mit gelockerten Haftbedingungen, kennzeichnet. In Betracht kommt z.B. der Übergang in Hausarrestprogramme, in Boot Camps, in Entziehungsanstalten, Ausbildungsprogramme oder halboffene Anstalten mit Freigängerprogrammen (§16-93-1202 AC).

Innerhalb der Community Punishment Facilities dient die Good Time zum Erreichen weiterer Vergünstigungen, z.B. dem Übergang von der halboffenen Anstalt in den Hausarrest. Auch die Anrechnung auf die Parole Eligibility ist möglich (§§16-93-604ff. AC).

Die Transfer Eligibility wird grundsätzlich nach Verbüßung von 1/3 der Haftzeit erreicht, nur in bestimmten, vom Gericht festgesetzten Fällen, ist die Verlegung in die Community Punishment Facility erst zum Halbstrafentermin möglich oder ist wegen der besonderen Schwere des Verbrechens ausgeschlossen (lebenslange Freiheitsstrafen). Folglich könnte im Idealfall ein zu 6 Jahren Haft Verurteilter, der die Transfer Eligibilty nach 1/3 der Haftzeit, also nach 2 Jahren, erreicht, unter Anrechnung des größtmöglichen Good Time - Kredits bereits nach einem Jahr in eine gelockerte Vollzugsform übergehen, §16-93-1301 AC. Jedoch darf der gesetzlich vorgeschriebene Zeitraum, der bis zum Transfer vergehen muss, keinesfalls um mehr als die Hälfte verkürzt werden. Selbiges gilt nach §§16-93-604ff. i.V.m. 12-29-201 AC auch für die Parole Eligibility, nur dass für diese in der Regel ein längerer Zeitraum vergehen muss.

Zum Tode oder zu lebenslanger Haft Verurteilte sind vom Erwerb der Kredite ausgeschlossen, können aber begnadigt werden oder durch den Gouverneur eine Umwandlung ihrer Strafe in eine zeitige Freiheitsstrafe erfahren, §12-29-201 Abs. f. Erst wenn die lebenslange Freiheitsstrafe in eine zeitige umgewandelt wurde, ist der Erwerb von Krediten, der Transfer in andere Anstalten oder eine bedingte Entlassung möglich.

Die Vergabe der Kredite obliegt entweder dem Deapartment of Corrections oder dem Department of Community Punishment, je nach dem, unter wessen Aufsicht die Anstalt steht.

Ein nachträglicher Entzug der erworbenen Good Time - Kredite ist gemäß §12-29-203 AC möglich. So wird das unerlaubte Entweichen aus der Haft mit einem zwingenden Entzug der gesamten Gutschrift sanktioniert. Falls der Häftling freiwillig in die Anstalt zurückkehrt, dem Staat durch die Flucht keine Kosten entstanden sind und der Häftling außerhalb der Haft keine Gewalttätigkeiten verübt hat, so kann der Leiter der Vollzugsbehörde den entzogenen Kredit auch restaurieren.

Bei Verstößen gegen die Anstaltsregeln ist ein teilweiser oder auch kompletter Entzug, aber auch die Restauration entzogener Kredite durch den Behördenleiter möglich.

Ein bis zu 30-tägiger Entzug der Good Time kann erfolgen, wenn ein Gericht eine Klage des Betroffenen als schikanös und offensichtlich unzulässig oder unbegründet erachtet, §16-106-203 AC.

Die Regelungen gelten auch für Häftlinge, die zwar schon verurteilt worden sind, aber noch auf ihre Verschubung von einem städtischen Jail in ein Gefängnis unter Aufsicht des Departments of Corrections warten, §12-29-205 AC.

Die Insassen der County und City Jails können einen Meritorious Good Time - Kredit für gute Disziplin, zufriedenstellendes Gesamtverhalten und gute Arbeitsleistungen verdienen, wobei der Kredit im Gegensatz zum oben beschrieben System in den State Prisons auf die Gesamthaftzeit angerechnet wird. Die genauen Regelungen zur Vergabe der Kredite werden vom jeweils zuständigen Bezirkssheriff oder Polizeichef entwickelt, müssen aber vom Bezirksgericht oder der städtischen Aufsichtsbehörde genehmigt werden.

Die genaue Höhe des zu erwerbenden Kredits richtet sich nach der Einordnung des Häftlings in ein dreistufiges Progressivsystem, §12-41-102 AC. Der zu erwerbende Höchstbetrag von 10 Tagen pro Haftmonat ist dabei nur den Häftlingen der höchsten Stufe III vorbehalten. Häftlinge der Stufe II können noch 5 Tage pro Haftmonat verdienen, Häftlinge der niedrigsten Stufe I sind vom Erwerb der Kredite ausgeschlossen. Die Klassifizierung der Häftlinge erfolgt auch hier durch ein Klassifizierungskomitee. Die Regelungen für den Entzug und die Wiederherstellung der Kredite entsprechen den oben beschriebenen Regelungen.

Erwähnenswert sind §§16-93-1001ff. AC: Danach können sich Personen, die anstatt einer Haftstrafe in einem City oder Community Jail ersatzweise zur Teilnahme an einem Community Work Project verurteilt wurden, durch die fleißige Erfüllung ihrer Arbeitsaufgaben eine Strafzeitverkürzung von bis zu 3 Tagen pro Arbeitstag verdienen[71]. Auszuführen sind gemeinnützige Tätigkeiten, z.B. die Restauration oder Reinigung von Gebäuden, Straßen, Parkanlagen oder anderen öffentlichen Einrichtungen. Bei Fehlverhalten droht die Einweisung in eine normale Haftanstalt.

5.)   Colorado

Colorado verfügt über eine umfangreiche und damit auch komplizierte Good Time – Regelung, was vorrangig auf häufige Gesetzesänderungen zurückzuführen ist, die dazu führten, dass abhängig vom Zeitpunkt der Tat, für die Gefangene derzeit (noch) inhaftiert ist, eine andere Regelung besteht.

a) Für Gefangene, die wegen einer vor dem 1.7.1979 begangenen Straftat verurteilt wurden und sich noch immer in Haft befinden gilt die alte Regelung des §17-22.5-201 CRS, wonach eine Reduktion von je 2 Monaten in den ersten 2 Haftjahren, in den nächsten 2 Jahren von je 4 Monaten und ab dem 5. Haftjahr von je 5 Monaten pro Jahr möglich war, wenn der Häftling sich sowohl gut führte als auch alle ihm auferlegten Pflichten gewissenhaft und fleißig erledigte, inklusive der Teilnahme an Arbeits-, Ausbildungs- und Behandlungsprogrammen. Für besondere Verdienste, wie z.B. übermäßige Arbeitserfüllung oder selbstaufopfernde Taten war ein weiterer Rabatt von höchstens 5 Tagen pro Monat zu erzielen[72]. Bei Disziplinarverstößen war ein Entzug der gesamten oder eines Teils der Good Time möglich, allerdings auch deren spätere Restauration.

b) Für Häftlinge, die wegen einer Straftat inhaftiert sind, die am oder nach dem 1.7.1979 aber vor dem 1.7.1990 begangen wurde, gelten die Regelungen der §§ 17-22.5-301 und 17-22.5-302: Danach wird getrennt zwischen einer Good Time und einer Earned Time – Reduktion.

---

[71] *Abhängig ist die Höhe des zu erwerbenden Kredits vom Richterspruch. Der Richter legt bereits im Urteil fest, ob ein Häftling 3 oder nur 1 Tag pro Arbeitstag verdienen kann; vgl. §§16-93-1002 bzw. 16-93-1101.*

[72] *Trusties konnten sogar 10 Tage pro Monat verdienen, wenn sie die ihnen gestellten Aufgaben und Verpflichtungen gewissenhaft erledigten.*

Die *Good Time* wird gemäß §17-22.5-301 CRS für gute Führung (Einhaltung der Anstaltsregeln, bereitwillige Erfüllung gestellter Aufgaben) gewährt und umfasst eine Gutschrift von bis zu 15 Tagen pro verbüßten Haftmonat; pro Jahr kommt dies einer Reduktion von maximal 6 Monaten gleich. Allerdings kann dieser Kredit auch jederzeit bei einem Fehlverhalten entzogen werden[73].

Die *Earned Time* von bis zu 30 Tagen pro 6 Monate kann sich ein Gefangener zusätzlich verdienen, indem er wesentliche und konsequente Fortschritte bei der Arbeit und Berufsausbildung zeigt, sich in das Gruppenleben gut integriert, bei Beratungsgesprächen Fortschritte erzielt, sich in Selbsthilfegruppen engagiert und an den angebotenen Behandlungsprogrammen bereitwillig mitwirkt, §17-22.5-302 CRS.
Weitere 10 Tage pro Monat sind durch Fortschritte in einen Ausbildungsprogramm zu verdienen. Erwartet wird dafür eine aufmerksame, engagierte Teilnahme am Unterricht und die zufriedenstellende Erfüllung der gestellten Aufgaben[74].

Die Earned Time wird für Häftlinge, die wegen einer am oder zwischen dem 1.7.1979 und dem 1.7.1985 begangenen Straftat inhaftiert sind, jährlich berechnet und kann – einmal gewährt – nicht wieder entzogen werden. Selbiges gilt für Häftlinge, die wegen einer am oder zwischen dem 1.7.1985 und dem 1.7.1990 begangenen Straftat inhaftiert sind, nur dass ein bereits gewährter Kredit jederzeit wieder entzogen werden kann.
Insgesamt obliegt die Entscheidung über die Vergabe, die Zurückhaltung oder den nachträglichen Entzug der Zeitgutschriften dem Department of Corrections, das anhand der Gefangenenakte die Good oder Earned Time festsetzt.

c) Die jüngste Regelung des §17-22.5-405 CRS gilt seit dem 1.7.1990[75] und betrifft alle Häftlinge, die wegen einer am oder nach diesem Datum begangenen

---

[73] *Aber auch hier muss differenziert werden: Gefangene, die wegen eines vor dem 1.6.1981 begangenen Verbrechens verurteilt wurden, bekommen den Kredit noch immer vierteljährlich gewährt und erlangen damit einen Rechtsanspruch, der nachträglich nicht mehr entzogen werden kann. Häftlinge, die wegen einer zwischen dem 1.7.1981 und dem 1.7.1985 begangenen Straftat verurteilt wurden, bekommen den Kredit nur noch halbjährlich gutgeschrieben, so dass bei einem Fehlverhalten ein größerer Betrag vorenthalten werden kann. Für alle Täter, die die zur Verurteilung führende Tat nach dem 1.7.1985 aber vor dem 1.7.1990 begangen haben, gilt obige Regelung.*

[74] *Eine Sonderregelung besteht für Täter, die wegen einer am oder nach dem 1.7.1987 aber vor dem 1.7.1990 begangenen Straftat verurteilt wurden: Sie erhalten nur 50 % der möglichen Earned Time Credits, es sei denn, sie nehmen an einem Arbeits-, Ausbildungs- oder Behandlungsprogramm teil.*

[75] *Gemäß §17-22.5-406 CRS.*

Straftat verurteilt wurden. Die wesentliche Neuerung zur vorhergehenden Regelung besteht in der Abschaffung der Good Time; eine Strafzeitverkürzung kann sich nur noch durch die Teilnahme an Ausbildungs-, Arbeits- und Behandlungsprogrammen verdient werden. Zudem besteht nun auch die Möglichkeit, die Bewährungszeit durch gute Erfüllung der Bewährungsauflagen zu verkürzen. Die Entscheidung über die Vergabe der Kredite wird durch das Department of Corrections getroffen, das aufgrund einer Empfehlung des für den Gefangenen zuständigen Betreuers oder des Bewährungshelfers entscheidet.

Mit bis zu 10 Tagen Straf- oder Bewährungszeitreduktion pro Monat werden auf diese Weise wesentliche Fortschritte bei der fleißigen und gewissenhaften Teilnahme an Arbeits- und Trainingsprogrammen, bei der Integration in das Gruppenleben, der Mitarbeit an Behandlungsprogrammen, dem Engagement in Selbsthilfegruppen, der gewissenhaften Erfüllung der Bewährungsauflagen und der Teilnahme an Schulungs- sowie Ausbildungsprogrammen honoriert.

Insgesamt wurde somit die Möglichkeit des Verdienstes der Zeitrabatte eingeschränkt (früher 30 Tage pro Monat plus Sonderrabatte / heute nur noch 10 Tage). Allerdings wird nun wieder der Kredit bei Inhaftierten jährlich und bei auf Bewährung Entlassenen halbjährlich vergeben und kann, einmal gewährt, nicht wieder entzogen werden.

Die Strafzeit kann durch die Earned Time insgesamt aber nur noch um maximal 25 % verkürzt werden. Häftlinge, die zu einer lebenslangen Haft[76] verurteilt oder die bereits mehr als 2 mal wegen Gewaltverbrechen vorverurteilt und erneut wegen eines Gewaltverbrechens inhaftiert sind, sind vom Erwerb der Good Time ausgeschlossen, §17-22.5-403 Abs.3 i.V.m. §17-22.5-402 Abs.2 CRS.

Alle Zeitgutschriften werden nicht nur auf die Maximum Sentence, sondern auch auf die Parole Eligibility angerechnet. Letztere schwankt, je nach dem Zeitraum, in dem die zur Verurteilung führende Straftat begangen wurde und je nach der Schwere der Tat zwischen 50% und 75 % der verhängten Strafe, §§17-22.5-303; 17-22.5-403 CRS.

d) Sonderregelungen bestehen für Haftinsassen der Jails. Für diese ist gemäß §17-26-109 CRS eine Strafzeitverkürzung von 2 Tagen pro Haftmonat möglich. Von dieser Regelung erfasst sind auch Häftlinge, die eine Ersatzfreiheitsstrafe wegen Uneinbringlichkeit einer Geldstrafe verbüßen.

Falls ein Gefangener flüchtet oder zumindest versucht zu fliehen, werden alle bis zu diesem Zeitpunkt angesammelten Good Time – Kredite entzogen. Verletzt ein Häftling vorsätzlich die Anstaltsregeln, so verliert er gemäß §17-26-110 CRS das Recht zum Verdienst der Good Time – Kredite.

Die Trusties können außerdem zusätzlich zur Good Time nach §17-26-109 CRS einen Strafzeitnachlass von bis zu 10 Tagen pro Haftmonat verdienen, wenn sie

---

[76] *Kaufmann*: Good Time, in Corrections Compendium, Volume 22 (7), 7/1997, S.11.

die an sie gestellten Anforderungen gewissenhaft und zur Zufriedenheit des Personals erfüllen.

6.) Connecticut

Gemäß §18-7a Connecticut General Statutes (CGS) erhalten Häftlinge eine Zeitgutschrift für gutes Verhalten und das Befolgen der Anstaltsregeln und zwar bis zum 6. Haftjahr von 10 Tagen pro Monat, ab dem 6. Haftjahr von 12 Tagen pro Monat. Ist der Beurteilungsspielraum kürzer als ein Monat, wird der Kredit anteilig gewährt.

Hat ein Häftling eine Indeterminate Sentence zu verbüßen, so wird der Kredit sowohl auf die Minimum als auch auf die Maximum Sentence angerechnet; bei allen anderen Strafen hingegen nur auf die Maximum Sentence.

Bei einem Fehlverhalten oder Verstößen gegen die Anstaltsregeln kann der Kredit ganz oder zum Teil wieder entzogen werden. Falls ein Häftling vor seinem zu sanktionierenden Fehlverhalten noch keine Kredite erworben hat, so ist er um den Betrag, der bei einem Vorhandensein von Krediten abgezogen worden wäre, für den Erwerb zukünftiger Kredite ausgeschlossen.

Sowohl die Vergabe als auch der Entzug der Kredite obliegen dem Leiter der Strafvollzugsbehörde.

Weiterhin ist gemäß §18-98a CGS ein sogenannter *7 – day – job – credit* möglich, der allen Gefangenen gewährt wird, die intra- oder extramural einer Arbeit nachgehen. Für 7 Tage Arbeit wird 1 Hafttag gutgeschrieben.

Zusätzliche (maximal) 120 Tage können sich Häftlinge gemäß §18-98b CGS für ausgezeichnete Leistungen und/oder außergewöhnliche, selbstlose Taten verdienen. Begeht ein Häftling nach Vergabe dieses *Outstandig Meritorious Performance Award's* einen schweren Verstoß gegen die Anstaltsregeln, so wird dieser auf Anordnung des Leiters der Strafvollzugsbehörde und des Anstaltsleiters komplett entzogen; eine anteilige Reduktion ist nicht möglich.

Wird eine vor dem Strafantritt verbüßte Untersuchungshaft mit auf die Strafe angerechnet, so kann ein zusätzlicher Kredit von 10 Tagen pro 30 Tage verbüßter Untersuchungshaft mit auf die verhängte Strafe angerechnet werden, wenn sich der Häftling während der Untersuchungshaft an die Anstaltsregeln gehalten hat, §18-98d CGS.

7.) Delaware

Der *Earned Good Time Credit* wird in Delaware für gute Führung, die Teilnahme an Bildungs- und Rehabilitationsprogrammen sowie die Teilnahme an Arbeitsprogrammen vergeben.

Nach Titel 11, §4381 Delaware Code (DC) können sich alle Häftlinge, außer den zu lebenslanger Haft Verurteilten oder jenen, denen durch das richterliche Urteil der Erwerb der Kredite untersagt wurde, eine Zeitgutschrift von bis zu 36 Tagen pro Haftjahr für gutes Verhalten, die Befolgung der Anstaltsregeln und die bereitwillige Mitarbeit an der Rehabilitation verdienen.

Zur Berechnung dieses Kredits wird den Häftlingen im ersten Haftjahr eine Zeitgutschrift von 2 Tagen pro Haftmonat, ab dem 2. Haftjahr von 3 Tagen pro Monat, aber höchstens von 36 Tagen pro Jahr, gutgeschrieben.
Eine zusätzliche Gutschrift von 2 Tagen pro Monat, aber höchstens 24 Tagen pro Jahr, kann für die zufriedenstellende Teilnahme an Ausbildungs- oder Resozialisierungsprogrammen gewährt werden.
Weitere 2,5 Tage pro Monat, aber höchstens 30 Tage pro Jahr, werden für die Teilnahme an einem Arbeitsprogramm vergeben, wobei gleichzeitig die Weigerung zu arbeiten mit einem Entzug der vorhandenen Good Time - Kredite sanktioniert werden kann (Title 11, §6532 DC)[77].
Insgesamt ist ein jährlicher Kredit von bis zu 90 Tagen möglich.

Nach Titel 11, §4382 ist ein Entzug der Good Time in folgenden Fällen vorgesehen: Häftlingen, die eine Straftat begangen haben, wird der gesamte bisher verdiente Good Time - Kredit aberkannt, ohne dass eine Möglichkeit der Restauration besteht. Selbiges gilt bei körperlichen Angriffen auf einen Bediensteten der Haftanstalt. Bei Verstößen gegen die Anstaltsregeln ist ebenfalls der gesamte oder der Verlust eines Teils der bereits verdienten Zeitgutschriften möglich, jedoch können diese vom Department of Corrections dann wiederhergestellt werden, wenn dieses der Meinung ist, dass dies die Resozialisierung des Häftlings fördert oder zu einer besseren Disziplin führen kann.
Einem Häftling, dessen Zivilklage als schikanös und offensichtlich unzulässig oder unbegründet zurückgewiesen wurde, kann das Recht zum Krediterwerb aberkannt oder ein Teil der bisher verdienten Kredite entzogen werden.
Den Häftlingen steht gegen den Good Time – Entzug kein Rechtsmittel zu.

---

[77] *Die Häftlinge erhalten für ihre Arbeitsleistungen zusätzlich einen Lohn, von dem mögliche Regressansprüche Dritter, Unterhaltszahlungen und ein Haftkostenbeitrag abgezogen werden.*

8.) Florida

In Florida dienen die *Gain Time – Rules* ausdrücklich als Anreiz für bessere Arbeitsleistungen, positives Verhalten und zur Belohnung außergewöhnlicher Dienste:

„The department is authorized to grant deductions from sentences in the form of gain time in order to encourage satisfactory prisoner behavior, to provide incentive for prisoners to participate in productive activities, and to reward prisoners who perform outstanding deeds or services." (§944.275 Abs.1 Florida Statutes (FS)).

Hieraus ergeben sich die drei Arten der Gain Time, die jeweils auf die Gesamthaftzeit angerechnet werden:

a) Die *Basic Gain Time* wurde und wird als Anreiz für gutes Verhalten nur noch den Häftlingen gewährt, die wegen einer vor dem 1.1.1994 begangenen Straftat inhaftiert wurden. Gutgeschrieben werden 10 Tage pro Haftmonat, die bereits zu Beginn des Haftantritts auf die Gesamthaftzeit angerechnet und nur bei einem Fehlverhalten wieder entzogen werden, §944.275 Abs.3a, 6a FS.

b) Die *Incentive Gain Time*, die alle Gefangenen erwerben können, honoriert gute Arbeitsleistungen, die Teilnahme an Trainingsprogrammen, anderweitige „konstruktive Beschäftigungen" und das Engagement bei „positiven Aktivitäten". Dem Department of Corrections ist damit ein großer Ermessensspielraum bei der Festlegung der zu fördernden Aktivitäten eingeräumt. Der Umfang des Krediterwerbs richtet sich nach dem Zeitpunkt der Tat, für die der Gefangene inhaftiert wurde:
Gefangenen, die eine Tat vor dem 1.1.1994 begangen haben, wird ein Zeitnachlass von 20 Tagen pro Monat gewährt.
Bei Häftlingen, die wegen einer nach dem 1.1.1994 und vor dem 1.1.1995 begangenen Straftat verurteilt wurden, richtet sich die Kreditrate nach der Schwere der Tat. Bei geringerer Schuldschwere[78] können 25 Tage pro Monat Incentive Gain Time verdient werden; Täter von Schwerverbrechen[79] können hingegen höchstens 20 Tage pro Monat erwerben.
Wurde ein Häftling für eine nach dem 1.10.1995 begangene Tat verurteilt, so kann er nur 10 Tage Incentive Gain Time pro Monat verdienen. Außerdem ist eine Entlassung frühestens nach der Verbüßung von 85% der verhängten Haftzeit möglich. Zu lebenslänger Haft Verurteilte sind vom Krediterwerb gänzlich ausgeschlossen.

---

[78] *Hierunter zählen z.B. Vermögensdelikte, Körperverletzung, Sachbeschädigung, fahrlässige Tötung, Tierquälerei, Bestechung, Brandstiftung.*
[79] *Dazu zählen unter anderem: vorsätzliche Tötung, Mord, sexuelle Misshandlung und Vergewaltigung, bewaffneter Raub, Flugzeugentführung, Drogenhandel in großem Umfang, Kidnapping.*

Somit wurden in den vergangenen Jahren nicht nur der Kreditierungsumfang erheblich eingeschränkt, sondern auch die Anforderungen an den Krediterwerb erhöht.

c) Die *Meritorious Gain Time* belohnt mit bis zu 60 Tagen Haftzeitverkürzung außergewöhnliche Dienste, z.B. die Rettung eines Menschenlebens oder die Mithilfe bei der Wiederergreifung eines entflohenen Häftlings. Zudem können einmalig 60 Tage für den Abschluss einer schulischen oder beruflichen Ausbildung vergeben werden.

Falls ein Gefangener ausgebrochen ist, von einem Hafturlaub nicht zurückkehrt oder die vorzeitige bedingte Entlassung widerrufen wurde, ist das Department of Corrections gemäß §944.28 Abs.1 FS zum Abzug aller bisher gesammelten Zeitgutschriften ermächtigt. Diese Entscheidung kann ausdrücklich ohne eine vorherige Benachrichtigung oder Anhörung des Betroffenen erfolgen. Nach Abs.2 können auch Fluchtversuche, tätliche Angriffe auf das Anstaltspersonal oder Mitgefangene, die Nichterfüllung gestellter Aufgaben, Arbeitsverweigerungen und im Allgemeinen jegliche Verstöße gegen Strafgesetze oder die Anstaltsregeln mit einem teilweisen oder kompletten Entzug der Zeitgutschriften sanktioniert werden. Selbiges gilt für eine Erhebung offensichtlich unzulässiger oder unbegründeter Klagen oder Falschaussagen vor Gericht. Bei besonders schweren Verstößen gegen geltendes Recht oder die Anstaltsordnung kann sogar das Recht aberkannt werden, für den Rest der verbleibenden Haftzeit Gain Time - Kredite zu verdienen.
Zuständig für eine Entscheidung nach Abs.2 ist ein anstaltsinterner Disziplinarausschuss, der ein durch Verwaltungsvorschriften geregeltes Verfahren einhalten muss, das eine schriftliche Benachrichtigung des Gefangenen und eine mündliche Anhörung vor der Disziplinarkommission vorschreibt. Widerspricht der Anstaltsleiter der Entscheidung der Kommission, so trifft das Justizministerium eine endgültige Entscheidung.
Einmal entzogene Zeitgutschriften können aufgrund einer Empfehlung des Anstaltsleiters durch das Justizministerium ganz oder zum Teil wieder hergestellt werden.

Häftlinge, die aufgrund der Gain Time vorzeitig aus der Haft entlassen werden, sind zwingend unter die Aufsicht eines Bewährungshelfers zu stellen, §944.291 FS.

Die Insassen der County Prisons erhalten gemäß §951.21 FS eine Zeitgutschrift für gute Führung, die sich von 5 Tagen pro Haftmonat in den ersten 2 Haftjahren, auf 10 Tage pro Monat im 3. und 4. Haftjahr und ab dem 5. Haftjahr auf 15 Tage pro verbüßten Monat steigert. Ein zusätzlicher Kredit von 5 Tagen pro

Haftmonat kann für außergewöhnliche Arbeitsleistungen oder selbstlose Handlungen gewährt werden. Auch hier werden im Falle einer Flucht, eines Fluchtversuchs oder anderer schwerer Verstöße gegen das Anstaltsrecht alle bis zum Zeitpunkt des betreffenden Vorfalls angesammelten Gain Time - Kredite entzogen. Im Falle eines minder schweren Vergehens kann die Gain Time ganz oder zum Teil entzogen werden.

9.) Georgia

In Georgia können nur die Insassen der County Prisons und Jails die Strafzeit durch Zeitrabatte verkürzen, §42-4-7 Georgia Code (GC).
Betroffen sind somit Häftlinge, die entweder wegen eines Verbrechens oder Vergehens zu einer Freiheitsstrafe auf Bewährung verurteilt wurden und die aufgrund eines Bewährungswiderrufs inhaftiert sind oder Häftlinge, die wegen eines Vergehens zu einer Freiheitsstrafe von maximal 12 Monaten verurteilt wurden.
Die *Earned Time Allowances* werden für gutes Verhalten vom Anstaltsleiter gewährt und auf die Gesamthaftzeit angerechnet, wobei die Strafzeit maximal halbiert werden kann. Allerdings ist der Earned Time – Verdienst bei Gefangenen, die wegen eines besonders schweren Vergehens einsitzen, auf maximal 4 Tage pro Monat beschränkt, §§42-4-7 Abs. b, Ziff. 2 i.V.m. 17-10-4 Abs. b GC.

Für die State Prisoners ist seit 1984 kein Good Time – Verdienst mehr vorgesehen, da dieser im Zuge einer umfassenden Reform durch die Parole ersetzt wurde, §42-5-100 GC.

10.) Idaho

Insassen der staatlichen Gefängnisse Idahos können eine Strafzeitverkürzung von bis zu 15 Tagen pro Monat für außergewöhnliche Dienste erhalten, §20-101 D Idaho Statutes (IS). Das Gesetz nennt z.B. außerordentlich heldenhafte Taten unter Einsatz des eigenen Lebens, außergewöhnliche Tätigkeiten für den Staat Idaho zum Schutze fremden Lebens, die Rettung und Bewahrung staatlichen Eigentums während eines Aufstands oder das Vereiteln einer Flucht. Die Vergabe steht im Ermessen des Leiters des Departments of Corrections. Der Kredit kann bei einem späteren Fehlverhalten wieder entzogen werden.

Eine weitergehende Regelung gilt nur noch für Gefangene, die wegen einer vor dem 1.7.1986 begangenen Straftat verurteilt wurden: Diese können nach §20–101A IS eine Strafzeitreduktion für gute Führung erhalten, die sich mit steigender Haftdauer progressiv erhöht (bei Strafen zwischen 6 Monaten und 1 Jahr 5 Tage pro Monat, bei Strafen zwischen 1 und 3 Jahren 6 Tage pro Monat, bei 3 bis 5 jährigen Strafen 7 Tage pro Monat, 8 Tage pro Monat bei Strafen zwischen 5 und 10 Jahren und 10 Tage pro Monat bei über zehnjährigen Strafen). Für außergewöhnliche Arbeitsleistungen ist zusätzlich eine Gutschrift von 5 Tagen pro Monat möglich.

Auch hier ist ein nachträglicher Entzug der Zeitgutschriften bei Verstößen gegen die Anstaltsregeln möglich. Eine Wiederherstellung kann nur durch die Strafvollzugsbehörde vorgenommen werden. Vor dem Entzug muss von der Strafvollzugsbehörde eine Anhörung durchgeführt werden.

Die Häftlinge der County Jails (Untersuchungsgefangene, Arrestanten, kurze Freiheitsstrafen) erhalten für gute Führung und/oder gute Arbeitsleistungen eine Haftzeitverkürzung von bis zu 5 Tagen pro Haftmonat. Die Vergabe obliegt dem Amtsrichter, §20-621 IS.

11.) Illinois

Illinois verfügt über eine relativ umfangreiche Good Time – Regelung, die vor Allem von Sonderregelungen für bestimmte Tätergruppen geprägt ist. Grundsätzlich werden in den State Prisons die gute Führung des Häftlings, besondere Leistungen und der Abschluss von Schulungs- oder Behandlungsprogrammen durch Zeitgutschriften gewürdigt.

Gemäß Kapitel 730/5 §3-6-3. Abs. a (2) Illinois Compiled Statutes (ILCS) wird grundsätzlich jedem Häftling für gute Führung ein *Good Conduct Credit* von einem Tag pro Hafttag gutgeschrieben. Dies geschieht, indem bereits bei Haftantritt jedem Häftling der maximal zu erwerbende Kreditrahmen (50 %) auf die Gesamthaftzeit angerechnet und nur dann wieder abgezogen wird, wenn der Häftling gegen die Disziplinarordnung verstößt (Strafsystem). Ausgeschlossen sind zum Tode, zu lebenslanger Haft oder wegen Mordes Verurteilte. Wer wegen eines Gewalt- oder Sexualdeliktes[80] zu einer zeitigen Freiheitsstrafe verurteilt wurde, erhält höchstens 4,5 Tage pro Monat.

Eine Besonderheit besteht in der Möglichkeit, eine Erhöhung des Good Conduct Credits zu verdienen, indem Häftlinge gemäß §730 ILCS 5/3-6-3 Abs. a(4) erfolgreich einen Drogenentzug, ein Arbeits- oder ein Schulungsprogramm ab-

---

[80] *Erfasst sind z.B. Versuch oder Beihilfe zum Mord, Totschlag, Vergewaltigung, sexueller Missbrauch von Kindern, Kidnapping, gefährliche Körperverletzung, bewaffneter Raub, grob fahrlässige Tötung und Delikte, durch die das Opfer körperlich schwer verletzt wurde.*

schließen. So werden, wenn ein Ganztagsprogramm erfolgreich beendet wurde, die im Teilnahmezeitraum erworbenen Good Conduct Credits mit dem Faktor 1,5 multipliziert. Dies gilt nur nicht für Gefangene, die nur im beschränkten Maße (4,5 Tage p.M.) Good Conduct Credits verdienen können bzw. für Wiederholungstäter, die bereits einmal wegen eines Verbrechens zu Freiheitsstrafe verurteilt wurden.

Nach § 730 ILCS 5/3-6-3 Abs. a(3) können sich Häftlinge zusätzlich bis zu 180 Tage für besonders herausragende Leistungen und Taten verdienen. Beachtlich ist dabei, dass dieser Betrag bis 1998 nur 90 Tage betrug, also seit dem verdoppelt wurde[81]. Für Gewalt- und Sexualtäter ist der Erwerb dieser *Meritorious Good Time* entweder gar nicht[82] oder nur bis zu einem Betrag von höchstens 90 Tagen[83] zulässig.

Alle genannten Good Time – Kredite können im Falle eines Fehlverhaltens, das durch Verwaltungsvorschriften genauer spezifiziert wird, entweder ganz oder zum Teil entzogen, gar nicht erst gewährt oder in ihrer Kreditierungsrate herabgesetzt werden, §730 ILCS 5/3-6-3 Abs. c. Insgesamt kann aber kein über den Zeitraum von einem Jahr hinausgehender Good Time – Betrag entzogen werden. Zuständig für den Entzug ist das Department of Corrections. Soll der zu entziehende oder vorzuenthaltende Betrag mehr als 30 Tage für eine einzelne Tat umfassen oder sollen innerhalb eines Jahres insgesamt mehr als 30 Tage entzogen werden, so ist die geplante Entscheidung dem Prisoner Review Board vorzulegen, das seine Zustimmung geben muss.

Eine Wiederherstellung einmal entzogener bzw. die Vergabe vorenthaltener Kredite ist möglich. Dafür zuständig ist wiederum das Department of Corrections; nur wenn Zeitgutschriften in einem Umfang von mehr als 30 Tagen wiederhergestellt werden sollen, muss die Entscheidung dem Prisoner Review Board vorgelegt werden.

---

[81] Vgl. *Kaufmann*: Good Time, in Corrections Compendium, Volume 22 (7), 7/1997, S. 5.

[82] *Keine Meritorious Good Time erhalten Täter mit lebenslangen Freiheitsstrafen, zum Tode Verurteilte, Täter die verurteilt wurden wegen Mordes, Versuch oder Beihilfe zum Mord, Totschlags, Vergewaltigung, sexuellem Missbrauch von Kindern, Kidnappings, gefährlicher Körperverletzung, bewaffnetem Raub, grob fahrlässiger Tötung und wegen Delikten, durch die das Opfer körperlich schwer verletzt wurde >> entspricht den Tätern, für die der Good Conduct Credit nicht oder nur im Umfang von 4,5 Tagen pro Monat zugänglich ist.*

[83] *Betroffen sind Delikte wie z.B. Kinderpornographie, Kindesmisshandlung, organisierter Drogenhandel, Erpressung.*

Ein Entzug von bis zu 180 Tagen kann angeordnet werden, wenn ein Häftling gegen den Staat oder einen seiner Bediensteten eine offensichtlich unzulässige oder unbegründete Klage oder Beschwerde erhebt. Auch eine rein schikanöse Absicht der Klage oder die Behauptung von Tatsachen, die der Häftling nicht beweisen kann, können zum Entzug der Kredite führen.

Auch die Insassen der County Jails können einen Strafnachlass für gute Führung verdienen, §730 ILCS 130/ 3. Der Kredit wird „day by day" berechnet; für einen Tag ohne Verstöße gegen die Anstaltsregeln oder Strafgesetze wird ein Hafttag gutgeschrieben. Dies gilt auch für die Untersuchungshaft, so dass diese im Idealfall im doppeltem Umfang auf die Gesamthaftzeit angerechnet werden kann.

Ausgeschlossen vom Erwerb der Good Time sind wegen eines Sexual- oder Körperverletzungsdelikts Verurteilte. Auch kann eine eventuell zwingend angeordnete Mindeststrafe nicht durch die Anrechnung von Zeitgutschriften umgangen werden.

Der Anstaltsleiter ist nach Durchführung einer Disziplinaranhörung zum Entzug der bisher gutgeschriebenen Kredite in einem Umfang von bis zu 30 Tagen für einen einzelnen Verstoß gegen die Anstaltsregeln berechtigt; er kann aber auch aberkannte Gutschriften wiederherstellen.

12.) Indiana

In Indiana wird die auf die Gesamthaftzeit anzurechende *Credit Time* vorrangig für die Teilnahme an Schulungs-, Ausbildungs- und Behandlungsprogrammen gewährt. Allerdings spielt mittelbar auch die Disziplin eine Rolle, denn nur die Häftlinge, die gemäß §35-50-6-3.3 Indiana Code (IC) wegen ihrer guten Führung in die höchste Stufe I eines dreistufigen Klassifizierungssystems eingeteilt sind, können überhaupt die Credit Time erwerben. Grundsätzlich wird jeder Häftling zum Haftantritt in diese Klassifizierungsstufe eingeteilt und nur wenn er gegen die Anstaltsregeln verstößt, erfolgt eine Abstufung in Klasse II oder III, §35-50-6-4 IC[84].

---

[84] *Die Klassifizierung spielt nicht nur für die Vergabe der Zeitgutschriften eine Rolle sondern auch für die Anrechnung der Untersuchungshaft auf die Gesamtstrafe: Nur Häftlinge der Stufe I, die während der U- Haft also keine Verstöße gegen die Anstaltsregeln begangen haben, bekommen die Zeit der Untersuchungshaft im Verhältnis 1:1 auf die Gesamthaftzeit angerechnet. Insassen der Klasse II erhalten bereits nur noch einen Tag pro 2 Untersuchungshafttage auf die Strafzeit angerechnet. Bei Insassen der Klasse III unterbleibt eine Anrechnung der Untersuchungshaftzeit gänzlich, §35-50-6-3 CI.*

Um die Zeitgutschriften zu erwerben, muss der Häftling verschiedene Voraussetzungen erfüllen. Neben der Einteilung in Klassifizierungsstufe I muss sich der Häftling erkennbar um seine Rehabilitation bemüht und einen School –, High School – oder einen höheren Schulabschluss erreicht haben, §35-50-6-3.3 Abs. a CI und/oder sich ernsthaft um seine Rehabilitation bemüht und eine Berufsausbildung oder ein Suchtbehandlungsprogramm erfolgreich abgeschlossen haben.

Der genaue Kreditierungsumfang bemisst sich nach der Art des zu erreichten Abschlusses. Ein General Educational Development Diploma, das dem Absolventen einen dem High School – Abschluss entsprechenden Leistungsstandart bescheinigt, wird mit 6 Monaten Strafzeitreduktion honoriert. Ein High School – Abschluss und andere höhere Schulabschlüsse (Associate Degree) werden mit einer Strafzeitverkürzung von einem Jahr gewürdigt und für das Erreichen eines Universitätsabschlusses (Bachelor Degree) werden sogar 2 Jahre von der Gesamthaftzeit abgezogen. Bei Mehrfachbelegung ein und desselben Programms kann die Gutschrift nur einmal erworben werden.

Für das Erreichen eines oder sogar mehrerer Berufsabschlüsse oder die Absolvierung eines oder mehrerer Suchtbehandlungsprogramme ist jeweils insgesamt eine Gutschrift von 6 Monaten möglich. Nur wenn ein Häftling keine Drogenprobleme hat, kann er für das Erreichen zweier verschiedener Berufsabschlüsse insgesamt 12 Monate erhalten. Weitere berufliche Bildungsmaßnahmen werden dann aber nicht mehr honoriert. Selbiges gilt für den Fall, dass 2 Suchtbehandlungsprogramme und dafür keine Berufsausbildung absolviert werden.

Insgesamt darf durch Anrechnung der Credit Time die Strafzeit um nicht mehr als 4 Jahre oder 1/3 der Gesamthaftzeit verkürzt werden.

Verstößt ein Häftling gegen die Anstaltsregeln, so kann dies auf verschiedene Art und Weise sanktioniert werden. Einerseits kann gemäß §35-50-6-4 CI eine Zurückstufung des Häftlings von Klasse I in die nicht zum Krediterwerb berechtigenden Klassen II oder III erfolgen, was die Durchführung eines genau geregelten Anhörungsverfahrens voraussetzt.

Andererseits können gemäß §35-50-6-5 CI die bereits angesammelten Gutschriften wieder entzogen werden, wenn der Häftling gegen die Anstaltsregeln verstößt oder von einem Gericht für schuldig befunden wird, eine unzulässige, unbegründete und schikanöse Klage eingereicht zu haben. Auch hier ist der Häftling vorher anzuhören.

Einmal entzogene Kredite können später ganz oder zum Teil restauriert werden. Diesbezügliche Entscheidungen obliegen dem Department of Corrections, §11-11-5-5 IC. Gegen die Zurückstufung oder den Kreditentzug kann der Häftling gemäß §35-50-6-5.5 CI Einspruch beim Leiter der Strafvollzugsbehörde erheben.

13.) Iowa

Nach §903 A.2 Iowa Code (IC) wird die *Good Conduct Time* allen Häftlingen der staatlichen Gefängnisse für gutes Verhalten und bereitwillige Mitarbeit gewährt, indem bei guter Führung pro verbüßten Hafttag ein Hafttag gutgeschrieben wird und weitere 5 Tage pro Monat für die Teilnahme an Arbeits-[85], Ausbildungs- und Behandlungsprogrammen vergeben werden.

Wird die Untersuchungshaft auf die Haftstrafe angerechnet, so werden auch während der U-Haft erworbene Kredite berücksichtigt.
Auch zu lebenslanger Haft Verurteilte können Good Conduct Time verdienen, allerdings wird diese erst dann auf die Strafzeit angerechnet, wenn die lebenslange Freiheitsstrafe durch den Gouverneur des Staates auf Antrag des Häftlings oder des Leiters der Strafvollzugsbehörde in eine zeitige Freiheitsstrafe umgewandelt wurde. Eine weitere Einschränkung besteht darüber hinaus für Täter von Schwerverbrechen: wer z.B. wegen Mordes, Vergewaltigung, Kidnapping oder Raub verurteilt wurde, kann seine Strafzeit insgesamt nur um 15 % der Gesamthaftdauer verkürzen.

Für die Vergabe der Kredite ist nach §903A.1 ein vom Direktor der Strafvollzugsbehörde zu ernennender unabhängiger Verwaltungsrichter zuständig. Dieser entscheidet anhand von Richtlinien, die vom Department of Corrections erlassen wurden, auch über den Entzug der bisher verdienten Gutschriften im Falle von Verstößen gegen die Anstaltsregeln. Auch ein Fehlverhalten vor Gericht (z.B. die Erhebung offensichtlich unzulässiger oder unbegründeter schikanöser Klagen oder das Vorbringen falscher Beweise) kann auf diese Art sanktioniert werden (§903A.3 IC).

Dem Verwaltungsrichter ist es ausdrücklich erlaubt, frühere Verhaltensauffälligkeiten in seine aktuelle Entscheidung mit einzubeziehen. Die richterliche Entscheidung kann vom Anstaltsleiter oder von dem über die Anstalt aufsichtsführenden Beamten abgeändert werden. Selbiges gilt für deren Entscheidung, die vom Leiter der Strafvollzugsbehörde angegriffen werden kann. Allerdings darf

---

[85] *Für gute Arbeitsleistungen ist auch eine monetäre Anerkennung vorgesehen, die gemäß §904.701 IC einem auf dem freien Arbeitsmarkt zu erzielenden Lohn nicht entsprechen darf. Reicht die Bezahlung in ihrer Höhe dazu aus, Gerichtskosten, Unterhaltszahlungen, Geldstrafen, Verbrechenswiedergutmachung oder Haftkosten zu begleichen, so sind die entsprechenden Beträge dafür abzuziehen.*

in beiden Fällen die Änderung des Richterspruchs nicht zur Verböserung der Sanktion führen.

Eine Restauration bereits entzogener Kredite kann nur vom Leiter des Departments of Corrections vorgenommen werden und erfolgt ausschließlich aufgrund eines (in Verwaltungsvorschriften genauer bezeichneten) heroischen oder selbstlosen Verhaltens des Häftlings. Eine Wiederherstellung ist somit eher die Ausnahme.

Die Kredite werden auf die Gesamthaftdauer angerechnet, in Fällen, in denen eine Mandatory Minimum Sentence angeordnet ist, auch auf diese.

14.) Kalifornien

Bis 1983 wurde in Kalifornien die *Good Time* vorrangig für gutes Verhalten gewährt. Ein Insasse eines staatlichen Gefängnisses erhielt für gutes Verhalten automatisch eine Strafzeitreduktion von 4 Monaten pro verbüßter 8 Monate Haftzeit, also rein rechnerisch eine Strafzeitverkürzung um 1/3. Von dieser Viermonatsreduktion wurden drei Monate für das Nichtbegehen bestimmter Taten gewährt, wie z.B.: Gewalt in der Anstalt, Teilnahme an Aufständen, Beschädigung von Anstaltseinrichtungen im Wert von mehr als $50 oder auch den Verkauf von Alkohol[86]. Wurde eine dieser Taten verübt, so verlor man bei sonstiger guter Führung nicht den gesamten Strafnachlass von 3 Monaten, sondern je nach Art und Schwere der Tat einen Abzug von 45, 30 oder 15 Tagen des möglichen Nachlasses[87]. Der restliche Monat Nachlass wurde für die Mitarbeitswilligkeit des Insassen, z.B. an bestimmten Vollzugsprogrammen, gewährt, wobei nicht der Erfolg des Programms sondern lediglich die engagierte Teilnahme vorausgesetzt wurde.

Diese Art der Strafzeitreduktion gilt gemäß §2931 Penal Code (PC) auch heute noch, jedoch nur für jene Häftlinge, die wegen eines vor dem 1.1.1983 begangenen Verbrechens verurteilt worden sind.

Heute werden Kredite nur noch für Arbeit und/oder die Teilnahme an Ausbildungs- und Behandlungsprogrammen gewährt. Dabei handelt es sich gemäß §2931 Abs. b PC ausdrücklich um ein Privileg, das sich der Gefangene verdienen muss und nicht um ein Recht.

Der *Worktime Credit* wird vergeben für die Teilnahme an Arbeits-, Trainings- und Ausbildungsprogrammen, seien sie schulischer oder beruflicher Natur.

---

[86] *Plagemann*: Die Freiheitsstrafe und ihre Surrogate in den USA, in Jescheck (Hrsg.): Die Freiheitsstrafe und ihre Surrogate..., S.1717.
[87] *Plagemann* a.a.O.

Wenn ein Gefangener 6 Monate an einem solchen Programm teilnimmt, so erhält er nach §2933 Abs. a PC auch eine Gutschrift von 6 Monaten, bei einer kürzeren Teilnahme den entsprechend niedrigeren Betrag. Selbiges gilt für den Fall einer Halbtagesbeschäftigung; für 6 Monate werden dann 3 Monate gutgeschrieben.
Wenn ein Häftling an einem Ganztagesprogramm teilnehmen möchte, dies aber wegen fehlender Stellen nicht möglich ist, so erhält er trotzdem zumindest eine Zeitgutschrift nach §2931 PC, s.o. Dauert ein Programm länger als 6 Monate, was für die Erreichung eines 2 bzw. 4 jährigen Collegediploms zutrifft, so wird der Kredit ebenfalls nach §2931 PC berechnet, der Häftling bekommt also für eine achtmonatige Teilnahme eine Zeitgutschrift von 4 Monaten. Nach Möglichkeit soll aber versucht werden, jedem Häftling die Teilnahme an einem Ganztagesprogramm zu ermöglichen.

Häftlinge, die wegen einer nach dem 1.1.1997 begangen Straftat verurteilt wurden, bekommen den Worktime Credit nur dann zu gesprochen, wenn sie für die Zeit nach ihrer Haftentlassung der Überwachung durch einen Bewährungshelfer zustimmen, §§2933 Abs. b i.V.m. 3067 PC.

Angerechnet werden die Kredite auf die Gesamthaftzeit, §1170 a(1) PC.

Nach §2932 PC kann die Vergabe der Kredite verweigert oder bereits vergebene Kredite wieder entzogen werden, wenn ein Häftling gegen die Anstaltsregeln oder ein Strafgesetz verstößt. Die Entscheidung obliegt der Strafvollzugsbehörde, wobei die Disziplinaruntersuchung von einem Beamten vorzunehmen ist, der mit dem Fall in keinerlei Verbindung steht.
Der Höchstbetrag eines zu verweigernden oder zu entziehenden Kredits beträgt pro Einzeltat 360 Tage und wird gemäß §2932 Abs. a (1) PC bei schweren Verbrechen, wie Mord, Anstiftung zum Mord, Totschlag, Vergewaltigung, gewaltsame Flucht oder Geiselnahme angeordnet. Dabei darf die Entscheidung auch dann getroffen werden, wenn wegen der Tat kein gerichtliches Verfahren eingeleitet wurde. Bei der Anstiftung zum Mord reicht es aus, dass diese durch 2 Zeugenaussagen oder eine Zeugenaussage und belastende Tatumstände bewiesen werden kann.
Bei Verbrechen, die nicht unter Abs. a fallen, können immer noch bis zu 180 Tage des Kredits vorenthalten oder wieder entzogen werden; bei einem Vergehen kann es zu einem Entzug von bis zu 90 Tagen kommen. Mit einem Entzug von bis zu 30 Tagen können Verstöße gegen die Anstaltsregeln sanktioniert werden. Ebenso ist ein Entzug von 30 Tagen des Worktime Credits möglich, wenn ein Zivilgericht eine Klage des Betroffenen als schikanös und offensichtlich unzulässig oder unbegründet abweist, §2932.5 PC. Wenn ein Häftling wegen des sanktionierten Verhaltens zusätzlich einen anderen Haftstatus erhält,

kann er außerdem bis zu 180 Tage vom Erwerb weiterer Kredite ausgeschlossen werden.

Auch wenn die Entscheidung über den Entzug der Worktime Credits in Bezug auf Straftaten keine gerichtliche Klärung voraussetzt, so ist insgesamt doch das Sanktionierungsverfahren streng geregelt, um für den Häftling eine hohe Rechtssicherheit zu garantieren; so muss gemäß § 2932 Abs. c PC dem Häftling mindestens 15 Tage vor der Entscheidung schriftlich das Verfahren wegen des entsprechenden, genau bezeichneten Disziplinarverstoßes angekündigt werden. Der Häftling kann sich für die Anhörung einen Angestellten der Strafvollzugsbehörde zum Assistenten wählen, der ihm bei der Auffindung von Entlastungsbeweisen unterstützen soll. Der Häftling kann Zeugen benennen und während des Hearings alle Zeugen selbst befragen (Kreuzverhör). Die Entscheidung der Anhörung ist dem Häftling schriftlich mitzuteilen. Gegen die Entscheidung kann der Betroffene Widerspruch bei der Strafvollzugsbehörde einlegen, bei dessen Nichtabhilfe ist das Board of Prison Terms anzurufen.

Auf Antrag des Häftlings erfolgt die Restauration einmal entzogener Kredite, die gemäß §2933 Abs. c PC dem Leiter der Strafvollzugsbehörde obliegt und sich nach von der Strafvollzugsbehörde erstellten Verwaltungsvorschriften richtet. Jedenfalls dürfen an die Wiederherstellung der Kredite keine übermäßig hohen Anforderungen gestellt werden; so kann, aber darf nicht mehr als ein volles Jahr guter Führung gefordert werden, um die Restauration eines Kredits zu erreichen. Auch sollen bei guter Führung die Kredite in der Regel wieder hergestellt werden, soweit der Häftling nicht die Teilnahme an einem Behandlungsprogramm verweigert hat oder andere besondere Umstände gegen eine Restauration sprechen. Auch diese besonderen Umstände sind durch Verwaltungsvorschriften genauer definiert.

Eine Besonderheit in Kalifornien besteht allerdings darin, dass bei schweren Straftaten nach §2932 Abs. a (1) PC ein bestimmter Betrag der entzogenen Worktime Credits überhaupt nicht wieder hergestellt werden darf (90 bis 180 Tage). Hat die Tat, die mit dem Entzug der Kredite sanktioniert wurde, den Tod oder eine dauerhaft Schwerbehinderung des Opfers zur Folge gehabt, so ist die Restauration der Zeitgutschrift gänzlich ausgeschlossen. Auch gegen die Entscheidung der Nichtwiederherstellung von Krediten steht dem Betroffenen die Möglichkeit des Widerspruches zur Verfügung.

Im Übrigen kann einem Häftling ein nicht mehr zu entziehender Kredit von bis zu 12 Monaten für einen heroischen Akt während einer lebensbedrohlichen Situation oder für seine Hilfe in Bezug auf die Erhaltung der Anstaltssicherheit gewährt werden. Die Entscheidung erfolgt aufgrund einer Verwaltungsvorschrift auf Ermessen des Anstaltsleiters, §2935 PC.

Sonderregelungen bestehen für bestimmte Tätergruppen: Wer wegen eines schweren Verbrechens, wie z.B. Totschlag, schwerer Körperverletzung, Kidnapping, wegen Vergewaltigung oder sexuellen Missbrauchs von Minderjährigen, verurteilt wurde, kann nicht mehr als 15 % der nach §2933 PC möglichen Worktime Credits verdienen, §2933.1 PC. Wegen Mordes verurteilte Straftäter sind vom Erwerb der Worktime Credits ausgeschlossen, §2933.2 PC. Täter, die zum mindestens 3. Mal wegen eines schweren Verbrechens verurteilt wurden, können überhaupt keine Kredite, egal welcher Art, verdienen, §2933.5 PC. Auch Insassen von Hochsicherheitseinrichtungen sind für die Zeit ihrer dortigen Inhaftierung nicht zum Krediterwerb i.S.v. §2933 befähigt, §2933.6 PC.

15.) <u>Kansas</u>

In Kansas werden Zeitrabatte für gute Führung vergeben, wobei zu unterscheiden ist, ob ein Häftling wegen einer vor oder am/nach dem 1.6.1993 verübten Tat zur Freiheitsstrafe verurteilt wurde.

a) Häftlinge, die wegen einer vor dem 1.6.1993 verübten Straftat inhaftiert sind, können nach §22-3725 Kansas Statutes (KS) sowohl ihre Minimum, als auch ihre Maximum Sentence um die Hälfte verkürzen, wodurch insbesondere die an der Minimum Sentence ausgerichtete Parole Eligibility sehr weit vorverlegt werden kann. Nur bei Disziplinarverstößen, der Erhebung einer schikanösen Klage, des Vortrags falscher Beweise vor Gericht oder bei der Verschleppung des Ermittlungsprozesses im gerichtlichen Verfahren kann ein Teil der zu erwerbenden Zeitgutschriften zurückgehalten werden. Genaue Regelungen für Vergabe und Entzug der Gutschriften sind insoweit in Verwaltungsvorschriften geregelt.
Zudem exstiert ein *Meritorious Good Time Credit* von bis zu 90 Tagen, der vom Leiter der Strafvollzugsbehörde für „heroische" Taten, z.B. der Hilfeleistung einer Person in Lebensgefahr, der Lebensrettung oder der Bewahrung von Staatseigentum vor dessen Zerstörung, vergeben wird, §22-3717 Abs. r KS.

b) §21-4722 KS, der für alle Gefangenen gilt, die wegen einer am oder nach dem 1.6.1993 begangenen Straftat verurteilt wurden, ist dagegen wesentlich restriktiver. Zwar wird auch hier die gute Führung des Häftlings, einschließlich seines Verhaltens bei der Arbeit und der Teilnahme an resozialisierenden Behandlungsprogrammen, honoriert, jedoch sind die Kredite nach gleichzeitiger Abschaffung der Parole nur noch auf die Gesamthaftzeit anrechenbar und dies auch nur noch bis zu maximal 15% der Gesamthaftzeit. Ebenso kann im Falle von Disziplinarverstößen, der Erhebung einer schikanösen Klage, des Vortrags falscher Beweise vor Gericht oder der Verschleppung des Ermittlungsprozesses im gerichtlichen Verfahren ein Teil der zu erwerbenden Zeitgutschriften zurückgehalten bzw. wieder entzogen werden. Eine Restauration ist nicht möglich. Näheres wird durch Verwaltungsvorschriften bestimmt.

Nach ihrer Entlassung durchlaufen die Gefangenen nunmehr zwingend eine Bewährungszeit, deren Dauer sich einerseits nach dem verübten Delikt und andererseits nach dem Umfang der erworbenen Good Time richtet. Denn die Zeit, um die der Häftling aufgrund der Good Time eher aus der Haft entlassen wird, wird zur gesetzlich vorgeschriebenen Bewährungszeit hinzugerechnet, §§ 21-4722 Abs. b i.V.m. 22-3717 Abs. d KS. Die Bewährungszeit kann verkürzt werden, wenn der Entlassene Bewährungsauflagen zufriedenstellend erfüllt, §22-3717 Abs. d (1) (E) KS.

16.) Kentucky

Nach §197.045 Kentucky Revised Statutes (RS) kann für gutes Verhalten eine Zeitgutschrift von bis zu 10 Tagen pro Haftmonat erworben werden. Zusätzlich ist ein Kredit von 60 Tagen für das Erreichen des High School Abschlusses oder eines einem wissenschaftlichen Abschluss gleichwertigen Diploms, eines Collegeabschlusses oder eines Berufsabschlusses möglich. Zudem kann ein zusätzlicher Kredit von 5 Tagen pro Monat für ein besonders verdienstvolles Verhalten in Verbindung mit institutionellen Vorhaben und Programmen erworben werden.

Bei Verstößen gegen die Anstaltsdisziplin droht der nachträgliche Entzug der Good Time; das Recht, zukünftig Good Time zu verdienen, kann aberkannt werden. Der Entzug der Good Time ist zudem möglich, wenn der Häftling eine offensichtlich unzulässige oder unbegründete (schikanöse) Klage einreicht. Die Vergabe und der Entzug der Kredite obliegen der Strafvollzugsbehörde.

Die Strafzeitkredite dienen nicht nur der Verkürzung der Gesamtstrafzeit, sondern auch der Vorverlegung der Parole Eligibility, §439.555 KRS.

Sexualstraftäter können zwar im selben Umfang wie alle anderen Inhaftierten Good Time erwerben, bekommen diese jedoch erst und nur dann gutgeschrieben, wenn sie erfolgreich an einem Behandlungsprogramm für Sexualstraftäter teilgenommen haben. Geistig behinderte Sexualstraftäter sind von der Good Time - Vergabe generell ausgeschlossen, §197.045 KRS. Selbiges gilt für zu lebenslanger Haft Verurteilte[88].

---

[88] *Kaufmann*: Good Time, in Corrections Compendium, Volume 22 (7), 7/1997, S.12.

17.) <u>Maine</u>

Mit Titel 17-A §1253 Abs.3ff. der Maine Revised Statutes (MRS)[89] verfügt Maine über eine sehr junge Good Time - Regelung, die erst 1983 in Kraft trat und das Recht der Parole ablöste. Allerdings hat die Good Time – Regelung selbst in dem relativ kurzen Zeitraum seit ihrer Entstehung Änderungen erfahren, so dass heute zwischen Häftlingen, die wegen eines vor bzw. am/nach dem 1.10.1995 begangenen Delikts verurteilt worden sind, zu unterscheiden ist.

a) Die erste Gruppe (Tat vor dem 1.10.1995) kann die normale *Good Time* für gutes Verhalten und die *Meritorious Good Time* für besondere Verdienste erwerben. Die Good Time für gutes Verhalten wird gemäß §1253 Abs.3 MCC für die Befolgung aller Anstaltsregeln vergeben, wobei jeder Häftling zu Beginn der Haftzeit einen bestimmten Good Time – Betrag gutgeschrieben bekommt, der sich nach der Länge der Haftzeit richtet: Bei über sechsmonatigen Freiheitsstrafen wird eine Gutschrift von 10 Tagen pro Monat angerechnet, bei unter sechsmonatigen Strafen hingegen nur 3 Tage.
Falls die Restverbüßungszeit bzw. der Berechnungszeitraum unter einem Monat liegt, gilt folgendes: Im Falle der 10-Tages-Reduktion wird eine Gutschrift von 1 Tag gewährt, wenn die Restdauer 3-5 Tage beträgt, 2 Tage werden für 6-8 Tage gutgeschrieben; 3 Tage für 9-11 Tage u.s.w. Bei der 3-Tages-Reduktion werden hingegen die ersten 7 Tage Restdauer überhaupt nicht honoriert, für 8-15 Tage wird ein Hafttag angerechnet, 16-23 Tage werden mit 2 und nur 24-30 Hafttage werden mit 3 Tagen honoriert (§1253 Abs. 3-B MCC).
Die *Meritorious Good Time* wird nach Abs. 4 des §1253 MCC für die erfolgte Teilnahme an Arbeits-, Ausbildungs- und sonstigen Behandlungsprogrammen gewährt und beträgt 3 Tage pro Monat, unabhängig von der zu verbüßenden Haftzeit. Auch hier wurde genau geregelt, wie Restverbüßungszeiten von unter einem Monat zu behandeln sind. Beachtlich ist dabei, dass dies nicht der Regelung zur normalen Good Time für Freiheitsstrafen unter 6 Monaten entspricht, obwohl auch dort 3 Tage pro Monat gutgeschrieben werden können. Denn nach Abs.4 werden bereits die ersten 10 Tage Restverbüßungszeit mit 1 Hafttag honoriert, der 11.- 20. Tag mit 2 Tagen und der 20.-30. Tag mit 3 Tagen.

Ein zusätzlicher Meritorious Good Time - Kredit von 2 Tagen pro Monat kann Häftlingen gewährt werden, die in einem Freigängerprogramm oder einem Minimum Security Program arbeiten oder an sonstigen resozialisierenden Aktivitäten teilnehmen, §1253 Abs.5 MCC.

---

[89] *Titel 17-A der Maine Revised Statutes entspricht dem Maine Criminal Code (MCC).*

Insgesamt ist somit eine maximale Zeitgutschrift von 15 Tagen pro Monat möglich, wenn der Täter wegen einer vor dem 1.10. 1995 begangenen Straftat zu einer mehr als sechsmonatigen Freiheitsstrafe verurteilt wurde.

Bei Verstößen gegen die Anstaltsregeln kann nur die Good Time für gute Führung, nicht aber die Meritorious Good Time, ganz oder zum Teil entzogen werden, §1253 Abs.6 MCC. Vor dem Entzug muss eine Anhörung des Häftlings stattfinden, die diesem die Möglichkeit der Verteidigung gibt, in der er Zeugen benennen und persönlich befragen darf, Titel 34-A §3032 Abs.6 MRS. Wenn gutes Verhalten und außergewöhnliche Anstrengungen des Häftlings es rechtfertigen, ist eine spätere Wiederherstellung der entzogenen Kredite möglich. Die Entscheidung über Entzug und Restauration der Kredite richtet sich nach Verwaltungsvorschriften des Departments of Corrections und obliegt dem Anstaltsleiter. Zu lebenslanger Haft Verurteilte sind vom Erwerb der Kredite ausgeschlossen[90].

b) Für Häftlinge, die wegen einer am oder nach dem 1.10.1995 begangenen Straftat verurteilt wurden, gelten restriktivere Vorschriften. So erhalten die Häftlinge nur dann eine Gutschrift von 5 Tagen pro Monat, wenn sie sich gut führen, alle ihnen gestellten Aufgaben erfüllen und an den angebotenen Resozialisierungsprogrammen teilnehmen, §1253 Abs.8 MCC. Bei einem Fehlverhalten kann die gesamte Good Time entzogen werden. Eine Restauration einmal entzogener Good Time ist nur möglich, wenn das gute Verhalten, die Teilnahme an Resozialisierungsprogrammen und die Erfüllung der an den Häftling gestellten Aufgaben dies rechtfertigen. Entsprechende Entscheidungen obliegen dem Anstaltsleiter.

Die Restriktion des Kreditierungsrahmens erklärt das Gesetz in §1252-B MCC: So sollte die Einflussmöglichkeit der Verwaltung auf das Strafmaß durch den weiten Ermessensspielraum bei der Vergabe der Kredite eingeschränkt werden. Die tatsächliche Verbüßungszeit sollte sich von der Länge des ausgesprochenen Strafmaßes nicht wesentlich unterscheiden, weswegen der Ermessensspielraum der Verwaltung eingeschränkt wurde. Die Richter wurden im Gegenzug verpflichtet, die Dezimierung der Kreditierungsmöglichkeiten bei der Urteilsfindung zu berücksichtigen.

Die bisher dargestellten Regelungen gelten sowohl für Insassen staatlicher Gefängnisse als auch für Insassen der County Jails. Nur §1253 Abs.5 MCC (2 Tage Good Time pro Monat für die Teilnahme an Minimum Security und Community Programs) ist auf County Jailers nicht anwendbar, §1253 Abs.5 MCC. Auch ist in den County Jails nicht der Anstaltsleiter sondern der für das jeweilige Jail zu-

---

[90] *Kaufmann*: Good Time, in Corrections Compendium, Volume 22 (7), 7/1997, S.12.

ständige Sheriff für die Vergabe der Kredite zuständig. Besonderheiten bestehen für Jailers, die an speziellen Public Work Projects teilnehmen, also außerhalb der Anstalt gemeinnützige Arbeiten ausführen. Diese erhalten nach Title 30-A §1606 Abs. 2 für eine 16h – Teilnahme am Projekt je einen Tag Strafzeit gutgeschrieben. Da in der Regel 8h am Tag gearbeitet werden, kann somit für 2 Arbeitstage ein Hafttag von der Strafe abgezogen werden. Täter, die wegen der Nichtbezahlung einer Geldstrafe inhaftiert wurden, erhalten statt der Strafzeitreduktion einen Abzug von $5 pro Arbeitsstunde von der Geldstrafe.

18.)   Michigan

Nach §800.33 der Michigan Compiled Laws (MCL) können die zu einer zeitigen Freiheitsstrafe verurteilten Insassen der State Prisons eine Good Time - Reduktion für gute Disziplin erhalten.

a) Für State Prisoners, die wegen einer vor dem 1.4.1987 begangen Straftat verurteilt wurden, berechnet sich der *Good Time Credit* wie folgt:

Tabelle 12:

Haftjahr	Anzahl der Tage, die pro Monat gutgeschrieben werden
1. und 2.	5
3. und 4.	6
5. und 6.	7
7. bis einschließlich 9.	9
10. bis einschließlich 14.	10
15. bis einschließlich 19.	12
Ab dem 20.	15

Die Vergabe der Kredite erfolgt schon dann, wenn der Häftling weder gegen ein Gesetz verstoßen noch eine schwere Verletzung der Anstaltsregeln begangen hat. Leichte Verstöße gegen die Anstaltsregeln bleiben außer Betracht. Ein besonders gutes Verhalten kann mit dem *Spezial Good Time Credit* honoriert werden, der aber nicht mehr als 50% der oben dargestellten Tabellenwerte betragen darf. Die Anrechnung der Kredite erfolgt auf die Gesamthaftdauer.

b) State Prisoners, die wegen einer am/nach dem 1.4.1987 begangenen Straftat inhaftiert wurden, können sich *Disciplinary* und *Spezial Disciplinary Credits* verdienen, die sowohl auf die Minimum als auch auf die Maximum Sentence angerechnet werden und somit nicht nur die Parole Eligibility[91], sondern auch die Gesamthaftdauer beeinflussen.

---

[91] *§§ 800.33 Abs.3 i.V.m. 791.233 MCL.*

Der *Disciplinary Credit* von 5 Tagen pro Haftmonat, wird für das Nichtbegehen von groben Verstößen gegen die Anstaltsregeln gewährt. Wird ein Häftling eines groben Fehlverhaltens für schuldig befunden, so wird ihm für den Monat, in dem das betreffende Verhalten erfolgte, keine Gutschrift gewährt, wobei auch eine nachträgliche Anrechnung ausgeschlossen ist. Bei besonders schweren Verstößen gegen die Anstaltsregeln (z.B. Flucht, Mitwirkung an einem Aufstand, Totschlag, schwere Körperverletzung) können auch bereits in der Vergangenheit verdiente Gutschriften entzogen werden. Diese Gutschriften können nur dann vom Anstaltsleiter restauriert werden, wenn dies von einem Disziplinarkomitee, bestehend aus dem für den Häftling zuständigen Abteilungsleiter, dem den Häftling betreuenden Aufsichtsbeamten und dem Arbeits- oder Schulbetreuer des Insassen, befürwortet wird[92].

Im Gegensatz dazu wird ein besonders gutes Verhalten des Häftlings durch eine Gutschrift von 2 Tagen pro Haftmonat, dem *Spezial Disciplinary Credit*, honoriert. Dieser wird am Ende eines Haftjahres aufgrund der Durchsicht der Gefangenenakte und unter Empfehlung des Disziplinarkomitees vom Anstaltsleiter vergeben. In den Monaten, in denen der Häftling wegen eines Disziplinarverstoßes keinen Disciplinary Credit erhielt, ist auch der Verdienst des Special Disciplinary Credit ausgeschlossen.

Auch während der Bewährungszeit können Good Time und Disciplinary Credits nach den eben dargestellten Regeln erworben werden. Zuständig für Vergabe und Entzug der Zeitgutschriften ist dann das Parole Board.

Alle Good Time - Kredite können wieder entzogen werden, wenn der Häftling in einem Zivilprozess eine offensichtlich unzulässige und unbegründete schikanöse Klage erhoben hat oder wissentlich falsche Beweismittel vorgetragen bzw. falsch ausgesagt hat, §§ 800.33 Abs.15 i.V.m. 600.5513 MCL.

Im Übrigen kann bei einem schweren Fehlverhalten des Häftlings auch das Erreichen der Minimum Sentence verzögert werden, indem der Häftling für den Disziplinarverstoß eine *Disciplinary Time* angerechnet bekommt. Dadurch erhöht sich die Dauer bis zum Erreichen der Minimum Sentence und der damit verbundenen Parole Eligibility, wobei die Haftzeit nicht über die Maximum Sentence hinaus verlängert werden kann. Die Disciplinary Time kann gemäß §§ 800.33 Abs.14 i.V.m. 800.34 MCL nicht durch Good Time oder Disciplinary Credits verkürzt, allerdings bei einem späteren guten Verhalten wieder aufgehoben werden.

---

[92] *Die Regelungen betreffend des Entzugs der Gutschrift gelten seit dem 1.4.1987 für alle Häftlinge, also auch für vor diesem Zeitpunkt Verurteilte (s.o.).*

Zu lebenslanger Haft Verurteilte können erst nach Umwandlung der lebenslangen in eine zeitige Freiheitsstrafe die Zeitgutschriften erwerben, §800.33 Abs.4 MCL.

c) Die Insassen der Jails können vom zuständigen Sheriff für gutes Verhalten einen Good Time - Kredit von 1 Tag pro 6 Hafttage erhalten, wenn sie die Anstaltsregeln gewissenhaft befolgen, §51.282 MCL. Bei Verstößen gegen die Anstaltsordnung wird der Kredit einerseits nicht gewährt, andererseits können bei besonders schweren Vergehen bereits verdiente Gutschriften wieder entzogen werden. Als Anerkennung für ein besonders gutes Verhalten können allein die Kredite, die wegen eines leichten Vergehens entzogen wurden, restauriert werden.

19.) <u>Minnesota</u>

Der Bundesstaat Minnesota hat 1993 seine Good Time - Regelung zugunsten eines Bewährungssystems abgeschafft.
Während Häftlinge, die wegen einer vor dem 1.8.1993 begangenen Straftat verurteilt wurden, ihre Gesamthaftzeit allein durch Good Time verkürzen konnten und für den so entstandenen Strafrest fakultativ eine Bewährungsüberwachung angeordnet werden konnte, werden heute alle Straftäter (die wegen einer am/nach dem 1.8.1993 begangenen Straftat inhaftiert sind) nach 2/3 der zu verbüßenden Gesamthaftzeit[93] in den offenen Vollzug entlassen (Halfway Houses) und der strengen Kontrolle eines Bewährungshelfers unterstellt, §§ 244.01 Abs.8, 244.05 Minnesota Statutes (MS).

Gefangene, die wegen eines vor dem 1.8.1993 begangenen Verbrechens inhaftiert sind, unterfallen auch heute noch der alten Good Time – Regelung des §244.04 MS. Danach bekommt jeder Häftling für je 2 Hafttage 1 Hafttag gutgeschrieben, wenn er sich innerhalb dieser 2 Tage keine Disziplinarverstöße zu schulden kommen lässt.
Wenn ein Häftling einen leichteren Disziplinarverstoß begeht, kann ihm zwar nicht nachträglich bereits verdiente Good Time entzogen werden, allerdings kann er für einen bestimmten Zeitraum nach dem Verstoß vom Good Time - Verdienst ausgeschlossen werden. Bei schweren Disziplinarverstößen ist ein nachträglicher Abzug von jeweils bis zu 90 Krediten (Hafttagen) möglich. Wird der Häftling zusätzlich durch eine Isolationshaft sanktioniert, so können während deren Dauer keinerlei Kredite erworben werden.

---

[93] *Der 2/3 Termin kann aber bei groben Fehlverhalten durch „Strafzeiten" bis zum endgültigen Haftende hinausgeschoben werden; auch ist bei lebenslangen Haftstrafen eine Mindestverbüßungszeit einzuhalten, §244.05 Minnesota Statutes.*

Ein Fehlverhalten vor Gericht, z.B. eine Falschaussage oder eine querulatorische Klage, können mit einem Good Time – Entzug geahndet werden, §244.035 MS. Arbeitsfähige Häftlinge, die die Teilnahme an einem Arbeitsprogramm verweigern, sind während der Dauer der Arbeitsverweigerung vom Good Time – Verdienst ausgeschlossen, §243.18 MS. Näheres wird durch Verwaltungsvorschriften geregelt.

Zu lebenslanger Haft Verurteilte sind gem. gemäß §244.04 MS generell vom Good Time – Verdienst ausgeschlossen.

20.) Missouri

In Missouri wird Good Time für gutes Verhalten gewährt (§558.041.1 MRS), wovon nur Gewalt-, Wiederholungs-, Sexualtäter und zu lebenslanger Haft Verurteilte ausgeschlossen sind.

Die genaue Festsetzung der Höhe der Kredite ist in Verwaltungsvorschriften der Strafvollzugsbehörde geregelt; honoriert wird die „ordentliche und friedliche" Verbüßung der Haftzeit und die Teilnahme an den Behandlungsprogrammen. Möglich ist eine Gutschrift von bis zu 2 Monaten pro Haftjahr oder von bis zu 5 Tagen pro Kalendermonat[94]. Bei einem Verstoß gegen die Anstaltsregeln oder gegen bestehende Gesetze kann ein bisher verdienter Kredit wieder entzogen werden. Die Entscheidung über Vergabe und Entzug der Kredite obliegt dem Anstaltsleiter. Angerechnet werden die Zeitgutschriften auf die Gesamthaftdauer[95].

21.) Montana

In Montana können nur die Häftlinge Good Time verdienen, die wegen einer vor dem 31.1.1997 begangenen Straftat zu einer Freiheitsstrafe verurteilt wurden. Für alle anderen Häftlinge besteht keine Möglichkeit des Good Time - Verdienstes, da im Zuge einer Gesetzesreform aus dem Jahre 1995 zur Durchsetzung des „Truth in sentencing" - Gedankens die Good Time abgeschafft wurde[96].

Geregelt wird der Good Time - Verdienst derzeit nur durch eine Verwaltungsvorschrift des Departments of Corrections (Policy Number.: DOC 1.5.1): Die Häftlinge, für die eine Möglichkeit des Good Time – Verdienstes besteht, kön-

---

[94] *Davis*: Good Time, in Corrections Compendium, Volume 15 (Nr.4), 5/1990, S.8; *Kaufmann*: Good Time, in Corrections Compendium, Volume 22 (Nr.7), 7/1997, S.7.

[95] *Kaufmann* a.a.O.

[96] *Fox*: Policies on Good Time and the Effects on Sentencing Practices, S.1.

nen einen Zeitrabatt von maximal 31 Tagen im Monat verdienen, indem für jeden Tag, an dem die Anstaltsregeln befolgt und ein gutes Gesamtverhalten gezeigt wurde, ein Hafttag gutgeschrieben wird („day by day")[97].
Angerechnet wird die Good Time sowohl auf die Maximum, als auch auf die
Minimum Sentence, so dass die Parole Eligibility durch die Good Time positiv
beeinflusst werden kann.
Die Parole Eligibility wird nach der Verbüßung von ¼ der Gesamthaftzeit minus
der erworbenen Good Time – Kredite erreicht. Zu lebenslanger Haft Verurteilte
können frühestens nach Verbüßung von 30 Jahren minus der angesparten Good
Time vorzeitig entlassen werden[98].

Good Time kann auch nach einer vorzeitigen bedingten Haftentlassung (Parole)
zur Verkürzung der Bewährungszeit verdient werden.

Inhaftierte, deren Freiheitsstrafe auf einer nach dem 31.1.1997 begangenen Tat
beruht, können keine Good Time verdienen. Die Parole Eligibility wird nach
einem ¼ der Haftzeit bzw. bei zu lebenslanger Haft Verurteilten nach 30 Jahren
erreicht. Das Verhalten der Häftlinge wirkt sich auf die Haftzeit nur noch indirekt durch eine positive bzw. negative Bewährungsprognose aus[99].

22.) Nevada

Nach §§ 209.446 bis 209.4465 NRS kann jeder Insasse einer geschlossenen oder
offenen Strafanstalt eine Strafzeitverkürzung für gutes Verhalten von 10 Tagen
pro verbüßten Haftmonat verdienen, wenn er sich in der Anstalt gut führt und
ihm übertragene Aufgaben ordnungsgemäß ausführt[100].

Zusätzlich kann der Anstaltsleiter nach seinem Ermessen fleißig arbeitenden o-
der studierenden Gefangenen einen Zeitrabatt von bis zu 10 Tagen pro verbüßten Haftmonat gewähren. Ein gesonderter Kredit wird außerdem für den erfolg-

---

[97] Department of Corrections Policies und Procedures / Policy No.: 1.5.1., Page 1, 3;
Fox: Policies on Good Time and the Effects on Sentencing Practices, S.3.

[98] *Fox* a.a.O., S.1.

[99] *Fox* a.a.O.

[100] *Diese neue Regelung gilt für Häftlinge, die für eine Straftat verurteilt wurden, die
nach dem 17.7.1997 verübt wurde. Häftlinge, die wegen einer vor diesem Zeitpunkt
begangenen Tat verurteilt wurden, konnten sich den Kredit für gutes Verhalten
nach einem gestaffelten System verdienen: In den ersten 2 Haftjahren wurden pro
Jahr 2 Monate Good Time gutgeschrieben, in den folgenden 2 Jahren 4 Monate pro
Haftjahr und in jedem folgenden Jahr 5 Monate. Die Änderung dieses Systems auf
10 Tage pro verbüßten Haftmonat (= 4 Monate pro Jahr) begünstigt somit die
Kurzzeithäftlinge, bringt aber kaum Änderungen für Langzeitgefangene.*

reichen Abschluss eines Schulungsprogramms vergeben, z.B. für das Erreichen des High School Diplomas eine einmalige Gutschrift von 60 Tagen, für einen akademischen Abschluss 90 Tage. Jeder weitere höhere Abschluss wird mit zusätzlichen 90 Tagen Zeitgutschrift belohnt.

Weitere 10 Tage pro Monat werden engagiert und in verantwortungsvoller Weise an Freigängerprogrammen mitarbeitenden Häftlingen gewährt. Insgesamt ist aber nur eine maximale Gutschrift von 20 Tagen pro Monat möglich, egal für welches Verhalten sie vergeben wurde.

Unabhängig davon können außergewöhnliche Dienste, z.B. Hilfe bei der Brandbekämpfung, Rettung eines Menschenlebens o.ä., mit einer einmaligen Gutschrift von 90 Tagen pro Jahr honoriert werden. Auch der erfolgreiche Abschluss eines Behandlungs- oder Drogenentzugsprogramms wird nach §209.448 NRS mit einer Strafzeitreduktion von 30 Tagen anerkannt, wobei diese von der Maximum Sentence abgezogen wird. Selbiges gilt für einen weiteren Kredit von 30 Tagen, der für den erfolgreichen Abschluss eines Berufsbildungsprogramms vergeben wird.

Alle anderen vorher genannten Kredite dienen sowohl der Verkürzung der Maximum als auch der Minimum Sentence.

Der nachträgliche Entzug bereits gewährter Good Time ist ebenso möglich wie deren Restauration, wobei die genauen Kriterien dafür im Ermessen der Strafvollzugsbehörde stehen. Nur in bestimmten Fällen schreibt § 209.443 NRS einen zwingenden teilweisen oder kompletten Entzug der bisher gewährten Good Time vor, nämlich dann, wenn ein Häftling z.B. einen Anstaltsangestellten angreift oder andere Personen lebensgefährlich verletzt, einen schweren Verstoß gegen die Anstaltsregeln begeht, eine Straftat verübt oder vor Gericht eine offensichtlich unzulässige oder unbegründete Klage einreicht. Der Entzug der Good Time erfolgt auf Vorschlag einer Kommission durch den Leiter der Strafvollzugsbehörde und ist endgültig. Allerdings kann dieser die entzogene Good Time zu einem späteren Zeitpunkt wiederherstellen.

Nach §209.447 NRS kann auch die Bewährungszeit durch Good Time um 10 Tage pro Monat verkürzt werden, wenn alle Bewährungsauflagen erfüllt wurden.

23.) <u>New Jersey</u>

Gemäß §30:4-140 New Jersey Permanent Statutes (NJPS) wird allen Häftlingen ein im Betrag progressiv ansteigender Kredit für konstant gutes Verhalten gewährt, der sowohl auf die Maximum als auch auf die Minimum Sentence angerechnet wird.

Die Vergabe des Kredits erfolgt dabei gleich zu Anfang des Haftantritts und wird nur bei Disziplinarverstößen ganz oder zum Teil wieder rückgängig gemacht. Die Berechnung des Kredits erfolgt anhand einer (hier auszugsweise dargestellten) Tabelle, wobei von der insgesamt zu verbüßenden Haftzeit in Jahren ein bestimmter Gesamtbetrag abgezogen wird, sei es von der Minimum oder der Maximum Sentence. Wenn eine Verurteilung einen Teilbetrag an Monaten enthält, z.B. 3 Jahre 5 Monate, so wird für jeden verbleibenden Haftmonat ein anteilmäßiger Betrag gutgeschrieben.

Tabelle 13:

Betrag der Minimum bzw. der Maximum Sentence in Jahren	Davon abzuziehender Betrag in Tagen	Gutschrift für jeden vollen Monat eines nur in Teilen zu verbüßenden Jahres in Tagen
1	72	7
2	156	8
3	252	8
4	348	8
9	876	10
10	996	10
11	1116	10
28	3624	15
29	3804	15
30	3984	16

Wurde z.B. ein Häftling zu 9 Jahren Haft verurteilt, wobei die Minimum Sentence auf 4 Jahre festgesetzt wurde, so reduziert sich die Minimum Sentence um 348, die Maximum Sentence um 876 Tage.

Ab dem 30. Haftjahr erfolgt ein jährlicher Abzug von 192 Tagen oder anteilmäßig von 16 Tagen pro Monat. Die Zeit der Untersuchungshaft wird für die Berechnung der Kredite nicht berücksichtigt.

Der Entzug der Good Time bei schlechten Verhalten erfolgt durch eine Kommission aus Anstaltsleiter und Vollzugsbeamten, §30:4-140 NJPS. Diese sind auch ermächtigt, einmal entzogene Kredite zu einem späteren Zeitpunkt wiederherzustellen[101].

Eine weitere Strafzeitreduktion kann gemäß §30:4-92 NJPS durch die Teilnahme an Arbeitsprogrammen verdient werden und zwar in Form einer Gutschrift

---

[101] *Davis*: Good Time, in Corrections Compendium, Volume 15 (4), 7/1990, S.9;
Kaufmann: Good Time, in Corrections Compendium, Volume 22 (7), 7/1997, S.13.

von einem Tag pro fünf produktiven Arbeitstagen (*Remission*). Zu beachten ist, dass die Remission als Anerkennung der Arbeit gewährt wird, allerdings hängt es vom State Board of Parole ab, ob dieses die Häftlinge mit einer Zeitgutschrift oder einer monetären Anerkennung belohnt. Wählt die Behörde die monetäre Anerkennung, so können dem Häftling von seinem Einkommen bis zu einer Höhe von 2/3 Haftkosten und etwaige Beträge zur Begleichung einer Geldstrafe abgezogen werden.

Häftlinge, die als wenig gefährlich eingestuft und als so vertrauenswürdig eingeschätzt wurden, dass sie in Farmen oder sogenannten Honor Camps beschäftigt werden können, können zusätzlich eine Remission von 3 Tagen pro Monat im ersten Jahr und 5 Tagen pro Monat in jeden Folgejahr erhalten.
Personen, die in besondere Behandlungs- und Therapieanstalten (Sexual- und Suchttherapien) eingewiesen wurden, sind nur dann zum Erwerb der Kredite befähigt, wenn sie bereitwillig und umfassend an den geforderten Therapiemaßnahmen teilnehmen.

Die bedingte vorzeitige Entlassung ist mit Ablauf der vom Richter verhängten Minimum Sentence abzüglich der Good Time möglich. Falls eine Minimum Sentence nicht festgesetzt wurde, wird die Parole Eligibility nach Verbüßung von 1/3 der Haftzeit abzüglich der Good Time erreicht; bei zu lebenslanger Haft Verurteilten allerdings erst nach 25 Jahren abzüglich etwaiger Zeitrabatte, §30:4-123.51 NJPS.

24.) New York

In New York wird gemäß §803 New York State Consolidated Laws (NYSCL) der Good Time – Kredit für gute Führung einschließlich der bereitwilligen Erfüllung der dem Häftling übertragenen Aufgaben und der breitwilligen und engagierten Teilnahme an einem anstaltsinternen Behandlungsprogramm gewährt. Ausgeschlossen sind nur zu lebenslanger Haft Verurteilte.
Bei schlechten Verhalten, Verstößen gegen die Anstaltsregeln oder der Verweigerung der Mitarbeit bzw. Pflichterfüllung können die Kredite zum Teil oder gänzlich vorenthalten oder bereits verdiente Kredite wieder entzogen werden.
Die genauen Modalitäten der Kreditvergabe sind in Verwaltungsvorschriften geregelt.

Der zu verdienende Good Time – Betrag ergab sich dabei bis zum 30.9.2005 aus der Art der verhängten Haftstrafe: Häftlinge, die eine Determinate Sentence verbüßten, konnten die vom Gericht verhängte Strafzeit nur um 1/7 reduzieren.

Täter hingegen, die zu einer Indeterminate Sentence verurteilt wurden, konnten ihre Gesamthaftzeit um 1/3 durch Good Time – Kredite verkürzen. Außerdem war für sie eine Reduktion der Minimum Sentence durch *Merit Time Allowances* möglich, so dass die Parole Eligibility vorverlegt wurde (§803 Abs.1d NYSCL)[102].

Um Merit Time Allowances zu verdienen, wodurch die Minimum Sentence um 1/6 verkürzt wurde, mussten die Häftlinge an einem Arbeits- oder Behandlungsprogramm teilnehmen und dieses erfolgreich abschließen, sei es durch den Erwerb eines Schul- oder Berufsabschlusses, eines Zertifikats über die Teilnahme an einem Suchtprogramm oder den Nachweis von 400 Arbeitsstunden in einer Arbeitsgruppe. Der Kredit wurde trotz dieser Leistungen aber nicht gewährt, wenn der Häftling schwere Disziplinarverstöße begangen hatte oder von einem Gericht für schuldig befunden wurde, eine schikanöse Klage eingereicht zu haben. Auch waren alle Häftlinge vom Erwerb dieses Zusatzkredits ausgeschlossen, die eine lebenslange Haft verbüßten oder wegen eines Gewaltverbrechens (Mord, Totschlag, Vergewaltigung) verurteilt wurden.

Seit dem 1.10.2005 wird für alle Häftlinge einheitlich ein Good Time - Betrag von 1/3 der Haftzeit für gute Führung gewährt; die Ungleichbehandlung zwischen Determinate und Indeterminate Sentences wurde also abgeschafft.

Alle Kredite können bei Disziplinarverstößen entweder überhaupt nicht gewährt oder, einmal gewährt, wieder entzogen werden. Allerdings ist auch eine nachträgliche Wiederherstellung der Kredite möglich. Geregelt wird dies durch von der Vollzugsbehörde erlassene Verwaltungsvorschriften. Zuständig für die Vergabe und den Entzug der Kredite ist ein anstaltsinternes Komitee, das auch über die Restauration bereits entzogener Kredite entscheidet, allerdings muss bei letzterem auch die Strafvollzugsbehörde mitwirken[103].

Für den Fall eines Bewährungswiderrufs gehen alle bisher angesammelten Zeitgutschriften verloren, allerdings kann nach der Reinhaftierung erneut mit dem Verdienst der Good Time begonnen werden, §803 Abs.5 NYSCL.

---

[102] *Regelung gilt nur noch bis zum 2.9.2001, danach ist auch für Häftlinge mit einer Indeterminate Sentence nur noch der Strafzeitnachlass für gute Führung mgl.*

[103] *Kaufmann*: Good Time, in Corrections Compendium, Volume 22 (7), 7/1997, S.14.

25.) North Carolina

In North Carolina wird die Vergabe von Good Time – Krediten zum größten Teil durch Verwaltungsvorschriften geregelt; das Gesetz macht nur wenige Vorgaben. Honoriert wird die Teilnahme an Arbeits-, Ausbildungs- oder Behandlungsprogrammen, wobei unter Zugrundelegung einer wöchentlichen Beschäftigungsdauer von 40 Stunden eine Gutschrift von 6 Tagen pro Monat für die Gefangenen zu erzielen ist, die wegen eines Verbrechens verurteilt wurden, also lange Freiheitsstrafen verbüßen[104].

Häftlinge hingegen, die wegen eines Vergehens zu einer kurzen Freiheitsstrafe in einem County Prison verurteilt wurden, können die Haftzeit um 4 Tage pro Monat verkürzen, wenn sie gewissenhaft die ihnen auferlegten Programmverpflichtungen erfüllen, §§15A-1340.20 Abs. d i.V.m. §162-60 North Carolina General Statutes (NCGS). Die angebotenen Arbeitsprogramme umfassen z.B. Küchen- und Hauswirtschaftstätigkeiten oder Straßenreinigungs- und -reparaturarbeiten. Zu Ausbildungs- und Behandlungszwecken wird die Teilnahme an Programmen zur Schul- oder Berufsausbildung oder zur Sucht- und Drogentherapie honoriert.

Zuständig für die Vergabe von Krediten ist in State Prisons das Department of Corrections, in Bezirksgefängnissen und städtischen Jails der Leiter der jeweiligen Anstalt, §§15A-1340.13, 15A-1340.20 NCGS. Auch ein nachträglicher Kreditentzug ist möglich; Genaueres wird durch Verwaltungsvorschriften geregelt, §148.13 Abs. a1 NCGS.

Angerechnet werden die Gutschriften auf die Gesamthaftdauer, die aber nicht über das Maß der Minimum Sentence hinaus verkürzt werden darf, so dass der Häftling die vom Gericht angeordnete Mindesthaftzeit auf jeden Fall verbüßen muss. Dabei ist noch zu erwähnen, dass grundsätzlich alle Täter, die wegen eines Verbrechens verurteilt wurden[105], ohne besondere Voraussetzungen 9 Monate vor Ablauf der Maximum Sentence minus der angesammelten Zeitgutschriften entlassen werden, sich dafür aber einer Überwachung durch einen Bewährungshelfer unterwerfen müssen („post release supervision"), die in der Regel 9 Monate dauert. Auf diese Weise soll gerade den Langzeitgefangenen der Übergang in die Freiheit erleichtert werden (§15A-1368.4 Abs. a NCGS). Die Dauer dieser Überwachungsphase kann sich der Entlassene gemäß §§15A-1368.2 Abs. d i.V.m. 15A-1368.4 NCGS dann wiederum durch den Erwerb von Zeitgut-

---

[104] So die Auskunft des North Carolina Department of Correction Public Information Office.
[105] *Ausgenommen sind zu lebenslanger Haft Verurteilte.*

schriften verkürzen, wobei z.b. das Engagement in einer neuen Arbeits- oder Ausbildungsstelle, die Aufnahme- oder Weiterführung von einer Schulausbildung oder etwa einer nötigen psychiatrischen Behandlung oder die Teilnahme an einem Suchtbehandlungsprogramm positiv gewertet werden.

26.) North Dakota

In North Dakota unterscheidet man die Good Conduct und die Meritorious Conduct Credits.

Die *Good Conduct Credits* werden gemäß §12-54.1-01 North Dakota Century Code (NDCC) für gutes Verhalten und die bereitwillige Teilnahme an Ausbildungs- und Behandlungsprogrammen sowie gute Arbeitsleistungen gewährt. Zu erreichen ist eine Gutschrift von maximal 5 Tagen pro Haftmonat, die bereits zu Beginn der Haftzeit angerechnet wird, und nur bei Verstößen gegen die Anstaltsregeln wieder entzogen werden kann; eine Wiederherstellung der einmal entzogenen Gutschriften ist nicht möglich[106].
Gefangene mit kurzen Freiheitsstrafen (weniger als 6 Monate) sind vom Krediterwerb ausgeschlossen. Violent Offenders, die z.B. wegen Mordes, Totschlags, Raubes, Kidnappings oder wegen Vergewaltigung verurteilt wurden, müssen mindestens 85% der Strafzeit verbüßen, bevor sie aufgrund der Good Conduct – Credits vorzeitig entlassen werden können.

Nach §§12-54.1-03 und 12-54.1-04 NDCC kann ein Häftling zusätzlich als Anerkennung für eine außergewöhnliche Tat den *Meritorious Conduct Credit* erwerben. Dieser wird als Pauschalbetrag oder als monatliche Rate für außergewöhnliche Arbeitsleistungen, einen gewinnbringenden Vorschlag zur Einsparung von Staatsmitteln, eine „Heldentat" oder Handlungen, die das Leben von Anstaltspersonal oder das Inventar der Anstalt retten, gewährt, allerdings nicht in Raten von mehr als 2 Tagen pro Haftmonat. Die Aufzählung der zu honorierenden Verhaltensweisen ist abschließend.
Die Meritorious Conduct Credits werden aufgrund einer schriftlichen Empfehlung des Anstaltspersonals vom Leiter der Strafvollzugsbehörde vergeben. Allerdings ist in den Monaten, in denen einem Häftling die Good Conduct Sentence Reduction nach §12-54.1-01 wegen eines Disziplinarverstoßes entzogen wurde oder in denen er vom Erwerb der Kredite ausgeschlossen ist, auch der Erwerb der Meritorious Sentence Reduction nicht möglich. Ebenfalls dürfen Violent Offenders, unabhängig von der Höhe der verdienten Strafzeitrabatte erst nach Verbüßung von 85% ihrer Strafzeit entlassen werden.

---

[106] *Kaufmann*: Good Time, in Corrections Compendium, Volume 22 (7), 7/1997, S.7, 15.

Angerechnet werden die Kredite auf die Gesamthaftdauer.

27.) Ohio

Nach §2947.151 Ohio Revised Code können sich nur die Insassen der Bezirksgefängnisse eine Strafzeitverkürzung für gute Arbeitsleistungen verdienen, wobei Häftlinge, die zu einer Strafe von bis zu 90 Tagen verurteilt wurden, pro 30 Hafttage 3 Tage gutgeschrieben bekommen; Strafen zwischen 91 Tagen und bis zu 6 Monaten werden pro Monat um 4 Tage verkürzt; längere Strafen können um bis zu 5 Tage pro 30 Hafttage reduziert werden.
Die Vergabe der Kredite steht zwar im Ermessen des Bezirkssheriffs, jedoch muss das erkennende Gericht der Anrechnung zustimmen.

28.) Oregon

In Oregon wurden seit 1989 die Möglichkeiten des Good Time - Verdienstes stark minimiert. Während den Häftlingen, die wegen eines vor dem 1.11.1989 begangenen Verbrechens verurteilt wurden, Good Time sowohl für gutes Verhalten, als auch für gute Arbeitsleistungen gewährt wird, können Häftlinge, die wegen einer am/nach dem 1.11.1989 verübten Straftat verurteilt wurden, Good Time nur für gutes Verhalten und die Teilnahme an Schulungsprogrammen verdienen und auch dies nur im beschränkten Umfang.

a) Nach der älteren Vorschrift des §421.120 Oregon Revised Statutes (ORS) (Taten vor dem 1.11.1989) erhielten grundsätzlich alle Häftlinge, ausgenommen Gefangene mit lebenslanger Haft, für gutes Verhalten einen *Good Time Credit* in Höhe von einem Tag pro 6 Hafttage, wenn die Freiheitsstrafe einen Zeitzaum zwischen 6 Monaten und einem Jahr umfasse; bei längeren Freiheitsstrafen war sogar eine Gutschrift von einem Tag pro 2 Hafttage möglich, was einer Reduktion der Haftzeit um 1/3 entsprach.
Zusätzlich war ein *Extra Good Time Credit* für gute Arbeitsleistungen oder die Teilnahme an Ausbildungsmaßnahmen möglich, wobei sich der zu erwerbende Betrag je nach Haftdauer und Arbeitsmaßnahme unterschied:

Tabelle 14:

Art der Beschäftigung	im ersten Haftjahr	im 2. bis 5. Haftjahr	ab dem 6. Haftjahr
Arbeiten innerhalb der Anstalt, verdienstvolle Verwaltungstätigkeiten; Teilnahme an einem Ausbildungsprogramm	1 Tag pro 15 Arbeitstage	1 Tag pro 7 Arbeitstage	1 Tag pro 6 Arbeitstage
landwirtschaftliche Arbeiten	1 Tag pro 10 Arbeitstage	1 Tag pro 6 Arbeitstage	1 Tag pro 6 Arbeitstage
Teilnahme am Work Release oder Educational Release Program[107]	1 Tag pro 10 Arbeitstage	1 Tag pro 6 Arbeitstage	1 Tag pro 6 Arbeitstage
Arbeiten im Work Camp[108]	1 Tag pro 6 Arbeitstage	1 Tag pro 4 Arbeitstage	1 Tag pro 4 Arbeitstage

Regelungen zum Entzug oder der Wiederherstellung der Kredite waren durch Verwaltungsvorschriften des Departments of Corrections geregelt (siehe unten). Die Kredite wurden nur auf die Maximum Sentence angerechnet, so dass sich bei einer vorzeitigen bedingten Entlassung nur die Bewährungszeit, die der Maximum Sentence entspricht, verkürzte. Wenn ein auf Bewährung Entlassener seine Bewährungsauflagen verletzte, so verfiel der Kredit grundsätzlich.

b) Für Häftlinge, die wegen einer am oder nach dem 1.11.1989 begangenen Straftat verurteilt wurden, sind die Möglichkeiten des Verdienstes einer Strafzeitreduktion *(Earned Time Credit)* stark eingeschränkt (§421.121 ORS). Einerseits wird nur noch ein angemessenes Verhalten sowie die Teilnahme an einem (schulischen) Ausbildungsprogramm honoriert; anderseits kann die Haftzeit nur noch um höchstes 20% verkürzt werden; es müssen mindestens 6 Monate real verbüßt werden.
Zudem sind nicht nur die zu einer lebenslangen Freiheitsstrafe Verurteilten sondern auch die wegen schwerer Verbrechen, z.B. Mord, Totschlag, Kidnapping, schwerer Raub, Vergewaltigung oder wegen schwerer Brandstiftung Verurteilten vom Krediterwerb ausgeschlossen, §§421.121 i.V.m. 137.635 ORS.

Vergabe, Entzug und Restauration der Zeitgutschriften werden durch Verwaltungsvorschriften des Departments of Corrections geregelt:
So bestimmt Nr. 291-097-0020 der Oregon Administrative Rules (OAR – Stand Dezember 2000), dass die Strafzeitreduktion von höchstens 20 % jeweils für einen bestimmten Beobachtungszeitraum (in der Regel 6 Monate) vergeben wird

---

[107] *§421.122 ORS i.V.m. Nr. 291-097-0070 Oregon Administrative Rules.*
[108] *Work Camps sind Arbeitslager außerhalb der Anstalt, in denen die Häftlinge z.B. Forst-, Agrar- oder anderen Außenarbeiten nachgehen (z.B. Straßenbau etc.).*

und zwar zur einen Hälfte für gutes Verhalten – es dürfen keine schweren Verstöße gegen die Anstaltsregeln vorliegen – und zur anderen Hälfte für die erfolgreiche Erfüllung des Behandlungsplans. Der auf den jeweiligen Häftling persönlich zugeschnittene Behandlungsplan kann sowohl die Teilnahme an schulischen oder beruflichen Ausbildungsprogrammen, die Erfüllung von Arbeitsaufgaben als auch die Teilnahme an bestimmten Behandlungsprogrammen, z.B. für Sexualtäter, vorschreiben, Nr.291-097-0010 (8) OAR. Am Ende des Beobachtungszeitraums werden entweder 0, 10 oder 20 % der in diesem Zeitraum verbüßten Haftzeit auf die Gesamthaftdauer angerechnet; werden also in einem sechsmonatigen Beobachtungszeitraum 20 % erreicht, so werden 36 Tage von der Gesamthaftdauer abgezogen.

Bei schweren Verstößen gegen die Anstaltsregeln kann gemäß Nr. 291-097-0025 OAR die gesamte bisher verdiente Good Time, Extra Good Time oder Earned Time wieder entzogen werden. Voraussetzung ist die vorherige Anhörung des Häftlings. Außerdem ist der zu entziehende Betrag nach der Schwere des jeweiligen Fehlverhaltens in 5 Stufen gestaffelt (z.B. Stufe V = 0-5 Tage; Stufe III = 51-75 Tage; Stufe I = 100 Tage oder mehr). Es kann aber nie ein höherer Betrag als die bisher tatsächlich verdiente Zeitgutschrift entzogen werden.

Eine Restauration der Kredite gemäß Nr. 291-097-0030 OAR kann nur erfolgen, wenn der Häftling das Leben eines anderen gerettet hat und ist somit die absolute Ausnahme. Vergabe, Entzug und Restauration der Kredite obliegen dem Anstaltsleiter.

29.) Rhode Island

In Rhode Island erhalten Gefangene einen Kredit für gutes Verhalten, fleißiges Arbeiten und/oder besondere Verdienste.

Der Kredit für gutes Verhalten wird gemäß §42-56-24 der State of Rhode Island General Laws von der Strafvollzugsbehörde auf Empfehlung des Anstaltsleiters monatlich vergeben. Gefangene, die die Anstaltsregeln befolgen und sich keiner Disziplinarverstöße strafbar gemacht haben, erhalten pro Monat einen Betrag von so vielen Hafttagen abgezogen, wie dies der Anzahl der zu verbüßenden Haftjahre entspricht. Wer z.B. zu einer Freiheitsstrafe von 3 Jahren verurteilt wurde, kann einen Abzug von 3 Tagen pro verbüßten Haftmonat erhalten. Gefangene, die zu weniger als 6 Monaten oder zu lebenslanger Haft verurteilt wurden, sind von der Regelung ausgenommen.
Sonderregelungen bestehen für Häftlinge, die zu mehr als 6 Monaten aber zu weniger als einem Jahr Freiheitsentzug verurteilt wurden: Sie bekommen pro

Monat einen Hafttag gutgeschrieben. Häftlinge, die eine mehr als zehnjährige Haftstrafe verbüßen, erhalten allerdings trotz der oben beschriebenen Berechnungsklausel nur eine Zeitgutschrift von höchstens 10 Tagen pro Haftmonat.

Für jeden Tag, an dem der Häftling wegen schlechter Führung einer Disziplinarstrafe unterworfen wird, soll ein Tag bereits erhaltener Zeitgutschrift gestrichen werden. Allerdings kann diese entzogene Gutschrift ganz oder zum Teil restauriert werden, wenn der Häftling wieder eine gute Führung und den Willen zur Besserung zeigt. Der Entzug und die Wiederherstellung der Kredite obliegen dem Ermessen des Anstaltsleiters.

Nach §42-56-24 Abs. e) ist zusätzlich die Vergabe einer Zeitgutschrift von 2 Tagen pro verbüßten Haftmonat möglich, wenn ein Häftling qualitativ und quantitativ gut arbeitet. Dieser Kredit wird unabhängig von der verhängten Haftzeit gewährt; nur Häftlinge, die eine Freiheitsstrafe von weniger als 6 Monaten oder eine lebenslange Haft verbüßen, sind von der Regelung ausgenommen.

Nach §42-56-26 ist eine zusätzliche Zeitgutschrift von mindestens 3 Tagen pro Monat aber nicht mehr als 36 Tagen pro Haftjahr für außergewöhnliche Verdienste möglich. Voraussetzung dafür ist, dass der Häftling eine mehr als einjährige Haftstrafe verbüßt und dass er eine außergewöhnliche Tat vollbracht hat, z.B. die Rettung eines Menschenlebens, die Verhinderung einer schweren Verletzung einer anderen Person oder die Entwicklung außergewöhnlicher Ideen und Pläne, die zur Erhöhung der Effizienz von anstaltsinternen Berufs- und Schulungsprogrammen oder zu merklichen Einsparungen der Anstaltsfinanzen beitragen können.

Angerechnet werden die Kredite auf die Maximum Sentence. Nur in Zeiten akuter Gefängnisüberfüllung können die Zeitgutschriften i.S.v. §§42-56-24 und 52-56-26 nach §13-8-11 bei der Berechnung der Parole Eligibility berücksichtigt werden, die nach Verbüßung von einem Drittel der verhängten Strafzeit erreicht wird; ausgenommen sind nur Wiederholungstäter und zu lebenslanger Haft Verurteilte, §13-8-9.

30.) South Carolina

In South Carolina können sich die zu zeitiger Freiheitsstrafe[109] Verurteilten Good Time durch gutes Verhalten, gute Arbeitsleistungen und/oder die Teil-

---

[109] *Täter die zum Tode oder zu einer lebenslangen Haft verurteilt wurden, sind vom Krediterwerb ausgeschlossen (§16-3-20 Abs. A CLSC).*

nahme an Ausbildungsprogrammen verdienen. Zu unterscheiden sind bei der Vergabe der Kredite die Gefangenen, die wegen einer schweren, im Bundesgesetz normierten Straftat zu einer mehrjährigen Haftstrafe in einem der State Prisons verurteilt wurden[110] und die Häftlinge, die wegen einer minder schweren, bundesstaatlich normierten Straftat zu einer kurzen Freiheitsstrafe in einem Bezirksgefängnis (Local Correctional Facility) verurteilt wurden.

a) In den State Prisons wird zwischen Verurteilten mit und ohne „no parole offence" unterschieden.

Unter „no parole offences" sind solche Straftaten zu verstehen, für die das Strafgesetz eine Höchststrafe von 20 Jahren und mehr vorschreibt und bei denen eine vorzeitige Entlassung auf Bewährung nicht möglich ist. Beispielhaft seien hier Mord, Totschlag, Kidnapping, Brandstiftung, Raub, Sexualdelikte, bestimmte Drogendelikte und insgesamt solche Straftaten genannt, bei denen Leib und Leben anderer Personen gefährdet oder zerstört werden, §§24-13-100 i.V.m. 16-1-10ff. Code of Laws of South Carolina (CLSC). Täter, die eine solche Straftat begangen haben, können zwar Good Time verdienen, dürfen aber frühestens nach der tatsächlichen Verbüßung von 85% ihrer Haftzeit vorzeitig entlassen werden, sei es nun aufgrund des Erwerbs von Good Time – Krediten oder aufgrund anderer Institute der vorzeitigen Entlassung, § 24-13-150 CLSC[111]. Ein über die 85% - Grenze hinausgehender Krediterwerb ist nicht mgl. Auch der sogenannte Work Release, also der Freigang zum Zweck der Beschäftigung in extramuralen Arbeitsbetrieben, ist für diese Täter frühestens nach der tatsächlichen Verbüßung von 80% der Haftzeit möglich, §24-13-125 CLSC[112]. Diese 80 bzw. 85% - Grenze kann auch nicht durch die Anrechnung von Strafzeitkrediten vorverlegt werden, §§24-13-125, 24-13-150 CLSC.

Für Häftlinge, die nicht wegen eines „no parole offences" verurteilt wurden, bestehen die eben beschriebenen Einschränkungen nicht.

Der für gute Führung vergebene *Good Conduct Credit* wird gemäß §24-23-210 Abs. A, B CLSC allen Häftlingen gewährt, die die Anstaltsregeln gewissenhaft befolgen und keine strafbaren Handlungen begehen.

Der *Earned Work Credit* und der *Education Credit* wird hingegen den State Prisoners für produktive Arbeitsleistungen oder die aktive und erfolgreiche Teilnahme an akademischen, beruflichen oder schulischen Bildungsprogrammen

---

[110] *Betrifft auch die Häftlinge, die zu einer Haft im State Prison verurteilt wurden, diese aber aufgrund eines Haftabkommens in Zuge der Entlastung der überfüllten State Prisons in einer Local Correctional Facility verbüßen.*

[111] *Außerdem müssen sich diese Täter nach der Haftentlassung zwingend einer bis zu zweijährigen Bewährungsüberwachung unterwerfen (§24-51-560 CLSC).*

[112] *Mörder sind von Work Release Programms ausgeschlossen.*

gewährt, §24-13-230 CLSC, wobei Täter, die wegen eines Gewaltdelikts[113] verurteilt wurden, vom Erwerb der Educational Credits ausgeschlossen sind und somit nur durch gute Führung und Arbeitsleistungen eine Strafzeitverkürzung verdienen können. Es wird sich bemüht, allen Häftlingen einen Arbeitsplatz zur Verfügung zu stellen. Nach §24-13-65 CLSC sind Häftlinge, denen kein anderweitiger Arbeitsplatz zur Verfügung gestellt werden kann, zur Müllbeseitigung einzusetzen.

b) Für die Jail Inmates steht der Earned Work oder Educational Credit nicht zur Verfügung. Allerdings können sie sich durch die Teilnahme an einem Public Work Program, bei dem außerhalb der Anstalt Handarbeiten zur Reinigung öffentlicher Straßen und Parks verrichtet werden, eine Strafzeitreduktion verdienen, vgl. Tabelle 15.

Tabelle 15:

	Häftlinge in State Prisons (Langstrafen)		Häftlinge in Local correctional Facilities (Kurzstrafen)
	Täter ohne „no parole offence"	Täter mit „no parole offence"	
Good Conduct Credit	20 Tage pro Monat	3 Tage pro Monat	1 Tag pro je 2 Hafttage = 15 Tage pro Monat
Earned Work Credit / Education Credit	0-1 Tag pro 2 Hafttage; insgesamt max. 180 Tage im Jahr	6 Tage pro Monat; insgesamt maximal 72 Tage pro Jahr	1 Tag für je 8 Stunden Straßenarbeiten außerhalb der Anstalt

Insgesamt sind die zu erwerbenden Zeitgutschriften für Täter ohne „no Parole offence" regelmäßig höher als für ihre Mithäftlinge, die ein „no parole offence" begangen haben, vgl. Tabelle 15. Täter, die zu lebenslanger Haft oder wegen Mordes zu einer mindestens 30-jähringen Freiheitsstrafe verurteilt wurden, sind vom Krediterwerb ausgeschlossen.

Somit können die ohnehin für die „no parole offences" vorgeschriebenen sehr langen Haftstrafen nur gering reduziert werden.

In den lokalen Jails wird zwar in einem etwas geringeren Umfang als in den State Prisons Good Time gewährt, dies beruht aber auf der Intention, für die ohnehin nur kurzen Freiheitsstrafen eine Mindestverbüßungszeit zu gewährleisten.

Begeht ein Häftling während seiner Inhaftierung eine Straftat oder verstößt er gegen die Anstaltsregeln, so kann ihm der bis zu diesem Zeitpunkt gewährte

---

[113] *Delikte die mit einer Gewaltanwendung gegenüber Personen verbunden sind und dabei Leib und Leben anderer gefährden oder schädigen, z.B. Mord, Totschlag, Kidnapping, Sexualdelikte, Brandstiftung, Einbruchsdiebstahl (§16-1-60 CLSC).*

Zeitnachlass gänzlich oder zumindest zum Teil wieder entzogen werden. Selbiges gilt gemäß § 24-27-200 CLSC für den Fall, dass ein Häftling von einem Gericht für schuldig befunden wurde, eine schikanöse Klage erhoben, fasch ausgesagt, den Prozess verschleppt oder den Ermittlungsprozess behindert zu haben. Zuständig für den Entzug der Kredite ist entweder der Leiter des Departments of Corrections, soweit es sich um Häftlinge handelt, die in einem State Prison inhaftiert sind oder der für ein lokales Jail zuständige Bezirkssheriff, falls ein Jail Inmate betroffen ist (§§24-13-150, 24-13-210 Abs. D, CLSC). Eine Wiederherstellung einmal entzogener Kredite ist nicht möglich.

Die erworbenen Kredite werden grundsätzlich von der Gesamthaftzeit abgezogen. Soweit für einen Häftling eine Strafrestaussetzung zur Bewährung in Betracht kommt, wird der Earned Work Credit (allerdings auch nur dieser) gemäß §24-21-635 CLSC auch auf die Parole Eligibility angerechnet.

Beachtenswert ist §24-13-260 CLSC: Wenn einem Häftling, der die gesetzlichen Voraussetzungen für eine Kreditvergabe erfüllt hat, dieser Kredit zu unrecht vorenthalten wird, so begeht der für die Vergabe der Kredite zuständige Officer eine Ordnungswidrigkeit, die mit mindestens 30 Tagen Haft oder einer Geldstrafe von mindestens $100 geahndet werden kann.

31.) South Dakota

Die Good Time für gutes Verhalten kann in South Dakota jedem zu einer zeitigen Freiheitsstrafe verurteilten Gefängnisinsassen gewährt werden.
Gemäß §24-5-1 South Dakota Codified Laws (SDCL) können von jedem der ersten 10 Haftjahre je 4 Haftmonate, bzw. bei kürzeren Zeiträumen ein entsprechender Anteil abgezogen werden. Ab dem elften Haftjahr erfolgt eine jährliche Gutschrift von 6 Monaten. Bei lebenslanger Haft ist die Anrechnung erst nach Umwandlung der lebenslangen in eine zeitige Freiheitsstrafe möglich.

Die Kredite werden von einem Disziplinarausschuss vergeben, der die Gutschrift grundsätzlich jedem Häftling gewährt, soweit im zu beurteilenden Zeitraum keine Verstöße gegen die Anstaltsregeln oder Strafgesetze vorliegen. Dafür wird nicht nur die Disziplinarakte des Häftlings durchgesehen, sondern die Wärter müssen vor jeder Entscheidung gehört werden und können jederzeit Empfehlungen bezüglich der Zurückbehaltung von Krediten abgeben. Die dann vom Ausschuss getroffene Entscheidung ist endgültig.

Bei späteren Disziplinarverstößen können die schon gewährten Kredite wieder entzogen werden, soweit der in Frage stehende Verstoß mit einer Änderung des

Haftstatus sanktioniert wurde, §24-2-12 SDCL. Auch diese Entscheidung wird nach Anhörung des Aufsichtspersonals durch den Disziplinarausschuss getroffen. Wenn der Häftling mindestens 3 Monate nach dem Entzug des Kredits nicht wieder gegen Anstaltsregeln verstoßen hat, können auf seinen Antrag hin gemäß §24-2-12.1 SDCL die entzogenen Kredite restauriert werden. Wird die Wiederherstellung abgelehnt, so bleibt trotzdem noch nach §24-2-12.2 SDCL die Möglichkeit, dass die Strafvollzugsbehörde auf Empfehlung des Anstaltspersonals die Kredite zu einem späteren Zeitpunkt restauriert.

Häftlinge, die aus der Haft widerrechtlich entwichen sind, sind zu einer mindestens siebenjährigen Haftstrafe zu verurteilen, die in Anschluss an die ursprünglich verhängte Strafe zu verbüßen ist. Für die Haftstrafe, die wegen der Flucht verhängt wurde, ist ein Erwerb von Good Time ausgeschlossen, §§22-11A-8,9 SDCL.

Daneben sind die Kredite auch auf die Parole Eligibility anzurechnen, die für Erstverurteilte gemäß §24-15-5 SDCL nach der Verbüßung von ¼ der Haftzeit, bei Straftätern mit einer Vorverurteilung nach ⅜ und bei Tätern mit 2 oder mehr freiheitsstrafbewährten Vorverurteilungen nach der ½ der Haftzeit erreicht wird.

32.) Tennessee

Die Vergabe der *Sentence Credits* richtet sich in Tennessee nach §41-21-236 Tennessee Code in Verbindung mit einer Verwaltungsvorschrift des Departments of Corrections, Nr. 505.01 Administrative Policies and Procedures (APP).

Die *Prisoner Sentence Reduction Credits* werden zur Anerkennung guten Gesamtverhaltens und engagierter Teilnahme an Behandlungsprogrammen vergeben, wobei die Kredite zur Vorverlegung der Minimum Sentence (Earliest Release Eligibility Date) und zur Reduktion der Gesamthaftzeit dienen. Zu beachten ist, dass bei Straftätern, die wegen eines Verbrechens verurteilt wurden, das Earliest Release Eligibility Date um höchstens 35 % der zur Erreichung dieses Datums notwendigen Haftzeit vorverlegt werden kann; für Häftlinge, die wegen eines am oder nach dem 1.1.1988 begangenen Verbrechens verurteilt wurden, ist nur eine Reduktion um 30 % möglich, §40-34-108 Tennessee Code / APP Nr.505.01 Abs. VI J. Straftäter, die wegen eines Vergehens verurteilt wurden, können den Zeitraum bis zur vorzeitigen Haftentlassung um höchstens 25 % verkürzen, §41-21-236 Abs.f (4).

Die Sentence Reduction Credits setzen sich aus *Behavior Credits* für gutes Verhalten und *Program Credits* für eine zufriedenstellende Programmteilnahme (Arbeits-, Ausbildungs- oder psychologische Behandlungsprogramme) zusammen und werden gemäß §41-21-236 Abs.2 Tennessee Code / APP Nr. 505.01 Abs. VI J3 folgendermaßen berechnet:

Tabelle 16:

Behavior Credits	Tage p.M.	Program Credits	Tage p.M.
Im ersten Haftjahr	4	Unabhängig vom Haftjahr für Teilnahme an *Voll*zeitprogramm	6
In den folgenden Haftjahren	6	Unabhängig vom Haftjahr für Teilnahme an *Teil*zeitprogramm	3
Unabhängig vom Haftjahr für Insassen der geringsten Sicherheitsstufe *zusätzlich*	2	Unabhängig vom Haftjahr für Insassen der geringsten Sicherheitsstufe *zusätzlich*	2
Gesamt höchstens	8	Gesamt höchstens	8
Insgesamt höchstens			**16**

Die *Behavior Credits* werden vom Anstaltsleiter vergeben, wenn der Häftling innerhalb eines Monats keinerlei Disziplinarstrafen (ausgenommen eine mündliche Verwarnung) erhält.

Die *Program Credits* werden vom Leiter des jeweiligen Programms nach dessen Ermessen monatlich vergeben, wobei 2 Kredite für Pünktlichkeit und Anwesenheit, 2 Kredite für disziplinierte Mitarbeit und 2 Kredite für die Befolgung von Anweisungen (gesamt 6) gewährt werden können. Mindestvoraussetzung ist die Teilnahme an zumindest der Hälfte der möglichen Programmzeit innerhalb eines Monats; der Kredithöchstbetrag wird nur gewährt, wenn der Teilnehmer mindestens ¾ der Programmzeit anwesend ist – entschuldigte kurzfristige Fehlzeiten gelten insoweit als Anwesenheitszeiten. Krankheitsbedingte Fehlzeiten hindern den Krediterwerb nur dann nicht, wenn der krankheitsbedingte Ausfall auf die Programmteilnahme, z.B. einen Arbeitsunfall, zurückzuführen ist, APP Nr.505.01 Abs. VI J e5, h.

Wenn der insoweit zuständige Programmleiter weniger als den Höchstbetrag vergeben will, muss er dies dem Häftling schriftlich begründen. Gegen die Entscheidung kann der Häftling Beschwerde beim Anstaltsleiter einlegen, dessen Entscheidung dann aber endgültig und nicht anfechtbar ist.

Nimmt ein Häftling an mehreren Programmen teil, so erhält er den Kredit nur einmal; über die genaue Höhe müssen die Programmleiter der jeweiligen Programme gemeinsam befinden.

Eine Kreditvergabe ist in folgenden Fällen beschränkt oder ausgeschlossen:
➢ Keine Kredite werden jeweils in dem Monat gewährt, in welchem ein Häftling:
- eines besonders schweren Disziplinarverstoßes[114] für schuldig befunden wird,
- eine Blutabnahme zum Zwecke der DNA-Analyse verweigert, soweit es sich um einen Sexualtäter handelt oder einen Täter, der wegen eines nach dem 1.6.1998 begangenen Verbrechens verurteilt wurde, APP Nr.505.01 VI J f i.V.m. Nr.502.05,
- wegen eines Disziplinarverstoßes von einem Behandlungsprogramm ausgeschlossen wird oder
- dem Hochsicherheitsbereich zugeordnet ist oder sich wegen eines Disziplinarverstoßes in Isolationshaft befindet.
➢ *Behavior* Credits werden in den Monaten nicht vergeben, in denen der Häftling eines Disziplinarverstoßes für schuldig befunden wurde (ausgeschlossen sind mündliche Verwarnungen).

Ob ein Disziplinarvergehen gegeben ist, wird von den Mitgliedern einer speziellen Disziplinarkommission beurteilt (geregelt in APP Nr.502.01). Die Kommission besteht aus mindestens 6 vom Anstaltsleiter ernannten Anstaltsmitarbeitern. Über besonders schwere Disziplinarverstöße müssen mindestens 3 Kommissionsmitglieder in einer Disziplinaranhörung befinden; leichtere Verstöße können auch vom Vorsitzenden der Kommission oder dessen Vertreter allein beurteilt werden. Welche Kommissionsmitglieder über einen Fall entscheiden, bestimmt jeweils der Anstaltsleiter, wobei die Mitglieder, die bereits im Fall ermittelt haben oder persönlich betroffen sind, von der Teilnahme ausgeschlossen sind. Das Anhörungsverfahren ist ausführlich geregelt und bietet dem Häftling vielerlei Rechtsschutzmöglichkeiten: Er darf Zeugen benennen, Zeugen befragen, einen anderen Häftling zum Verteidiger wählen, der ihn in der Prozessführung unterstützt, Entscheidungen sind schriftlich zu begründen. Der Häftling kann gegen die Entscheidung Widerspruch beim Anstaltsleiter einlegen.

Bereits erworbene Kredite können nur in 2 Fällen wieder entzogen werden und zwar einerseits, wenn ein Häftling wegen eines besonders schweren Disziplinarverstoßes für schuldig befunden wird. Entscheidungsbefugt ist insoweit nur ein Gremium aus mindestens 3 Mitgliedern der Disziplinarkommission. Der Häftling kann die Entscheidung gegenüber dem Anstaltsleiter anfechten, bzw. dessen

---

[114] *Hierunter fallen nach APP Nr. 502.05: Brandstiftung, vorsätzliche Körperverletzung, Totschlag, Flucht und Fluchtversuch, Drogenhandel, Drogenbesitz, Besitz tödlicher Waffen, Raub, Verweigerung, an Boot Camp Programm teilzunehmen, Verweigerung, an Arbeits- oder Ausbildungsprogramm teilzunehmen, Beteiligung an Gefängnisunruhen.*

Entscheidung vom Leiter des Departments of Corrections überprüfen lassen. Andererseits, wenn ein Haftinsasse zum wiederholten Male von einem Gericht für schuldig befunden wird, eine schikanöse, offensichtlich unzulässige oder unbegründete Klage erhoben zu haben, wobei beim zweiten Mal 60 Tage, beim dritten 120 Tage und beim vierten Mal 180 Tage der bereits verdienten Kredite abgezogen werden. Eine Restauration entzogener Kredite ist ausgeschlossen.

Im Gegensatz zur Untersuchungshaft (APP Nr.505.01 Abs. VI II) können während der Zeit zwischen Urteil und dessen Rechtskraft Behavior Credits erworben werden, §41-21-236 Abs. e Tennessee Code.

Diese Regelungen gelten ausdrücklich auch für Häftlinge, die sich aufgrund eines Vertrags des Departments of Corrections mit einem privaten Unternehmer in einer privatisierten Haftanstalt befinden, §41-21-236 Abs.2 Tennessee Code.

Die bisher geschilderten Regelungen gelten für alle Häftlinge in der Obhut des Departments of Corrections, die wegen eines am oder nach dem 11.12.1985 begangenen Deliktes sich im Freiheitsstrafvollzug befinden. Häftlinge, die wegen einer vor diesem Zeitpunkt begangenen Straftat noch inhaftiert sind, können die Strafzeitkredite je nach dem Zeitpunkt der von ihnen begangenen Straftaten nach älteren Regelungen erwerben, wobei die Kredite ebenfalls für gutes Verhalten bzw. eine Teilnahme an Behandlungsprogrammen gewährt werden – allerdings konnten sie sich auch für eine Berechnung nach den derzeitigen System entscheiden, §41-21-236 Abs. g Tennessee Code.

Die älteren Regelungen sind im Vergleich zur jetzigen Regelung insbesondere bzgl. des Kreditrahmens weniger restriktiv. Allerdings ist die derzeitige Regelung für zu lebenslanger Haft Verurteile und Schwerverbrecher vorteilhafter, da nach den früheren Regelungen ein Krediterwerb für diese Häftlinge gänzlich ausgeschlossen (lebenslange Haft) oder stark beschränkt (Schwerverbrechen) war, APP 505.01 Abs.VI L ff.

Für Haftinsassen lokaler Jails gelten die jeweils vom zuständigen Sheriff erlassenen Vorschriften.

33.) Texas

In Texas richtet sich die Höhe der *Good Conduct Time Credits*, die gute Führung einschließlich der engagierten Teilnahme an Arbeits- oder Ausbildungsprogrammen honorieren, nach der Einstufung des Häftlings in ein dreistufiges Klassifizierungssystem. Die Klassifizierung wird im Falle der State Prisoners vom Department of Corrections vorgenommen und richtet sich gemäß §498.002

Government Code (GC) nach der Führung, dem Gehorsam und dem Fleiß des Häftlings.

Häftlinge der Klasse 1 erhalten gemäß §498.003 GC für ihre gute Führung eine Zeitgutschrift von bis zu 20 Tagen pro 30 Hafttage; Häftlinge der Stufe 2 können noch eine 10-tägige Gutschrift für 30 Tage erhalten und nur die Gefangenen der Klasse 3 sind vom Good Time – Erwerb ausgeschlossen. Eine Sonderstellung nehmen die Trusties ein: Sie können neben einer obligatorischen Gutschrift von 20 Tagen pro 30 Hafttage noch eine extra Gutschrift von bis 10 Tagen pro 30 Hafttage erhalten.

Die Good Conduct Time soll nach §498.003 GC ausdrücklich als Privileg, nicht aber als ein Anrecht des Häftlings verstanden werden. Deshalb soll das für die Vergabe der Kredite zuständige Department of Corrections die Zeitgutschriften (unabhängig von der Klassifizierungsstufe) auch nur dann vergeben, wenn der Insasse sich wirklich aktiv in einem Schul-, Berufsausbildungs- oder einem Arbeitsprogramm engagiert[115].

Eine besonders fleißige und engagierte Teilnahme an einem solchen Programm kann mit einer zusätzlichen Gutschrift von bis zu 15 Tagen pro 30 Tage belohnt werden.

Eine Verwaltungsvorschrift (Nr. I, B, 2f. Administrative Directive 04.80) regelt genau, wie mit entschuldigten und unentschuldigten Fehlzeiten bei einer Programmteilnahme umzugehen ist: Für die Berechnung der Kredite werden nur die Tage gewertet, die ein Häftling tatsächlich am Programm teilgenommen bzw. entschuldigt gefehlt hat oder entschuldigt zu spät gekommen ist. Der Berechnungszeitraum von 30 Tagen bezieht sich somit nicht auf einen Monat, sondern auf die Programmtage. Häftlingen, die aus gesundheitlichen oder organisatorischen Gründen (z.B. Urlaub) nicht arbeitsfähig sind oder nicht an einem Schulungsprogramm teilnehmen können, wird trotzdem der ihrer Häftlingsklasse entsprechende volle Kredit gewährt (einschließlich der Gutschrift für besonderen Fleiß).

Häftlinge, die wegen eines Disziplinarverstoßes in Isolationshaft sind, können entsprechend ihrer Klassifizierungsstufe nur den Grundbetrag an Good Time verdienen, nicht aber Gutschriften für besonderen Fleiß.

Angerechnet wird die Good Conduct Time gem. §498.003 GC ausschließlich auf die Parole Eligibility, die unter Anrechnung der Good Conduct Credits grundsätzlich nach der fiktiven Verbüßung von ¼ der Haftzeit, spätestens nach 15 Jahren erreicht wird, §508.145 (f) GC. Nur für einige Tätergruppen bestehen

---

[115] *Von diesem Erfordernis sind nur jene Häftlinge befreit, die physisch oder psychisch nicht in der Lage sind, an einem solchen Programm teilzunehmen.*

gem. §508.145 (a-e) GC erschwerte Bedingungen[116]: So können die wegen eines Kapitalverbrechens zu lebenslanger Haft Verurteilten die Parole Eligibility frühestens nach 40 Jahren erreichen, ohne dass eine Anrechnung von Good Time Krediten möglich wäre. Letzteres gilt auch für Gefangene, die zum wiederholten Male wegen eines Sexualdelikts verurteilt wurden (mindestens zwei Vorverurteilungen wegen eines Verbrechens (davon mind. ein Sexualdelikt): Sie werden nicht nur zwingend zu lebenslanger Haft verurteilt, sondern erreichen die Parole Eligibility ohne Anrechnung von Good Time – Krediten erst nach 35 Jahren. Wer wegen Mordes, Kindesmissbrauch, schwerem Raubes, Vergewaltigung oder Kidnappings im besonders schweren Fall verurteilt wurde bzw. eine Straftat unter Verwendung einer tödlichen Waffe durchführte, kann die Parole Eligibility ohne Anrechnung der Good Time erst nach der realen Verbüßung der Hälfte der Haftzeit erreichen, spätestens nach 30 Jahren.

Die eben genannten Vorschriften gelten grundsätzlich nur für die State Prisoners. Für County Prisoners gilt Folgendes:
Wer in einem Bezirksgefängnis an einem Work Release Programm teilnimmt, also außerhalb der Anstalt arbeiten geht, erhält gemäß §42.031 Code of Criminal Procedure (CCP) die gleichen Kredite zugesprochen, wie dies in §498.003 GC beschrieben wird. Auch Sie werden also aufgrund ihres Verhaltens in 3 Klassen eingeteilt und dementsprechend bewertet. Zuständig ist insoweit allerdings der Bezirkssheriff.
Die nicht in Work Release Programs beschäftigten County Jail Inmates erhalten für gute Führung, Gehorsam und Fleiß eine Zeitgutschrift von einem Tag je verbüßtem Hafttag zugesprochen, soweit sie nicht gegen die Anstaltsregeln verstoßen haben, §42.032 CCP. Erfolgt ein schwerer Verstoß gegen die Anstaltsregeln, so kann die Zeitgutschrift wieder entzogen werden; zuständig für Vergabe und Entzug der Kredite ist der Bezirkssheriff.

Begeht ein Häftling während seiner Haftzeit eine Straftat oder verstößt er gegen die Anstaltsregeln, so kann ihm gemäß § 489.004 GC die bisher angesammelte Good Time ganz oder zum Teil wieder entzogen werden. Die Entscheidung darüber obliegt dem Department of Correcgtions. Im Gegensatz zu einer früheren Regelung kann seit 1995 der auf diese Weise entzogene Kredit auch nicht wieder hergestellt werden. Der totale Entzug der Good Time wird für den Fall eines Bewährungswiderrufs angeordnet. Zwar kann der Häftling nach dem Widerruf erneut Good Time verdienen; die vor der vorzeitigen Entlassung gesammelten Kredite gehen aber endgültig verloren und bleiben bei der Berechnung der Restverbüßungszeit außer Betracht.

---

[116] Vgl. dazu *Eisenberg*: The Impact of Tougher Incarceration Policies for Sex Offenders.

Bei besonders schweren oder wiederholten Regelverstößen ist zudem eine Zurückstufung des Häftlings in eine geringere Good Time – Verdienstklasse möglich. Die Entscheidung einer solchen Deklassierung obliegt einem anstaltsinternem Disziplinarausschuss, dessen Entscheidung der Zustimmung des Departments of Corrections bedarf, Administrative Directive 04.81.

Besondere Bestimmungen bestehen noch für spezielle Regelvertöße oder Delikte. So ist gemäß §498.0041 GC zwingend der komplette Entzug der Zeitgutschriften vorgeschrieben, wenn ein an einem Work Program teilnehmender Häftling während der Programmteilnahme ein Drogendelikt verübt. Selbiges gilt gemäß §498.0042 GC für den Fall, dass ein Haftinsasse unerlaubt Kontakt zum Opfer der von ihm verübten Straftat aufnimmt. Diese dem Opferschutz dienende Vorschrift wird dadurch verschärft, dass eine Restauration der entzogenen Kredite nicht möglich ist.

Ein Entzug eines Teils der Good Time erfolgt ebenfalls dann, wenn der Häftling zum wiederholten Male eine schikanöse Klage einreicht. Insoweit wird die zweite abgewiesene Klage mit einem Entzug von 60 Tagen, eine dritte Klage bereits mit 120 Tagen und jede weitere mit 180 Tagen Gutschriftentzug geahndet, wobei auch hier die Restauration der Kredite unmöglich ist.

Im Übrigen können auch während der Untersuchungshaft Good Time - Kredite angesammelt werden, die im Falle einer Verurteilung auf die verhängte Freiheitsstrafe angerechnet werden, Administrative Directive 04.80.

34.) Utah

Gemäß §76-3-404 Utah Code steht es im Ermessen der Anstaltsleitung der Bezirksgefängnisse, den Häftlingen, die wegen eines Vergehens verurteilt wurden und bei denen im Urteil kein Verbot des Krediterwerbs ausgesprochen wurde, für gutes Verhalten eine Zeitgutschrift von bis zu 10 Tagen pro verbüßter 30 Tage Haft (bzw. anteilmäßig 2 Tage pro 10 Hafttage) zu gewähren. Selbiges gilt für Häftlinge, die zwar wegen eines Verbrechens verurteilt wurden, die aber aufgrund eines Bewährungsübereinkommens in einem Bezirksgefängnis inhaftiert wurden. Für Häftlinge des Utah Staatsgefängnisses besteht keine entsprechende Vorschrift.

35.) Vermont

In Vermont wird den Häftlingen sowohl für gutes Verhalten als auch für die Teilnahme an Arbeits-, Ausbildungs- und Behandlungsprogrammen ein Zeitnachlass gewährt, der sowohl auf die Maximum als auch auf die Minimum Sentence angerechnet wird. Dabei wird gemäß §28-811 Vermont Statutes (VS) die gewissenhafte Befolgung der Anstaltsregeln mit einer Zeitgutschrift von 5 Tagen pro Monat belohnt. Zusätzlich können bis zu 10 Tage pro Monat für die Teilnahme an einem Schulungs-, Ausbildungs-, Arbeits- oder Behandlungsprogramm, das von der Strafvollzugsbehörde entsprechend der Behandlungsbedürftigkeit des Häftlings zugewiesen wurde, erworben werden. Verweigert ein Häftling die Teilnahme an einem ihm zugewiesenen Programm, nimmt dafür aber an einem anderen Schulungs-, Ausbildungs-, Arbeits- oder Behandlungsprogramm teil, so kann ihm dafür zumindest noch eine Zeitgutschrift von 5 Tagen pro Monat gewährt werden. Muss einem Häftling wegen der beschränkten Kapazitäten die Teilnahme an einem Programm verweigert werden, ist ihm bei seinem ernsthaften Bemühen um eine Teilnahme der für die Teilnahme an dem Programm maximal mögliche Kredit zu gewähren.

Eine weitere Zeitgutschrift von bis zu 15 Tagen pro Monat kann sich ein Teilnehmer an einem sogenannten Work Camp verdienen, wenn er die dort an ihn gestellten Anforderungen über Gebühr erfüllt.

Dem Häftling ist monatlich der erworbene Good Time Credit schriftlich mitzuteilen; wird der maximal mögliche Betrag nicht gewährt, so ist dies schriftlich zu begründen.

Begeht ein Häftling eine Straftat oder verstößt er gegen die Anstaltsregeln, so ist ihm in dem Monat, in dem die Verfehlung stattgefunden hat, der Good Time Credit ganz oder zum Teil vorzuenthalten, §28-812 VS. Wenn im selben Monat noch eine zweite oder dritte Verfehlung erfolgt, so kann auch ein Höchstbetrag von bis zu 10 Tagen je Verfehlung von bereits erworbenen Zeitgutschriften entzogen werden. Insgesamt ist damit der Entzug bereits erworbener Zeitkredite nur bedingt möglich.
Die Entscheidung über den Entzug bzw. die Vorenthaltung von Krediten wird durch Verwaltungsvorschriften geregelt und obliegt einem Disziplinarausschuss. Dabei ist der Betroffene gemäß §28-852 VS anzuhören und ihm die Möglichkeit zu geben, sich mit dem Vorwurf und der Person, die diesen erhebt, auseinander zusetzen. Er hat das Recht zur Befragung von Zeugen und kann sich unter den Angestellten der Anstalt eine Vertrauensperson wählen, die ihm bei der Vorbereitung und Durchführung der Anhörung unterstützt. Nach §28-813 VS können vorenthaltene oder entzogene Kredite später zum Teil oder insgesamt gewährt bzw. wiederhergestellt werden; das Prozedere dafür wird durch anstaltsinterne Regelungen bestimmt, allerdings muss der Anstaltsleiter zustimmen.

36.) Virginia

In Virginia werden die *Good Conduct Allowances* für gute Führung, wozu auch die engagierte Teilnahme an Arbeits-, Ausbildungs- und/oder Behandlungsprogrammen zählen, vergeben, §§ 53.1-199 Code of Virginia (CV). Dabei richten sich Art und Umfang der zu erwerbenden Zeitgutschriften nach Tatzeitpunkt und Art des verübten Delikts, wobei Täter, die weniger schwere Taten begangen haben, gegenüber Schwerverbrechern bei der Kreditvergabe begünstigt werden. Insgesamt lassen sich drei Gruppen unterscheiden: Zur ersten Gruppe gehören Häftlinge, die entweder wegen eines vor dem 1.1.1995 verübten Verbrechens zu einer Freiheitsstrafe verurteilt wurden oder die wegen eines oder mehrerer Vergehen eine mehr als einjährige Haftstrafe verbüßen müssen. Die zweite Gruppe umfasst die Gefangenen, die wegen eines am/nach dem 1.1.1995 begangenen Verbrechens zu einer Freiheitsstrafe verurteilt wurden. Gemeinsam ist den beiden ersten Gruppen, dass sie nur Häftlinge betrifft, die ihre Haft in staatlichen Haftanstalten verbüßen, die dem Department of Corrections unterstehen. Im Gegensatz dazu besteht die dritte Gruppe aus allen Insassen der unter der Aufsicht des Bezirkssheriffs stehenden County oder City Jails[117].
a) Die Häftlinge der ersten Gruppe, die also eine mehr als einjährige Haftstrafe wegen eines vor dem 1.1.1995 verübten Verbrechens oder wegen eines oder mehrer Vergehen verbüßen, erhalten die Good Conduct Allowances für gute Führung. Darunter ist gemäß §53.1-200 nicht nur das Befolgen der Anstaltsregeln, sondern auch zwingend die Teilnahme an einem Arbeits-, Ausbildungs- oder Suchtbehandlungsprogramm zu verstehen. Dabei soll der Wille zur Besserung, der sich in dem Engagement der Programmteilnahme zeigt, berücksichtigt werden.

Der Kreditierungsumfang richtet sich nach einem vierstufigen Klassifizierungssystem, das am Gesamtverhalten des Häftlings orientiert ist, §§53.1-199 i.V.m. 53.1-201 CV:
Häftlinge der Stufe 1 erhalten für 30 Hafttage auch 30 Tage gutgeschrieben. Vorraussetzung für die Einordnung in Klasse 1 ist ein ausgezeichnetes Gesamt-

---

[117] *Es gibt noch eine 4. Gruppe: Häftlinge, die wegen Straftaten noch inhaftiert sind, die vor dem 1.7.1981 verübt wurden, haben bis 1981 Strafzeitverkürzungen für gute Führung erhalten, wobei für 20 Tage, die ohne Verstöße gegen die Anstaltsregeln verbüßt wurden, je 10 Hafttage gutgeschrieben wurden, §53.1-196 CV. Ein zusätzlicher Kredit von bis zu 5 Tagen pro Monat war für die Teilnahme an einem Arbeits-, Ausbildungs- und/oder Behandlungsprogramm möglich, §53.1-197 CV. Angerechnet wurden die Kredite ausschließlich auf die Parole Eligibility. 1981 konnten sich diese Häftlinge entscheiden, ob sie an dem bis dahin geltenden Good Time System festhalten oder zukünftig nach dem nun geltenden Earned Time System beurteilt werden wollten, §53.1-198 CV.*

verhalten des Häftlings (bezüglich Disziplin und Programmerfüllung). Insbesondere soll der Häftling bei der Arbeit sehr engagiert sein, was sich z.B. in hohem Fleiß, der Ableistung von Überstunden oder speziellen Fähig- und Fertigkeiten zeigt.

Auf Stufe 2 können sich Gefangene 20 Tage pro 30 Hafttage verdienen. Vorraussetzung für die Einordnung in diese Klasse ist ein zufriedenstellendes Gesamtverhalten, was sich darin äußert, dass die Häftlinge nur eine geringe Überwachung ihrer Arbeiten benötigen und ihnen Aufgaben übertragen werden können, die bezüglich des Umgangs und der Pflege von Werkstoffen ein gewisses Verantwortungsbewusstsein erfordern.

Häftlinge der Klasse 3 erhalten noch 10 Tage für 30 Hafttage. Häftlinge auf dieser Stufe zeigen nur ein ausreichendes Gesamtverhalten, insbesondere benötigen sie eine intensive Überwachung ihrer Arbeiten und zeigen immer wieder leichtere Disziplinarverstöße.

Auf Stufe 4 können keine Gutschriften erworben werden. Stufe 4 umfasst die Gefangenen, die sich aufgrund schwerer Disziplinarverstöße in Strafhaft (Isolationshaft) befinden oder deren Gesamtverhalten (Disziplin und/oder Arbeitserfüllung) äußerst unbefriedigend sind.

Je nachdem, ob sich das Verhalten eines Häftlings zum Positiven oder Negativen entwickelt, kann eine Auf- oder Abstufung erfolgen, §53.1-201 CV.

Angerechnet wird der Kredit auf die Gesamthaftzeit. Aber auch die Parole Eligibility kann beeinflusst werden, indem jeweils die Hälfte des nach §53.1-201 CV verdienten Kredits auf diese angerechnet wird.

Zusätzlich können Häftlinge der Gruppe 1 gemäß §53.1-191 CV noch eine Zeitgutschrift für besondere Verdienste erhalten. Der auf die Gesamthaftzeit anzurechnende Kredit wird für außergewöhnliche Verdienste vom Gouverneur des Staates vergeben, wobei z.B. die Verhinderung einer Flucht eines Mithäftlings, eine Blutspende an einen anderen Häftling oder ähnliche besondere Leistungen honoriert werden. Genaueres wird durch Verwaltungsvorschriften geregelt.

b) Für Häftlinge, die der zweiten Gruppe angehören, die also wegen eines am/nach dem 1.1.1995 begangenen Verbrechens verurteilt wurden, ist der Erwerb von Zeitgutschriften stark eingeschränkt. Nachdem bereits 1993 für bestimmte Verbrechen der Erwerb der Good Conduct Allowances auf nur noch 10 Tage pro 30 Hafttage beschränkt wurde[118], ist heute sogar nur noch ein Kredit-

---

[118] *§53.1-199 Abs.2 CV: Täter, die am oder nach dem 1.7. 1993 einen Mord, eine Vergewaltigung oder andere Sexualdelikte verübt haben oder zu einer lebenslangen Freiheitsstrafe verurteilt wurden, können trotz der Einordnung in das 4 – Stufensystem höchstens 10 Tage pro 30 Hafttagen erwerben. Bei Anrechnung auf die Parole Eligibility wird nur die Hälfte des Betrags zugrundegelegt.*

erwerb von 4,5 Tagen pro 30 Hafttage möglich. Die Vergabe des Kredits erfolgt aufgrund der guten Führung des Häftlings, wobei zwingend die Teilnahme an einem Arbeits-, Ausbildungs- und/oder Behandlungsprogramm vorausgesetzt wird. Nur bei engagierter Teilnahme an einem solchen Programm wird der volle Kreditrahmen ausgeschöpft, §53.1-202.3 CV. Angerechnet werden die Kredite ausschließlich auf die Gesamthaftzeit, eine Vorverlegung der Parole Eligibility ist im Unterschied zu Gruppe 1 nicht möglich.

Gemeinsam ist den Häftlingen der Gruppen 1 und 2, dass im Falle einer Verweigerung der Programmteilnahme gemäß §53.1-32.1 CV ein Ausschluss vom Erwerb der Zeitgutschriften erfolgt. Ein nachträglicher teilweiser oder kompletter Entzug der bisher angesammelten Zeitgutschriften ist gemäß §53.1-189 CV möglich, wenn ein Häftling gegen die Anstaltsregeln verstößt. Für den Fall einer Flucht oder eines Fluchtversuchs ist zwingend der komplette Entzug aller bisher angesammelten Zeitgutschriften vorgeschrieben. Eine Wiederherstellung einmal entzogener Kredite ist nur durch den Leiter der Strafvollzugsbehörde möglich.

c) Zur dritten Gruppe der Jail Inmates gehören nach §53.1-116 CV nicht nur Täter, die wegen eines Vergehens zu Freiheitsstrafen unter einem Jahr verurteilt wurden, sondern auch alle anderen Personen, die sich z.B. in Untersuchungshaft befinden, oder nach einem Urteil oder einem Bewährungswiderruf die Überstellung in eine staatliche Haftanstalt (unter Aufsicht des Departments of Corrections) abwarten. Folglich verdient ein Häftling, der z.B. wegen eines Verbrechens zu einer mehrjährigen Haftstrafe verurteilt wurde, während seiner Zeit im Jail die Zeitgutschriften nach Maßgabe der nun folgenden Vorschriften (wird er aber in ein State Prison überstellt, so greifen die oben genannten Regelungen, §53.1-202 CV):

Der vom Leiter des jeweiligen Jails zu vergebende Kredit wird gemäß §53.1-116 CV für gute Führung und die Einhaltung der Anstaltsregeln gewährt.
Dabei wird den Häftlingen, die wegen eines Vergehens zu einer Freiheitsstrafe von unter einem Jahr in einem Jail verurteilt wurden, ein Tag pro Hafttag gutgeschrieben. Angerechnet wird dieser Kredit auf die Gesamthaftzeit, da für diese Gruppe die Parole nicht anwendbar ist. Außerdem können die Kurzzeitgefangenen im Gegensatz zu allen anderen Häftlingen auch schon während der Untersuchungs- und Zwischenhaft, die regelmäßig gemäß §53.1-187 CV auf die Gesamthaftzeit angerechnet wird, Zeitgutschriften erwerben.
Häftlinge der Gruppe 1 (s.o.), die auf ihre Überstellung in ein State Prison warten, erhalten eine Gutschrift von höchsten 15 Tagen pro 30 Hafttage. Allerdings können sie sich einen zusätzlichen Kredit von bis zu 5 Tagen pro 30 Tage für die Teilnahme an einem Arbeitsprogramm verdienen. Verstöße gegen die Anstaltsregeln werden mit einem Entzug der Zeitgutschriften geahndet.

Nur für Häftlinge der Gruppe 2 (s.o.), die auf die Überführung in ein State Prison warten, gestaltet sich der Erwerb der Zeitgutschriften genauso wie in den State Prisons, so dass höchstens ein Krediterwerb von 4,5 Tagen pro Monat möglich ist.

Im Übrigen sind alle mehrfachen Gewaltverbrecher (mindestens 2 Vorverurteilungen wegen Gewaltverbrechen), die wegen eines erneuten Gewaltverbrechens zu einer lebenslangen Haft verurteilt wurden, vom Erwerb jeglicher Zeitgutschriften ausgeschlossen, nur im Ausnahmefall ist eine vorzeitige bedingte Entlassung mgl., § 19.2-297.1 CV.

37.) Washington

Gemäß §§ 9.94A.150, 9.92.151 und 9.95.70 Revised Code of Washington (RCW) können die Häftlinge der Staate Prisons und der County Jails für gutes Verhalten und bereitwillige Teilnahme an Behandlungsprogrammen (Bildung und Arbeit) einen *Earned Time Kredit* erhalten, dessen genauer Umfang durch Regelungen der zuständigen Strafvollzugsbehörde bzw. des Parole Boards festgelegt wird[119]. Im Gegensatz zu früheren Regelungen[120] wird der Kredit erst nach Erbringung der geforderten Verhaltensweisen bzw. Leistungen gewährt.

Auch hier ist ein nachträglicher Entzug einmal gewährter Kredite aufgrund eines Fehlverhaltens des Häftlings möglich, erfordert aber eine vorherige Anhörung des Betroffenen, § 137–28-350 Washington Administrative Code (WAC). Den Häftlingen ist mindestens einmal jährlich eine schriftliche und begründete Mitteilung über die Vergabe bzw. Vorenthaltung der Kredite zu machen, § 72.09.130 RCW. Eine Restauration von vorenthaltenen bzw. entzogenen Krediten ist nicht möglich[121].

Bei Insassen, die eine Indeterminate Sentence verbüßen, wird der Kredit auf die Minimum Sentence angerechnet, um so die Parole Eligibility zu einem früheren Zeitpunkt zu erreichen; bei allen anderen Strafen, für die eine bedingte vorzeitige Entlassung nicht vorgesehen ist, werden die Kredite nur auf die Maximum Sentence angerechnet (RCW 9.95.011).

---

[119] *1990 war eine Gutschrift von 10 Tagen pro Monat für gutes Verhalten und 5 Tagen pro Monat für die Teilnahme an Resozialisierungsprogrammen möglich*; vgl. *Davis*: Good Time, in Corrections Compendium, Volume 15 (4), 5/1990, S.10.

[120] Vgl. *Davis*: Good Time, in Corrections Compendium, Volume 15 (4), 5/1990, S.10.

[121] *Kaufmann*: Good Time, in Corrections Compendium, Volume 22 (7), 7/1997, S.15.

Insgesamt darf die Gesamthaftdauer durch die Earned Time um nicht mehr als ein Drittel verkürzt werden, bei Verurteilungen wegen schweren Gewalt- oder Sexualdelikten sogar nur um fünfzehn Prozent. Wurde ein Insasse wegen eines Verbrechens verurteilt, bei dem erschwerende Umstände durch die Verwendung einer tödlichen Waffe das Strafmaß erhöht haben, darf für den Teil der Strafe, der auf diesem Strafschärfungsgrund beruht, keine Earned Time vergeben werden, RCW §§9.92.151, 9.94A.150.

38.) West Virginia

Nach §28-5-27 West Virginia Code (WVC) wird allen Gefängnisinsassen ein Good Time – Kredit von einem Tag pro verbüßten Hafttag gutgeschrieben und nur bei einem Fehlverhalten wieder entzogen. Dabei wird der Kredit nur auf die Gesamtstrafzeit angerechnet. Ausgenommen sind zu lebenslanger Haft Verurteilte und jugendliche Straftäter, für die spezielle Behandlungsprogramme eingerichtet sind.

Kredite können schon während der Untersuchungshaft erworben werden und werden mit dieser, soweit eine Anrechnung erfolgt, von der verhängten Strafe subtrahiert.

Bei Verstößen gegen Anstaltsregeln oder Strafgesetzte kann die bereits gewährte Good Time entzogen, später aber auch komplett wiederhergestellt werden. Der Entzug der Good Time wird in Verwaltungsvorschriften geregelt und obliegt dem Anstaltsleiter. Selbiges gilt für die Restauration der Kredite, nur dass dafür zusätzlich das Einverständnis des Leiters der Strafvollzugsbehörde von Nöten ist.

Häftlinge, die eine außergewöhnliche Tat vollbracht haben, können auf Empfehlung des Leiters der Strafvollzugsbehörde und mit Genehmigung des Gouverneurs eine extra Zeitgutschrift erhalten.

Sonderregelungen bestehen für die Insassen der County Prisons. Diese sind gemäß §17-15.3 WVC zur Arbeit verpflichtet und können sich dadurch einen Strafnachlass von bis zu 25% ihrer Strafzeit verdienen. Berechnet wird der Kredit durch Gutschrift eines Hafttags für je 8 h Arbeit. Eine zusätzliche (monetäre) Entlohnung der Arbeit existiert nicht. Erfasst sind Arbeiten innerhalb und bei entsprechender Eignung auch außerhalb der Anstalt. Somit können County Prisoners im Zusammenspiel von §§28-5.27 und 17-15-3 WCV ihre Strafzeit durch gutes Verhalten und fleißige Arbeit um bis zu ¾ verkürzen. Häftlinge, die ihre

Arbeit besonders gewissenhaft befolgen, können zusätzlich noch 5 weitere Tage pro Monat erhalten, §17-15-8 WVC.
Untersuchungshäftlinge können auf eigenen Wunsch arbeiten. Wird der Häftling dann zu einer Freiheitsstrafe verurteilt, so werden gemäß §17-15-7 WVC die bereits erworbenen Kredite auf die verhängte Strafe angerechnet. Wird hingegen eine Geldstrafe verhängt, so wird dem Betroffenen für jeden Tag, an dem er während der U-Haft gearbeitet hat, $1 auf seine Geldstrafe angerechnet. Erfolgt ein Freispruch, so wird dem Betroffenen pro abgeleisteten Arbeitstag ebenfalls $1 ausgezahlt.

39.) Wisconsin

In Wisconsin ist zwischen den Insassen der State Prisons, der County Prisons und der Jails zu unterscheiden.

a) Den wegen Verbrechen verurteilten Insassen der State Prisons, mit Ausnahme der zu lebenslanger Haft Verurteilten[122], wird bei Haftantritt ein Kredit gewährt, der dann bei Regelverstößen um einen gesetzlich festgelegten Betrag entzogen wird, so dass sich die Mindestverbüßungszeit verlängert (Strafsystem).

b) Bei Häftlingen, die wegen eines vor dem 31.12.1999 verübten Verbrechens zu einer Freiheitsstrafe in einem State Prison verurteilt wurden, wird der vorzeitige Entlassungszeitpunkt als Mandatory Release Date bezeichnet und entspricht ⅔ der Gesamthaftdauer, §302.11 Wisconsin Statutes (WS). Wann für welche Delikte und in welchem Umfang das Mandatory Release Date verschoben wird, ist ausführlich im Wisconsin Administrate Code (WAC) geregelt.
So ist nur bei der Begehung besonders schwerer Verstöße gegen die Anstaltsordnung eine Verlängerung des Mandatory Release Dates zwingend vorgeschrieben, nämlich dann, wenn ein Häftling z.B. eine vorsätzliche Körperverletzung begeht, gegen den Willen einer anderen Person mit dieser sexuell verkehrt, zu einer Gefängnisrevolte aufruft, flieht, Feuer legt oder Drogen konsumiert, Nr. 303.68 i.V.m. Nr. 303.84 WAC. Leichtere Regelverstöße führen nur dann zu einer Verschiebung des Mandatory Release Dates, wenn bereits vorherige Verstöße gegen die Anstaltsregeln vorlagen, der Häftling mehrmals vor dem entsprechenden Verhalten gewarnt wurde oder Leben oder Gesundheit anderer durch die Tat gefährdet wurden, also erschwerende Umstände vorliegen. Werden eine oder mehrere solcher Taten verübt, so wird das Mandatory Release Date bei der ersten Tat um 10 Tage, bei der zweiten Tat um 20 Tage und bei der dritten und jeder weiteren Tat um jeweils 40 Tage nach hinten verschoben,

---

[122] *Diese können frühestens nach einer Mindestverbüßungszeit von 20 Jahren bedingt vorzeitig entlassen werden, §304.06 WS.*

§302.11 Abs. (2)(a) WS. Einige leichte Verstöße gegen die Anstaltsregeln, wie z.B. unerlaubtes Sprechen, Falschbezeichnung von Personen, Besitz von Tabakwaren oder auch die Verschmutzung des Haftraums dürfen hingegen nicht durch eine Strafzeitverlängerung sanktioniert werden.

Wird ein Häftling wegen sehr schwerer Regelverstöße in Isolationshaft genommen, so wird sein Mandatory Release Date zusätzlich um einen Betrag verlängert, der 50% des Zeitraums der Isolationshaft entspricht, §302.11 Abs. (2)(b) WS. Eine Verschiebung des Entlassungszeitpunkts kann auf Anordnung eines Gerichts auch erfolgen, wenn dieses den Gefangenen für schuldig befindet, eine schikanöse Klage erhoben zu haben, §302.11 Abs. (1q)(a) WS.

c) Gefangene, die wegen eines am/nach dem 31.12.1999 begangenen Verbrechens verurteilt wurden, werden anstatt zu einer Strafe mit einem Mandatory Release Date zu einer sogenannten Bifurcated Sentence verurteilt, einer Strafe, die zum einen Teil aus einer Freiheitsstrafe in einer geschlossenen Haftanstalt und zum anderen (kleineren) Teil aus einer Periode intensiver Bewährungsüberwachung besteht, §973.01 WS. Der Zeitpunkt des Übergangs von der geschlossenen Haft in die Überwachungsperiode wird durch das Urteil bestimmt und ebenso wie das Mandatory Release Date bei Verstößen gegen die Anstaltsregeln nach hinten verschoben. Insoweit ergeben sich bezüglich der Verlängerungskriterien keine Unterschiede zu den oben dargestellten Regelungen. Anzumerken bleibt nur, dass durch die Verlängerung der Inhaftierungsdauer in der geschlossenen Anstalt nicht die Gesamtdauer der Bifurcated Sentence beeinflusst wird, vielmehr wird der Überwachungszeitraum nach der Haftentlassung entsprechend verkürzt, §302.113 Abs. (3)(d) WS. Wird während der Überwachungszeit eine der Bewährungsauflagen verletzt, so kann der Betroffene erneut inhaftiert werden und muss dann gemäß §302.113 Abs. (9)(a) WS die gesamte verbleibende Zeit im geschlossenen Vollzug verbüßen.

d) Die Insassen der State Prisons, die wegen eines Vergehens inhaftiert sind, erhalten keinerlei Zeitgutschriften, können allerdings bereits nach Verbüßung von 25 % der Haftzeit bzw. einer Mindestverbüßungszeit von 6 Monaten vorzeitig und bedingt entlassen werden, §304.06 WS.

e) Die Insassen der County Jails können sich gemäß §302.43 WS eine Verkürzung der Haftzeit um ¼ verdienen, wenn sie sich gut führen und nicht gegen die Anstaltsregeln verstoßen. Verstößt ein Häftling gegen die Anstaltsordnung oder verweigert er die Erfüllung der ihm gestellten Ausgaben, so kann der zuständige Bezirkssheriff die angesammelte *Good Time* ganz oder zumindest zum Teil wieder entziehen. Die Besonderheit besteht nur darin, dass der Sheriff allein nur über den Entzug von höchstens 2 Tagen Good Time für ein einzelnes Vergehen entscheiden kann. Will er darüber hinausgehende Beträge streichen, so bedarf er der Zustimmung des Gerichts. Zusätzlich können sich gemäß §973.03 WS die County Jailers, die vom Gericht neben der Verurteilung zur Freiheitsstrafe auch zur Ableistung von Community Service Work[123] verpflichtet wurden, eine Strafzeitreduktion für gute Arbeit verdienen. Diese umfasst eine Zeitgutschrift von einem Tag pro 3 Arbeitstage, wobei eine tägliche Arbeitszeit von 8 Stunden verlangt wird.

Häftlinge, die zu einer Haft mit schwerer Arbeit in einem sogenannten „House of Corrections" verurteilt wurden, können ebenfalls eine Zeitgutschrift für gute Führung erhalten, wobei sich der Umfang des Kredits nach der Art des begangenen Delikts bemisst, §303.19 WS. Täter, die wegen eines Vergehens verurteilt wurden, erhalten eine monatliche Gutschrift von bis zu 5 Tagen; Häftlinge, die wegen eines Verbrechens inhaftiert wurden, erhalten Zeitgutschriften nach Maßgabe des §302.11 WS.

Den Good Time – Kredit für gute Führung kann sich ein Häftling auch während der Untersuchungshaft verdienen, die er in einem County Prison ableistet. Insoweit wird dann auf die Gesamthaftzeit gemäß §973.155 WS nicht nur die Zeit der Untersuchungshaft, sondern auch der in dieser Zeit erworbene Good Time – Kredit angerechnet.

Wenn ein Gefangener eine schikanöse Klage erhebt, vor Gericht vorsätzlich falsch aussagt oder falsche Beweise vorbringt, kann ihm gemäß §807.15 WS sowohl der bereits verdiente Good Time – Rabatt (County Jailers) entzogen oder das Mandatory Minimum Release Date nach hinten verlegt werden (State Prisoners)[124]. Die vom Gericht verhängte Höchsthaftdauer kann aber auch hier nicht überschritten werden. Die diesbezügliche Entscheidung obliegt dem Gericht, dass über die fragliche Klage zu entscheiden hatte.

40.)   Wyoming

In Wyoming ist zwischen State Prisons und County Jails zu unterscheiden.

a) Die Insassen der staatlichen Haftanstalten können aufgrund einer Verwaltungsvorschrift des Parole Board in Verbindung mit §7-13-420 Wyoming Statutes (WS) sowohl ihre Minimum als auch ihre Maximum Sentence durch *Good Time* verkürzen.

---

[123] *Umfasst Arbeiten außerhalb der Anstalt für öffentliche Einrichtungen oder karitative Zwecke.*

[124] *Selbiges gilt für die „Bifurcated Sentence".*

Die einfache *Good Time* wird ausschließlich auf die Maximum Sentence angerechnet und zwar im Umfang von 10 Tagen pro Haftmonat, wobei der maximal zu erreichende Kredit bereits bei Strafantritt berechnet und nur dann entzogen wird, wenn der Häftling sich nicht „anständig und hilfsbereit" verhält bzw. keine entsprechende Einstellung zum Ausdruck bringt und/oder gegen die Anstaltsregeln verstößt.

Der Entzug der Good Time wird nach Durchführung eines Anhörungsverfahrens vom Parole Bord vorgenommen. Zuvor wird das Ergebnis der Disziplinaranhörung verbunden mit einer Stellungnahme des Anstaltsleiters dem Department of Corrections mitgeteilt. Dieses wiederum leitet die Unterlagen zusammen mit einer eigenen Stellungnahme dem Parole Board zu und teilt dies dem Häftling mit, der Gelegenheit zu einer eigenen Stellungnahme erhält. Erst danach entscheidet das Parole Bord, u.U. nach einer eigenen Beweisaufnahme, über den Good Time – Entzug. Die Entscheidung des Parole Boards wird dem Häftling schriftlich mitgeteilt.

Die einmal entzogenen Kredite kann das Parole Bord nach seinem eigenen Ermessen restaurieren, wobei das bisherige Vollzugsverhalten, der Background, die Einstellung und das Benehmen des Häftlings Grundlage der Entscheidung bilden sollen.

Eine *Special Good Time*, die ausschließlich auf die Minimum Sentence angerechnet wird und maximal 15 Tage pro Monat beträgt, wird Häftlingen gewährt, die sich im Vollzug vorbildlich und besonders gut führen und/oder eine besonders hilfsbereite und „anständige" Einstellung zeigen. Der erstmalige Verdienst dieses Rabattes ist erst nach realer Verbüßung von 6 Monaten möglich. Die Vergabe der Special Good Time steht allein im Ermessen des Anstaltsleiters; ein Entzug ist nicht mgl.

Die State Prisoners können gemäß §7-16-201 WS zwar von der Anstalt zur Arbeit verpflichtet werden, allerdings kann ein Fehlverhalten bei der Arbeit (auch eine Arbeitsverweigerung) allein durch eine Geldstrafe bzw. eine Kürzung der Arbeitsverdienste geahndet werden, §7-16-204 WS.

b) County Prisoners und Parolies (bedingt Entlassene) können gemäß §7-16-104 WS ausschließlich durch Arbeit Kredite erwerben, die allerdings entweder als Strafzeitkredit auf die Gesamthaftdauer oder als finanzieller Kredit auf eine parallel zur Freiheitsstrafe verhängte Geldstrafe oder die vom Häftling zu zahlenden Gerichts- oder Anwaltskosten angerechnet werden können, wobei die Entscheidung, ob ein Strafzeit- oder ein finanzieller Kredit gewährt wird, dem Tatrichter obliegt.

Der Strafzeitkredit wird berechnet durch Gutschrift eines Hafttags für je 8 Arbeitsstunden, wobei die Gesamthaftzeit um nicht mehr als die Hälfte reduziert werden darf. Findet eine monetäre Entlohnung statt, wird für jede Arbeitsstunde der übliche Mindeststundenlohn berechnet. Dieser Betrag wird dann auf die geschuldete Geldstrafe, die Gerichts- oder die Anwaltskosten angerechnet. Die Geldstrafe bzw. die Gerichts- oder die Anwaltskosten dürfen dabei allerdings um nicht mehr als 50% der Summe aus Geldstrafe, Gerichts- und Anwaltskosten reduziert werden.

Sonderregeln gelten für die Ersatzfreiheitsstrafe, die aufgrund einer Entscheidung des Tatrichters nur gegen solche Häftlinge verhängt wird, die sich weigern, eine Geldstrafe oder die Gerichtskosten zu zahlen bzw. sonst wie schuldhaft ihre Zahlungsunfähigkeit herbeiführen, §7-11.504 WS. Mit jedem Hafttag wird der geschuldete Betrag um 15$ reduziert. Wenn der Ersatzfreiheitsgefangene arbeitet, kann er zusätzlich pro Arbeitsstunde den Minimalstundenlohn verdienen und so die Geldstrafe oder die Gerichtskosten reduzieren, §§ 6-10.105 i.V.m. 7-16-104 WS.

Die Arbeitspflicht besteht für die County Prisoners (inklusive der Ersatzfreiheitssträflinge) und Parolies im Übrigen nur, wenn der Tatrichter dies ausdrücklich anordnet, §7-16-101 WS.

Die hier genannten Regelungen gelten ebenso für alle Häftlinge in privaten Haftanstalten, mit denen der Staat Wyoming Verträge geschlossen hat. Allerdings verbleiben die Entscheidungskompetenzen bei den staatlichen Institutionen und dürfen nicht vertraglich auf den privaten Anstaltsbetreiber übertragen werden, §7-22-112 WS.

41.) US-amerikanisches Bundesrecht

a) Bis 1987 verfügte auch das US-amerikanische Bundesrecht mit den §§4161-4166 / Title 18 des U.S. Code a.F. über ein detailliertes Good Time – Gesetz, dass 2 Arten von Good Time umfasste: Die gemäß §18 U.S.C. 4162 a.F. zu Beginn des Haftantrittes zu gewährende *Statutory Good Time*, die nur bei einem Fehlverhalten wieder entzogen wurde, und die *Extra Good Time*, die gemäß §18 U.S.C. 4162 für besondere Verdienste gewährt wurde, und entsprechend unterteilt war in die
➢ *Meritorious Good Time* für besondere Verdienste bei der Arbeit,
➢ *Work/Study Release Good Time* für die Teilnahme an einem Freigängerprogramm,

> *Community Corrections Center Good Time* für die Zeit im halboffenen Vollzug,

> *Industrial Good Time* für die Zeit der Anstellung in einem Betrieb der Federal Prison Industries,

> *Camp/Farm Good Time* für die Inhaftierungszeit in einer Agraranstalt und

> *Lump Sum Awards*, eine extra Gutschrift von bis zu 30 Tagen für außergewöhnliche Leistungen und Verdienste, wie die Rettung eines Menschenlebens, eine heroische Tat oder ähnliches.

Innerhalb eines bestimmten Zeitraums konnte zusätzlich zum Lump Sum Arward immer nur eine Art der Extra Good Time erworben werden.

Auf den Zeitnachlass für gute Führung (Statutory Good Time) hatte jeder Häftling (mit Ausnahme der zu lebenslanger Haft Verurteilten) einen Anspruch, soweit er nicht innerhalb des Berechnungszeitraums disziplinarisch bestraft wurde. Die genaue Höhe des Nachlasses war dabei nach der verhängten Gesamthaftzeit zu berechnen: Bei Strafen zwischen 6 Monaten und einem Jahr wurde ein monatlicher Strafnachlass von 5 Tagen gewährt, bei Strafen von mehr als einem Jahr und weniger als 3 Jahren wurden pro Monat 6 Tage gutgeschrieben, 7 Tage p.M. bei Strafen zwischen 3 und 5 Jahren, 8 Tage p.M. bei Strafen zwischen 5 und 10 Jahren und bei mehr als zehnjährigen Freiheitsstrafen wurde ein monatlicher Strafzeitrabatt von 10 Tagen pro verbüßten Haftmonat gewährt[125].

Die Vergabe der Extra Good Time stand nach einer Empfehlung des Anstaltsleiters im Ermessen der Bundesvollzugsverwaltung und wurde nur für gute Arbeitsleistungen oder für besondere Verdienste vergeben, wobei in den ersten 6 Monaten der Haftverbüßung 3 Tage pro Monat, danach jeweils bis zu 5 Tage pro Monat gutgeschrieben werden konnten[126].

Nach §§4165 und 4166 U.S. Code a.F. war bei Verstößen gegen die Anstaltsordnung zwar ein Entzug bereits verdienter Kredite möglich, aber auch eine spätere Restauration derselben[127].

Diese Regelungen wurden aber zum 1.11.1987 außer Kraft gesetzt und gelten heute gemäß Titel 28 §523ff. Code of Federal Regulations (CFR) nur noch für Häftlinge, die wegen einer vor dem 1.11.1987 begangenen Straftat inhaftiert sind, mit der Einschränkung, dass die Extra Good Time in den ersten 12 Monaten nur mit einer monatlichen Gutschrift von 3 Tagen und erst danach mit monatlichen 6 Tagen honoriert wird, Titel 28 §523.17 CFR.

---

[125] *Plagemann*: Die Freiheitsstrafe und ihre Surrogate in den USA, in Jescheck (Hrsg.): Die Freiheitsstrafe und ihre Surrogate, S.1718.

[126] *Plagemann* a.a.O.

[127] *Plagemann*: Die Freiheitsstrafe und ihre Surrogate in den USA, in Jescheck (Hrsg.): Die Freiheitsstrafe und ihre Surrogate, S.1718.

b) Häftlinge, die wegen einer am/nach dem 1.11.1987 begangenen Straftat inhaftiert sind, können gemäß Titel 28 §§523.10 Abs.b, 523.20 CFR i.V.m. 18.U.S.C. 3624 (b) nur noch eine *Good Conduct Time* erwerben und zwar maximal 54 Tage pro Jahr (bei Zeiträumen von weniger als 1 Jahr entsprechend weniger). Die Good Conduct Time dient ausschließlich der Reduktion der Gesamthaftzeit.

Die Vergabe der Good Conduct Time, die der Bundesvollzugsverwaltung obliegt, erfolgt dabei in zwei Stufen. Zuerst wird jedem Häftling am Ende eines Jahres unter guter Führung ein Anrecht auf die Good Conduct Time gewährt. Dieses Anrecht wird aber erst nach der Erfüllung besonderer Vorraussetzungen in ein Recht auf Haftentlassung umgewandelt und dem Häftling endgültig übertragen. Bedeutung hat dieses zweistufige Verfahren bezüglich der Sanktion von Disziplinarvergehen, denn nur Kreditanrechte können nachträglich wieder entzogen werden; ist das Anrecht in ein Recht auf Entlassung umgewandelt, ist ein nachträglicher Entzug nicht mehr mgl.

Zu trennen ist insoweit zwischen
(a) Häftlingen, die wegen einer am/nach dem 1.11.1987 aber vor dem 13.9.1994 begangenen Straftat inhaftiert sind,
(b) Häftlingen, die wegen einer am/nach dem 13.9.1994 aber vor dem 26.4.1996 begangenen Straftat inhaftiert sind und
(c) Gefangenen, die ihre Straftat erst am/nach dem 26.4.1996 begangen haben.

Die Gefangenen der ersten Gruppe (a) bekommen für jedes Haftjahr 54 Tage gutgeschrieben. Diese Gutschrift wird bereits am Ende jedes Haftjahrs übertragen, der Häftling bekommt also ein Recht auf Haftentlassung und dieses Recht kann, einmal übertragen, nicht wieder entzogen werden. Begeht ein Häftling innerhalb des Beurteilungszeitraums einen Disziplinarverstoß, so kann ihm nur für dieses eine Jahr der Kredit vorenthalten, also weniger als 54 Tage im Jahr übertragen, werden.

Die zweite Gruppe (b) unterscheidet sich von der ersten Gruppe dadurch, dass das Anrecht auf die Zeitgutschriften erst dann in ein Recht auf vorzeitige Entlassung umgewandelt wird, wenn der Häftling in einem Schulungsprogramm erkennbare Fortschritte gezeigt hat. Bis zu dieser Umwandlung können dem Häftling im Falle von Disziplinarverstößen nicht nur die Kredite im Berechnungszeitraum vorenthalten werden, sondern auch bisher erworbene Anrechte wieder entzogen werden. Erst nach der Umwandlung der Kredite in ein Recht auf vorzeitige Entlassung ist ein nachträglicher Entzug der Kredite nicht mehr mgl.

Die Häftlinge der dritten Gruppe (c) können pro Jahr nur dann maximal 54 Tage Good Conduct Kredit erwerben, wenn sie erkennbare Fortschritte in einem Schulungsprogramm zeigen. Ist das nicht der Fall, können nur 42 Tage erworben werden. Das Anrecht auf die Kredite wird erst zum Termin der berechneten vorzeitigen Haftentlassung in ein Recht darauf umgewandelt, das heißt, alle Kredite können im Falle von Disziplinarverstößen nachträglich wieder entzogen werden. Zusätzlich ist bei Disziplinarverstößen wie in allen anderen Gruppen die Verweigerung des Kredits im Berechnungsjahr möglich.

Gemeinsam ist allen Gruppen, dass vorenthaltene oder entzogene Kredite nicht nachträglich noch gewährt oder wieder hergestellt werden können, Titel 28 §541.13 (Table 4) CFR.

Wie groß der Kreditumfang ist, der bei einem Disziplinarverstoß vorenthalten oder gar entzogen wird, hängt von der Schwere des Delikts ab. Die Delikte sind nach Titel 28 §541.13. (Table 3) CFR in 4 Gruppen unterteilt.

Tabelle 17:

	Beispiele	Möglicher Entzug von Kreditanrechten	Mögliche Vorenthaltung von Krediten im Berechnungsjahr
Gruppe 1: schwerste Delikte	Mord, Vergewaltigung, Flucht aus geschlossenem Vollzug, Brandstiftung, Herstellung oder Besitz einer Feuerwaffe oder anderer gefährlicher Werkzeuge, Aufstand, Drogenbesitz	Bis zu 100%	Zwischen 50-75% (27 bis 41 Tage)
Gruppe 2: schwere Delikte	Flucht aus offenem Vollzug, körperliche Auseinandersetzung mit anderer Person, Bedrohung mit Gefahr für Leib und Leben, Erpressung, Vornahme sexueller Handlungen (auch einverständlicher), Sachbeschädigung, Diebstahl, Verweigerung eines Drogentests	Bis zu 50 % (höchstens 60 Tage)	Zwischen 25-50% (14 bis 27 Tage)
Gruppe 3: minder schwere Vergehen	Besitz von unerlaubten Gegenständen, Missbrauch erlaubter Medikamente, Arbeitsverweigerung, Gehorsamsverweigerung, Verletzung von Urlaubsauflagen, unerlaubtes Fernbleiben von der Arbeit, Belügen eines Vollzugsbeamten	Bis zu 25 % (höchstens 30 Tage)	Bis zu 25% (1-14 Tage)

Gruppe 4: leichte Vergehen	Besitz von Gegenständen aus dem Eigentum Dritter, Besitz unerlaubter Kleidungsstücke, Benutzung von Schimpfworten, Verstöße gegen Besuchsvorschriften, Behinderung von Verwaltungsabläufen	Kein nachträglicher Entzug mgl.	Bei 2 Delikten der Gruppe binnen 6 Monaten bis zu 12,5% (1-7 Tage); bei drei Delikten binnen 6 Monaten bis zu 25% (1-14 Tage)

Begeht ein Häftling innerhalb eines Berechnungsjahrs mehrere Delikte, so kann die Sanktion im Wiederholungsfalle verschärft werden; der Umfang richtet sich ebenfalls nach genauen gesetzlichen Vorgaben, Titel 28 §541.13. (Table 5) CFR.

Die Entscheidung über die Vorenthaltung oder den Entzug der Kredite obliegt dem Disziplinarbeamten oder der Disziplinarkommission, der/die die Disziplinaranhörung durchführt. Bei Vorliegen mildernder Umstände (z.b. bisherige gute Führung, Schwere des Delikts) kann auch eine Sanktion aus der nächst milderen Gruppe gewählt werden. Die Entscheidungen können durch den Anstaltsleiter und den Gefangenen angefochten werden.

Sonderregelungen bestehen gemäß Titel 28 §541.13. (Table 4) Code of Federal Regulations noch für Häftlinge, die als besonders gefährlich eingestuft wurden: Für diese gelten erhöhte Mindeststrafen für Disziplinarvergehen.

XII.) Weitere Länder

Es gibt noch viele andere Länder, in denen Zeitgutschriftensysteme existieren, über deren Ausgestaltung aber keine genaueren Informationen vorliegen. So ist z.B. über **Thailand** bekannt, dass neben anderen Maßnahmen auch durch ein Zeitgutschriftensystem versucht wird, dem Problem der Gefängnisüberfüllung zu begegnen[128]. In **Sri Lanka** soll neben den Möglichkeiten der Strafzeitverkürzung durch Parole oder exekutive Gnadenentscheidungen eine Good Time – Reduktion für gute Führung existieren[129].

---

[128] *Oberheim*: Gefängnisüberfüllung, S.49.

[129] *Karunaratne*: Sri Lanka, in U.S. Department of Justice / Bureau of Justice Statistics (Hrsg.): The World Factbook of Criminal Justice Systems 1993.

Auf den **Philippinen**[130] bestehen Regelungen zur Verkürzung der Haftzeit durch gute Führung. Danach können einem Gefangenen in den ersten beiden Jahren seiner Strafhaft bei guter Führung pro verbüßten Jahr 60 Tage Strafnachlass gewährt werden. Ab dem 11. Jahr ist sogar ein Bonus von 180 Tagen möglich. Bei Gefangenen, die in Strafkolonien ohne Bewachung arbeiten, kommt zusätzlich noch ein Strafnachlass von 60 Tagen pro Jahr in Betracht.

Aus **Papua-Neuguinea** ist bekannt, dass dort zumindest im Jahre 1985 durch die Corrective Institutions (Remission of Sentences) (Amendment) Regulation den Strafgefangenen eine zu Beginn der Haftzeit zu gewährende Remission von einem Drittel der Haftzeit zuerkannt wurde. Die Strafzeitverkürzung kann entsprechend der gesetzlichen Regelung nur dann wieder aberkannt werden, wenn der Häftling widerrechtlich aus der Strafanstalt entwichen ist oder von einem (die Anstalt besuchenden) Richter wegen eines schwerwiegenden Verstoßes gegen die Anstaltsordnung für schuldig befunden wurde[131].

In **Malta** gibt es zwar kein Parole System, dafür können sich aber die Gefangenen für gute Führung eine Remission von 4 Monaten pro Jahr verdienen[132].

In **Peru** existierte zumindest in den 80iger Jahren noch ein Strafzeitverkürzungssystem, dass den spanischen Regelungen zur Strafzeitverkürzung glich[133]. Die Strafkürzung durch Arbeit kam für Gefangene in Betracht, die zu mehr als zwei Jahren Freiheitsstrafe verurteilt wurden, wobei für zwei Tage Arbeit ein Tag der Haft getilgt werden konnte. Allerdings kam die Reduktion erst für Häftlinge in Betracht, die die dritte Stufe eines Stufenstrafvollzugs, die Probezeit - periodio de prueba - erreicht hatten[134]. Von der Strafzeitreduktion durch Arbeit waren Rückfalltäter ausgeschlossen, sowie Häftlinge, die einen Fluchtversuch unternommen oder sich schlecht geführt hatten. Die Strafzeitverkürzung konnte nicht nur auf die Gesamthaftzeit, sondern auch auf die Mindestverbüßungszeit für die bedingt Entlassung angerechnet werden.
Jedoch unterschied sich in den 80iger Jahren die Praxis eklatant von der gesetzlichen Regelung, denn in der Realität wurden die gesetzlichen Regelungen zum Strafvollzug kaum umgesetzt. Dies war vor allem auf fehlende Mittel und

---

[130] *Bindzus*: ZfStVO 1986, S.156

[131] *Dinnen*: Papua New Guinea, in U.S. Department of Justice / Bureau of Justice Statistics (Hrsg.): The World Factbook of Criminal Justice Systems, 1993.

[132] *Grosselfinger*: Malta, in U.S. Department of Justice / Bureau of Justice Statistics (Hrsg.): The World Factbook of Criminal Justice Systems, 1993.

[133] *Pozo*: Die Freiheitsstrafe und ihre Surrogate in Peru, in Jescheck (Hrsg.): Die Freiheitsstrafe und ihre Surrogate..., S.1605f.

[134] *Die erste Stufe besteht aus Einzelhaft und die zweite aus Gemeinschaftsarbeit innerhalb und außerhalb der Anstalt.*

schlecht geschultes Anstaltspersonal zurückzuführen[135]. Informationen über die aktuelle Rechtslage in Peru liegen nicht vor.

Selbiges gilt für das Strafzeitverkürzungssystem in **Mexiko**: In Mexiko war zumindest, ähnlich wie in Spanien, eine Verkürzung der Strafe um einen Tag für je zwei Arbeitstage möglich[136]. Voraussetzung dafür war, dass sich der Gefangene gut führte, er regelmäßig an den in der Strafanstalt stattfindenden erzieherischen Veranstaltungen teilnahm und es noch andere geeignete Beweise für seine Resozialisierung gab. Beachtlich war dabei die Dauer einer möglichen zeitigen Freiheitsstrafe, die von 3 Tagen bis zu 40 Jahren betragen konnte[137]. Bei schlechter Führung war auch eine Verlängerung der Haftstrafe auf bis zu 150% der ursprünglich verhängten Strafe mgl.[138].

Aus **Ekuador** ist bekannt, dass zumindest früher ein Häftling, unabhängig von der Möglichkeit einer bedingten Entlassung, einen Strafnachlass für gute Führung - *rebajas* – erhalten konnte[139]. Die Regelung, die auf eine Verordnung von 1927 beruhte, war zumindest in den 80iger Jahren in Art. 22 Ziffer 9 II des Gerichtsverfassungsgesetzes statuiert. Danach musste zweimal jährlich ein Richter des Obergerichts der Provinz (Cortes Superiores) die Gefängnisse in seiner Provinz besuchen. Anlässlich eines solchen Besuchs konnte er den zu mehr als sechs Monaten Verurteilten, die sich sehr gut geführt hatten, auf deren Antrag einen Strafnachlass von bis zu sechs Monaten gewähren. Bei seiner Entscheidung musste sich der Richter auf ein Gutachten des Anstaltsleiters über das Verhalten des Häftlings stützen, das wiederum auf Teilgutachten der Aufseher, Sozialarbeiter und Psychologen beruhte. Es wird berichtet, dass diese Gutachten in 90% der Fälle eine hervorragende Führung bescheinigten, da zumeist die Aufseher von den Häftlingen bestochen wurden. Für die Aufseher stellten die Gewinne aus Erpressung und Korruption die wichtigste Einnahmequelle zur Aufbesserung der kargen Gehälter dar. Da den Richtern diese Situation bekannt war, wurde in der Regel nie der volle Nachlass von 3 Monaten gewährt, sondern neben dem Gutachten auch die Schwere der Straftat bei der Entscheidungsfindung berücksichtigt. Aus diesem Grunde wurde Rauschgifttätern grundsätzlich über-

---

[135] *Pozo*: Die Freiheitsstrafe und ihre Surrogate in Peru, in Jescheck (Hrsg.): Die Freiheitsstrafe und ihre Surrogate..., S.1605f.

[136] *Ramírez/del Pont*: Die Freiheitsstrafe und ihre Surrogate in Mexiko, in Jescheck (Hrsg.): Die Freiheitsstrafe und ihre Surrogate..., S.1564.

[137] *Ramírez/del Pont* a.a.O., S.1563.

[138] *Ramírez/del Pont* a.a.O.; S.1564.

[139] *Raub*: Die Freiheitsstrafe und ihre Surrogate in Ecuador, in Jescheck (Hrsg.): Die Freiheitsstrafe und ihre Surrogate..., S.1256f.

haupt kein Nachlass; Vergewaltigern, Tätern von Vermögensdelikten oder Rückfalltätern höchstens ein Nachlass von 1 Monat gewährt[140]. Weiterhin existieren Good Time – Regelungen in **Nigeria**[141], **Kenia**[142], **Nicaragua** und **Panama**[143]. Auch **Australien** besitzt in einigen Bundesstaaten noch Regelungen zur Strafzeitverkürzung durch *Remission*, die aber in den letzen Jahren im Rahmen der Truth in Sentencing – Politik zunehmend eingeschränkt wurden[144].

---

[140] *Raub*: Die Freiheitsstrafe und ihre Surrogate in Ecuador, in Jescheck (Hrsg.): Die Freiheitsstrafe und ihre Surrogate..., S.1257.

[141] *Ebbe*: Nigeria, in U.S. Department of Justice / Bureau of Justice Statistics (Hrsg.): The World Factbook of Criminal Justice Systems, 1993.

[142] *Ebbe*: Kenya, in U.S. Department of Justice / Bureau of Justice Statistics (Hrsg.): The World Factbook of Criminal Justice Systems, 1993.

[143] *Baedeker*: Die Freiheitsstrafe und ihre Surrogate in Costa Rica, in Jescheck (Hrsg.): Die Freiheitsstrafe und ihre Surrogate..., S.1179.

[144] *Biles*: Australia, in U.S. Department of Justice / Bureau of Justice Statistics (Hrsg.): The World Factbook of Criminal Justice Systems, 1993.

Glossar:

Boot Camps – sind streng durchorganisierte, am militärischen Vorbild orientierte Kurzzeitinhaftierungsprogramme (in der Regel mit einer Dauer von 90 bis 180 Tagen), in denen die Häftlinge durch strengsten militärischen Drill, physisches Training und harte körperliche Arbeit resozialisiert werden sollen. Daneben stehen schulische Bildungsprogramme, Suchtprävention und andere soziale Hilfsangebote. Nach Abschluss des Programms erfolgt eine intensive Bewährungsüberwachung[1].

Chain Gang – Form der Gefangenenarbeit in einigen US-amerikanischen Bundesstaaten. Eine Gruppe von Gefangenen wird in einer Reihe an den Füssen aneinandergekettet, um so außerhalb der Anstaltsmauern schwerste körperliche Arbeiten zu verrichten. Häufig muss dabei auch auffällige, weithin sichtbare Kleidung (z.B. schwarz – weis – gestreift oder leuchtend orange) getragen werden.

County prison – Bezirksgefängnis; zumeist Kurzstrafenanstalten, die der Leitung eines Bezirkssheriffs unterstehen.

Department of Corrections – die Strafvollzugsbehörde, die die Aufsicht über alle Strafvollzugsanstalten ausübt und entsprechende Richtlinien und Verwaltungsvorschriften zur Regelung des Gefängniswesens erlässt.

Determinate Sentence – Art der Straffestsetzung, bei der der Richter, so wie in Deutschland, <u>ein</u> bestimmtes Strafmaß festsetzt. Diese Straflänge kann dann durch Institute der vorzeitigen Entlassung verkürzt werden; vgl. auch *Indeterminate Sentence*

Eigenbetrieb – von der Anstalt selbst unterhaltener Betrieb, dessen Arbeitsorganisation im Verantwortungsbereich der Anstalt liegt. Produziert und verarbeitet werden Waren auf Bestellung von außerhalb oder zur Befriedigung der anstaltsinternen Bedürfnisse (Bäckerei, Wäscherei, Druckerei etc.)[2]. Siehe auch *Unternehmerbetrieb*.

---

[1] *Champion*: Probation, Parole and Community Corrections, S.142.
[2] *Laubenthal*: Strafvollzug, 3.Aufl., Rn.405.

Indeterminate Sentence – Art der Straffestsetzung, bei der der Richter eine *Minimum* und eine *Maximum Sentence* ausspricht. Der genaue Entlassungszeitpunkt wird dann innerhalb des vorgegebenen Zeitraums von einem vom Gericht unabhängigen *Parole Board* bestimmt, so dass eine sehr individuelle Gestaltung der Haftlänge erreicht wird[3].

Jail – Bezirksgefängnis; hier werden zumeist Freiheitsstrafen von unter einem Jahr verbüßt (Kurzstrafen); auch dienen die Anstalten dem Vollzug der Untersuchungshaft und der Aufnahme solcher Häftlinge, die auf eine Überstellung in andere Anstalten warten, z.b. Bewährungsbrüchige, psychisch Kranke; Häftlinge, die in Bundes- oder Staatsgefängnisse überstellt werden sollen. Allerdings müssen die Jails zur Entlastung der häufig überfüllten Bundesgefängnisse auch Häftlinge dieser Anstalten übernehmen, so dass auch in den Jails Freiheitsstrafen von über einem Jahr vollstreckt werden. Hinzukommen Häftlinge, die eine Consecutive Sentence verbüßen, also eine mehrjährige Haftstrafe, die aus mehreren nacheinander zu verbüßenden kurzen Freiheitsstrafen zusammengesetzt ist. Die Aufsicht über die Jails übt zumeist der Sheriff des Bezirks aus[4].

Mandatory Sentencing – Art der Strafzumessung, bei der für den Richter zumeist anhand von *Sentencing Guidelindes* zwingende Mindest- und Höchststrafen vorgegeben werden, die nicht durch Parole verkürzt werden können[5].

Maximum Sentence – die maximal zu verbüßende Strafzeit; das im Urteil ausgesprochene Strafmaß; vgl. *Indeterminate Sentence.*

Minimum sentence – bezeichnet die Haftdauer, die ein Häftling auf jeden Fall verbüßen muss, vgl. *Indeterminate Sentence.*

Parole – Strafrestaussetzung zur Bewährung.

Parole Board – vom Gericht unabhängige Verwaltungsbehörde, die für die Entscheidung über eine bedingte vorzeitige Entlassung und die Bewährungsüberwachung zuständig ist.

Parole eligibility – benennt den Zeitpunkt, zu dem eine Strafrestaussetzung zur Bewährung möglich ist = *Minimum Sentence* im *Indeterminate Sentencing* System.

---

[3] *Bindzus/Debie*: Strafvollzug in den USA zu Beginn des 21. Jahrhunderts, in ZfStrVo 2003, S.332, 333.

[4] *Gescher*: Boot Camp-Programme in den USA, S.109; *Carlson / Hess / Orthmann*: Corrections, S.575.

[5] vgl. *Bindzus/Debie*: Strafvollzug in den USA zu Beginn des 21. Jahrhunderts, in ZfStrVo 2003, S.332 (334).

Remission – andere Bezeichnung für einen Good Time - Kredit; zu finden z.b. in Schottland, Kanada oder New Jersey.

Sentencing Guideline – Strafrahmenrichtlinie; gibt für bestimmte Delikte ein bestimmtes Strafmaß vor, an das sich der Richter halten kann bzw. muss, je nachdem, ob es sich um eine Hilfe zur Entscheidungsfindung oder um eine zwingende gesetzliche Vorgabe handelt[6], Siehe auch *Mandatory Sentencing.*

Shock Incarceration – Vorläufer der Boot Camp – Programme; nach einer kurzen Inhaftierung (short sharp shock) wurde der Betroffene einer strengen Bewährungsüberwachung unterstellt.

State Board of Parole – Siehe *Parole Board.*

Strafsystem – Berechnungsmethode, bei der dem Gefangenen bereits zu Beginn der Haftzeit Good Time – Kredite gutgeschrieben und nur bei nachträglichem Fehlverhalten wieder entzogen werden. Siehe auch *Verdienstsystem.*

Three strikes and you are out laws – "Drei Schläge – und du bist weg". Bezeichnet Gesetze, die im Falle von Wiederholungstaten zwingend eine lebenslange Haftstrafe ohne die Möglichkeit einer vorzeitigen Entlassung vorsehen.

Trusties – Häftlinge, die aufgrund ihrer sehr guten Führung und guten Arbeitsleistungen innerhalb oder außerhalb der Anstalt ein besonderes Vertrauen des Anstaltspersonals genießen und daher mit besonderen Aufgaben betraut werden; entspricht den Kalfaktoren in Deutschland.

Truth in sentencing - Politik – bezeichnet das Bemühen der Gesetzgebungsorgane, durch verschiedene gesetzgeberische Maßnahmen, eine größtmögliche Angleichung der tatsächlich verbüßten Strafzeit mit dem ursprünglich vom Richter ausgesprochenen Strafmaß zu erreichen, z.B. durch Abschaffung oder Beschränkung der *Parole* und sonstiger Möglichkeiten einer vorzeitigen Entlassung.

Unternehmerbetrieb – ein privater Arbeitgeber beschäftigt in von der Anstalt zur Verfügung gestellten Räumlichkeiten Gefangene in eigener Verantwortung. Die technische und fachliche Leitung über dem Betrieb obliegt dem Privaten, die Anstaltsbediensteten üben lediglich die Aufsicht über die Gefangenen aus. Möglich ist auch eine vom Vollzugspersonal beaufsichtigte Arbeit der Gefangenen in privaten Unternehmerbetrieben außerhalb der Anstalt. Die Gefangenen stehen allerdings in einem öffentlich-rechtlichen Arbeitsverhältnis zur Anstalt

---

[6] vgl. *Bindzus/Debie* a.a.O.

(daher auch nur normale Gefangenenentlohnung), die wiederum Verträge mit dem privaten Unternehmer geschlossen hat. Zwischen Unternehmer und Gefangenen besteht keine arbeitsvertragliche Bindung[7]. Siehe auch *Eigenbetrieb*.

Verdienstsystem – Berechnungsmethode, bei der dem Gefangenen eine Zeitgutschrift erst nach Erbringung einer bestimmten Leistung (z.B. Arbeit, Teilnahme an Behandlungsprogramm, gute Führung) gewährt wird. Ein nachträglicher Entzug bereits verdienter Gutschriften bleibt vorbehalten. Siehe auch *Strafsystem*.

Violent offenders – Täter, die wegen eines Gewaltverbrechens verurteilt wurden. Erfasst sind alle Delikte, die unter Anwendung oder Androhung von Gewalt gegen Personen begangen oder versucht wurden, z.B. Mord, Todschlag, Vergewaltigung, sexuelle Nötigung, Raub, Körperverletzung, Erpressung, Nötigung, Kindesmisshandlung[8].

Work Release Program – darunter sind Freigängerprogramme zu verstehen, bei denen die Häftlinge tagsüber einer Arbeit außerhalb der Anstalt nachgehen.

---

[7] *Laubenthal*: Strafvollzug, 3.Aufl., Rn.406.
[8] *Ditton / Wilson*: Truth in Sentencing in State Prisons, S.15.

Literaturverzeichnis

Aebi, Marcelo F.
Council of Europe, Space I (Council of Europe annual penal statistics), Survey 2004

Albrecht, Hans – Jörg / **Dünkel,** Frieder / **Kerner,** Hans-Jürgen / **Kürzinger,** Josef / **Schöch,** Heinz / **Sessar,** Klaus / **Villmow,** Bernhard (Hrsg.)
Internationale Perspektiven in Kriminologie und Strafrecht – Festschrift für Günther Kaiser zum 70. Geburtstag, 2.Halbband, Berlin: 1998

Albrecht, Peter - Alexis
Jugendstrafrecht, 1.Aufl., München: 1987

Allen, Harry E. / **Simonsen,** Clifford E.
Corrections in America, 8th Ed., Upper Saddle River, New Jersey: 1998

Arloth, Frank
„Neue Entwicklungen im Strafvollzug im internationalen Vergleich", ZfStrVo 2002, S.3ff.

Arloth, Frank / **Lückemann,** Clemens
Strafvollzugsgesetz, München: 2004

Aschrott, Paul F.
Strafensystem und Gefängniswesen in England, Berlin/Leipzig: 1887 (Nachdruck: Berlin/New York: 1978)

Austin, James
„Reforming Florida's Unjust, Costly and Ineffective Sentencing Laws", San Francisco: National Council on Crime and Delinquency 1993

Using Early Release to Relieve Prison Crowding – A Dilemma in Public Policy, San Francisco: The National Council on Crime and Delinquency 1986; ders. in Crime & Delinquency 32 (1986) S.404-502 (Seitenangaben im Text beziehen sich auf die Ausgabe des NCCD)

Bachof, Otto
Verfassungswidrige Verfassungsnormen?, Tübingen: 1951

Baechtold, Andrea
„Gefangenenarbeit und Arbeitszwang – ein kriminalpolitisch funktionales Instrument", in Hammerschick/Pilgram (Hrsg.): Arbeitsmarkt, Strafvollzug und Gefangenenarbeit, S.87ff.

Baedeker, Stephan
„Die Freiheitsstrafe und ihre Surrogate in Costa Rica", in Jescheck (Hrsg.): Die Freiheitsstrafe und ihre Surrogate, Band 2, S.1103ff.

Bales, William D. / **Dees,** Linda G.
„Mandatory Minimum Sentences in Florida: Past Trends and Future Implications", Crime and Delinquency, Vol. 38 Nr.3 (July 1993), S.309ff.

Barry, John Vincent
„Alexander Maconochie", in Mannheim (Hrsg.): Pioneers in Criminology, 2nd Ed., S.84ff.

Baumann, Jürgen u.a.
Alternativ – Entwurf eines Strafvollzugsgesetzes, vorgelegt von einem Arbeitskreis deutscher und schweizerischer Strafrechtslehrer, Tübingen: 1973

Beck, Allen J.
„Prisoners in 1999", Bureau of Justice Statistics Bulletin, U.S. Department of Justice / Office of Justice Programs (NCJ 183476), August 2000 (*http://www.ncjrs.org/*)

Beck, Allen J. / **Harrison,** Paige M.
„Prisoners in 2000", Bureau of Justice Statistics Bulletin, U.S. Department of Justice / Office of Justice Programs (NCJ 188207), August 2001 (*http://www.ncjrs.org/*)

„Prisoners in 2001", Bureau of Justice Statistics Bulletin, U.S. Department of Justice / Office of Justice Programs (NCJ 195189), Juli 2002 (*http://www.ncjrs.org/*)

Beck, Cornelia / **Wirth,** Wolfgang
„Ausbildungs- und Beschäftigungsangebote für Strafentlassene in Nordrhein-Westfalen", BewHi 1999, Heft 2, S.159ff.

Beckers, Christine / **Beckers,** Dieter / **Plumeyer,** Mathias
„Überbelegung in niedersächsischen Justizvollzugsanstalten – mögliche Ursachen und Auswirkungen", Krimpäd 12 (1984), Heft 18, S.8ff.

Bemmann, Günter
„Zur Reform des Strafvollzugsgesetzes", ZfStrVo 1999 S.204ff.

„Anmerkung zu BVerfG – Urteil v. 1.7.1998", StV 1998, S.604f.

Bemmann, Günter / **Spinellis,** Calliope D.
Strafrecht – Freiheit – Rechtsstaat, Festschrift für G.-A. Mangakis / Ποινικο δικαιο – Ελευθερια – Κρατοσ Δικαιου, Τιμητικοσ Τομοσ για τον Γ.– Α. Μαγκακη, Athen / Komotini: 1999

Benda, Ernst / **Maihofer,** Werner / **Vogel,** Hans-Jochen
Handbuch des Verfassungsrechts, 2.Aufl., Berlin/New York: 1994

Benekos, Peter J.
„Shock Incarceration – The Military Model in Corrections", in Benekos/Merlo (Hrsg.): Corrections: Dilemmas and Directions, S.121ff.

Benekos, Peter J. / **Merlo,** Alida V. (Hrsg.)
Corrections: Dilemmas and Directions, Cincinnati (OH): 1992

Berckhauer, Friedhem / **Hasenpusch,** Burkhard
„Bildungsmaßnahmen im Strafvollzug – ein Mittel der Rückfallverhütung", in Kerner/Kury/
Sessar (Hrsg.): Deutsche Forschungen zur Kriminalitätsentstehung und Kriminalitätskontrolle, S.1949ff.

Bernards, Anette
„Die Freiheitsstrafe und ihre Surrogate in Frankreich", in Jescheck (Hrsg.): Die Freiheitsstrafe und ihre Surrogate..., S.260ff.

Bierschwalle, Peter
„Wohin treibt es den Justizvollzug? Bemerkungen zur Verschränkung von Sicherheit und Pädagogik", ZfStrVo 1997, S.67ff.

Bierschwalle / Detmer / Pendon / Weidenhiller
„Lehrerinnen und Lehrer im Justizvollzug – Beschreibung eines pädagogischen Arbeitsfeldes", in BAG der Lehrer im Justizvollzug (Hrsg.): Justizvollzug & Pädagogik, S.133ff.

Biles, David
„Australia", in U.S. Department of Justice / Bureau of Justice Statistics
(Hrsg.): The World Factbook of Criminal Justice Systems, 1993.

Bindzus, Dieter
„Begegnungen mit der Strafrechtspflege auf den Philippinen",   ZfStrVo
1986 S.153ff.

Bindzus, Dieter / **Debie,** Robin O.
„Strafvollzug in den USA zu Beginn des 21. Jarhunderts",   ZfStrVo 2003,
S.332ff.

Blair, Colette
Prisons and Probation, Belfast: 2000, zu beziehen über: Northern Ireland Of-
fice, Statistics and Research Branch, Criminal Justice Policy Division,
Massey House, Stoney Road, Belfast BT4 3SX

Böhm, Alexander
Strafvollzug, 2.Aufl., Frankfurt a.M.: 1986

Strafvollzug, 3.Aufl., Neuwied: 2003

„Anmerkung zu BGHSt 37, 380",   JR 1992, S.174ff.

„Behandlung im Strafvollzug – Rückblick und Ausblick", in Herrfahrdt
(Hrsg.): Behandlung von Sexualstraftätern, S.110ff.

„Anmerkung zu Britz, Leistungsgerechtes Arbeitsentgelt für Strafgefangene? Zeitschrift für Strafvollzug 1999, 195",   ZfStrVo 2000, S.63f.

Bolle, Pierre-Henri (Hrsg.)
Droits fondamentaux et détention pénale / Human rights and Penal
Detention, Neuchâtel: 1993

de Boor, Wolfgang / **Frisch,** Wolfgang / **Rode,** Irmgard (Hrsg.)
Resozialisierung – Utopie oder Chance, Köln: 1995

Borja, Nahum Alvarez
„Strafvollzug in Spanien", ZfStrVo 1988 S.280ff.

Bosch, Johanna
„Die Freiheitsstrafe und ihre Surrogate in Italien", in Jescheck (Hrsg.): Die Freiheitsstrafe und ihre Surrogate, S.327ff.

Bottke, Wilfried
„Was bleibt von der Resozialisierung übrig?", in de Boor/Frisch/Rode (Hrsg.): Resozialisierung – Utopie oder Chance, S.43ff.

Bowman, Gary W. / **Hakim,** Simon / **Seidenstat,** Paul (Hrsg.)
Privatizing Correctional Institutions, New Brunswick/London: 1993

Braukmann, Ute / **Jacobsen,** Thomas / **Möller,** Werner (Hagen) /
Möller, Werner (Wuppertal) / **Pfläging,** Heinrich / **Winter,** Klaus
„Die Krise des Unterrichts – eine Chance für die Pädagogik",   ZfStrVo 1993, S.274

Braum, Stefan / **Varwig,** Marianne / **Bader,** Christine
„Die ‚Privatisierung des Strafvollzugs' zwischen fiskalischen Interessen und verfassungsrechtlichen Prinzipien",   ZfStrVo 1999, S.67ff.

The new Encyclopedia **Britannica**
Band 28, 15.Aufl., Chicago/Auckland/London…: 1997

Bringer, Peter / **Dörken,** Axel
„Freiheitsstrafe und Gefängniswesen in Ghana", in Jescheck (Hrsg.): Die Freiheitsstrafe und ihre Surrogate …, S.1273ff.

Britz, Guido
„Leistungsgerechtes Arbeitsentgelt für Strafgefangene? – Eine Besprechung der Entscheidung des Bundesverfassungsgerichts vom 1.7.1998 – (2 BvR 441/90 u.a. (BGBl. I 1998, 2208)",   ZfStrVo 1999, S.195ff.

Brockhaus – Die Enzyklopädie in 24 Bänden
Band 21, 20.Aufl., Mannheim: 1996

Brodhage, Alexandra / **Britz,** Guido
„Eine Einführung in den französischen Strafvollzug",   ZfStrVo 2001, S.77ff.

Brüchert, Oliver
„Modellversuch Elektronische Fußfessel – Strategien zur Einführung einer umstrittenen Maßnahme",   NKrimP 2002, Heft 1, S.32ff.

Brunner, Rudolf / **Dölling,** Dieter
Jugendgerichtsgesetz, 10.Aufl., Berlin/New York: 1996

Bryde, Brun - Otto
„Artikel 12 Grundgesetz – Freiheit des Berufs und Grundrecht der Arbeit",
NJW 1984, S.2177ff.

Bundesarbeitsgemeinschaft der Lehrer im Justizvollzug (Hrsg.)
Justizvollzug & Pädagogik: Tradition und Herausforderung, Pfaffenweiler:
1999

Bundesarbeitsgemeinschaft für Straffälligenhilfe e.V.
„Tarifgerechte Entlohnung für Inhaftierte",   ZfStrVo 1993, S.174ff.

Busch, Max
„Erziehung als Strafe", in BAG der Lehrer im Justizvollzug (Hrsg.): Justizvollzug & Pädagogik, S. 47

Busch, Max / **Edel,** Gottfried / **Müller – Dietz,** Heinz (Hrsg.)
Gefängnis und Gesellschaft - Gedächtnisschrift für Albert Krebs, Pfaffenweiler: 1994

Calliess, Rolf - Peter
Strafvollzug - Institution im Wandel, Stuttgart: 1970

„Die Neuregelung des Arbeitsentgelts im Strafvollzug",   NJW 2001,
S.1692ff.

Calliess, Rolf - Peter / **Müller - Dietz,** Heinz
Strafvollzugsgesetz, 8.Auflage, München: 2000

Strafvollzugsgesetz, 9.Auflage, München: 2002

Strafvollzugsgesetz, 10.Auflage, München 2005

Carlson, Norman A. / **Hess,** Kären M. / **Orthmann,** Christine M.H.
Corrections in the 21st Century – A practical approach, 1st Ed., Belmont, CA:
1999

Champion, Dean J.
Probation, Parole, and Community Corrections, 2nd Ed., Upper Saddle River,
New Jersey: 1996

Chayed, Ellen F.
„Correctional 'Good Time' as a Means of Early Release", in Mac-Shane/Williams III (Hrsg.): The Philosophy and Practice of Corrections, S.53ff.

Chimimba, Trevor Pascal
„Establishing An Enforcement Regime", in Lee (Hrsg): The International Criminal Court, S.345ff.

Chun - Tai, Lee
Zur Kritik des unmittelbaren und mittelbaren Arbeitszwangs im Strafvollzug, Hamburg: 1994

Clark, John / **Austin**, James / **Henry**, D. Alan
„'Three Strikes and You're Out': A Review of State Legislation", National Institute of Justice – Research in Brief, U.S. Department of Justice / Office of Justice Programs (NCJ 165369), September 1997 *(http://www.ncjrs.org/)*

Clever, Caroline / **Ommerborn**, Rainer
„Fernstudium an deutschen Haftanstalten", ZfStrVo 1996, S.80ff.

Cornel, Heinz
„Zur Situation, Funktion und Perspektive des Schulunterrichts im Justizvollzug heute", ZfStrVo 1994, S.344ff.

„Gemeinnützige Arbeit – Neues Konzept in Brandenburg", NKrimP 1999, Heft 3, S.8

Cornel, Heinz / **Kögler**, Matthias / **Laubenstein**, Claus, / **Manns**, Winfried
„Frühere und jetzige Regelung der Gefangenenarbeit – ihre Entwicklung und deren Grenzen", in Lüderssen/Schuhmann/Weiss (Hrsg.): Gewerkschaften und Strafvollzug, S.41ff.

Courakis, Nesor (Hrsg.)
Die Strafrechtswissenschaften im 21. Jahrhundert – FS für Professor Dr. Dionysios Spinellis, Athen: 2001

Courtless, Thomas F.
Corrections and the Criminal Justice System, Belmont/Albany/Boston: 1998

Cremer-Schäfer, Helga
„Weshalb Arme so leicht kriminell werden müssen", NKrimP 1998, Heft 4, S.33ff.

Cromwell, Paul F. / **Killinger,** George G.
Community-Based Corrections – Probation, Parole, and Intermediate Sanctions, 3rd Ed., Minneapolis/New York/Los Angeles/San Francisco: 1994

Davis, Su Perk
„Good time", Corrections Compendium – the National Journal for Corrections Professionals, Volume XV No. 4, May 1990, S. 1ff.

Di Fabio, Udo
„Privatisierung und Staatsvorbehalt – Zum dogmatischen Schlüsselbegriff der öffentlichen Aufgabe", JZ 1999, S.585ff.

Dinnen, Sinclair
„Papua New Guinea", in U.S. Department of Justice / Bureau of Justice Statistics (Hrsg.): The World Factbook of Criminal Justice Systems, 1993

Ditton, Paula M. / **Wilson,** Doris James
„Truth in Sentencing in State Prisons", Bureau of Justice Statistics – Special Report, U.S. Department of Justice / Office of Justice Programs (NCJ 170032), January 1999 (*http://www.ncjrs.org/*)

Dolde, Gabriele
„Vollzugslockerungen im Spannungsfeld zwischen Resozialisierungsversuch und Risiko für die Allgemeinheit", in Jung/Müller-Dietz (Hrsg.): Langer Freiheitsentzug – wie lange noch?, S.105ff.

Dolzer, Rudolf / **Vogel,** Klaus (Hrsg.)
Bonner Kommentar zum Grundgesetz, Heidelberg: Mai 2001

Dörner, Christine
Erziehung durch Strafe – Die Geschichte des Jugendstrafvollzugs von 1871-1945, Weinheim/München: 1991

Dunham, Douglas W.
„Inmates' Rights and the Privatization of Prisons", Columbia Law Review, Volume 86, Nov. 1986, S.1475ff.

Dünkel, Frieder
Empirische Beiträge und Materialien zum Strafvollzug, Freiburg i.Br.: 1992

„Minimale Entlohnung verfassungswidrig!", NKrimP 1998, Heft 4, S.14ff.

Dünkel, Frieder / **Grosser,** Rudolf
„Vermeidung von Ersatzfreiheitsstrafen durch gemeinnützige Arbeit",
NKrimP 1999, Heft 1, S.28ff.

Dünkel, Frieder / **van Zyl Smit,** Dirk
„Arbeit im Strafvollzug – Ein internationaler Vergleich", in Alb-
recht/Dünkel/Kerner/Kürzinger/
Schöch/Sessar/Villmow (Hrsg.): Internationale Perspektiven in Kriminologie und Strafrecht – FS für Günther Kaiser, 1998, S.1161ff.

Ebbe, Obi N.I.
„Ghana", „Kenya" & „Nigeria", in U.S. Department of Justice / Bureau of
Justice Statistics (Hrsg.): The World Factbook of Criminal Justice Systems,
1993

Eberle, Hans Jürgen
„Didaktische Grundprobleme der Bildungsarbeit im Justizvollzug", in Bun-
desarbeitsgemeinschaft der Lehrer im Justizvollzug (Hrsg.): Justizvollzug &
Pädagogik, S.27ff.

Eberle, Hans Jürgen / **Kloss,** Tilbert / **Nollau,** Jürgen
Weiterbildung und Justizvollzug, Frankfurt a.M./Berlin/New York: 1992

Ebert, Udo
Strafrecht – Allgemeiner Teil, 3.Aufl., Heidelberg: 2001

Egg, Rudolf
„Straftäterbehandlung unter Bedingungen äußeren Zwangs", in Feuer-
helm/Schwind/Bock (Hrsg.): FS Alexander Böhm, S.397ff.

Eisenberg, Michael
The Impact of Tougher Incarceration Policies for Sex Offenders, Austin,
Texas: 1996

Eisenberg, Ulrich
Jugendgerichtsgesetz, 3.Aufl., München: 1988

Jugendgerichtsgesetz, 8.Aufl., München: 2000

„ ,Freie Arbeit' (Art. 293 Abs.1 EGStGB) während Freiheitsentzuges (§43 StGB)?", ZfStrVO 2003, S.223f.

Ekland-Olson, Sheldon / **Kelly,** William R.
Justice under Pressure, New York/Berlin/Heidelberg: 1993

Emshoff, James G. / Davidson, William S.
„The Effect of 'Good Time' Credit on Inmate Behavior – A Quasi–Experiment", Criminal Justice and Behavior, Volume 14 No.3, September 1987, S.335ff.

Endres, Johann
„Die Kriminalprognose im Strafvollzug: Grundlagen, Methoden und Probleme der Vorhersage von Straftaten", ZfStrVo 2000, S.67ff.

Farrington, David P. / **Nuttall,** Christopher P.
„Prison Size, Overcrowding, Prison Violence, and Recidivism", Journal of Criminal Justice, Vol. 8, 1980, S.221ff.

Feest, Johannes (Hrsg.)
Alternativkommentar zum Strafvollzugsgesetz, 4.Aufl., Neuwied/Kriftel: 2000

Ergänzung des Kommentars zum Strafvollzugsgesetz (AK-StVollzG), Neuwied: 2001

Fiedler, Harald
„Wohltat, Behandlungsmaßnahme, Risiko? Zur ideologischen und pragmatischen Einordnung des Urlaubs aus dem Vollzug", ZfStrVo 1996, S.326ff.

Feuerhelm, Wolfgang
„Gemeinnützige Arbeit als strafrechtliche Sanktion", BewHi 1998, S.323ff.

Feuerhelm, Wolfgang / **Schwind,** Hans - Dieter / **Bock,** Michael (Hrsg.)
Festschrift für Alexander Böhm zum 70.Geburtstag am 14.Juni 1999, Berlin/New York: 1999

Forst, Martin L. / **Brady,** James M.
„The Effects of Determinate Sentencing on Inmate Misconduct in Prison",
Prison Journal, Volume LXIII (1), 1983, S.100ff.

Fox, Susan Barth
Policies on Good Time and the Effects on Sentencing Practices: History and
Survey Results, May 1998; veröffentlicht im Internet:
http://leg.state.mt.us/reports/reference/past_interim/cor_rpt3.htm ; auch zu
beziehen über *http://www.nicic.org*

Frangoulis, Spiros
Freiheit durch Arbeit, Marburg: 1994

Freimund, Bettina
Vollzugslockerungen – Ausfluss des Resozialisierungsgedankens?: „Begünstigende" Vollzugsmaßnahmen im Lichte des Vollzugsziels der Resozialisierung; eine Studie zur Verurteilung von Lockerungen im weiteren Sinne
in 4 verschiedenen Anstalten zweier Vergleichsgruppen, Frankfurt a.M.:
1990

Friauf, Karl Heinrich / **Höfling,** Wolfram (Hrsg.)
Berliner Kommentar zum Grundgesetz, Band 1, Berlin: Stand Dezember
2005

Frisch, Wolfgang
„Dogmatische Grundfragen der bedingten Entlassung und der Lockerungen
des Vollzugs von Strafen und Maßregeln",   ZStW 102 (1990), Heft 4,
S.707ff.

Geerds, Friedrich
„Zum Zerrbild des Strafvollzugs in den Massenmedien", in Busch/Edel/
Müller-Dietz (Hrsg.): Gefängnis und Gesellschaft – Gedächtnisschrift für
Albert Krebs, S.259ff.

Gescher, Norbert
„Bestandsaufnahme eines paramilitärischen Sanktionskonzepts",   NKrimP
1998, Heft 3, S.18ff.

Boot Camp – Programme in den USA – Ein Fallbeispiel zum Formenwandel
in der amerikanischen Kriminalpolitik, Mönchengladbach: 1998

Giménez-Salinas, Esther
„Spain", in van Zyl Smit/Dünkel (Hrsg.): Prison Labour: Salvation or Slavery?, S.241ff.

Giralt, Hennry Q.
„Costa Rica", in U.S. Department of Justice / Bureau of Justice Statistics (Hrsg.): The World Factbook of Criminal Justice Systems

Goff, Colin
Corrections in Canada, Cincinnati, Ohio: 1999

Goodstein, Lynne / **Hepburn,** John
„Determinate Sentencing in Illinois: An Assessment of its Development and Implementation", CJPR, Vol. 1, No.3 (October 1996), S.305ff.

Göppinger, Hans
Kriminologie, 5.Aufl., bearbeitet von Michael Bock und Alexander Böhm, München: 1997

Grosselfinger, Nancy
„Malta", in U.S. Department of Justice / Bureau of Justice Statistics (Hrsg.): The World Factbook of Criminal Justice Systems, 1993

Grunau, Theodor
„Kritische Überlegungen zum Strafvollzugsgesetz", JR 1977, S.51ff.

Haas, Kenneth S. / **Alpert,** Geoffrey P.
The Dilemmas of Corrections – Contemporary Readings, 4th Ed., Prospect Heights, Illinois: 1999

Haberstroh, Dieter
„Die Mitwirkung des Gefangenen an seiner Behandlung - Sanktionierung und Belohnung", ZfStrVo 1982, S.259ff.

Hagedorn, Ekkehard
Die Richterliche Individualisierung der Strafe in Frankreich, Diss., Albert - Ludwigs - Universität zu Freiburg i.Br.: 1980

Hammerschick, Walter
„Arbeit im Strafvollzug – Rechtslage und Realität im europäischen Vergleich", in Hammerschick/Pilgram (Hrsg.): Arbeitsmarkt, Strafvollzug und Gefangenenarbeit, S.71ff.

Hammerschick, Walter / **Pilgram,** Arno (Hrsg.)
Arbeitsmarkt, Strafvollzug und Gefangenenarbeit (Jahrbuch für Rechts- und Kriminalsoziologie '97), Baden - Baden: 1997

Hammerschick, Walter / **Pilgram,** Arno / **Riesenfelder,** Andreas
„Zu den Erwerbsbiografien und Verurteilungskarrieren Strafgefangener und Strafentlassener, rekonstruiert anhand von Sozialversicherungs- und Strafregisterdaten", in Hammerschick/Pilgram (Hrsg.): Arbeitsmarkt, Strafvollzug und Gefangenenarbeit, S.155ff.

Harrison, Paige M. / **Beck,** Allen J.
„Prisoners in 2002", Bureau of Justice Statistics Bulletin, U.S. Department of Justice / Office of Justice Programs (NCJ 188207), Juli 2003 (*http://www.ncjrs.org/*)

Haverkamp, Rita
„Das Projekt „Elektronische Fußfessel" in Frankfurt am Main", BewH 2003, S. 164 ff.

Heghmanns, Michael
„Fahrverbot, Arbeitsstrafe und Hausarrest als taugliche Instrumente zur Vermeidung von unnötigem Strafvollzug?, ZRP 1999, S.297ff.

Hennig, Dietmar
„Rettet die Geldstrafe – macht sie einbringlich", BewHi 1999, S.298ff.

Herrfahrdt, Rolf
Neue Steuerungsmodelle im Strafvollzug (Hrsg.), aus der Schriftenreihe der Bundesvereinigung der Anstaltsleiter im Strafvollzug e.V., Band 2, Hannover: Eigenverlag der Bundesvereinigung der Anstaltsleiter im Strafvollzug e.V. 1999

Behandlung von Sexualstraftätern (Hrsg.), aus der Schriftenreihe der Bundesvereinigung der Anstaltsleiter im Strafvollzug e.V., Band 3, Hannover: Eigenverlag der Bundesvereinigung der Anstaltsleiter im Strafvollzug e.V. 2000

Strafvollzug in Europa (Hrsg.), aus der Schriftenreihe der Bundesvereinigung der Anstaltsleiter im Strafvollzug e.V., Band 4, Hannover: Eigenverlag der Bundesvereinigung der Anstaltsleiter im Strafvollzug e.V. 2001

„Politische Verantwortung des Strafvollzuges angesichts des „allgemeinen Rechtsempfindens", in Feuerhelm/Schwind/Bock (Hrsg.): FS Alexander Böhm, S.81ff.

Herzog, Roman
„Hierarchie der Verfassungsnormen und ihre Funktion beim Schutz der Grundrechte", EuGRZ 1990, S.483ff.

Hinrichs, Günter
„Behandlungsmöglichkeiten für Sexualstraftäter", NKrimP 2002, Heft. 3, S.108ff.

von Hippel, Robert,
Deutsches Strafrecht, Band 1: Allgemeine Grundlagen, Berlin: 1925

Hoffmann - Riem, Wolfgang
„Justizdienstleistungen im kooperativen Staat", JZ 1999, S.421

Hötter, Ulrich
„Zur Neuregelung des §43 StVollzG", ZfStrVo 2001, S.139

Huber, Barbara
„Die Freiheitsstrafe und ihre Surrogate in England und Wales", in Jescheck (Hrsg.): Die Freiheitsstrafe und ihre Surrogate..., S.156ff.

Isensee, Josef / **Kirchhof,** Paul (Hrsg.)
Handbuch des Staatsrechts der BRD, Band 1 (Grundlagen von Staat und Verfassung), Heidelberg: 1987

Jacobs, James B.
„Sentencing by Prison Personnel: Good Time", UCLA Law Review, Volume 30 / Issue 2, December 1982, S.217ff.

James, Adrian L. / **Bottomley,** A.Keith / **Liebling,** Alison / **Clare,** Emma
Privatizing Prisons – Rhetoric and Reality, London/Thousand Oaks/New Delhi: SAGE Publications 1997

Jarass, Hans D. / **Pieroth,** Bodo
Grundgesetz für die Bundesrepublik Deutschland, 6.Aufl., München: 2002

Jehle, Jörg - Martin
„Arbeit und Entlohnung von Strafgefangenen", ZfStrVo 1994, S.259ff.

Jescheck, Hans Heinrich (Hrsg.)
Die Freiheitsstrafe und ihre Surrogate im deutschen und ausländischen
Recht, in 3 Bänden, Baden - Baden: 1983/84

Jescheck, Hans Heinrich / **Ruß,** Wolfgang / **Willms,** Günther (Hrsg.)
Leipziger Kommentar zum Strafgesetzbuch, Band 2, 10.Aufl., Berlin/New
York: 1985

Johnson, Byron R. / **Ross,** Paul P.
„The Privatization of Correctional Management: A Review", Journal of
Criminal Justice, Vol. 18 (1990), S.351ff.

de Jonge, Gerard
„Strafarbeit – Entstehung und Entwicklung der Arbeitspflicht von Gefange-
nen in den Niederlanden", in Hammerschick/Pilgram (Hrsg.): Arbeitsmarkt,
Strafvollzug und Gefangenenarbeit, S.35ff.

„Still 'Slaves of the State': Prison Labour and International Law", in van Zyl
Smit/Dünkel (Hrsg.): Prison Labour: Salvation or Slavery?, S.313ff.

Jung, Heike
„Behandlung als Rechtsbegriff", ZfStrVo 1987, S.38ff.

Jung, Heike / **Müller – Dietz,** Heinz (Hrsg.)
Langer Freiheitsentzug – wie lange noch? – Plädoyer für eine antizyklische
Kriminalpolitik, Bonn: 1994

Kaiser, Günther
Kriminologie, 3.Aufl., Heidelberg: 1996

„Deutscher Strafvollzug in europäischer Perspektive", in Feuer-
helm/Schwindt/Bock (Hrsg.): FS Alexander Böhm, S.25ff.

Kaiser, Günther / **Kerner,** Hans - Jürgen / **Schöch,** Heinz
Strafvollzug, 4.Auflage, Heidelberg: 1992

Kaiser, Günther / **Schöch,** Heinz
Strafvollzug, 5.Aufl., Heidelberg: 2002

Kamann, Ulrich
„Das Urteil des Bundesverfassungsgerichts vom 1.7.1998 (StV 98, 438) zur Gefangenenentlohnung, ein nicht kategorischer Imperativ für den Resozialisierungsvollzug",
StV 1999, S.348ff.

Karunaratne, N.H.A.
„Sri Lanka", in U.S. Department of Justice / Bureau of Justice Statistics (Hrsg.): The World Factbook of Criminal Justice Systems, 1993

Kaufmann, C.
„Good Time", Corrections Compendium, Volume 22 / Issue 7 (July 1997), S.3ff.

Kawamura, Gabriele
„Gemeinnützige Arbeit statt Ersatzfreiheitsstrafe – Die Rolle der Sozialarbeit", BewHi 1998, S.338ff.

Kempter, Eike Christian
Schulden und Schuldenregulierung der Gefangenen in sächsischen Justizvollzugsanstalten, Leipzig: 2000

Kerner, Hans-Jürgen / **Kury,** Helmut / **Sessar,** Klaus (Hrsg.)
Deutsche Forschungen zur Kriminalitätsentstehung und Kriminalitätskontrolle – German Resaerch on Crime and Crime Control, Köln/Berlin/Bonn: 1983

Köberer, Wolfgang
Iudex non calculat – Über die Unmöglichkeit, Strafzumessung sozialwissenschaftlich-mathematisch zu rationalisieren, Franfurt a.M.: 1996

Koepsel, Klaus
„Resozialisierungsziele auf dem Prüfstand - Oder: Sind neue Sicherheitsstrategien für den Vollzug erforderlich", Kriminalistik 1999, Heft 2, S.81

Köhler, Michael
„Zur Kritik der Zwangsarbeitstrafe", GA 1987, S.145ff.

„Zwangsarbeitsverbot und Jugendstrafrecht", JZ 1988, S.749ff.

Kolling, Hubert
„'Ein sehr mächtiger Hebel zur Besserung der Gefangenen' – Zur Theorie und Praxis der Beschäftigung von Gefangenen in den kurhessischen ‚Straf- und Besserungsanstalten' des 19.Jhd.", ZfStrVo 1999, S.223ff.

Krahl, Matthias
„Der elektronisch überwachte Hausarrest", NStZ 1997, S.457ff.

Kraschutzki, Heinz
Die Gerechtigkeitsmaschine, Karlsruhe: 1970

„Fürsorgemaßnahmen, die in einem Vollzugsgesetz geregelt werden soll-ten", Tagungsberichte der Strafvollzugskommission, Band IV (1969), S.51ff.

Krause, Thomas
Geschichte des Strafvollzugs: von den Kerkern des Altertums bis zur Ge-genwart, Darmstadt: 1999

Krebs, Albert
„Strafvollzug am Vorabend des Dritten Reiches", ZfStrVo 1993, S.11ff.

„Der Erziehungsbeamte in der Strafanstalt", in Müller-Dietz (Hrsg.): Frei-heitsentzug – Entwicklung von Praxis und Theorie seit der Aufklärung, S.255ff.

„Die Selbstverwaltung Gefangener in der Strafanstalt", in Müller-Dietz (Hrsg.): Freiheitsentzug – Entwicklung von Praxis und Theorie seit der Auf-klärung, S.272ff.

„Landesstrafanstalt in Untermaßfeld", in Müller-Dietz (Hrsg.): Freiheitsent-zug – Entwicklung von Praxis und Theorie seit der Aufklärung, S.287ff.

„Volkshochschularbeit im Gefängnis", in Müller-Dietz (Hrsg.): Freiheitsent-zug – Entwicklung von Praxis und Theorie seit der Aufklärung, S.300ff.

„'Lex Wentzel' Gesetz betreffend die Beschäftigung der Strafgefangenen außerhalb der Anstalt vom 11. April 1854", ZfStrVo 1954, S.100ff.

Kreuzer, Arthur
„Gefängnisüberfüllung – Eine kriminalpolitische Herausforderung", in Schwind/Berz/Geilen (Hrsg.): Festschrift für Günter Blau, S.459ff.

Krohne, Karl
Lehrbuch der Gefängniskunde unter Berücksichtigung der Kriminalstatistik und Kriminalpolitik, Stuttgart: 1889

Kury, Helmut
„Zum Stand der Behandlungsforschung oder: Vom nothing works zum something works", in Feuerhelm/Schwind/Bock (Hrsg.): FS Alexander Böhm, S.251ff.

Lambropoulou, Effi
„Das neue griechische Strafvollzugsgesetz",   ZfStrVo 1990, S.153ff.

Lammich, Siegfried
„Das neue russische Strafvollzugsrecht",   ZfStrVO 1997, S.266ff.

Landau; Herbert / **Kunze,** Torsten / **Poseck,** Roman
„Die Neuregelung des Arbeitsentgelts im Strafvollzug",   NJW 2001, S.2611ff.

Laubenthal, Klaus
Strafvollzug, 3. Auflage, Berlin/Heidelberg/New York: 2003

„Arbeitsverpflichtung und Arbeitsentlohnung des Strafgefangenen", in Schlüchter (Hrsg.): Kriminalistik und Strafrecht: FS Geerds, S.337ff.

Lauen, Roger J.
Positive Approaches to Corrections: Research, Policy, and Practice, Upper Marlboro, MD: 1997

Lechner, Ferdinand / **Reiter,** Walter
„Die Aufgaben staatlicher Institutionen im Kontext der beruflichen Reintegration von Haftentlassenen", in Hammerschick/Pilgram (Hrsg.): Arbeitsmarkt, Strafvollzug und Gefangenenarbeit, S.189ff.

Lee, Roy S.(Hrsg.)
The International Criminal Court – The Making of the Rome Statute – Issues, Negotiations, Results, The Hague/London/Boston: 1999

Leibholz, Gerhard / **Rinck,** Hans-Justus / **Hesselberger,** Dieter
Grundgesetz für die BRD, Köln:
Band 1, 7.Aufl., Stand Dezember 1999
Band 2, 7.Aufl., Stand August 2001

Leisner, Walter
„Verfassungswidriges Verfassungsrecht", DÖV 1992, S.432

Lilly, J. Robert / **Knepper,** Paul
„An International Perspective on the Privatisation of Corrections", The Howard Journal, Vol.31 (August 1992), S.174ff.

Lindenberg, Michael
„Elektronisch überwachter Hausarrest auch in Deutschland?", BewHi 1999, S.11ff.

von Liszt, Franz
Strafrechtliche Aufsätze und Vorträge, 1. und 2. Band, Berlin: J. Guttentag 1905 / *Nachdruck*: Berlin: 1970

Lloyd, Margaret Gwynne
„Early Release of Prisoners in France – Plus ça change, plus c'est la même chose", The Howard Journal, Volume 30, No. 3, Aug.1991, S.231ff.

Logan, Charles H.
„The Proprietary of Proprietary Prisons", Federal Probation, Volume 51, Sep. 1987, S.35ff.

Lohmann, Hans Christian
Arbeit und Arbeitsentlohnung des Strafgefangenen, Frankfurt a.M./Berlin/Bern: 2002

Lübbe-Gotschol, Ulrike:
Die Freiheitsstrafe im kanadischen Strafrecht, Freiburg: Hochschulverlag 1983

„Die Freiheitsstrafe und ihre Surrogate in Kanada", in Jescheck (Hrsg.): Die Freiheitsstrafe und ihre Surrogate, S.1473ff.

Lüderssen, Klaus
„Gnadenweiser Erlass von Ersatzfreiheitsstrafen?", in Feuerhelm/Schwind/ Bock (Hrsg.): FS Alexander Böhm, S.553

„Krise des Resozialisierungsgedankens im Strafrecht?", JA 1991, S.222ff.

Lüderssen, Klaus / **Schuhmann,** Karl F. / **Weiss,** Manfred (Hrsg.)
Gewerkschaften und Strafvollzug, Frankfurt a.M.: 1978

MacKenzie, Doris Layton
„Boot Camps", in McShane/Williams (Hrsg.): Encyclopedia of American Prisons, S.661ff.

„Boot Camps – An National Assessment", in Tonry/Hamilton (Hrsg): Intermediate Sanctions in overcrowded Times, S.149ff.

MacLean, Jan
„Gesetzentwurf über die Zusammenarbeit mit dem Internationalen Strafgerichtshof", ZRP 2002, S.260ff.

Maelicke, Bernd
„Der Strafvollzug und die neue Wirklichkeit", ZfStrVo 1999, S.73ff.

Mahoney, Michael J.
„Prisons for Profit – Should Corrections Make a Buck?", Corrections Today, Okt. 1988, S.104ff.

v. Mangoldt, Hermann / **Klein,** Friedrich / **Starck,** Christian
Das Bonner Grundgesetz, 4.Aufl., München:
1.Band, 1999
3.Band, 2001

Mannheim, Hermann
Pioneers in Criminology, 2nd Ed., Montclair, New Jersey: 1972

Matzke, Michael
Der Leistungsbereich bei Jugendstrafgefangenen – Ein Beitrag zur Funktion der Jugendstrafe, Diss., Berlin: 1982

Maunz, Theodor / **Dürig,** Günter u.a.
Grundgesetz, München:, Stand Juni 2002

Maurer, Hartmut
Staatsrecht, München: 1999

Maurer, Markus
„Die Freiheitsstrafe und ihre Surrogate in Spanien", in Jescheck (Hrsg.): Die Freiheitsstrafe und ihre Surrogate, S.929ff.

Mayer, Connie
„Legal Issues Surrounding Private Operation of Prisons",   Criminal Law Bulletin, Vol. 22 (1986), S.309ff.

McCarthy, Belinda Rodgers / **McCarthy** Bernard J. Jr.
Community - Based Corrections, 3rd Ed., Belmont/Albany/Boston: 1997

McShane, Marylin D.
„Crowding", in McShane/Williams(Hrsg): Encyclopedia of American Prisons, S.135ff.

McShane, Marilyn D. / **Williams III,** Frank P. (Hrsg.)
Encyclopedia of American Prisons, New York & London: 1996

The Philosophy and Practice of Corrections, New York & London: 1997

Mendelsohn, Bruce
The Challenge of Prison Crowding, Gaithersburg: 1996

Meurer, Dieter
„Freiheit durch Arbeit nach griechischem Strafrecht", in Busch/Edel/Müller – Dietz (Hrsg.): Gefängnis und Gesellschaft – Gedächtnisschrift für Albert Krebs, S.79ff.

Müller, Friedrich
Die Einheit der Verfassung, aus der Reihe: Elemente der Verfassungstheorie, Band 3, Berlin: 1979

Müller – Christmann, Bernd
„Aktuelles Strafprozessrecht",   Jus 1999, S.58ff.

Müller – Dietz, Heinz
„Die Bedeutung der Arbeit im Rahmen des Behandlungsvollzugs", ZfStrVo 1973, S.125ff.

„Bildungsarbeit im Strafvollzug – grenzüberschreitend", in BAG der Lehrer im Justizvollzug (Hrsg.): Justizvollzug & Pädagogik, S.72ff.

(Hrsg.): Freiheitsentzug – Entwicklung von Praxis und Theorie seit der Aufklärung, Berlin: 1978

"Strafvollzug heute",   ZfStrVo 2000, S.230ff.

von Münch, Ingo
Staatsrecht, Band 1, 5.Aufl., Stuttgart/Berlin/Köln: 1993

Nedopil, Norbert
„Prognosebegutachtungen bei zeitlich begrenzten Freiheitsstrafen – Eine sinnvolle Lösung für problematische Fragestellungen?", NStZ 2002, S.344ff.

Neu, Axel D.
„Produktivität der Gefängnisarbeit: eingemauert auf bescheidenem Niveau?", in Hammerschick/Pilgram (Hrsg.), S.97ff.

„Der Gesetzgeber bleibt gefragt", NKrimP 1998, Heft 4, S.16ff.

„Den verfassungsrechtlichen Vorgaben knapp entsprochen", NKrimP 2001, Heft 2, S.22ff.

Neubacher, Frank / **Walter,** Michael / **Pitsela,** Angelika
„Jugendstrafvollzug im deutsch – griechischen Vergleich – Ergebnisse einer Befragung", ZfStrVo 2003, S.17ff.

Neufeld, Walter
„Die Überfüllung der Gefängnisse und ihre negativen Folgen", StraFo 2000 S.73ff.

Neumann, Ulfried / **Puppe,** Ingeborg / **Schild,** Wolfgang
Nomos Kommentar zum Strafgesetzbuch, Band 2, Baden-Baden: Stand November 2001

Nibbeling, Joachim
Die Privatisierung des Haftvollzugs, Frankfurt a.m./Berlin/Bern: 2001

Nikiforov, Ilya V.
„Russia", in US. Department of Justice / Bureau of Justice Statistics (Hrsg.): The World Factbook of Criminal Justice Systems 1993

Oberheim, Rainer
Gefängnisüberfüllung, Frankfurt a.m./Bern/New York: 1985

Olbrück, Claudia
Anspruch und Wirklichkeit des Strafvollzugsgesetzes, Diss., Kiel: 1996

Orland, Leonard
„Prisons as Punishment", in Haas/Alpert (Hrsg.): The Dilemmas of Corrections, S.5ff.

Ostendorf, Heribert
Jugendgerichtsgesetz, 5.Aufl., Köln/Berlin/Bonn/München: 2000

„Die ‚elektrische Fußfessel' – Wunderwaffe im ‚Kampf' gegen die Kriminalität?", ZRP 1997, S.473ff.

Parent, Dale G. Parent
„Good Time", in Tonry/Hamilton (Hrsg.): Intermediate Sanctions in Overcrowded Times, S.139ff.

Parisi, Nicolette / **Zillo,** Joseph A.
„Good time: The Forgotten Issue", Crime & Delinquency, 1983 (Volume 29), S. 228ff.

Payne, Brian K. / **Gainey,** Randy R.
„Is good-time appropriate for offenders on electronic monitoring? Attitudes of electronic monitoring directors", Journal of Criminal Justice 2000, Vol. 28, S.497ff.

Pecic, Denis
„Der Strafvollzug aus der Sicht eines Gefangenen", in Schwind/Blau (Hrsg.): „Strafvollzug in der Praxis", 1. Aufl., S.333ff.

„Ist die Gefangenenarbeit immer noch ein Strafübel?", Krimpäd, 10.Jahrg., April 1982, Heft 13, S.14ff.

Pendon, Manuel
„Lernziele im Vollzug", ZfStrVo 1994, S.204ff.

Pilgram, Arno
„Freiheitsstrafe als Fangnetz für Arme", NKrimP 1998, Heft 4, S.21ff.

Plagemann, Dirk
„Die Freiheitsstrafe und ihre Surrogate in den USA", in Jescheck (Hrsg.): Die Freiheitsstrafe und ihre Surrogate..., S.1611ff.

Pörksen, Anke
„Neuregelung der Gefangenen-Entlohnung", NKrimP 2001, Heft 1, S.5f.

Pozo, José Hurtado
„Die Freiheitsstrafe und ihre Surrogate in Peru", in Jescheck (Hrsg.): Die Freiheitsstrafe und ihre Surrogate, S.1579ff.

Quensel, Stephan
„Zur Arbeits- und Ausbildungssituation der Strafgefangenen und Entlassenen: Störung, Behandlung, Erwartung", in Lüderssen/Schuhmann/Weiss (Hrsg.): Gewerkschaften und Strafvollzug, S.89ff.

Quinn, James F:
Corrections – A Concise Introduction, Prospect Heights, Illinois: 1999

Radbruch, Gustav
„Die Psychologie der Gefangenschaft", in Radbruch: Strafvollzug, Bd. 10 der Gustav Radbruch – Gesamtausgabe (Hrsg.: Arthur Kaufmann; bearb. von Heinz Müller-Dietz), Heidelberg: 1993, S.31ff.

Radtke, Henning
„Die Zukunft der Arbeitsentlohnung von Strafgefangenen", ZfStrVo 2001, S.4ff.

Raghavan, R.K.
„India", in U.S. Department of Justice / Bureau of Justice Statistics (Hrsg.): The Word Factbook of Criminal Justice

Ramírez, Sergio García / **del Pont,** Luis Marcó
„Die Freiheitsstrafe und ihre Surrogate in Mexiko", in Jescheck (Hrsg.): Die Freiheitsstrafe und ihre Surrogate...., S.1549

Raub, Nikolaus
„Die Freiheitsstrafe und ihre Surrogate in Ekuador", in Jescheck (Hrsg.): Die Freiheitsstrafe und ihre Surrogate, Band 2, S.1203ff.

Reichel, Philip L.
Corrections, Minneapolis/St. Paul/New York/Los Angeles/San Francisco: 1997

Rieß, Peter (Hrsg.)
Die Strafprozessordnung und das Gerichtsverfassungsgesetz, 25. Aufl., Band 1, Einleitung, Berlin/New York: 1999

Roberson, Cliff
Introduction to Corrections, Incline Village, Nevada: 1997

Rösch, Thomas
„Kommentar zum Urteil des BVerfG vom 1.1.1998", in Herrfahrdt (Hrsg.):
Neue Steuerungsmodelle im Strafvollzug, S.134ff.

Rosenthal, Michael
„Arbeitslohn im Strafvollzug", NKrimP 1998, Heft 2, S.12ff.

Rotthaus, Karl Peter
„Menschenwürde und Strafvollzug", MDR, 1968, S.102

„Die öffentliche Meinung über den Strafvollzug und ihr Einfluss auf die
Stimmung in den Vollzugsanstalten", in Busch/Edel/Müller-Dietz (Hrsg.):
Gefängnis und Gesellschaft – Gedächtnisschrift für Albert Krebs, S, 243ff.

Rudolphi, Hans - Joachim / **Horn,** Eckhard
Systematischer Kommentar zum Strafgesetzbuch, Band 2, 7.Aufl., Neu-
wied/Kriftel/Berlin: Stand Januar 2001

Sachs, Michael
„Beweiserhebung mit Hilfe eines ‚Lügendetektors' (Polygraph)",
Jus 1999, S.394

Sagaster, Ursula
Die thüringische Landesstrafanstalt Untermaßfeld in den Jahren 1923-1933,
Frankfurt a.M.: 1980

Schäfer, Jörg-Uwe
Nicht-monetäre Entlohnung von Gefangenenarbeit – Die Neuregelung des
§43 Strafvollzugsgesetz, Frankfurt am Main: 2005

Schall, Hero
„Die Sanktionsalternative der gemeinnützigen Arbeit als Surrogat der Geldstrafe", NStZ 1985, S.104ff.

van Schewick, Hans-Jürgen
„Verfassungsrechtliche Grenzen der Resozialisierung", BewHi 32 (1985),
S.3ff.

Schlömer, Uwe
„Die Anwendbarkeit des elektronisch überwachten Hausarrests als Bewährungsweisung nach geltendem Recht", BewHi 1999, S.31ff.

Schlüchter, Ellen (Hrsg.)
Kriminalistik und Strafrecht: Festschrift für Friedrich Geerds zum 70. Geburtstag, Lübeck: 1995

Schmid, Karin
Sowjetischer Strafvollzug nach dem Gesetz, Köln: 1982

Schmidt, Eberhard
„Anmerkung zu OLG Hamm", NJW 1967, S.2024ff.

Schmidt-Bleibtreu, Bruno / **Klein,** Franz
Kommentar zum Grundgesetz, 9.Aufl., Neuwied/Kriftel: 1999

Schneider, Hans Joachim
Kriminologie für das 21. Jahrhundert: Schwerpunkte und Fortschritte der internationalen Kriminologie, Münster/Hamburg/London: 2001

Schneider, Hendrik
Grundlagen der Kriminalprognose: Eine Rekonstruktion der Probleme von Zuverlässigkeit und Gültigkeit unter Rückgriff auf Alfred Schütz, Berlin: 1996

„Die Kriminalprognose bei der nachträglichen Sicherungsverwahrung – An den Grenzen der klinischen Kriminologie", StV 2006, S.99ff.

Schönke, Adolf / **Schröder,** Horst
Strafgesetzbuch, 26.Aufl., bearbeitet von: Lenckner, Theodor / Cramer, Peter / Eser, Albin / Stree, Walter / Sternberg-Lieben, Detlef, München: 2001

Schriever, Wolfgang
„Praktische Erfahrungen mit dem neuen §43 StVollzG", ZfStrVo 2002, S.86ff.

Schüler - Springorum, Horst
„Angemessene Anerkennung als Arbeitsentgelt", in Feuerhelm/Schwind/Bock (Hrsg.): Festschrift für Alexander Böhm zum 70.Geburtstag, S.219ff.

Schweinhagen, Klaus
„Arbeitstherapie im geschlossenen Erwachsenenvollzug", ZfStrVo 1987, S.95ff.

Schwind, Hans - Dieter / **Berz,** Ulrich / **Geilen,** Gerd (Hrsg.)
Festschrift für Günter Blau, Berlin/New York: 1985

Schwind, Hans - Dieter / **Blau,** Günter (Hrsg.)
Strafvollzug in der Praxis, 1.Auflage, Berlin/New York: 1976

Strafvollzug in der Praxis, 2.Auflage, Berlin/New York: 1988

Schwind, Hans – Dieter / **Böhm,** Alexander (Hrsg.)
Strafvollzugsgesetz, 3.Auflage, Berlin/New York: 1999

Schwind, Hans – Dieter / **Böhm,** Alexander / **Jehle,** Jörg-Martin (Hrsg.)
Strafvollzugsgesetz, 4.Aufl., Berlin: 2005

Scutt, Jocelynne A.
„Imprisonment and its Substitutes in Australia", in Jescheck (Hrsg.): Die Freiheitsstrafe und ihre Surrogate, S.998ff.

Seebode, Manfred
Strafvollzug - Recht und Praxis, 1.Teil, Lingen: 1997

„Problematische Ersatzfreiheitsstrafe", in Feuerhelm/Schwind/Bock (Hrsg.): FS Böhm, S.519ff.

„Schleierfahndung. Zum Spannungs- und Abhängigkeitsverhältnis von Freiheit und Sicherheit im sich einigenden Europa", in Bemmann/Spinellis (Hrsg.): Strafrecht – Freiheit – Rechtsstaat, Festschrift für G.-A. Mangakis, S.693ff.

„Verbrechensverhütung durch staatliche Hilfe bei der Schuldenregulierung Straffälliger", ZRP 1983, S.174ff.

„Aktuelle Fragen zum Justizvollzug 2000 und seiner Reform", in Herrfahrdt (Hrsg.): Strafvollzug in Europa, S.47ff.

„Vollzugsrechtliche Reformüberlegungen" in Courakis (Hrsg.): Die Strafrechtswissenschaften im 21. Jahrhundert – FS für Professor Dr. Dionysios Spinellis, S.1005ff.

„Behandlungsvollzug für Ausländer", KrimPäd, 1997, Heft 37, S.52f.

„Anmerkung zu LG Frankfurt, Verfügung des Vorsitzenden vom 18.9.1998 – 5%21 Ks 80 Js 38798.8/96", StV 1999, S. 325ff.

„Anmerkung zu OLG Jena, Beschluss vom 13.9.1994 – 1Ws 49/94", JZ 1996, S.158ff.

Vollzug der Untersuchungshaft, Berlin: 1985

Seidler, Josef / **Schaffner,** Paul / **Kneip,** Wolfgang
„Arbeit im Vollzug – Neue Wege in der Betriebsführung", ZfStrVo 1988, S.328

Selke, William L.
Prisons in Crisis, Bloomington: 1993

Shaw, Alan G.L.
Convicts and the Colonies, London: 1966

Silverman, Ira J. / **Vega,** Manuel
Corrections – A Comprehensive View, Minneapolis/New York/Los Angeles: 1996

Skovron, Sandra Evans / **Scott,** Joseph E. / **Cullen,** Francis T.
„Prison Crowding: Public Attitudes toward Strategies of Population Control" in Journal of Research in Crime and Delinquency, 1988, S.150ff.

Smartt, Ursula
„Privatisierung im englischen Strafvollzug: Erfahrungen mit englischen Privatgefängnissen", ZfStrVo 1995, S.290ff.

„Privatisierung des Justizvollzuges nun auch in Deutschland? Erfahrungen aus dem britischen und amerikanischen Bereich", ZfStrVo 2001, S.67ff.

Snarr, Richard W.
Introduction to Corrections, 3rd Ed., Madison/Dubuque, CT/Chicago: 1996

Spinellis, Calliope D.
„Attacking Prison Overcrowding in Greece: A Task of Sisyphus", in Albrecht/Dünkel/Kerner/ Kürzinger/Schöch/Sessar/Villmow (Hrsg.): Festschrift für Günther Kaiser, S.1273ff.

„Human Rights in Greek Prisons", in Bolle (Hrsg.): Droits fondamentaux et détention pénale, S.53ff.

Stern, Klaus
Das Staatsrecht der BRD, Band 1, 2.Aufl, München: 1984

Stree, Walter / **Lenckner,** Theodor / **Cramer,** Peter / **Eser,** Albin (Hrsg.)
Gedächtnisschrift für Horst Schröder, München: 1978

„Probleme des Widerrufs einer Strafaussetzung wegen einer Straftat", NStZ 1992, S.153ff.

Streng, Franz
Strafrechtliche Sanktionen: Grundlagen und Anwendungen, Stuttgart: 1991

Stojkovic, Stan / **Lovell,** Rick
Corrections – An Introduction, 2nd Ed., Cincinnati, Ohio: 1997

Sullivan, Harold J.
„Privatization of Corrections: A Threat to Prisoners' Rights", in Bowman/Hakim/Seidenstat (Hrsg.): Privatizing Correctional Institutions, S.139ff.

Tewksbury, Richard A.
Introduction to Corrections, 3rd Ed., New York/Columbus/Mission Hills/Peoria: 1997

Thalmann, Thomas
„Behandeln oder Betreuen? Plädoyer für eine vernachlässigte Form der Kriminalprävention", ZfStrVo 2000, S.3ff.

Tonry, Michael / **Hamilton,** Kate (Hrsg.)
Intermediate Sanctions in Overcrowded Times, Boston: 1995

Triffterer, Otto (Hrsg.)
Commentary on the Rome Statute of the International Criminal Court, 1.Aufl., Baden-Baden: 1999

Tröndle, Herbert / **Fischer,** Thomas
Strafgesetzbuch, 50.Auflage, München: 2001

Strafgesetzbuch, 53.Auflage, München: 2006

Ullenbruch, Thomas
„Anmerkung zu OLG Celle, Beschl. vom 5.11.1998", NStZ 1999, S.429ff.

„Neuregelung des Arbeitsentgelts für Strafgefangene – Sand in die Augen des BVerfG?", ZRP 2000, Heft 5, S.177ff.

U.S. Department of Justice / Bureau of Justice Statistics (Hrsg.)
The World Factbook of Criminal Justice Systems, 1993, veröffentlicht im Internet: *http://www.ojp.usdoj.gov/bjs/abstract/wfcj.htm;* auch zu beziehen über: *http://www.ncjrs.org/*

Viehmann, H.
„Anmerkung zum Urteil des OLG Hamm vom 11.3.1987", NStZ 1988, S.44f.

Volckart, Bernd
Maßregelvollzug, 5.Aufl., Neuwied/Kriftel/Berlin: 1999

„Behandlung im Strafvollzug – repressive Maßnahmen mit anderem Namen?", BewHi 32 (1985), S.24ff.

„Die Aussetzung des Strafrests", ZfStrVo 2000, S.195ff.

Wacquant, Loïc J.D.
„Vom wohltätigen zum strafenden Staat", NKrimP 1997, S.16ff.

Walter, Michael
Strafvollzug, 2.Aufl., Stuttgart/München/Hannover: 1999

„Elektronisch überwachter Hausarrest als neue Vollzugsform?", ZfStrVo 1999, S.287ff.

„Über Privatisierungen der Verbrechenskontrolle aus kriminologischer Sicht", ZfStrVo 1998, S.3ff.

Wasik, Jozef Jakub
„Zur Geschichte der Strafrestaussetzung in Polen", in Feuerhelm/Schwind/Bock (Hrsg.): Festschrift für Alexander Böhm, S.483ff.

Wasik, Martin
„Arrangements for Early Release", Criminal Law Review, 1992, S.252ff.

Wattenberg, Heinz - H.
„Einflussnahme ‚Knast' – Zum Erziehungsgedanken im Jugendstrafvollzug", ZfStrVo 1990, S.37ff.

Weber, Christian / **Albers,** Regina / **Engeln,** Hennig / **Sanides,** Silvia
„Die Hirne des Bösen", Focus 2002, Heft 19, S.34ff.

Weber, Ulrich
„Aussetzung des Restes er Ersatzfreiheitsstrafe nach §57 StGB?", in Stree/ Lenckner/Cramer/Eser (Hrsg.): Gedächtnisschrift für Horst Schröder, S.175ff.

Weigend, Ewa
„Die Freiheitsstrafe und ihre Surrogate in Polen", in Jescheck (Hrsg.): Die Freiheitsstrafe und ihre Surrogate, S.721ff.

Weigend, Thomas
„Privatgefängnisse, Hausarrest und andere Neuheiten – Antworten auf die Krise des amerikanischen Strafvollzugs", BewHi 1989, S.289ff.

„Sanktionen ohne Freiheitsentzug", GA 1992 (Band 139), S.345ff.

Weinert, Arno
„Arbeit und Arbeitsentgelt", in Schwind/Blau (Hrsg.): Strafvollzug in der Praxis, 2.Aufl., S.285ff.

Weisburd, David / **Chayet,** Ellen F.
„Good Time – An Agenda for Research", Criminal Justice and Behavior Vol.16 No.2 (June 1989), S.183ff.

„Good Time Credit", in McShane/Williams (Hrsg.): Encyclopedia of American Prisons, S.220ff.

Weitekamp, Elmar G.M. / **Herberger,** Scania
„Amerikanische Strafrechtspolitik auf dem Weg in die Katastrophe", NKrimP 1995 Heft 2, S.16ff.

Welch, Michael
Corrections – A Critical Approach, New York/St. Louis/San Francisco:. 1996

Wentzel, August

„Die Bedeutung, die Anwendung und die Erfolge des Gesetzes vom 11. April 1854, betreffend die Beschäftigung der Strafgefangenen außerhalb der Anstalt", Archiv für Preußisches Strafrecht (Goltdammer's Archiv), 2.Band (1854), S.714ff.

Winchenbach, Klaus

„Strafvollzug in Griechenland", ZfStrVo 1997, S.275ff.

Wirth, Steffen / **Harder,** Jan C.

„Die Anpassung des deutschen Rechts an das Römische Statut des Internationalen Strafgerichtshofs aus Sicht deutscher Nichtregierungsorganisationen", ZRP 2002, S.144ff.

Würtenberger, Thomas

„Freiheit und Zwang im Strafvollzug", NJW 1969, S.1747ff.

van Zyl Smit, Dirk

„South Afrika", in van Zyl Smit/Dünkel (Hrsg.): Prison Labour: Salvation or Slavery?, S. 211ff.

van Zyl Smit, Dirk / **Dünkel,** Frieder (Hrsg.)

Prison Labour: Salvation or Slavery? International Perspectives, Altershot, UK/Brookfield, USA/Singapore/Sydney: 1999

Aus unserem Verlagsprogramm:

Simon Schultheiß
Ärztliche Behandlung zur sozialen Eingliederung von Strafgefangenen
§ 63 Strafvollzuggesetz
Hamburg 2006 / 206 Seiten / ISBN 978-3-8300-2616-7

Oliver Milde
Die Entwicklung der Normen zur Anordnung der Sicherungsverwahrung in den Jahren von 1998 bis 2004
Hamburg 2006 / 412 Seiten / ISBN 978-3-8300-2544-3

Rita Coenen
Der Zeitpunkt für die Bestellung des Pflichtverteidigers
Eine Untersuchung de lege lata et de lege ferenda
Hamburg 2006 / 234 Seiten / ISBN 978-3-8300-2504-7

Sebastian Kalb
Die funktionale Begründung strafprozessualer Beweisverbote
Eine rechtsvergleichende Untersuchung zu den Grundlagen der Beweisverbote
Hamburg 2006 / 312 Seiten / ISBN 978-3-8300-2431-6

Kirsten Neumann
Strafrechtliche Risiken des Anstaltsarztes
Eine praxisorientierte Untersuchung strafrechtlich relevanter Bereiche der ärztlichen Betätigung im Strafvollzug
Hamburg 2004 / 280 Seiten / ISBN 978-3-8300-1598-7

Michael Bast
Die Schweigepflicht der Ärzte, Psychologen und Sozialarbeiter im Strafvollzug
Eine Untersuchung der innerbehördlichen Schweigepflicht nach §§ 182 StVollzG, 203 StGB
Hamburg 2003 / 248 Seiten / ISBN 978-3-8300-1159-0

Stefanie Boese
Ausländer im Strafvollzug
Die Auswirkungen ausländerrechtlicher Maßnahmen auf die Realisierung des Vollzugszieles
Hamburg 2003 / 404 Seiten / ISBN 978-3-8300-0957-3

VERLAG DR. KOVAČ
FACHVERLAG FÜR WISSENSCHAFTLICHE LITERATUR

Postfach 57 01 42 · 22770 Hamburg · www.verlagdrkovac.de · info@verlagdrkovac.de

Einfach
Wohlfahrtsmarken
helfen!